성공을 위한 가장 확실한 선택

박문각은 1972년부터의 노하우와 교육에 대한 끊임없는 열정으로 공인중개사 합격의 기준을 제시하며 경매 및 중개실무 연계교육과 합격자 네트워크를 통해 공인중개사 합격자들의 성공을 보장합니다.

공인중개사의 시작 박문각

공인중개사 시험이 도입된 제1회부터 제35회 시험까지 수험생들의 합격을 이끌어 온 대한민국 유일의 교육기업입니다.

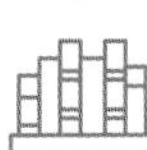

오랜시간 축적된 데이터

1회부터 지금까지 축적된 방대한 데이터로 박문각 공인중개사는 빠른 합격 & 최다 합격률을 자랑합니다.

업계 최고&최다 교수진 보유

공인중개사 업계 최다 교수진이 최고의 강의로 수험생 여러분의 합격을 위해 끊임없이 연구하고 있습니다.

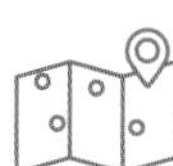

전국 학원 수 규모 1위

전국 20여 개 학원을 보유하고 있는 박문각 공인중개사는 업계 최대 규모로서 전국 학원 수 규모 1위 입니다.

박문각 공인중개사

2025 합격 로드맵

합격을 향한 가장 확실한 선택
박문각 공인중개사 수험서 시리즈는 공인중개사 합격을 위한 가장 확실한 선택입니다.

01 기초입문

합격을 향해
기초부터 차근차근!

–
기초입문서 총 2권

합격 자신감 UP! **합격지원 플러스 교재**

합격설명서 | 민법판례 | 핵심용어집 | 기출문제해설

02 기본이론

기본 개념을
체계적으로 탄탄하게!

–
기본서 총 6권

03 필수이론

합격을 향해
저자직강 필수 이론 과정!

–
저자필수서

· 하단의 책 이미지는 실제 이미지와 다를 수 있습니다.

04 기출문제풀이

기출문제 풀이로
출제경향 체크!

–

핵심기출문제 총 2권
회차별 기출문제집 총 2권
저자기출문제

| 핵심기출문제 |

| 회차별 기출문제집 |

| 저자기출문제 |

05 예상문제풀이

시험에 나오는
모든 문제유형 체크!

–

합격예상문제 총 6권

06 핵심마무리

단기간 합격을 위한
핵심만을 정리!

–

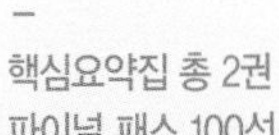

핵심요약집 총 2권
파이널 패스 100선

| 핵심요약집 |

| 파이널 패스 100선 |

07 실전모의고사

합격을 위한
마지막 실전 완벽 대비!

–

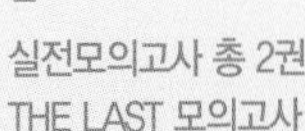

실전모의고사 총 2권
THE LAST 모의고사

| 실전모의고사 |

| THE LAST 모의고사 |

Since 1972

1위 박문각

박문각의 유일한 목표는 여러분의 합격입니다.
1위 기업으로서의 자부심과 노력으로 수험생 여러분의 합격을 이끌어 가겠습니다.

2024
고객선호브랜드지수 1위
교육서비스 부문

2023
고객선호브랜드지수 1위
교육서비스 부문

2022
한국 브랜드 만족지수 1위
교육(교육서비스)부문 1위

2021
조선일보 국가브랜드 대상
에듀테크 부문 수상

2021
대한민국 소비자 선호도 1위
교육부문 1위

2020
한국 산업의 1등
브랜드 대상 수상

2019
한국 우수브랜드
평가대상 수상

2018
대한민국 교육산업 대상
교육서비스 부문 수상

2017
대한민국 고객만족
브랜드 대상 수상

랭키닷컴 부동산/주택
교육부문 1위 선정

브랜드스탁 BSTI
브랜드 가치평가 1위

박문각 www.pmg.co.kr

전면개정판 제36회 공인중개사 시험대비

방송대학TV 무료강의 | 첫방송 2025.1.13(월) 오전 7시

박문각 공인중개사

기본서 1차

부동산학개론

김백중 외 박문각 부동산교육연구소 편

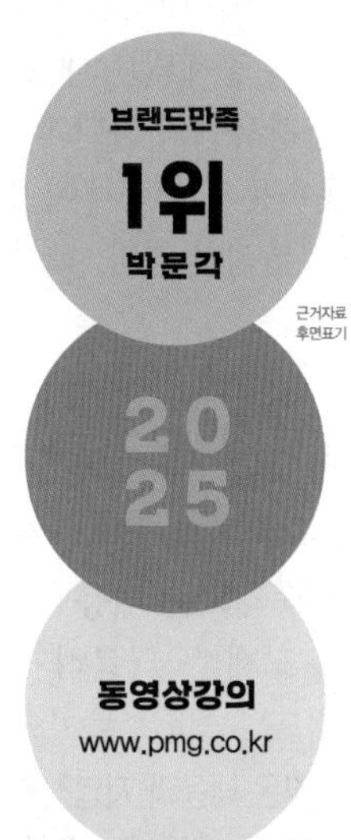

합격까지 박문각

세대교체 혁신 기본서!

이 책의 머리말

01 1세대 기본서 무용론

기존 1세대 기본서는 출제 비중·출제 난이도를 불문하고 모든 내용을 빠짐없이 수록해 놓은 기본서였다. 1세대 기본서는 혹시라도 기본서에 없는 내용이 출제되는 경우 수험생들에게 비난받는 것을 피하기 위한 면피용 교재이며, 60점 객관식 시험을 준비하는 수험생 입장에서는 학습부담이 너무 큰 비효율적인 교재였다. 그래서 1세대 기본서는 두께가 점점 얇아지는 추세(1,200페이지 → 800페이지 → 600페이지)를 보이다가 최근에는 필수서로 대체되면서 아예 기본서 무용론까지 나타나고 있는 실정이다.

02 필수서의 한계(40점~60점 점수대 수험생에 한정)

기본서를 대체한 필수서의 경우 개별 강사가 본인의 강의를 위해 집필한 교재이다. 두께 200페이지 내외로, 출제되는 내용만 추려서 수록하고 나머지 내용은 강의를 통해 보충하도록 하는 방식이다. 하지만 강사들의 판단과는 달리 필수서만으로 강의를 듣고 공부를 하여도 점수가 60점 언저리를 벗어나지 못하는 수험생들이 있었고, 이러한 수험생들이 삼수를 하는 경우가 많이 발생했다. 박문각이 그 이유를 분석한 결과, 해당 점수대의 수험생들은 부동산의 기초지식이 예상 외로 너무 부족하다는 것이다.

03 2세대 기본서의 등장

1세대 기본서의 단점(너무 깊은 내용과 너무 지엽적인 내용까지 모두 담고 있는 교재)과 필수서의 단점(출제되는 내용만 지문 위주로 수록했기 때문에 기초가 약한 수험생들의 경우 60점을 넘기기 버거운 교재)을 극복하기 위해 2세대 기본서가 등장하게 된다.

1. 깊은 내용과 지엽적인 내용은 배제

모든 내용을 다 수록한 책임회피용 교재가 아닌 합격에 필요한 내용만을 반영한 적극적인 교재이다(심화 내용이나 지엽적인 내용은 과감하게 삭제 - 100점이 목표가 아닌 합격이 목표인 교재).

2. 출제되는 영역의 경우 기초상식을 친절하게 설명

부동산의 기초 내용을 충실하게 담은 교재이다. 강의 시간에 강사들이 말로 풀어서 설명했던 내용을 교재에 글의 형태로 담은 새로운 교재이다. 1세대 기본서에도 없고 필수서에도 없었지만, 기초지식이 없었던 수험생들에게 생명수와 같은 내용들이 차근차근 설명되어 있는 교재이다.

04 박문각 2세대 기본서의 특징(부동산학개론)

2세대 기본서(부동산학개론)는 다음과 같은 특징이 있다.

1. 교양 있는 문어체 ⇨ 친근감 있는 구어체

본 기본서는 문어체가 아닌 구어체로 서술하여 읽는 것에 대한 접근을 쉽게 하도록 하였다.

2. 어려운 내용의 정확한 접근 ⇨ 어려운 내용의 쉬운 접근

어려운 내용이라도 시험에 필요한 개념 위주로 쉽게 설명함으로써 수험생들이 머리 아프지 않게 그 내용을 이해할 수 있도록 하였다.

3. 이해하기 쉽도록 이미지로 접근

복잡하고 어려운 내용을 도표, 그림 등의 이미지를 활용하여 간단하고 쉽게 이해할 수 있도록 구성하였다.

4. 보기 편한 편집

이어진 내용이 다음 페이지로 넘어가지 않게 끊고 맺음으로써 한 페이지 안에서 보기 편하도록 편집하였다.

5. 부동산 관련 법령의 쉬운 해석

관련 법령을 이해하기 쉽게 풀어서 해석한 후에 수록하였다.

편저자 일동

제35회 공인중개사 시험총평

2024년 제35회 공인중개사 시험
"전년도에 비해 난이도가 상승하였다."

제35회 공인중개사 시험에서 1차 과목인 부동산학개론은 지엽적이고 어려운 문제가 앞부분에 집중 배치되었고 계산문제와 2차 과목의 문제도 다수 출제되어 전년도에 비해 어려웠고, 민법은 예년보다 다소 쉽게 출제되었지만, 최근 판례들을 응용한 문제들이 출제되어 체감 난이도는 전년도와 비슷하였다.
2차 과목은 전반적으로 어려웠으나 부동산세법은 기본개념, 논점 위주로 출제되어 기본서를 바탕으로 꾸준히 학습을 했다면 충분히 합격할 수 있을 난이도였다. 반면 공인중개사법·중개실무, 부동산공법, 부동산공시법령은 고난도 문제와 생소한 유형의 문제가 대거 출제되어 수험생들의 체감 난이도는 예년에 비해 훨씬 높아졌다고 할 수 있다.

제35회 시험의 과목별 출제 경향은 다음과 같다.

1차

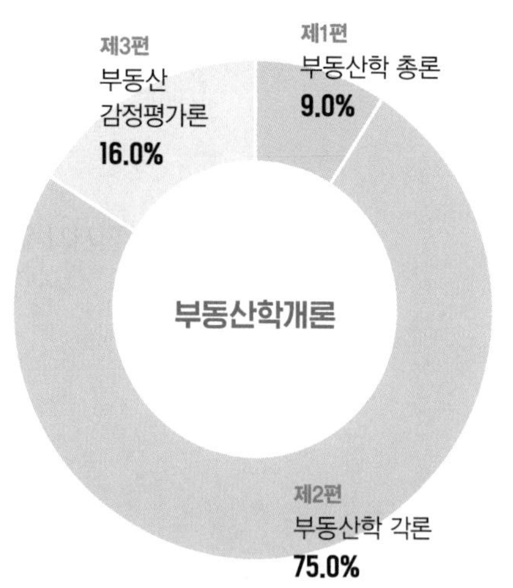

부동산학개론은 계산문제, 2차 과목 문제 등 지엽적이고 어려운 문제가 다수 출제되어 작년보다 어려운 시험이었다.

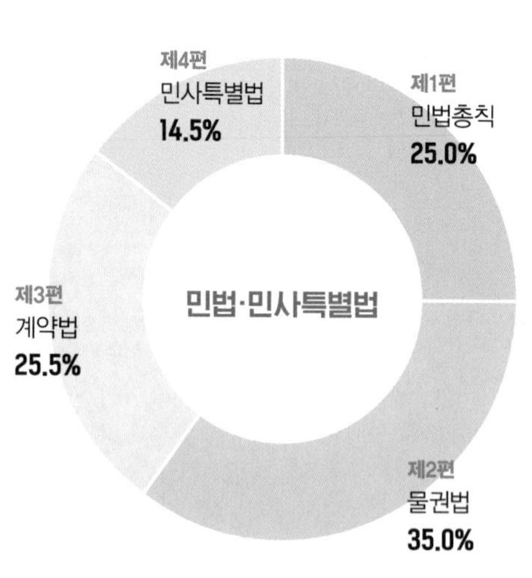

민법·민사특별법은 최근 판례들을 응용한 문제들이 다수 출제되어 체감 난이도가 다소 높았던 시험이었다.

2차

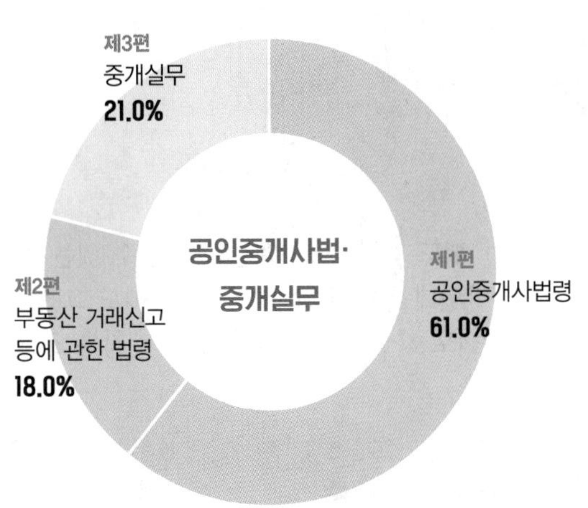

공인중개사법·중개실무는 전반적으로 전년도와 비슷한 난이도로 출제되었으나, 시험범위를 벗어난 문제가 다소 출제되어 체감 난이도가 높아졌다.

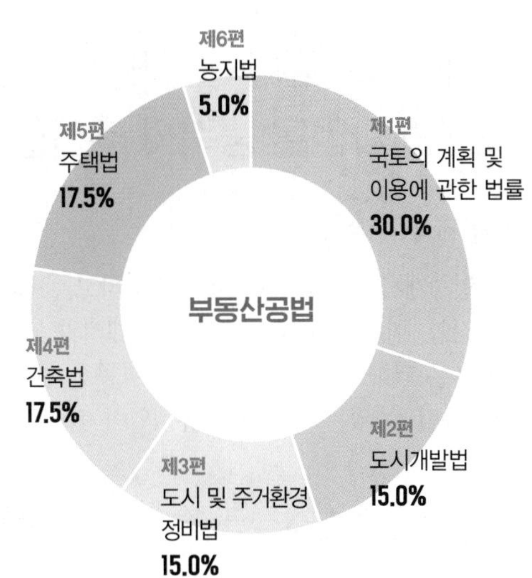

부동산공법은 일부 법률에서 최근 출제된 적 없는 계산문제와 매우 지엽적인 문제가 출제되어 전체적인 난이도가 많이 상승했다.

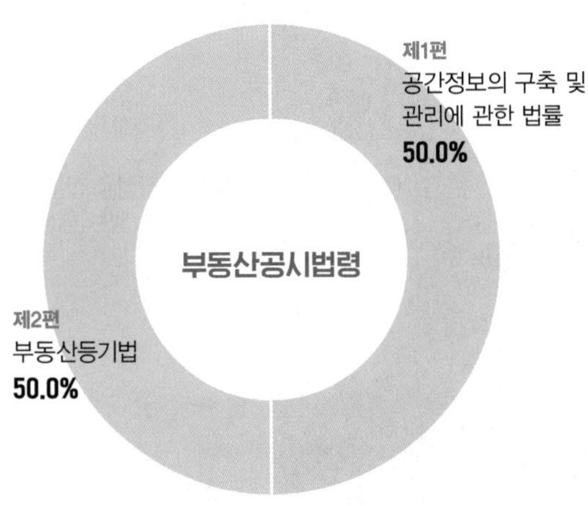

'공간정보관리법'은 몇 문제 외에는 비교적 평이한 난이도를 유지했고, '부동산등기법'은 지금까지 출제된 적 없던 유형의 문제들이 절반 가까이 출제되어 어려웠다.

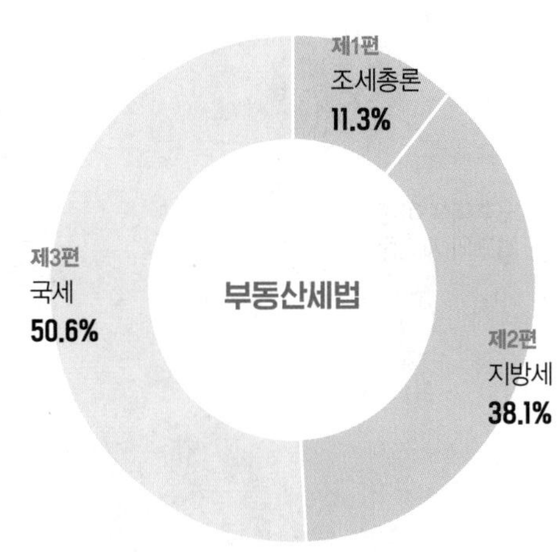

부동산세법은 기본개념을 이해하였는지를 중점적으로 물어보았고 단순 법조문을 묻는 문제, 사례형 문제, 계산문제를 혼합하여 출제하였다.

공인중개사 개요 및 전망

"자격증만 따면 소자본만으로 개업할 수 있고
'나'의 사업을 능력껏 추진할 수 있다."

공인중개사는 자격증만 따면 개업하고, 적당히 돌아다니기만 해도 적지 않은 수입을 올릴 수 있는 자유직업. 이는 뜬구름 잡듯 공인중개사가 되려는 사람들의 생각인데 천만의 말씀이다. 예전에도 그랬고 지금은 더하지만 공인중개사는 '부동산 전문중개인다워야' 제대로 사업을 유지할 수 있고 괜찮은 소득도 올릴 수 있는 최고의 자유직업이 될 수 있다.

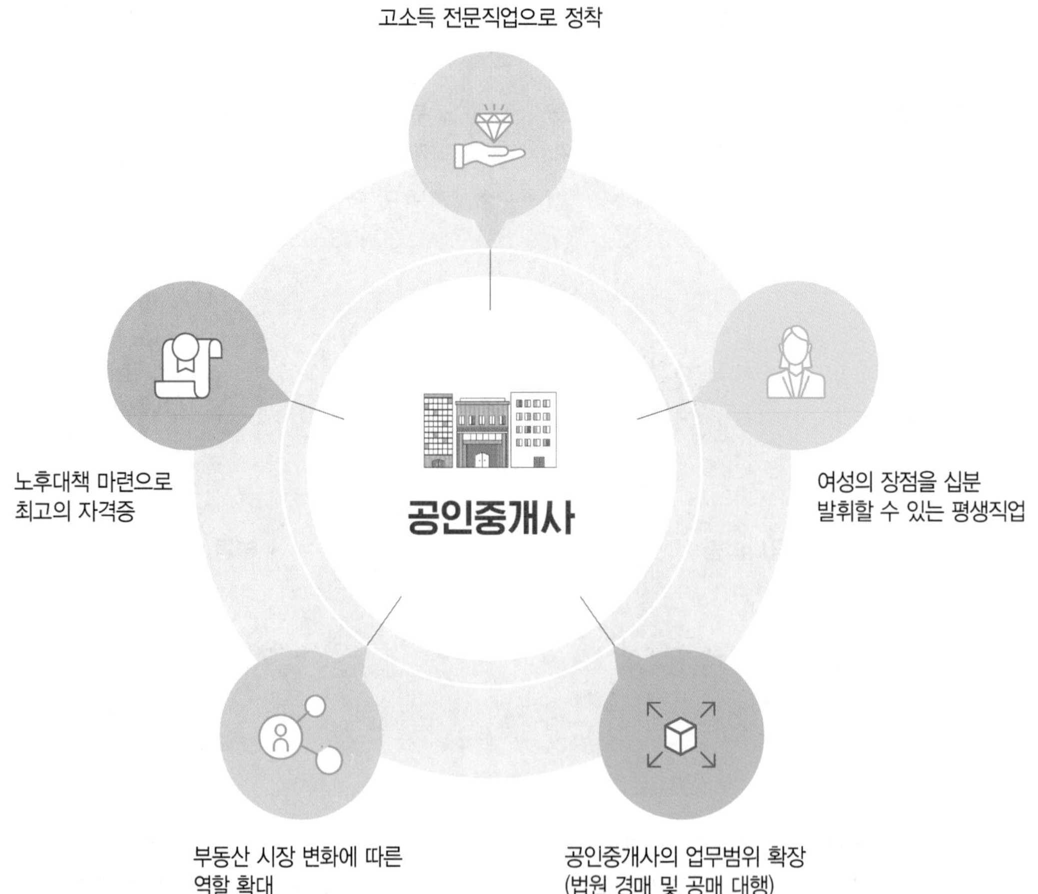

"자격증 취득하면 무슨 일 할까?"

공인중개사 자격증에 대해 사람들이 가장 많이 궁금해하는 점이 바로 '취득 후 무슨 일을 하나'이다. 하지만 공인중개사 자격증 취득 후 선택할 수 있는 직업군은 생각보다 다양하다.

개업공인중개사로서의 공인중개사 업무는 알선·중개 외에도 중개부동산의 이용이나 개발에 관한 지도 및 상담(부동산컨설팅)업무도 포함된다. 부동산중개 체인점, 주택 및 상가의 분양대행, 부동산의 관리대행, 경매 및 공매대상 부동산 취득의 알선 등 부동산의 전문적 컨설턴트로서 부동산의 구입에서 이용, 개발, 관리까지 폭넓은 업무를 다룰 수 있다.

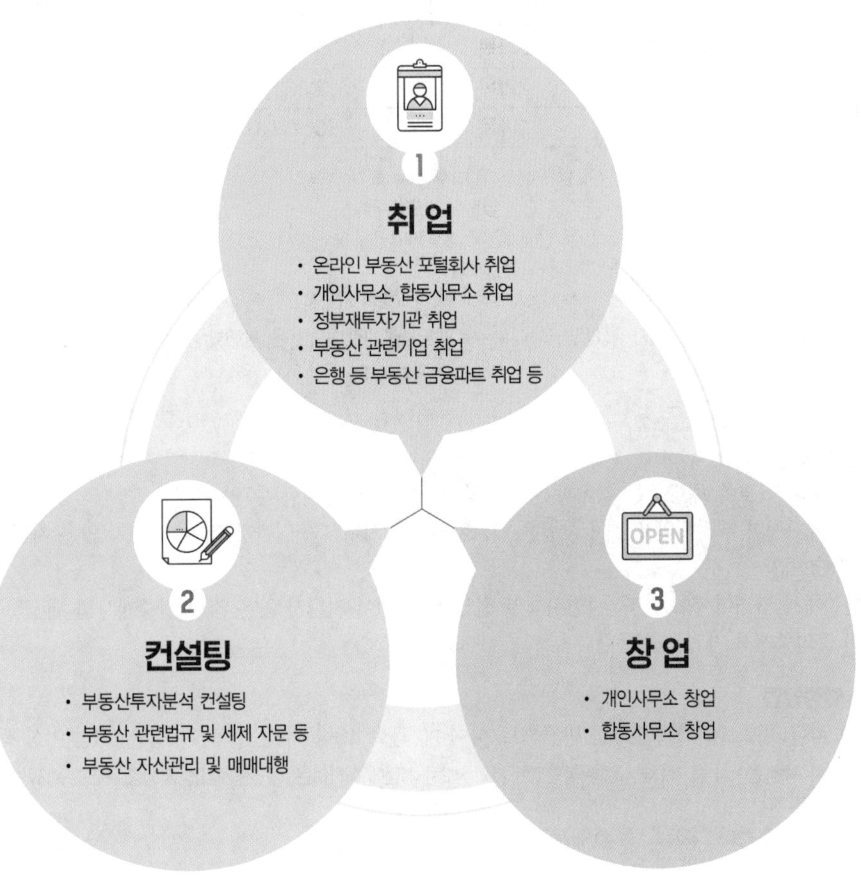

1
취 업
• 온라인 부동산 포털회사 취업
• 개인사무소, 합동사무소 취업
• 정부재투자기관 취업
• 부동산 관련기업 취업
• 은행 등 부동산 금융파트 취업 등
2
컨설팅
• 부동산투자분석 컨설팅
• 부동산 관련법규 및 세제 자문 등
• 부동산 자산관리 및 매매대행
OPEN
3
창 업
• 개인사무소 창업
• 합동사무소 창업

공인중개사 시험정보

시험일정 및 시험시간

1. 시험일정 및 장소

구 분	인터넷 / 모바일(App) 원서 접수기간	시험시행일	합격자발표
일 정	매년 8월 2번째 월요일부터 금요일까지(2025. 8. 4 ~ 8. 8 예정)	매년 10월 마지막 주 토요일 시행(2025. 10. 25 예정)	11월 중
장 소	원서 접수시 수험자가 시험지역 및 시험장소를 직접 선택		

TIP 1. 제1·2차 시험이 동시접수·시행됩니다.
2. 정기 원서접수 기간(5일간) 종료 후 환불자 범위 내에서만 선착순으로 추가 원서접수 실시(2일간)하므로, 조기마감될 수 있습니다.

2. 시험시간

구 분	교 시	시험과목 (과목당 40문제)	시험시간	
			입실시간	시험시간
제1차 시험	1교시	2과목	09:00까지	09:30 ~ 11:10(100분)
제2차 시험	1교시	2과목	12:30까지	13:00 ~ 14:40(100분)
	2교시	1과목	15:10까지	15:30 ~ 16:20(50분)

* 수험자는 반드시 입실시간까지 입실하여야 함(시험 시작 이후 입실 불가)
* 개인별 좌석배치도는 입실시간 20분 전에 해당 교실 칠판에 별도 부착함
* 위 시험시간은 일반응시자 기준이며, 장애인 등 장애유형에 따라 편의제공 및 시험시간 연장가능(장애 유형별 편의제공 및 시험시간 연장 등 세부내용은 큐넷 공인중개사 홈페이지 공지사항 참조)
* 2차만 응시하는 시간연장 수험자는 1·2차 동시응시 시간연장자의 2차 시작시간과 동일 시작

TIP 시험일시, 시험장소, 시험방법, 합격자 결정방법 및 응시수수료의 환불에 관한 사항 등은 '제36회 공인중개사 자격시험 시행공고'시 고지

응시자격 및 합격자 결정방법

1. 응시자격: 제한 없음

다만, 다음의 각 호에 해당하는 경우에는 공인중개사 시험에 응시할 수 없음

① 공인중개사시험 부정행위자로 처분 받은 날로부터 시험시행일 전일까지 5년이 지나지 않은 자(공인중개사법 제4조의3)

② 공인중개사 자격이 취소된 후 시험시행일 전일까지 3년이 지나지 않은 자(공인중개사법 제6조)

③ 이미 공인중개사 자격을 취득한 자

2. 합격자 결정방법

제1·2차 시험 공통. 매 과목 100점 만점으로 하여 매 과목 40점 이상, 전 과목 평균 60점 이상 득점한 자

TIP 제1·2차 시험 응시자 중 제1차 시험에 불합격한 자의 제2차 시험에 대하여는 「공인중개사법 시행령」 제5조 제3항에 따라 이를 무효로 합니다.

* **제1차 시험 면제대상자**: 2024년 제35회 제1차 시험에 합격한 자

시험과목 및 출제비율

구 분	시험과목	시험범위	출제비율
제1차 시험 (2과목)	부동산학개론 (부동산 감정평가론 포함)	부동산학개론 •부동산학 총론[부동산의 개념과 분류, 부동산의 특성(속성)] •부동산학 각론(부동산 경제론, 부동산 시장론, 부동산 정책론, 부동산 투자론, 부동산 금융론, 부동산 개발 및 관리론)	85% 내외
		부동산 감정평가론(감정평가의 기초이론, 감정평가방식, 부동산가격 공시제도)	15% 내외
	민법 및 민사특별법 중 부동산중개에 관련되는 규정	민 법 •총칙 중 법률행위 •질권을 제외한 물권법 •계약법 중 총칙·매매·교환·임대차	85% 내외
		민사특별법 •주택임대차보호법 •집합건물의 소유 및 관리에 관한 법률 •가등기담보 등에 관한 법률 •부동산 실권리자명의 등기에 관한 법률 •상가건물 임대차보호법	15% 내외
제2차 시험 1교시 (2과목)	공인중개사의 업무 및 부동산 거래신고 등에 관한 법령 및 중개실무	공인중개사법	70% 내외
		부동산 거래신고 등에 관한 법률	
		중개실무	30% 내외
	부동산공법 중 부동산중개에 관련되는 규정	국토의 계획 및 이용에 관한 법률	30% 내외
		도시개발법	30% 내외
		도시 및 주거환경정비법	
		주택법	40% 내외
		건축법	
		농지법	
제2차 시험 2교시 (1과목)	부동산공시에 관한 법령 및 부동산 관련 세법	부동산등기법	30% 내외
		공간정보의 구축 및 관리 등에 관한 법률 제2장 제4절 및 제3장	30% 내외
		부동산 관련 세법(상속세, 증여세, 법인세, 부가가치세 제외)	40% 내외

TIP 답안은 시험시행일에 시행되고 있는 법령을 기준으로 작성

출제경향 분석 및 수험대책

어떻게 출제되었나?

▶ 출제경향 분석

구 분		제31회	제32회	제33회	제34회	제35회	총 계	비율(%)
부동산학 총론	부동산의 개념과 분류	2	2	3	2	4	13	6.5
	부동산의 특성	1	1	1	1	1	5	2.5
	소 계	**3**	**3**	**4**	**3**	**5**	**18**	**9.0**
부동산학 각론	부동산 경제론	6	6	5	5	4	26	13.0
	부동산 시장론(입지)	5	4	7	6	4	26	13.0
	부동산 정책론	7	4	4	5	6	26	13.0
	부동산 투자론	3	6	5	8	4	26	13.0
	부동산 금융론	4	6	6	3	5	24	12.0
	부동산 개발 및 관리론	5	5	2	4	6	22	11.0
	소 계	**30**	**31**	**29**	**31**	**29**	**150**	**75.0**
부동산 감정평가론	감정평가의 기초이론	1	1	1	1	2	6	3.0
	감정평가의 방식	5	4	5	4	3	21	10.5
	부동산 가격공시제도	1	1	1	1	1	5	2.5
	소 계	**7**	**6**	**7**	**6**	**6**	**32**	**16.0**
총 계		**40**	**40**	**40**	**40**	**40**	**200**	**100.0**

1 | 종합평가

제35회 부동산학개론은 중상 정도의 난이도로 출제되었다(제34회는 난이도 중).
앞부분에 어려운 문제를 집중적으로 배치하고 지엽적인 곳에서 정답을 주는 등 의도적으로 부동산학개론의 난이도를 올리려고 하는 의도가 보였다. 작년과 비교할 때 난이도 하의 4문제 정도가 민법과 개론이 위치를 바꾼 것으로 보인다(작년에는 민법이 어려웠고 올해는 개론이 어려웠다는 의미).

2 | 난이도 구성

① 이론문제는 상(10문항), 중(5문항), 하(16문항)
② 계산문제는 상(2문항), 중하(5문항), 하(2문항) : 풀어야 하는 계산문제 7문제

3 | 제35회 부동산학개론 시험의 특징

① 동차 준비생에게 유리 : 공법 4문제, 지적법 1문제, 세법 1문제 등이 출제되었다.
② 계산문제 준비생에게 유리 : 계산문제가 9문제가 출제되었는데 7문제는 충분히 풀 수 있는 전형적인 패턴의 문제가 출제되었다. 계산문제를 모두 버린 수험생들의 경우 올해 시험은 힘들었을 것으로 보인다.

제36회 시험대비 전략

1 | 난이도의 양극화를 대비한 선택과 집중

최근 시험은 난이도 '상'과 난이도 '하' 문제가 뚜렷이 구분되고 있어 버릴 것은 버리고 취할 것은 확실하게 공부하는 기존의 방식(선택과 집중)을 그대로 유지하는 전략이 필요하다.

2 | 1차와 2차에 골고루 학습시간 배분

공인중개사 시험은 2차 과목에서 합격난이도를 조절한다. 1차 과목은 약간의 난이도 조절은 있어도 민법과 부동산학개론의 평균난이도는 거의 일정하게 유지되고 있으므로 1차 과목에만 집중하지 말고 처음부터 1차·2차 전 과목에 골고루 시간투자를 하기 바란다.

GUIDE

이 책의 구성 및 특징

테마·학습포인트

① 테마: 부동산학개론의 내용을 기출분석하여 테마 40으로 구분하였고, 테마 주제를 통해서 중요 내용을 한눈에 파악할 수 있도록 구성

② 학습포인트: 각 테마의 학습 방향을 제시하고, 중점 학습 내용을 강조하여 수험생들의 자율적 학습 강약 조절을 도움

01

www.pmg.co.kr

	04번: 수요·공급요인	기 출								
Ⅰ	수요와 공급 및 시장균형					30				34
Ⅱ	수요의 변화와 수요량의 변화			28		30				
Ⅲ	수요요인과 공급요인	26			29	30	31	32	33	34

Ⅰ 수요와 공급 및 시장균형 ★

[학습포인트] 수요공급이론은 문장이 아닌 그래프로 익힌다. 운전연습 하듯이~

① 가격이 상승하면↑ 수요량은 감소한다↓ (수요의 법칙-가수반)

② 가격이 상승하면↑ 공급량은 증가한다↑ (공급의 법칙-가공비)

교양 있는 문어체 ⇨ 친근감 있는 구어체

교양 있지만 딱딱한 문어체가 아닌 친근한 구어체로 서술하여 읽는 것에 대한 접근을 쉽게 하도록 하였다.

02

PART 01

④ 경제적 개념의 부동산

(1) **자산**(재산)

① 자산은 가지고 있는 물건 중에서 경제적 가치가 있는 물건을 말한다. 부동산은 내가 가지고 있는 물건 중에서 아마 경제적 가치가 가장 큰 자산일 것이다.

② 일반적으로 부동산은 교환가치와 사용가치를 모두 가지는 자산이다.

③ 지금 내가 살고 있는 주택이 시세가 10억원인데 '나는 지금 이곳에서 사는 것이 너무 행복해서 누가 20억원을 준다고 해도 이 주택 안 팔거야.' 라고 한다면 이 주택의 객관적인 교환가치는 10억원이고 나의 주관적인 사용가치는 20억원 이상인 것이다.

⑤ 상가를 3억원에 사서 매월 월세를 200만원을 받다가 5년 후에 4억원에 팔았다면 매월 소득이익 200만원과 자본이득 1억원을 번 것이다.

어려운 내용의 정확한 접근 ⇨ 어려운 내용의 쉬운 접근

어려운 내용의 정확한 접근보다는 쉬운 접근에 주안점을 두었다. 어려운 내용이라도 시험에 필요한 개념 위주로 쉽게 설명함으로써 수험생들이 그 내용을 쉽게 이해할 수 있도록 하였다.

03

Ⅱ 유동화증권 ★★★

[학습포인트] MBS의 종류를 번호 1, 2, 3, 4로 구분해서 익히도록 한다. 1. 위험한 증권, 2. 안전한 증권, 3. 혼합형 증권, 4. 다양한 증권으로 구분한다.

	종 류		특 징
1	MPTS		① 지분증권 ② 위험최고
2	MBB		① 가장 안전한 증권 ② 위험최소
3	MPTB	채소발 조기투자	① 혼합형 증권 ② 채소발 조기투자
4	CMO		① 다양한 증권 ② 선순위증권과 후순위증권

Ⅱ 원리금상환방법 비교 ★★★

[학습포인트] 매년 출제된다. 문장으로 이해하면 어렵기 때문에 아래의 그림을 숙달시켜서 그림을 그려놓고 보면서 문장을 이해하는 연습을 하도록 한다.

원금 균등상환

이자 50

원금 100 (일정함)

원리금 균등상환

이자 60

원금 100 (증가함)

04 이해하기 쉬운 이미지로 접근

복잡한 내용은 간단하게, 어려운 내용은 쉽게 이해할 수 있도록 최대한 도표, 그림 등으로 이미지화 하였다.

(2) **주택시장에서 유량공급과 저량공급**

① **유량(流量)공급(생산공급)**: 주택유량의 공급량이란 일정기간 동안 공급되는 신규부동산의 분양공급을 말한다. 유량공급의 공급자는 부동산개발업자가 되며, 유량공급의 경우 공급은 수요에 비해 비탄력적이다.

② **저량(貯量)공급(보유공급)**: 저량공급은 일정시점에 존재하는 중고부동산의 매도공급량을 말한다. 저량공급의 공급자는 일반 매도인 즉 기존부동산의 소유자가 되며, 이 경우 통상 매도인은 자신이 보유하고 있는 부동산을 매도하고 다른 부동산을 매입하는 경우가 많으므로 매도인임과 동시에 매수인이 되는 이중적인 입장이 된다.

③ **주택의 유량공급과 주택의 저량공급의 관계**

유량
2025.1.1.
1년 동안 30만 채 건설
2025.12.31
저량
1,000만 채
저량
1,030만 채

2025.1.1.시점에 주택이 1,000만 채(저량)가 있었고, 2025.1.1.부터 2025.12.31. 1년 동안에 새롭게 30만 채(유량)의 주택이 공급되었다. 그래서 2025.12.31 현재 이 지역의 총 주택공급량은 1,030만 채(저량)이다.

(3) **주택시장에서 유량과 저량의 관계를 정리하면**

① 신규공급 등 유량에 의한 공급량의 증가는 장기적으로 저량을 증가시킨다.

② 현재시점의 저량과 미래시점의 저량의 차이가 그 기간 동안의 유량이다.
(특정 시점 간 저량의 변동분이 그 기간 동안의 유량이 된다.)

③ 부동산과 같은 내구재는 유량분석과 저량분석을 병행해야 한다.
(볼펜과 같은 단용재는 중고가 없으므로 저량시장이 존재하지 않는다.)

④ 부동산과 같이 단기적으로 공급이 어려운 시장은 저량분석이 중요하다.

236 부동산학개론

(4) **물리적 주택과 주택서비스**

① 주택시장의 수요와 공급을 분석하기 위해서 주택서비스의 개념을 도입한다.

② 주택은 물리적 측면에서는 개별적이다. 하지만 대체가능한 주택에서 제공되는 서비스는 동질적인 것으로 볼 수 있으므로 비슷한 서비스를 제공하는 주택들을 모아서 하나의 시장으로 보는 것이다.

③ 주택은 이질성이 강한 제품이므로 용도적으로 동질화된 상품으로 바꾸어 분석해야 한다. 즉 주택시장은 물리적 주택이 아니라 주택서비스를 분석하는 것이다.

A 아파트단지
B 아파트단지
로얄층
로얄층
저층
저층

(5) **주택소요와 주택수요의 구분**

① 중산층 이상의 주택의 수요와 공급은 시장이 해결해 주지만, 저소득층의 경우 주택의 수요와 공급은 시장이 해결해 주지 못한다.

② 정부는 이들 저소득층에게 필요한 주택의 양을 '주택소요'로 파악하여 공급해 주어야 한다. 즉, 주택소요는 주택정책상의 개념이다.

구 분	주택소요(housing needs)	주택수요(housing demand)
개 념	저소득층에게 적용되는 개념 사회 · 복지정책상 개념	중산층 이상의 수요자에게 적용 시장경제상의 개념
원 리	정부가 문제해결	시장에서 문제해결
적 용	공공임대아파트	민간의 신규아파트 분양신청

테마 16: 주택정책 237

05 보기 편한 편집

이어진 내용이 다음 페이지로 넘어가지 않게 맺고 끊어 한 페이지 안에서 보기 편하게 편집하였다.

제13조 【타인토지에의 출입 등】 관계 공무원 또는 부동산가격공시업무를 의뢰받은 자(관계공무원)는 표준지가격의 조사 · 평가 또는 토지가격의 산정을 위하여 필요한 때에는 타인의 토지에 출입할 수 있다.

제16조 【표준주택가격의 조사 · 산정 및 공시 등】

(1) 국토교통부장관은 용도지역, 건물구조 등이 일반적으로 유사하다고 인정되는 일단의 단독주택 중에서 선정한 표준주택에 대하여 매년 공시기준일 현재의 적정가격(표준주택가격)을 조사 · 산정하고, 중앙부동산가격공시위원회의 심의를 거쳐 이를 공시하여야 한다.

표준주택
일단의 단독주택 중에서 선정한 표준주택에 대하여 (○)
일단의 공동주택 중에서 선정한 표준공동주택에 대하여 (×)

06 관련 법령의 쉬운 해석

부동산 관련 법령을 이해하기 쉽게 풀어서 해석한 후에 수록하였다.

CONTENTS

이 책의 차례

PART 01

부동산학 총론

PART 02

부동산학 각론

감정평가론

부 록

부동산학 총론

	01번: 부동산의 개념	기출									
I	부동산학 개요	26		28			31				
II	복합개념의 부동산		27			30				34	35
III	토지정착물				29				33		

I 부동산학 개요 ★★

[학습포인트] 부동산업의 종류가 아닌 것을 잘 알아두도록 한다.

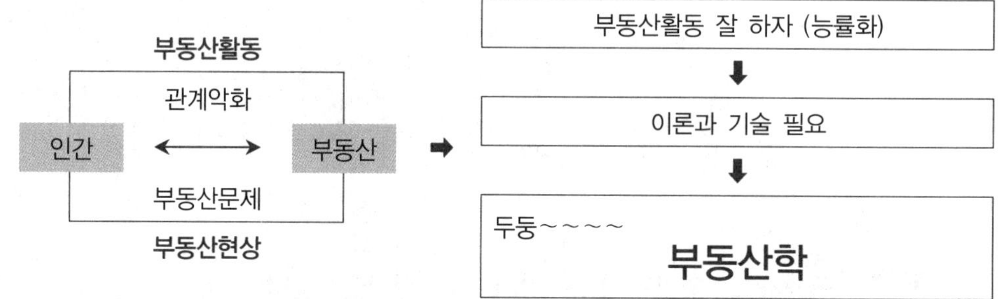

한국표준산업분류에 따른 부동산업						
감정평가업	투자**자**문업	**관**리업	**중**개 및 대리업	**분**양대행업	**개**발 및 공급업	**임**대업

II 복합개념의 부동산 ★★★

[학습포인트] 표의 내용을 확실하게 암기하도록 한다. 출제비중이 아주 높음

복합개념의 부동산						
법 률	협의	토지 + 토지정착물 ⇨ 민법상 부동산				
	광의	토지 + 토지정착물 + 준부동산				
물리, 기술	유형	공간	자연	환경	위치	
경 제	가격	자산	자본	생산요소	소비재	상품

III 토지정착물 ★★

[학습포인트] 이미지로 기억한다. 왼편은 동산, 오른편은 부동산

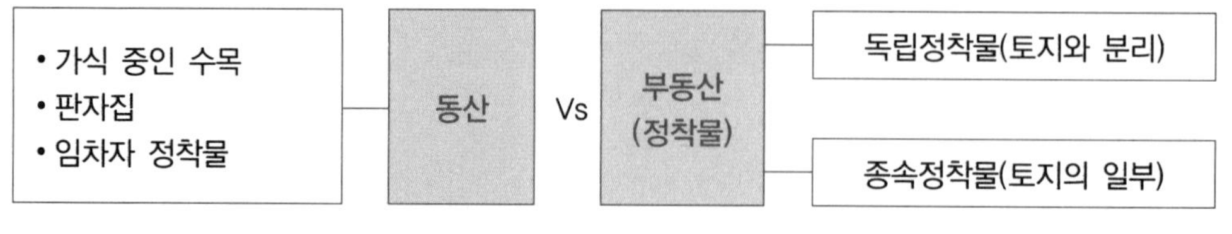

I 부동산학 개요

1 부동산학

(1) 부동산학의 등장배경

① **과거의 부동산문제는 단일학문으로 해결이 가능했다.**: 과거에는 농촌이 생활의 중심이었고 농촌에서는 부동산과 관련된 문제가 크게 발생하지 않았다. 또한 문제가 발생하는 경우에도 그 문제가 법과 관련된 문제면 기존의 법학을 통해 해결이 가능했고, 경제와 관련된 문제면 경제학으로 해결이 가능했다.

② **현대의 부동산문제는 '법 + 기술 + 경제'의 복합문제로 나타난다.**: 현대는 도시가 생활의 중심인 시대이고, 토지의 소유권이 개인에게 인정되는 시대이므로 토지와 관련된 분쟁이 많아지고 여러 상황이 맞물리면서 복잡해지고 있다. 이는 현대의 부동산문제는 복합적인 문제로 나타나기 때문에 법학이나 경제학 등 특정 단일 학문 하나로 이를 해결하기 어려워지고 있다는 것을 의미한다.

③ **부동산학의 등장**: 현대의 복잡한 부동산문제를 해결하기 위해서는 부동산만을 전문으로 다루는 새로운 학문이 필요하게 되었고 이렇게 해서 등장하게 된 것이 부동산학이다.

(2) 부동산학의 정의

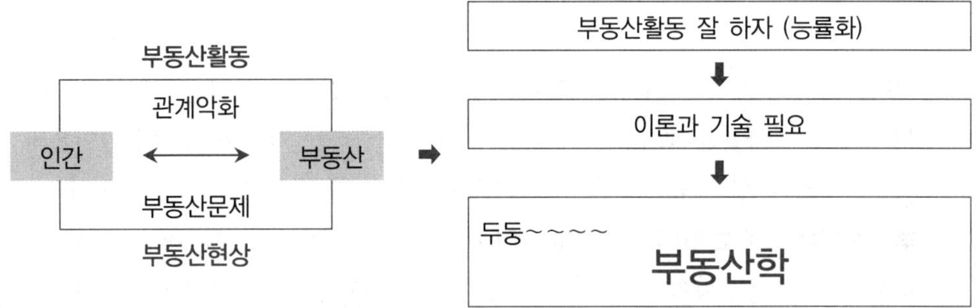

① 부동산학은 부동산활동의 능률화의 원리 및 그 응용기술을 개척하는 종합응용과학이다. (김영진)

② 부동산학은 토지와 토지상에 부착되어 있거나 연결되어 있는 여러 가지 항구적인 토지개량물에 관하여 그것과 관련된 물적·법적·금융적 제 측면을 기술하고 분석하는 학문연구의 한 분야이다. (링과 다소-안정근)

(3) 부동산학의 학문적 성격

① **부동산학은 종합과학이다.** : 부동산학은 기존의 분과학문(경제학, 법학, 사회학 등)에서 다루고 있는 내용 중 부동산과 관련된 내용만을 모아 하나의 새로운 학문으로 재정립한 것이다. 부동산을 "법률 + 기술 + 경제"의 측면에서 종합 개념으로 인식한다는 의미에서도 종합과학이라고 할 수 있다.

② **부동산학은 규범학이다.** : 부동산학은 부동산문제를 해결하고자 하는 목적을 가진 학문이다. 여기서 부동산문제란 주택가격이 지나치게 상승하는 등 인간과 부동산 사이의 관계에서 나타나는 모든 부정적인 측면을 말한다. 부동산문제를 해결한다는 것은 인간과 부동산과의 관계를 긍정적인 방향으로 개선한다는 것이며, 여기에는 옳고 그름의 가치판단이 존재하게 된다. 즉 부동산학은 부동산활동은 '어떠하다.'를 연구하는 것이 아니고, '어떠하여야 한다.'를 연구하는 학문이다. 부동산학에서 추구하는 최고의 가치는 효율성이지만 사회 전체적으로는 형평성도 중요하다.

③ **부동산학은 응용과학이다. 기초과학 또는 순수과학이 아니다.** : 수학이나 물리학 등의 기본원리를 토대로 기술을 개발한 후 이러한 기술을 가지고 현실문제를 해결하려는 학문을 응용과학이라고 한다. 통상 공대에서 배우는 건축공학, 자동차공학 등의 학문이 응용과학에 해당된다. 부동산학은 기초학문을 토대로 해서 현실에서 발생하고 있는 부동산문제를 해결하기 위한 응용기술을 개척해나가는 응용과학이다. 김영진교수가 말하는 '능률화의 원리 및 응용기술을 개척한다.'에서 능률화의 원리란 부동산학의 과학성을 의미하는 것이고, 응용기술을 개척한다는 의미는 부동산학이 기술성도 내포하고 있다는 것을 의미한다.

④ **부동산학은 구체적인 경험과학이지 추상적인 이론과학이 아니다.** : 부동산학은 경험되는 구체적 사실을 토대로 일반적인 원리를 도출하는 학문이다. 동심원이론의 경우 시카고라는 도시를 관찰하고 이를 토대로 일반적인 원리를 도출한 것이다.

⑤ **부동산학은 사회과학이지 자연과학이 아니다.** : 인간이 개입하는 학문을 사회과학이라고 한다. 부동산학이 사회과학이라는 것은 부동산학은 자연물로서의 부동산을 연구하는 것이 아니고 인간과 부동산 사이의 관계, 즉 부동산활동과 부동산현상을 연구하는 학문이라는 것을 뜻한다.

(4) 부동산학의 접근방법

① **분산식 접근방법**: 부동산문제를 해결하기 위해 분과학문별로 부분적·단편적으로 접근한다.

② **중점식 접근방법**: 부동산문제를 해결하기 위해 법률적 측면, 기술적 측면, 경제적 측면 등 특정 측면을 집중적으로 연구한다.

③ **종합식 접근방법**: 부동산문제를 해결하기 위해 법률적 측면, 기술적 측면, 경제적 측면 등을 종합해서 접근한다. 복합개념의 접근 또는 시스템식 접근이라고 하며 우리나라 부동산학을 단기간에 발전시킨 접근방법이다.

④ **법·제도적 접근방법**: 부동산관련 법률과 정책 및 조직에 관한 연구를 중심으로 하며, 부동산시장에 대한 광범위한 공적 개입을 전제로 한다.

⑤ **의사결정적 접근방법**: 부동산시장의 자율성을 전제로 하며, 특히 민간부문에 있어서 부동산개발, 부동산금융, 부동산투자와 관련된 경제학과 경영학의 방법론을 주로 사용한다.

⑥ **행태과학적 접근방법**: 인간의 부동산행태를 중심으로 부동산활동을 분석하는 접근방식으로 부동산중개, 부동산마케팅, 부동산광고 등에서 유용하게 적용된다. 부동산마케팅에서 'AIDA의 원리'를 이용하는 것이 대표적인 행태과학적 접근방법의 한 예이다.

종합식 접근방법

법률적 측면	기술적 측면	경제적 측면
사법, 공법, 행정	공학, 물리, 유형	경영, 사회, 시장
⇩	⇩	⇩

⇩ ⇩ ⇩

부동산학(종합학문+복합개념+시스템식 접근)

의사결정적 접근방법

- **가정**: 인간은 합리적 존재이며 자기이윤극대화를 목표로 행동한다.
- **활동분야**: 부동산투자, 부동산금융, 부동산개발

2 부동산활동

(1) 의 의

부동산활동이란 부동산을 대상으로 해서 전개하는 여러 가지 활동을 말한다.

(2) 부동산활동의 주체

① **공적 주체**: 정부와 지방자치단체 및 공사 등이다. 효율성만 추구하지 않고 형평성도 같이 추구하고 사회성과 공익성에도 많은 관심을 가진다.

② **사적 주체**: 개인과 기업을 말한다. 통상 이윤극대화를 추구한다.

공적 주체				사적 주체	
1. 행정청	2. 공공기관	3. 정부출연기관	4. 지방공사	5. 토지 소유자	6. 조합
• 국가 • 지방자치단체	국가가 만든 회사 • 한국도로공사 • 한국토지주택공사	국가가 출연한 기관 • 시설공단 등	지방자치단체가 만든 회사 • 지방공사		

(3) 소유활동과 거래활동

부동산활동은 소유와 관련하여 이루어지는 활동과 거래와 관련하여 이루어지는 활동으로 구분할 수 있는데, 소유할 때는 부동산을 가장 효율적으로 잘 이용하는 것이 필요하고 거래할 때는 거래질서를 잘 확립하는 것이 중요하다.

① **소유활동의 종류**: 부동산이용, 부동산관리, 부동산개발, 부동산정책

② **거래활동의 종류**: 부동산매매, 부동산임대차, 부동산감정평가, 부동산권리분석, 부동산중개, 부동산금융, 부동산입지선정, 부동산경영 등

(4) 부동산활동의 일반원칙

부동산활동의 일반원칙으로는 능률성의 원칙, 안전성의 원칙, 경제성의 원칙, 공정성의 원칙이 있다. 이 중 능률성의 원칙이 가장 핵심이 되는 원칙이며, 안전성의 원칙과 상충(상호견제)하는 관계에 있다.

① **능률성의 원칙**: 부동산활동을 잘 하자는 원칙이며 부동산활동에서 가장 중요한 원칙이다. 소유활동의 능률화를 실천하기 위해서는 최유효이용의 원칙을 지도원리로 삼고 있고, 거래활동의 능률화를 실천하기 위해서는 거래질서의 확립을 지도원리로 삼고 있다.[1)]

② **안전성의 원칙**: 부동산활동을 안전하게 하자는 원칙이다. 안전성의 원칙은 능률성의 원칙과 상호 견제되는 관계에 있다. 즉 너무 능률성만 강조하면 안전성이 떨어지고 너무 안전하게 하고자 하면 능률성이 떨어진다. 따라서 두 원칙을 적절하게 잘 조정하는 것이 필요하다. 안전성은 법률적 안전성, 경제적 안전성, 기술적 안전성을 모두 고려하여야 한다.

③ **경제성의 원칙**: 부동산활동을 할 때 최소비용으로 최대효과를 올리자는 것이 경제성의 원칙이다. 이 원칙은 부동산활동 전반에 걸쳐 합리적인 선택을 강조하는 원칙이라고 볼 수 있다.

④ **공정성의 원칙**: 부동산은 다른 재화와 달리 사회성과 공공성이 강한 재화이기 때문에 사적인 부동산활동과 공적인 부동산활동 모두 공정해야 한다는 원칙이다.

부동산활동의 일반원칙

'능률성의 원칙 + 안전성의 원칙 + 경제성의 원칙 + 공정성의 원칙'
- 소유활동에서의 지도원리: 최유효이용의 원칙
- 거래활동에서의 지도원리: 거래질서의 확립

1) 김영진, 「부동산학 원론」, 건설연구사, 1972, p.282.

(5) **부동산활동의 속성**(屬性: 본질적인 성질)

① **부동산활동은 <u>과학성과 기술성</u>을 모두 가지고 있다.**: 부동산활동의 원리와 이론을 설명할 때에는 과학적인 측면이 강조되고, 이론을 부동산실무에 적용할 때에는 기술성이 강조된다.

② **부동산활동은 <u>사익성과 공익성</u>이 모두 강조된다.**: 민간부문의 활동에서는 사익성이 강조되고, 정부부문의 활동에서는 사회성과 공익성도 강조된다.

③ **<u>대인활동과 대물활동</u>이 모두 강조된다.**: 부동산활동의 주체는 인간이고 부동산활동의 객체는 부동산이기 때문에 부동산활동은 인간과 물건 모두를 대상으로 한다.

④ **전문성**: 오늘날의 부동산활동은 높은 전문성이 요구된다.

1차 수준	비전문가가 행하는 자신을 위한 활동을 말한다. 부동산소유자가 내 부동산가격이 얼마나 되는지 알아보는 것은 1차 수준의 부동산활동이다.
2차 수준	전문가는 아니지만 해당 분야의 일을 평소 업무로 하는 사람의 부동산활동인 경우 2차 수준으로 본다. 은행에서 담보대출 업무를 담당하는 직원이 부동산가격을 평가하는 경우가 여기에 해당된다.
3차 수준	특정의 부동산활동 전문가에 의한 활동으로 가장 전문성이 높다. 공인중개사의 중개활동, 감정평가사의 평가활동 등이 3차 수준의 부동산활동에 해당된다.

⑤ **기타 부동산활동의 속성**

㉠ 윤리성: 서비스윤리가 가장 중심이 된다.

고용윤리	고용주와 종업원과의 관계
조직윤리	동업자 및 동업자 단체와의 관계
서비스윤리	부동산업자와 의뢰인과의 관계
공중윤리	부동산업자와 일반 대중과의 관계

㉡ 정보활동성: 부동산시장에서는 정보가 중요하다.

㉢ 배려의 장기성: 토지의 영속성, 투자의 비가역성 등과 관련된다.

㉣ 공간활동성: 부동산은 3차원 공간을 대상으로 하는 활동이다.

㉤ 임장활동성: 탁상활동과 대비되는 개념이며 토지의 부동성과 관련된다.

③ 부동산환경과 부동산학의 연구분야

부동산환경은 기초분야(원리분야)와 실무분야로 대별한다. 실무분야는 다시 부동산결정분야와 부동산결정의 지원분야로 세분된다. 부동산 결정분야는 부동산투자, 부동산금융, 부동산개발분야이고, 부동산결정의 지원분야는 부동산마케팅, 부동산관리, 부동산평가, 부동산상담분야이다.

기초분야		부동산의 특성, 부동산법령, 부동산시장, 세금, 기초수학
실무분야	결정분야	부동산투자, 부동산금융, 부동산개발
	지원분야	부동산마케팅, 부동산관리, 부동산평가, 부동산상담

예 제

부동산학에 관한 설명으로 틀린 것? 26회

① 과학을 순수과학과 응용과학으로 구분할 때, 부동산학은 응용과학에 속한다.
② 부동산학의 연구대상은 부동산활동 및 부동산현상을 포함한다.
③ 부동산학의 접근방법 중 종합식 접근방법은 부동산을 기술적 · 경제적 · 법률적 측면 등의 복합개념으로 이해하여, 이를 종합해서 이론을 구축하는 방법이다.
④ 부동산학은 다양한 학문과 연계되어 있다는 점에서 종합학문적 성격을 지닌다.
⑤ 부동산학의 일반원칙으로서 안전성의 원칙은 소유활동에 있어서 최유효이용을 지도원리로 삼고 있다.

해설 ⑤ 안전성의 원칙 ⇨ 능률성의 원칙
㉠ 부동산학 일반원칙: 능률성(가장 중요), 안전성, 경제성, 공정성
㉡ 능률성의 원칙: 안전성의 원칙과 상호 견제관계
- 소유활동에서의 능률화: 최유효이용
- 거래활동에서의 능률화: 거래질서의 확립

◆ 정답 ⑤

4 한국표준산업분류(SIC ; standard industrial classification)에 따른 부동산업

(1) 의 의

① 표준산업분류코드는 국가가 통계자료 작성을 위해 우리나라의 산업을 일정기준에 따라 분류한 코드이다.

② '대분류 – 중분류 – 소분류 – 세분류 – 세세분류'의 5가지로 세분화되어 있다.

(2) 대분류 구분(알파벳 A~U) : 총 21개 분류

A	농업, 임업, 어업	H	운수 및 창고업	O	공공행정, 국방 등
B	광업	I	숙박 및 음식점업	P	교육 서비스업
C	제조업	J	정보통신업	Q	보건업 등
D	전기, 가스 등	K	금융 및 보험업	R	예술, 스포츠 등
E	수도, 하수 등	L	부동산업	S	협회 및 단체 등
F	건설업	M	전문, 과학 및 기술 등	T	미분류 등
G	도매 및 소매업	N	사업시설 관리 등	U	국제 및 외국기관

(3) 부동산업의 분류

대분류	중분류	소분류	세분류	세세분류
L 부동산업	L68 부동산업	L681 임대 및 공급업	L6811 임대업	L68111 : 주거용 건물
				L68112 : 비주거용 건물
				L68113 : 기타 부동산
			L6812 개발 및 공급업	L68121 : 주거용 건물
				L68122 : 비주거용 건물
				L68123 : 기타 부동산
		L682 서비스업	L6821 관리업	L68211 : 주거용 부동산
				L68212 : 비주거부동산
			L6822 중개, 자문, 감정평가업	L68221 : 중개 및 대리업
				L68222 : 투자자문업
				L68223 : 감정평가업
				L68224 : 분양대행업

출제가능한 문제 유형

- 부동산금융업과 부동산건설업은 부동산업이 아님에 유의
- 서비스업의 종류는 관리업, 중개 및 대리업, 투자자문업, 감정평가업, 분양대행업
- 관리업의 세세분류에는 기타 부동산관리업은 없음

Ⅱ 복합개념의 부동산

1 개 요

(1) 의 의

① 특정 부동산을 분석하기 위해서는 부동산의 법적 측면(공・사법상 규제나 소유권의 진정성 등), 기술적 측면(설계나 구조, 위치, 주변의 환경 등), 경제적 측면을 모두 분석하여야 하는데 이를 "복합개념"이라고 한다.

② 복합개념은 단절되는 것이 아니고 상호 불가분의 관계를 가진다.

(2) 복합개념의 구분

법률적 개념(무형)	협 의	토지 및 그 정착물(민법 제99조) ① 토지 및 그 정착물은 부동산이다. ② 부동산 이외의 물건은 동산이다.
	광 의	협의의 부동산 + 준부동산
기술적 개념(유형) (물리적 개념)	공간, 자연, 환경, 위치	
경제적 개념(무형)	자산, 자본, 생산요소, 소비재, 상품	

① 협의의 부동산과 광의의 부동산으로 구분 짓는 것은 법률적 측면의 접근이다.

② 협의의 부동산은 민법 규정에 의한 부동산을 의미하며 민법 규정은 "토지 및 그 정착물"을 부동산으로 규정하고 있다. 따라서 민법 규정에 의하면 토지와 토지정착물 이외의 물건은 동산이 되는 것이다.

③ 복합개념을 유형적 개념과 무형적 개념으로 구분하는 경우에는 유형은 기술적 개념 또는 물리적 개념을 의미하고 무형은 법률적 개념과 경제적 개념을 의미한다.

(3) 복합개념의 부동산, 복합부동산, 복합건물의 구분

① **복합개념**: 법률적 개념 + 기술적 개념 + 경제적 개념이 복합된 개념

② **복합부동산**: 토지와 건물은 각각 독립된 거래의 객체이지만(법률상 2개의 물건), 부동산활동을 할 때는 하나의 물건으로 인식하는데 이를 복합부동산이라고 한다.

③ **복합건물**: 주상복합건물, 관상복합건물 등 여러 용도가 혼재되어 사용되는 건물을 복합건물이라고 한다.

④ 토지나 건물의 단일부동산이건, 복합부동산이건, 복합건물이건 상관없이 모든 부동산은 복합개념으로 접근한다.

2 법률적 개념의 부동산

(1) 토 지

① **토지소유권의 내용상 구분**: 소유자는 법률의 범위 내에서 그 소유물을 사용·수익·처분할 권리가 있다(민법 제211조 소유권의 내용). 즉 토지소유권은 절대적 소유권이 아닌 공·사법상 제약을 받을 수 있는 상대적인 권리라는 의미이며, 소유권은 '사용권 + 수익권 + 처분권'의 합으로 구성되는 권리라는 의미이다. 여기서 공법상 제약이란 건폐율 또는 용적률 등에 의해 건축물을 내 마음대로 짓지 못한다는 제약을 의미하고, 사법상 제약이란 저당권, 지상권, 지역권 등의 설정으로 인해 내 토지라도 내 마음대로 사용하거나 처분하지 못한다는 제약을 말한다. 토지는 이러한 공·사법상 제약의 정도가 약할수록 가치가 높게 평가된다.

② **토지소유권의 공간상 구분**: 우리나라 민법은 "토지의 소유권은 정당한 이익이 있는 범위 내에서 토지의 상하에 미친다(민법 제212조 토지소유권의 범위)."고 규정하고 있어, 토지소유권의 효력범위를 입체적으로 규정하고 있다. 즉 토지소유권은 공간상 '지하권 + 지표권 + 공중권'의 합으로 구성되는 권리이다. 여기서 정당한 이익이 있는 범위란 '사회적 통념이나 법이 허용하는 범위'라고 해석하며 구체적인 높이나 깊이에 다툼이 있는 경우에는 재판을 통해 밝혀내야 한다.

☑ **토지소유권의 공간적 범위**

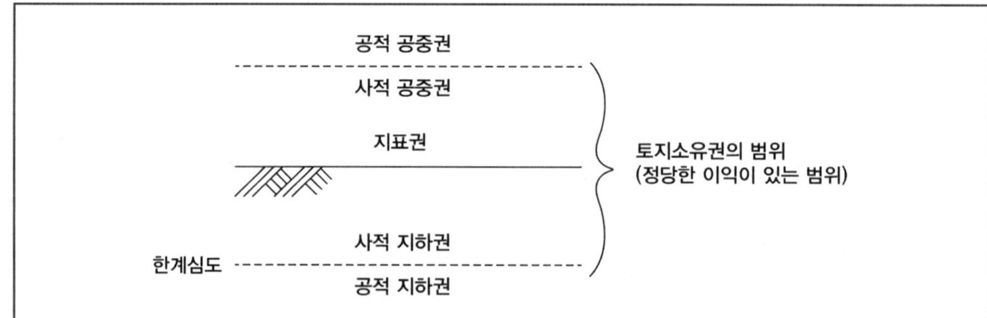

1. **공중권**: 소유권자가 토지구역상의 공중공간을 타인에게 방해받지 않고, 정당한 이익이 있는 범위 내에서 이용·관리할 수 있는 권리를 말한다.
2. **지표권**: 토지의 지표를 토지소유자가 배타적으로 이용하여 작물을 경작하거나 건물을 건축할 수 있는 권리를 지표권이라 한다.
3. **지하권**: 토지소유자가 지하공간에서 어떤 이익을 얻거나 지하공간을 사용할 수 있는 권리를 지하권이라 한다.

예 제

다음은 토지소유권에 대한 설명이다. 가장 거리가 먼 것은?

① 우리 민법에서는 토지소유권의 효력범위를 공간과 관련하여서는 규정하고 있지 않다.
② 민법 규정에 의하면, 토지소유자는 광업법에서 열거하는 미채굴 광물에 대한 권리를 갖지 않는다.
③ 공중권이란 소유권자가 토지구역상의 공중공간을 타인에게 방해받지 않고, 정당한 이익이 있는 범위 내에서 이용·관리할 수 있는 권리를 말한다.
④ 토지소유자가 토지소유권이 미치는 범위 내에서 적법하게 건물을 건축했다면, 민간지상파 방송사업자의 전파송신에 영향을 미쳤다고 하더라도, 그 사실만으로 방송사업자의 권리를 침해한 것이라고 볼 수 없다.
⑤ 지하철도를 건설하기 위해 타인의 토지의 지하공간을 사실상 영구적으로 사용하는 경우, 공익사업자는 지하공간의 이용이 저해되는 것을 보상해야 한다.

해설 ① 우리 민법은 토지소유권의 공간범위에 대해 '정당한 이익이 있는 범위 내에서 토지의 상하에 미친다.'고 규정하고 있다.
② 토지의 소유권은 흙이나 지하수 등 토지의 구성부분에는 그 소유권이 미치지만, 석탄 등 미채굴의 광물 등은 광업권 등의 객체가 되므로 토지소유권이 인정되지 않는다.
③ 토지소유권은 공간상 공중권과 지표권 및 지하권의 합으로 구성된다. 주어진 지문은 공중권에 대한 옳은 설명이다.
④ 정당한 권리를 행사한 것이므로 타인의 권리를 침해한 것이 아니다.
⑤ 개인소유권이 인정되는 지하권의 구체적인 깊이는 개별적 토지에 따라 달라지는데 이를 한계심도라고 한다. 서울시의 경우는 지하철 공사 등과 관련하여 사적 지하권의 최대범위를 40m로 정하고 있다. 서울시 조례에 따르면 한계심도는 고층시가지는 40m, 중층시가지는 35m, 저층시가지와 주택지는 30m, 농지와 임지는 20m로 규정되고 있다. 만일 지하철 공사 등 공익사업이 개인소유권이 인정되는 한계심도 이내의 토지를 사실상 영구적으로 사용하는 경우에는, 공익사업자는 토지소유자에게 토지의 이용이 저해되는 정도에 따라 보상해야 한다. 하지만 한계심도 이상을 개발하면 보상의무가 없게 된다. 최근 언급되는 GTX라 불리는 대심도 철도는 지하 40m 이하의 공간을 활용해서 거의 보상의무 없이 수도권의 교통체증 문제를 해결하려는 시도이다.

정답 ①

(2) **토지정착물** (뒤에서 자세하게 설명)

토지정착물은 건물 · 수목 · 교량 · 돌담 등과 같이 지속적으로 토지에 부착되어 있는 물건으로서 쉽게 이동할 수 없는 것을 말한다.

(3) **준부동산**

① 부동산은 움직일 수 없기 때문에 부동산을 담보로 제공하고 돈을 빌리는 경우 부동산 관련 서류를 가지고 가서 서류에 서명하고 돈을 빌린다. 이를 저당권을 설정한다고 한다. 즉 부동산은 저당권을 설정하고 돈을 빌린다.

② 반면 카메라 같은 동산은 물건을 직접 전당포로 가지고 가서 그 물건을 전당포에 맡기고 돈을 빌린다. 이를 질권설정이라고 한다. 즉 동산은 질권을 설정하고 돈을 빌린다.

③ 위에서 보다시피 부동산과 동산은 법적으로 해당 물건을 담보로 잡히고 돈을 빌리는 방식이 다르다.

④ 그렇다면 자동차나 항공기 또는 선박 등을 담보로 잡히고 돈을 빌리는 경우를 생각해 보자. 민법대로 하면 자동차는 동산이므로 자동차를 가지고 가서 전당포에 맡기고 돈을 빌려야 하는데 이게 현실적으로 가능할까?

⑤ 자동차나 항공기, 선박 등 덩치가 커서 전당포에 맡기기 어려운 동산은 부동산처럼 서류작업을 하고 돈을 빌리게 하는 것이 합리적이지만, 이 물건들은 민법 규정상 동산이므로 그렇게 할 수 없다.

⑥ 그래서 민법이 아닌 다른 법에서 이런 물건들의 경우 부동산처럼 서류작업을 통해 돈을 빌릴 수 있도록 규정하고 있는데, 이런 물건들을 준부동산이라고 한다(민법이 아닌 다른 법을 개별법 또는 특별법이라고 하며, 특별법 우선의 원칙에 의해서 민법보다 우선 적용한다).

⑦ 따라서 자동차 등 준부동산으로 규정되는 물건들은 동산이지만 서류작업이 필요한 물건이므로 등기나 등록을 해야 한다.

⑧ 준부동산 중의 하나인 어업권을 예로 들면, 수산업법 제16조에서는 '어업권은 물권으로 하며, 이 법에서 정한 것 외에는 민법 중 토지에 관한 규정을 준용한다.', '어업권과 이를 목적으로 하는 권리에 관하여는 민법 중 질권에 관한 규정을 적용하지 아니한다.'고 규정하고 있다. 수산업법과 민법의 관계는 수산업법을 먼저 적용한다. 즉 수산업법이 개별법 또는 특별법의 지위를 가지게 된다.

⑨ 준부동산의 개념을 공인중개사 시험용으로 정리하면,

㉠ 준부동산은 민법이 아닌 개별법에서 부동산으로 취급하는 물건이다.

㉡ 준부동산은 등기 또는 등록하는 동산 또는 '동산+부동산의 집합'이다.

㉢ 준부동산의 종류에는 광업재단, 공장재단, 어업권, 입목, 자동차, 건설기계, 항공기, 선박(20톤 이상) 등이 있으며 이 중에서 입목, 공장재단, 광업재단은 중개의 대상이 된다.

㉣ 특정 물건을 준부동산으로 취급하는 이유는 부동산으로 취급해야 그 물건에 저당권을 설정하는 것이 허용되기 때문이다. 예를 들면 같은 독립물이라고 하더라도 명인방법을 갖춘 수목의 집단은 저당권의 대상이 되지 않지만 입목법에 의해 등기를 한 수목의 집단은 준부동산이므로 저당권의 목적물이 될 수 있다.

공인중개사법 제3조 【중개대상물의 범위】

(1) 토지

(2) 건축물 그 밖의 토지의 정착물

(3) 입목, 공장재단, 광업재단

① **입목**(立木): 법률상 입목은 토지에 부착된 수목의 집단으로서 "입목에 관한 법률"의 규정에 따라 소유권 보존등기를 받은 것을 말한다. 이 경우 입목은 토지와 별개의 독립된 물건으로 취급해서 토지와 분리하여 양도하거나 저당권의 목적물이 될 수 있다.

② **공장재단**: 공장 및 광업재단 저당법에 의하여 공장에 속하는 토지와 그 공작물·기계, 기타의 부속물 및 권리 등을 일괄하여 하나의 부동산으로 인정한 것을 말한다. 공장재단은 저당권의 목적이 되지 못하는 동산들을 부동산과 일괄하여 담보로 함으로써, 기업의 담보능력을 크게 하여 기업금융의 원활화에 기여하는 점에 그 의의가 있다.

③ **광업재단**: 공장재단과 같은 취지이며, 광업재단이란 광업권과 광업을 위해 사용하는 설비 등을 하나의 재산으로 등록하여 하나의 부동산으로 보는 것을 말한다. 광업재단을 하나의 부동산으로 보는 것이므로 광업재단에 속해 있는 자산은 개별적으로 처분할 수 없다.

3 기술적 개념의 부동산

(1) 공 간

① 공간으로서의 토지는 지표뿐만 아니라 지하와 공중을 포함하는 입체공간을 의미하며, 부동산가격은 3차원 공간이 갖는 개개의 공간가격의 총화이다.

② 서울 명동의 토지 1평과 강원도 두메산골의 토지 1평을 산 경우, 토지를 지표로 인식한다면 동일한 양을 산 것이지만 입체로 인식한다면 명동의 토지를 훨씬 많이 산 것이다.

(2) 자 연

① 토지를 자연으로 보면 토지는 자연환경으로도 볼 수 있다. 이 경우 자연으로서의 부동산의 개념은 토지의 특성 중 '부증성'과 가장 밀접하다.

② 자연으로서의 토지는 택지 등 인공적인 힘에 의해 개발된 토지를 의미하는 상품자원과 대비해서 현장자원으로 인식될 수 있다.

③ 상품자원은 시장의 힘에 의하여 뒷받침되지만 현장자원은 사회성과 공공성 때문에 자신의 가치를 충분히 반영하는 시장의 힘을 가지지 못한다. 따라서 현장자원은 정부의 정책적 배려에 의해서 보존되어야 한다.

(3) 환 경

① 부동산은 그 자체가 하나의 환경이며, 환경에 영향을 미치는 요소임과 동시에 주변의 환경으로부터 영향을 받아 그 가치가 결정된다.

② 부동산환경은 대상부동산의 활동이나 현상에 영향을 미치는 모든 상황을 총칭한다.

(4) 위 치

① 부동산의 위치는 협의의 위치(획지), 광의의 위치(인근지역), 최광의의 위치(도시)로 구분할 수 있다.

② 협의의 위치를 분석하는 것을 개별분석, 광의의 위치를 분석하는 것을 지역분석이라고 한다.

③ 부동산의 위치는 절대적 위치와 상대적 위치로도 구분할 수 있는데, 절대적 위치는 고정이지만 상대적 위치는 항상 변동의 과정에 있다.

④ 특정 토지의 주변에 도로가 개통되었다면 그 토지는 절대적 위치는 변하지 않았지만 상대적 위치 중 경제적 위치는 변한 것이다.

4 경제적 개념의 부동산

(1) **자산**(재산)

① 자산은 가지고 있는 물건 중에서 경제적 가치가 있는 물건을 말한다. 부동산은 내가 가지고 있는 물건 중에서 아마 경제적 가치가 가장 큰 자산일 것이다.

② 일반적으로 부동산은 교환가치와 사용가치를 모두 가지는 자산이다.

③ 지금 내가 살고 있는 주택이 시세가 10억원인데 '나는 지금 이곳에서 사는 것이 너무 행복해서 누가 20억원을 준다고 해도 이 주택 안 팔거야.' 라고 한다면 이 주택의 객관적인 교환가치는 10억원이고 나의 주관적인 사용가치는 20억원 이상인 것이다.

④ 또한 부동산은 소득이득과 자본이득을 모두 기대할 수 있는 자산이다.

⑤ 상가를 3억원에 사서 매월 월세를 200만원을 받다가 5년 후에 4억원에 팔았다면 매월 소득이익 200만원과 자본이득 1억원을 번 것이다.

(2) **자본**(투자 밑천)

① 자동차의 경우 자가용은 자산이기는 하지만 다른 수익을 창출하기 위한 투자 밑천은 아니다. 하지만 택시운전자의 입장에서 자동차는 자산이면서 동시에 매일 수익을 얻는 수단이다. 즉 택시는 자산이면서 동시에 자본인 것이다.

② 부동산의 경우도 마찬가지이다. 본인이 거주하는 주택의 경우는 자산이지만 자본으로 보기는 어렵다. 하지만 상가부동산의 경우는 자산이면서 동시에 자본인 것이다.

③ 즉 어떤 물건이 물건 그 자체가 목적이 아닌 다른 무엇인가를 만들기 위한 수단으로 사용되는 경우 그 물건은 자본으로 보기 때문에 부동산은 자본으로서의 성격도 가진다는 것이다.

> **자본비용의 개념**
> 내가 지금 사업을 하나 하려고 하는데 투자 밑천(자본금)이 10억원이 필요하다. 현재 내 수중에는 6억원이 있다. 그래서 부족한 4억원은 은행에서 돈을 빌렸다. (이자율 5%)
> 이 경우 은행에서 빌린 돈에 대해서는 매년 이자 2천만원을 지급해야 하는데 이 이자를 자본비용이라고 한다. (투자 밑천이 되는 자본을 끌어오기 위해 들어가는 비용)
> 내가 투자하는 대상은 최소한 이러한 자본비용 이상의 수익이 나는 곳이어야 한다.

(3) 생산요소(생산재)

① 자동차회사는 토지를 사서 자동차공장을 짓고 자동차 생산에 필요한 각종 기계설비를 설치하고 자동차를 연구하는 각종 연구개발자와 기술자를 고용해서 자동차를 생산한다.

② 위의 토지와 공장(부동산), 기계설비, 기술자를 상품(자동차)을 생산하기 위해 필요한 생산요소라고 한다. 보통 3대 생산요소라고 하면 노동과 자본 및 토지를 말한다.

③ 회사는 이런 생산요소를 준비하려고 하면 노동에 대해서는 임금을 지불해야 하고 자본에 대해서는 이자를 지급해야 하고 토지에 대해서는 지대를 지급해야 하는데 이런 비용들을 요소비용이라고 한다. 곧 부동산시장 공부할 때 나오는 용어들이니까 지금 기억해 두시라!

④ 토지가 공장부지로 이용되고 있다면 이 토지는 생산요소인 것이다. 물론 논이나 밭으로 이용되는 경우도 생산요소로 이용되고 있는 것이다. 시험에서는 생산요소 또는 생산재라는 용어로 표현된다.

(4) 소비재

① 부동산 자체가 목적으로 인식되는 경우이다. 우리가 주택을 구매하는 목적은 주거서비스를 소비하기 위함이며 이 경우 부동산은 소비재가 된다.

② 근처에 지하철역이 있고 좋은 학교가 있고 멋진 공원이 있고 하는 것은 모두 소비재로서의 부동산의 가치를 높이는 요소들이다.

③ 주택은 소비재로서만 인식되지만 토지의 경우는 생산재와 소비재(학교운동장, 축구장, 공원 등) 둘 다 사용이 가능하다.

(5) 상 품

① 시장에서 거래되는 물건을 상품이라고 한다. 설거지의 경우 집에서 가족을 위해 하는 행위는 상품이 아니지만 식당에서 대가를 받고 하는 경우 설거지는 하나의 상품이다.

② 부동산은 당연히 시장에서 거래가 되는 물건이므로 상품이며, 상품 중에서도 아주 신중하게 거래선택을 해야 하는 고가의 상품이다.

Ⅲ 토지정착물

1 개 요

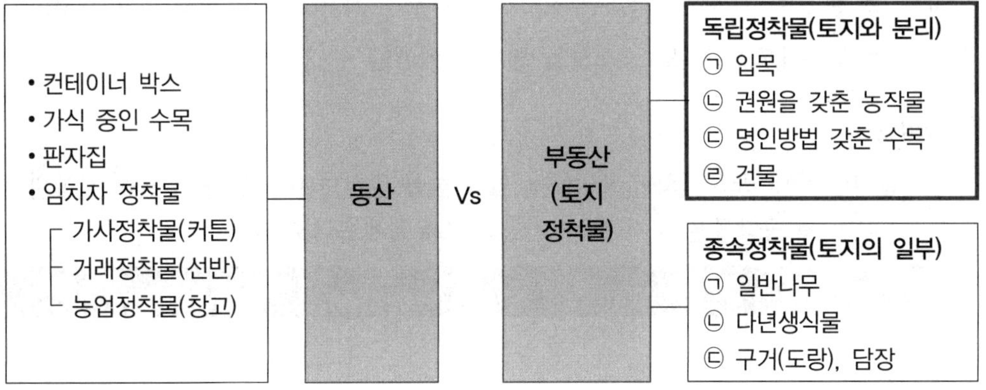

(1) 의 의

① 어떤 물건이 동산인가 토지정착물(부동산)인가 여부는 부동산 거래물품에 포함되는지 여부 또는 법적 형식의 차이 등에서 아주 중요하기 때문에 이 둘을 명확하게 구분할 수 있어야 한다.

② 토지정착물은 사회 · 경제적인 측면에서 부착성과 지속성이 인정되어야 한다. 즉 토지정착물은 건물 · 수목 · 교량 · 돌담 등과 같이 지속적으로 토지에 부착되어 있는 물건으로서 쉽게 이동할 수 없는 것을 말한다.

③ 예를 들면 판자집, 컨테이너 박스, 가식 중인 수목 등은 현재 정착되어 있다고 해도 곧 이동하거나 없어질 물건들이기 때문에 부동산정착물로 보지 않고 동산으로 본다.

④ 토지정착물은 독립정착물과 종속정착물로 구분한다.

(2) 토지정착물 중 독립정착물

① 독립정착물은 건물, 명인방법을 갖춘 수목의 집단, 성숙된 농작물 등을 말한다.

② 독립정착물은 토지를 거래할 때 토지 거래금액에 포함되지 않는다.

③ 우리가 아파트를 거래할 때 10억원에 거래하였다면 이 금액은 두 개의 독립적인 부동산인 토지와 건축물의 거래금액을 합친 금액인 것이다.

(3) 토지정착물 중 종속정착물

① 종속정착물은 산에 있는 그냥 혼자 알아서 잘 자라는 일반 나무나 다년생 식물, 주택의 담장, 길가의 도랑 등을 말한다.

② 토지소유권은 토지의 흙이나 돌 등 토지의 구성부분과 토지로부터 독립성이 없는 정착물에 효력이 미치기 때문에 토지의 거래금액에 종속정착물은 모두 포함된다.

2 민법상 토지정착물의 종류

(1) 건 물

건물의 경우 우리나라나 일본 등의 법제에서는 토지와 별개의 독립된 부동산으로 취급한다. 즉 토지등기부와 건물등기부가 독립적으로 존재하며 토지 위에 건물이 이미 지어져 있는 경우라도 토지 또는 건물을 별개로 매매할 수 있다.

(2) 공작물

공작물이란 축대, 도로, 교량, 제방(둑), 돌담 등을 말하며 대부분 토지 또는 건물의 부속물로 본다. 즉 공작물은 토지 또는 건물의 소유권에 포함된다.

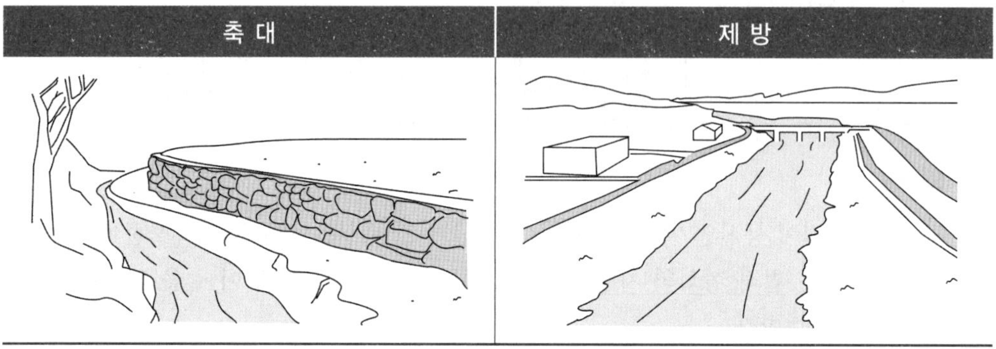

(3) 수목의 집단

① 산에 심어져 있는 수목의 경우 명인방법을 갖춘 것과 아무 표식이 없는 것으로 구분할 수 있는데 명인방법이 있는 수목의 집단은 독립물로 보며, 아무 표식이 없는 것은 토지의 일부로 본다.

② 명인방법(明認方法)이란 제3자가 식별할 수 있도록 해당 물건에 별도로 표식을 하는 방법을 말한다. 이는 관습법상으로 인정되는 소유권의 공시방법이다.

③ 명인방법은 공식적으로 정해진 방법은 없는데, 나무에 자기 이름을 새겨 놓거나 주변에 줄을 쳐 놓는 방법은 모두 명인방법의 일종이다.

(4) 농작물

① 일반적인 농작물은 토지의 일부로 본다.

② 하지만 타인의 토지에서 경작한 농작물은 정당한 권원 여부와 상관없이 경작자의 소유로 인정된다(독립물로 본다).

③ 타인의 토지 위에 있는 물건의 경우 쉽게 제거가 가능한 물건이라면 그냥 원래의 소유자에게 돌려주면 된다는 의미이다.

3 영미법상 건축설비(Fixture)의 구분방법 (참고)

2 토지에 부착된 물건이 동산인가 토지정착물인가 구분하는 내용
3 건물에 부착된 물건이 동산인가 건축설비인가 구분하는 내용

① 갑 목사가 을 목사에게 교회를 팔았다. 을 목사는 교회를 사면 교회의자도 당연히 포함되는 것으로 생각하였고 갑 목사는 교회의자는 새로 신축한 교회로 가지고 갈 생각이었다.
매매계약서에는 매매대상 물건이 교회로 되어 있고 교회의자 포함 여부에 대한 언급은 없다.

② 이런 경우 교회의자를 동산으로 판단하면 교회의자는 매도자인 갑 목사의 것이 되는 것이고, 교회의자를 교회의 일부인 부동산으로 판단하면 교회의자는 매수자인 을 목사의 것이 된다.
법원까지 간 이 사건에서 판사는 교회의자를 특수한 의자로 보아 교회의 일부 즉 부동산으로 판단하였다.

③ 원래는 동산이었으나 토지와 건물에 항구적으로 설치됨에 따라 부동산의 일부가 된 물건을 건축설비(Fixture)라고 한다. 건축물에 붙어 있는 물건이 건축물의 일부인 건축설비인가 아니면 독립된 동산인가를 판단하는 것도 중요하기 때문에 지금부터 기준을 살펴보도록 한다(교회의자의 경우 법원은 교회의 일부인 건축설비로 판단한 것이다).

㉠ 부착방법에 따라 구분한다.
그 물건을 부동산에서 분리했을 때, 분리하면 건물의 기능에 손상을 주는 것은 부동산으로 본다. 예를 들면 엘리베이터, 수도꼭지나 수도배관, 전기배선, 벽난로 등은 분리가 가능하지만 분리했을 때 건물의 기능이 손상되므로 이들 물건은 부동산이다. 집의 대문이 정이 들었다고 해서 이사 갈 때 뜯어 가면 안 되는 이유이기도 하다.

㉡ 물건의 성격에 따라 구분한다.
처음부터 건물에 맞춤용으로 설치한 물건은 부동산으로 본다. 같은 장롱이라도 이사 때마다 옮겨 다니는 장롱은 동산이지만 붙박이장은 부동산정착물이고, 같은 의자라도 가정집 의자는 동산이지만 교회의자는 부동산이다.

㉢ 누가 어떤 목적으로 설치했는가에 따라 구분한다.

어떤 목적으로 설치했는가도 정착물의 구분기준이 된다. 예를 들어 같은 가스스토브의 경우 임대인이 임대료를 더 많이 받을 목적으로 임대APT에 설치해 놓은 가스스토브는 부동산이고, 임차인이 자기가 가지고 들어온 가스스토브는 동산이다. 임차인이 자신의 사용목적을 위해 자기가 가져와서 설치한 물건은 임차자정착물이라고 하며 임대차 계약이 끝나면 임차인이 제거할 수 있다. 임차인이 장사하기 위해 설치한 선반(거래정착물), 농사를 짓기 위해 설치한 창고(농업정착물), 생활하기 위해 설치한 블라인드(가사정착물) 등은 임차자정착물에 해당되며 이는 동산이다.

㉣ 불확실한 경우의 판단기준 : 부동산정착물인지 여부가 불확실한 경우에는 매도인과 매수인 중 매수인의 것, 임대인과 임차인의 것 중 임차인의 것으로 간주한다.

동산과 부동산 판단시 유의사항

소유자의 직업이나 물건의 가격 등은 동산과 부동산 여부를 판단하는 기준이 될 수 없음을 유의한다. '교사가 가지고 있는 책은 부동산이고 학생이 가지고 있는 책은 동산'은 말이 안 되는 것이고, '물방울 다이아몬드는 비싸니까 부동산이고 가치가 없는 황무지는 싸니까 동산이다.' 이것도 말이 안 되는 것이다.

www.pmg.co.kr

01번 : 부동산의 개념		기출문제									
Ⅰ	부동산학 개요	26		28			31				
Ⅱ	복합개념의 부동산		27			30				34	35
Ⅲ	토지정착물				29				33		

[부동산학 개요－24회, 28회, 31회] 한국표준산업분류상 부동산 관련 서비스업에 해당하지 않는 것은?

① 부동산 투자자문업
② 주거용 부동산관리업
③ 부동산 중개 및 대리업
④ 부동산 개발 및 공급업
⑤ 비주거용 부동산관리업

◆ 정답 ④
④ 부동산 서비스업은 감정평가업, 투자자문업, 관리업, 중개 및 대리업, 분양대행업이다.

[복합개념의 부동산－34회] 부동산의 개념에 관한 설명으로 틀린 것은?

① 「민법」상 부동산은 토지 및 그 정착물이다.
② 경제적 측면의 부동산은 부동산가치에 영향을 미치는 수익성, 수급조절, 시장정보를 포함한다.
③ 물리적 측면의 부동산에는 생산요소, 자산, 공간, 자연이 포함된다.
④ 등기·등록의 공시방법을 갖춤으로써 부동산에 준하여 취급되는 동산은 준부동산으로 간주한다.
⑤ 공간적 측면의 부동산에는 지하, 지표, 공중공간이 포함된다.

◆ 정답 ③
생산요소와 자산은 경제적 측면의 부동산이다.

[토지정착물－33회] 토지의 정착물에 해당하지 않는 것은?

① 구거 ② 다년생 식물 ③ 가식 중인 수목
④ 교량 ⑤ 담장

정답 ③

가식 중인 수목은 동산에 해당되고 나머지는 모두 토지의 정착물 중 종속정착물에 해당된다.

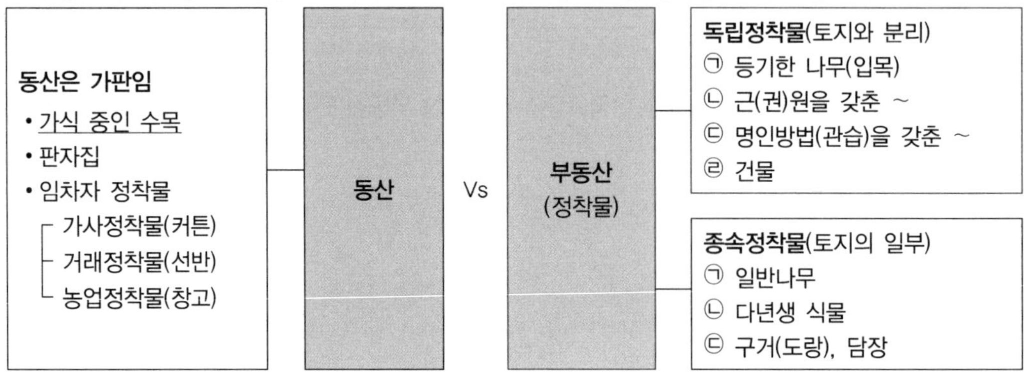

02번: 부동산의 분류		기출									
Ⅰ	토지의 용어 및 분류	26		28	29	30	31	32	33	34	35
Ⅱ	주택의 분류(주택법)		27	28				32	33		35[2]
Ⅲ	지목의 분류(참고)										35

Ⅰ 토지의 용어 및 분류 ★★★

[학습포인트] 토지용어는 매년 출제되는 부분이다. 한 문제에서 다섯 개의 토지용어가 각각 다른 지문으로 등장하므로 하나의 용어에 대해 깊이 들어가지 말고 핵심내용만 간단하게 정리!!

후보지와 이행지	필지와 획지
나지와 건부지 및 공지	맹지와 자루형 토지
대지와 택지 및 부지	법지와 빈지
바닷가와 간석지 및 포락지	휴한지와 유휴지
소지와 택지	중심지와 한계지
표준지와 표본지	선하지
일단지	

Ⅱ 주택의 분류 ★★

[학습포인트] 아래의 이미지 형태로 기억해서 문제를 풀도록 한다. 이 방식으로 접근하면 많은 내용이 한 번에 정리된다.

공동주택		단독주택	
4	4	3	3
연	세	가	다
초과 660m²		19세대 이하	직장인

Ⅲ 지목 28개: 참고

제천에 살던	제방			하천		
양념 차철수	양어장	염전	주차장	철도용지	수도용지	
묘지 답	묘지			답		
주구장창	주유소용지	구거		공장용지	창고용지	
잡종과목 전공	잡종지	종교용지	과수원	목장용지	전	공원
원광체대	유원지	광천지		체육용지	대	
유도학사임	유지	도로	학교용지	사적지	임야	

I 토지의 용어 및 분류

1 후보지와 이행지

┌──── 후보지 ────┐ : 용도적 지역 상호간

대분류	택지지역			농지지역			임지지역	
소분류	주택 지역	상업 지역	공업 지역	전지 지역	답지 지역	과수원 지역	용재림 지역	신탄림 지역

└── 이행지 ──┘ : 용도적 지역 내에서

(1) 지역과 토지의 분류

① 감정평가 분류상 지역은 택지지역, 농지지역, 임지지역으로 크게 분류한다.

② **택지지역**: 택지지역은 건축물을 짓는 지역으로, 어떤 건물을 짓는가에 따라 주택지역, 상업지역, 공업지역으로 소분류 된다.

③ **농지지역**: 농지지역은 농사를 짓는 지역으로, 어떤 농사를 짓는가에 따라 전지지역(밭), 답지지역(논), 과수원지역(과일)으로 소분류 된다.

④ **임지지역**: 임지지역은 나무를 심는 지역으로, 어떤 나무를 심는가에 따라 용재림(건축용 나무)지역과 신탄림(땔감용 나무)지역으로 소분류 된다.

⑤ **지역에 따른 토지의 분류**: 토지는 그 토지가 속해 있는 지역에 따라 분류한다. 택지지역에 있는 토지는 택지이고 농지지역에 속한 토지는 농지이다. 택지지역에 있는 감자밭은 농지가 아니고 택지이다.

(2) 후보지(候補地)와 이행지(移行地)

① **후보지**: 후보지란 부동산의 용도적 지역인 택지지역, 농지지역, 임지지역 상호간(대분류 지역 간)에 다른 용도적 지역으로 전환되고 있는 지역의 토지를 말한다. 전지지역에서 주택지역으로 용도가 전환되고 있는 지역에 속하는 토지는 후보지이다. 이는 농지지역에서 택지지역으로 전환되고 있는 것이기 때문이다.

② **이행지**: 이행지란 용도적 지역 내에서 용도가 바뀌고 있는 지역의 토지를 말한다. 택지지역 내에서 주거지가 상업지로 용도가 바뀌고 있다면 이 토지는 이행지에 해당된다.

③ **바뀌는 과정에 있는 토지**: 주거지가 상업지로 용도가 바뀌는 과정에 있는 토지라면 이행지라고 하지만, 이미 상업지로 용도가 바뀐 상태라면 상업지가 된다.

2 필지와 획지

(1) 필지(筆地)

① **의의**: 필지란 대통령령으로 정하는 바에 따라 구획되는 토지의 등록단위이고, 지번이란 필지에 부여하여 지적공부에 등록한 번호를 말한다(공간정보의 구축 및 관리 등에 관한 법령).

② 필지는 토지에 대한 법률관계(권리변동관계)의 기준적 단위개념이다.

③ 필지는 법률적인 최소단위이며 같은 지번으로 에워싸인 토지이다.

(2) 획지(劃地)

① **의의**: 획지는 인위적·자연적·행정적 조건에 의해 타 토지와 구별되는 가격수준이 비슷한 일단의 토지를 말한다.

② 부동산활동은 복합개념으로 접근하므로 획지는 법률적·기술적·경제적 측면에서 복합개념으로 판단한다.

③ 획지는 부동산활동상 토지의 구획단위이다.

(3) 필지와 획지의 관계(둘은 서로 구속하는 관계가 아님)

1개의 필지가 여러 개의 획지인 경우도 있고, 1개의 필지가 1개의 획지인 경우도 있고, 여러 개의 필지가 1개의 획지인 경우도 있다.

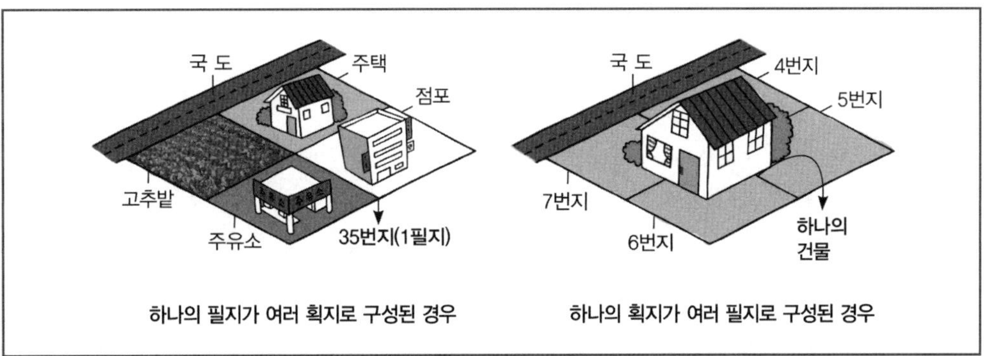

하나의 필지가 여러 획지로 구성된 경우 / 하나의 획지가 여러 필지로 구성된 경우

(4) 필지와 획지의 비교

필 지	획 지
지적법상 토지의 등록(登錄)단위	부동산활동상 토지의 구획(區劃)단위
소유권의 한계를 밝히는 개념	가격수준이 유사한 일단의 토지
법적인 개념	경제상 개념
지번으로 표시	면적이나 가격으로 표시

공간정보의 구축 및 관리 등에 관한 법률 제2조 【정의】

(1) 지적공부란 토지대장, 임야대장, 공유지연명부, 대지권등록부, 지적도, 임야도 및 경계점좌표등록부 등 지적측량 등을 통하여 조사된 토지의 표시와 해당 토지의 소유자 등을 기록한 대장 및 도면(정보처리시스템을 통하여 기록·저장된 것을 포함한다)을 말한다.

(2) 토지의 표시란 지적공부에 토지의 소재·지번(地番)·지목(地目)·면적·경계 또는 좌표를 등록한 것을 말한다.

(3) 필지란 대통령령으로 정하는 바에 따라 구획되는 토지의 등록단위를 말한다.

(4) 지번이란 필지에 부여하여 지적공부에 등록한 번호를 말한다.

(5) 지목이란 토지의 주된 용도에 따라 토지의 종류를 구분하여 지적공부에 등록한 것을 말한다.

(6) 면적이란 지적공부에 등록한 필지의 수평면상 넓이를 말한다.

(7) 토지의 이동이란 토지의 표시를 새로 정하거나 변경 또는 말소하는 것을 말한다.

(8) 신규등록이란 새로 조성된 토지와 지적공부에 등록되어 있지 아니한 토지를 지적공부에 등록하는 것을 말한다.

(9) 등록전환이란 임야대장 및 임야도에 등록된 토지를 토지대장 및 지적도에 옮겨 등록하는 것을 말한다.

(10) 분할이란 지적공부에 등록된 1필지를 2필지 이상으로 나누어 등록하는 것을 말한다.

(11) 합병이란 지적공부에 등록된 2필지 이상을 1필지로 합하여 등록하는 것을 말한다.

(12) 지목변경이란 지적공부에 등록된 지목을 다른 지목으로 바꾸어 등록하는 것을 말한다.

(13) 축척변경이란 지적도에 등록된 경계점의 정밀도를 높이기 위하여 작은 축척을 큰 축척으로 변경하여 등록하는 것을 말한다.

3 나지, 건부지, 공지

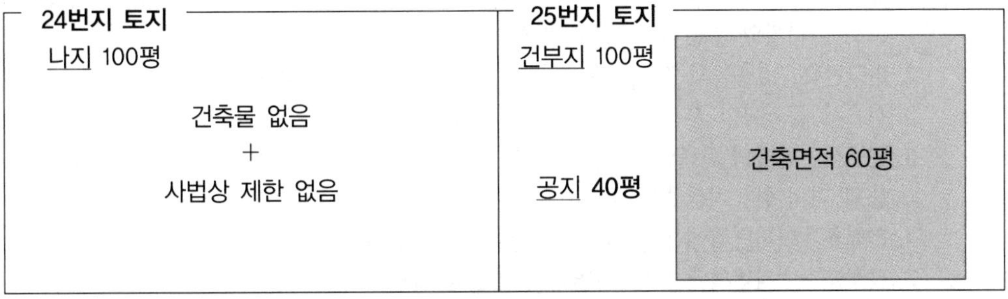

24번지 토지	25번지 토지
나지 100평 건축물 없음 + 사법상 제한 없음	건부지 100평 공지 **40평** 건축면적 60평

(1) 나지(裸地)

① 나지는 '토지에 건물 기타의 정착물이 없고 지상권 등 토지의 사용 · 수익을 제한하는 사법상의 권리가 설정되어 있지 아니한 토지'를 말한다.

② 토지를 담보로 제공하고 돈을 빌리면 토지에 저당권이 설정되는데 그런 사법상 제한도 설정되지 않은 토지가 나지인 것이다.

③ 24번지 토지의 경우 한 필지(100평)의 토지 전체를 나지라고 한다.

④ 나지에도 공법상 제한은 존재한다. 공법상 제한이 없는 토지는 아예 없다.

⑤ 나지이면서 동시에 지목이 '대'인 토지를 실무에서는 '나대지'라고 한다.

(2) 건부지(建敷地)와 공지(空地)

① 건부지는 지상에 개량(改良)물이 있는 한 필지의 토지(100평)를 말한다.

② 건부지는 건물과 부지를 합친 개념이 아니고 토지만을 의미하며, 토지와 건물을 합친 상태를 복합부동산이라고 한다.

③ 건부지에서 건물이 없는 부분의 토지를 공지(40평)라고 한다. 25번지 토지의 경우 한 필지가 100평이면 건물을 100평 다 짓고 싶지만 건폐율이 60%인 용도지역에서는 40%는 건물을 짓지 못하고 남겨 두어야 하는데, 남겨진 그 땅을 공지라고 한다.

(3) 건부감가

① 창고가 지어져 있는 건부지(창고철거비 1억원)와 나지(10억원)가 있다. 창고 유무를 제외하면 둘의 조건은 동일하다.

② 이 경우 창고가 있는 건부지의 시장가격은 9억원이다. 건부지를 9억원에 사서 철거비 1억원을 들이면 나지상태의 토지가격과 같아지기 때문이다.

③ 즉 건부지는 철거비만큼 토지가치가 떨어지는데 이를 건부감가라고 한다.

건축법상 용어

1. **건축면적**: 건축물의 외벽(외벽이 없는 경우에는 외곽 부분의 기둥을 말한다.)의 중심선으로 둘러싸인 부분의 수평투영면적으로 한다.
2. **바닥면적**: 건축물의 각 층 또는 그 일부로서 벽, 기둥, 그 밖에 이와 비슷한 구획의 중심선으로 둘러싸인 부분의 수평투영면적으로 한다.
3. **연면적**: 하나의 건축물 각 층의 바닥면적의 합계로 하되, 용적률을 산정할 때에는 지하층의 면적이나 지상층의 주차용으로 쓰는 면적 등은 제외한다.
4. **건폐율**: 대지면적에 대한 건축면적의 비율을 말한다.
5. **용적률**: 대지면적에 대한 연면적의 비율을 말한다.

4 맹지와 자루형 토지

(1) **맹지**(盲地)

① 맹지는 '도로에 접하는 면이 하나도 없는 토지(27번지)'를 말한다.

② 다르게 표현하면 맹지는 '타인의 토지에 의하여 완전히 둘러싸여 공도와 전혀 접하지 아니한 토지'를 말한다.

③ 맹지에는 건축법상 건축이 불가능하므로 맹지가격은 저평가된다. 건축법상 원칙적으로 건축물의 대지는 2미터 이상이 도로에 접하여야 건축이 가능하다.

(2) **자루형 토지 = 대지**(袋地)

① 맹지가 도로에 접하기 위해 주변토지를 매입하여 합병하면 자루형태의 토지가 되는데(28번지), 이를 자루형 토지(대지: 袋地)라고 한다.

② 토지전문가는 맹지를 싸게 사서 이를 자루형 토지로 만들어서 가치를 높인 후 다시 팔아서 차익을 남긴다.

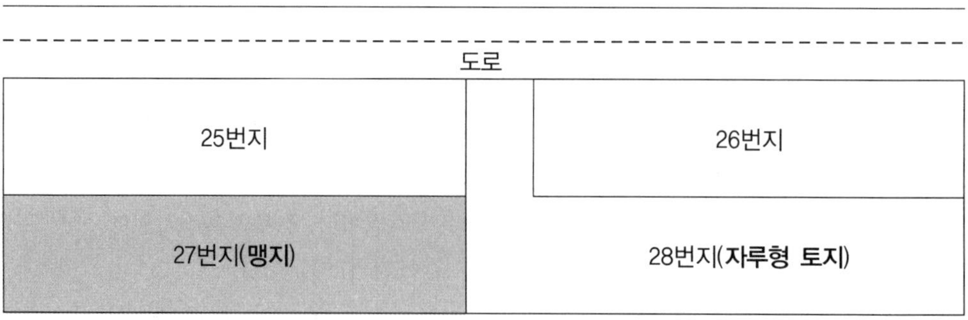

도로

25번지

26번지

27번지(**맹지**)

28번지(**자루형 토지**)

5 대지, 택지, 부지

주거용 건축물 또는 상업용 건축물을 건축하고자 한다면 지적법상 지목이 '대'인 토지를 사야 하고, 공업용 건축물을 짓고 싶다면 지목이 '공장용지'인 토지를 사야 한다. 지목이 '대'인 토지를 학문상 대지라고 하며 대지에는 주거용과 상업용 건물만 건축이 가능하다.

(1) **대지**(垈地)

① 지적법상 지목이 '대(垈)'인 토지를 일반적으로 대지라고 한다.

② 지적법상 '공장용지'가 별도로 존재하므로 대지에는 주거용과 상업용 건축물만 건축이 가능하다.

③ 흔히 '나지'이면서 지목이 '대'인 토지를 '나대지'라고 한다.

(2) **택지**(宅地)

① 이미 건축물이 들어섰거나 또는 건축이 가능한 도시토지를 택지라고 한다(감정평가).

② 택지는 농촌토지의 상대개념으로서 도시토지의 개념으로 사용되기도 하고, 개발이 안 된 토지인 소지의 상대개념으로 이미 개발이 된 토지의 개념으로도 사용된다.

③ 택지개발이라는 것은 농촌토지를 도시토지로 만드는 것 또는 소지를 택지로 만드는 것을 말한다.

④ 시험용으로 택지는 '주거용이나 상업용 또는 공업용 건축물의 건축이 가능하거나 이미 건축이 되어 있는 토지'를 말한다.

(3) **부지**(敷地)

① 건축이 가능한 토지뿐만 아니라 건축이 불가능한 '도로용지, 철도용지, 하천부지' 등을 포함하는 개념이며, 건축물의 바닥토지를 말한다.

② 대지, 택지, 부지 중 가장 넓은 의미의 토지는 부지이다.

부지(바닥토지): 택지+철도용지+하천부지+도로용지 등을 포함한다.

택지: 주거용·상업용·공업용 용지로 이용되고 있거나,
해당 용도로 이용할 목적으로 조성된 토지를 말한다.

대지: 지목이 '대(垈)'인 토지이며
주거용과 상업용 건축물의 건축이 가능하다.

6 소지와 택지

(1) **소지(素地)**

'너는 공인중개사가 될 소지가 충분하다.'고 할 때의 소지를 말하는데, 이때의 소지는 원래의 바탕을 말한다. 즉 토지에서 소지란 택지로 개발되기 이전의 바탕이 되는 토지 즉, 자연 상태의 토지를 말한다. 원래의 토지라서 원지라고도 부른다(도시개발법상 원형지의 개념이다).

(2) **택지(宅地)**

① 개발되기 전 원래 상태의 토지인 소지의 상대개념이다. 택지는 개발된 토지이므로 즉시 건축이 가능한 도시토지를 말한다(도시개발법상 조성토지의 개념이다).

② **토지를 원가방식으로 구하는 방법**

㉠ 가산방식: 예정 분양택지가격=소지구입비+개발비용

㉡ 공제방식: 적정한 소지매입가격=예상택지가격−개발비용

7 법지와 빈지

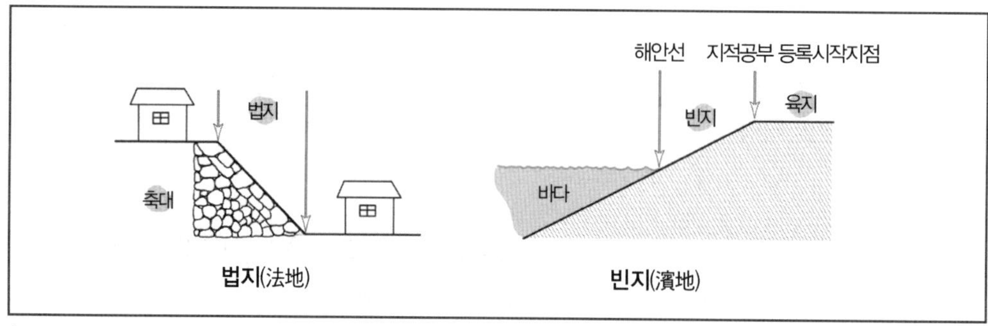

법지(法地) 빈지(濱地)

(1) **법지(法地)**

① 법으로만 소유할 뿐 활용실익이 없는 토지를 말한다.

② 토지의 붕괴를 막기 위한 경사지가 법지에 해당한다.

(2) **빈지(濱地)**

① **해변토지 또는 바닷가**: 법적 소유권은 인정되지 않지만 활용할 수 있는 토지를 말한다. 바다와 육지 사이의 해변토지를 말하며 법률용어로 바닷가라고 부른다.

② 토지와 해면과의 분계는 최고만조시의 분계점을 그 표준으로 하는데, 만조수위선에서부터 지적공부에 등록되기 시작하는 부분까지의 토지가 빈지에 해당한다.

8 공유수면 관리 및 매립에 관한 법률

① **공유수면**(개인의 사적 소유권은 인정되지 않는다)
- 바다: 해안선으로부터 배타적 경제수역 외측 한계까지의 사이
- 바닷가: 해안선으로부터 지적공부(地籍公簿)에 등록된 지역까지의 사이
- 하천 · 구거 등 공공용으로 사용되는 수면 또는 수류(水流)로서 국유인 것

② **포락지**(浦落地): 지적공부에 등록되어 있던 개인의 사유지가 강물이나 냇물에 침식되어 지반이 절토되어 무너져 내려 하천의 일부가 되어버린 토지를 말한다. 시험에서는 '지적공부에 등록된 토지가 물에 침식되어 수면 밑으로 잠긴 토지'로 표현된다.

③ **간석지**(갯벌): 만조수위선과 간조수위선 사이의 토지를 말한다.

9 공한지(空閑地), 유휴지(遊休地), 휴한지(休閑地)

① **공한지**: 도시토지로서 지가상승만을 노리고 장기간 방치한 토지(공한지세 폐지)

② **유휴지**: 바람직하지 못하게 놀리는 토지

③ **휴한지**: 땅의 지력을 향상시키기 위해 정상적으로 쉬게 하는 토지

10 선하지(線下地)

① 송전탑과 송전탑 사이로 지나가는 고압선 하부의 토지를 말한다.

② 자신의 땅이 선하지가 되면 이용제한이 발생하고 재산가치가 하락(선하감가 발생)하기 때문에 소송을 통해 보상받을 수 있다.

11 일단지(一團地)

① 용도상 불가분의 관계에 있는 2필지 이상의 일단의 토지를 말한다.

② 지적공부상 합병되지 아니한 상태에서 토지소유자의 필요에 의해 동일한 용도로 이용하는 경우의 토지를 말한다.

12 표준지와 표본지

① **표준지**: 지가의 공시를 위해 가치형성요인이 같거나 유사하다고 인정되는 일단의 토지 중에서 선정한 토지

② **표본지**: 지가변동률 측정을 위해 선정한 표본 필지

13 한계지(限界地 - marginal land) - 마지막 토지

(1) 농촌토지의 한계지

① 한계지는 이용가능한 마지막 토지의 개념이다. 농촌토지는 농사를 짓는 토지이므로 농촌토지의 한계지는 농사를 지을 수 있는 마지막 토지의 개념이다.

② 비옥도가 낮아서 즉, 생산성이 떨어져서 경작이 의미가 없어지는 토지를 농촌토지의 한계지라고 한다. 그 토지에서 경작한 작물을 시장에서 팔아도 딱 손익분기점이 되는 토지를 농촌토지의 한계지라고 한다.

③ 지대이론(테마11)에서 리카르도의 차액지대설에 의하면 한계지에서는 지대가 발생하지 않는다고 배운다.

④ 리카르도의 한계지는 농촌토지의 한계지를 말하며, 한계지는 농작물의 생산비와 농작물의 시장가격이 같기 때문에 작물을 팔아도 남는 것이 없는 토지이다.

⑤ 리카르도는 지대는 작물을 팔고 남는 것(잉여)이라고 보기 때문에 잉여가 없는 한계지에서는 지대가 발생하지 않는다고 한 것이다.

(2) 도시토지의 한계지

① 도시토지는 건물을 짓는 토지이므로 도시토지의 한계지는 건물을 지을 수 있는 마지막 토지의 개념이다.

② 도시토지는 통상 중심지에 상업용 건물을 짓고 외곽에 주거용 건물을 짓는데, 외곽에서 중심으로 출퇴근을 해야 하기 때문에 너무 멀리 주택을 지을 수는 없는 것이다.

③ 만일 출퇴근 거리의 마지노선을 1시간으로 잡는다면 도시토지의 한계지는 중심지에서 1시간 거리에 있는 지점이 된다.

④ 시험용으로 표현하면 '한계지란 통상 도시의 통근한계에 있는 토지 또는 택지이용의 최원방권'이라고 한다.

⑤ 도시토지의 한계지는 농지 또는 임지와는 단절지가의 관계에 있다.

⑥ 도시의 지가는 도심이 가장 높고 외곽으로 갈수록 낮아지는데, 택지를 벗어나는 순간 농지나 임지가 되면 토지가격은 급락하게 된다. 이를 단절지가라고 한다.

⑦ 한계지는 전철과 같은 대중 교통수단을 주축으로 하여 연장되므로 외곽지역으로의 교통의 발달은 한계지의 연장을 초래하게 한다.

⑧ 통상 한계지는 통근가능성을 기준으로 하여 설정된다.

⑨ 따라서 교통이 발달하게 되어 더 멀리 나가서 살아도 통근이 가능하게 되면 택지는 더 팽창하게 되고 한계지는 도심에서 더 멀어지는 것이다.

Ⅱ 주택의 분류

1 주택법상 주택

(1) 의의(주택법 제2조)

① "주택"이란 세대(世帶)의 구성원이 장기간 독립된 주거생활을 할 수 있는 구조로 된 건축물의 전부 또는 일부 및 그 부속토지를 말한다.

② 주택은 단독주택과 공동주택으로 구분한다.

(2) 단독주택(주택법 제2조)

① "단독주택"이란 1세대가 하나의 건축물 안에서 독립된 주거생활을 할 수 있는 구조로 된 주택을 말한다.

② 단독주택은 다시 단독주택, 다중주택, 다가구주택으로 구분한다.

> **단독주택의 구분**(건축법 시행령 참고)
>
> (1) **단독주택**
>
> (2) **다중주택**: 다음의 요건을 모두 갖춘 주택을 말한다.
>
> ① 학생 또는 직장인 등 여러 사람이 장기간 거주할 수 있는 구조로 되어 있는 것
>
> ② 독립된 주거의 형태를 갖추지 않은 것(각 실별로 욕실은 설치할 수 있으나, 취사시설은 설치하지 않은 것을 말한다)
>
> ③ 1개 동의 주택으로 쓰이는 바닥면적(부설 주차장 면적은 제외한다. 이하 같다)의 합계가 660제곱미터 이하이고 주택으로 쓰는 층수(지하층은 제외한다)가 3개 층 이하일 것. 다만, 1층의 전부 또는 일부를 필로티 구조로 하여 주차장으로 사용하고 나머지 부분을 주택(주거 목적으로 한정한다) 외의 용도로 쓰는 경우에는 해당 층을 주택의 층수에서 제외한다.
>
> (3) **다가구주택**: 다음 요건을 모두 갖춘 주택으로서 공동주택에 해당하지 아니하는 것
>
> ① 주택으로 쓰는 층수(지하층은 제외한다)가 3개 층 이하일 것. 다만, 1층의 전부 또는 일부를 필로티 구조로 하여 주차장으로 사용하고 나머지 부분을 주택(주거 목적으로 한정한다) 외의 용도로 쓰는 경우에는 해당 층을 주택의 층수에서 제외한다.
>
> ② 1개 동의 주택으로 쓰이는 바닥면적의 합계가 660제곱미터 이하일 것
>
> ③ 19세대(대지 내 동별 세대수를 합한 세대를 말한다) 이하가 거주할 수 있을 것
>
> ④ 적정한 주거환경을 조성하기 위하여 건축조례로 정하는 실별 최소 면적, 창문의 설치 및 크기 등의 기준에 적합할 것
>
> (4) **공관**(公館)
>
> ① 정부의 고위관리가 공적으로 쓰는 주택을 말한다.
>
> ② 주택법상으로는 주택에 포함되지 않지만 건축법상으로는 단독주택이다.

(3) **공동주택**(주택법 제2조)

① "공동주택"이란 건축물의 벽・복도・계단이나 그 밖의 설비 등의 전부 또는 일부를 공동으로 사용하는 각 세대가 하나의 건축물 안에서 각각 독립된 주거생활을 할 수 있는 구조로 된 주택을 말한다.

② 공동주택은 아파트, 연립주택, 다세대주택으로 구분한다.

공동주택의 구분(건축법 시행령)

(1) **아파트**: 주택으로 쓰는 층수가 5개 층 이상인 주택

(2) **연립주택**: 주택으로 쓰는 1개 동의 바닥면적(2개 이상의 동을 지하주차장으로 연결하는 경우에는 각각의 동으로 본다) 합계가 660제곱미터를 초과하고, 층수가 4개 층 이하인 주택

(3) **다세대주택**: 주택으로 쓰는 1개 동의 바닥면적 합계가 660제곱미터 이하이고, 층수가 4개 층 이하인 주택(2개 이상의 동을 지하주차장으로 연결하는 경우에는 각각의 동으로 본다)

(4) **기숙사**(건축법): 다음의 어느 하나에 해당하는 건축물로서 공간의 구성과 규모 등에 관하여 국토교통부장관이 정하여 고시하는 기준에 적합한 것. 다만, 구분 소유된 개별 실(室)은 제외한다.

① **일반기숙사**: 학교 또는 공장 등의 학생 또는 종업원 등을 위하여 사용하는 것으로서 해당 기숙사의 공동취사시설 이용 세대 수가 전체 세대 수(건축물의 일부를 기숙사로 사용하는 경우에는 기숙사로 사용하는 세대 수로 한다. 이하 같다)의 50퍼센트 이상인 것(「교육기본법」에 따른 학생복지주택을 포함한다)

② **임대형기숙사**: 「공공주택 특별법」에 따른 공공주택사업자 또는 「민간임대주택에 관한 특별법」에 따른 임대사업자가 임대사업에 사용하는 것으로서 임대 목적으로 제공하는 실이 20실 이상이고 해당 기숙사의 공동취사시설 이용 세대 수가 전체 세대 수의 50퍼센트 이상인 것

(4) **종합정리**(시험용)

법 률	공동주택	단독주택
주택법(6개)	아파트, 연립주택, 다세대주택	다가구주택, 다중주택, 단독주택
건축법(8개)	주택법상 공동주택+기숙사	주택법상 단독주택+공관

	공동주택		단독주택	
	4	4	3	3
	연	세	가	다
	초과 660m^2		19세대 이하	직장인

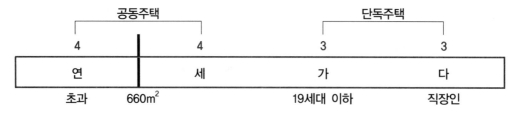

2 준주택과 도시형 생활주택 등

(1) **준주택**(주택법 제2조)

① "준주택"이란 주택 외의 건축물과 그 부속토지로서 주거시설로 이용가능한 시설 등을 말한다.

② **종류**: 요건을 갖춘 기숙사, 다중생활시설, 노인복지주택, 오피스텔

> **주택법상 준주택의 종류**
> (1) **기숙사**: 주택법상으로는 준주택이고, 건축법상으로는 공동주택이다.
> (2) **다중생활시설**: 500m² 미만의 고시원
> (3) **노인복지주택**
> '노인에게 주거시설을 임대하여 주거의 편의, 생활지도, 상담 및 안전관리 등 일상생활에 필요한 편의를 제공함을 목적으로 하는 시설'을 말한다(노인복지법).
> (4) **오피스텔**: 전입신고가 된 주거용 오피스텔을 말한다.

(2) **도시형 생활주택**(주택법 제2조)

"도시형 생활주택"이란 300세대 미만의 국민주택규모에 해당하는 주택으로서 대통령령으로 정하는 주택을 말한다.

> **주택법 시행령 제10조 【도시형 생활주택】**
> (1) 도시형 생활주택은 도시지역에 건설하는 다음의 주택을 말한다.
> ① **소형 주택**: 다음의 요건을 모두 갖춘 공동주택
> '60제곱미터 이하+독립된 주거(욕실+부엌)+지하에는 세대설치 없음'
> ② **단지형 연립주택**: 소형 주택이 아닌 연립주택
> ③ **단지형 다세대주택**: 소형 주택이 아닌 다세대주택
> (2) 하나의 건축물에는 도시형 생활주택과 그 밖의 주택을 함께 건축할 수 없다.
> 다만, 다음의 어느 하나에 해당하는 경우는 예외로 한다.
> ① 소형 주택과 85제곱미터를 초과하는 주택 1세대를 함께 건축
> ② 준주거지역 또는 상업지역에서 소형 주택과 도생 외의 주택을 함께 건축
> (3) 하나의 건축물에는 단지형 연립주택 또는 단지형 다세대주택과 소형 주택을 함께 건축할 수 없다.
>
> **주택법 제57조 【주택의 분양가격 제한 등】** 도시형 생활주택 등은 분양가상한제를 적용하지 아니한다.

(3) **국민주택과 국민주택규모**(주택법 제2조)

① **국민주택**: 다음의 하나에 해당 + 국민주택규모 이하

- 국가 · 지방자치단체, 한국토지주택공사 또는 지방공사가 건설하는 주택
- 국가 · 지방자치단체의 재정 또는 주택도시기금으로부터 자금을 지원받은 주택

② **국민주택규모**: 주거전용면적이 85제곱미터 이하인 주택(수도권을 제외한 도시지역이 아닌 읍 또는 면 지역은 100제곱미터 이하인 주택을 말한다)을 말한다.

(4) **기타 주택법상 용어**(참고)

① **민영주택**: 국민주택을 제외한 주택을 말한다.

② **임대주택**: 임대를 목적으로 하는 주택으로서, 「공공주택 특별법」에 따른 공공임대주택과 「민간임대주택에 관한 특별법」에 따른 민간임대주택으로 구분한다.

③ **토지임대부 분양주택**: 토지의 소유권은 시행자가 가지고, 건축물 등에 대한 소유권은 주택을 분양받은 자가 가지는 주택을 말한다.

④ 주택조합이란 다음의 조합을 말한다.

㉠ 지역주택조합: 지역에 거주하는 주민이 주택을 마련하기 위하여 설립한 조합

㉡ 직장주택조합: 같은 직장의 근로자가 주택을 마련하기 위하여 설립한 조합

㉢ 리모델링주택조합: 공동주택의 소유자가 그 주택을 리모델링하기 위하여 설립한 조합

⑤ **세대구분형 공동주택**: 공동주택의 주택 내부 공간의 일부를 세대별로 구분하여 생활이 가능한 구조로 하되, 그 구분된 공간의 일부를 구분소유 할 수 없는 주택을 말한다.

⑥ **공공택지**: 국민주택건설사업, 대지조성사업, 택지개발사업, 산업단지개발사업 등 공공사업에 의하여 개발 · 조성되는 공동주택이 건설되는 용지를 말한다.

⑦ **리모델링**: 건축물의 노후화 억제 또는 기능 향상 등을 위한 다음의 어느 하나에 해당하는 행위를 말한다.

㉠ 대수선(大修繕)

㉡ 15년이 지난 공동주택을 주거전용면적의 30퍼센트 이내에서 증축하는 행위

㉢ 기존 세대수를 15퍼센트 이내에서 증가하는 증축행위(㉡의 면적 이내)

- 세대수 증가형 리모델링
- 수직증축형 리모델링(구조 등 일정요건 충족 + 최대 3개 층)

접근방식과 난방형식에 따른 공동주택의 분류

(1) **접근방식에 의한 공동주택의 분류**

① **편복도형**: 각 층에서 하나의 복도(편복도)를 통해 각 세대에 도달한다. 승강기 1대로 많은 세대가 이용하므로 건설비나 관리비가 절약되지만 프라이버시 침해나 소음의 문제가 있다.

② **중간복도형**: 하나의 복도가 있고 복도 양 편으로 세대가 배치되는 형태이다. 비용절감의 효과가 있지만 환경이 열악해지므로 주거용 건물의 구조로는 적합지 않다.

③ **홀형**: 계단이나 승강기가 있는 홀에서 직접 각 세대로 출입하도록 설계된 형태이다.

④ **코어형**: 건물의 한 부분이 중앙에 집약되도록 하는 형태이다.

(2) **난방형식에 따른 분류**

개별공급식 난방, 중앙공급식 난방, 지역난방 등으로 구분할 수 있다.

건물의 분류

(1) **건물의 의의**: "건축물"이란 토지에 정착(定着)하는 공작물 중 지붕과 기둥 또는 벽이 있는 것과 이에 딸린 시설물, 지하나 고가의 공작물에 설치하는 사무소・공연장・점포・차고・창고, 그 밖에 대통령령으로 정하는 것을 말한다.

(2) **건축양식에 따른 분류**: 한식건물, 양식건물, 절충식 건물로 구분한다.

(3) **건축구조에 따른 분류**

① **가구식 구조**: 목재나 철재 등을 이용한 조립식 구조이다.

② **조적식 구조**: 벽돌, 석재, 블록 등을 이용한 쌓아올리기식 구조이다.

③ **일체식 구조**: 철근콘크리트 등 전체가 일체로 이루어지는 구조이다.

④ **조립식 구조**: 건축구조물을 공장에서 생산한 후 현장에서 조립하는 구조이다.

⑤ **절충식 구조**: 조적식과 일체식을 절충하는 구조이다.

(4) **건축재료에 따른 분류**: 철골조, 철골・철근콘크리트조, 철근콘크리트조, PC조, 석조, 연와조, 보강 콘크리트조, 시멘트 벽돌조, 시멘트 블록조, 목조, 석회 및 흙 혼합벽돌조 등이 있다.

부동산의 분류

1. 수익성에 따른 부동산의 분류

(1) **수익성 부동산**(투자성 부동산)

수익성 부동산은 소유자가 부동산을 이용하는 것이 목적이 아니라 그 부동산을 통해 일정한 수익을 얻는 것이 목적이 된다. 수익성 부동산은 다시 임대용 부동산과 기업용 부동산으로 구분할 수 있다.

(2) **비수익성 부동산**

부동산을 통한 수익창출이 목적이 아니라 직접 이용이 목적인 부동산이다. 비수익성 부동산은 다시 주거용 부동산과 서비스부동산(도서관, 정부청사 등)으로 구분된다. 수익성이 없는 부동산은 수익방식으로는 가격을 산정할 수 없다.

2. 시장성 유무에 따른 부동산의 분류

(1) **시장성이 있는 부동산**

시장성이란 시장에서의 판매가능성 또는 임대가능성을 의미한다. 토지는 건부지보다 나지가 시장성이 더 높고, 상업용 부동산은 수익성이 높을수록 시장성이 더 높고, 또한 학군이 좋고 쾌적한 주거용 부동산이 시장성이 더 높을 것이다.

(2) **시장성이 없는 부동산**

행정재산, 사립학교 기본재산, 병원, 교회, 사찰 등 거의 거래가 발생하지 않는 부동산을 말한다.

3. 도시부동산과 농촌부동산

(1) **도시부동산**

① **주거용 부동산**: 단가구주택과 다가구주택
② **상업용 부동산**: 사무실부동산, 매장용부동산
③ **공업용 부동산**: 중공업부동산, 경공업부동산 등
④ **특수목적의 부동산**: 호텔, 모텔, 극장, 학교, 교회, 공공건물 등

(2) **농촌부동산**

일반적으로 도시지역 밖에 있는 논이나 밭 또는 임야 등을 의미한다.

Ⅲ 지목의 분류 (참고) – 지적법에서 2문제 출제 –

(1) 의 의

① "지목"이란 토지의 주된 용도에 따라 토지의 종류를 구분하여 지적공부에 등록한 것을 말한다.

② 토지는 주된 용도에 따라 하나의 필지에 하나의 이름을 붙이는데, 이를 지목이라고 하며 현재 28개의 지목으로 분류된다.

③ 지목을 정할 때에는 주지목추종(主地目追從)의 원칙과 일필일목(一筆一目)의 원칙이 적용된다.

(2) 지목의 종류

지목은 전 · 답 · 과수원 · 목장용지 · 임야 · 광천지 · 염전 · 대(垈) · 공장용지 · 학교용지 · 주차장 · 주유소용지 · 창고용지 · 도로 · 철도용지 · 제방 · 하천 · 구거(溝渠) · 유지(溜池) · 양어장 · 수도용지 · 공원 · 체육용지 · 유원지 · 종교용지 · 사적지 · 묘지 · 잡종지의 28가지로 구분하여 정한다.

(이 중에서 공장, 주차장, 하천, 유원지는 두 번째 글자인 장 · 차 · 천 · 원으로 지목을 표시한다.)

(3) 공간정보의 구축 및 관리 등에 관한 법률 시행령 제58조 【지목의 구분】

1. 전: 물을 이용하지 않고 식물을 재배(과수류는 제외)
2. 답: 물을 이용하여 식물을 재배
3. 과수원: 과수류 재배 토지, 부속시설물의 부지. 다만, 주거용은 "대"
4. 목장용지: 축산업과 낙농업용 초지, 축사부지, 부속시설물 부지. 단, 주거용은 "대"
5. 임야: 산림(수림지, 죽림지) 및 원야(原野)(암석지 · 자갈땅 · 모래땅 · 습지 · 황무지)
   암자모습 황임
6. 광천지: 용출구(湧出口)와 그 부지. 다만, 송수관 · 송유관 부지는 잡종지임
7. 염전: 동력으로 바닷물을 끌어들여 소금을 제조하는 공장시설물의 부지는 제외
8. 대: 주거 등의 영구적 건축물 부지와 건축물이 없어도 택지조성공사가 준공된 토지
9. 공장용지
10. 학교용지
11. 주차장: 노상주차장(×), 부설주차장(×), 자동차 물류장(×), 자동차 야외전시장(×)
12. 주유소용지: 자동차 원료를 판매하기 위한 시설부지. 공장 안에 설치되면 공장부지
13. 창고용지: 독립적인 보관시설물, 저장시설물의 부지
14. 도로: 아파트단지 내 통로(×) · 공장 내 통로(×)

15. 철도용지: 궤도, 역사 · 차고 등
16. 제방: 조수 · 자연유수(自然流水) · 모래 · 바람 등을 막기 위하여 설치된 방조제 · 방수제 · 방사제 · 방파제 등의 부지
17. 하천: 자연의 유수(流水)가 있거나 예상되는 토지
18. 구거: 인공적인 수로부지와 자연의 유수가 있거나 예상되는 소규모 수로부지
19. 유지(溜池): 댐 · 저수지 · 연못 등의 토지와 연 · 왕골 등이 자생하는 배수가 잘 되지 아니하는 토지
20. 양어장: 육상에 인공으로 조성된 수산생물의 번식 또는 양식을 위한 시설을 갖춘 부지와 이에 접속된 부속시설물의 부지
21. 수도용지: 취수 · 저수 · 도수(導水) · 정수 · 송수 및 배수 시설의 부지 및 이에 접속된 부속시설물의 부지
22. 공원: 공원 또는 녹지
23. 체육용지: 영속성과 독립성이 미흡한 골프연습장 · 실내수영장 및 체육도장, 유수(流水)를 이용한 요트장 및 카누장 등의 토지는 제외
24. 유원지: 위락 · 휴양 등 시설물 – 수영장 · 어린이놀이터 · 경마장, 야영장 등
    다만, 거리가 멀어서 독립적인 시설부지는 제외
25. 종교용지: 교회 · 사찰 · 향교 등
26. 사적지: 학교용지 · 공원 · 종교용지 등 다른 지목으로 된 토지에 있는 것은 제외
27. 묘지: 묘지공원(○), 봉안시설(○), 묘지관리시설은 '대'
28. 잡종지: 다른 지목에 속하지 않는 토지. 다만, 원상회복을 조건으로 돌을 캐내는 곳 또는 흙을 파내는 곳으로 허가된 토지는 제외

지목 설정의 원칙

⑴ **1필1목의 원칙**

하나의 필지에는 하나의 지목만을 표시하여야 한다.

⑵ **주지목(용도)추종의 원칙**

종된 용도의 토지는 주된 용도의 토지의 지목으로 등록할 수 있다.

⑶ **영속성의 원칙**(일시변경불변의 원칙)

임시적이고 일시적인 용도의 변경이 있더라도 지목의 변경은 하지 않는다.

⑷ **사용목적 추종의 원칙**

도시개발사업지역 등의 사업시행자가 원할한 사업추진을 위하여 공사 준공 전에 토지의 합병을 신청하는 경우, 사용목적에 따라 미리 지목을 설정할 수 있다.

02번: 부동산의 분류		기출문제									
Ⅰ	토지의 용어 및 분류	26		28	29	30	31	32	33	34	35
Ⅱ	주택의 분류(주택법)		27	28				32	33		35^2
Ⅲ	지목의 분류(참고)										35

[토지의 용어－34회] 토지 관련 용어의 설명으로 옳게 연결된 것은?

> ㉠ 소유권이 인정되지 않는 바다와 육지 사이의 해변 토지
> ㉡ 택지경계와 인접한 경사된 토지로 사실상 사용이 불가능한 토지
> ㉢ 택지지역 내에서 공업지역이 상업지역으로 용도가 전환되고 있는 토지
> ㉣ 임지지역·농지지역·택지지역 상호간에 다른 지역으로 전환되고 있는 일단의 토지

① ㉠: 공지, ㉡: 빈지, ㉢: 후보지, ㉣: 이행지
② ㉠: 법지, ㉡: 빈지, ㉢: 이행지, ㉣: 후보지
③ ㉠: 법지, ㉡: 공지, ㉢: 후보지, ㉣: 이행지
④ ㉠: 빈지, ㉡: 법지, ㉢: 이행지, ㉣: 후보지
⑤ ㉠: 빈지, ㉡: 법지, ㉢: 후보지, ㉣: 이행지

정답 ④

[주택의 분류－33회] 건축물 A의 현황이 다음과 같을 경우, 건축법령상 용도별 건축물의 종류는?

> • 층수가 4층인 1개 동의 건축물로서 지하층과 필로티 구조는 없음
> • 전체 층을 주택으로 쓰며, 주택으로 쓰는 바닥면적의 합계가 600m^2임
> • 세대수 합계는 8세대로서 모든 세대에 취사시설이 설치됨

① 기숙사 ② 다중주택 ③ 연립주택
④ 다가구주택 ⑤ 다세대주택

정답 ⑤

www.pmg.co.kr

03번: 부동산의 특성		기 출									
Ⅰ	토지의 특성과 파생현상	26	27	28	29	30	31	32	33	34	35

토지의 특성과 파생현상 ★★★

[학습포인트] 토지의 특성을 가지고 파생현상을 연결 짓는 연습을 하지 말고, 파생현상으로 출제되는 단어를 먼저 보고 토지의 특성을 연상하는 공부를 하면 쉽게 득점으로 연결된다. 즉 소득이득과 자본이득이라는 단어가 나오면 바로 영속성이 떠오르도록 연습을 하도록 한다.

토지의 자연적 특성(부부영개): 경직적 ⇨ 부동산시장을 불완전하게 만든다.			
부동성 (비이동성)	부증성 (비생산성)	영속성 (비소모성)	개별성 (비대체성)

토지의 인문적 특성(용병사): 가변적		
용도의 다양성	병합·분할의 가능성	인문적 위치의 가변성 사회적·경제적·행정적 위치의 가변성

특 성	토지의 특성별 파생현상 종합정리			
부동성	환경에 영향	지역분석 필요	동산과 부동산 구분	지방자치단체
	외부효과	임장활동	등기이전	지방세
부증성	물리적 공급 불가능	수요자경쟁	집약적 이용	토지공개념
	독점 + 완전비탄력	지대·지가↑	최유효이용	생산비 모름
영속성	감가(소모) 없음	장기적 배려	가치보존 ⇨ 자본이득	수익환원법
	재생산불가	관리 중요	임대차 ⇨ 소득이득	직접환원법
개별성	일물일가 안 됨	정보수집 난이	감정평가 필요	개별분석
	정보비공개	거래비용 증가		
용도의 다양성	최유효이용	가치다원설	이행과 전환	용도적 공급 가능
			이행지, 후보지	

I 개 요

1 의 의

토지에는 자연적 특성과 인문적 특성이 있으며 이들 특성으로 인해 부동산현상 및 부동산활동은 일반경제재를 대상으로 하는 것과는 다른 특징적인 모습이 나타난다. 지금부터 토지의 특성 및 그 특성으로 인해 부동산활동과 현상에서 나타나는 다양한 파생현상을 살펴보기로 한다.

2 토지의 자연적 특성과 그 파생현상

(1) 토지의 자연적 특성은 토지에 인간의 힘이 가해지기 전 토지가 자연물로서 가지는 토지 자체의 고유한 물리적 특성을 말한다. 자연물로서의 토지는 불변적이고 절대적이며, 고정적이고 경직적이다. 대표적인 토지의 자연적 특성으로는 부동성, 부증성, 영속성, 개별성, 인접성 등이 있다. 이하 하나씩 살펴보도록 한다.

(2) 토지의 자연적 특성은 토지에 일반경제이론이 적용되기 어렵게 한다. 특히 개별성으로 인해 토지시장에는 일반경제원칙인 일물일가의 법칙이 적용되지 않고, 부증성으로 인해 토지의 물리적 공급은 완전비탄력적이게 된다. 이로 인해 부동산시장은 더욱 더 불완전경쟁시장이 된다.

3 토지의 인문적 특성과 그 파생현상

(1) 토지의 인문적 특성은 토지와 인간과의 관계에서 나타나는 특성을 말하며, 인간이 본인들의 필요에 따라 토지를 개발하고 변형하면서 나타나는 특성이다. 인간의 힘이 가해진 토지는 가변적이고 상대적이며, 신축적이고 유동적이다. 대표적인 토지의 인문적 특성으로는 용도의 다양성, 병합과 분할의 가능성, 사회적 · 경제적 · 행정적 위치의 가변성 등이 있다. 이하 하나씩 자세히 살펴보도록 한다.

(2) 토지의 인문적 특성은 자연적 특성을 완화하여 토지에도 일반경제법칙이 적용되도록 한다. 그래서 일반경제원칙으로 부동산시장을 분석하는 것이 가능해지는 것이다. 즉 토지는 물리적 · 절대적 공급은 불가능하지만 경제적 · 상대적 공급은 가능하며, 지리적 위치는 고정이지만 인문적 위치는 가변적이다. 또한 토지는 물리적 대체는 불가능하지만 효용 측면의 대체는 가능하다.

Ⅱ 토지의 특성 분설

1 자연적 특성: 부동성(비이동성, 지리적 위치의 고정성)

(1) 의 의

① 토지는 인간의 힘으로는 그 물리적인 위치를 변화시킬 수 없다는 특성이다.

② 토지는 지리적으로 그 위치가 고정되어 있는 재화라는 뜻이며, 부동성은 토지의 자연적 특성 중 가장 대표적인 특성이다.

(2) 부동산시장은 지역시장으로 형성된다. 즉 국지성을 가진다.

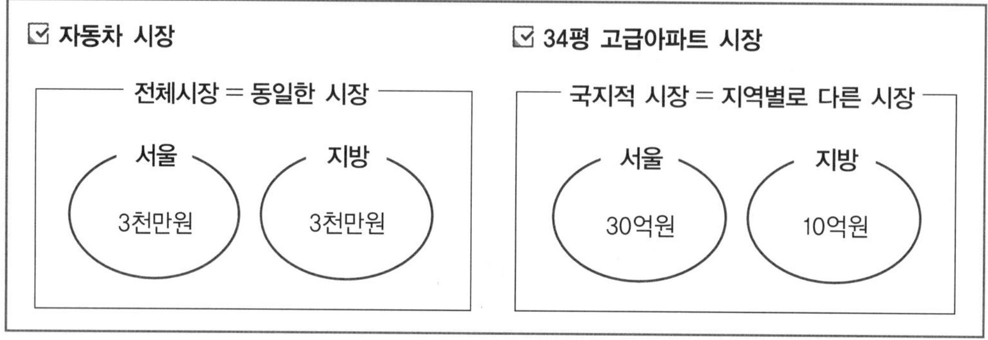

① 부동산은 서로 다른 지역 간에는 수요와 공급 간 대체가 인정되지 않기 때문에 부동산시장은 지역별로 서로 다른 시장을 구성하게 된다.

② 자동차를 한 대 사는 경우 서울대리점에서의 자동차 가격과 지방대리점에서의 자동차 가격은 동일하다. 즉 자동차시장은 전국이 통합된 하나의 시장이다. 만일 서울의 자동차가격이 지방의 자동차가격보다 비싸다면 지방에서 자동차를 싸게 대량 매입한 후 서울로 이동시켜서 비싸게 팔아서 차익을 노릴 것이다. 그렇게 되면 자연스럽게 지방의 자동차는 수요가 증가해서 가격이 오르고 서울의 자동차는 공급이 증가해서 가격이 내려서 두 지역의 자동차가격은 장기적으로 결국 같아진다.

③ 그렇다면 부동산도 그럴까? 서울에서 고급아파트 34평을 사는 가격과 지방에서 고급아파트 34평을 사는 가격은 완전히 다르다. 왜 다를까? 그건 자동차와 달리 서울 고급아파트와 지방 고급아파트는 이동이 되지 않기 때문이다. 부동산은 부동성 때문에 그 지역 내에서만 수요와 공급이 형성되며, 따라서 지역별로 서로 다른 상품이 되고 서로 다른 가격이 형성된다. 즉 부동산시장은 지역 간 균형가격이 형성되지 않는 지역시장이 되는 것이다.

(3) 부동산활동은 임장활동 및 정보활동이다.

① 부동산을 보고 싶으면 내가 가야 할까? 아니면 부동산을 가지고 나한테 오라고 할까? 부동산은 움직이지 않는 물건이므로 부동산을 보고 싶으면 내가 그 현장에 직접 가야 하는데 이것을 임장활동이라고 한다.

② 임장활동을 하는 목적은 무엇일까? 부동산 어떻게 생겼나 보러 가는 것일까?

③ 임장활동을 하는 목적은 지역전문가인 공인중개사 등을 통해 해당 부동산과 관련된 각종 정보를 수집하고, 그 부동산이 있는 지역이 어떤 지역인지 보는 것이다.

(4) 부동산의 가치는 위치가치이다.

① 토지는 이동이 불가능하므로 주변환경에 의해 정(+)의 외부효과 또는 부(−)의 외부효과를 받게 된다.

② 주변에 공원이 있으면 토지의 가치가 상승하고, 주변에 쓰레기소각장이 들어오면 토지의 가치는 하락한다.

③ 자동차는 그 자동차 옆에 무엇이 있는가 여부에 따라 자동차의 가치가 달라지지 않는다. 왜? 옆에 안 좋은 것이 있으면 이동하면 되니까!

④ 토지의 가치는 대상토지 하나로 결정되는 것이 아니고 주변에 있는 부동산들과 어울려서 함께 결정된다. 그 이유는 토지는 이동하지 못하기 때문이다.

⑤ 따라서 부동산의 가치는 위치가치가 되며, 부동산활동을 어디에서 하는지를 정하는 입지선정활동이 중요해진다.

(5) 부동산의 가치는 권리와 이익의 가치이다.

① 동산은 소유권을 넘기면 그냥 그 물건을 상대방에게 주면 된다. 이를 점유이전이라고 한다.

② 부동산은 동산과 달리 소유권을 이전하는 경우 물건은 그대로 있고 소유권이라는 권리만 서류를 통해 넘긴다. 이를 등기이전이라고 한다. 그 이유는 토지는 점유이전이 불가능하기 때문이다.

③ 그래서 부동산가격은 토지와 건물이라는 물리적 실체가 아닌, 부동산에 결부된 각종 권리와 이익에 대한 가격을 의미하게 된다.

④ 부동산시장은 볼펜시장처럼 볼펜이라는 물건이 오고 가는 것이 아니라, 부동산은 그 위치에 그대로 있고 부동산과 관련된 권리만 주고받는 시장이 된다.

⑤ 볼펜이라는 물건은 여러 개로 분할해서 거래할 수는 없다. 그러나 부동산의 경우 물건은 하나지만 그 부동산에 결부된 권리는 소유권, 저당권, 지상권, 공중권, 지하권, 전세권 등이 존재하고, 이는 물건이 아닌 권리의 형태로 존재하므로 이들 권리가 경제적 가치가 있는 경우 분할해서 거래할 수 있다. 그래서 부동산시장은 각종 권리의 거래가 이루어지는 추상적인 시장인 것이다.

(6) 동산과 부동산의 구별기준

① 움직이는 물건은 동산이고 안 움직이는 물건은 부동산이다. 즉 부동성은 동산과 부동산을 구별하는 기준이 된다.

② 우리나라 민법 규정에 의하면 '토지 및 그 정착물'만 부동산인데 이는 둘 다 안 움직이는 물건이다.

③ 동산과 부동산을 구분하는 이유는 동산과 부동산은 공시방법의 차이 외에도 취득시효, 공신력, 담보물권이나 용익물권의 설정 등에서도 차이가 있기 때문이다.

구 분	부동산	동 산
소유권이전	등기	점유이전
등기의 공신력	불인정	인정
취득시효	등기하고 10년 또는 소유의사로 20년을 점유	선의무과실은 5년 또는 소유의사로 10년간 점유
용익물권	지상권+지역권+전세권 인정	불인정
담보물권	유치권과 저당권	유치권과 질권
무주물 귀속	국유	선점자

(7) 기 타

① **규제의 용이성 및 법률의 복잡성**: 마약사범이나 보이스피싱을 하는 나쁜놈들은 잡으려고 하면 도망가기 때문에 규제하기 쉽지 않다. 하지만 토지는 부동성 때문에 도망가지 못하기 때문에 부동산시장은 정부가 마음만 먹으면 제도를 통해 규제하기 쉽다. 그러다 보니 온갖 법령들이 만들어져 있어서 관련 법률의 복잡성을 유발한다. 그래서 우리가 공인중개사 공부하기 너~무 힘들다. 세법, 공법… 무슨 놈의 규제가 이렇게 많아.

② **담보로 잡아두면 안전하다.**: 부동산은 도망을 가지 못하기 때문에 금융기관의 입장에서 담보로 잡기에 가장 안전한 것이 부동산이다. 부동산을 담보로 해서 필요한 자금을 융통하는 것을 저당금융 또는 모기지(Mortgage)라고 하는데, 그 뜻은 죽을 때까지(Mort; 죽음) 꽉 쥐고(grip) 있을 수 있는 재산이라는 것이다.

③ **전쟁이 나면 불리하다.**: 사회가 불안해지면 재산을 들고 튀어야 한다. 현금이나 귀금속은 들고 튈 수 있다. 근데 63빌딩을 들고 튀어라? 어렵다!!

2 자연적 특성: 부증성(비생산성)

(1) **물리적 공급 완전불가능**(예외도 없음)

① 자본(돈)이나 노동을 투입해서 토지의 절대량을 늘리는 것을 물리적 공급이라고 한다. 토지의 물리적 공급은 지구의 면적을 늘리는 작업이다. 이는 불가능하므로 토지는 물리적 공급량을 절대 늘릴 수 없다. 이를 부증성이라고 한다.

② 부증성은 비생산성, 면적의 유한성, 공급의 완전경직성, 비증가성이라고도 한다. 이로 인해 토지의 물리적 공급곡선은 완전비탄력적인 공급곡선, 즉 수직선이 된다.

③ 공유수면 매립이나 간척 또는 농지를 개발해서 택지를 늘리는 공급은 가능하다. 이를 용도적 공급 또는 경제적 공급이라고 하는데, 용도적 공급량을 늘리는 것은 부증성에 대한 예외가 아니다. 부증성에 대한 예외는 없다. 용도적 공급량을 늘리는 것은 단지 토지의 용도를 바꾸는 것이며 이는 용도의 다양성 때문에 가능한 것이다.

④ 하루는 24시간이다. 그런데 나는 8시간을 자고 16시간을 깨어서 활동한다. 이 경우 나에게 주어진 24시간은 절대 늘리거나 줄일 수 없는 시간인데 이 시간이 물리적 공급량, 절대적 공급량인 것이다. 하지만 깨어있는 시간 16시간은 내가 늘리거나 줄일 수 있는 시간이다. 이 시간을 상대적 공급량, 용도적 공급량이라고 한다.

⑤ 깨어있는 시간은 아무리 늘려도 24시간을 넘지 못한다. 용도적 공급량을 아무리 늘린다고 해도 절대적 공급량보다 더 늘릴 수는 없다. 그래서 용도적 공급곡선은 물리적 공급곡선보다 항상 좌측에 위치한다.

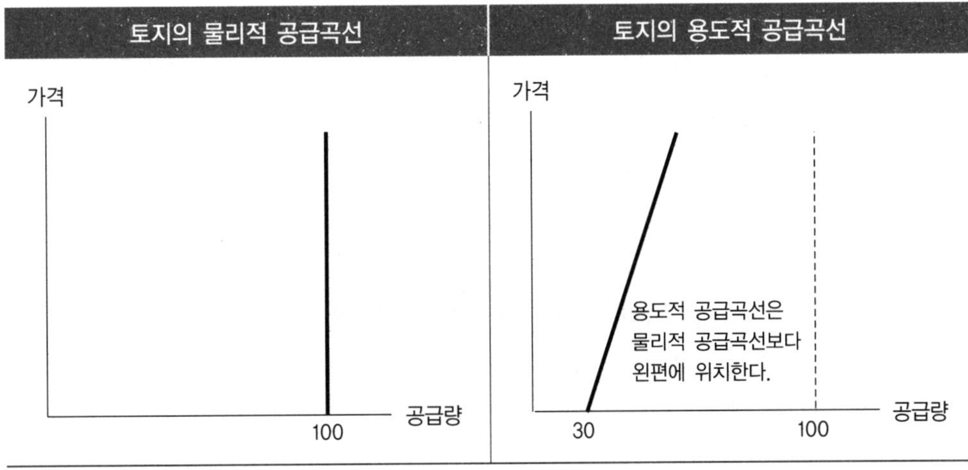

(2) 원칙적으로 토지에는 원가방식 적용 불가

① 갑, 을, 병 세 사람에게 A자동차 가격이 얼마가 적당한지 평가를 하라고 시켰다.

② 세 사람에게 주어진 정보는 A자동차는 자동차회사에서 2천만원의 비용을 들여 만든 자동차이고, A자동차를 가지고 운영을 하면 폐차할 때까지 3천만원의 수익을 얻을 수 있고, A자동차와 비슷한 B자동차가 최근에 중고차시장에서 2천 5백만원에 거래되었다는 사실이다.

③ 갑은 A자동차의 생산비에 초점을 맞추어서 A의 가격을 최소 2천만원으로 평가하였다. 을은 A자동차의 수익성에 초점을 맞추어서 A의 가격을 최대 3천만원으로 평가하였다. 병은 A자동차의 시장성에 초점을 맞추어서 A의 가격을 2천 5백만원으로 평가하였다.

④ 이 경우 갑의 사고방식을 비용성의 사고, 을의 사고방식을 수익성의 사고, 병의 사고방식을 시장성의 사고방식이라고 한다. 그리고 이 세 가지 사고방식을 근거로 원가방식, 수익방식, 비교방식을 만들어 물건의 가격을 평가한다.

> **감정평가 3방식**
> ① **원가방식**: 제품의 비용성을 가격결정의 기준으로 삼는 방식
> ② **수익방식**: 제품의 수익성을 가격결정의 기준으로 삼는 방식
> ③ **비교방식**: 제품의 시장성을 가격결정의 기준으로 삼는 방식

⑤ 그렇다면 토지의 경우를 살펴보자.
첫째, 토지를 만들 때 들어간 비용을 알 수 있는가? 원칙적으로 불가능하다.
둘째, 토지를 이용하면 수익이 나오는가? 수익은 창출할 수 있다.
셋째, 토지는 가치가 비슷한 다른 토지가 거래되는 경우가 있는가? 많다.

⑥ 토지는 수익이 나오므로 수익방식을 적용할 수 있고, 거래된 사례가 있으므로 비교방식도 적용할 수 있다. 그러나 토지는 인간이 만든 재화가 아니기 때문에 토지의 생산비(원가)는 알 수 없다. 혹시 하느님 전화번호 알고 있는 사람? 지구 얼마에 만들었는지 원가 좀 물어보게~

⑦ 따라서 토지의 가치를 구하는 경우 원칙적으로 원가방식(생산비법칙: 생산비가 재화의 가치를 결정한다는 원칙)을 적용할 수는 없다. 단, 인간이 만든 토지인 간척지(干拓地), 조성(造成)지, 매립(埋立)지 등에 대해서는 예외적으로 원가방식을 적용할 수 있다.

(3) 부동산정책과 밀접한 관련성

① 강남지역의 경우 부동산 수요는 많아지는데 토지공급은 더이상 할 수 없다(부증성). 따라서 강남의 토지가격은 자꾸 더 오르게 되는데 이를 지가고(地價高) 현상이라고 한다. 강남 땅값이 비싸지니까 그 땅 위에 짓는 강남 아파트는 갈수록 더 고층화되고 가격은 더 비싸지게 되는 것이다.

② 강남의 아파트가격이 너무 비싸지면 웬만한 사람들은 강남으로 진입을 못하게 되고, 이들이 강남 주변지역의 아파트로 수요를 옮기면 주변지역의 아파트가격도 덩달아 오르게 되어 결국 서울과 경기도 전체의 주택가격이 상승하게 된다.

③ 젊은 친구들은 본인들의 소득에 비해 주택가격이 너무 비싸지만 무주택 상태가 불안하니까 은행에서 돈을 많이 빌려서 집을 사게 된다. 결국 월급의 대부분을 은행이자 갚는데 다 써야 하니까 생활고에 허덕이고 허리띠를 졸라매는 것이다. 이로 인해 삶의 희망이 사라지면서 출산율까지 낮아지게 된다. 부동산문제가 사회문제로까지 번지는 형국이다.

④ 정부는 이런 문제를 해결하기 위한 방법으로 분양가 상한제 등 부동산가격을 잡기 위해 부동산시장에 적극적으로 개입하고 있는데 이렇게 정부가 시장에 개입하는 것을 부동산정책이라고 한다. 부동산정책의 근간에는 토지와 같은 사회성과 공공성이 강한 재화는 공익을 위해 사익을 적절하게 규제할 수 있어야 한다는 토지공개념이 자리 잡고 있다.

(4) 집약적 이용의 필요성 증가

① 토지는 한정되어 있고 더 이상 늘리지 못하는데 필요한 공간이 점점 많아지면 건물을 지을 때 높게 짓는 수밖에 없다.

② 예를 들면 5,000평의 공간이 필요한 경우 이를 확보하는 방법은 'A: 토지를 1,000평을 확보해서 건물을 5층을 짓는다.'와 'B: 토지를 100평을 확보해서 건물을 50층을 짓는다.'의 두 가지 방법이 모두 가능하다. 이 경우 A이용처럼 토지를 많이 확보해서 건물을 낮게 짓는 것을 조방적 이용이라고 하고, B처럼 토지를 적게 이용하고 건물을 높게 짓는 것을 집약적 이용이라고 한다.

③ 즉 토지가 한정되어 있다면 한정된 토지를 효율적으로 이용하기 위해서는 집약(集約)적 이용의 필요성이 높아지는 것이다. 토지이용의 집약도는 토지 $1m^2$당 투입되는 노동과 자본의 양을 말하고 집약도가 높아질수록 집약적 이용이라고 한다.

3 자연적 특성: 영속성(비소모성)

(1) 토지는 소모되지 않는다.

① 영속성이란 공간으로서의 토지는 사용하거나 시간이 흐른다고 해서 물리적으로 소모되거나 마멸(磨滅; 갈려서 닳아 없어짐)되지 않는다는 것이다. 영속성은 불변성, 불괴성, 비소모성이라고도 표현한다.

② 토지와 달리 건물이나 복합부동산을 분석하는 경우에는 영속한 재화가 아닌 내구재(耐久財; 오래 사용하는 재화)로 보고 분석한다.

(2) 물리적 감가이론의 적용 배제

① 물건의 가치가 하락하는 것을 감가(減價)라고 한다. 부동산은 시간이 경과하면서 물리적 감가, 기능적 감가, 경제적 감가 세 종류의 감가가 발생한다.

② 물리적 감가는 시간의 경과나 비 또는 바람 등으로 인한 노후화, 마멸, 파손 등으로 인해 경제적 가치가 감소하는 것을 의미한다.

③ 기능적 감가는 토지의 형상이 변하거나 경사가 바뀌면 기능이 떨어지면서 경제적 가치가 감소하는 것을 의미한다. 같은 면적이라도 삼각형 형태의 토지가 사각형 형태의 토지보다 가치가 떨어지는데 이것은 기능적 감가에 해당된다.

④ 그리고 토지 옆에 쓰레기 소각장이 들어오면 토지의 가치가 하락하는데 이것은 경제적 감가에 해당된다.

⑤ 토지는 영속성으로 인해 세 가지 감가 중 물리적 감가가 발생하지 않는다. 아무런 언급 없이 토지에 감가가 발생하지 않는다고 하면 물리적 감가가 발생하지 않는다는 의미이므로 이는 옳은 지문으로 판단한다.

⑥ 토지는 시간이 경과해도 감가되지 않으므로 토지를 소유하고 있으면 가치보존력이 강해지기 때문에 토지는 오랜 시간 동안 투자해 놓기 좋은 물건이다(투자재로서 선호된다). 특히 인플레이션이 발생하는 상황에서는 화폐자산보다는 실물자산인 부동산에 투자해 놓은 것이 인플레이션 헷지(울타리; 방어) 측면에서 유리하다.

(3) 이용에 있어 장기적 배려가 필요하다.

① 지금은 주거지역이지만 3년 후에 상업지역으로 용도변경이 될 것으로 예상되는 토지가 있다. 이 토지는 지금 당장 주택을 짓지 말고 지금은 주차장이나 다른 용도로 일단 이용하고, 3년 후 용도지역이 바뀌면 그때 고층의 상업용 건축물을 짓는 것이 좋다.

② 이것은 토지가 영속한 재화이기 때문에 가능한 판단이다. 만일 토지가 수명이 3년으로 제한되는 물건이라면 당장 최고의 이용을 하는 것이 좋을 것이다.

③ 부동산활동의 경우 한 번 개발을 결정하면 원래 상태로 되돌리기 어려운데, 이를 비가역성이라고 한다. 따라서 토지이용 결정시 장기적 배려 및 신중한 판단이 필요하다.

(4) 지속적인 관리가 중요하다.

① 한 번 사용하고 버리는 재화를 단용재라고 하는데, 1회용 종이컵 같은 단용재의 경우는 지속적으로 관리할 필요는 없다.

② 토지는 영원히 사용해야 하는 재화이다(영속성). 따라서 토지는 다른 어느 재화보다 지속적인 관리활동이 중요하다.

③ 사람들은 명품 가방을 사면 정말 소중하게 관리한다. 비가 올 때 가방으로 머리를 보호하지 않고 내 온몸으로 가방을 보호한다고 한다. 왜 저럴까 싶지만, 또 일면 이해는 된다.

④ 부동산은 명품 가방보다 더 비싸고 더 오래 사용해야 하고 더 가치가 오를 가능성이 높은 물건이다. 따라서 명품 가방보다 부동산을 더 소중하게 관리해야 한다.

(5) 수익방식 및 직접법의 근거가 된다.

① 부동산은 내구재이며 내구재의 가치는 '장래 기대되는 편익을 현재가치로 환원한 값'으로 정의된다. 내구재는 오래 사용하니까 수익이 한 번 발생하고 끝나는 것이 아니고 오랜 시간 계속 발생하니까 그 수익을 모두 합친 것이 가치가 된다는 의미이다.

② 부동산의 가치를 구하는 방법 중 수익환원법은 '대상물건이 장래 산출할 것으로 기대되는 순수익이나 미래의 현금흐름을 환원하거나 할인하여 대상물건의 가액을 산정하는 감정평가방법을 말한다.'로 정의된다. 두 가지 정의 모두 '장래 기대되는 수익'을 근거로 하고 있는데 이는 토지가 영속한 재화라는 것을 근거로 하는 것이다.

③ 또한 수익방식 중 직접법이라는 방법이 있는데(경고; 어려운 방법이므로 더 이상 알려고 하지 말라. 알려고 하면 다친다.) 직접법은 토지는 감가가 발생하지 않는다는 것을 전제로 토지의 수익가격을 구하는 방법이다. 감가가 발생하지 않는다…, 영속성이다…. 즉 수익방식 중에서 직접법은 영속성을 근거로 한다.

(6) 매매시장에서는 자본이득을, 임대차시장에서는 소득이득을 기대할 수 있다.

테마 18 부동산투자의 장점: 소득이득과 자본이득의 동시 향유

1. A부동산을 100억에 매입하여 1년 뒤 10억의 순운영소득을 올리고 105억에 재매도한 경우, 운영으로 발생한 소득인 10억원을 소득이득이라고 하고 매도해서 발생한 이득인 5억원은 자본이득이라고 하며 소득이득과 자본이득을 합친 15억을 종합수익이라고 한다.
2. 은행예금의 경우는 소득이득(이자소득), 주식은 자본이득(주식투자의 경우도 배당금은 소득이득에 해당하지만 배당금을 위해 주식투자를 하지는 않는다고 본다)이 중심이 되지만 부동산에 투자하면 소득이득(운영)과 자본이득(처분)을 모두 기대할 수 있다.

① 수익성부동산에 투자하면 매월 임대수입을 기대할 수 있고 나중에 팔아서 양도차익을 기대할 수 있다. 이때 매년의 임대수입을 소득이득이라고 하고, 팔아서 생긴 양도차익을 자본이득이라고 한다.

② 오래 사용하는 재화(내구재)들은 임대차시장이 발달되어 있어서 빌려주고 수익을 창출할 수 있다. 토지는 영속한 재화이므로 월세나 전세 등 임대차를 통한 수익이 많이 발생하는 재화이다. 즉 영속성으로 인해 소득이득을 기대할 수 있다. 자동차는 영속하지는 않지만 오래 사용하는 재화이므로 일대차시장(렌트시장)이 발달해 있는 것이다.

③ 앞으로 제주도 놀러가서 자동차 렌트비 낼 때마다 '렌트카 회사들이 소득이득을 많이 버는구나, 그건 자동차가 내구재이기 때문이구나.' 라고 생각하라.

④ 또한 부동산은 영속성으로 인해 감가가 되지 않고 오히려 가치가 상승할 가능성이 높은 재화이므로 100에 사서 몇 년 후에 150에 되팔 수 있는 재화이다. 이 경우 50의 양도차익이 발생한다.

⑤ 즉 토지는 영속성으로 인해 자본이득을 기대할 수 있다. 사람들이 골동품, 명화, 명품 등을 투자용으로 사 놓는 것도 이들 물건들이 영속하면서 나중에 되팔 때 가격이 더 오를 수 있는 물건이기 때문이다(그런데 자본이득을 노릴 수 있는 물건들은 좀 비싸다).

4 자연적 특성: 개별성(비대체성)

(1) 동일한 토지는 존재하지 않는다.

① 지구에 동일한 토지는 없다. 지형이나 지세 또는 지반이 동일한 토지는 있을 수 있을지라도 위치까지 동일한 토지는 절대 있을 수가 없다. 이를 개별성이라고 하며 비동질성 또는 비대체성이라고도 한다.

② 즉 토지는 개별성이 있어 토지가 포함되는 부동산 상품 간에는 물리적으로 완전한 대체관계는 성립할 수 없다.

(2) 토지시장에는 일물일가의 법칙이 성립하지 않는다.

① 어떤 시장에서라도 동일한 물건에 대해서 하나의 가격만이 성립한다는 것을 일물일가의 법칙이라고 한다.

② 만일 동일한 물건이 두 개의 시장에서 다른 가격으로 팔리고 있다면 수요자는 가격이 싼 시장에서 그 물건을 사서 가격이 비싼 시장에서 되팔아서 차익을 노리려고 할 것이고, 이렇게 하다 보면 결국 모든 시장에서 가격은 같아진다는 원리이다.

③ 부동산에는 일물일가의 법칙이 성립하지 않는다. 왜냐하면 부동산은 개별성 때문에 처음부터 일물(동일한 물건)이 존재하지 않기 때문이다. 즉 부동산은 상품 자체가 다르기 때문에 지역시장별로 서로 다른 가격이 형성된다.

(3) 토지시장에는 공통이론(일반이론)이 적용되기 어렵다.

① 재화가 획일화되고 표준화되어 있으면 하나의 재화에 적용되는 이론이 다른 재화에도 적용되겠지만, 토지처럼 하나하나가 다 다르면 모든 토지에 공통적으로 적용되는 일반적인 원리나 이론을 도출하기 어렵게 된다.

② 토지는 하나하나가 서로 다르기 때문에 토지의 가치에 영향을 미치는 요소 또한 모두 다르다. 상업지의 가치에 영향을 미치는 원인과 주거지의 가치에 영향을 미치는 원인이 다르고, 단기적으로 영향을 미치는 요소와 장기적으로 영향을 미치는 요소가 다 다르다.

③ 그냥 부동산과 관련된 문제들은 간단한 일반원리로 해결할 수 있는 것이 거의 없고 아주 복잡하다고 보면 된다. (생각해야 할 것이 한두 가지가 아니라는 것임)

④ 사람도 마찬가지로 개별성이 있기 때문에 아기 키울 때 첫째에게 적용했던 육아방식이 그대로 둘째 키울 때에도 적용되는 것은 아니다.

(4) 토지가격을 알기 위해서는 전문가(감정평가사, 공인중개사)가 필요하다.

① 모든 물건이 다 똑같으면 하나의 가격만 정해 놓으면 나머지는 그대로 따라가면 된다. 자동차의 가격이 알고 싶으면 자동차회사의 홈페이지에 들어가서 내가 원하는 내용대로 검색하면 가격이 다 나온다. 왜? 자동차는 다 똑같은 물건이니까!

② 그렇다면 토지도 자동차처럼 홈페이지에 들어가면 가격이 다 나와 있는가? 그럴 리가!

③ 토지는 하나하나가 다 다르기 때문에 A토지가격을 알고 싶으면 A토지가 있는 지역의 공인중개사무소를 찾아가서 A토지에 대해 물어봐야 하고 더 정확하게 알고 싶으면 감정평가사에게 평가를 의뢰해야 한다.

④ 내가 갑돌이에 대해 알고 싶으면 갑돌이를 잘 알고 있는 사람을 찾아서 갑돌이에 대해 물어야지, 그냥 인터넷에 '사람' 이렇게 치고 검색해서 사람에 대한 일반적인 지식을 머리에 넣고 나는 갑돌이에 대해서 잘 안다고 할 수는 없는 것이다. 그 이유는 한 사람 한 사람이 가지는 개별성 때문이다.

⑤ 토지는 하나하나가 개별적이고 또한 토지가격에 영향을 미치는 요소들이 너무 다양하고 시시각각으로 변하기 때문에 비전문가가 토지가격을 쉽게 알 수는 없다. 그래서 토지가격을 알기 위해서는 토지전문가의 도움이 필요한 것이다.

(5) 표준지를 선정하는 것이 어렵다.

① 우리나라는 모든 토지(필지별)에 대해서 매년 1월 1일자 가격을 공시한다. 그런데 전국의 4천만 필지나 되는 토지를 모두 감정평가사에게 평가를 의뢰하면 그 돈이 얼마야? 감정평가사들 떼돈 벌겠네….

② 그래서 모든 토지를 평가의뢰하지 않고 가격수준이 비슷한 일단의 토지들을 한 50개씩 묶어서 그중에서 대표 필지 하나만 전문가인 평가사에게 가격을 의뢰하고 나머지 49개 필지는 가격이 얼추 비슷하니까 공무원에게 그 차이만 수정하라고 시킨다(비용절감).

③ 이때 50개의 토지 중에서 대표가 되는 하나의 토지(필지)를 표준지라고 하는데, 문제는 50개의 토지가 개별성 때문에 다 다르니까 그중에서 대표 토지인 표준지를 고르는 것도 쉽지 않다는 것이다.

(6) 토지의 수익이나 가격을 개별로 형성되게 한다.

토지가 개별성 때문에 다 다르니까 수익이나 가격도 모두 개별적으로 다르게 형성된다는 말인데…. 너무 당연한 말인데 굳이 이렇게 적어야 할까? 어쨌든 감정평가할 때 개별분석을 해야 하고 개별부동산 간의 비교작업도 쉽지 않은 작업이 된다.

5 자연적 특성: 인접성(연결성)

(1) 의 의

① 모든 토지는 다른 토지와 연결되어 있고, 바로 옆에 연결되어 있는 토지, 즉 인접하고 있는 토지는 상호간 긴밀한 관계를 가진다는 것을 인접성 또는 연결성이라고 한다.

② 인접성의 특성은 토지가 고정되어 있기 때문에 발생하는 성질이므로 인접성도 부동성의 파생현상으로 볼 수도 있지만 인접성에서 또 파생되는 현상이 많기 때문에 별도의 토지의 특성으로 다루는 것이다.

(2) 외부효과의 발생

① 특정 위치에 멋진 공원이 들어서면 주변에 있는 부동산의 가치는 상승한다. 이를 정(+)의 외부효과라고 한다. 그렇다면 공원에서 얼마나 떨어진 곳의 부동산까지 가치가 오를까? 100m 떨어진 부동산도 오를까? 10km 떨어진 부동산도 오를까?

② 외부경제가 있으면 대상부동산은 정(+)의 외부효과가 존재해서 가치가 높아지고, 외부불경제가 있으면 부(−)의 외부효과가 있어서 대상부동산의 가치는 낮아진다. 하지만 이러한 외부효과는 인접하고 있는 부동산에 영향을 미치는 것이지, 멀리 떨어진 부동산에 영향을 미치는 것은 아니다. 즉 인접성으로 인해 토지는 외부효과가 발생한다.

③ 주택과 공장이 인접해 있으면 서로 불리하고 주택은 주택끼리 공장은 공장끼리 붙어 있는 것이 유리하다. 그래서 정(+)의 외부효과를 공유하기 위해서 부동산은 인접지와의 협동적 이용이 필요하게 된다.

(3) 대체가능성의 존재

인접한 토지인 경우 이용자의 입장에서는 대체재로 볼 수 있으므로 인접한 토지끼리는 상호 가격경쟁을 하게 된다. 따라서 용도나 기능면에서 대체성이 인정되는 인접지역의 토지가격은 유사해진다.

(4) 개발이익의 발생 근거 등

인접지역이 개발되면 주변지역의 토지소유자에게는 개발이익이 발생한다. 개발이익은 사회정의의 측면에서 이를 환수하는 것이 바람직하다.

(5) 경계문제의 발생 등

인접성은 소유와 관련하여 경계문제를 불러일으킨다.

6 인문적 특성: 용도의 다양성

(1) 의 의

① 일반적으로 공장에서 생산되는 물건은 용도가 먼저 정해진 후에 그 물건을 생산하는 것이기 때문에 대부분의 물건의 용도는 하나이다. 볼펜도 용도가 하나이고 자동차도 용도가 하나이고 지우개도 용도는 하나이다.

② 하지만 토지는 인간이 만든 것이 아니고 그냥 하늘이 준 것이라서 인간은 주어진 토지를 가지고 농사를 지을 수도 있고, 나무를 심을 수도 있고, 주택을 지을 수도 있고, 상가를 지을 수도 있고…. 즉 토지는 인간이 자기의 목적에 따라 다양한 용도로 사용할 수 있다. 이를 토지의 용도의 다양성이라고 한다.

(2) 최유효이용분석이 필요(이건 어디에 쓰는 물건인고?)

① 인간은 토지를 가지게 되면 이 토지를 어떻게 이용할까 고민하게 된다. 어떤 토지가 5가지의 용도로 사용하는 것이 가능한 경우, 이 5가지 용도 중에 가장 좋은 용도를 최유효이용이라고 하며 인간은 최유효이용을 찾기 위한 노력을 하게 된다. 인간의 이러한 노력을 최유효이용분석이라 한다.

② 사람도 태어나면 이 아이를 어떤 아이로 키울지 고민하게 된다. 운동선수, 의사, 변호사, 공무원, 회사원 등…. 이 아이의 적성을 잘 찾아서 적성에 맞는 직업을 가질 수 있도록 부모는 고민하게 된다. 사람도 토지와 같이 용도가 다양하기 때문에 나타나는 현상이다.

③ 운동신경이 뛰어나지만 공부는 잘 못하는 아이에게 아이의 적성을 무시하고 무조건 돈을 많이 버는 의사로 키우는 것이 옳지 않은 것처럼, 토지의 최유효이용도 무조건 돈을 많이 버는 상업용이 아니다. 대상토지 주변이 논밭인 경우 대상토지에 백화점을 지어서는 안 되기 때문이다.

④ 따라서 대상토지의 최유효이용을 판단하기 위해서는 대상토지가 있는 지역의 상황을 먼저 분석하는 것이 필요하다.

(3) 가치의 다원적 개념의 근거

① 부동산은 일반재화와 달리 동일한 시점, 동일한 물건에 대해서 여러 종류의 가치가 동시에 존재할 수 있는데 이를 부동산의 '가치의 다원적 개념'이라고 말한다.

② 부동산의 가치가 다양한 것은 부동산이 교환가치 이외에 사용하는 사람의 주관적인 목적에 따른 여러 종류의 가치(투자가치, 담보가치, 과세가치, 보험가치 등)가 존재할 수 있기 때문에 가능한 일이고 이는 토지의 용도의 다양성에 근거한다.

⑷ 이행과 전환 및 경제적 공급의 근거

① 10년 전에는 토지의 5가지 용도 중에서 주거용이 가장 좋은 이용이라서 주거용으로 사용했는데, 지금은 환경이 변해서 이 토지를 상업용으로 사용하는 것이 더 좋다고 판단할 수 있다. 이럴 경우 토지의 최유효이용이 바뀌면서 대상토지의 용도가 바뀌는 것이다. 이렇게 특정 토지의 용도가 바뀌는 과정을 이행 또는 전환이라고 한다.

② 대분류인 농지를 택지로 바꾸는 것을 전환이라고 하고, 소분류인 주거지를 상업지로 바꾸는 것을 이행이라고 한다. 전환 중인 토지를 후보지라고 하고 이행 중인 토지를 이행지라고 한다. 이행과 전환 또는 이행지와 후보지의 개념은 토지의 용도가 바뀌는 것을 말하므로 결국 용도의 다양성에 근거한다. (테마2 토지의 용어에서 배운 내용이니까 당연히 기억하겠지? 뭐? 기억이 안나? 그럼 다시 부르자!)

후보지 : 용도적 지역 상호간

대분류	택지지역			농지지역			임지지역	
소분류	주택 지역	상업 지역	공업 지역	전지 지역	답지 지역	과수원 지역	용재림 지역	신탄림 지역

이행지 : 용도적 지역 내에서

③ 이렇게 이행과 전환을 통해 부족한 용도의 토지를 공급하는 것을 용도적 공급 또는 경제적 공급이라고 하며, 용도적 공급은 용도의 다양성에 근거한다. 후보지나 이행지와 같은 용어에 내포되어 있는 토지의 개념은 절대량의 토지증가가 아니며 용도전환을 의미하는 것이다.

⑸ 창조적 이용

① 경관이 좋은 농촌지역에 관광객이 많이 몰리면서 민박집을 찾는 손님이 많아졌다. 어느 날 별빛펜션이라는 기존에 없던 형태의 주거용 시설이 하나 등장한다. 별빛펜션이 장사가 잘 되니까 기존의 밭이 있던 자리에 달빛펜션도 지어지고 또 햇빛펜션도 등장한다.

② 기존의 밭으로 이용되던 지역에 별빛펜션이 처음으로 등장하는 것을 창조적 이용이라고 하고 창조적 이용이 들어오는 것을 침입이라고 한다. 창조적 이용은 기존의 이용형태와 전혀 다른 형태의 새로운 이용을 말한다. 토지의 이용에 있어 창조적 이용이 가능한 것은 용도의 다양성에 기인한다.

③ 창조적 이용의 침입 이후 이 지역은 기존의 밭으로 이용하는 것과 펜션으로 이용하는 것이 용도적으로 경합을 하게 되는데 펜션이 우세하게 되면 이 지역의 표준적 이용은 밭에서 펜션으로 바뀌게 된다.

7 인문적 특성: 병합 · 분할의 가능성

(1) 의 의

토지는 이용목적에 따라 그 면적을 인위적으로 늘리거나(합병) 줄일 수(분할) 있는데 이것을 병합 · 분할의 가능성이라고 한다.

- 분할: 지적공부에 등록된 1필지를 2필지 이상으로 나누어 등록하는 것
- 합병: 지적공부에 등록된 2필지 이상을 1필지로 합하여 등록하는 것

(2) 한정가격의 성립근거

① 한정가격이란 "시장이 상대적으로 한정됨으로 인해 특정한 거래당사자 사이에서만 경제적인 합리성이 인정되는 가격"을 의미한다. 병합이나 분할을 목적으로 거래하는 경우 한정가격이 성립될 가능성이 높으며 한정가격은 통상 시세보다 높게 형성된다.

② 예를 들면, 맹지인 토지(A)가 건축허가를 받기 위해 도로에 접하고 있는 주변토지(B)의 일부와 합병을 하고자 한다. 현재 A의 가격은 1억원이고 B의 가격은 10억원이다. A는 B의 일부와 합병만 하면 도로에 접할 수 있으므로 건축이 가능해져서 가격이 5억원으로 수직상승한다.

③ 그렇다면 B의 10%를 얼마의 가격으로 살 수 있을까? 시장가치는 10억원의 10%니까 1억원이다. 과연 B의 소유자가 1억원에 팔겠는가? 결국 이 토지는 3억원 정도에 거래될 것이고 이 토지를 3억원에 살 수 있는 사람은 A의 소유자밖에 없다. 왜냐하면 A의 소유자는 3억원에 사서 5억원만큼 가치를 올렸기 때문이다. 이때 이 3억원은 시장가치는 아니지만 거래당사자 모두에게 이익이 되는 가격이다. 이를 한정가격이라고 한다.

(3) 용도의 다양성을 지원

토지의 면적이 좁아서 20층 상업용 빌딩을 지을 수 없어 주거용으로만 사용하고 있었는데, 옆의 토지와 합병해서 면적을 넓혀서 20층 상업용 빌딩을 건축하는 데 성공하였다. 즉 합병은 용도의 다양성을 지원하는 역할을 한다.

(4) 규모의 경제 또는 규모의 불경제 발생

규모의 경제가 발생하면(규모를 키우는 것이 더 유리하면) 합병을 하려고 할 것이고, 규모의 불경제가 발생하면(규모를 키우는 것이 오히려 불리하면) 분할을 하려고 할 것이다.

8 인문적 특성: 사회적 · 경제적 · 행정적 위치의 가능성

(1) 의 의

토지는 자연적인 위치는 불변이지만 인문적 위치는 항상 변동한다. 인문적 위치란 사회적 위치, 경제적 위치, 행정적 위치를 의미한다.

(2) 사회적(문화적) 위치를 변화시키는 대표적인 요인

① 공공시설의 정비, 공장전입, 공원의 폐지, 학교의 이전

② 인근지역의 수명현상(주거형태의 변화)

(3) 경제적(기술적) 위치를 변화시키는 요인

① 고속도로, 공항, 항만 및 교통체계의 변화

② 기술혁신 및 산업구조의 변화

③ 세금이나 이자 등의 부담의 상태의 변화

④ 경제성장, 소득증대, 경기순환, 물가, 임금, 고용의 변화

(4) 행정적 위치를 변화시키는 요인

① 각종 규제, 정책, 제도의 변화

② 용도지역 변경, 건폐율 변경, 용적률 변경 등

9 인문적 특성: 기타 고가성, 지역성, 국토성

(1) 고가성

① 부동산은 워낙 비싼 물건이기 때문에 내가 부동산을 사거나 생산할 수 있는 자금을 마련할 수 있는가가 중요하다. 이를 자금의 유용성이라는 표현을 쓰는데, 이 자금의 유용성이 부동산시장에의 진·출입에 아주 큰 영향을 미친다.

② 그래서 정부 또는 은행이 돈을 많이 빌려주느냐, 이자를 얼마나 많이 받는가 하는 것이 부동산시장의 활성화 또는 안정화에 아주 중요한 것이다.

(2) 지역성

부동산은 다른 부동산과 함께 일정한 범위의 지역을 구성하며, 지역 내 다른 부동산과의 협동, 대체, 경쟁 등의 관계를 통해 그 사회적·경제적·행정적 위치가 정해진다. 즉 부동산은 그 부동산이 속한 지역과 운명공동체라는 것이다.

(3) 국토성

① 토지는 원래 사유재산이기 이전에 국토공간이다. 따라서 이러한 국토성의 근거하에 토지의 사회성과 공공성이 나오게 되고 토지공개념도 출발하게 된다.

② 토지공개념이라는 것은 토지는 개인의 사유재산이기는 하지만 사회성과 공공성이 강한 재화이므로 공익을 위해서 소유와 처분 등에 있어 다른 재화보다 더 많은 제약을 가할 수 있다는 개념이다.

03번 : 부동산의 특성		기출문제									
I	토지의 특성과 파생현상	26	27	28	29	30	31	32	33	34	35

[33회] 부동산의 특성에 관한 설명으로 옳은 것은?

① 토지는 물리적 위치가 고정되어 있어 부동산시장이 국지화 된다.
② 토지는 생산요소와 자본의 성격을 가지고 있지만, 소비재의 성격을 가지고 있지 않다.
③ 토지는 개별성으로 인해 용도적 관점에서도 공급을 늘릴 수 없다.
④ 토지의 부증성으로 인해 토지공급은 특정 용도의 토지에 대해서도 장·단기적으로 완전 비탄력적이다.
⑤ 토지는 영속성으로 인해 물리적·경제적인 측면에서 감가상각을 하게 한다.

정답 ①
① 물리적 위치가 고정되어 있어서 = 지리적 위치의 고정성 = 부동성 = 비이동성
② 토지는 경제적 개념으로 접근하면 자산, 자본, 생산요소, 소비재, 상품 등의 성격을 가지고 있다.
③ 용도적 관점에서도 공급을 늘릴 수 없다 ⇨ 무조건 틀림
④ 토지의 부증성으로 인해 물리적 공급이 장·단기적으로 완전비탄력적이다.
그러나 토지공급은 특정 용도의 토지에 대해서는 장기적으로 어느 정도의 탄력성을 가진다.
⑤ 토지는 영속성으로 인해 물리적 측면에서 감가상각이 불가능하다.

[34회] 토지의 특성에 관한 설명으로 틀린 것은?

① 용도의 다양성으로 인해 두 개 이상의 용도가 동시에 경합할 수 없고 용도의 전환 및 합병·분할을 어렵게 한다.
② 부증성으로 인해 토지의 물리적 공급이 어려우므로 토지이용의 집약화가 요구된다.
③ 부동성으로 인해 주변 환경의 변화에 따른 외부효과가 나타날 수 있다.
④ 영속성으로 인해 재화의 소모를 전제로 하는 재생산이론과 물리적 감가상각이 적용되지 않는다.
⑤ 개별성으로 인해 토지별 완전한 대체관계가 제약된다.

정답 ①
~ 두 개 이상의 용도가 동시에 경합할 수 없다. (×)
용도의 다양성으로 인해 용도의 전환 및 합병·분할을 어렵게 한다. (×)

부동산학 각론

	04번 : 수요 · 공급요인	기 출									
Ⅰ	수요와 공급 및 시장균형					30				34	
Ⅱ	수요의 변화와 수요량의 변화			28		30					
Ⅲ	수요요인과 공급요인	26			29	30	31	32	33	34	35

Ⅰ 수요와 공급 및 시장균형 ★

[학습포인트] 수요공급이론은 문장이 아닌 그래프로 익힌다. 운전연습 하듯이~

① 가격이 상승하면↑ 수요량은 감소한다↓ (수요의 법칙－가수반)

② 가격이 상승하면↑ 공급량은 증가한다↑ (공급의 법칙－가공비)

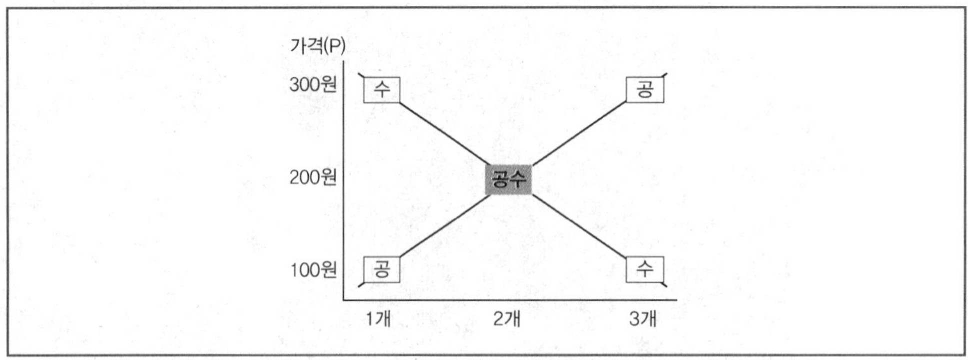

Ⅱ 수요의 변화와 수요량의 변화 ★

[학습포인트] '양－선상－가격'으로 암기한다. '수요량의 변화－선상이동－가격변동'

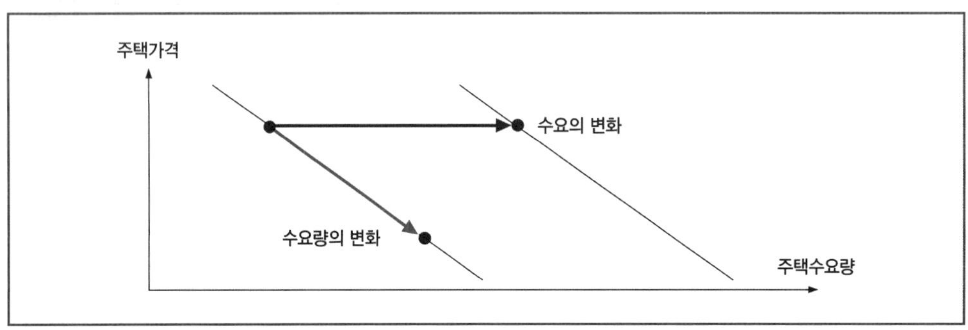

Ⅲ 수요요인과 공급요인 ★★★

[학습포인트] 정답은 90% 이상이 대체관계이다. 대체관계 확실히 학습하자!

② 수요량감소 ↓ ① 가격상승 ↑	③ 수요증가 ↑ ④ 가격상승 ↑
대체재	**단독주택**

I 수요와 공급 및 시장균형

1 수요량(수요)과 공급량(공급)

(1) 의 의

볼펜의 가격	300원	500원	700원
볼펜의 수요량	3개	2개	1개
볼펜의 공급량	1개	2개	3개

① **수요량의 개념**: 수요량이란 주어진 가격수준에서 수요자가 구매하려고 의도하는 최대수량을 말한다. 위 볼펜시장의 경우 주어진 가격이 300원일 때 수요자는 최대 3개까지 살 의사가 있고, 주어진 가격이 500원이면 최대 2개까지 살 의사가 있다는 것이다.

② **공급량의 개념**: 공급량이란 주어진 가격수준에서 공급자가 생산하려고 의도하는 최대수량을 말한다. 위 볼펜시장의 경우 주어진 가격이 300원일 때 공급자는 최대 1개까지 생산할 의사가 있고, 주어진 가격이 500원이면 최대 2개까지 생산할 의사가 있다는 것이다.

③ **수요의 개념**: 수요량이 하나의 점이라면 수요는 이 점들을 모두 연결한 선의 의미이다. 수요량이 특정 가격수준이라면 수요는 모든 가격수준을 말한다. 즉 수요는 모든 가격수준에서 일정기간 동안 소비자가 특정 재화나 서비스를 구매하려는 욕구를 말한다. 수요는 수요곡선을 줄인 개념으로 이해하면 된다. 앞으로는 수요의 변화와 수요량의 변화를 구분해서 묻는 질문이 아니면 수요와 수요량은 구분 없이 사용하도록 한다. 즉 수요가 증가한다는 뜻이나 수요량이 증가한다는 뜻이나 개념상 같이 생각하면 된다.

④ **공급의 개념**: 공급량이 하나의 점이라면 공급은 이 점들을 모두 연결한 선의 의미이다. 공급량이 특정 가격수준이라면 공급은 모든 가격수준을 말한다. 즉 공급은 모든 가격수준에서 일정기간 동안 생산자가 특정 재화나 서비스를 생산(판매)하려는 욕구를 말한다. 공급은 공급곡선을 줄인 개념으로 이해하면 된다. 앞으로는 공급의 변화와 공급량의 변화를 구분해서 묻는 질문이 아니면 공급과 공급량은 구분 없이 사용하도록 한다. 즉 공급이 증가한다는 뜻이나 공급량이 증가한다는 뜻이나 개념상 같이 생각하면 된다.

(2) 사전적으로 의도하는 수량

① 수요량은 수요자가 구매하려고 의도하는 양을 말하는 것이지 실제로 구매한 양을 말하는 것은 아니다.

② 볼펜 수요량이 3개라는 것은 지금까지 산 것이 3개라는 뜻이 아니고 앞으로 3개를 더 살 의향이 있다는 뜻이다. 즉 수요량은 사전적 개념이다.

③ 공급량은 공급자가 판매(생산)하려고 의도하는 양을 말하는 것이지 실제로 판매(생산)한 양을 말하는 것은 아니다.

④ 볼펜 공급량이 3개라는 것은 지금까지 공급한 것이 3개라는 뜻이 아니고 앞으로 3개를 더 생산할 의향이 있다는 뜻이다. 즉 공급량은 사전적 개념이다.

(3) 구매력을 갖춘 유효수요의 개념

① 수요는 구매하고자 하는 '욕구'와 '구매력'을 갖추어야 하는데 이를 '유효수요'라고 한다.

② 일반재화의 수요도 모두 유효수요의 개념이지만 볼펜의 경우 욕구가 있는데 돈이 없어서 사지 못하는 경우는 드물기 때문에 구매력이 강조되지는 않는다. 그러나 부동산의 경우는 워낙 고가의 재화이기 때문에 구매력이 없는 경우가 많다. 그래서 부동산시장에서는 구매력이 강조된다.

③ 부동산수요는 실수요와 가수요로 구분하는데 투기목적의 수요인 가수요도 유효수요에 포함된다. 투기목적이라도 욕구와 구매력이 모두 있는 수요를 가수요라고 하기 때문이다.

④ 욕구는 있는데 아직 구매력을 갖추지 못한 수요는 잠재적 수요라고 하며 이는 수요에 포함되지 않는다.

⑤ 구매력에는 자기자본(저축 등)뿐만이 아니라 타인자본(금융대출금 등)도 포함시킨다.

⑥ 만일 부동산가격이 10억원인데 내가 가진 돈이 5억원이라고 하자. 만일 은행에서 부동산가격의 40%까지만 돈을 빌려준다고 하면 나는 유효수요에 포함되지 않는다. 하지만 은행에서 부동산가격의 50%를 빌려준다고 하면 나는 10억원을 마련할 수 있으므로 유효수요가 되어서 부동산을 사러 시장에 갈 수 있는 것이다.

⑦ 대부비율(LTV)이 증가하거나 총부채상환비율(DTI)이 증가한다는 것은 은행에서 돈을 많이 빌려준다는 것이고, 이는 시장에서 부동산의 유효수요가 증가한다는 의미이다. 따라서 부동산가격이 상승할 것이라고 예측할 수 있다.

(4) 새로운 것을 의미하는 유량(流量, flow)의 개념

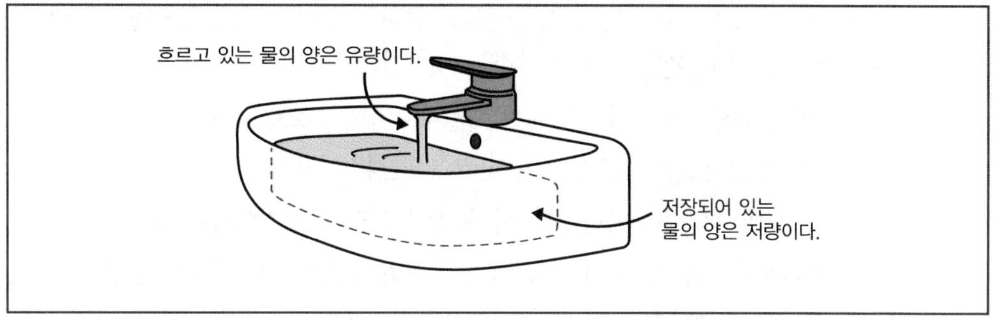
흐르고 있는 물의 양은 유량이다.
저장되어 있는
물의 양은 저량이다.

① 수도관을 흐르고 있는 물의 양을 유량이라고 하고, 세면대에 저장되고 있는 물의 양을 저량이라고 한다. 유량은 신규의 개념이고, 저량은 재고의 개념이다.

② 유량을 측정하려면 기간을 정해야 한다. 현재 나오고 있는 물의 양을 현재 얼마가 나오고 있다고 할 수 없고, 1분 동안 또는 1시간 동안 얼마가 나오고 있다고 해야 한다.

③ 저량을 측정하려면 시점을 정해야 한다. 저장되고 있는 양은 계속 변하고 있기 때문에 1분 동안 또는 1시간 동안의 저장량이 얼마라고 말할 수 없기 때문이다.

④ 예를 들어, 가정에서 아이들의 키를 측정할 때는 벽에 키를 표시하고(50cm) 옆에 날짜를 적는다(2023년 1월 1일). 그리고 1년 후 또 키를 재고(65cm) 옆에 날짜를 적는다(2024년 1월 1일).

⑤ 이때 50cm와 65cm는 저량인데 이는 특정 시점에서의 누적된 양을 말하는 것이고, 15cm는 해당 기간 동안 새롭게 더 자란 양을 말하는 유량을 의미하는 것이다.

⑥ 일반재화의 수요는 새롭게 더 사고자 하는 수량이므로 유량이다. 유량의 개념이므로 일정기간을 정해서 측정한다. 수요량이 3개라는 것은 일정한 기간 동안 새롭게 볼펜을 3개 더 사고자 한다는 뜻이다.

⑦ 일반재화의 공급은 새롭게 더 판매하고자 하는 수량이므로 유량이다. 유량의 개념이므로 일정기간을 정해서 측정한다. 공급량이 3개라는 것은 일정한 기간 동안 새롭게 볼펜을 3개 더 판매하고자 한다는 뜻이다.

⑧ 하지만 부동산은 내구재이기 때문에 이미 지어 놓은 중고 물건들이 중고시장에서 거래되기도 한다.

⑨ 부동산시장의 경우 신규분양공급을 유량공급이라고 하고, 이미 지어 놓은 중고 매물들이 나오는 것을 저량공급이라고 한다. 즉 부동산과 같은 내구재의 경우에는 수요와 공급의 분석에 있어 유량과 저량을 병행해서 분석해야 한다.

(5) 개별수요를 합친 것이 시장수요가 된다.

① 개별수요는 개인 한 사람 한 사람의 수요를 말하는 것이고, 시장수요는 시장에 참가한 개별수요자를 모두 합친 수요를 말하는 것이다.

② 시장수요량은 동일한 가격수준하에서 개별수요자의 수요량(횡축)을 모두 합친 수량을 의미하므로 시장수요는 개별수요의 수평적 합계가 된다.

③ 시장수요곡선이 개별수요곡선보다 더 완만하다(더 탄력적이다).

④ 만일 개별수요함수가 'Q = 30 − 2P'이고 이러한 수요함수를 가지는 동질적인 수요자가 시장에 5명이 존재한다면 시장의 수요함수는 Q = 5 × (30 − 2P) = 150 − 10P가 된다.

⑤ 개별수요함수가 P = 30 − Q이고 동일한 개별수요함수를 가진 수요자가 5명이 시장에 있다면 시장수요함수는 개별수요함수를 Q = 30 − P로 전환한 후 이를 5배해서 Q = 150 − 5P로 계산해야 한다(P를 합친 것이 아님에 유의한다).

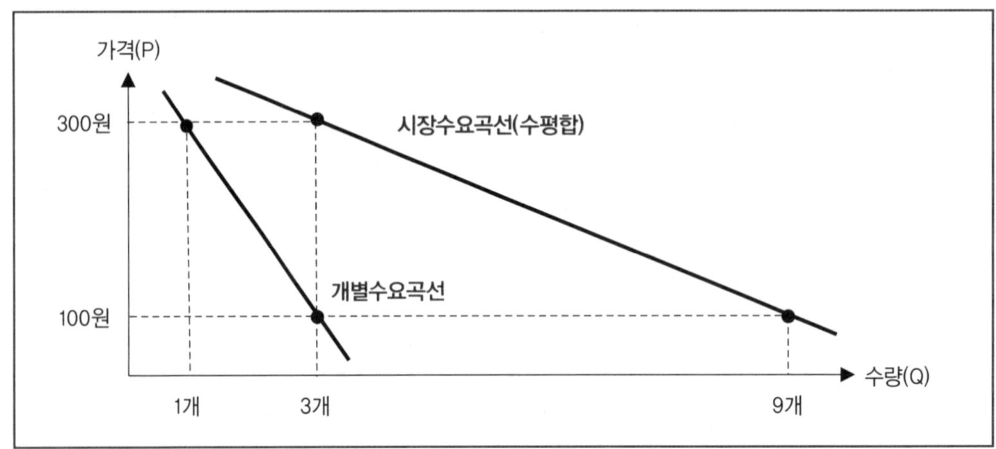

예 제

어떤 부동산에 대한 시장수요함수는 P = 100−4Q이며, 이 시장의 수요자는 모두 동일한 개별수요함수를 갖는다. 이 시장의 수요자 수가 2배로 된다면 새로운 시장수요함수는?

① P = 100 − 4Q ② P = 100 − 2Q ③ P = 100 − 8Q
④ P = 200 − 4Q ⑤ P = 200 − 8Q

해설 시장의 수요자 수가 2배로 증가하면 기존 수요함수에서 수량을 2배로 늘리면 된다. 기존의 수요함수는 P = 100 − 4Q인데 이를 Q에 대해서 정리하면 4Q = 100 − P, $Q = \frac{100 - P}{4}$가 된다.

이를 2배로 늘리면 $Q = \frac{100 - P}{2}$가 되고, 이를 다시 P로 정리하면 2Q = 100 − P가 되고, P = 100 − 2Q가 된다.

정답 ②

2 수요의 법칙과 공급의 법칙

(1) 수요의 법칙

① A재화의 가격이 상승하면 A재화의 수요량은 감소하고 A재화의 가격이 하락하면 A재화의 수요량은 증가한다(단, 다른 조건이 일정하다고 가정한다).

② 즉 사람들은 물건가격이 비싸지면 안 산다는 것이다.

③ 가격이 원인이고 수요량이 결과인 관계로서 둘은 반비례관계이다. 자주 출제되고 자주 헷갈리니까 '가수반'이라고 암기한다. 조심할 것은 '수요가 증가하면 가격이 하락한다.'는 관계가 아닌 점이다. 수요가 증가하면 시장에 물건을 사러 가는 사람이 많아지니까 가격은 상승한다.

④ 수요의 법칙 때문에 수요곡선의 형태는 우하향하게 된다.

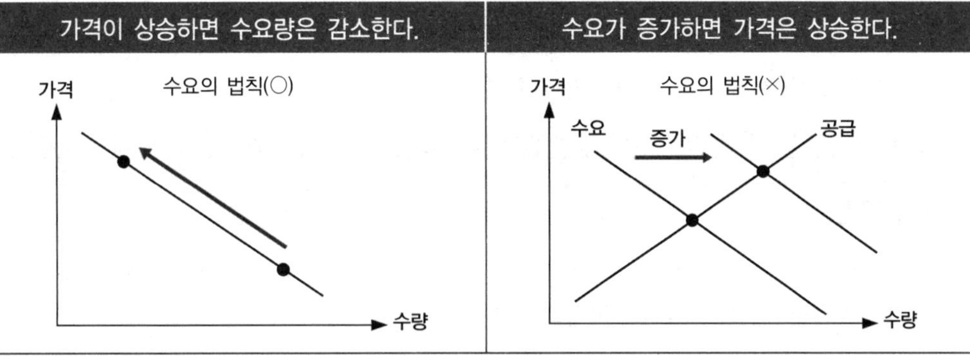

(2) 공급의 법칙

① A재화의 가격이 상승하면 A재화의 공급량은 증가하고, A재화의 가격이 하락하면 A재화의 공급량은 감소한다(단, 다른 조건이 일정하다고 가정한다).

② 가격과 공급량은 비례관계이다. 조심할 것은 공급이 증가하면 가격은 하락한다.

③ 공급의 법칙 때문에 공급곡선의 형태는 우상향하게 된다.

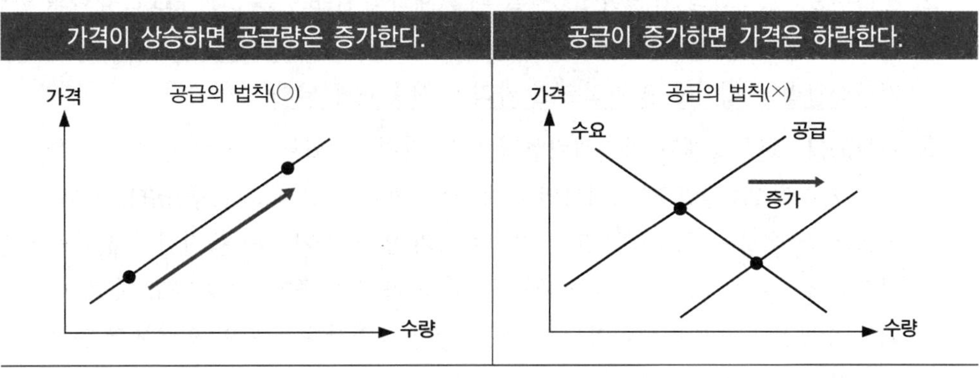

3 시장균형점의 결정

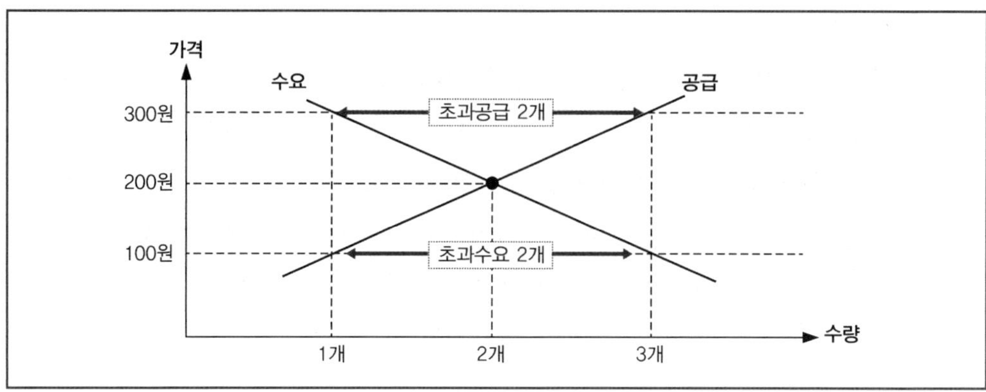

(1) 수요곡선

① 종축을 가격 또는 임대료, 횡축을 수요량으로 한 좌표에서 가격과 수요량의 대응관계를 연결한 선을 수요곡선이라고 한다.

② 수요량과 가격은 역(−)의 함수관계이므로 수요곡선은 우하향의 형태를 나타낸다.

(2) 공급곡선

① 종축을 가격 또는 임대료, 횡축을 공급량으로 한 좌표에서 가격과 공급량의 대응관계를 연결한 선을 공급곡선이라고 한다.

② 공급량과 가격은 정(+)의 함수관계이므로 공급곡선은 우상향의 형태를 나타낸다.

(3) 시장균형점의 결정

① **초과공급**: A재화의 가격이 300원일 때 A재화의 수요량은 1개이고, A재화의 공급량은 3개라면 시장에서는 초과공급현상이 나타난다. 초과공급이 생기면 시장에서는 가격하락압력이 생기고 장기적으로 가격은 하락하게 된다.

② **초과수요**: A재화의 가격이 100원일 때 A재화의 수요량은 3개이고, A재화의 공급량은 1개라면 시장에서는 초과수요현상이 나타난다. 초과수요가 생기면 시장에서는 가격상승압력이 생기고 장기적으로 가격은 상승하게 된다.

③ **시장균형**: 균형상태란 가격하락압력 또는 가격상승압력이 없는 상태를 말한다. A재화의 가격이 200원일 때 A재화의 수요량은 2개이고, A재화의 공급량도 2개라면 시장에서는 더 이상의 초과공급 또는 초과수요가 없어서 가격의 움직임이 없어지게 된다. 시장에서는 수요량과 공급량이 동일할 때의 가격을 균형가격이라고 하고, 이때 거래되는 수량을 균형거래량이라고 한다. 시장이 균형상태가 되면 외부에서 충격이 오기 전까지 A재화의 가격과 거래량은 유지된다.

Ⅱ 수요의 변화와 수요량의 변화

1 의 의

① 사람들의 소득이 증가하면 부동산의 수요량은 증가한다. 이때 소득변화를 원인으로 보고 수요량의 증가를 결과로 본다.

② 그렇다면 부동산의 수요량(결과)에 영향을 미치는 원인이 딱 소득변화 하나일까? 아닐 것이다. 무수히 많을 것이다. 그렇다면 어떤 것들이 있을까?

③ 대충 생각해도 부동산의 가격변화, 인구변화, 주식시장의 수익률변화, 금리변화, 국제정세변화 등이 생각난다.

④ 그래서 이들 원인과 결과를 그래프로 만들어서 분석해 보고자 한다. 세로축에 원인을 넣고 가로축에 결과인 수요량을 넣어서 그래프를 완성해보자.

⑤ 그런데 이런, 세로축에 넣을 원인이 너무 많다. 평면 그래프라서 하나밖에 못 넣는데…. 그럼 일단 제일 중요한 원인이 부동산의 가격을 넣자.

⑥ 일단 세로축에 가격, 가로축에 수요량을 넣고 가격이 변할 때 수요량이 변하는 상태를 점을 찍어서 표시하자. 어, 그러면 그냥 이 점을 연결하면 이게 수요곡선이네. 가격이 변하면 그냥 수요곡선상에서 점이 이동하는 거네~

⑦ 그럼 소득이나 인구 등 다른 원인이 변하면? 일단 이 경우는 가격변화 없이 수요량이 증가하거나 감소해야 하기 때문에 소득이 증가해서 수요량이 증가하면 수요곡선을 우측으로 이동시키고, 반대로 소득이 감소해서 수요량이 감소하면 수요곡선을 좌측으로 이동시키자.

⑧ 이제 우리는 이렇게 약속한다.

⑨ <u>시장에서 가격이 변해서 수량이 변하면 수요곡선 또는 공급곡선 곡선상에서 점을 움직여서 변화를 표현하고 이를 수요량의 변화 또는 공급량의 변화라고 하자.</u>

⑩ <u>그리고 가격변화 없이 소득이나 금리 등 다른 원인 때문에 수량이 변하면 수요곡선 또는 공급곡선 자체를 수평으로 이동시켜서 변화를 표현하고 이를 수요의 변화 또는 공급의 변화라고 하자!</u>

2 수요량의 변화와 수요의 변화

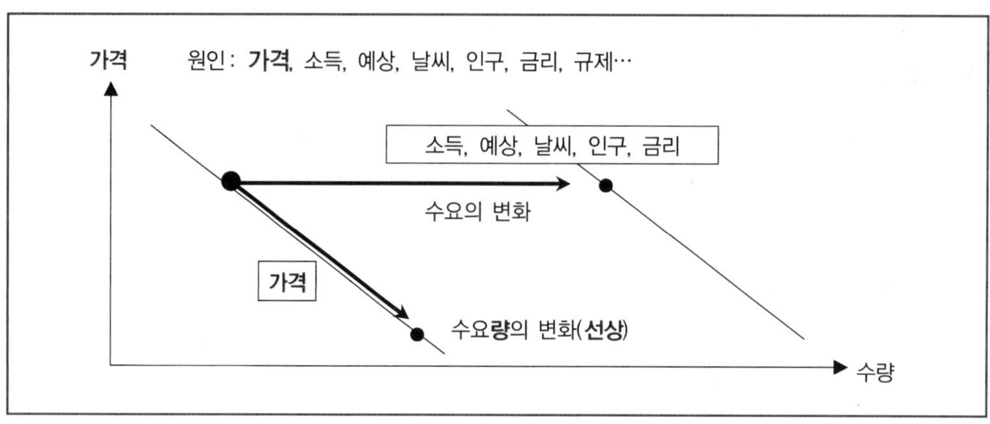

(1) 수요량의 변화

① **원인**: 아파트의 수요량이 변한 이유가 아파트가격이 변했기 때문이다. 아파트가격이 아닌 단독주택의 가격이 변했거나 장래의 아파트가격의 상승이 예상되기 때문에 현재의 아파트 수요량이 변하는 것은 여기에 해당되지 않는다.

② **표현**: '수요량의 변화'라고 한다.

③ **그래프**: '수요곡선상에서의 점의 이동', 즉 선상이동

(2) 수요의 변화

① **원인**: 아파트의 수요량이 변한 이유가 아파트가격의 변화 이외의 원인 때문이다. 즉 아파트가격은 변하지 않았는데 소득의 변화, 인구의 변화, 금리의 변화, 단독주택 가격의 변화, 아파트가격 변화 예상 등의 이유 때문에 아파트의 수요량이 변한 경우이다.

② **표현**: '수요의 변화'라고 한다.

③ **그래프**: '수요곡선 자체의 이동', 즉 수요곡선의 좌측 또는 우측으로의 수평이동

예제

주택 공급 변화요인과 공급량 변화요인이 옳게 묶인 것은? 제28회

	공급 변화요인	공급량 변화요인
①	주택건설업체수의 증가	주택가격 상승
②	정부의 정책	건설기술개발에 따른 원가절감
③	건축비의 하락	주택건설용 토지가격의 하락
④	노동자임금 하락	담보대출이자율의 상승
⑤	주택경기 전망	토지이용규제 완화

해설 ① 양 ⇨ 선상 ⇨ 가격

정답 ①

3 수요의 변화와 수요량의 변화의 동시 발생

① 현실의 시장은 꼭 한 가지 변화만 발생하는 것이 아니다. 만일 주택가격이 상승하면서(수요량의 변화) 동시에 주택가격이 더 오를 것이라고 예상한다면(수요의 변화) 주택의 수요량은 어떻게 변할 것인가?

② 주택가격이 상승하면 주택수요량은 줄어들 것이고, 가격이 더 오를 것이라고 예상한다면 주택의 수요량은 늘어날 것이기 때문에 그 결과는 두 가지 원인의 상대적인 강도에 따라 달라질 것이다.

③ **예시**: 아파트가격이 상승하는데 오히려 강남 아파트의 수요량이 증가하는 이유

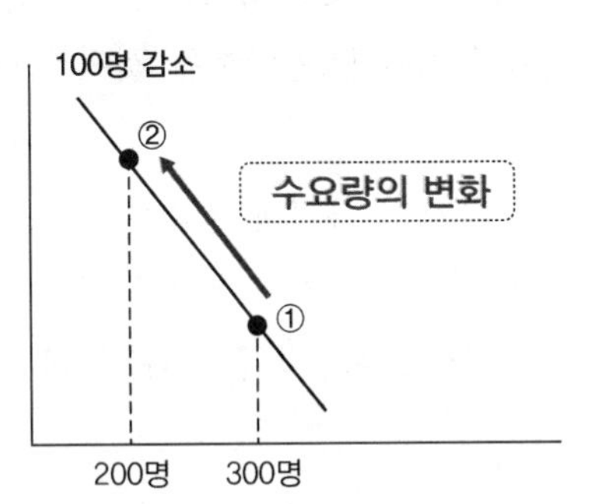	아파트가격이 상승해서 아파트의 수요량이 100개 감소한다. (수요의 법칙)
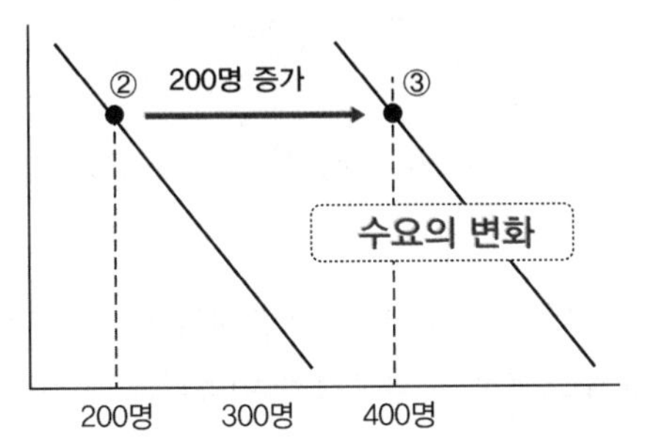	아파트가격이 더 오를 것이라고 예상해서 아파트의 수요가 200개 증가한다. (수요곡선의 우측이동)
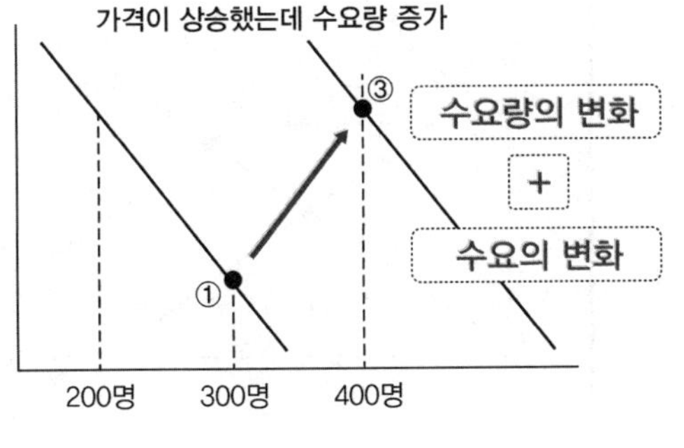	아파트가격이 상승하면 수요량 100개 감소(수요량의 변화)와 수요 200개 증가(수요의 변화)가 같이 나타나기 때문에 결과적으로 가격이 올랐지만 수요량이 100개 증가하는 것이다.

III 수요요인과 공급요인

1 수요요인

인구나 금리 등 수요에 영향을 미치는 원인을 수요요인이라고 한다. 수요를 증가시키는 요인을 수요증가요인이라고 하고 수요를 감소시키는 요인을 수요감소요인이라고 한다.

(1) 대체재와 보완재

① 어떤 두 개의 재화가 있는데 이 둘이 어떤 관계가 있으면 연관재라고 한다. 둘 중 하나를 선택해서 하나만 사는 경우 두 재화는 대체재라고 하고, 둘을 같이 사면 둘은 보완재라고 한다. 대체재와 보완재의 판단은 재화를 가지고 판단하는 것이 아니고 상황에 따라서 나타나는 수요의 방향으로 판단한다.

② 소주와 맥주의 관계를 보면 과거에는 맥주를 마시는 사람과 소주를 좋아하는 사람이 구분되어 있어서 맥주나 소주 둘 중 하나를 선택해서 마셨는데 최근에는 맥주에 소주를 타서 마시는 소맥이 유행하고 있다. 즉 과거의 소주와 맥주는 대체재였지만 최근의 소주와 맥주는 보완재이다.

③ 대체재의 가격이 상승하면 대체재의 수요량은 감소하고, 해당 재화 쪽으로 수요가 이동하므로 해당 재화의 수요는 증가한다. 즉 해당 재화의 수요곡선은 우측으로 이동하고(수요증가) 해당 재화의 가격은 상승한다.

④ 단독주택과 아파트가 대체재라면 단독주택의 가격이 상승하면 단독주택의 수요량은 감소하고, 그 수요가 아파트로 넘어오기 때문에 대체재인 아파트의 수요가 증가한다.

⑤ 보완재의 가격이 상승하면 보완재의 수요량은 감소하고, 보완재를 사지 않으면 해당 재화의 수요도 감소한다. 즉 해당 재화의 수요곡선은 좌측으로 이동하고(수요감소) 해당 재화의 가격은 하락한다.

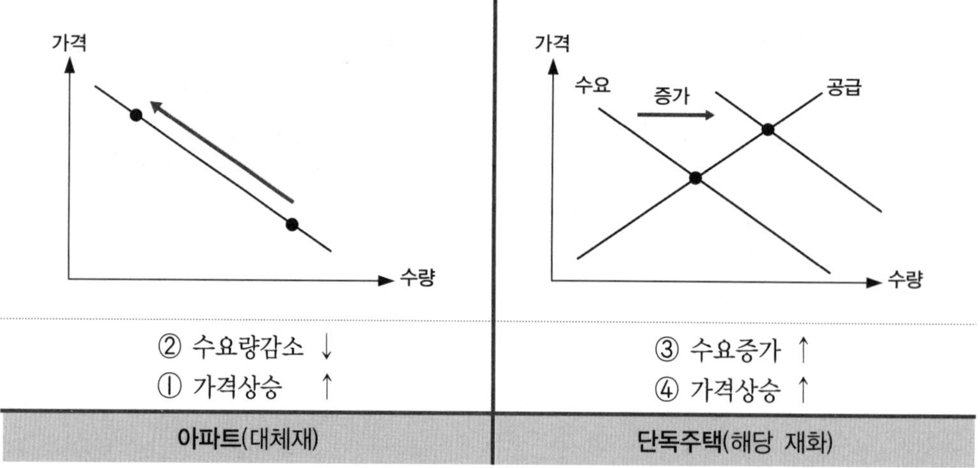

(2) 우등재와 열등재

① 갑돌이는 고기를 좋아하는데 평상시에는 돈이 없어서 돼지고기를 사 먹는다. 그런데 갑돌이가 승진해서 소득이 증가했다. 그래서 이제 갑돌이는 돼지고기를 먹지 않고 대신 소고기를 사 먹는다. 즉 사람들의 소득이 증가하면 소고기의 소비는 늘어나지만 반대로 돼지고기의 소비는 오히려 줄어든다.

② 여기서 소득과 관련하여 소득증가시 소비가 늘어나는 재화를 우등재라고 하고, 반대로 소득증가시 소비가 줄어드는 재화를 열등재라고 한다.

③ 열등재인 경우 소득이 증가하면 열등재의 수요곡선은 좌측으로 이동한다.

④ 택시와 버스의 관계에서의 버스, 쌀밥과 보리밥의 관계에서의 보리밥 등이 대표적인 열등재에 해당한다.

⑤ 부동산의 경우 고가주택과 저가주택의 관계에서 보면 저가주택이 열등재라고 볼 수 있다. 우리 시험에서는 열등재는 거의 나오지 않는다.

⑥ 나중에 '테마 7'에서 탄력도 계산을 할 때 소득탄력도가 나온다. 이때 소득이 10% 증가하니까 고가주택의 수요량은 20%가 늘고 반대로 저가주택의 수요량은 20%가 감소했다고 하자. 이 경우,

⑦ 고가주택의 소득탄력도의 값은 $\frac{\text{수요량의 변동률 } +20\%}{\text{소득의 변동률 } +10\%} = (+)2$가 된다.

⑧ 저가주택의 소득탄력도의 값은 $\frac{\text{수요량의 변동률 } -20\%}{\text{소득의 변동률 } +10\%} = (-)2$가 된다.

⑨ 열등재의 경우 소득탄력도의 값은 (−)의 값이 나온다.

(3) 기 타

① **가격예상**: 향후 부동산의 가격이 상승할 것으로 예상되면 현재의 부동산 수요는 증가한다. 가격상승이 예상되면 가격이 더 오르기 전에 미리 사두고자 하기 때문이다. 반대로 향후 부동산의 가격이 하락할 것으로 예상되면 현재의 부동산 수요는 감소한다.

② **시장금리**: 부동산은 고가의 자산이므로 은행에서 돈을 빌려서 부동산을 사는 경우가 대부분이다. 따라서 시중금리가 상승하면 수요자의 입장에서는 이자비용이 커지므로 부동산 수요는 감소한다. 반대로 시장금리가 하락하면 부동산수요는 증가한다. 다른 재화보다 부동산이 시장금리의 영향을 크게 받는다.

③ **대부비율**(LTV)**과 총부채상환비율**(DTI): 은행에서 돈을 얼마나 많이 빌려줄 것인지를 결정하는 비율이다. 이 비율이 올라가면 돈을 많이 빌릴 수 있다는 의미이므로 부동산 수요는 증가한다.

④ **기호변화**: 부동산에 대한 소비자의 선호도가 올라가면 부동산수요는 증가하고 그 반대로 선호도가 떨어지면 수요는 감소한다. 우리나라는 부동산에 대한 선호도가 높은 편이다.

⑤ **인구수**: 인구가 증가하면 부동산수요는 증가하고 인구가 감소하면 부동산수요는 감소한다. 하지만 부동산의 경우는 인구수보다는 가구수가 더 직접적인 영향을 끼친다. 즉 인구수가 감소하더라도 핵가족화나 독신 가구수의 증가 등의 이유로 인해 가구수가 늘어나면 부동산수요는 증가하게 된다.

⑥ **의식변화**: 부동산에 대한 주의식이 소유의식에서 이용의식으로 변하게 되면 자가수요는 감소하게 되고 차가수요는 증가하게 된다. 또한 주택에 대한 의식이 거주수단에서 투자수단으로 바뀌면 선호도가 높은 주택의 유형이 달라지게 된다.

⑦ 각종 공공시설을 위한 용지확보가 필요하게 되면 토지에 대한 수요는 증가하게 된다.

⑧ 당해 부동산의 고가성은 부동산수요를 감소시키는 요인이 된다.

⑨ 유사부동산이 과잉공급되면 해당부동산의 수요는 감소한다.

⑩ 당해 부동산의 용도의 특수성은 부동산에 대한 수요를 감소시킨다. 반대로 용도가 다양하게 되면 수요는 증가하게 된다.

2 공급요인

부동산의 공급에 영향을 미치는 대표적인 요인으로 생산기술, 생산요소비용, 공법상 규제의 정도, 시장금리 등이 있다.

(1) **생산기술**(건축기술)

① 생산기술(건축기술)이 발달하면 정해진 돈으로 더 많은 부동산을 생산할 수 있다.

② 생산기술(건축기술)의 발달은 공급곡선을 우측으로 이동(공급증가)시킨다.

(2) **생산요소의 가격변화**

① 하나의 상품 또는 서비스를 생산하기 위해서는 노동과 자본 및 토지가 필요한데 이를 생산요소라고 한다.

② 이러한 생산요소를 사용하기 위해서는 그 사용대가로서 노동은 임금, 자본은 이자, 토지는 지대를 지불해야 하는데 이를 요소비용이라고 한다.

③ 공급자가 총 1,000원의 자금이 있다. 현재 볼펜을 생산하는 경우 볼펜 1자루당 임금 30원, 이자 40원, 지대 30원 등 총 100원의 요소비용이 소요된다면 공급자는 10자루의 볼펜을 생산할 수 있다.

④ 만일 요소비용이 2배로 증가하여 1자루당 총 200원의 요소비용이 소요된다면 공급자의 볼펜공급량은 5자루로 줄어들게 된다.

⑤ 생산요소의 가격이 상승하면 공급은 감소하고, 생산요소의 가격이 하락하면 공급은 증가한다.

⑥ 건설노동자의 임금이 상승하면 부동산공급이 감소한다. 임금이 상승한다는 것은 공급자인 건설회사의 입장에서 생산요소비용이 증가한다는 것이므로 주택공급은 감소한다.

⑦ 철근에 대한 수요가 증가하면 부동산의 가격은 상승한다. 철근(생산요소)에 대한 수요가 증가하면 철근가격이 상승하고 이는 건설회사의 입장에서 생산요소의 가격이 비싸지는 것이므로 부동산공급이 줄어든다. 부동산공급이 감소하면 부동산시장에서 부동산가격은 상승한다.

⑧ 토지가격의 상승도 역시 생산요소비용을 증가시키므로 부동산공급을 감소시키는 요인이 된다.

⑨ 기준금리의 상승도 이자비용을 증가시켜 생산요소비용을 증가시키므로 부동산공급을 감소시키는 요인이 된다.

(3) 공급에 있어 대체재의 가격변화

① 공급측면의 대체재를 분석하는 경우는 공급자가 대체재나 해당 재화 중 하나만을 공급할 수 있는 상황을 생각하여야 한다.

② 현대자동차가 생산라인이 하나라서 소나타와 그랜저 둘 중 하나만 생산할 수 있는데 지금 소나타의 가격이 상승하고 있다. 그래서 현대자동차는 잘 팔리는 소나타의 생산량을 늘리고 대신 그랜저의 생산량을 줄일 것이다.

③ 즉 대체재의 가격이 상승하면 공급자는 대체재의 공급을 늘릴 것이므로 상대적으로 해당 재화의 공급은 감소한다.

(4) 공급에 있어 보완재의 가격변화

① 공급 측면의 보완재를 분석하는 경우는 공급자가 보완재를 공급하면 해당 재화도 같이 공급해야 하는 상황을 생각하여야 한다.

② 따라서 보완재의 가격이 상승하면 공급자는 보완재의 공급을 늘리면서 동시에 해당 재화의 공급도 늘리게 된다.

(5) 해당 재화의 가격상승 예상

① **유량시장에서 착공량을 공급량으로 보는 경우**: 향후 부동산의 가격이 상승할 것으로 예상되면 건설회사는 지금 착공량을 늘릴 것이다.

② **저량시장에서 매도공급의 경우**: 향후 부동산의 가격상승이 예상되면 소유자는 더 가지고 있다가 부동산가격이 더 오르고 난 다음에 나중에 팔려고 할 것이므로 지금 당장은 오히려 매도 물량이 줄어든다.

(6) 공법상 규제

① **공법상 규제 강화**(용적률 500% ⇨ 용적률 400%): 부동산공급 감소

② **공법상 규제 완화**(용적률 500% ⇨ 용적률 600%): 부동산공급 증가

(7) 시장금리

① **시장금리 인상**: 건설회사의 이자부담 증가로 부동산공급 감소

② **시장금리 인하**: 건설회사의 이자부담 감소로 부동산공급 증가

	04번 : 수요 · 공급요인	기출문제									
Ⅰ	수요와 공급 및 시장균형					30				34	
Ⅱ	수요의 변화와 수요량의 변화			28		30					
Ⅲ	수요요인과 공급요인	26			29	30	31	32	33	34	35

[수요와 공급 및 시장균형 – 34회] 부동산의 수요와 공급에 관한 설명으로 틀린 것은?

① 수요곡선상의 수요량은 주어진 가격에서 수요자들이 구입 또는 임차하고자 하는 부동산의 최대수량이다.

② 부동산의 공급량과 그 공급량에 영향을 주는 요인들과의 관계를 나타낸 것이 공급함수이다.

③ 공급의 법칙에 따르면 가격(임대료)과 공급량은 비례관계이다.

④ 부동산 시장수요곡선은 개별수요곡선을 수직으로 합하여 도출한다.

⑤ 건축원자재의 가격상승은 부동산의 공급을 축소시켜 공급곡선을 좌측(좌상향)으로 이동하게 한다.

정답 ④

수직으로 합하여 ⇨ 수평으로 합하여

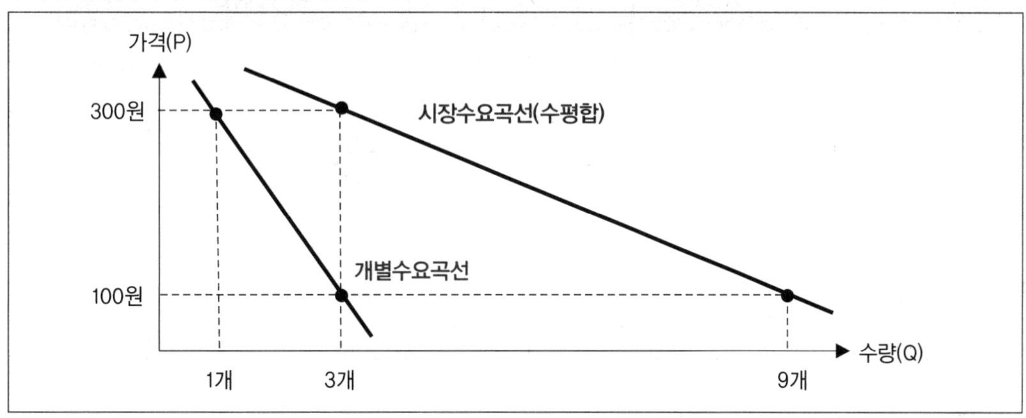

[수요요인과 공급요인 – 34회] 해당 부동산시장의 수요곡선을 우측(우상향)으로 이동하게 하는 수요변화의 요인에 해당하는 것은? (단, 수요곡선은 우하향하고, 해당 부동산은 정상재이며, 다른 조건은 동일함)

① 대출금리의 상승
② 보완재가격의 하락
③ 대체재 수요량의 증가
④ 해당 부동산가격의 상승
⑤ 해당 부동산 선호도의 감소

정답 ②

② 보완재가격의 하락 ⇨ 보완재의 수요량 증가 ⇨ 해당재의 수요증가(우측)
① 수요감소(좌측) ③ 해당 재화의 수요감소(좌측) ④ 수요량 감소(점의 이동) ⑤ 수요감소(좌측)

	05번: 균형점의 이동	기 출									
I	균형점의 이동(그래프)		27		29	30		32	33		35
II	균형점의 이동(계산문제)	26		28		30	31	32	33	34	35

I 균형점의 이동(그래프) ★★

[학습포인트] 수요 · 공급은 그래프다!! 운전연습 하듯이 열심히 익히자!

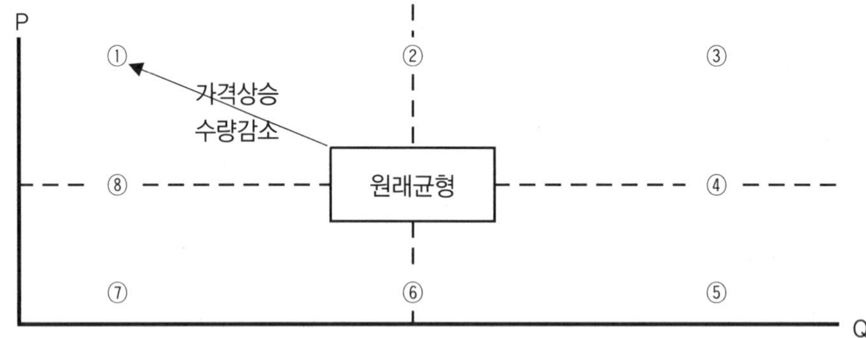

수요 10 증가 + 공급 5 증가	수요 10 증가 + 공급 10 증가	수요증가 + 공급증가	공급 완전비탄력 + 수요증가
수요 공급	수요 공급	수요 공급	수요 공급 완전비탄력 수요
가격: 상승 수량: 증가	가격: 불변 수량: 증가	가격: 모름 수량: 증가	가격: 상승 수량: 불변

II 균형점의 이동(계산문제) ★★★

[학습포인트] 계산은 시작점이 중요하다. 한눈에 들어오는 형태를 먼저 만들자!

기본형태	공급함수 Q = 2P 수요함수 Q = 900 − P	→ Q = 2P → Q = 1,200 − P
연립방정식 풀기	2P = 900 − P 3P = 900 P = 300, Q = 600	2P = 1,200 − P 3P = 1,200 P = 400, Q = 800
	가격은 100 상승, 거래량은 200 증가	

I 균형점의 이동(그래프)

(1) 개 요

① 균형 상태는 외부에서 충격이 가해지지 않으면 그 상태를 그대로 유지하지만, 수요나 공급에 영향을 미치는 외부환경이 변하면 수요곡선과 공급곡선이 이동하고 이는 곧 균형가격과 균형량의 변화를 가져온다.

② 이 경우 외부에서 어떤 충격이 오면 수요곡선과 공급곡선이 우측(증가)으로 가는지, 아니면 좌측(감소)으로 가는지를 판별해 낼 줄 알아야 하고, 그 결과 균형가격과 균형량이 어떻게 변화하는지를 단기와 장기로 나누어 분석할 수 있어야 한다.

(2) 균형점 이동의 연습

① 수요증가 및 수요감소

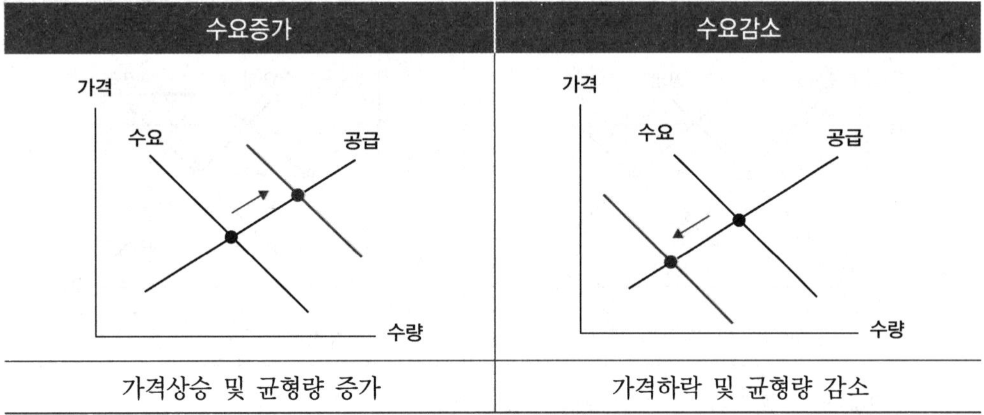

수요증가	수요감소
가격상승 및 균형량 증가	가격하락 및 균형량 감소

② 공급증가 및 공급감소

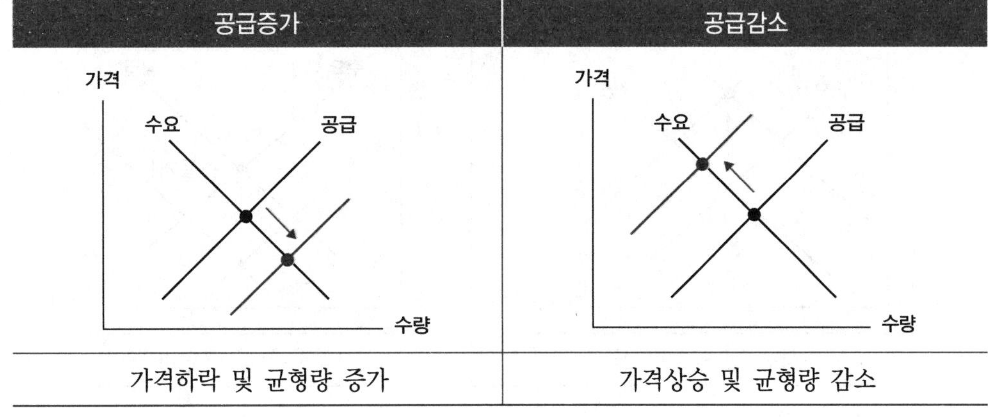

공급증가	공급감소
가격하락 및 균형량 증가	가격상승 및 균형량 감소

③ 수요증가가 공급증가보다 큰 경우 및 공급증가가 수요증가보다 큰 경우

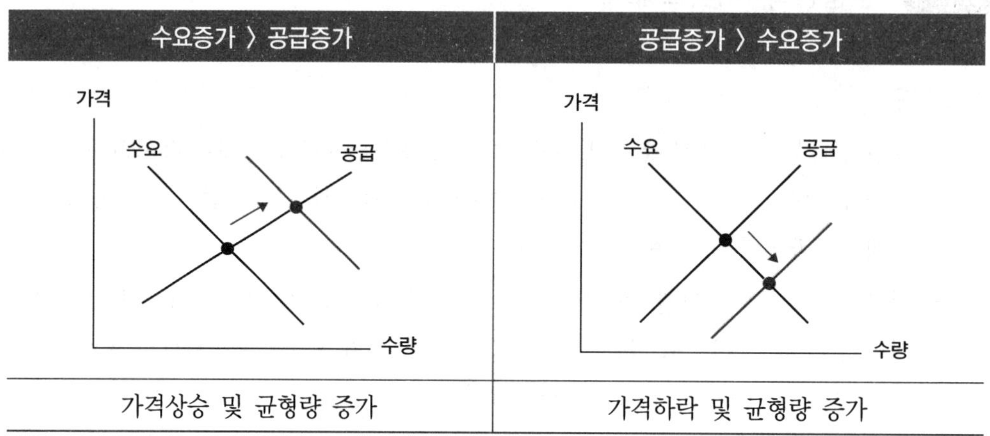

④ 수요증가 = 공급증가, 수요감소 = 공급감소

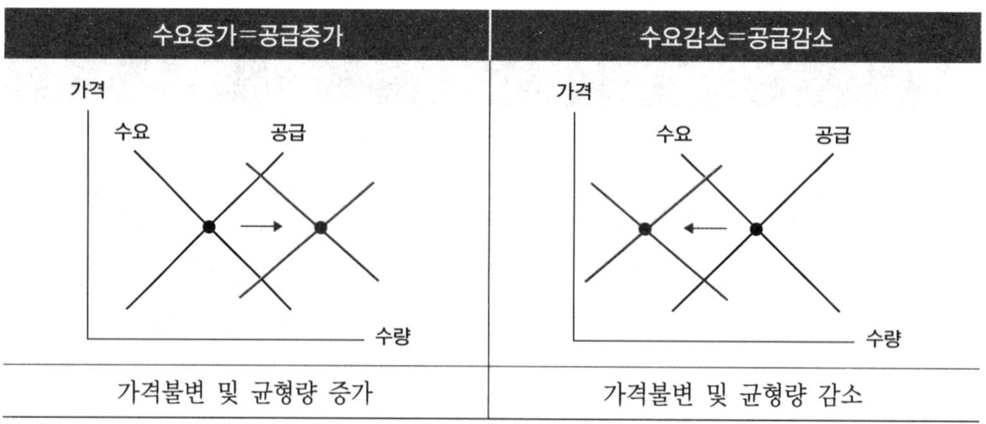

⑤ 수요증가 = 공급감소, 수요감소 = 공급증가

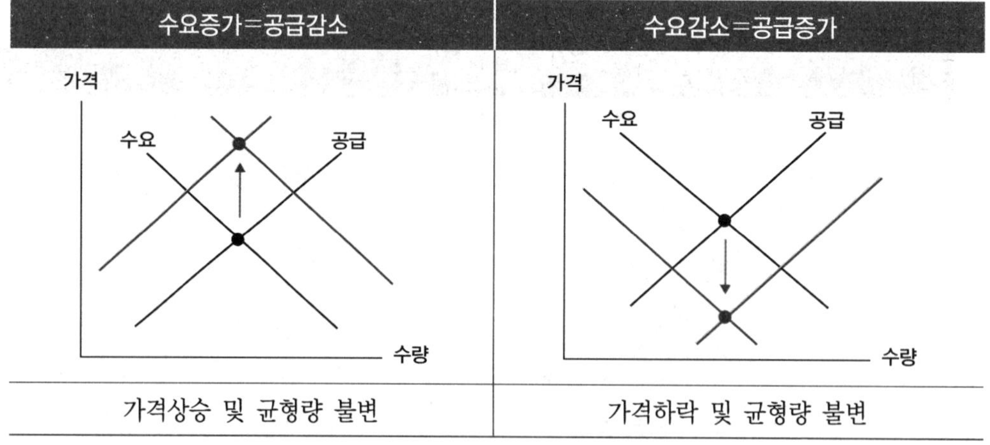

⑥ 수요증가 + 공급증가, 수요증가 + 공급감소

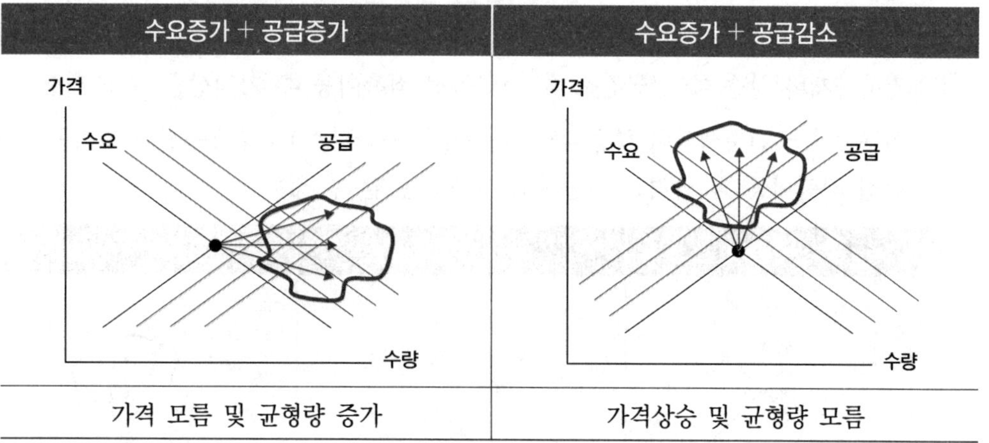

수요증가 + 공급증가	수요증가 + 공급감소
가격 모름 및 균형량 증가	가격상승 및 균형량 모름

⑦ 수요감소+공급증가, 수요감소 + 공급감소

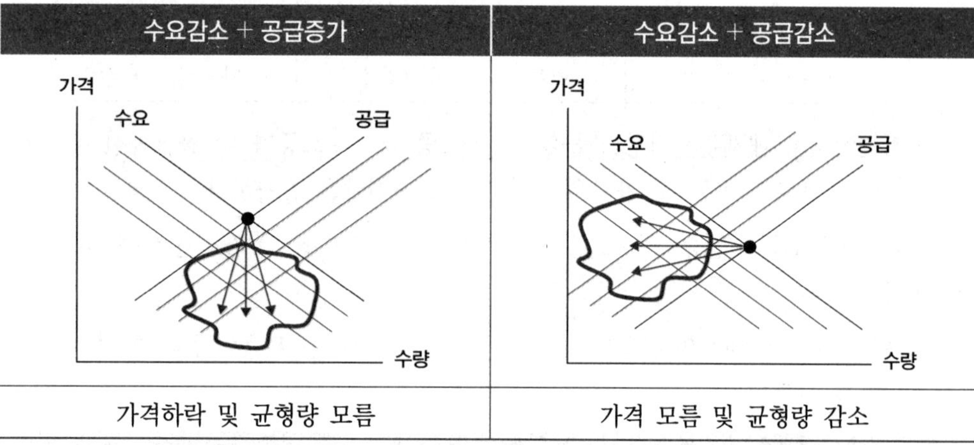

수요감소 + 공급증가	수요감소 + 공급감소
가격하락 및 균형량 모름	가격 모름 및 균형량 감소

⑧ 공급이 완전비탄력적인 경우 수요증가, 공급이 완전탄력적인 경우 수요증가

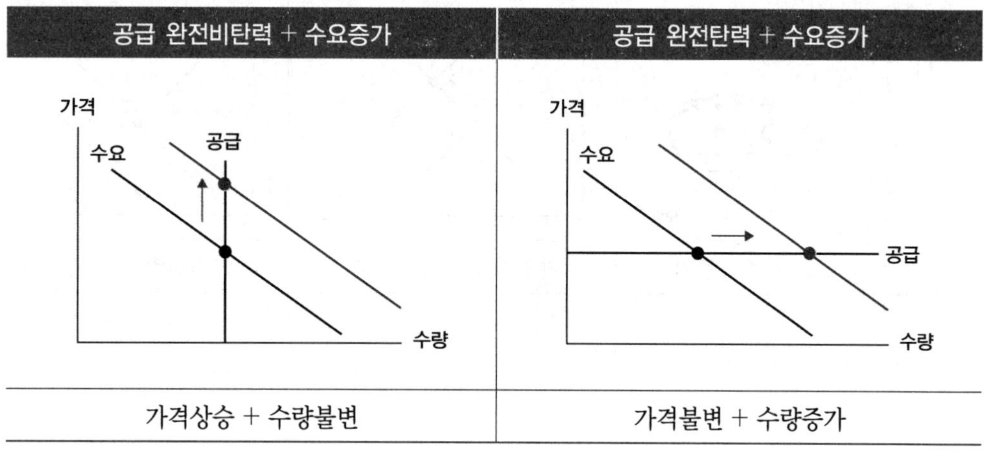

공급 완전비탄력 + 수요증가	공급 완전탄력 + 수요증가
가격상승 + 수량불변	가격불변 + 수량증가

(3) 상황변화에 따른 균형점의 이동

① 인구증가 ⇨ 수요증가 ⇨ 수요곡선 우측이동 ⇨ 가격상승 및 거래량 증가

② 건축자재비 상승 ⇨ 공급감소 ⇨ 공급곡선 좌측이동 ⇨ 가격상승 및 거래량 감소

③ 인구증가 + 건축생산비 상승 ⇨ 수요증가 + 공급감소 ⇨ 수요곡선 우측이동 + 공급곡선 좌측이동 ⇨ 가격은 상승하고 거래량은 알 수 없다.

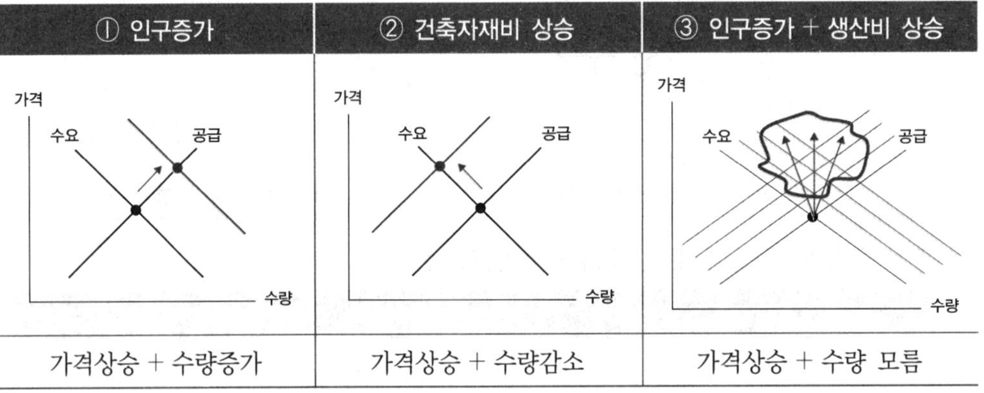

④ 기술진보 + 대체투자시장의 불황 ⇨ 공급증가 + 수요증가 ⇨ 공급곡선 우측이동 + 수요곡선 우측이동 ⇨ 가격은 알 수 없고 거래량은 증가한다.

⑤ 대부비율(LTV) 상승 ⇨ 수요증가 ⇨ 수요곡선 우측이동 ⇨ 가격은 상승하고 거래량은 증가한다.

⑥ 프로젝트 파이낸싱의 활성화 ⇨ 공급증가 ⇨ 공급곡선 우측이동 ⇨ 가격은 하락하고 거래량은 증가한다.

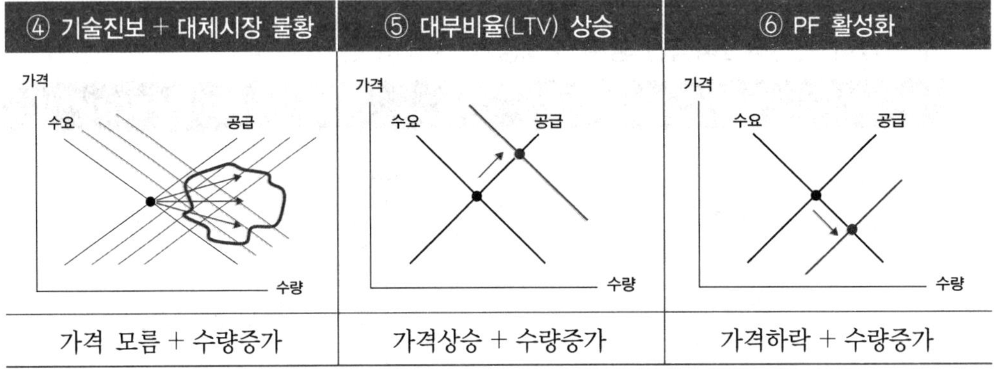

Ⅱ 균형점의 이동(계산문제)

1 함수의 개념

(1) 함수의 의의

① **가격이 상승하면 공급량은 증가한다.**: 공급량은 가격의 정(+)의 함수이다.
: 공급함수가 Q = 20 + 4P인 경우 P의 값이 상승하면 Q의 값도 상승한다.

② **가격이 상승하면 수요량은 감소한다.**: 수요량은 가격의 부(−)의 함수이다.
: 수요함수가 Q = 20 − 4P인 경우 P의 값이 상승하면 Q의 값은 하락한다.

(2) 함수의 변화가 의미하는 것

① **수요함수의 변화** Q = 10 − 2P ⟶ Q = 20 − 2P	두 함수의 P의 값에 0을 대입하면, 수요량(Q)이 10에서 20으로 변한 것이다. 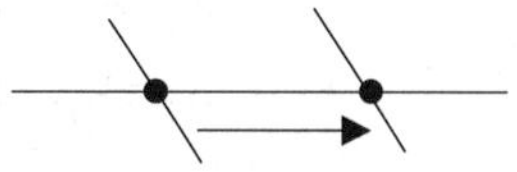 이는 수요곡선의 우측이동을 의미한다.
② **수요함수의 변화** P = 10 − 2Q ⟶ P = 20 − 2Q	두 함수의 Q의 값에 0을 대입하면, 가격(P)이 10에서 20으로 변한 것이다. 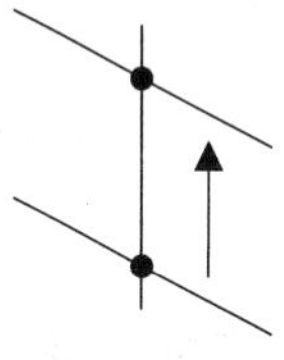 이는 수요곡선의 우측이동을 의미한다.
③ **공급함수의 변화** Q = 10 + 2P ⟶ Q = 20 + 2P	두 함수의 P의 값에 0을 대입하면, 공급량(Q)이 10에서 20으로 변한 것이다. 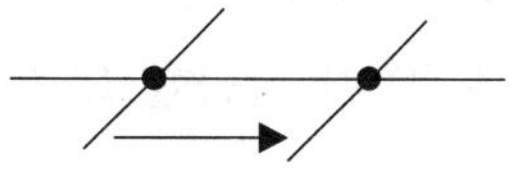 이는 공급곡선의 우측이동을 의미한다.
④ **공급함수의 변화** P = 10 + 2Q ⟶ P = 20 + 2Q	두 함수의 Q의 값에 0을 대입하면, 가격(P)이 10에서 20으로 변한 것이다. 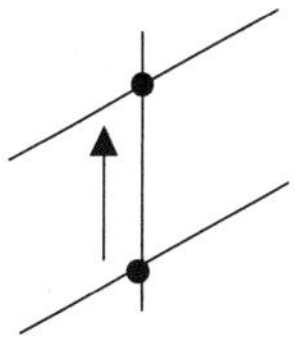 이는 공급곡선의 좌측이동을 의미한다.

② 시장균형점 구하기

어떤 부동산에 대한 수요 및 공급함수가 각각 Q = 900 − P, Q = 2P이다.
<u>소득증가로 수요함수가 Q = 1,200 − P로 변한다면</u> 균형가격과 균형거래량은?
⇨ 수요곡선 우측이동이므로 가격과 거래량은 모두 증가한다.

(1) 기본공식을 이용해서 기본틀을 만든다.

항상 수요와 공급은 세트로 움직이기 때문에 공급의 변화가 없으면 원래 공급함수를 빈 자리에 채워넣는다. (Q = 2P를 오른편 빈 칸에 채워 넣는다.)

기본공식		
	공급함수 Q = 2P ⟶	Q = 2P
	수요함수 Q = 900 − P ⟶	Q = 1,200 − P

(2) 연립방식을 이용해서 P의 값을 구한다.

구분		
기본공식	공급함수 Q = 2P ⟶	Q = 2P
	수요함수 Q = 900 − P ⟶	Q = 1,200 − P
연립방정식 풀기	2P = 900 − P	2P = 1,200 − P
	3P = 900	3P = 1,200
	P = 300	P = 400
	Q = 600	Q = 800
	가격은 100 상승, 거래량은 200 증가	

변경 전 가격(P)은 300이고, 변경 후 가격(P)은 400이다.

(3) 원래의 식에 구한 P의 값을 대입해서 Q의 값을 구한다.

변경 전 수량(Q)은 600이고, 변경 후 수량(Q)은 800이다.

(4) P와 Q의 변화분을 구한다.

가격(P)은 100이 상승했고, 거래량(Q)은 200이 증가했다.

3 임대료규제시 초과수요량 찾기

임대주택 단기공급함수는 Q = 100, 장기공급함수는 Q = 2P − 100이다. 임대주택에 대한 수요함수는 Q = 200 − P이다. 수요함수는 장단기 동일하다. 만일 정부가 임대주택의 호당 임대료를 월 90만원으로 통제할 경우, 임대주택의 부족량은 단기와 장기에 각각 얼마인가?

(1) 기본공식을 이용해서 기본틀을 만든다.

함수식 공식	단 기	장 기
	공급 : Q = 100 수요 : Q = 200 − P	공급 : Q = 2P − 100 수요 : Q = 200 − P

(2) 정부가 정한 90을 임대료(P)에 대입해서 Q를 구한다.

함수식 공식	단 기	장 기
	공급 : Q = 100 수요 : Q = 200 − 90 = 110	공급 : Q = 2(90) − 100 = 80 수요 : Q = 200 − 90 = 110

(3) 공급량과 수요량을 계산해서 초과수요량을 구한다.

함수식 공식	단 기	장 기
	공급 : Q = 100 수요 : Q = 110	공급 : Q = 80 수요 : Q = 110
초과수요량 계산	초과수요량 Q = 10	초과수요량 Q = 30

05번 : 균형점의 이동		기출문제									
Ⅰ	균형점의 이동(그래프)		27		29	30		32	33		35
Ⅱ	균형점의 이동(계산문제)	26		28		30	31	32	33	34	35

[균형점의 이동－33회] A지역 단독주택시장의 균형가격과 균형거래량의 변화에 관한 설명으로 옳은 것은? (단, 수요곡선은 우하향하고 공급곡선은 우상향하며, 다른 조건은 동일함)

① 수요가 불변이고 공급이 감소하면, 균형가격은 하락하고 균형거래량은 감소한다.

② 공급이 불변이고 수요가 증가하면, 균형가격은 상승하고 균형거래량은 감소한다.

③ 수요와 공급이 동시에 증가하고 공급의 증가폭이 수요의 증가폭보다 더 큰 경우, 균형가격은 상승하고 균형거래량은 증가한다.

④ 수요와 공급이 동시에 감소하고 수요의 감소폭이 공급의 감소폭보다 더 큰 경우, 균형가격은 하락하고 균형거래량은 감소한다.

⑤ 수요는 증가하고 공급이 감소하는데 수요의 증가폭이 공급의 감소폭보다 더 큰 경우, 균형가격은 상승하고 균형거래량은 감소한다.

❶ 정답 ④

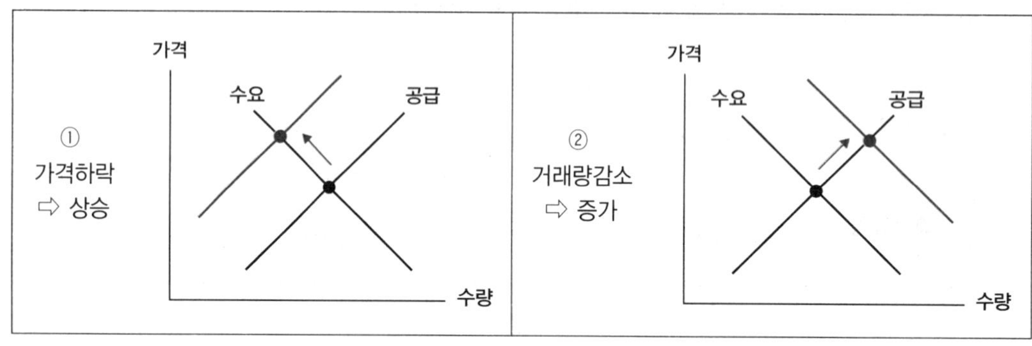

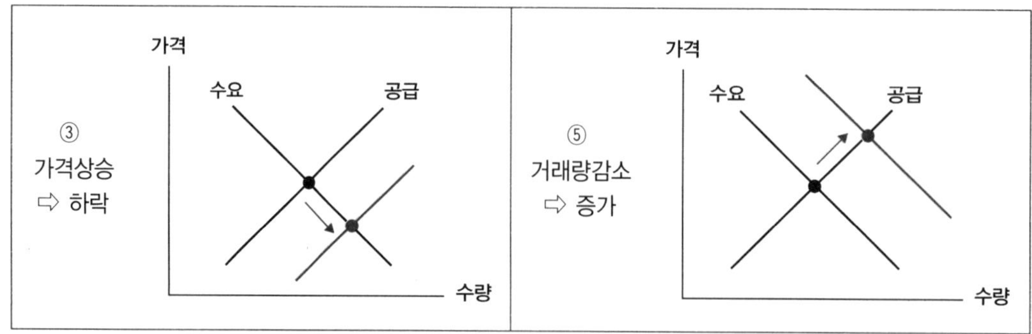

[균형점의 이동 계산문제-34회] A지역의 기존 아파트시장의 수요함수는 $P = -Qd + 40$, 공급함수는 $P = \frac{2}{3}Qs + 20$이었다. 이후 수요함수는 변하지 않고 공급함수가 $P = \frac{2}{3}Qs + 10$으로 변하였다. 다음 설명으로 옳은 것은?

① 아파트 공급량의 증가에 따른 공급량의 변화로 공급곡선이 좌측(좌상향)으로 이동하였다.

② 기존 아파트시장 균형가격은 22만원/m^2이다.

③ 공급함수 변화 이후의 아파트시장 균형량은 12m^2이다.

④ 기존 아파트시장에서 공급함수 변화로 인한 아파트시장 균형가격은 6만원/m^2만큼 하락하였다.

⑤ 기존 아파트시장에서 공급함수 변화로 인한 아파트시장 균형량은 8m^2만큼 증가하였다.

❶ **정답** ④

구분	변화 전	변화 후
꽁수꽁수	공급함수 $P = \frac{2}{3}Qs + 20$ 수요함수 $P = -Qd + 40$	→ $P = \frac{2}{3}Qs + 10$ → $P = -Qd + 40$
꽁수꽁수 (분수변환)	공급함수 $P = 0.67Qs + 20$ 수요함수 $P = -Qd + 40$	→ $P = 0.67Qs + 10$ → $P = -Qd + 40$
	분수를 소수로 변환하지 않고 계산하는 경우, 계산을 헷갈리는 경우가 많이 발생하므로 반드시 분수를 계산기를 이용해서 소수형태로 미리 바꾼 후에 계산하도록 한다.	
연립방정식 풀기	$0.67Q + 20 = -Q + 40$ $1.67Q = 20$ $Q = 12$ $P = 28$	$0.67Q + 10 = -Q + 40$ $1.67Q = 30$ $Q = 18$ $P = 22$
결 과	균형가격(P)은 6 하락, 균형거래량(Q)은 6 증가	

① 공급곡선이 우측(우하향)으로 이동

② 기존 아파트시장 균형가격은 28만원/m^2

③ 공급함수 변화 이후의 아파트시장 균형량은 18m^2

⑤ 아파트시장 균형량은 6m^2만큼 증가

www.pmg.co.kr

	06번 : 탄력성 이론	기 출									
Ⅰ	탄력성의 개념							32		34	
Ⅱ	탄력성 결정요인(대장주세용)		27	28		30			33		
Ⅲ	탄력성의 적용						31				

Ⅰ 탄력성의 개념 ★★

[학습포인트] 탄력성은 개념이 중요하다. 탄력성은 수량이다. 탄력적이면 수량의 변화율이 큰 것이다. 그래프의 형태도 확실하게 암기하자. 완전비탄력은 수직이다.

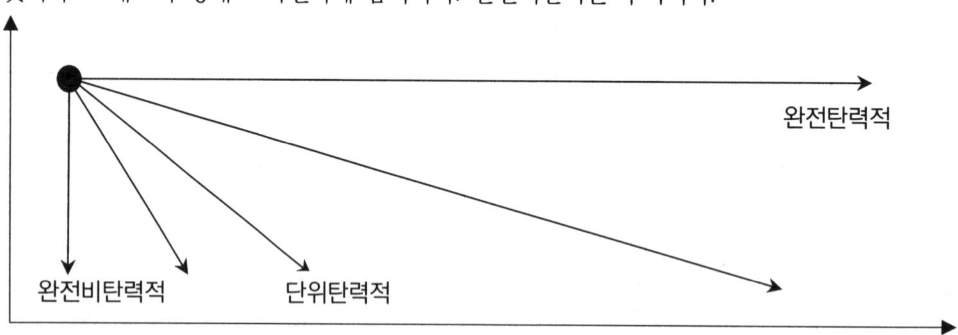

Ⅱ 탄력성 결정요인 ★★★

[학습포인트] 선택의 폭이 넓어질수록 탄력적이다. 주어진 상황이 선택의 폭이 넓은지 아닌지 잘 판단한다.

대체재	장기	주거용	세분할수록	용도 다양

Ⅲ 탄력성의 적용 ★

[학습포인트] 세금총을 쏠 때 서 있는 사람(비탄력)이 세금을 많이 맞는다. 누울수록(탄력적) 세금을 적게 맞는다. 이것도 그래프로 익히도록 한다.

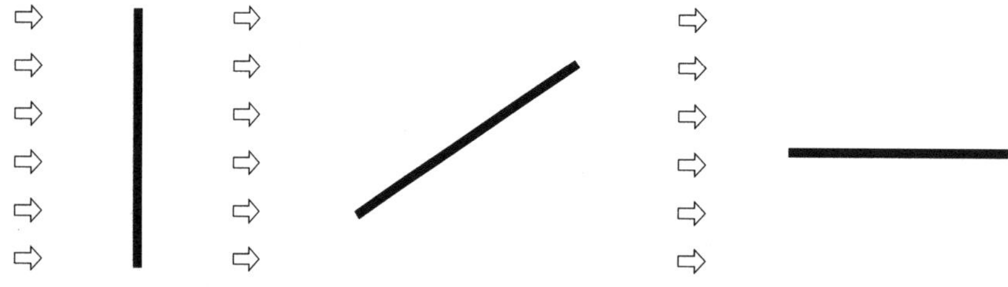

I 탄력성의 개념

공인중개사 시험에서 탄력성은 개념을 묻는 문제와 계산을 묻는 문제 등이 출제된다.
탄력성은 기본적인 큰 개념에서 착각만 하지 않으면 쉽게 점수로 연결할 수 있다. 근데 탄력성이 엄청 어려운 파트라고 그렇게들 착각을 한다.

대부분의 수험생이 하는 착각은 '가격탄력도가 크다.'라고 하면 가격이 크게 변한다고 생각하고, '소득탄력도가 크다.'라고 하면 소득이 크게 변한다고 생각하는 것이다.
여기서 말하는 가격과 소득은 탄력도에 영향을 미치는 원인을 말하는 것이지 탄력도를 말하는 것이 아니다.

어릴 때 형이랑 장난치다가 서로 가볍게 한 대씩 때리는 경우가 있는데 처음에는 아주 약하게 시작하다가 나중에 큰 싸움이 되는 경우가 있다.
"야 나는 10으로 때렸는데 너는 왜 20으로 때리냐?", "나는 20으로 때렸는데 너는 왜 또 30으로 때리냐"…. 이러다가 큰 싸움이 난다.

탄력도는 나에게 어떤 자극이 왔을 때 내가 어느 정도 반응하는가 하는 것을 말한다.
10의 자극에 대해서 5만큼 반응하면 탄력도가 0.5이고, 10의 자극에 대해서 10만큼 반응하면 탄력도가 1이며, 10의 자극에 대해서 20만큼 반응하면 탄력도가 2인 것이다.
심하게 반응할수록 탄력도의 값이 커지고 탄력적이라고 표현한다.

시장의 수요공급그래프는 원인과 그에 따른 결과를 나타내는 그래프이다.
시장에서 원인(자극)은 가격, 소득, 인구, 금리 등이고, 결과는 수요량 또는 공급량이다.

가격이 상승하면 수요량은 감소하는데 과연 수요량이 얼마나 감소하는가 하는 것이 수요의 가격탄력성이고, 소득이 증가하면 수요량은 증가하는데 과연 수요량이 얼마나 증가하는가 하는 것이 수요의 소득탄력성이다.

즉 가격탄력성의 핵심 단어는 가격이 아닌 탄력성이며, 소득탄력성에서의 핵심 단어는 소득이 아닌 탄력성이다. 그리고 탄력성은 수량의 개념이며, 탄력적이면 수량의 변화가 큰 것이다.

이제 시험용으로 자세히 살펴보도록 하자.

(1) 의 의

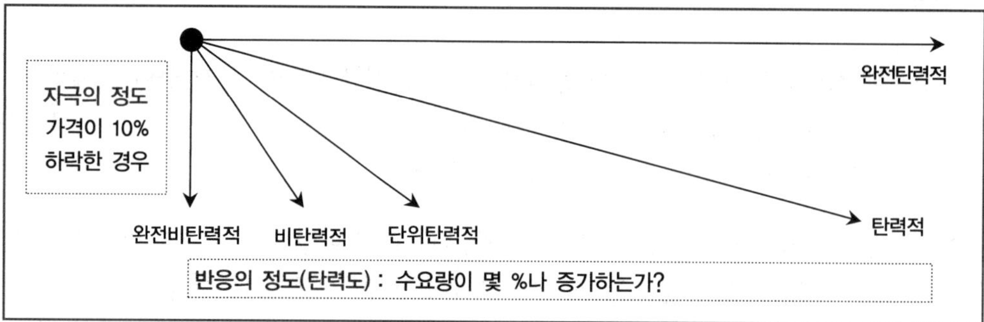

① 탄력도란 독립변수(원인)가 1% 변동할 때 종속변수(결과)가 몇 % 변하는가를 나타내는 수치이다.

② 즉 탄력도는 외부에서 어떤 자극이 왔을 때 수요자 또는 공급자가 몇 배로 민감하게 반응하는가 하는 것을 나타내는 것이다.

③ 예를 들면 수요의 가격탄력도가 2라고 하는 것은 가격이 10% 올랐는데 수요량이 20% 감소했다는 것이다. 즉 자극(가격변화)에 대해 수요자가 2배로 반응(수요량 감소)했다는 것을 의미한다.

④ 이때 반응의 정도는 수요량 또는 공급량의 변동률을 의미하므로 결국 탄력성이라 함은 수량(Q)의 변화율을 의미한다.

⑤ 수요의 가격탄력성은 가격이 변할 때 수요량이 얼마나 변하는지를 나타내는 정량적(quantitative) 지표이지 성별이나 국적 등 성질을 나타내는 정성적(qualitative) 지표가 아니다.

⑥ 수요곡선 또는 공급곡선 상에서 수량(Q)은 횡축을 의미하므로 수요 또는 공급이 탄력적이라고 하면 이는 수요 또는 공급 그래프가 좌우의 변화폭이 큰 것, 즉 많이 기울어져 있다는 것을 의미한다.

⑦ 앞에서 학습한 수요와 공급의 균형점의 이동이 외부 충격으로 수요곡선이나 공급곡선이 이동하면 가격과 거래량이 어느 방향으로 이동하는가에 대한 학습이라면, 탄력도는 외부에서 충격이 왔을 때 수요량이나 공급량이 어느 정도의 폭으로 변동하는가를 학습하는 것이라고 볼 수 있다.

(2) 수요의 가격탄력도의 크기

① 수요의 가격탄력도의 크기는 0과 무한대 사이의 값을 갖는다.

② **완전비탄력적**: 가격이 변해도 수요량에는 아무런 변화가 없는 경우이다. 탄력도의 값은 0이 되며 수요곡선은 수직선이 된다. 토지의 물리적인 공급량은 부증성으로 인해 어떠한 상황에서도 절대적으로 수량을 늘리거나 줄일 수 없는 상태 즉 불변이므로, 토지의 물리적 공급곡선은 완전비탄력적이다.

③ **비탄력적**: 가격의 변화율보다 수요량의 변화율이 작은 경우이다. 탄력도의 값은 0과 1 사이의 값이 되며 수요곡선의 기울기는 가파르게 된다.

④ **단위탄력적**: 가격의 변화율과 수요량의 변화율이 동일한 경우이다. 탄력도의 값은 1이 되며 수요곡선은 직각쌍곡선이 된다.

⑤ **탄력적**: 가격의 변화율보다 수요량의 변화율이 더 큰 경우이다. 탄력도의 값은 1과 무한대 사이의 값이 되며 수요곡선의 기울기는 완만해진다.

⑥ **완전탄력적**: 가격이 조금만 변해도 수요량은 무한대로 변하는 경우이다. 탄력도의 값은 무한대가 되며 수요곡선은 수평선이 된다.

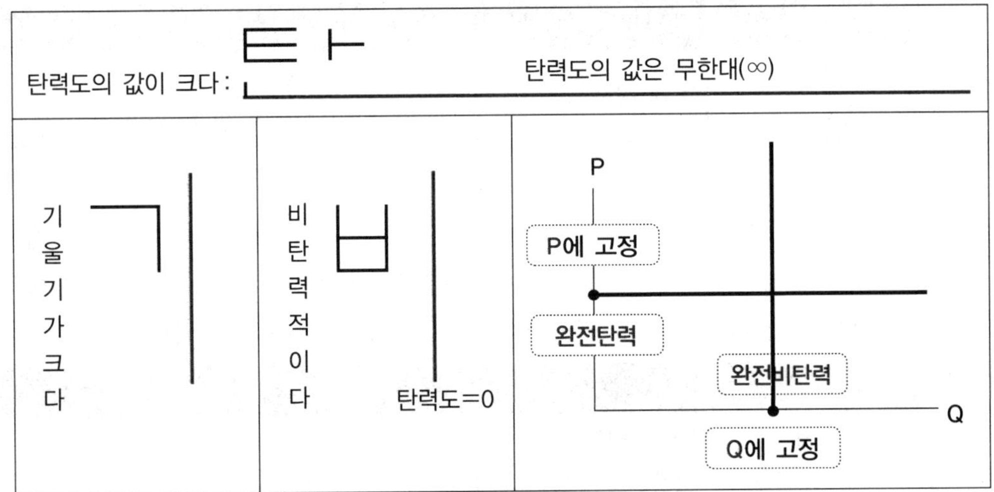

Ⅱ 탄력성 결정요인

(1) 대체재의 수가 많을수록 탄력적이다.

① 대체재의 수가 수요의 탄력성을 결정하는 가장 중요한 요인이 된다.

② 대체재가 많으면 탄력성이 높아지고 대체재가 없으면 탄력성이 낮아진다.

③ 수요자나 공급자의 선택의 폭이 많으면 탄력적이 되고, 선택의 폭이 적으면 비탄력적이 된다.

④ 어느 부동산과 밀접한 대체재가 시장에 출현한다면 그 부동산에 대한 수요의 탄력성은 이전보다 더 커진다.

(2) 장기가 단기보다 더 탄력적이다.

① 단기공급의 임대료탄력성은 장기공급의 임대료탄력성보다 더 비탄력적이다. ⇨ 생산기간이 1달 걸리는 A재화를 생산하는 경우 1달의 기간(단기)을 주면 1개를 생산하지만 1년(장기)을 주면 12개를 생산할 수 있다. 즉 장기일수록 공급량을 더 많이 늘릴 수 있다(탄력적이다)는 것이다.

구 분	30일 동안(단기)	360일 동안(장기)
볼펜 (생산기간 1일)	30개 생산	360개 생산 (더 많이 생산-탄력적)

② 생산(공급)에 소요되는 기간이 길수록 공급의 임대료탄력성은 더 비탄력적이다. ⇨ A재화는 생산기간이 1달이 걸리는 재화이고 B재화는 생산기간이 1년이 걸리는 재화인 경우, 1년의 기간을 주면 A재화는 12개를 생산할 수 있지만 B재화는 1개밖에 생산할 수 없다. 즉 생산에 소요되는 기간이 긴 B재화가 A재화보다 비탄력적이다.

구 분	30일 동안
볼펜 (생산기간 1일)	30개 생산 생산기간이 짧은 상품이 더 많이 생산(탄력적)
자동차 (생산기간 1개월)	1개 생산 생산기간이 긴 상품이 더 적게 생산(비탄력적)

(3) 주거용 부동산이 다른 용도의 부동산보다 더 탄력적이다.

① 수요의 탄력성이 적용되는 정도는 부동산의 종류에 따라 상이한 양상을 보인다.

② 일반적으로 주거용 부동산이 상업용이나 공업용 부동산보다 더 탄력적이다.

(4) **시장을 세분할수록 더 탄력적이다.**

① 부동산시장을 용도나 규모별로 세분하면 세분할수록 탄력적이 된다. ⇨ 부동산을 용도나 유형 등으로 구분하기 전의 전체시장으로 보면 비탄력적이지만 시장세분화가 된 시장에서는 다른 시장으로 대체가능성이 생기기 때문에 탄력성이 높아진다.

② 주택이라는 재화는 대체재가 거의 없으므로 굉장히 비탄력적인 재화이지만 안양시 평촌동의 30평형대 아파트로 세분화된 주택은 안양이 아닌 과천의 아파트, 안양시 평촌동이 아닌 범계동의 아파트, 평촌동 내 30평이 아닌 32평형대의 아파트, 30평형대의 아파트가 아닌 단독주택 등 대체가능한 주택이 많이 존재하므로 훨씬 탄력적인 재화로 바뀌는 것이다.

(5) **용도가 다양할수록 더 탄력적이다.**

① 용도가 다양할수록, 용도전환이 용이할수록 더 탄력적이다.

② 건축인허가가 어렵거나 개발행위 기준이 강화되거나 토지이용규제가 강화되면 용도의 다양성을 제약하는 것이기 때문에 비탄력적이 된다.

(6) **비싼 재화일수록**(소득에서 차지하는 비중이 큰 재화일수록) **탄력적이다.**

가격이 50% 인상되는 경우	수요량의 감소비율	탄력도
볼펜(1,000원 ⇨ 1,500원)	조금만 감소	비탄력적
주택(10억원 ⇨ 15억원)	많이 감소	탄력적

(7) **기 타**

① 부동산의 경우 수요와 공급은 모두 비탄력적이며, 특히 공급이 상대적으로 수요보다 더 비탄력적이다. 이는 부동산공급의 경우 생산에 상당한 시간이 소요되기 때문이다.

② 신규부동산의 공급은 시간이 오래 걸리고 오래된 부동산의 공급은 시간이 짧게 걸린다. 그래서 신규부동산의 공급은 비탄력적이고, 오래된 부동산의 공급은 신규부동산보다 탄력적이다.

③ 필수재는 비탄력적인 데 반해, 사치재에 대한 수요는 탄력적이다.

④ 건축인허가가 어려울수록 공급의 임대료탄력성은 더 비탄력적이다.

⑤ 생산량을 늘릴 때 생산요소 가격이 상승할수록 공급의 임대료탄력성은 더 비탄력적이다.

Ⅲ 탄력성의 적용

(1) 세금부담

① **세금 30원을 부과 받은 임대인이 가격을 20원을 올리다.**: 임대인이 임차인에게 임대료를 100원을 받고 있는 상황에서 정부가 임대인에게 세금 30원을 추가로 부과했다. 임대인은 임대료를 올리고 싶은데 눈치를 보니까 20원까지는 올려도 임차인이 나가지 않을 것 같고, 20원 이상으로 가격을 올리면 임차인이 다른 곳으로 나갈 것 같다. 그래서 임대인은 임대료를 20원만 올렸다.

② **조세의 전가와 귀착이 발생한다.**: 이 경우 임대인은 가격을 올려서 자신에게 부과된 세금 30원 중에서 20원을 임차인에게 전가시킨 것이고(이것을 조세의 전가라고 한다), 최종적으로 정부가 부과한 세금 30원은 임대인이 10원 부담하고 임차인이 20원 부담하는 것이 된다(이것을 조세의 귀착이라고 한다).

③ **세금은 나누어 내는데 비탄력적인 측이 많이 부담한다.**: 재산세 등 세금을 부과하면 세금을 누구에게 부과하였는가와 상관없이 부과된 세금은 수요자와 공급자가 나누어 내게 되는데, 수요자와 공급자 중 탄력적인 자가 세금을 적게 부담하고 비탄력적인 자가 세금을 많이 부담한다.

④ 그리고 위의 경우처럼 임차인이 임대인보다 비탄력적이면 임대인은 세금을 많이 전가시킬 수 있고 임차인이 탄력적이면 조금밖에 전가시키지 못한다.

⑤ 임대인이 10원을 부담하고 임차인이 20원을 부담한다면 이 상황은 세금을 적게 부담하는 임대인이 더 탄력적인 것이다.

⑥ **완전탄력적인 자는 하나도 부담하지 않고, 완전비탄력인 자는 전부 부담한다.**: 만일 수요(임차인)가 완전비탄력적인 임대주택에 재산세를 부과하면 임차인이 재산세를 전액 부담하게 된다.

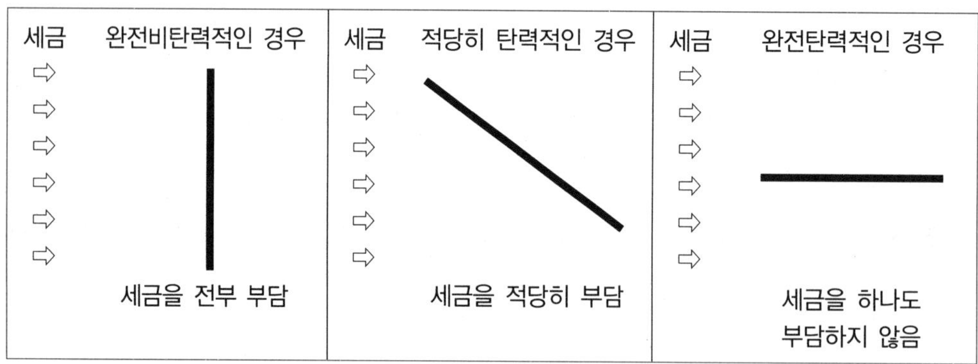

(2) 탄력도와 가격변화

① 공급이 증가할 때 수요의 가격탄력성이 비탄력적일수록(그래프가 수직선에 가까울수록) 가격이 더 많이 내린다.

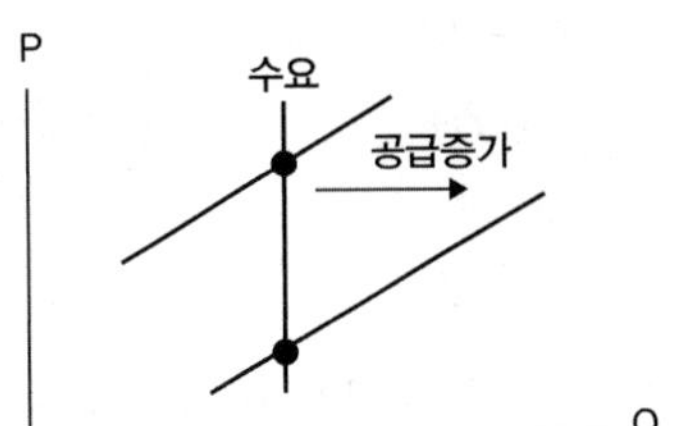

② 수요의 가격탄력성이 완전탄력적인 경우에 공급이 증가하면 균형임대료는 변화하지 않지만 균형거래량은 증가한다.

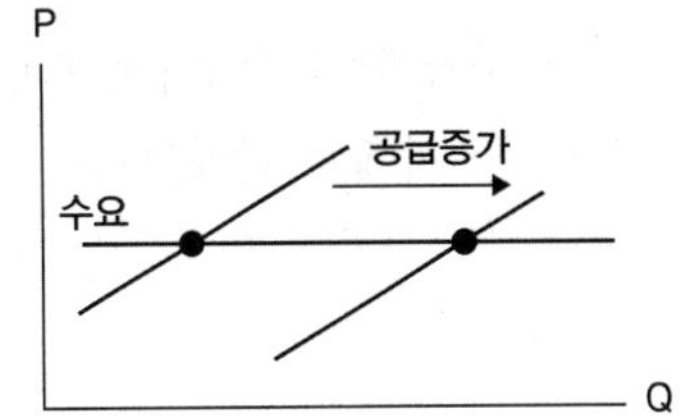

③ 수요가 증가할 때 공급의 가격탄력성이 비탄력적일수록(그래프가 수직선에 가까울수록) 가격이 더 많이 오른다.

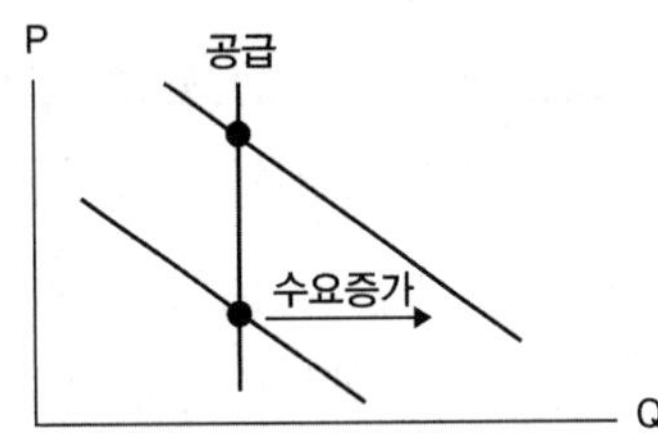

④ 공급의 가격탄력성이 완전탄력적인 경우에 수요가 감소하면 균형임대료는 변화하지 않지만 균형거래량은 감소한다.

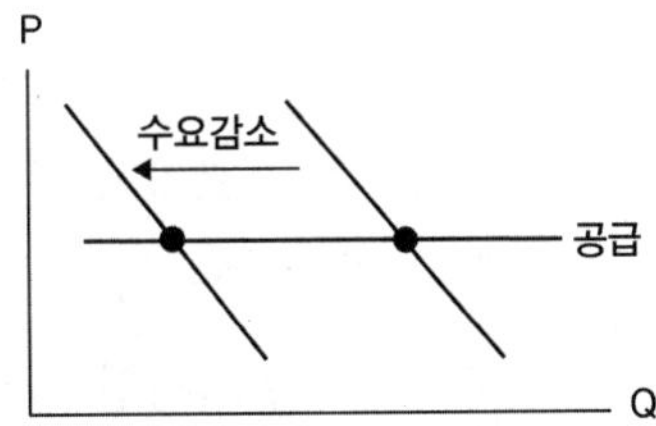

(3) 판매자(고깃집 사장님)의 가격전략

판매가격		판매수량		총수입
100원	×	100개	=	10,000원
가격을 50원 올림	⇨	비탄력 : 20개 감소	⟶	150원 × **80개** = 12,000원(증가)
		탄력 : 80개 감소	⟶	150원 × **20개** = 3,000원(감소)

① 공급자가 상품의 판매가격을 올리면 판매수량은 감소하고, 판매가격을 내리면 판매수량은 증가한다. 이를 토대로 가격을 올렸을 때와 내렸을 때의 공급자의 총수입의 변화를 살펴보자.

② 수요자가 탄력적이라서 판매가격을 20% 올리면 판매수량은 40%가 감소한다고 하자. 위의 예시에서 판매가격은 120원이 되고 판매수량은 40%가 줄어서 60개가 되면 총수입은 7,200원이 된다. 즉 수요자가 탄력적인 경우 가격을 올리면 판매자의 총수입은 2,800원이 줄어든다.

③ 반대로 수요자가 탄력적이라서 판매가격을 20%를 내리면 판매수량은 40%가 증가한다고 하자. 위 예시에서 판매가격은 80원이 되고 판매수량은 40%가 늘어서 140개가 되면 총수입은 11,200원이 된다. 즉 수요자가 탄력적인 경우 가격을 내리면 판매자의 총수입은 1,200원이 증가한다.

④ 위의 두 가지 경우를 보면 수요자가 탄력적이라면 판매자는 저가전략으로 선택하는 것이 유리하다는 것을 알 수 있다. 반대로 수요자가 비탄력적이라면 판매자는 고가전략으로 가는 것이 유리하다.

⑤ 이제 이 내용을 시험용으로 잘 기억되도록 정리하면,
'고기장사를 잘 하고 싶으면 탄 고기는 내리고, 안탄 고기는 올려라 그래야 총수입이 늘어난다.' 즉 수요자가 탄력적이면 저가전략으로 가고 수요자가 비탄력적이면 고가전략으로 가야 총수입이 늘어난다.

⑥ 수요자가 단위탄력적인 경우에는 가격을 올리고 내림과 상관없이 판매자의 총수입은 일정하다.

☑ 가격탄력성에 따른 총수입의 변화

가격탄력성	구분	총수입
가격탄력성 0	완전비탄력	가격을 올릴수록 유리
가격탄력성 0.5	비탄력	
가격탄력성 1	단위탄력	가격과 상관없이 총수입 일정
가격탄력성 2	탄력	가격을 내릴수록 유리
가격탄력성 ∞	완전탄력	

택시 할증을 밤에만 적용하는 이유

판매자가 가격을 올려서 총수입이 증가하는 경우는 수요자가 비탄력적인 경우(선택의 여지가 없는 경우)이다. 그래서 판매자는 수요자의 선택의 폭이 줄어들었을 경우나 아니면 수요자의 선택의 폭을 좁게 만들어 놓고 고가전략을 펼친다.

택시수요자의 경우를 살펴보면, 밤 12시 이전에는 버스나 지하철이 있으므로 택시수요자의 선택의 폭이 넓다. 이때 택시만 가격을 올리면 택시수요자는 택시를 타지 않고 버스나 지하철을 탈 것이다. 그래서 12시 이전에 할증을 하면 오히려 택시수입은 감소한다.
그러나 밤 12시 이후에 버스와 지하철이 끊기면 승객들은 선택의 폭이 줄어들어서 비탄력적이 되고 택시가 할증을 붙여도 택시를 탈 수밖에 없다. 그래서 밤 12시 이후에 할증을 붙여야 택시수입이 증가하는 것이다. 새벽에 따따블이 등장한다는 것은 택시수요자가 완전비탄력적인 상황이 되었다는 것을 의미한다.

그럼 담뱃값 이야기를 한 번 해볼까?
흡연자 여러분들은 담배가격이 얼마가 되면 담배를 끊을 생각이 있는가?
지금 흡연자의 숫자는 10명이고 담배가격이 4,000원이라고 하자.

정부 조사 결과 담배가격을 7,000원으로 올리면 흡연자는 8명이 되고 담뱃값을 8,000원으로 올리면 흡연자가 2명이 된다고 한다.
여러분들이 정부라면 담배가격을 얼마로 올리겠는가?
① 국민건강이 목적이라면 얼마로 올려야 하는가? 정답 8,000원
② 세금수입이 목적이라면 얼마로 올려야 하는가? 정답 7,000원

06번 : 탄력성 이론		기출문제									
Ⅰ	탄력성의 개념							32		34	
Ⅱ	탄력성 결정요인(대장주세용)		27	28		30			33		
Ⅲ	탄력성의 적용						31				

[탄력성의 개념-34회] 수요와 공급의 가격탄력성에 관한 설명으로 옳은 것은? (단, X축은 수량, Y축은 가격, 수요의 가격탄력성은 절댓값을 의미하며, 다른 조건은 동일함)

① 가격이 변화하여도 수요량이 전혀 변화하지 않는다면, 수요의 가격탄력성은 완전탄력적이다.

② 가격변화율보다 공급량의 변화율이 커서 1보다 큰 값을 가진다면, 공급의 가격탄력성은 비탄력적이다.

③ 공급의 가격탄력성이 0이라면, 완전탄력적이다.

④ 수요의 가격탄력성이 1보다 작은 값을 가진다면, 수요의 가격탄력성은 탄력적이다.

⑤ 공급곡선이 수직선이면, 공급의 가격탄력성은 완전비탄력적이다.

정답 ⑤

양의 변화율 = 탄력도
양의 변화율이 크다. = 탄력적이다. 탄력도의 값이 크다.

① 수요의 가격탄력성은 완전비탄력적
② 공급의 가격탄력성은 탄력적
③ 완전비탄력적
④ 비탄력적

[탄력성 결정요인-33회] 부동산시장에 관한 설명으로 틀린 것은? (단, 다른 조건은 동일함)

① 부동산시장에서는 정보의 비대칭성으로 인해 부동산가격의 왜곡현상이 나타나기도 한다.

② 부동산시장은 장기보다 단기에서 공급의 가격탄력성이 크므로 단기 수급조절이 용이하다.

③ 부동산시장은 규모, 유형, 품질 등에 따라 세분화 되고, 지역별로 구분되는 특성이 있다.

④ 부동산시장에서는 일반적으로 매수인의 제안가격과 매도인의 요구가격 사이에서 가격이 형성된다.

⑤ 부동산시장은 불완전하더라도 할당효율적일 수 있다.

정답 ②

② 장기보다 단기에서 공급의 가격탄력성이 크므로 ⇨ 작으므로
단기 수급조절이 용이하다. ⇨ 곤란하다.

[탄력성의 적용－30회 수정] 부동산에 관한 수요와 공급의 가격탄력성에 관한 설명으로 틀린 것은?

① 공급의 가격탄력성이 완전탄력적일 때 수요가 증가할 경우 균형거래량은 변하지 않는다.
② 오피스텔에 대한 대체재가 감소함에 따라 오피스텔 수요의 가격탄력성이 작아진다.
③ 공급의 가격탄력성이 수요의 가격탄력성보다 작은 경우 공급자가 수요자보다 세금부담이 더 크다.
④ 임대주택 수요의 가격탄력성이 1인 경우 임대주택의 임대료가 하락하더라도 전체 임대료 수입은 변하지 않는다.
⑤ 일반적으로 임대주택을 건축하여 공급하는 기간이 짧을수록 공급의 가격탄력성은 커진다.

정답 ①

① 균형거래량은 변하지 않는다. ⇨ 균형가격은 변하지 않는다.

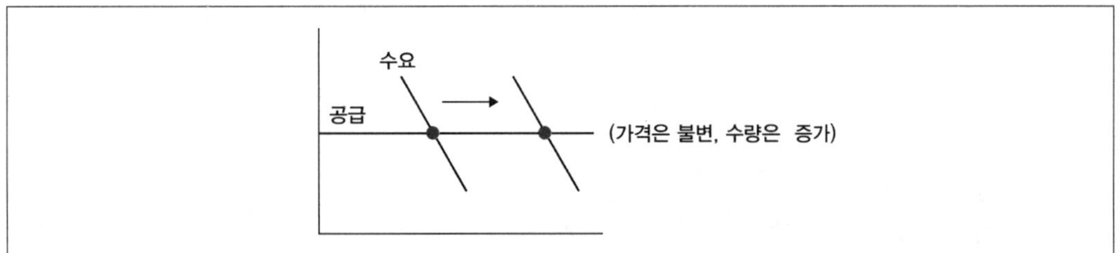

⑤ 공급하는 기간이 짧다. = 생산기간이 짧은 제품이다.
㉠ 장기공급(=관찰기간이 길어질수록, 시간이 많이 주어질수록)이 단기공급보다 더 탄력적이다.

	1개월 동안	1년 동안(장기)
볼펜(생산기간 1일)	30개 생산	360개 생산(더 많이 생산－탄력적)

㉡ 조심!) 생산기간이 짧을수록(생산기간이 짧은 제품일수록) 더 탄력적이다.

	1개월 동안
볼펜(생산기간 1일)	30개 생산－생산기간이 짧은 상품이 더 많이 생산
자동차(생산기간 1개월)	1개 생산

www.pmg.co.kr

07번: 탄력도 계산문제		기 출									
Ⅰ	탄력도 기본공식	26	27	28	29	30		32	33		35
Ⅱ	탄력도 계산문제										

Ⅰ 탄력도 기본공식 ★

[학습포인트] 가격탄력도가 가격의 변화율을 묻는 것이 아님에 주의한다. 가격탄력도는 가격이 변할 때 수량이 얼마나 변하는지를 묻는 것이다. 그리고 기본공식은 확실하게 암기한다. 가격탄력도는 가수, 소득탄력도는 소수!

$$\text{탄력성 공식의 기본틀: □□탄력성} = \frac{\text{수량 변동률}}{\text{□□}}$$

(1) **가격탄력성**(가수 $= \dfrac{\text{수요량의 변화율}}{\text{가격변화율}}$)

(2) **소득탄력성**(소수 $= \dfrac{\text{수요량의 변화율}}{\text{소득변화율}}$)

(3) **교차**(에 대한)**탄력성**(교수 $= \dfrac{\text{해당 재화의 수요량의 변화율}}{\text{다른 재화의 가격변화율}}$)

Ⅱ 탄력도 계산문제 ★★★

[학습포인트] 두 가지 패턴만 익히고 나머지는 버린다. A타입은 십자가 그리는 연습을 하고, B타입은 가수, 소수, 교수를 적어서 연습한다.

[A타입] 아파트 매매가격이 10% 상승할 때, 아파트 매매수요량이 5% 감소하고 오피스텔 매매수요량이 8% 증가하였다. 이때 아파트 매매수요의 가격탄력성의 정도(A), 오피스텔 매매수요의 교차탄력성(B), 아파트에 대한 오피스텔의 관계(C)는?

[B타입] 오피스텔시장에서 수요의 가격탄력성은 0.5이고, 오피스텔의 대체재인 아파트가격에 대한 오피스텔 수요의 교차탄력성은 0.3이다. 오피스텔가격, 오피스텔 수요자의 소득, 아파트가격이 각각 5%씩 상승함에 따른 오피스텔 전체 수요량의 변화율이 1%라고 하면, 오피스텔 수요의 소득탄력성은?

I 탄력성 기본공식

탄력성 공식의 기본틀: □□탄력성 = $\frac{\text{수량 변동률}}{\text{□□}}$

(1) 가격탄력성 (공식: 가수 = $\frac{\text{수요량의 변화율}}{\text{가격변화율}}$)

① 가격탄력성은 가격의 변화율에 대한 수요량(공급량)의 변화율을 말한다.

② 수요의 가격탄력성은 가격이 1% 증가하였을 때 수요량이 몇 % 감소하는가를 나타내는 수치를 말한다.

③ 가격탄력도는 절댓값을 취하므로 항상 (+)의 값을 가진다. 일반적으로 아무런 언급 없이 탄력도라고 하면 가격탄력도를 의미한다.

④ 주택의 가격이 15% 상승하였을 때 주택의 수요량이 30%가 감소하였다면,

주택수요의 가격탄력도는 '$\frac{\text{수요량의 변동률}}{\text{가격의 변동률}} = \frac{30\%}{15\%} = 2.0$'이 되고,

탄력도의 값이 1보다 크기 때문에 탄력적이라고 판단한다.

변동분과 변동률 구분하기

주택을 5억원에 사서 1년 후에 6억원에 팔았습니다.

(1) 수익이 얼마일까요? 1억원입니다.

(2) 수익률은 몇 %일까요? 그건 모르겠습니다?????

이런 경우가 많습니다. 우리는 금액을 물으면 잘 대답하는데 비율을 질문하면 어려워합니다. 자, 아주 ~~~ 간단합니다. 수익률은 수익을 구해서 처음에 투자한 금액으로 나누어주면 됩니다. 즉 수익률은 수익 1억원 나누기 투자금액 5억원을 해서 나오는 0.2가 됩니다. 흔히 20%라고 합니다. 참 쉽죠~

(3) 8억원을 투자해서 10억원이 되었다면 수익률은 $\frac{\text{수익 2억원}}{\text{투자금액 8억원}} = 0.25(25\%)$입니다.

(4) 3억 6천만원을 투자해서 4억 3천 2백만원이 되었다면 수익률은

$\frac{\text{수익 72,000,000원}}{\text{투자금액 360,000,000원}} = 0.2(20\%)$가 되는 것입니다.

(5) 탄력도의 계산은 변동분으로 하는 것이 아니고 변동률로 한다는 점 유의하시기 바랍니다.

수요의 가격탄력도 = $\frac{\text{수요량의 변동률(변동분 아님)}}{\text{가격변동률(변동분 아님)}}$

⑤ 변동률이 주어지지 않고 변동값이 주어진다면 탄력도의 계산이 조금 복잡해진다. 예를 들어 주택의 가격이 500원에서 600원으로 상승할 때 주택의 수요량이 10개에서 9개로 감소한다면,

⑥ 최초값을 기준으로 한 가격탄력도는 $\dfrac{\dfrac{-1(\text{변화분})}{10(\text{최초의 값})} = -10\%}{\dfrac{100(\text{변화분})}{500(\text{최초의 값})} = +20\%} = -0.5$이다.

가격탄력도는 절댓값으로 구하므로 탄력도의 값은 0.5가 된다.

⑦ 중간값을 기준으로 한 가격탄력도는 $\dfrac{\dfrac{-1(\text{변화분})}{9.5(\text{최초값})} = -10.53\%}{\dfrac{100(\text{변화분})}{550(\text{중간값})} = +18.18\%} = -0.579$이다.

가격탄력도는 절댓값으로 구하므로 탄력도의 값은 0.579가 된다.

☑ **최초값 기준의 계산방법**

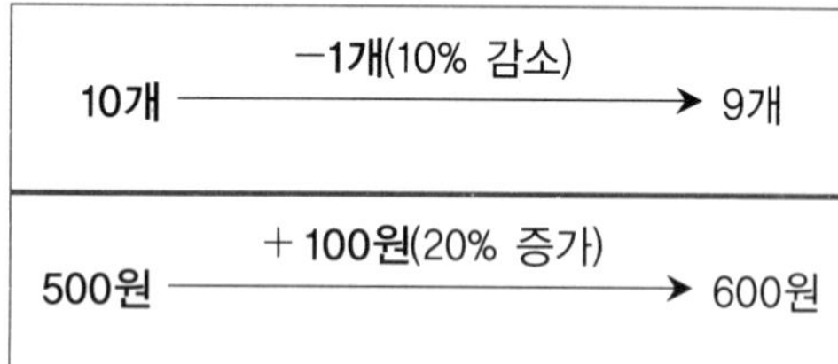

☑ **중간값 기준의 계산방법**

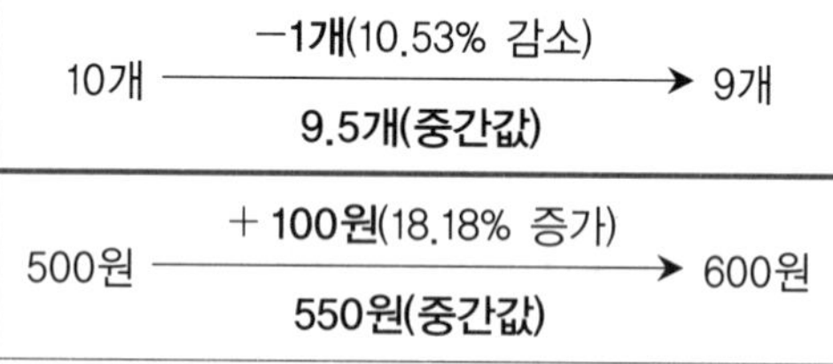

(2) **소득탄력성**(공식 : **소수** = $\frac{\text{수요량의 변화율}}{\text{소득변화율}}$)

① 수요의 소득탄력성은 소득의 변화율에 대한 수요량의 변화율이다. 소득이 1% 변화하였을 때 수요량이 몇 % 변화하는가를 나타내는 수치이다.

② 소득이 10% 증가할 때 수요량이 20% 증가하는 경우,

수요의 소득탄력성은 $\frac{\text{수요량의 변화율} + 20\%}{\text{소득변화율} + 10\%}$ = 2가 된다.

③ 소득이 증가할 때 수요가 증가하면 정상재이고, 오히려 수요가 감소하면 열등재이다. 즉 소득탄력도의 값이 (+)이면 정상재이고 소득탄력도의 값이 (−)이면 열등재이다.

(3) **교차탄력성**(공식 : **교수** = $\frac{\text{해당 재화의 수요량의 변화율}}{\text{다른 재화의 가격변화율}}$)

① 연관재화(대체재 또는 보완재)의 가격이 변동했을 때, 해당 재화의 수요량이 얼마나 변하는가를 나타내는 것이 교차탄력성이다.

② 교차탄력성은 다른 재화의 가격이 1% 변했을 때 해당 재화의 수요량이 몇 % 변했는지를 나타내는 수치이다.

③ 연관재의 가격이 10% 증가하는 경우 해당 재화의 수요량이 20% 증가한다면 연관재는 대체재를 의미한다. (연관재의 수요량 감소 ⇨ 해당재 수요량 증가)

대체재의 교차탄력성= $\frac{\text{해당 재화의 수요량의 변화율 : } +20\%}{\text{다른 재화의 가격변화율 : } +10\%}$ = 2가 된다.

④ 대체재의 경우 교차탄력도의 값은 (+)의 값이 된다.

⑤ 연관재의 가격이 10% 증가하는 경우 해당 재화의 수요량이 20% 감소한다면 연관재는 보완재를 의미한다. (연관재의 수요량 감소 ⇨ 해당재 수요량 감소)

보완재의 교차탄력성= $\frac{\text{해당 재화의 수요량의 변화율 : } +20\%}{\text{다른 재화의 가격변화율 : } +10\%}$ = − 2가 된다.

⑥ 보완재의 교차탄력도의 값은 (−)의 값이 된다. 교차탄력도의 값은 가격탄력도처럼 절댓값으로 전환하지 않는다.

Ⅱ 탄력성 계산문제

예제

아파트 매매가격이 10% 상승할 때, 아파트 매매수요량이 5% 감소하고 오피스텔 매매수요량이 8% 증가하였다. 이때 아파트 매매수요의 가격탄력성의 정도(A), 오피스텔 매매수요의 교차탄력성(B), 아파트에 대한 오피스텔의 관계(C)는? (단, 수요의 가격탄력성은 절댓값이며, 다른 조건은 동일함)

① A: 비탄력적, B: 0.8, C: 대체재

② A: 탄력적, B: 0.5, C: 보완재

해설

(1) 공식을 적는다. (십자가 표시)

(2) 원인을 제공한 재화를 왼편에 적는다.

아파트	오피스텔

(3) 문제의 내용을 ① ⇨ ② ⇨ ③의 순서대로 옮겨 적는다.

② 수요량 5% ↓ ① 가격 10% ↑	③ 수요 8% ↑
아파트	오피스텔

(4) 아파트의 가격탄력도의 값(A)을 구한다.

$$= \frac{\text{수요량의 변동률} - 5}{\text{가격의 변동률} + 10} = \underline{0.5(\text{비탄력적})}$$

(가격탄력도는 절댓값으로 구한다)

② 수요량 5% ↓ ① 가격 10% ↑	③ 수요 8% ↑
아파트	오피스텔

(5) 오피스텔의 교차탄력성(B)의 값을 구한다.

$$= \frac{\text{오피스텔 수요량의 변동률} + 8}{\text{아파트 가격의 변동률} + 10} = \underline{0.8}$$

(분모와 분자의 방향이 동일해서 +0.8임)

② 수요량 5% ↓ ① 가격 10% ↑	③ 수요 8% ↑
아파트	오피스텔

(6) 아파트와 오피스텔의 관계는 둘의 수요의 방향을 방향이 같으면 보완재, 방향이 반대이면 대체재로 판단한다. 둘은 수요의 반향이 반대이므로 대체재로 판단한다.

② 수요량 5% ↓ ① 가격 10% ↑	③ 수요 8% ↑
아파트	오피스텔

◆ 정답 ①

예 제

오피스텔시장에서 수요의 가격탄력성은 0.5이고, 오피스텔의 대체재인 아파트가격에 대한 오피스텔 수요의 교차탄력성은 0.3이다. 오피스텔가격, 오피스텔 수요자의 소득, 아파트가격이 각각 5%씩 상승함에 따른 오피스텔 전체 수요량의 변화율이 1%라고 하면, 오피스텔 수요의 소득탄력성은? (단, 오피스텔과 아파트 모두 정상재이고, 수요의 가격탄력성은 절댓값으로 나타내며, 다른 조건은 동일함)

① 0.2 ② 0.4 ③ 0.6
④ 0.8 ⑤ 1.0

해설

(1) 공식을 적는다.	$\frac{수}{가}=0.5$ $\frac{수}{교}=0.3$ $\frac{수}{소}=?$

(2) 분모값을 적용한다.	$\frac{수}{가\ \mathbf{+5}}=0.5$ $\frac{수}{교\ \mathbf{+5}}=0.3$ $\frac{수}{소\ \mathbf{+5}}=?$

(3) 가격탄력도와 교차탄력도의 분자값을 구한다. 가격탄력도는 항상 분모와 분자의 값은 항상 반대를 적용한다. 소득탄력도는 값이 (+)이면 분자와 분모의 방향성이 동일한 것이고, 값이 (−)이면 분자와 분모는 반대인 것이다.	$\frac{수\ \mathbf{-2.5}}{가\ +5}=0.5$ $\frac{수\ \mathbf{1.5}}{교\ +5}=0.3$ $\frac{수:\ A}{소\ +5}=\mathbf{?}$

(4) 전체 수요량의 변화율인 +1에서 2.5를 더하고 1.5를 빼서 A의 값을 구한다. **A = 2.0** (−2.5+1.5+A=+1, 따라서 A=2.0)	┌ 전체 수요량의 변화율 = **+1** ┐ $\frac{수\ \mathbf{-2.5}}{가\ +5}=0.5$ $\frac{수\ \mathbf{1.5}}{교\ +5}=0.3$ $\frac{수:\ \mathbf{A}}{소\ +5}=\mathbf{?}$

(5) 수요의 소득탄력도의 값을 구한다. 분자와 분모의 부호가 동일하면 탄력도는 (+)의 값이 된다.	$\frac{수\ +2.0}{소\ +5}=\mathbf{0.4}$

정답 ②

07번 : 탄력도 계산문제		기출문제									
Ⅰ	탄력도 기본공식	26	27	28	29	30		32	33		35
Ⅱ	탄력도 계산문제										

[탄력도 기본공식－25회] 어느 지역의 오피스텔가격이 4% 인상되었다. 오피스텔 수요의 가격탄력성이 2.0이라면 오피스텔 수요량의 변화는? (단, 오피스텔은 정상재이고, 가격탄력성은 절댓값으로 나타내며, 다른 조건은 동일함)

① 4% 증가　② 4% 감소　③ 8% 증가
④ 8% 감소　⑤ 변화 없음

❶ 정답 ④

(1) 공식을 적는다. $\frac{수}{가} = 2.0$

(2) 가격 4% 인상을 적는다. $\frac{수}{+4} = 2.0$

(3) 수요량의 변화를 계산한다. $\frac{8}{+4} = 2.0$

(4) 가격탄력성은 가격의 변화율과 수요량의 변화율이 항상 반대 방향이다. 가격이 ＋이므로 수요량은 －로 판단한다. 그래서 정답은 8% 감소이다. $\frac{-8}{+4} = 2.0$

[탄력도 계산문제-21회, 24회, 30회] 아파트에 대한 수요의 가격탄력성은 0.6, 소득탄력성은 0.4이고, 오피스텔가격에 대한 아파트의 수요량의 교차탄력성은 0.2이다. 아파트가격, 아파트 수요자의 소득, 오피스텔가격이 각각 3%씩 상승할 때, 아파트 전체 수요량의 변화율은? (단, 부동산은 모두 정상재이고 서로 대체재이며, 아파트에 대한 수요의 가격탄력성은 절댓값으로 나타내며, 다른 조건은 동일함)

① 1.2% 감소　② 1.8% 증가　③ 2.4% 감소
④ 3.6% 증가　⑤ 변화 없음

❶ 정답 ⑤

(1) 공식을 적는다.	$\frac{수}{가} = 0.6$　$\frac{수}{소} = 0.4$　$\frac{수}{교} = 0.2$

(2) 분모값을 적용한다. 모두 3%씩 상승했다.	$\frac{수}{3\%} = 0.6$　$\frac{수}{3\%} = 0.4$　$\frac{수}{3\%} = 0.2$

(3) 분자값을 구한다.	$\frac{-1.8\%}{3\%} = 0.6$　$\frac{1.2\%}{3\%} = 0.4$　$\frac{0.6\%}{3\%} = 0.2$

(4) 분자값을 모두 더해서 아파트의 전체 수요량의 변화율을 구한다. (−1.8 + 1.2 + 0.6 = 0) 그래서 정답은 변화 없음	**전체 변화율** = 0 $\frac{-1.8\%}{3\%} = 0.6$　$\frac{1.2\%}{3\%} = 0.4$　$\frac{0.6\%}{3\%} = 0.2$

www.pmg.co.kr

	08번 : 효율적 시장이론	기 출									
Ⅰ	부동산시장						31		33		
Ⅱ	효율적 시장이론	26	27	28	29		31	32			
Ⅲ	할당 효율적 시장										
Ⅳ	정당한 정보비용(계산문제)				29				33		35

Ⅰ 부동산시장 ★

[학습포인트] 완전경쟁시장의 요건! 이건 확실하게 암기한다!!

완전경쟁시장(이상적인 시장 = 좋은 것)	부동산시장(불완전경쟁시장)
다수의 수요자와 다수의 공급자 정보의 완전성 동질적인 재화 진입과 탈퇴의 자유	소수 : 가격설정자, 가격협상자 개별적인 재화 진입과 탈퇴의 어려움 정보의 비대칭

Ⅱ 효율적 시장이론 ★★★

[학습포인트] 시장과 투자자를 구분하고, 투자자가 시장보다 더 정보의 양이 많을 때 초과이윤이 발생한다.

초과이윤 발생 : 투기 발생

투자자의 구분	
기술적 분석	A
기본적 분석	A+B
내부자정보	A+B+C

→

시장의 구분	
A	약성
A+B	준강성
A+B+C	강성

Ⅲ 할당 효율적 시장 ★

[학습포인트] 불완전시장도 ❷는 할당 효율적 시장이 될 수 있음을 학습한다.

❶ 완전경쟁시장	❷ 불완전경쟁시장	❸ 불완전경쟁시장
초과이윤 없음	초과이윤 없음	초과이윤 획득

└── 할당 효율적 시장 ○ ──┘ (❶, ❷)

Ⅳ 정당한 정보비용(계산문제) : 차안땡 ★

[학습포인트] 야매공식 암기 후 연습한다.

$$\frac{(\text{개발될 때의 가격} - \text{개발 안 될 때의 가격}) \times \text{개발 안 될 가능성}}{(1 + \text{할인율})^{\text{년수}}}$$

I 부동산시장

1 부동산시장의 의의

(1) 일반재화시장

일반재화시장은 '재화 또는 서비스가 거래되는 추상적인 매개체'로 정의된다. 즉 일반재화시장은 구체적인 지리적 공간을 수반할 필요가 없다.

(2) 부동산시장

부동산시장은 '양, 질, 위치 등이 유사한 부동산들이 가격수준이 균등해지는 경향이 있는 구체적인 지리적 공간'으로 정의된다. 따라서 부동산시장은 부분시장이고, 지리적 공간을 수반하는 국지적 시장이며 이는 토지의 특성 중 부동성 등 자연적 특성에 근거한다.

① 부동산시장은 양에 있어 10평 시장과 50평 시장이 다른 시장이다. ② 부동산시장은 질(기능)에 있어 고가시장과 저가시장이 다른 시장이다. ③ 부동산시장은 위치에 있어 서울시장과 부산시장이 다른 시장이다. ④ 부동산시장은 용도에 있어 주거용 시장과 상업용 시장이 다른 시장이다.

2 부동산시장의 분류

(1) 시장범위에 따른 분류

① **개별시장**: 위치, 면적, 형태에 있어 모든 토지는 개별성을 가지는데 이러한 개별토지마다 형성되는 시장이다. 개별시장의 가격은 독자적으로 형성된다.

② **부분시장**: 용도나 위치 또는 유형 등이 비슷한 부동산끼리 형성되는 시장이다. 이렇게 비슷한 부동산끼리 묶는 또는 분리해내는 작업을 시장세분화라고 한다.

③ **전체시장**: 각 개별시장의 총합을 의미한다. 전체시장의 공급량은 개별시장의 공급량을 모두 합친 수량이 된다.

(2) 용도에 따른 분류

① **주거용 시장**: 도시주택, 교외주택, 농촌주택 등 주거목적과 관련

② **상업용 시장**: 사무용 빌딩, 상가부동산, 숙박업소, 백화점 등 상업활동과 관련

③ **공업용 시장**: 공장, 공익사업, 광산, 창고 등 상품의 제조활동과 관련

④ **농업용 시장**: 임야, 초지, 목장, 과수원 등 농업생산과 관련

⑤ **특수용 시장**: 묘지, 교회, 클럽, 골프장, 공원, 공공용 등

3 부동산시장의 기능

(1) 가격창조

① 부동산시장도 일반재화시장처럼 수요와 공급을 조절하여 가격을 결정한다. 단 부동산 가격은 일물일가법칙이 배제되기 때문에 동일한 부동산이라 하더라도 거래할 때마다 가격이 새로 창조되고 파괴된다.

② 새로운 가격이 창조되고 파괴되는 과정을 설명하는 이론으로 로스의 상호 가격조정곡선이 있다.

③ 로스에 의하면 부동산시장에서는 매도인의 제안가격과 매수인의 제안가격 사이에서 상호 협상을 통해 부동산가격이 결정된다는 것이다.

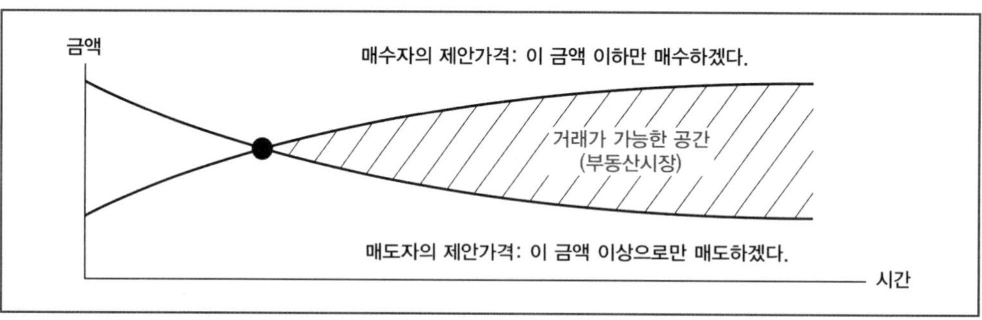

(2) 자원배분

① 부동산시장은 경쟁을 통하여 가용토지(이용가능한 토지)의 자원배분 및 수급(수요와 공급)을 조절한다. 즉 부동산시장은 부동산자원을 효율적으로 분배하는(나누어주는) 역할을 한다.

② 부동산은 생산요소의 하나이므로 부동산의 분배는 부동산을 생산요소로 하는 다른 자원의 배분에도 영향을 미친다.

③ 부동산시장의 기능에는 자원의 재분배기능은 있지만 소득의 재분배기능은 없다.
⇨ 부동산정책은 소득을 재분배하는 정치적 기능과 자원을 효율적으로 배분하는 경제적 기능이 모두 있다.

(3) 교환기능

① 부동산시장에서는 부동산과 현금, 부동산과 부동산, 소유와 임대 등의 교환이 이루어진다.

② 이러한 교환을 통해 수요자와 공급자들은 이윤추구의 기회가 발생하는 것이다.

(4) 정보제공

① 부동산시장은 부동산활동 주체에게 부동산과 관련된 다양한 정보를 제공한다.

② 투자자, 건축가, 개발업자, 과세 평가원, 임대업자, 중개업자 등은 부동산시장에서 정보를 수집한다.

(5) 도시성장(= 양과 질의 조정 = 최유효이용 유도)

① 부동산의 수요자나 공급자는 시장에서 보다 높은 가격을 받기 위해 대상부동산을 최고의 가치를 발생시키는 이용(최유효이용)으로 하고자 할 것이다.

② 최유효이용으로 향한 경쟁이 시간의 흐름 속에서 반복되면 부동산의 양은 많아지고 질은 높아지며 결국 도시는 성장하게 될 것이다.

③ 부동산시장은 토지이용 및 이윤의 극대화를 조절한다.

④ **부동산시장은 도시성장의 역할을 주도한다.** : 공급자는 보다 높은 가격을 받기 위해, 수요자는 보다 높은 가격을 제시하기 위해 해당 토지를 보다 효율적으로 이용하려고 할 것이고 이러한 노력이 모여서 도시는 성장하게 된다.

4 부동산시장과 완전경쟁시장의 비교

구 분	완전경쟁시장	불완전경쟁시장(부동산시장)
시장참가자	다수의 수요자와 다수의 공급자 ⇨ 가격순응자 또는 가격수용자	소수의 수요자와 소수의 공급자 ⇨ 가격설정자 또는 가격협상자
거래되는 재화	동질적 재화	이질적 재화
진입과 탈퇴	시장으로의 진입과 탈퇴가 자유	제한
정보의 유용성	모든 정보의 완전공개	비공개

일반경제이론은 대부분 완전경쟁시장의 모형을 전제로 해서 적용되는 이론들이다. 하지만 우리는 불완전시장인 부동산시장을 분석해야 하기 때문에 부동산시장이 완전경쟁시장과 얼마나 다른 시장이며 이들 경제이론을 어떻게 수정하면서 부동산시장을 분석해야 하는지를 알아야 한다.

(1) 완전경쟁시장

① 완전경쟁시장은 다수의 공급자와 다수의 수요자들이 시장에 참여하며, 이들은 주어진 가격수준에서 원하는 수량만큼 만들거나 소비할 수 있다. 즉 이들은 가격수용자 또는 가격순응자이다.

② 만일 시장가격이 500원인 볼펜시장에서 갑돌이가 협상을 통해서 볼펜을 450원의 단가에 20,000자루를 살 수 있다면, 이렇게 가격조정 또는 협상이 가능한 볼펜시장은 완전경쟁시장이 아니다.

③ 완전경쟁시장이 되기 위해서는 거래되는 재화는 동질적인 상품이며 일물일가의 법칙이 성립되고, 생산요소의 이동이 자유롭고, 시장으로의 진입과 탈퇴가 자유로워야 하며 시장정보는 모든 시장참가자에게 공개되어 있어야 한다.

(2) 불완전경쟁시장

불완전경쟁시장은 다시 독점시장, 과점시장, 독점적 경쟁시장으로 구분된다.

① **독점시장**: 한 재화나 서비스의 공급이 특정 기업(예 한국전력, 담배인삼공사 등)에 의해서 이루어지는 시장형태를 말한다. 독점기업은 시장지배력을 지니며 가격결정자이다.

② **독점적 경쟁시장**: 비슷한 상품(동종이질적 상품)을 생산하는 공급자(약국이나 미장원 등)가 다수 존재하는 시장으로 완전경쟁과 독점의 성격을 모두 가진다.

③ **과점시장**: 동질적 또는 이질적 상품을 생산하는 소수의 공급자(둘 이상)로 구성된 시장이다. 자동차시장이나 휴대폰시장, 정유시장 등이 과점시장에 해당한다.

5 부동산시장의 특징

(1) 개 요

① 부동산시장이 일반재화시장과 다른 특성을 가지는 것은 부동산만이 가지는 특성 때문이다.

② 부동산시장의 특성으로는 시장의 국지성, 정보불완전시장, 상품의 비표준화성, 단기적 가격왜곡의 가능성, 비조직적 시장 등이 있다.

(2) 시장의 국지성

① 부동성에서 파생되는 현상이다.

② 부동산시장은 그 부동산이 속한 지역의 사회적 · 경제적 · 행정적 · 자연적 현상에 의해 크게 영향을 받으며 지역시장별로 수요초과나 공급초과가 지속되기도 한다. 따라서 지역별로 균질적인 가격형성이 어렵다.

③ 토지 거래시 토지가 가지는 여러 특성과 당해 지역의 토지시장 상태에 관한 많은 정보를 가진 부동산 중개업자가 개입하여야 한다.

④ 지역성의 특성을 갖는 토지시장에서는 중개업자들의 중개영업범위가 특정 지역 내에 국한되며, 이들이 자의적으로 가격을 상승시키는 등 토지시장을 조작하는 병폐가 발생할 소지가 있다.

(3) 정보불완전시장(= 부동산거래의 비공개성 = 은밀성)

① 부동산시장의 참가자들은 가격자료, 비용자료, 수익자료 등에 대해 공개하기를 꺼린다.

② 이는 정보 공개시 고가의 부동산세금과 직결되는 문제이기 때문이며, 또한 부동산의 개별성으로 인해 공개하지 않더라도 다른 사람이 개별부동산의 정보를 쉽게 예측하기 어렵기 때문이다.

③ 정보의 비공개 때문에 부동산시장에서는 투자자들이 자신들에게 필요한 시장정보를 구하는 것이 어려워진다.

(4) 상품의 비표준화성(= 상품의 개별성)

① 부동산의 개별성에서 파생되는 현상이다.

② 부동산상품의 비표준화로 인해 부동산시장은 다른 부동산과 대체성이 떨어지게 되고, 부동산시장은 복잡하고 다양하게 된다.

③ 하위시장이 존재하게 되고 일물일가가 적용되지 않게 된다.

(5) 공적 간섭이 쉽고 또 많은 시장

① 부동산은 다른 재화보다 공공성이 높은 재화이므로 정부의 개입이 많고, 또한 움직일 수 없는 재화이므로 정부가 쉽게 간섭을 할 수 있다.

② 정부의 간섭이 정부실패로 이어질 경우 부동산시장을 더욱 불완전하게 만들 수 있다.

③ 정부개입은 부동산가격을 왜곡시켜 시장의 조절기능을 저하시킬 가능성을 가지고 있다.

④ 부동산에 대한 법적 제한도 시장을 불완전하게 만드는 한 요인이 된다.

(6) <u>단기적으로 수급조절이 어려운 시장(가격왜곡)</u>

① 수요자의 입장에서는 부동산은 고가이기 때문에 단기적으로 자금을 마련하기 어렵고, 공급자 입장에서는 장기의 생산기간이 소유되는 재화이므로 단기적으로는 거의 공급이 어렵다.

② 수요의 측면보다 공급의 측면에서 단기적으로 수량을 조절하기가 더 힘들다.

③ 부동산공급에는 계획수립, 부지확보, 건축 등 완성에 이르기까지 많은 시간이 소요되므로 단기적으로 가격의 왜곡이 발생할 가능성이 크다.

(7) 투자대상으로서 금융시장과 대체관계인 시장

① 부동산을 투자대상으로 인식할 경우 부동산은 예금이나 주식 등의 시장과 상호 대체관계를 가진다.

② 원활한 자금의 융통은 더 많은 공급자와 수요자를 시장에 참여하게 만든다.

③ 부동산은 고가품이므로 자금의 조달과 깊은 관계가 있다. 자본시장에서의 이자율의 상승은 부동산공급을 감소시키며, 동시에 수요자의 구매력을 낮추어 수요를 감소시킨다.

(8) 비조직적 시장

① 토지시장은 지역적으로 분산됨으로써 조직적인 시장기구의 형성이 어렵다.

② 일반상품시장은 대리점 · 도매상 · 소매상 등으로 조직되어 있어 상품이 유통되지만, 부동산은 부동성과 개별성 등으로 인해 그러하지 못하다는 것이다.

③ 부동산시장이 조직화되어 있지 않기 때문에 정부가 부동산시장을 집중통제하는 것도 용이하지 않다.

④ 부동산은 개별성이 강하기 때문에 부동산상품별 시장조직화가 어렵다.

6 부동산수요와 부동산공급의 특징

(1) 부동산수요의 특징

① **실수요와 가수요**: 부동산수요는 실수요와 가수요를 합친 것이다. 실수요란 거주목적의 수요를 말하고 가수요란 투자목적의 수요를 말한다. 실수요자와 가수요자의 움직이는 방향이 항상 같은 것이 아니므로 부동산시장분석의 어려움이 있다.

② **주택소요**: 저소득층에게 필요한 주택의 양은 '주택소요(住宅所要)'로 파악한다.

③ **본원적 수요와 파생수요**: 본원적 수요란 소비재 또는 상품으로서의 수요 즉 직접수요를 말하고, 파생수요는 생산요소로서의 수요 즉 간접수요를 말한다. 일반적으로 토지(택지)의 경우는 파생수요의 성질이 강하고, 주택서비스는 본원적 수요의 성격이 강하지만 수목원 등과 같이 여가를 위한 현장자원의 경우에는 토지라도 최종소비재로서 본원적 수요의 성격을 지닌다.

④ **신규수요와 교체수요**: 새롭게 주택이 필요한 수요를 신규수요라 하고, 기존의 부동산을 처분해서 다른 부동산으로 교체하려고 하는 수요를 교체수요라고 한다. 신규수요는 결혼이나 이혼 등에 의해 발생하고 교체수요는 직장의 이동 등에 의해 발생한다. 교체수요인 경우는 수요자이면서 동시에 공급자가 된다. 따라서 부동산시장에서는 수요자와 공급자를 명확하게 구분하는 것이 힘들다.

⑤ **신규주택에 대한 수요와 중고주택에 대한 수요**: 유량시장에서 신축주택을 구매하고자 하는 수요는 신규주택수요이고, 저량시장에서 중고주택을 구매하고자 하는 수요는 중고주택수요이다.

⑥ **자가수요와 차가수요**: 자가수요는 매매수요를 말하고, 차가수요는 임차수요(전세 또는 월세)를 말한다.

⑦ **실질적 수요와 잠재적 수요**: 실질적 수요는 구매력이 있는 유효수요를 말하는 것이고, 잠재적 수요는 현재는 구매력이 없지만 조만간 유효수요가 될 잠재력을 지닌 수요(예비수요)를 말한다.

⑧ **고가성**: 부동산은 일반재화와 비교하여 볼 때 가격비중이 크므로 구매 자금을 축적하는 데 오랜 시간이 요구된다.

⑨ **전문성과 복잡성**: 부동산의 구매결정에 있어서 일반재화에 비하여 전문적이고 복잡한 사항이 많이 있다.

⑩ 부동산은 구매절차에 있어서도 일반상품에 비해 특수방법(계약금 − 중도금 − 잔금 등)이 사용된다.

(2) 부동산공급의 특징

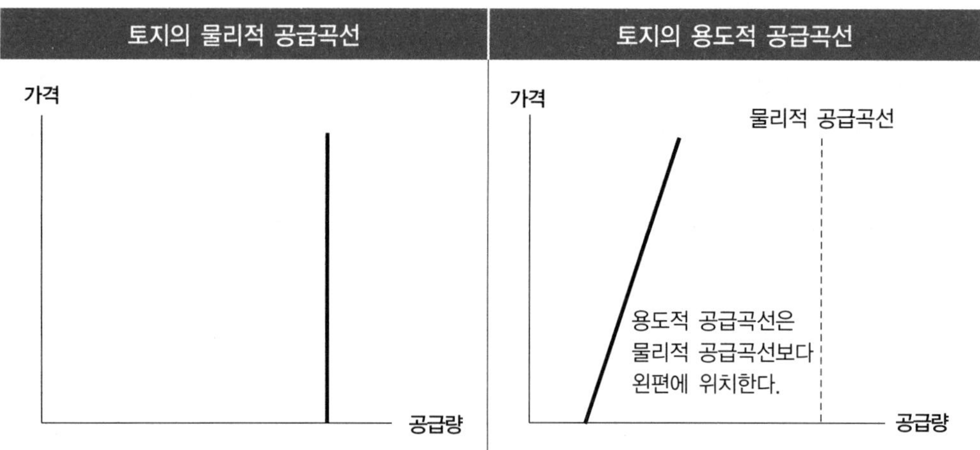

① 부동산의 공급은 물리적 공급과 용도적 공급(상대적 공급, 경제적 공급)으로 구분된다.

② **물리적 공급**: 물리적 공급이란 전체로서의 토지의 공급을 말한다. 즉 지구표면적을 말한다고 보면 된다. 토지의 경우 물리적 공급은 장기와 단기 모두 완전비탄력적이며 이는 토지의 부증성에 근거한다.

③ **용도적 공급**(경제적 공급): 용도적 공급이란 물리적 공급의 한계를 극복해서 개발 등을 통해 인간에게 필요한 토지의 양을 늘리는 것을 말한다.

㉠ 수면의 매립, 간척, 개발 등으로 택지를 조성하여 분양하는 활동
㉡ 여러 가지 용도의 부동산을 건설하여 분양하는 활동
㉢ 자기가 소유하고 있는 부동산을 매각하기 위하여 시장에 출품하는 활동
㉣ 임대용 부동산을 임대하는 활동
㉤ 입체공간을 분양하거나 임대하는 활동

Ⅱ 효율적 시장이론

1 개 념

(1) 의 의

① 새로운 정보가 얼마나 빠르게 가치에 반영되는가 하는 것을 시장의 효율성(market efficiency)이라고 하고, 새로운 정보가 지체 없이 재화의 가치에 반영되는 시장을 효율적 시장(efficient market)이라고 한다.

② **시장의 효율성**: 일반적으로 시장의 효율성은 배분의 효율성, 운영의 효율성, 정보의 효율성 세 가지 측면에서의 효율성을 의미하는데 효율적 시장이론은 이 중 정보의 효율성과 관련된 내용을 다룬다.

③ 부동산의 가치는 장래 기대되는 편익을 현재가치로 환원한 값이다. 따라서 어떤 정보에 의해 미래의 기대치가 바뀌게 되면 미래에 가치가 변하는 것이 아니라 현재의 가치가 즉각 변하게 되는 것이다.

(2) 예 시

① A부동산 주변이 2년 뒤에 개발된다고 하면, 2년 뒤가 아니라 지금 A부동산의 가치가 상승하는 것은 부동산시장이 효율적 시장이기 때문이다.

② 어느 지역이 개발된다는 정보가 공표되면 부동산가격이 급등하는 현상을 볼 수 있는데 이 같은 현상을 가장 잘 설명하는 시장은 효율적 시장이다.

(3) 효율적 시장에서 반영되는 정보의 구분

① **기술적 분석에 의해 도출되는 새로운 정보(=과거정보)**
기술적 분석(technical analysis)은 과거와 현재의 가격 움직임에 따라 미래의 가격이 어떻게 움직일지를 예측하는 기법이다. 기술적 분석은 이론적인 뒷받침 없이 과거의 시장 경험에 의존한다.

② **기본적 분석에 의해 도출되는 새로운 정보(=현재정보)**
기본적 분석(fundamental analysis)은 회사의 내재가치를 분석하는 기법을 말한다. 주가는 장기적으로 결국 내재가치와 일치하는 방향으로 움직일 것이라 기대할 수 있는데, 기본적 분석은 이처럼 가격과 실제 가치의 괴리를 발견하기 위한 방법이다.

③ **미공개정보**: 회사에서 아직 발표하지 않고 있는 내부자정보를 말하며 이러한 정보를 이용해서 투자하는 경우 법적 제재를 받게 된다.

2 효율적 시장의 유형

시장의 효율성은 시장이 어떤 정보까지를 가치에 신속히 반영하고 있는가에 따라 약성 효율적 시장, 준강성 효율적 시장, 강성 효율적 시장으로 구분한다.

(1) 약성 효율적 시장(weak efficient market)

① 시장참가자는 모두 기술적 분석을 한다고 본다(= 과거정보를 알고 있다).

② **초과이윤의 발생가능성**: 약성 효율적 시장에 참가한 투자자가 기본적 분석을 하거나 공개되지 않은 정보를 가지고 있으면 초과이윤을 얻을 수 있다.

③ **예시**: 인터넷 뉴스에 A지역이 개발된다는 기사를 보고 A지역에 투자를 했는데 투자자가 초과이윤을 얻을 수 있다면 A시장은 약성 효율적 시장이다. 만일 이 시장이 준강성 효율적 시장이라면 발표 즉시 토지가치가 올라가버려서 뉴스를 통해 개발정보를 알게 된 투자자는 초과이윤을 얻지 못해야 한다.

(2) 준강성 효율적 시장(semi-strong efficient market)

① 시장참가자는 모두 기본적 분석을 하고 있다고 본다(현재정보를 알고 있다).

② **초과이윤의 발생가능성**: 준강성 효율적 시장에 참가한 투자자가 공개되지 않은 정보를 알고 있으면 초과이윤을 얻는다.

(3) 강성 효율적 시장(strong efficient market)

① 시장참가자는 과거정보와 현재정보 및 미공개정보를 모두 알고 있다.

② **초과이윤의 발생가능성**: 우수한 정보 자체가 존재하지 않기 때문에 강성 효율적 시장에서는 정보를 통한 초과이윤은 존재할 수 없다. 강성 효율적 시장에서는 우수한 정보 자체가 없기 때문에 다른 시장과 달리 우수한 정보를 얻기 위한 비용인 정보비용이라는 개념도 존재하지 않는다.

③ **완전경쟁시장과의 관계**

㉠ 강성 효율적 시장이야말로 진정한 의미의 효율적 시장이다.

㉡ 완전경쟁시장은 강성 효율적 시장에 해당하지만 '강성 효율적 시장이라고 해서 모두 완전경쟁시장'인 것은 아니다.

(4) 부동산시장에의 적용

① 부동산시장이 어느 유형에 해당하는가는 나라와 시대마다 다른데 일반적으로 부동산시장은 준강성 이하의 효율적 시장으로 본다.

② 강성 효율적 시장은 완전경쟁시장과 마찬가지로 이론상으로만 존재하는 시장이다. 주식시장도 강성 효율적 시장은 아니다.

(5) 초과이윤이 발생하게 되는 경우의 수와 그 대비책

① 투자자가 가지고 있는 정보가 과거정보(A)인 경우

(A = 과거정보, B = 현재정보, C = 미공개정보)

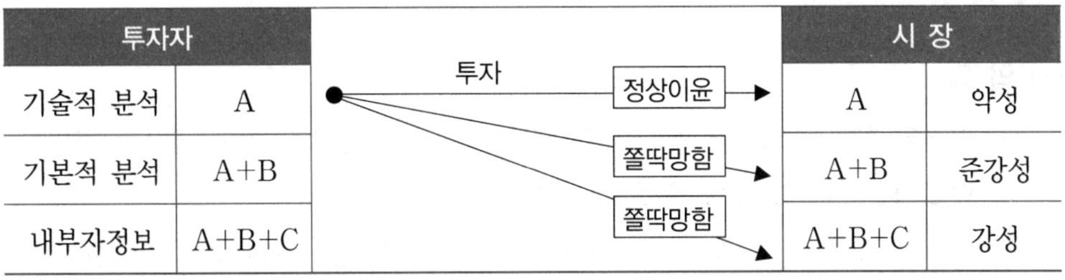

투자자		투자	시 장	
기술적 분석	A	정상이윤 →	A	약성
기본적 분석	A+B	쪼딱망함 →	A+B	준강성
내부자정보	A+B+C	쪼딱망함 →	A+B+C	강성

(투자: 기술적 분석 A에서 출발)

② 투자자가 가지고 있는 정보가 현재정보(B)인 경우

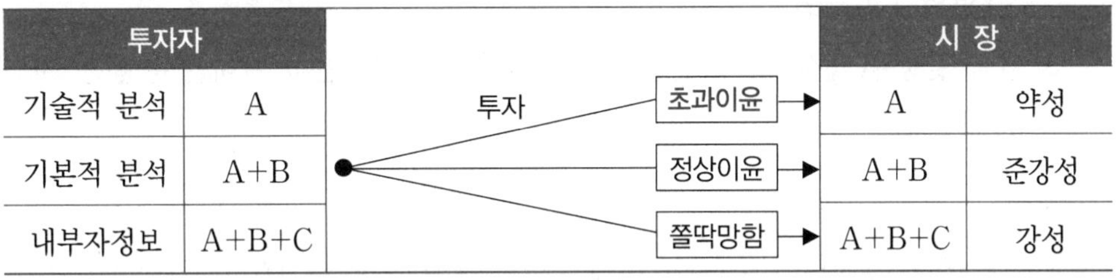

투자자		투자	시 장	
기술적 분석	A	초과이윤 →	A	약성
기본적 분석	A+B	정상이윤 →	A+B	준강성
내부자정보	A+B+C	쪼딱망함 →	A+B+C	강성

(투자: 기본적 분석 A+B에서 출발)

투자자가 기본적 분석을 한 상태이고, 부동산시장이 약성 효율적 시장이라면 투자자는 초과이윤을 획득할 수 있다. 그래서 투자자들이 이런 초과이윤을 노리고 투기를 할 수 있기 때문에 정부는 부동산시장을 준강성 효율적 시장으로 만들기 위한 노력을 하게 된다. 실거래가를 공개하고, 부동산가격정보를 공시하고 하는 노력이 그 예이다.

③ 투자자가 가지고 있는 정보가 미공개정보(C)인 경우

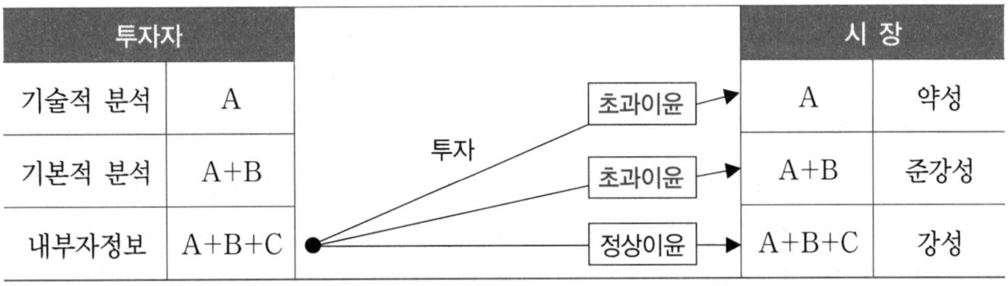

투자자		투자	시 장	
기술적 분석	A	초과이윤 →	A	약성
기본적 분석	A+B	초과이윤 →	A+B	준강성
내부자정보	A+B+C	정상이윤 →	A+B+C	강성

(투자: 내부자정보 A+B+C에서 출발)

투자자가 미공개정보를 가지고 초과이윤을 얻는 경우는 법적인 제재를 받기 때문에 주식투자 등을 할 때 내부자정보를 가지고 투자하면 절대 안 된다.

Ⅲ 할당 효율적 시장

1 개 요

(1) 의 의

① 자원의 할당이 효율적으로 이루어지는 시장, 즉 필요한 곳에 필요한 양만큼 자원이 배분되는 시장을 할당 효율적 시장이라고 한다.

② 우수한 정보가 있어서 특정 투자대상에 투자했을 때 초과이윤이 발생한다고 하면 나에게 필요 없는 재화라고 해도 사재기를 할 것이고 이렇게 되면 시장자원은 효율적으로 할당되지 못할 것이다.

③ 결국 할당 효율적 시장이란 어디에 투자해도 초과이윤을 기대할 수 없는 시장이라고 볼 수 있다.

(2) 예 시

① 내가 어떤 정보를 이용해서 A부동산을 10억원에 사서 30억원에 팔 수 있다고 한다면 그 정보의 정당한 가치는 20억원이다. 정당한 정보의 가치는 내가 그 정보를 취득했을 때 누릴 수 있는 초과이윤의 크기와 같다.

② 내가 만일 20억원의 초과이윤을 누릴 수 있는 그 정보를 10억원에 취득할 수 있다면, 나는 그 정보를 이용해서 A부동산에 투자할 것이고 10억원의 초과이윤을 누릴 것이다. 즉 A부동산이 나에게 필요 없는 부동산이라고 해도 투자한다는 것이다. 이런 경우 이 시장은 할당적 효율성이 깨졌다고 한다(자원의 배분이 필요한 곳에 필요한 양만큼 배분되지 못하고 있는 상태라는 의미이다).

③ 만일 정보시장이 공개경쟁시장이라서 그 정보를 20억원 이하의 금액으로 살 수 없는 상태라면 굳이 그 정보를 살 이유가 없을 것이다. 즉 정보를 취득하는 데 소요되는 비용과 그 정보를 이용해서 얻는 초과이윤이 동일하다면 나에게 필요 없는 부동산에는 투자하지 않을 것이고 그 시장은 할당적 효율성이 달성되는 것이다.

④ 정보시장이 공개경쟁적이면 그 정보로 인한 초과이윤과 정보입찰금액은 같아지며, 부동산시장은 할당 효율적 시장이 된다. 할당 효율적 시장은 투기가 없는 시장이라고 생각하면 된다.

> 할당 효율적 시장 = 초과이윤 없는 시장 = 투기 없는 시장 = 사회적으로 좋은 시장

2 할당적 효율성이 달성되는 경우

(1) 완전경쟁시장

완전경쟁시장은 우수한 정보 자체가 없는 시장이라서 처음부터 남들이 모르는 정보를 가질 수 없다. 즉 투기가 원천 차단되는 시장이다.

(2) 불완전경쟁시장 중에서 '정보취득비용 = 초과이윤'인 시장

① 불완전시장이라서 우수한 정보가 존재하지만 그 정보를 얻기 위해 지불해야 하는 정보비용과 그 정보 때문에 누릴 수 있는 초과이윤이 같은 경우이다.

② 이런 경우라면 굳이 정보를 취득해서 투기를 할 이유가 없기 때문에 투자자에게 필요한 부동산이 주거용 부동산이라면 그 투자자는 그냥 주거용 부동산에 투자할 것이다. 즉 부동산시장은 할당적 효율성이 달성될 것이다.

③ 조금 어려운 표현을 하면 부동산시장에 존재하는 투자대상들의 위험을 감안한 기대수익률이 전부 동일하면 부동산시장은 할당적 효율성이 달성된다.

3 할당적 효율성이 달성되지 못하는 경우

① 불완전경쟁시장 중에서 '정보취득비용 < 초과이윤'인 시장은 할당적 효율성이 달성되지 못한다.

② 이런 경우는 투자자는 초과이윤을 노리고 자신에게 필요치 않은 부동산을 매입할 것이기 때문에 할당적 효율성은 깨지게 되며 이는 시장을 패배시킨다고 표현한다.

③ 내가 필요한 부동산은 주거용이지만 상업용에서 초과이윤이 발생한다면 나는 나에게 필요치 않은 상업용 부동산에 투자할 것이기 때문에 부동산시장은 할당 효율적 시장이 달성되지 못하는 것이다.

☑ 할당적 효율성이 달성되는 경우

완전경쟁시장 (우수한 정보가 없음)	불완전경쟁시장 (우수한 정보가 존재함)	
전부 할당 효율적 시장임 • 우수한 정보를 이용해서 초과이윤을 얻을 수 없음 • 따라서 투기하지 않음	할당 효율적 시장인 경우 • 우수한 정보가 있음 • 정보비용 = 초과이윤 • 남는 것이 없어서 투기하지 않음	할당 효율적 시장이 아닌 경우 • 우수한 정보를 싸게 구할 수 있음 • 투기해서 초과이윤 가능

4 다음의 지문들은 시험에 출제가능성이 높은 지문이다. 이해가 안 되면 외우자.

❶ 완전경쟁시장 초과이윤 없음	❷ 불완전경쟁시장 초과이윤 없음	❸ 불완전경쟁시장 초과이윤 획득

└── 할당 효율적 시장 ○ ──┘

① 우수한 정보가 처음부터 존재하지 않는 시장인 완전경쟁시장과 강성 효율적 시장은 모두 할당 효율적 시장이다.

② 우수한 정보가 존재하는 시장은 할당 효율적 시장이 될 수 없다. (×) ⇨ 우수한 정보가 존재하더라도 정보비용과 그 정보로 인한 초과이윤이 같아지는 정보시장을 가지고 있다면, 즉 정보시장이 공개경쟁적이라면 할당 효율적 시장이 될 수 있다.

③ 완전경쟁시장과 강성 효율적 시장은 모두 할당 효율적 시장이다. 그러나 할당 효율적이라고 해서 완전경쟁시장이나 강성 효율적 시장인 것은 아니다.

④ 독점시장이나 약성 또는 준강성 시장도 특정 정보를 얻기 위한 정보비용과 그 정보 때문에 누리게 될 초과이윤이 같다면 할당 효율적 시장이 될 수 있다.

⑤ 부동산시장에서 특정 투자자가 초과이윤을 획득할 수 있는 것은 부동산시장이 완전하지 못하기 때문이다. (×) ⇨ 부동산시장에 투기(초과이윤)가 발생하는 것은 부동산시장이 불완전경쟁시장 또는 독점시장이기 때문이 아니고 할당 효율적 시장이 아니기 때문이다.

⑥ 어느 누구도 기회비용보다 싼 값으로 정보를 획득할 수 없는 시장이라면 이 시장은 할당 효율적 시장이다.

IV 정당한 정보비용의 계산

① 정당한 정보비용은 해당 시장을 할당 효율적 시장으로 만드는 정보비용을 말한다.

② 할당 효율적 시장이 되려면 '정보비용 = 초과이윤'이어야 하기 때문에 결국 정당한 정보비용은 그 정보로 인해 발생하는 초과이윤과 동일한 금액이다.

③ 부동산투자에서 발생하는 초과이윤은 '매도금액 − 매수금액'을 말하는 것이기 때문에 이 차액을 구하면 된다.

④ 매도금액은 확실하게 개발될 때 내가 팔 수 있는 금액을 말한다.

⑤ 매수금액은 개발 여부가 불확실한 상황인 경우 시장에서 객관적으로 형성되는 가격을 말한다. 개발될 확률과 그때의 가격 및 개발 안 될 확률과 그때의 가격을 가중평균한 가격이 매수금액이 된다.

⑥ 조심할 것은 매도와 매수는 1년 후의 상황에서 발생하고, 구하려고 하는 정보가치는 현재의 가치를 구하는 문제가 대부분이기 때문에 항상 현재가치로 할인하는 작업을 병행해야 한다는 점이다.

예제

금마아파트와 은마아파트는 모두 재건축을 신청한 상태다. 1년 뒤 허가가 되는 곳은 11억원이 되고, 허가되지 않는 곳은 5.5억원이 된다. 허가는 둘 중 하나만 되며 허가 가능성은 각각 50%이다. 투자자가 불확실성을 제거하기 위한 정보비용으로 제공할 용의가 있는 최대금액은? (투자자의 요구수익률은 10%이다.)

해설 ① 개발정보를 알 때의 1년 후의 가격의 현재가치 = 매도금액 = 투자수입

$$\frac{\text{11억원(1년 후의 가격)}}{\text{1.1(시장이자율을 할인율로 적용)}} = \text{10억원}$$

② 개발정보를 모르는 상태에서의 1년 후의 가격의 현재가치 = 매수금액 = 투자비용

• 개발가능성에 따른 확률별 가중평균 :

$$\frac{\text{11억원} \times \text{0.5(개발될 확률)} + \text{5.5억원} \times \text{0.5(개발 안 될 확률)}}{\text{1.1(시장이자율을 할인율로 적용)}} = \text{7.5억원}$$

③ 개발정보의 현재가치 = 해당 정보 때문에 발생하는 초과이윤

: ① (투자수입) − ② (투자비용) = 2.5억원

[야매로 푸는 공식]

$$\text{개발정보의 현재가치} = \frac{\text{개발될 때와 개발되지 않을 때의 차액} \times \text{개발 안 될 가능성}}{(1 + \text{할인율})^{\text{1년 후면 1, 2년 후면 2를 적용}}}$$

$$= \frac{\text{개발될 때와 개발되지 않을 때의 차액(5.5억원)} \times \text{개발 안 될 가능성(0.5)}}{(1 + 0.1)^{1}} = \text{2.5억원}$$

정답 2억 5천만원

08번: 효율적 시장이론		기출문제									
Ⅰ	부동산시장						31		33		
Ⅱ	효율적 시장이론	26	27	28	29		31	32			
Ⅲ	할당 효율적 시장										
Ⅳ	정당한 정보비용(계산문제)				29				33		35

[효율적 시장이론과 할당 효율적 시장-29회] 부동산시장에 관한 설명으로 틀린 것은?

① 불완전경쟁시장에서도 할당 효율적 시장이 이루어질 수 있다.
② 진입장벽의 존재는 부동산시장을 불완전하게 만드는 원인이다.
③ 부동산시장의 분화현상은 경우에 따라 부분시장별로 시장의 불균형을 초래하기도 한다.
④ 강성 효율적 시장에서도 정보를 이용하여 초과이윤을 얻을 수 있다.
⑤ 부동산에 가해지는 다양한 공적 제한은 부동산시장의 기능을 왜곡할 수 있다.

◆ **정답** ④
초과이윤을 얻을 수 있다. ⇨ 초과이윤을 얻을 수 없다.

[정당한 정보비용 계산문제-33회] 대형마트가 개발된다는 다음과 같은 정보가 있을 때 합리적인 투자자가 최대한 지불할 수 있는 이 정보의 현재가치는?

- 대형마트 개발예정지 인근에 일단의 A토지가 있다.
- 2년 후 대형마트가 개발될 가능성은 45%로 알려져 있다.
- 2년 후 대형마트가 개발되면 A토지의 가격은 12억 1,000만원, 개발되지 않으면 4억 8,400만원으로 예상된다.
- 투자자의 요구수익률(할인율)은 연 10%이다.

① 3억 1,000만원　② 3억 2,000만원　③ 3억 3,000만원
④ 3억 4,000만원　⑤ 3억 5,000만원

◆ **정답** ③

$$\frac{\text{정보가치: 차액}(1{,}210-484)\times\text{개발 안 될 가능성}(0.55)}{\text{현재가치: 2년간 땡김}(1.1)^2}=330$$

	09번 : 부동산 경기변동과 거미집이론	기 출									
I	부동산 경기변동	26	27		29		31		33		
II	거미집이론		27		29		31	32		34	

I 부동산 경기변동 ★★★

[학습포인트] 경기순환 국면을 헷갈리지 않게 '후하회상'의 순서로 외우기. 오르는 국면이면 매도자중시, 내리는 국면이면 매수자중시를 그림으로 익힌다.

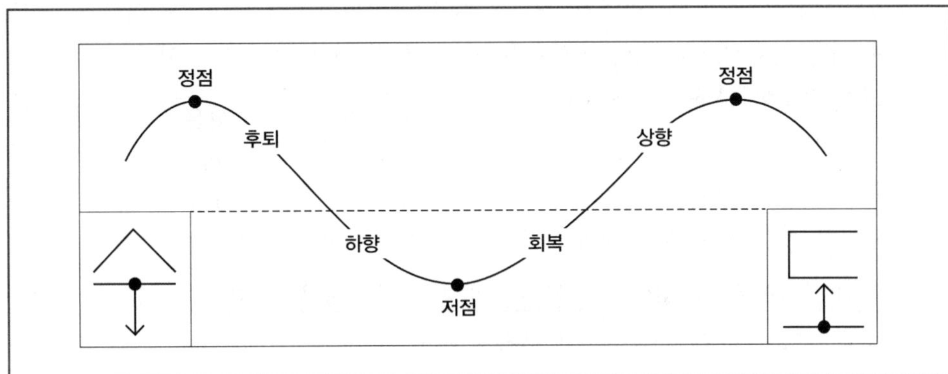

┌ **후하**: 매수자중시, 매수자 숫자가 적다, 사례는 상한치로 본다.
└ **회상**: 매도자중시, 매도자 숫자가 적다, 사례는 하한치로 본다.

II 거미집이론 ★★

[학습포인트] 안정조건을 묻는 계산문제의 출제비중이 가장 높다. 탄력도로 비교하면 수요에 동그라미를 치고, 기울기로 비교하면 공급에 동그라미를 치는 연습을 한다. 함수로 나오는 경우 Q는 머리, P는 다리라고 인식하고 Q 앞의 숫자가 분자, P 앞의 숫자가 분모인 것을 숙지한다.

☑ **안정조건**(탄수기공)

(기출연습) 시장상황	모 형	
수요의 가격탄력성 (1.1), 공급의 가격탄력성 0.9	동그라미 큼	수렴
수요곡선 기울기 −0.3이고, **공급곡선 기울기** (0.1)	동그라미 작음	발산
수요함수 2P = 500 − Qd, (**공급함수**) **7P = 300 + 2Qs**	수요 $\frac{1}{2}$, 공급 $\frac{2}{7}$	발산

Ⅰ 부동산 경기변동

1 개 요

(1) 물가와 인플레이션

① **물가(物價)**

㉠ 의의: 시장에서 거래되는 개별상품 각각의 값을 가격이라고 하고, 거래되는 모든 상품의 가격을 비중에 따라 가중평균한 종합적인 가격수준을 물가라고 한다.

㉡ 소비자물가지수: 쌀, 햄버거, 휘발유 등 일반소비자들이 소비 목적을 위해 구입하는 각종 상품과 서비스의 물가수준을 측정하기 위한 수치이다. 이 중 외부 환경에 의한 변동이 심한 식품과 에너지를 제외한 것을 근원 소비자물가지수라고 한다.

㉢ 생산자물가지수: 소비자물가지수가 소비자의 구매원가를 알아보기 위한 지표라면 생산자물가지수는 기업의 생산원가를 알아보기 위한 지수이다. 아파트 건설에 필요한 철근이나 목재, 시멘트 등의 물가수준을 알아보기 위한 수치이다.

② **인플레이션**: 인플레이션이란 실물자산의 평균가격(물가)이 지속적으로 상승하는 것을 말하며 그 반대되는 현상을 디플레이션이라고 한다.

③ **스태그플레이션**: 일반적으로 생산활동과 소비활동이 활발하면 물가도 상승하고, 생산활동과 소비활동이 침체되면 물가도 하락한다. 스태그플레이션은 이러한 일반적인 현상이 아닌 경기가 침체되고 있는데도 오히려 물가가 상승하는 현상을 말한다. 상태가 더 심한 것을 슬럼프플레이션이라고 하는데 국가경제 측면에서 최악의 상황이다.

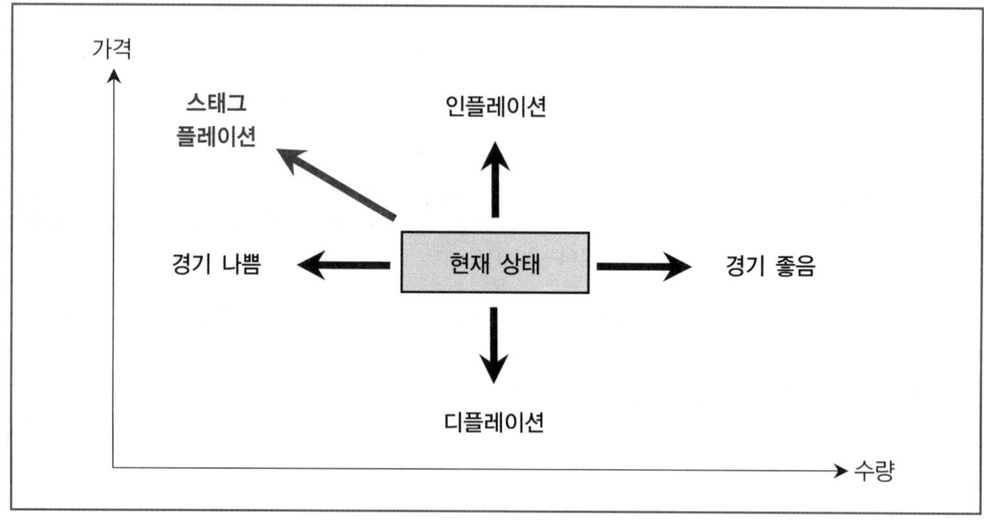

(2) 경기와 경기변동

① **경기**: 경기는 생산활동과 소비활동의 상태를 말한다. '경기가 좋다'라는 것은 생산활동과 소비활동이 활발하다는 것을 의미한다.

② **경기변동**: 경기변동은 경기가 호황과 불황을 반복하는 현상을 말한다.

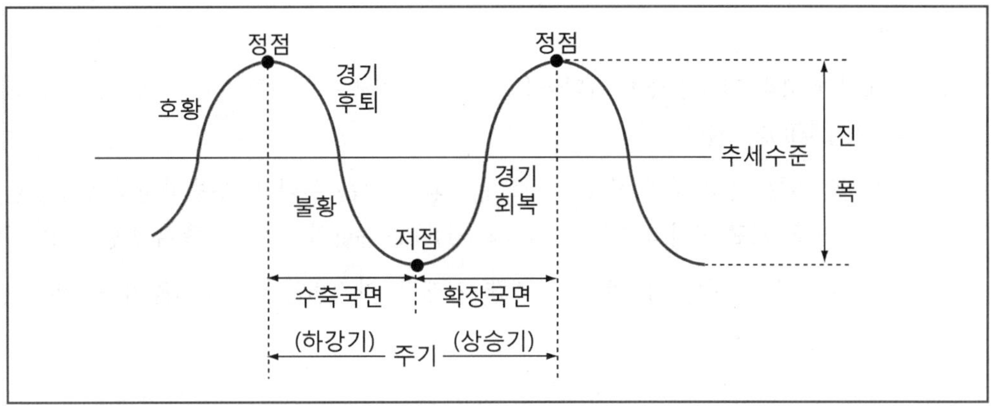

③ **경기변동의 주기**(일반경기와 부동산경기)

종 류	주 기	원 인
주글라파동	10년	설비투자 변동, 농작물 작황 변화(일반 경기변동)
쿠즈네츠파동	20년	건축파동(부동산 경기변동)

(3) 부동산 경기변동(경기순환)

① 부동산 경기변동이란 부동산시장이 일반 경기변동처럼 상승과 하강국면이 반복되는 현상을 말한다.

② 부동산경기는 부동산 경제를 구성하고 있는 여러 특수부문들의 가중평균치적인 성격을 지닌다.

③ 부동산경기는 주거용 · 상업용 · 공업용 · 농업용 · 특수용 부동산시장의 경기를 가중평균한 값이다.

④ 부동산시장의 경우 건축시장의 규모가 크고 건축시장 중 주택시장이 차지하는 비중이 가장 크기 때문에 부동산경기라고 하면 건축경기 중 주택시장의 경기가 논의의 중심이 되는 경우가 많다.

⑤ 최광의 부동산경기는 건축경기와 토지경기를 합친 개념이고, 광의의 부동산경기는 주거용 · 상업용 · 공업용 부동산의 건축경기를 의미하며, 협의의 부동산경기는 주거용 부동산의 건축경기를 일컫는다.

2 부동산경기의 측정지표

(1) 의 의

① 경기를 판단하려면 생산활동과 소비활동이 얼마나 활발한지를 판별하면 되는데 통상 부동산의 경우 생산활동은 건축량으로 판단하고 소비활동은 매매량(거래량)으로 판단한다.

② 거래량에 따라 가격변동이 나타나므로 가격변동도 부동산경기를 측정하는 중요한 지표(간접지표)가 된다.

③ 부동산경기는 한 가지의 지표만으로 판단되는 것은 아니다. 부동산경기에 영향을 미치는 다양한 지표(거시적 지표 + 미시적 지표)를 종합적으로 고려하여 판단하여야 한다.

④ 부동산경기의 미시적 지표로서 건축량, 거래량, 가격변동을 부동산경기측정의 3대 지표라고 부르기도 한다.

⑤ 부동산경기 판단의 거시적 지표로는 해당지역의 인구나 소득 등 사회 · 문화 · 행정적 환경이 있다.

⑥ 부동산경기의 분석은 인근지역에만 한정할 것이 아니고 해당지역이 속한 동일수급권 등에 분석이 병행되어야 한다.

(2) **생산활동**(공급)**의 측면**: 건축량으로 판단

① **의의**: 건축량은 통상 허가량, 착공량, 완공량 등으로 판단할 수 있다.

② **건축허가량**

㉠ 대표적인 선행지표에 해당한다. 즉 지금 건축경기가 좋다는 것이 아니라 앞으로 건축경기가 좋아질 가능성이 높다는 것이다. 만일 건축허가를 받은 후 착공이 지연되는 사례가 많아지면 이는 경기가 좋지 않다는 것으로 판단해야 한다.

㉡ 건축허가량은 주거용과 비주거용으로 나눈 후, 신축 및 증축의 허가면적으로 판단한다.

③ **착공량과 완공량**: 일반적으로 이론상 가장 타당한 지표는 거래량과 완공량이지만 이는 실무상 파악이 어려운 관계로 허가량과 착공량을 가장 많이 이용한다.

(3) **소비활동**(수요)**의 측면**: 거래량으로 판단

① 등기신청건수나 부동산취득세 납부실적 등으로 거래량을 측정한다.

② 호경기에는 신청량이 많고, 불경기에는 신청량이 적어진다.

(4) 가격변동

① 가격변동은 직접적인 경기변동의 측정지표는 아니지만 통상 부동산경기가 좋으면 가격이 상승하는 것이 일반적이므로 가격변동도 중요한 부동산경기측정의 지표이다.

② 하지만 가격변동은 생산활동이나 소비활동을 직접 나타내는 지표가 아니므로 가격변동을 통해 건축경기를 판단하기 위해서는 가격변동이 경기와 상관없는 건축비의 상승이나 투기로 인한 것은 아닌지에 대한 사전적 검토가 필요하다.

③ 따라서 가격이 상승하면 경기가 좋다고 판단하는 것은 이론상 옳은 표현은 아니다.

(5) 기타의 판단지표

① 공가율과 임료수준

㉠ 공가율의 동향은 부동산경기측정에서 유효한 지표가 된다.

㉡ 공가율이 높아지면 임료수준이 낮아지고 신규건설도 둔화되므로 경기가 나빠지는 것이다.

② 주택금융의 상태

㉠ 부동산시장은 금융의 유용성(자금확보의 유동성)과 밀접한 관계가 있다.

㉡ 대부비율이 높아지거나 금리가 내려가면 주택의 수요량과 공급량이 많아져서 부동산경기는 좋아질 것이다.

③ **택지의 분양실적**: 건축허가량과 마찬가지로 택지분양이 활발하면 앞으로 건축이 활발하여 경기가 활발해질 것으로 예상할 수 있으므로 택지의 분양실적은 부동산경기의 선행지표가 된다.

건축량	거래량	가격변동
택지분양실적 허가량 – 착공량 – 완공량	등기실적	간접지표

구 분	적용 예
선행지표	택지의 분양실적, 건축허가량, 공실률 및 공가율, 건축자재의 수요동향, 건설인력의 수요동향 등
동행지표	건축착공량, 부동산거래량
후행지표	건축완공량

3 부동산 경기변동의 유형

순환변동	'후퇴기 ⇨ 하향기 ⇨ 회복기 ⇨ 상향기'가 순차적으로 반복
계절변동	매년 12월에, 겨울철에, 방학이면 …
추세변동	신개발 또는 재개발, 장기적 변동 …
무작위변동	정부정책(세금, DTI규제), 자연재해, 전쟁

부동산 경기변동에는 순환적 변동(경기순환)만 있는 것이 아니고 계절적 변동, 장기적 변동, 무작위변동 등도 있다. 일반적으로 부동산 경기변동이라 하면 순환적 변동을 지칭하는 경우가 일반적이다.

(1) 순환적 변동

① 하향시장, 회복시장, 상향시장, 후퇴시장 등의 국면을 순차적으로 반복하는 변동을 말한다.

② 통상 부동산 경기순환에는 15년~22년을 주기로 하는 장기순환과 약 3년을 주기로 하는 단기순환의 두 가지 형태가 있다.

(2) 계절적 변동

① 계절의 속성과 그에 대한 사람의 습관 때문에 나타나며 보통 1년을 단위로 하여 1년에 적어도 한 번은 나타난다.

② 여름에 선풍기나 에어컨의 매출이 증대되고, 겨울철에 부동산매매가 줄어들고, 방학이면 하숙촌이 썰렁해지는(공가율이 높아지는) 현상이 여기에 해당한다.

(3) 장기적 변동 = 추세변동

① 특정 지역이 신개발 또는 재개발되면서 장기적 변동이 나타난다. 통상 50년 이상의 장기적인 기간으로 측정된다.

② 통상 일반경제의 장기적 변동보다는 기간이 짧고, 부문시장별로 불규칙하게 나타난다.

(4) 무작위적 변동 = 불규칙변동

① 정부정책, 자연재해, 파업, 전쟁 등 예기치 못한 상황 때문에 발생하는 변동이다.

② 우리나라의 경우 특정한 부동산대책 등에 의한 부동산시장환경의 변화가 무작위변동에 해당한다.

4 순환국면과 순환국면별 특징

(1) 건축경기의 순환국면

① 부동산경기 국면도 일반경기 국면처럼 후퇴, 불황(하향), 회복, 호황(상향) 등 4개 국면으로 구분할 수 있다.

② 부동산경기는 '후퇴시장 ⇨ 하향시장 ⇨ 회복시장 ⇨ 상향시장'의 국면을 순차적으로 반복한다.

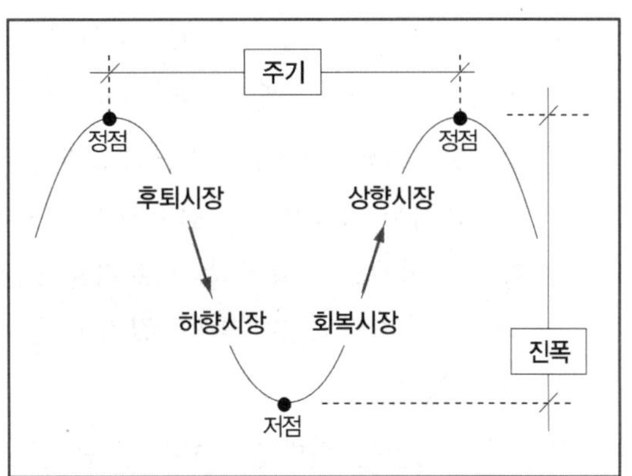

(2) 건축경기의 순환국면별 특징

구 분		사례의 활용	중시되는 자	금 리
후퇴시장		기준치 또는 상한치	매수자중시	금리와 경기는 역의 함수관계에 있다.
하향시장		상한치	매수자중시	
회복시장		기준치 또는 하한치	매도자중시	
상향시장		하한치	매도자중시	
안정시장은 국면이 아닌 특정 유형의 시장에 해당한다.				

① **후퇴시장**: 부동산경기가 정점을 지나 점차 하락하기 시작하는 단계이다. 후퇴국면이 일반경기와 병행하여 장기화되면 점차 공실률은 증가하기도 한다. 부동산경기는 회복기간이 긴 데 반하여 후퇴국면은 빠른 것이 특징으로 나타난다.

② **하향시장**: 부동산경기가 평균선 아래로 떨어지면서 하락이 지속적으로 진행되는 국면이다. 공가율이 높아지고 호화주택 및 교외의 분양택지에 큰 타격을 준다.

③ **회복시장**: 저점을 지나 가격이 점차 상승하기 시작하는 국면이다. 거래가 활기를 띠고 부동산 투자심리가 생긴다. 경기회복은 개별·지역별로 회복되는 것이 특징이고, 매수인은 거래시기를 당기려 하고 매도인은 늦추려 하는 경향이 있다.

④ **상향시장**: 부동산경기가 평균선을 넘어서 상승국면이 지속적으로 나타나는 국면이다. 본격적으로 부동산시장이 활발해지는 시장이며 지속적으로 공급이 증가하고 있다면 향후 부동산경기가 후퇴할 가능성을 염두에 두어야 한다.

5 부동산 경기변동의 특징

(1) 진 폭

① 진폭이란 정점에서 저점까지의 차이를 말한다. 진폭이 크다는 의미는 호황과 불황의 차이가 심하다는 것으로, 좋을 때는 아주 좋고 나쁠 때는 아주 좋지 않다는 것을 뜻한다.

② 부동산경기는 일반경기에 둔감하게 반응하므로 일반경기에 뒤처지는 시간차가 길다. 일반재화는 경제상황이 좋아지면 생산이 바로 이루어질 수 있는데, 부동산은 경제상황이 좋아져도 상황인식 후 토지물색부터 설계・허가 등 생산을 준비하는 기간(이를 '타성기간'이라고 부른다)이 길기 때문에 다른 재화의 경기처럼 빠르게 반응하기 어렵다는 것이다.

③ 부동산경기는 일반경기보다 진폭이 크다(정점이 높고 저점이 깊다: 저점이 얕다가 아님에 유의한다).

(2) 주 기

① 주기는 정점부터 다음 정점 또는 저점부터 다음 저점이 오기까지 걸리는 시간을 의미한다.

② 부동산의 경기순환 주기(한센파동: 17, 18년)는 일반경기(쥬글라파동: 10년)의 약 2배에 해당한다. 즉 부동산경기는 일반경기보다 주기가 더 길다.

③ 단, 장기파동을 비교하면 일반경기가 부동산경기보다 더 길다고 본다.

(3) 일반적으로 부동산경기는 일반경기에 후행한다.

① 일반경기와 부문별 경기순환의 시간적 관계는 전순환, 동시순환, 후순환, 역순환 등으로 표현된다.

② 전순환은 부문별 경기가 일반경기보다 앞서 진행되는 것이고, 동시순환은 동시에 진행되는 것이며, 후순환은 부문경기가 일반경기보다 뒤에 진행되는 것을 의미한다. 그리고 역순환은 부문별 경기와 일반경기가 서로 반대로 진행하는 것을 뜻한다.

③ 부동산시장은 일반경기와 비교할 때 부문시장은 역순환 또는 동시순환 등 개별적으로 반응하지만 이들을 가중평균한 부동산시장은 일반경기에 후행한다고 알려져 있다(통상 주식경기는 일반경기에 선행하고 부동산경기는 일반경기에 후행함).

(4) 개별성과 국지성

① 부동산시장은 용도별 · 유형별 · 지역별로 국지적으로 형성되므로 당연히 이들 시장의 경기변동도 개별적 · 국지적으로 형성된다.

② 주거용 부동산시장은 일반경기에 역행하고 상업용과 공업용은 순행하는데, 이는 자금의 유용성과 밀접한 상관성을 지닌다.

(5) 안정시장의 존재

① 부동산시장에는 경기와 관련하여 안정시장이 존재하는데 안정시장이란 거래가 꾸준하여 경기의 진폭이 크지 않은 시장을 말한다.

② 안정시장은 경기순환에 따라 분류되는 것은 아니지만 경기와 전혀 무관하지도 않다.

③ 안정시장의 특징은 다음과 같다.

㉠ 안정시장은 상향시장 다음에 오는 시장이 아니라, 별도로 존재하는 하나의 별개의 시장이다.

㉡ 부동산가격이 가벼운 상승을 유지하거나 안정되어 있다.

㉢ 불황에 강한 부동산, 주로 위치가 좋고 규모가 작은 주택이나 도심지 점포가 여기에 속한다.

㉣ 과거의 사례가격은 새로이 신뢰할 수 있는 거래의 기준이 된다.

(6) 기 타

① 주기의 순환국면이 뚜렷하거나 일정하지 않다(비명백성).

⇨ 부동산경기는 일반경기와는 다르게 일정한 주기와 동일한 진폭으로 규칙적 · 안정적으로 반복되며 순환된다. (×)

② 후퇴기간은 짧고 회복기간은 길다(우경사 비대칭).

③ 지역적 · 국지적으로 시작하여 전국적 · 광역적으로 확산된다.

Ⅱ 거미집이론

1 개 요

(1) 의 의

① 거미집이론은 특정 재화시장이 불균형상태에서 균형상태로 조정되는 과정이 마치 거미집 모양과 같다는 에치켈(M. J. Eziekel)의 정리이다.

② 균형의 변동과정을 동태적으로 분석하는 이론이다.

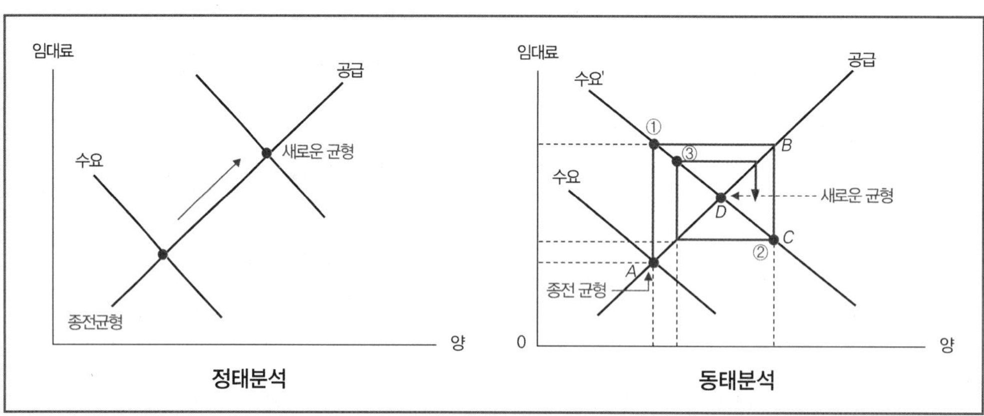

(2) 거미집이론의 전제조건(가정)

① **수요와 공급 간 시차가 존재하는데 공급이 한 타임이 늦다.**

수요량은 금기의 가격에 반응해서 금기의 수요량을 결정한다. 그러나 공급량은 전기의 가격에 반응해서 금기에 나올 공급량을 결정한다. 지금 공급되는 물량은 전기 가격에 반응해서 전기에 착공한 물량이 지금 시장에 나오는 것이다.

② **공급자는 미래예측 없이 현재의 시장임대료에만 반응한다.**

'지금 가격이 폭등한 상태지만 지금 착공하면 1년 후에 실제 시장에서 공급이 될 때는 상황이 이렇게 변해있을 것이다.'라는 예측같은 것은 하지 않는다.

③ 금기에 생산된 수량은 모두 금기의 시장에서 판매된다고 가정한다.

2 거미집이론의 내용과 적용대상

(1) 거미집이론의 내용

① 거미집이론에 의할 경우 외부충격으로 기존의 균형점에서 새로운 균형점으로 이동해 가는 것은 '수요증가 ⇨ 초과수요 ⇨ 가격폭등 ⇨ 공급증가 ⇨ 가격폭락 ⇨ 공급감소 ⇨ 가격폭등 …'의 과정을 거치게 된다는 것이다.

② 거미집이론에 의하면 단기적으로 가격이 급등하게 되면 건물착공량이 증가하게 되는데, 공급물량이 막상 시장에 출하하게 되면, 오히려 공급초과가 되어 침체국면에 접어든다는 것이다.

(2) 거미집이론의 적용대상

① 농산물시장이나 부동산시장에서 가격파동을 설명하는 이론으로서 거미집이론이 자주 인용된다.

② 부동산시장의 경우 주거용 부동산보다는 상업용이나 공업용 부동산에 더 잘 적용된다(주택은 수요가 꾸준하므로 꾸준히 일정량을 지어야 하지만, 상업용이나 공업용은 일반경기에 따라 경기가 좋으면 한꺼번에 많은 수량이 착공되는 경우가 많기 때문이다).

③ 만일 우리나라가 농산물시장이 완전개방되어 농산물의 수출입이 자유로워지면 농산물시장은 위의 가정에 부합하지 않으므로 거미집이론의 적용이 배제될 것이다. 그러나 부동산시장은 완전개방이 되어도 그 자연적 특성 때문에 개방의 영향을 받지 않을 것이다.

3 거미집모형의 안정조건

(1) 의 의

거미집모형은 수요와 공급의 가격탄력성의 상대적 크기에 따라 새로운 균형에 수렴 · 발산 · 순환하게 된다.

(2) 거미집모형의 유형

① **수렴형**: 시간이 경과하면서 새로운 균형으로 접근하는 경우이다. 공급곡선의 기울기의 절댓값이 수요곡선의 기울기의 절댓값보다 큰 경우에 나타난다. 부동산시장은 공급이 수요보다 더 비탄력적이며, 이런 경우 거미집모형은 새로운 균형으로 수렴하게 된다.

② **발산형**: 시간이 경과하면서 새로운 균형에서 점점 멀어지는 경우이다. 공급곡선의 기울기의 절댓값이 수요곡선의 기울기의 절댓값보다 작은 경우에 나타난다.

③ **순환형**: 시간이 경과하면서 새로운 균형점에 접근하지도, 멀어지지도 않는 경우이다. 수요곡선과 공급곡선의 기울기의 절댓값이 같은 경우에 나타난다.

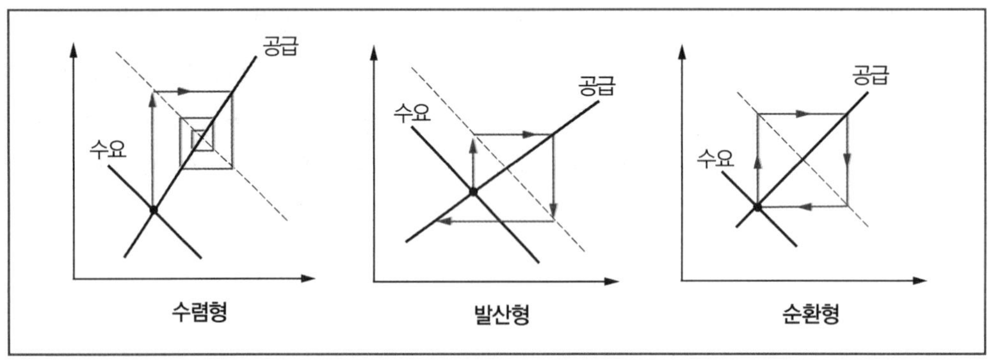

(3) 거미집모형의 판단방법(탄수기공)

① 문제의 유형이 탄력도로 비교하면 수요에 동그라미를 치고, 기울기로 비교하면 공급에 동그라미를 친다. 함수로 비교하면 공급에 동그라미를 친다.

② 동그라미를 친 곳의 숫자가 더 크면 수렴형, 숫자가 같으면 순환형, 숫자가 더 작으면 발산형이다.

③ 함수로 주어지는 경우 Q 앞의 값이 분자, P 앞의 값이 분모이다.

예제

거미집이론에 따른 각 시장의 모형형태는?

구 분	A시장	B시장	C시장
수요곡선 기울기	−0.8	−0.3	−0.6
공급곡선 기울기	0.6	0.3	1.2

① A: 수렴형 B: 발산형 C: 순환형
② A: 순환형 B: 발산형 C: 수렴형
③ A: 발산형 B: 수렴형 C: 순환형
④ A: 수렴형 B: 순환형 C: 발산형
⑤ A: 발산형 B: 순환형 C: 수렴형

해설 문제 푸는 순서를 그대로 익히도록 한다.
(1) 탄력도로 비교하는지 기울기로 비교하는지 확인한다. ⇨ 기울기로 비교한다.
(2) 기울기로 비교하므로 공급의 값에 동그라미를 한다(탄력도로 비교하면 수요에 동그라미를 하고, 기울기로 비교하면 공급에 동그라미를 한다).

구 분	A시장	B시장	C시장
수요곡선 기울기	−0.8	−0.3	−0.6
공급곡선 기울기	0.6	0.3	1.2

(3) 동그라미를 친 숫자가 수요보다 크면 수렴형이다.

구 분	A시장	B시장	C시장
수요곡선 기울기	−0.8	−0.3	−0.6
공급곡선 기울기	0.6	0.3	1.2
판단 (절댓값을 비교한다)	0.6 〈 0.8 작으므로 발산형	0.3=0.3 같으므로 순환형	1.2 〉 0.6 크므로 수렴형

정답 ⑤

예제

A주택시장과 B주택시장의 함수조건이 다음과 같다. 거미집이론에 의한 두 시장의 모형형태는? (단, x축은 수량, y축은 가격, 각각의 시장에 대한 P는 가격, Qd는 수요량, Qs는 공급량, 다른 조건은 동일함)

> • A주택시장: $Qd = 200 - P,\ Qs = 100 + 4P$
>
> • B주택시장: $Qd = 500 - 2P,\ Qs = 200 + \frac{1}{2}P$

① A: 수렴형, B: 수렴형
② A: 수렴형, B: 발산형
③ A: 수렴형, B: 순환형
④ A: 발산형, B: 수렴형
⑤ A: 발산형, B: 발산형

해설 (1) 탄력도로 비교하는지 기울기로 비교하는지 판단한다. ⇨ 함수는 기울기이다.

(2) 함수식으로 표현되어 있으므로 기울기를 구한다. 함수식에서 기울기는 Q 앞의 숫자가 분자이고 P 앞의 숫자가 분모이다. Q는 머리 모양이니까 위로 보내고, P는 짝다리 짚고 있는 모양이니까 다리로 봐서 아래로 보낸다.

> • A: Qd(수요) = 200 − P ⇨ 기울기 $\frac{Q=1}{P=1}$, Qs(공급) = 100 + 4P ⇨ 기울기 $\frac{Q=1}{P=4}$
>
> • B: Qd(수요) = 500 − 2P ⇨ 기울기 $\frac{Q=1}{P=2}$, Qs(공급) = 200 + $\frac{1}{2}$P ⇨ 기울기 $\frac{Q=1}{P=\frac{1}{2}}$

(3) 기울기로 비교하므로 공급에 동그라미를 친다.

> • A: Qd(수요) = 200 − P ⇨ 기울기 $\frac{Q=1}{P=1}$, Qs(공급) = 100 + 4P ⇨ 기울기 $\frac{Q=1}{P=4}$ (동그라미)
>
> • B: Qd(수요) = 500 − 2P ⇨ 기울기 $\frac{Q=1}{P=2}$, Qs(공급) = 200 + $\frac{1}{2}$P ⇨ 기울기 $\frac{Q=1}{P=\frac{1}{2}}$ (동그라미)

(4) 동그라미를 친 값과 상대편의 값을 비교해서 안정성 여부를 판단한다.

A시장	동그라미를 친 값이 상대편의 값 1보다 더 작으므로 발산
B시장	동그라미를 친 값이 상대편의 값 1/2 보다 더 크기 때문에 수렴

정답 ④

09번 : 부동산 경기변동과 거미집이론		기출문제								
Ⅰ	부동산 경기변동	26	27		29		31		33	
Ⅱ	거미집이론		27		29		31	32		34

[부동산 경기변동－33회] 부동산 경기변동에 관한 설명으로 옳은 것은?

① 상향시장 국면에서는 부동산가격이 지속적으로 하락하고 거래량은 감소한다.
② 후퇴시장 국면에서는 경기상승이 지속적으로 진행되어 경기의 정점에 도달한다.
③ 하향시장 국면에서는 건축허가신청이 지속적으로 증가한다.
④ 회복시장 국면에서는 매수자가 주도하는 시장에서 매도자가 주도하는 시장으로 바뀌는 경향이 있다.
⑤ 안정시장 국면에서는 과거의 거래가격을 새로운 거래가격의 기준으로 활용하기 어렵다.

정답 ④
① 상향시장 ⇨ 하향시장
② 후퇴시장 ⇨ 상향시장
③ 하향시장 ⇨ 회복시장
⑤ 기준으로 활용하기 어렵다. ⇨ 기준으로 활용할 수 있다.

순환국면과 순환국면별 특징
1. 금리와 경기 : 금리가 상승하면 생산과 소비 모두 위축된다.
2. 중시되는 자와 (과거)사례의 활용
   - 회상 : 매도자중시, 매도자 숫자가 적다, 사례는 하한치
   - 후하 : 매수자중시, 매수자 숫자가 적다, 사례는 상한치

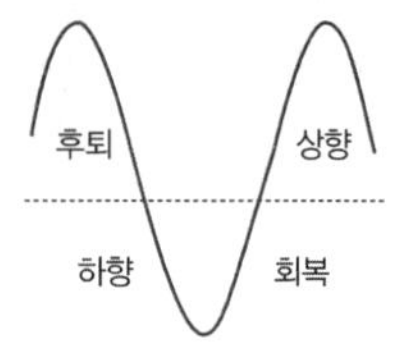

[거미집이론-34회] 거미집모형에 관한 설명으로 옳은 것은? (단, 다른 조건은 동일함)

① 수요의 가격탄력성이 공급의 가격탄력성보다 크면 발산형이다.
② 가격이 변동하면 수요와 공급은 모두 즉각적으로 반응한다는 가정을 전제하고 있다.
③ 수요곡선의 기울기 절댓값이 공급곡선의 기울기 절댓값보다 작으면 수렴형이다.
④ 수요와 공급의 동시적 관계로 가정하여 균형의 변화를 정태적으로 분석한 모형이다.
⑤ 공급자는 현재와 미래의 가격을 동시에 고려해 미래의 공급을 결정한다는 가정을 전제하고 있다.

정답 ③

탄수기공 중 기공
③ 공급에 동그라미 ⇨ 동그라미가 더 크다 ⇨ 수렴형
① 수렴형
② 수요: 즉각 반응, 공급: 일정기간 후 반응
④ 동태적 분석
⑤ 미래예측 ×, 현재의 시장임대료에만 반응

거미집이론

1. 동태분석: 균형의 이동을 비교동학적(결론에 이르는 과정을 분석)으로 설명한다.
2. 공급이 한 타임 늦다: 가격이 변하면 수요량은 즉각 변하고 공급량은 일정기간 후에 변한다. 즉 금기 공급량은 전기 가격에 반응한다.
3. 공급자 단순: 공급자는 미래를 예측하지 않고 현재의 시장임대료에만 반응한다.
4. 가격폭등과 폭락 반복: 농산물은 수요와 공급 간 시차발생(농산물 생산기간 필요) ⇨ 초과수요(가격폭등) 또는 초과공급(가격폭락) 반복 ⇨ 거미집형태 그래프 도출
5. 안정시장에는 적용하기 어렵다: 안정적인 주거용 부동산보다 진폭이 큰 상업용 부동산에 더 잘 적용된다.

10번 : 입지론		기 출									
Ⅰ	농업입지론										
Ⅱ	공업입지론				종합	허프		베버	허프 크리	베버 크리	크리 베버 허프
Ⅲ	상업입지론										
Ⅳ	계산문제	레일	레일	허프				컨버	레일	허프	컨버

Ⅰ 공업입지론 ★★

[학습포인트] 최근 베버의 최소비용이론의 출제비중이 높아지고 있다. 최소비용이론, 운송비 결정요소, 등비용선, 원료지향적 입지 등에 대해 깊이 있게 알아두도록 한다.

Ⅱ 상업입지론 ★★★

[학습포인트] 크리스탈러, 레일리, 컨버스, 허프에 대해 순서대로 알아두도록 한다.
그리고 중력모형을 이용하는 레일리, 컨버스, 허프의 차이를 정확하게 이해한다.

레일리(거시적 접근)	허프(미시적 접근)
$\text{유인력} = \dfrac{\text{도시 인구수}}{\text{거리}^2}$	$\text{유인력} = \dfrac{\text{소매상점의 매장면적}}{(\text{시간})\text{거리}^{\text{공간마찰계수}}}$

Ⅲ 계산문제 ★★★

[학습포인트] 레일리와 허프가 번갈아가면서 출제되는 경향이다. 올해는 레일리의 계산문제가 나올 가능성이 높다. 잘 준비해둔다.

[예제] 레일리의 소매중력모형에 따라 C신도시의 소비자가 A도시와 B도시에서 소비하는 월 추정소비액은 각각 얼마인가?

- A도시 인구 : 50,000명, B도시 인구 : 32,000명
- C신도시 : A도시와 B도시 사이에 위치
- A도시와 C신도시 간의 거리 : 5km
- B도시와 C신도시 간의 거리 : 2km
- C신도시 소비자의 잠재 월 추정소비액 : 10억원

A 유인력 = 2,000	50,000 $5km^2$	C 10억원	32,000 $2km^2$	B 유인력 = 8,000

입지론 종합			
주거입지론		– 출제된 적 없음 –	
산업입지론	Ⅰ.농업입지론	튀넨	위치지대설, 입찰지대곡선, 동심원이론
	Ⅱ. 공업입지론	1. 베버	최소비용이론
		2. 뢰슈	최대수요이론
		3. 아이사드	통합이론 – 대체원리
	Ⅲ. 상업입지론	1. 크리스탈러	중심지이론
		2. 레일리	소매인력의 법칙
		3. 컨버스	분기점이론
		4. 허프	확률모형
		5. 기타: 넬슨 등	

Ⅰ 튀넨의 농업입지론 = 단순지대이론(1826년)

1 개 요

(1) 의 의

농경제학자인 튀넨(J. H. von Thünen)은 자신의 농장운영경험을 토대로 1826년 '고립국이론'이라는 논문을 통해 입지이론을 전개하였다. 튀넨에 의하면 수송비 절약분이 지대가 된다고 하며, 지대와 더불어 농업입지를 설명하고 있다.

(2) 이론의 전제(고립국)

사방이 평원이며 중앙에 하나의 대도시만 존재하고, 여기에서 생산된 물건은 중앙시장에서만 거래되며 외부와는 단절된다. 그리고 단위당 교통비나 생산비는 일정하다.

2 내 용

(1) 지대결정

매상고에서 생산비와 수송비를 차감한 것이 지대가 되며(지대 = 매상고 – 생산비 – 수송비), 매상고와 생산비가 일정하다면 지대는 시장과의 거리에 의해 결정된다. 튀넨에 의하면 농산물 가격, 생산비, 수송비, 인간의 형태변화는 지대를 변화시킨다.

(2) 지대곡선

지대곡선은 소작인이 그 토지를 경작하기 위해 지주에게 제시할 수 있는 최대금액을 연결한 선이다. 농촌토지는 수송비를 많이 절감할 수 있는 시장근처의 토지일수록 지대가 높게 형성된다. 따라서 지대곡선은 우하향하는 형태가 된다.

지대곡선은 곡물이나 경제활동에 따라 그 기울기가 달라지는데, 일반적으로 집약농업은 지대곡선이 가파르고, 조방농업은 완만하다.

☑ **입찰지대곡선**

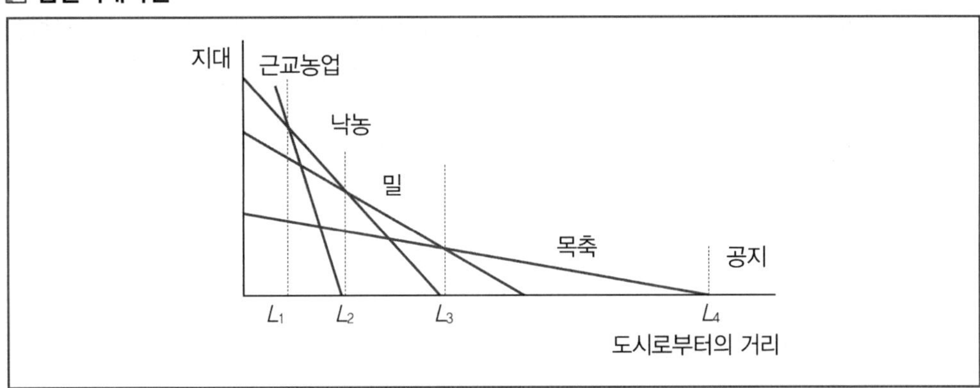

(3) 농업입지의 결정

① 중심지에는 높은 지대를 감당할 수 있는 집약농업이 입지하고 외곽지역은 조방농업이 입지한다.

② 6개의 튀넨권이 동심원의 형태로 형성된다.

☑ **튀넨의 고립국 모형**

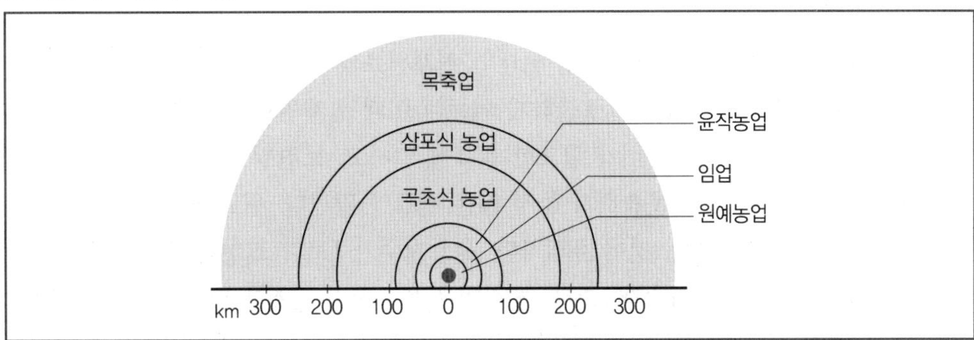

(4) 검 토

① 지대의 결정이 토지의 비옥도만이 아닌 위치에 따라 달라지는 위치지대의 개념을 통해 현대적인 입지이론의 기초를 제공하였다.

② 버제스의 동심원이론, 상업입지론 등에 영향을 미쳤다.

Ⅱ 공업입지론

1 베버(A. Weber)의 최소비용이론

(1) 개 요

① 공업지는 이윤극대지점이 최적입지점이 되는데 지역마다 수입은 일정하고 비용이 다르다면 비용극소지점이 최적입지점이 된다.

② 운송비가 가장 적게 드는 지점이 최적공업입지점이며, 예외적으로 노동비 절약지점이나 집적이익이 발생하는 지점으로 옮겨갈 수도 있다.

(2) 운송비지향론

① **입지삼각형**: 운송비는 원료나 제품의 무게와 시장까지의 거리가 결정한다. 최소운송비지점은 입지삼각형을 이용해서 구체적인 입지점을 선정할 수 있는데 원료의 수송비와 제품의 수송비의 합이 최소가 되는 지점이 최소운송비지점이 된다.

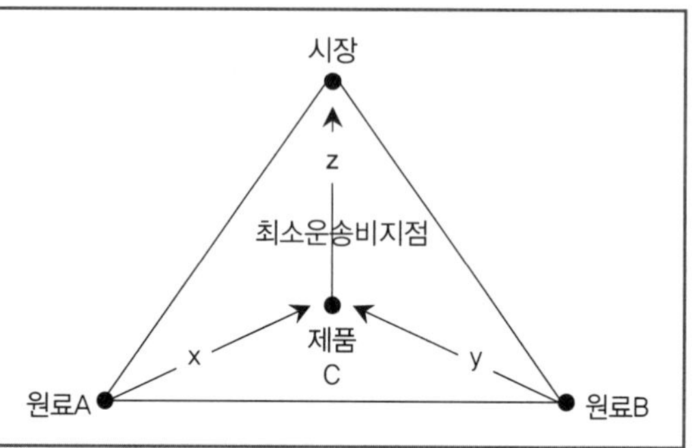

즉 '(원료A의 무게)×x(공장과의 거리)+(원료B의 무게)×y(공장과의 거리)+C(제품의 무게)×z(시장과의 거리)'가 가장 적게 나오는 지점이 최적입지점이 된다. 즉 운송비 변수만을 고려할 때, 최적 공장입지는 (Ax + By + Cz)값이 최소인 지점으로 결정한다.

② **원료지수**: 원료지수는 제품중량에 대한 편재원료의 무게를 말한다. 제품은 통상 편재원료와 보편원료를 섞어서 생산하게 되는데 이때 편재원료는 석탄 등 정해진 장소에서만 구할 수 있어 운송비가 필요한 원료를 말하고, 보편원료는 물과 같이 어느 장소에서나 구할 수 있어 운송비가 들지 않는 원료를 말한다. 원료가 무거운 산업은 원료산지 근처에 입지하는 것이 유리하다. 원료지수가 1보다 크다는 것은 원료가 무겁다는 의미이므로 원료지수가 1보다 큰 산업은 원료산지 근처에 입지하는 것이 유리하다. 또한 국지원료의 비중이 큰 산업과 중량감소산업도 원료산지지향의 입지점이 유리하다. 반면 원료지수가 1인 산업은 자유지향형 입지가 유리하고, 원료지수가 1보다 작은 산업은 시장지향형 입지가 유리하다.

(3) 노동비지향론

① **운송비증분과 노무비 절약분의 비교원리**: 운송비 최소지점 외에 노동비가 절약되는 지점이 있다면 운송비 최소지점에서 노동비 절약지점으로 이동함에 따른 운송비 증가분과 노동비 절약분을 비교한다. 노동비 절약분이 운송비증분보다 더 큰 경우 입지점을 이동시킨다.

② **등운송비(等運送費)선**: 노동비 절약분과 운송비증가분을 비교하기 위해 등운송비선을 도출한다. 최소운송비지점을 벗어나면 운송비가 증가하는데, 증가하는 운송비가 같은 지점을 연결한 선을 등운송비선이라고 한다(높이가 같은 지점을 연결한 선을 등고선이라고 하는 것과 같은 원리).

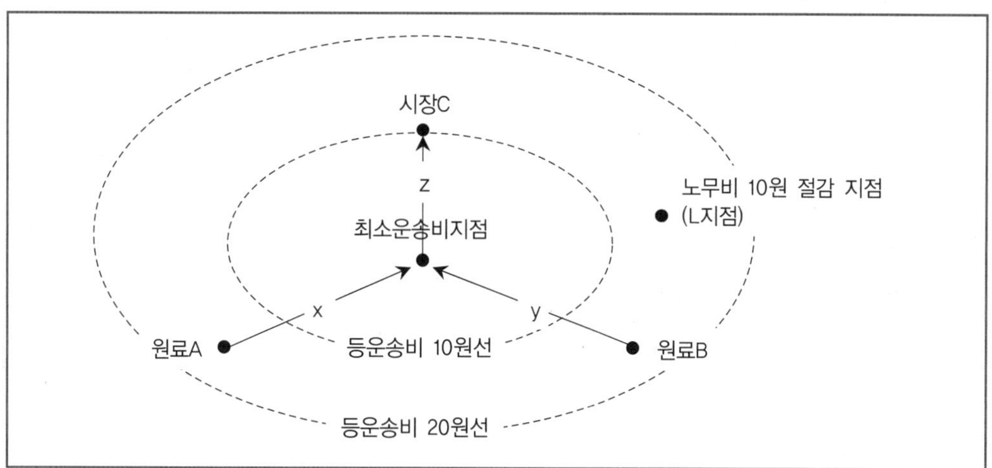

③ 위의 그림에서 보면, 운송비 극소점에서 노동비 절약지점(L)으로 옮기면 운송비는 증가하고 노동비는 절약된다. 이때 운송비 증가분보다 노동비 절약분이 더 크다면 이동하는 것이 유리하다. 그런데 위의 등비용선을 보면 운송비 증가분은 15원 정도이고(L지점이 10원의 등운송비선과 20원의 등운송비선의 중간 정도에 존재하므로 운송비 증가분은 15원 정도로 판정한다), 노동비 절약분은 10원이므로 최소운송비지점에 그대로 있는 것이 더 유리하다. 즉 L지점에서 노동비를 10원 절감할 수 있다고 해도, 운송비의 증가가 더 크기 때문에 최적 공장입지는 L지점으로 이동해서는 안 되는 것이다.

(4) 집적이익(集積利益) 지향론

① **집적이익의 개념**: 특정 집단끼리 뭉쳐서 입지함으로 인해 집적이익(생산비나 판매비의 저렴화)이 발생하는 지점이 있다면 위에서 결정한 입지점과 다시 비교하여 운송비 증가분 등보다 집적이익이 크다면 다시 입지점을 이동시킬 수 있다.

② **집적인자와 분산인자**: 집적인자로는 공동구매, 기반시설 등이 있고 분산인자로는 지대상승, 용수부족 등이 그 원인이 된다.

입지유형

(1) **시장지향형**

① 제품의 수송비가 차지하는 비중이 큰 산업
② 원료지수가 1보다 작거나 입지중량이 2보다 작은 산업
③ 중량증가산업: 청량음료, 맥주, 제약 등
④ 제품이 빨리 부패하는 산업: 제빵
⑤ 보편원료를 많이 사용하는 산업
⑥ 중간재나 완제품을 생산하는 산업
⑦ 소비자와의 직접 접촉이 필요한 산업
⑧ 소비시장에 재고량을 확보할 필요가 있는 산업 등

(2) **원료지향형**

① 시장지향과 반대의 경우에 해당한다.
② 시멘트 제련산업, 제당산업, 통조림산업, 냉동업 등에 해당한다.

(3) **노동지향형**

① 신발이나 의류 등 노동집약적인 산업은 노동력이 풍부하고 저렴한 지역에 입지하면 유리하다.
② 제품 1톤을 생산하는 데 투입되는 노동비를 노동비지수라고 하며, 노동비지수가 큰 업종일수록 노동지향형 입지가 유리하다.

(4) **수송 적환지 지향형**(교통지향형, 중간지향형): 적환지점이란 항구 등 운송수단이 바뀌면서 물건을 옮겨 싣는 지점을 말한다. 적환지점은 울산이나 부산 같은 지점이다. 즉 배를 통해 운송해 와서 육상운송수단으로 바꾸어야 하는 지점이 적환지점이 된다. 이러한 적환지점에 입지를 하게 되면 운송비 절감효과가 크게 나타난다.

(5) **집적지향형**: 수송비의 비중이 적고 기술연관성이 높은 산업의 경우 한곳에 모여 입지해서 기술이나 정보 시설 또는 원료 등을 공동으로 이용하는 것이 유리한 경우가 많다.

(6) **자유입지형**: 자동차, 항공기, 전자산업 등 고도의 대규모 기술집약적 산업인 경우 자유입지형이 유리하다.

(7) **기타**: 용수지향형 입지, 에너지지향형 입지, 임해형 입지, 내륙지향형 입지, 연구개발지향형 입지 등이 있다.

2 뢰슈(A. Lösch)의 최대수요이론

(1) 개 요

① 생산비 측면만을 강조하는 베버의 이론을 비판하면서 수요 측면을 강조한 이론이다.

② 최적공업입지점은 시장의 확대가능성이 가장 풍부한 곳에 이루어져야 한다.

③ 통상 이윤을 추구하는 기업의 경우 개개의 시장지역의 중심부가 최적입지가 된다.

(2) 수요원추체(圓錐體)

① 공장과 고객과의 거리가 멀어지면 수송비가 증가하므로 가격이 상승한다.

② 가격이 상승할수록, 즉 공장에서 멀어질수록 수요는 감소하며 일정지점에서는 수요가 0이 된다.

③ 따라서 판매(수요)량을 세로축, 중심지로부터의 거리를 가로축으로 하는 수요원추체를 생각할 때(지역마다 다른 형태의 수요원추체가 나타날 것이며 수요원추체의 용적은 총수요량을 나타낸다) 수요원추체의 부피가 가장 크게 될 수 있는 지점에 공장이 입지해야 한다.

④ 뢰슈의 이론에 의하면 최적공장입지점은 시장의 확대가능성이 가장 큰 장소가 될 것이며 개개의 시장지역의 형태는 자유경쟁을 통해 정육각형 패턴이 될 것이다.

3 통합이론 : 이윤극대화이론

① 베버와 뢰슈가 비용과 수요 중 한 측면만을 고려했다면 그린 헛, 아이사드, 스미스 등이 주장한 통합이론은 비용요인과 수요요인을 모두 고려하여야 한다는 것이다.

② 아이사드는 대체원리를 입지이론에 적용하였고, 스미스는 준최적입지의 개념을 강조하였다.

III 상업입지론

1 크리스탈러(W. Christaller)의 중심지이론

(1) 개 요

① 1933년 독일의 지리학자인 크리스탈러가 독일 남부지역의 도시를 실증적으로 분석해서 도출한 이론이다.

② 중심지이론은 중심지(도시 또는 소매시설)의 공간적 분포와 시장중심지 및 상권의 형성과정 및 위계질서를 설명하는 이론이다.

(2) 중심(中心)지와 배후(背後)지의 개념

① **중심지**: 상점, 시청, 학교 등 주변지역에 재화나 서비스를 제공하는 곳을 말한다. 크리스탈러나 레일리의 경우는 도시가 중심지가 되고 허프의 경우는 도시 내 하나의 점포가 중심지가 된다.

② **배후지**: 고객이 정주하는 지리적 공간을 말한다. 보통 상권이라고 부른다.

③ 하나의 아파트 단지가 존재하는 경우 슈퍼는 중심지가 되고, 주민의 존재하는 아파트 단지는 배후지가 된다.

(3) 중심지의 성립요건

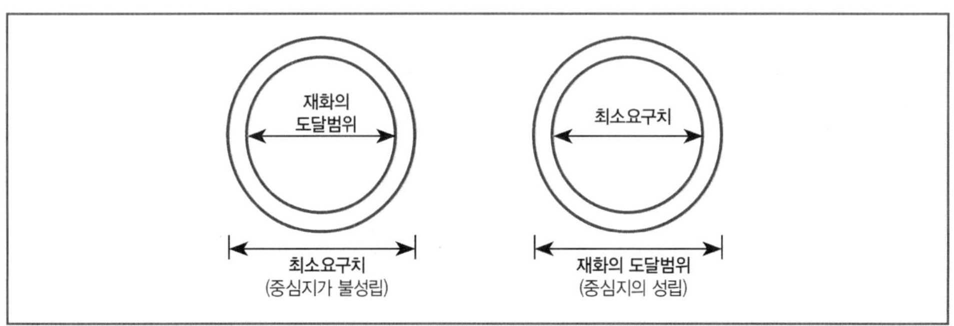

① 최소요구치가 재화의 도달범위 내에 있어야 중심지가 성립한다.

② 최소요구치란 중심지가 살아남기 위해 필요한 최소한의 고객의 수를 말하고, 최소요구범위는 점포가 영업을 유지하기 위해서 필요한 최소한의 고객이 거주하는 범위를 말한다. 내가 식당을 하려고 하는데 최소한 한 달에 500명의 고객이 와야 식당이 유지된다면 최소요구치는 500명이고 최소요구범위는 500명이 존재하는 공간적 범위를 말한다.

③ 재화의 도달범위란 고객이 물건을 사기 위해 기꺼이 통행할 것으로 예상되는 거리(공간)를 의미한다.

(3) 중심지의 계층성

① 중심지에는 고차중심지와 저차중심지가 존재한다.

② 고차중심지는 중심지의 수가 적고 중심지 간 거리가 멀다. 고차중심지는 백화점, 시청, 대학교 등이 있다.

③ 저차중심지는 중심지의 수가 많고 중심지 간 거리가 가깝다. 저차중심지는 슈퍼마켓, 동사무소, 초등학교 등이 있다.

④ 저차중심지에서 고차중심지로 갈수록 중심지의 수는 피라미드형을 이룬다. 즉 특정 지역의 경우 초등학교(저차중심지)가 90개면 중학교(중차중심지)는 30개이고, 고등학교(고차중심지)는 10개 등으로 고차중심지로 갈수록 그 수가 줄어든다는 것이다.

⑤ 중심지의 수와 모형은 시장원리, 교통원리, 행정원리에 의해 많은 영향을 받는다.

(4) 이상적인 중심지 상권의 형태

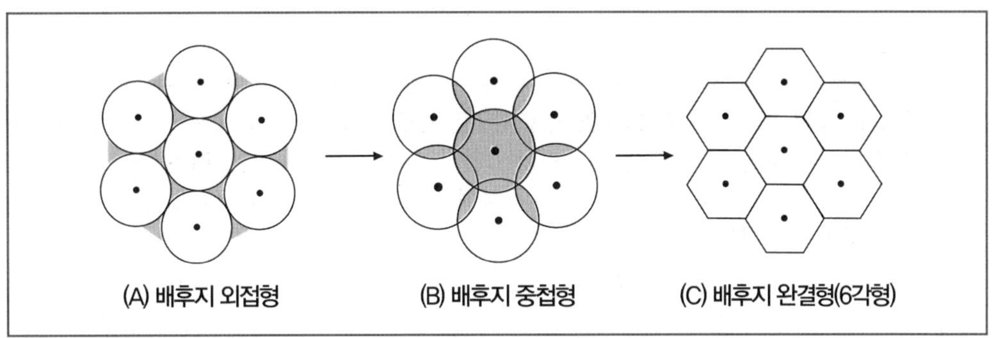

① 단일 중심지일 경우는 서비스를 제공하고 제공받기에는 배후지의 형태는 원형이 가장 효율적이다.

② 만일 상권의 형태가 삼각형이라면 꼭지점 부분의 소비자와는 서비스를 주고받기 힘들게 된다. 삼각형 상권보다는 사각형 상권이 더 효율적일 것이고 사각형보다는 원형이 더 효율적이고 합리적인 상권이 된다.

③ 계층성이 동일한 다수 중심지가 존재하는 경우, 상권이 원형으로 접하는 경우(외접형)에는 접하는 선들 사이에 서비스 미도달 지역이 발생하며 이 경우 그 지역의 소비자와는 서비스를 주고받지 못하게 되므로 이는 효율적인 상권의 모습으로 보기 힘들다.

④ 서비스 미도달 지역을 없애기 위해 상권이 원형으로 겹치는 경우(중첩형)는 겹치는 지역에서는 중심지 간 과잉경쟁이 발생하므로 이 역시도 효율적인 상권의 모습은 아니다.

⑤ 결국 안정된 육각형으로 접하는 것(완결형)이 서비스 미도달 지점도 없고 겹치는 부분도 없는, 그리고 원형보다는 불리하지만 서비스를 주고받기 힘든 지역도 거의 없는 가장 효율적인 배후지의 형태가 된다.

2 레일리(W. Reilly)의 소매인력의 법칙

(1) 의 의

① 두 물체 간의 서로 당기는 힘은 두 물체의 질량에는 비례하고 거리의 제곱에는 반비례한다는 뉴턴의 만유인력의 법칙(중력모형)을 응용하여 최초로 두 중심지 사이의 상업지역의 구분을 시도하고 체계화시켰다.

② 소매인력의 크기(중심지나 상점이 고객을 끌어들이는 힘)는 중심지의 인구나 면적에 비례하고 중심지 상호간의 거리의 제곱에 반비례한다. 즉 인력의 크기는 상점의 규모가 클수록 커지고 상점과의 거리는 가까울수록 커진다.

③ 만일 중심지의 크기가 인구 5만의 도시이고 고객이 5킬로미터 떨어진 곳에 존재한다면 이 도시가 고객을 끌어들이는 힘은 '$\frac{50,000}{5^2}$'으로 계산할 수 있다는 것이다.

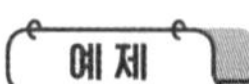

도시 A와 도시 B 사이에 도시 C가 있다. 도시 A는 인구 7만명이고 도시 C와의 거리는 10km이다. 도시 B는 인구 42만명의 도시이고 도시 C와의 거리는 20km이다. 레일리의 소매인력법칙(Reilly's law of Retail Gravitation)**을 이용하여 도시 C로부터 도시 A와 도시 B로의 인구유인 비율을 각각 구하시오.**

① 도시 A: 33.3%, 도시: B 66.7%
② 도시 A: 40.0%, 도시 B: 60.0%
③ 도시 A: 50.0%, 도시: B 50.0%
④ 도시 A: 60.0%, 도시 B: 40.0%
⑤ 도시 A: 66.7%, 도시: B 33.3%

해설 레일리의 소매인력의 법칙: 소매인력의 크기(중심지나 상점이 고객을 끌어들이는 힘)는 중심지의 인구나 면적에 비례하고 중심지 상호간의 거리의 제곱에 반비례한다.

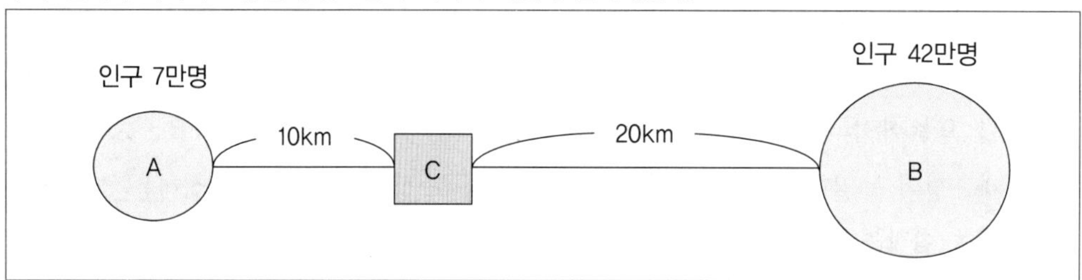

- 도시 A의 인력: $\frac{70,000}{10^2} = 700$
- 도시 B의 인력: $\frac{420,000}{20^2} = 1,050$
- 인구유인비율 = A : B = 700 : 1,050 = 40% : 60%이므로, C도시의 인구는 A도시에 40%, B도시에 60%가 유인된다.

정답 ②

3 컨버스(P. D. Converse)의 분기점(分岐點) 모형

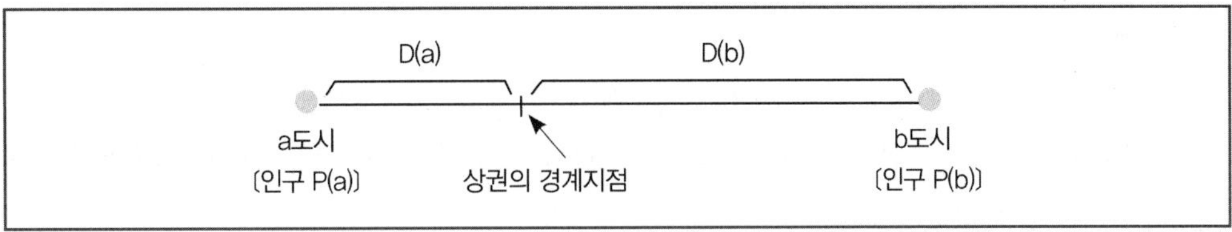

(1) 의 의

① 컨버스는 중심지의 인력이 같아지는 지점(상권의 분기점)을 계산하는 공식을 도출(신소매인력의 법칙)하였는데, 이는 통상 레일리의 소매인력의 법칙에 포함되어 설명된다.

② 분기점을 구하는 원리는 분기점에서의 구매지향력(= 상점의 인력)은 동일하다는 것이다.

③ A도시가 B도시보다 큰 경우, 상권의 분기점은 A도시보다는 작은 도시인 B도시와 더 가깝게 형성된다.

- A도시(쇼핑센터)로부터의 분기점 $= \dfrac{\text{도시 A와 B 간의 거리}}{1+\sqrt{\dfrac{\text{B의 면적}}{\text{A의 면적}}}}$
- B도시(쇼핑센터)로부터의 분기점 $= \dfrac{\text{도시 A와 B 간의 거리}}{1+\sqrt{\dfrac{\text{A의 면적}}{\text{B의 면적}}}}$

어떤 도시에 쇼핑센터 A, B가 있다. 두 쇼핑센터 간 거리는 8km이다. A의 면적은 1,000m^{2}이고, B의 면적은 9,000m^{2}이다. 컨버스의 분기점 모형에 따른 두 쇼핑센터의 상권 경계선은 어디인가?
(컨버스의 분기점 모형에 따르면 상권은 거리의 제곱에 반비례하고, 상가의 면적에 비례한다)

① A로부터 1km 지점 ② A로부터 2km 지점 ③ A로부터 4km 지점
④ A로부터 6km 지점 ⑤ A로부터 7km 지점

해설 컨버스의 분기점은 양 중심지에서의 인력의 크기가 같아지는 지점이 분기점이 된다는 논리이기 때문에 양 중심지에서의 인력을 같게 놓고 계산하면 된다. 즉 $\dfrac{1,000}{x^2} = \dfrac{9,000}{(8-x)^2}$, 이를 풀면 x = 2가 된다.

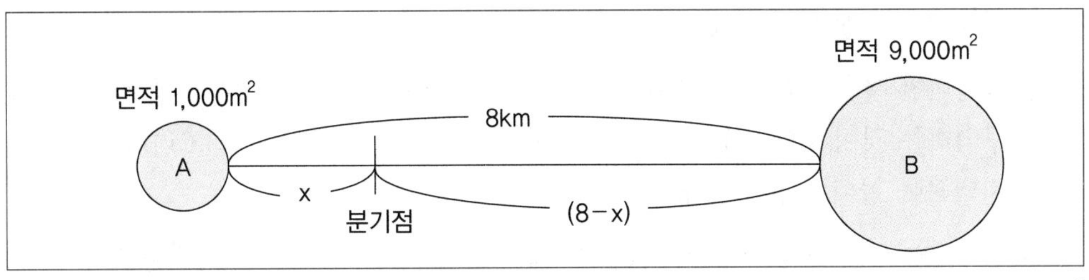

정답 ②

4 허프(D. L. Huff)의 소매지역이론(확률모형)

(1) 의 의

① 허프는 도시 단위로 논의되었던 이전의 이론들을 소매상권이론으로 전환시키고 기존의 이론을 각 상점의 시장점유율을 간편하게 추산할 수 있게 하는 모형(확률모형)으로 발전시켰다.

② 허프의 이론은 기존이론과 달리 다수의 중심지와 다수의 배후지 간에 적용이 가능하며 도시 내 소매상점의 상권을 획정하는 경우 유용하다.

③ 허프는 중력모형을 이용해서 각각의 배후지에서 각각의 중심지로 갈 확률을 계산하는데 이때 고객을 유인하는 힘은 상점규모에는 비례하고, 거리의 제곱에는 반비례한다.

$$S_{ij} = E_i \frac{F_j / T^b_{ij}}{\sum F_j / T^b_{ij}}$$

- S_{ij} = 점포 j에 대한 격자(또는 근린지역) i의 매상고
- E_i = 격자 i의 지출가능액
- F_j = 점포 j의 면적
- T_{ij} = 격자 i에서 점포 j까지의 거리(또는 시간거리)
- b = 거리마찰계수(exponent)

- A와 B매장이 있을 때, A매장을 이용할 확률은?

$$\text{A매장을 이용할 확률} = \frac{\dfrac{\text{A매장 면적}}{(\text{A매장과의 거리})^{\text{마찰계수}}}}{\dfrac{\text{A매장 면적}}{(\text{A매장과의 거리})^{\text{마찰계수}}} + \dfrac{\text{B매장 면적}}{(\text{B매장과의 거리})^{\text{마찰계수}}}}$$

$$\text{A상점의 시장점유율} = \frac{\text{“A상점의 유인력”}}{\text{“상권 내 모든 상점의 유인력의 합계”}}$$

(2) 내 용

① 상권에 영향을 미치는 것은 근본적으로 행동인으로서의 소비자이며, 소비자가 특정 쇼핑센터에 갈 확률은 소비지와 중심지 간 거리, 경쟁상점의 수, 상점의 크기에 의해 결정된다고 본다.

② 경험적인 확률에 의하면, 소비자는 가깝다고 해서 특정 지역에서만 한정해서 상품을 구입하는 것이 아니므로 상점은 소비자의 기호와 소득수준 등을 고려하여 상품을 잘 선택하여 판매하여야 한다.

③ 소비자는 가까운 곳에서 소비활동을 하려는 경향이 있고, 적당한 거리에 고차중심지가 있으면 인근 저차는 통과하며, 고차일수록 수송가능성이 더 확대된다.

(3) 검 토

① **미시적 접근**: 허프의 모형은 소비자의 개성을 중시하는 등 레일리의 모형보다 미시적(微視的)으로 접근한다.

② **시간거리의 개념 적용**: 레일리는 실제거리, 허프는 시간거리의 개념을 적용하는데, 허프의 이론이 현실에 보다 부합한다.

③ **공간마찰계수(거리마찰계수)**: 동일한 거리에 대해 소비자가 느끼는 부담의 정도를 나타낸다. 집에서 10킬로미터 떨어진 곳에 목표상점이 있는 경우, 교통소통이 잘 되거나 전문품 등의 고가품을 사고자 하는 경우에는 거리에 대한 부담이 별로 없어서 공간마찰계수의 값은 낮아진다. 하지만 교통체증이 심하거나 편의품 등을 사러가는 경우에는 거리에 대한 부담이 커지므로 공간마찰계수도 그 값이 커지게 된다. 즉 교통비용이 증가하면(교통조건이 나쁠 경우) 그 값은 커지게 되고, 전문품의 경우는 일상용품보다는 그 값이 작아지게 된다.

④ **유인력지수**: 항상 매장면적이 적용되는 것은 아니며 점포의 이미지, 가시성, 접근성, 주차공간 등도 사용될 수 있다.

⑤ **높은 융통성**: 계산이 간편하고 융통성이 매우 높아서 소비자 혹은 주변환경의 특성들을 많이 반영할 수 있다.

예 제

인구 10만명인 도시 인근에 대형할인점이 2개 있다. 다음 자료에 허프의 상권분석모형을 적용할 경우, 대형할인점 A의 시장점유율 및 이용객수는? (다만 공간마찰계수는 없으며, 도시 인구의 70%가 대형할인점을 이용한다고 가정함)

구 분	대형할인점 A	대형할인점 B
거주지에서 거리	1km	2km
대형할인점 면적	5,000평	20,000평

① 50%, 35,000명 ② 50%, 50,000명 ③ 33%, 33,000명
④ 33%, 23,000명 ⑤ 70%, 70,000명

해설 A의 유인력은 $\frac{5,000}{1^2}$ = 5,000이 되고 B의 유인력도 $\frac{20,000}{2^2}$ = 5,000이 된다. 따라서 A할인점은 대형할인점을 이용하는 70,000명 중 50%를 유인할 수 있다. 즉 답은 A의 시장점유율은 $\frac{5,000}{(5,000+5,000)}$ = 50%, 이용객수는 35,000명이 된다.

◆ 정답 ①

5 넬슨(R. L. Nelson)의 소매입지이론

(1) 의 의

넬슨은 점포의 주체가 최대이익을 얻을 수 있는 매출고를 확보하려면 어디에 입지해야 하는가를 설명하는 점포입지의 8가지 원칙을 제시하였다.

(2) 점포입지원칙의 8가지 원칙

① **현재의 지역후보의 적합지점**: 현재의 상황을 고려하라.

② **잠재적 발전성**: 현재만 볼 것이 아니라 미래의 상황도 함께 고려해라.

③ **고객의 중간유인**: 배후지와 기존 경쟁업체의 중간에 입지하라.

④ **상거래지역에 대한 적합지점**: 모든 판매조건을 고려할 때, 그 점포가 충분한 고객을 확보할 수 있는 지역인 경우 입지하라.

⑤ **양립**(兩立)**성**(고객의 주고받기: 특히 강조): 안경점을 차리려면 안과 옆에 입지해라.

⑥ **집중흡인력**: 집재성 점포가 유리하다면 동종의 점포가 집중되어 있는 곳에 입지하라.

⑦ **경합**(競合)**성의 최소화**: 이왕이면 경쟁점포가 적은 곳에 입지하라.

⑧ **용지경제학**: 투자하는 자본보다 더 많은 이익이 보장되는 장소에 입지하라.

6 공간균배의 원리(R. M. Fetter)와 유형별 입지

(1) 공간균배의 원리(배후지를 균등하게 배분한다는 원리)

동질적인 소비자가 균등하게 분포되어 있으면 경쟁점포끼리는 상권을 균등하게 배분하는데 그 형태는 중앙입지가 유리할 수도 있고, 분산입지가 유리할 수도 있다.

(2) 유형별 입지

집심성 점포	시내 중심형: 도매점, 백화점, 고급의류점 ⇨ 전문품
집재성 점포	유사업종 몰림형: 은행, 가구점, 보험회사, 사무실, 관공서 등 ⇨ 선매품
산재성 점포	분산 입지형: 미용실, 목욕탕, 잡화점, 어물점, 과자점 등 ⇨ 편의품
국부적 집중성 점포	동업종의 점포끼리 국부적 중심지형: 농기구점, 석재점, 철공소 등

7 구매습관에 의한 상점의 분류[2)]

(1) **편의품점**(생필품, 충동품, 긴급품 등)

① 일상의 필수품을 판매하는 상점이며 접근성이 중요하다.

② 주로 저차중심지에 입지하는 경향이 있으며 산재성 점포유형에 속한다.

③ 구매결정이 신속하고 가격수준이 낮다.

(2) **선매품점**(전자제품, 의류, 가구 등)

① 여러 상점을 비교해서 구매하는 상점으로 집심성 또는 집재성 입지유형이 많다.

② 가격수준이나 이윤율은 높지만 구매 횟수가 적다.

③ 집심성 또는 집재성 점포가 많다. 예 가구나 부인용 의상 등

(3) **전문품점**(명품, 유명 브랜드 등)

① 가격수준이 높으므로 구매결정에 신중을 기하기 때문에 구매빈도가 낮다.

② 집심성 점포가 많다. 예 고급의상, 고급향수 등

③ 주로 고차중심지에 입지한다.

④ 자금의 동결기간은 길지만 이윤율은 높다.

8 배후지 또는 상권

(1) 개 념

상권이란 대상 상가가 흡인할 수 있는 실질적인 소비자가 존재하는 권역 또는 공간의 넓이를 말한다. 상권은 인구밀도가 높고, 면적이 넓으며, 소득수준이 높을수록 좋다.

(2) 상권획정의 방법

① **공간독점법**: 편의품, 체인점, 주류판매점, 우체국 등 거리제한을 두거나 면허가 필요한 업종 등 지역독점력이 인정되는 업종에 적용된다.

② **시장침투법**: 선매품, 전문상가, 백화점, 슈퍼마켓 등 대부분의 상권 분석에서 적용되는 방법으로 <u>상호간의 상권중첩을 인정</u>하는 경우이다. 통상 확률상권의 개념으로 접근한다.

③ **분산시장접근법**: <u>고급가구점 등 매우 전문화된 상품</u>이나 특정 소득계층만을 대상으로 하는 점포에 적용된다. 상권이 연속되지 못한다는 특징이 있다.

---

2) 방경식, 전게서, p.540~541.

IV 계산문제

1 레일리의 소매인력의 법칙

예 제

레일리(W. Reilly)의 소매중력모형에 따라 C신도시의 소비자가 A도시와 B도시에서 소비하는 월 추정소비액은 각각 얼마인가? (단, C신도시의 인구는 모두 소비자이고, A, B도시에서만 소비하는 것으로 가정함)

- A도시 인구: 50,000명, B도시 인구: 32,000명
- C신도시: A도시와 B도시 사이에 위치
- A도시와 C신도시 간의 거리: 5km
- B도시와 C신도시 간의 거리: 2km
- C신도시 소비자의 잠재 월 추정소비액: 10억원

① A도시: 1억원　　B도시: 9억원
② A도시: 1억 5천만원　　B도시: 8억 5천만원
③ A도시: 2억원　　B도시: 8억원
④ A도시: 2억 5천만원　　B도시: 7억 5천만원
⑤ A도시: 3억원　　B도시: 7억원

해설 (1) 문제를 그림의 형태로 바꾼다. (A ⇨ C ⇨ B)

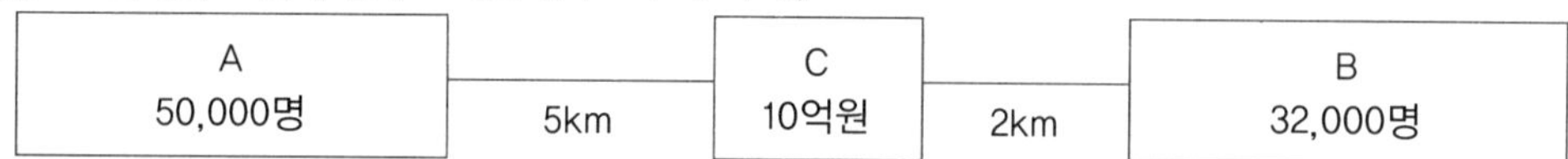

(2) A도시와 B도시의 유인력을 계산한다. (유인력 = $\frac{\text{도시의 인구수}}{\text{거리}^2}$)

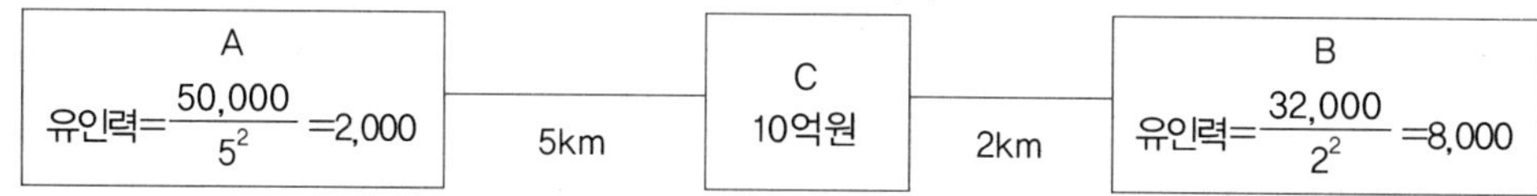

(3) C에서 지출되는 금액을 유인력에 따라 A와 B로 배분한다.

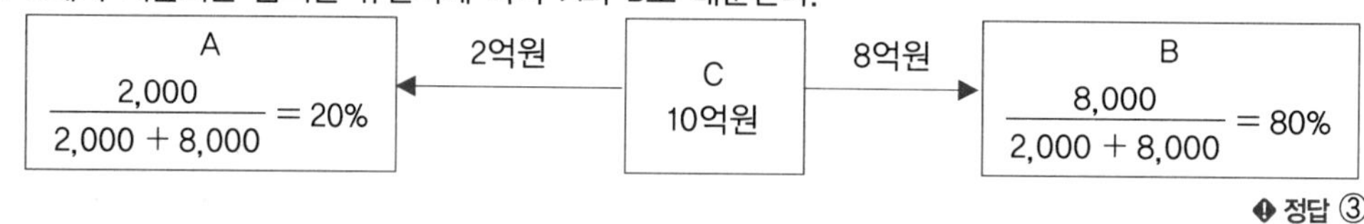

정답 ③

2 컨버스의 분기점 모형

예제

컨버스의 분기점 모형에 기초할 때, A시와 B시의 상권 경계지점은 A시로부터 얼마만큼 떨어진 지점인가? (단, 주어진 조건에 한함)

- A시와 B시는 동일 직선상에 위치하고 있다.
- A시 인구: 64만명
- B시 인구: 16만명
- A시와 B시 사이의 직선거리: 30km

① 5km ② 10km ③ 15km
④ 20km ⑤ 25km

해설 (1) 문제를 그림의 형태로 변환한다.

(2) 경계지점은 작은 도시에서 가깝게 형성된다. 따라서 전체 30km의 중간인 15km보다는 더 오른편에 위치한다. 즉 보기 지문 중에서 '① 5km, ② 10km, ③ 15km'는 정답이 아니다. 즉 정답은 ④ 20km 또는 ⑤ 25km가 된다.

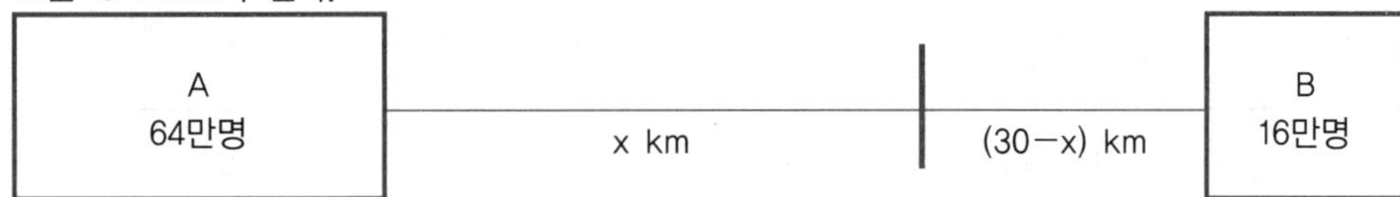

(3) 경계지점은 양쪽의 도시에서 당기는 유인력의 크기가 동일한 지점이다.
따라서 $\frac{640,000}{x^2} = \frac{160,000}{(30-x)^2}$의 관계가 성립한다. 이제 남은 20과 25를 각각 대입해보면 20 대입시 등호가 성립하므로 정답은 20km 지점이다.

정답 ④

3 허프의 확률모형

예제

허프모형을 활용하여, X지역의 주민이 할인점 A를 방문할 확률과 할인점 A의 월 추정매출액을 순서대로 나열한 것은?

- X지역의 현재 주민: 4,000명
- 1인당 월 할인점 소비액: 35만원
- 공간마찰계수: 2
- X지역의 주민은 모두 구매자이고, A, B, C 할인점에서만 구매한다고 가정

구 분	A	B	C
면적(m^2)	500	300	450
거리(km)	5	10	15

① 80%, 10억 9,200만원
② 80%, 11억 2,000만원
③ 82%, 11억 4,800만원
④ 82%, 11억 7,600만원
⑤ 82%, 12억 400만원

해설 (1) A, B, C 각 할인점의 유인력을 계산한다. 유인력 $= \frac{\text{점포면적}}{\text{거리}^{\text{공간마찰계수}}}$

구 분	A할인점	B할인점	C할인점
유인력	$\frac{500}{5^2} = 20$	$\frac{300}{10^2} = 3$	$\frac{450}{15^2} = 2$

(2) 할인점 A의 시장점유율(X지역의 주민이 할인점 A를 방문할 확률)을 계산한다.

점유율 $= \frac{\text{A점포의 유인력}}{\text{모든 점포의 유인력의 합계}}$

구 분	A할인점
A의 점유율	$\frac{\text{A의 유인력(20)}}{\text{A의 유인력(20)} + \text{B의 유인력(3)} + \text{C의 유인력(2)}} = \frac{20}{25} = 80\%$

(3) 할인점 A의 월 추정매출액

구 분	A할인점
A의 매상고	$\frac{\text{X지역 주민들의 총지출액}}{4{,}000\text{명} \times 350{,}000\text{원/인}} \times \frac{\text{A점포의 점유율}}{80\%} = 1{,}120{,}000{,}000\text{원}$

정답 ②

10번 : 입지론		기출문제									
Ⅰ	농업입지론										
Ⅱ	공업입지론				종합	허프		베버	허프 크리	베버 크리	크리 베버 허프
Ⅲ	상업입지론										
Ⅳ	계산문제	레일	레일	허프				컨버	레일	허프	컨버

[공업입지론−34회] 베버(A. Weber)**의 최소비용이론에 관한 설명으로 <u>틀린</u> 것은?**

① 최소비용지점은 최소운송비 지점, 최소노동비 지점, 집적이익이 발생하는 구역을 종합적으로 고려해서 결정한다.

② 등비용선(isodapane)은 최소운송비 지점으로부터 기업이 입지를 바꿀 경우, 운송비와 노동비가 동일한 지점을 연결한 곡선을 의미한다.

③ 원료지수(material index)가 1보다 큰 공장은 원료지향적 입지를 선호한다.

④ 제품 중량이 국지원료 중량보다 큰 제품을 생산하는 공장은 시장지향적 입지를 선호한다.

⑤ 운송비는 원료와 제품의 무게, 원료와 제품이 수송되는 거리에 의해 결정된다.

❶ 정답 ②

운송비와 노동비가 동일한 지점 ⇨ 운송비 증가분이 동일한 지점

[상업입지론−30회] 허프(D. Huff)**모형에 관한 설명으로 <u>틀린</u> 것은?**

① 중력모형을 활용하여 상권의 규모 또는 매장의 매출액을 추정할 수 있다.

② 모형의 공간(거리)마찰계수는 시장의 교통조건과 쇼핑물건의 특성에 따라 달라지는 값이다.

③ 모형을 적용하기 전에 공간(거리)마찰계수가 먼저 정해져야 한다.

④ 교통조건이 나쁠 경우, 공간(거리)마찰계수가 커지게 된다.

⑤ 전문품점의 경우는 일상용품점보다 공간(거리)마찰계수가 크다.

❶ 정답 ⑤

• 공간마찰계수 : 거리에 대한 부담이 큰 상황일수록 그 값이 커진다.
• 10킬로미터를 가야 하는 상황에서 거리에 대한 부담의 크기는
  ㉠ 교통상황이 안 좋을수록 부담이 커진다.
  ㉡ 전문품(명품백)보다는 일상용품(볼펜)을 사러 갈 때 부담이 더 커진다.

www.pmg.co.kr

11번 : 지대이론		기 출									
I	지대와 지가	26	27	28	29		31		33	34	35
II	학자별 지대이론										

I 지대와 지가 ★

[학습포인트] 헷갈리는 부분이다. 고전잉어로 단순암기하고 많은 시간 투자하지 않도록 한다. (고전학파는 지대를 잉어로 본다)

구 분	고전학파(리카르도) - 고전잉여	신고전학파 - 신고비용
생산요소	노동 + 자본 + 토지 토지는 인간이 만든 자본과 구분	노동 + 자본 토지가 자본에 포함됨
지대성격	(선) 생산물의 가격결정 (100원) (−) 생산비용 (90원) (후) 지대결정 : 잉여 (10원)	(선) 지대결정 : 비용 (10원) (+) 다른 생산비용 (90원) (후) 생산물의 가격결정(100원)

II 학자별 지대이론 ★★★

[학습포인트] 매년 출제되는 중요한 부분이지만 내용이 쉽지 않아서 많은 수험생들이 애를 먹는다. 아래 내용부터 먼저 외우고 익힌 핵심단어를 이용해서 문제를 풀도록 한다. 어차피 해야 할 공부라면 재미있게 공부하자!

(1) 리카르도	비옥하게 확 처먹고 차액은 니카드로
(2) 마르크스	한계지는 절마소유
(3) 튀넨	위치가 튀네? 수송비 좀 들겠는데?
(4) 마샬	맛살 주고 헤어진 단발그녀
(5) 파레토	전용수입은 1억원, 경제지대는 99억원
(6) 헤이그	수지랑 마찰있구나
(7) 알론소	앓는소에 최고가 입찰하다

I 농촌지대이론

1 지대와 지가

지대란 토지를 이용하고 수익하는 대가 즉 임료를 말하고, 지가는 토지의 가치를 말한다. 매 기간 발생하는 지대를 현재가치로 모두 할인하여 더한 값이 지가가 된다. 따라서 지대가 많아지면 지가는 증가하고, 할인율(이자율)이 커지면 지가는 감소한다.

2 지대논쟁

(1) 개 요

① 지대론에 관한 논쟁은 지대가 토지로부터 생산된 재화의 가격에 영향을 주는 생산비 즉 비용이냐 아니냐에 핵심을 두고 있는데, 고전학파는 지대가 비용이 아니라고 보고 신고전학파는 지대는 비용이라고 본다.

② 고전학파는 '지대 = 생산물가격 − 생산비'이고 결국 지대는 지주가 아무런 노력 없이 받아가는 초과이윤 즉 잉여라고 생각한다. 반면 신고전학파는 지대는 잉여가 아니라 생산요소에 대한 대가이며 생산물가격에 영향을 주는 요소비용으로 본다.

③ 고전학파는 토지를 자본과 구별되는 특별한 재화로 간주하여 생산요소를 '노동 + 자본 + 토지'로 구분하였다. 반면 한계효용학파는 토지를 일반자본의 하나로 생각하므로 생산요소를 '노동 + 자본'으로 구분한다.

(2) 지대논쟁 정리

구 분	고전학파	신고전학파
역사적 배경	• 소작인과 지주의 대립	• 자본가와 노동자의 대립
토지관	• 자연적 특성 중시(공급 불가)	• 인문적 특성 중시(공급 가능)
생산요소	• 노동 + 자본 + 토지	• 노동 + 자본
지대관	• 잉여, 잉여, 불로소득 지대 = 생산물가격 − 생산비	• 생산비용 생산물가격 = 임금 + 이자 + 지대
토지정책	• 고율의 세금	• 최소한의 정부개입

Ⅱ 학자별 지대이론

1 리카르도(D. Ricardo)의 차액지대설

(1) 의 의

시 장	A토지(우등지)	B토지(열등지)	C토지(한계지)
감가가격 100원 (한계지 생산비)	생산비 80원	생산비 90원	생산비 100원
	차액 20원	차액 10원	차액 0

① **수확체감의 법칙**: 토지는 수확체감의 법칙 때문에 토지는 우등지와 열등지로 구분된다.

② **생산성의 차이 발생**: 우등지와 열등지는 비옥도의 차이 때문에 생산성의 차이가 발생한다. – 우등지는 80원의 생산비가 들고 열등지는 90원의 생산비가 든다.

③ **한계지의 생산비가 시장가격**: 경작가능한 마지막 토지인 한계지(최열등지)를 경작하기 위해서는 한계지의 생산비(100원)가 가격으로 보장되어야 하므로 결국 한계지의 생산비가 시장에서 가격이 된다.

④ **차액지대설**: 우등지는 생산비(80원)가 적게 들기 때문에 시장가격(100원)과 차액이 발생하고 이 차액이 결국 지대가 된다.

⑤ **무지대토지**: 한계지에서는 생산비(100원)와 가격(100원)의 차액이 없으므로 지대가 발생하지 않는다.

예 제

리카도의 차액지대론에 관한 설명으로 옳은 것을 모두 고른 것은? 31회

㉠ 지대 발생의 원인으로 비옥한 토지의 부족과 수확체감의 법칙을 제시하였다.
㉡ 조방적 한계의 토지에는 지대가 발생하지 않으므로 무지대토지가 된다.
㉢ 토지소유자는 토지 소유라는 독점적 지위를 이용하여 최열등지에도 지대를 요구한다.
㉣ 지대는 잉여이기에 토지생산물의 가격이 높아지면 지대가 높아지고 토지생산물의 가격이 낮아지면 지대도 낮아진다.

① ㉠, ㉢　　② ㉡, ㉣　　③ ㉠, ㉡, ㉢
④ ㉠, ㉡, ㉣　　⑤ ㉡, ㉢, ㉣

해설 ㉢ 소유, 최열등지(한계지)에도 지대 요구 ⇨ 마르크스의 절대지대설

◆ 정답 ④

2 튀넨(V. Thünen)의 입지교차지대설(위치지대설, 입지지대설, 고립국이론)

(1) 의의(162p 튀넨의 농업입지론 참고)

① 시장과의 수송비가 적게 드는 땅, 즉 시장에 가까운 땅이 좋은 땅이다.
(리카르도는 생산비가 적게 드는 땅, 즉 비옥도가 높은 땅을 좋은 땅이라고 봄)

② 시장에 가까운 좋은 땅은 지대가 높고, 시장에서 멀어지면 지대가 낮아진다.

> 지대 = 매상고(생산물가격) − 생산비 − 수송비
> 일정한 값으로 전제 (생산비) / 시장과의 거리에 의해 결정 (수송비)

③ 도심에서 외곽으로 갈수록 지대는 감소하므로 지대곡선은 우하향한다.

④ 작물별로 지대곡선의 기울기는 달라지며 지대지불능력에 따른 입지경쟁이 벌어지게 된다.

⑤ 입지경쟁의 결과 높은 지대를 지불할 수 있는 작물이 특정 위치를 차지하게 되는데, 집약농업은 시장 근처에 입지하고 조방농업은 외곽에 입지하게 된다.

⑥ 입지경쟁의 결과 작물에 따른 6개의 동심원권역(튀넨권)이 형성된다.

⑦ 튀넨은 지대의 결정이 토지의 비옥도만이 아닌 위치에 따라 달라지는 위치지대의 개념을 통해, 현대적인 입지이론의 기초를 제공했다.

⑧ 튀넨의 이론은 차액지대이론에 위치의 개념을 추가하여 입지지대이론으로 발전시켰으며 이후 알론소의 입찰지대곡선 및 도시성장구조이론 중 동심원이론(버제스)이나 기타 상업입지론에 많은 영향을 미쳤다.

(2) 튀넨 이론의 정리

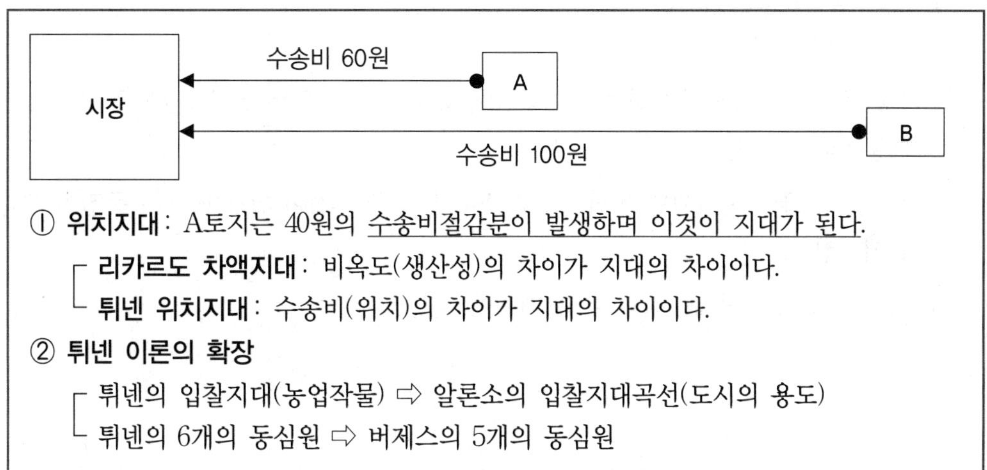

① **위치지대**: A토지는 40원의 수송비절감분이 발생하며 이것이 지대가 된다.
- **리카르도 차액지대**: 비옥도(생산성)의 차이가 지대의 차이이다.
- **튀넨 위치지대**: 수송비(위치)의 차이가 지대의 차이이다.

② **튀넨 이론의 확장**
- 튀넨의 입찰지대(농업작물) ⇨ 알론소의 입찰지대곡선(도시의 용도)
- 튀넨의 6개의 동심원 ⇨ 버제스의 5개의 동심원

3 마르크스(막스)(K. Marx)의 절대지대설

(1) 절대지대

① 토지가 개인에 의해 배타적으로 소유되는 것으로부터 발생하는 지대이다.

② 지대는 차액지대(잉여)와 절대지대(비용)의 합으로 구성된다.

(2) 차액지대설과의 비교

한계지의 생산비가 생산물가격을 결정한다.

구 분		A토지 생산비 80원	B토지 생산비 90원	C토지(한계지) 생산비 100원
리카도	감자가격 100원	지대 20원	지대 10원	지대 0원 (무지대토지)
막스	감자가격 110원	지대 30원	지대 20원	지대 10원 (한계지도 지대발생)

① **한계지에서도 지대가 발생한다.**
한계지인 C토지에서도 10원의 절대지대는 발생한다. 즉 한계지 또는 한계지 밖에서도 토지소유자가 요구하면 절대지대가 발생한다.

② **절대지대는 생산비에 포함된다.**
차액지대는 잉여지만 절대지대는 비용이다. 즉 막스는 리카르도나 튀넨과 달리 절대지대는 곡물가격을 결정하는 데 영향을 미치는 생산비용이라고 본다.

(3) 구분개념 : 밀의 독점지대설

① 밀은 생산요소를 노동, 자본, 자연력의 세 가지로 구분하고 자연력의 사용대가를 지대라고 정의하였다.

② 사람들이 토지이용에 대하여 대가를 요구하게 되는 이유는 토지공급이 한정되어 있기 때문이다.

③ 토지의 공급이 한정되면 필연적으로 소수에 의한 독점이 발생하고 이 독점이 지대를 발생시킨다.

④ 지대는 토지의 양적 · 질적 부족 때문에 발생한다.

4 마샬(A. Marshall)의 준지대

근대경제학의 창시자인 알프레드 마샬(A. Marshall)은 고전학파의 지대론과 초기 신고전학파의 지대론을 융화시키는 데 큰 기여를 한 학자이다.

(1) 마샬의 지대구성: 순수지대 + 공공발생지대 + 준지대

더 비옥함 + 50원	순수지대(리카르도의 비옥도 지대와 유사)
도로에 접함 + 30원	공공발생지대(공공의 노력으로 발생)
배수로 설치 + 20원	준지대(마샬의 핵심이론)
지대 + 100원	

① **순수지대**: 무상공여물(자연물)로써 토지와 결부된 잉여를 말한다.

② **공공발생지대**: 위치적 유리함(접근성이 좋음)에서 발생하는 추가소득을 말하며 이는 도시지가를 설명하는 근거가 된다. 위치지대와 흡사한 개념으로 이해한다.

③ **준지대**: 마샬이 고안한 용어로 단기적으로 생산요소의 공급이 고정된 경우, 고정된 생산요소에 귀속되는 소득을 준지대라고 한다.

(2) 준지대

① 생산을 위하여 사람이 만든 기계나 기구들로부터 얻는 소득

② 토지에 대한 개량공사로 인해 추가적으로 발생하는 일시적인 소득

③ 장기에는 경쟁에 의해 소멸하므로 단기적으로 지대의 성격을 가지는 소득

예제

마샬의 준지대론에 관한 설명으로 틀린 것은? 24회

① 한계생산이론에 입각하여 리카도의 지대론을 재편성한 이론이다.
② 준지대는 생산을 위하여 사람이 만든 기계나 기구들로부터 얻는 소득이다.
③ 토지에 대한 개량공사로 인해 추가적으로 발생하는 일시적인 소득은 준지대에 속한다.
④ 고정생산요소의 공급량은 단기적으로 변동하지 않으므로 다른 조건이 동일하다면 준지대는 고정생산요소에 대한 수요에 의해 결정된다.
⑤ 준지대는 토지 이외의 고정생산요소에 귀속되는 소득으로서, 다른 조건이 동일하다면 영구적으로 지대의 성격을 가지는 소득이다.

해설
- 맛살 준 단기그녀
- 영구적으로 지대의 성격 ⇨ 단기적으로 지대의 성격

정답 ⑤

5 파레토(V. Pareto)의 경제지대

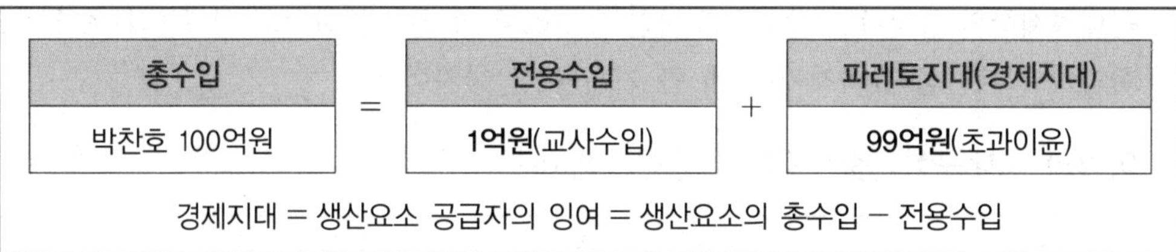

총수입		전용수입		파레토지대(경제지대)
박찬호 100억원	=	**1억원**(교사수입)	+	**99억원**(초과이윤)

경제지대 = 생산요소 공급자의 잉여 = 생산요소의 총수입 − 전용수입

(1) **전용수입**(transfer earnings) : 1억원 − 비용의 개념

① **선택의 문제** : 박찬호는 교사를 할지, 야구선수를 할지 고민하고 있다. 교사를 하면 1억원을 받을 수 있고 야구선수를 하면 100억원을 받을 수 있다. 결국 박찬호는 교사를 포기하고 야구선수를 선택한다.

② **전용수입(이전수입)** : 박찬호에게 1억원 이상을 주지 않으면 박찬호는 야구를 하지 않고 교사를 할 것이기 때문에 박찬호를 야구선수로 붙잡아 놓으려면 최소한 1억원 이상을 주어야 하고 이 1억원을 전용수입이라고 한다.

③ **기회비용** : 박찬호는 교사를 선택했으면 받을 수 있었던 1억원을 포기했는데, 이때 박찬호가 포기한 1억원을 경제학에서는 기회비용이라고 한다.

(2) **경제지대**(economic rent) : 99억원 − 초과이윤의 개념

① **의의** : 경제지대란 박찬호가 실제로 받는 총수입 100억원 중에서 전용수입 1억원을 차감하고 남은 금액 99억원을 말한다.

② **희소한 생산요소일수록 경제지대는 커진다.** : 박찬호에게 1억원 이상만 주면 박찬호는 야구를 할텐데 왜 99억원이나 더 지불할까? 그 이유는 박찬호처럼 야구를 잘하는 선수가 희소하기 때문에 서로 차지하려고 경쟁이 벌어졌기 때문이다.

☑ **생산요소공급의 탄력성과 경제적 지대**

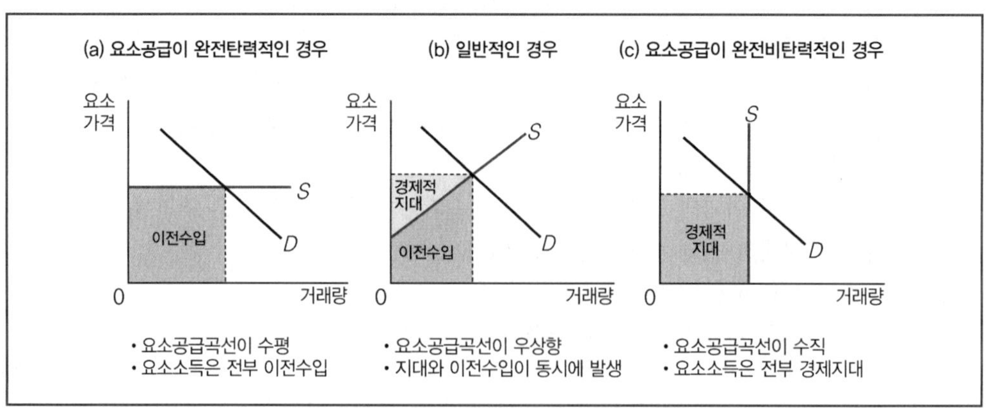

6 헤이그와 알론소

(1) 헤이그(R. M. Haig)의 마찰비용이론

① 특정 위치의 토지를 이용하고자 하는 자는 마찰비용(마찰을 극복하기 위한 비용)으로 교통비와 지대를 지불하게 된다. 이때 중심지에서 멀어질수록 마찰비용의 구성요소 중 지대의 비중은 작아지고 수송비의 비중은 커진다.

② 도시 내에서의 입지는 마찰비용을 최소화하는 곳에 결정된다.

③ 마찰비용 = 교통비(수송비) + 지대

(2) 알론소(W. Alonso)의 입찰지대

① **가장 높은 입찰금액**: 도심에서 외곽으로 나감에 따라 가장 높은 지대를 지불할 수 있는 각 산업의 지대곡선들을 연결한 선을 입찰지대곡선이라고 한다.

② **초과이윤 0인 입찰금액**: 입찰지대는 토지이용자의 입장에서 지불가능한 최대금액이며 초과이윤이 0이 되는 수준의 지대이다.

③ **지대곡선의 모양**: 지대곡선은 도심이 더 가파르고 원점에 대해 볼록하다.

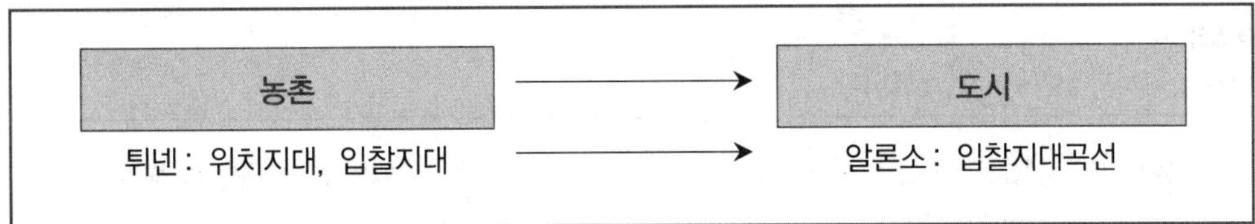

☑ 상업용 · 주거용 · 공업용 입찰지대곡선

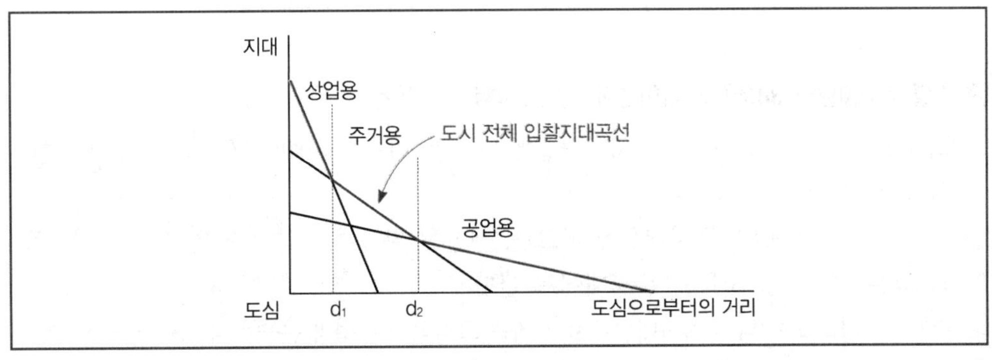

11번 : 지대이론		기출문제									
Ⅰ	지대와 지가	26	27	28	29		31		33	34	35
Ⅱ	학자별 지대이론										

[학자별 지대이론-33회] 다음 설명에 모두 해당하는 것은?

- 서로 다른 지대곡선을 가진 농산물들이 입지경쟁을 벌이면서 각 지점에 따라 가장 높은 지대를 지불하는 농업적 토지이용에 토지가 할당된다.
- 농산물 생산활동의 입지경쟁 과정에서 토지이용이 할당되어 지대가 결정되는데, 이를 입찰지대라 한다.
- 중심지에 가까울수록 집약농업이 입지하고, 교외로 갈수록 조방농업이 입지한다.

① 튀넨(J. H. von Thünen)의 위치지대설
② 마샬(A. Marshall)의 준지대설
③ 리카도(D. Ricardo)의 차액지대설
④ 마르크스(K. Marx)의 절대지대설
⑤ 파레토(V. Pareto)의 경제지대론

❶ 정답 ①

튀넨의 위치지대설에 대한 설명이다.

농촌이 경제활동의 중심인 시대		도시가 경제활동의 중심
리카르도 : 비옥도지대		
튀넨 : 위치지대	⟶	알론소, 버제스 등 현대입지론

[학자별 지대이론-34회] 지대이론에 관한 설명으로 옳은 것은?

① 튀넨(J. H. von Thünen)의 위치지대설에 따르면, 비옥도 차이에 기초한 지대에 의한 비농업적 토지이용이 결정된다.
② 마샬(A. Marshall)의 준지대설에 따르면, 생산을 위하여 사람이 만든 기계나 기구들로부터 얻은 일시적인 소득은 준지대에 속한다.
③ 리카도(D. Ricardo)의 차액지대설에서 지대는 토지의 생산성과 운송비의 차이에 의해 결정된다.
④ 마르크스(K. Marx)의 절대지대설에 따르면, 최열등지에서는 지대가 발생하지 않는다.
⑤ 헤이그(R. Haig)의 마찰비용이론에서 지대는 마찰비용과 교통비의 합으로 산정된다.

❶ 정답 ②

① 비옥도 차이 ⇨ 리카르도의 차액지대설
③ 운송비의 차이 ⇨ 튀넨의 위치지대설
④ 마르크스의 절대지대설 : 최열등지에서는 지대가 발생한다.
⑤ 지대는 마찰비용과 교통비의 합 ⇨ 마찰비용은 교통비와 지대의 합

12번 : 도시성장구조이론		기 출									
I	도시성장구조이론			28	29	30	31	32	33	34	35

I 도시성장구조이론 ★★★

[학습포인트] 소도시가 대도시로 성장하는 경우, 어떠한 패턴으로 성장하며 도시 내부는 어떠한 이용패턴을 가지게 되는가에 대한 연구 내용이다. 도시내부구조이론 또는 도시공간구조이론이라고 부른다. 출제비중은 높지만 내용은 아주 쉽다. 절대 틀리면 안 되는 부분이다.

1. 동심원이론

- 시카고 대학의 사회학과 교수 버제스 : 도시생태학적 관점의 접근, 침입과 경쟁
- 중전저산통 : 중심업무 > 전이지대 > 저소득주거 > 중산층주거 > 통근자
- 전이지대 : 여러 기능이 혼재되고 주거환경이 극히 열악한 슬럼지역

2. 선형이론

- 고소득층 + 교통노선(교통망) + 접근성이 양호한 지역에 입지
- 부채꼴모양 + 쐐기형 지대 모형
- 동심원이론과 선형이론 : 단핵이론 ⇨ 부도심 없음

3. 다핵심이론

- 여러 개의 전문화된 중심
- 대도시 + 신도시 + 부도심 존재
- 상호편익을 주는 동종은 집중, 이종(공장과 주택)은 분산

Ⅰ 도시성장구조이론

1 동심원이론(同心圓理論 ; concentric zone theory)

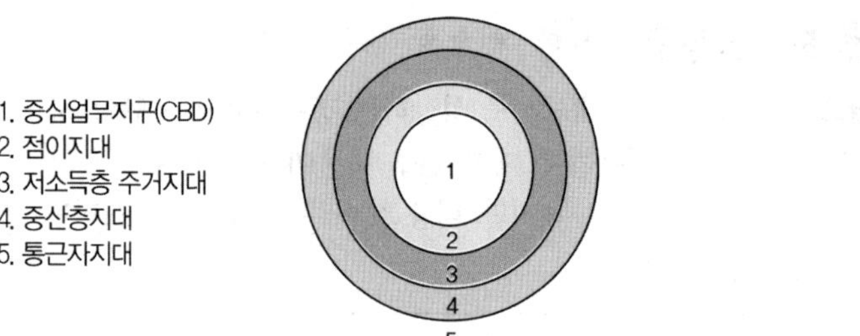

(1) 의 의

① 1920년대 버제스(W. Burgess)가 시카고시를 관찰하여 전개한 이론이며 소도시 설명에 유용하다.

② 버제스는 시카고대학의 사회학과 교수인데, 도시성장현상을 도시생태학적 관점(침입과 계승에 의한 하향여과 과정)에서 접근하였다.

③ 동심원이론은 튀넨의 농촌토지이용구조를 도시에 적용시킨 것이다.

(2) 내 용

① 도시는 중심에서 동심원상으로 확대되면서 5개 지구로 분화하면서 성장한다.

② **5개 지구**: "중심업무지대(CBD) ⇨ 천이(전이 또는 점이)지대 ⇨ 저소득지대(근로자 주거지대) ⇨ 중산층지대 ⇨ 통근자지대"로 형성된다.

> **버제스의 5개의 동심원**
>
> ㉠ **중심업무지구**(Central Business District, CBD): 모든 기능이 모여 있는 도심지역
>
> ㉡ **천이지대**(zone in transition): 여러 기능이 혼재되면서 주거환경이 극히 열악한 지역을 전이지대 또는 점이지대라고도 한다.
>
> ㉢ **저소득지대**(zone of low income housing): 근로자가 거주하는 지역이며 천이지대에 살다가 옮겨온 사람들이 많다.
>
> ㉣ **중산층지대**(zone of middle income housing): 대다수의 중산층 백인들이 사는 지대이다.
>
> ㉤ **통근자지대**(commuter's zone): 도시경계선 밖의 교외지역, 고급주택이 많이 산재하는 지역이다.

2 선형이론(sector theory – 호이트)

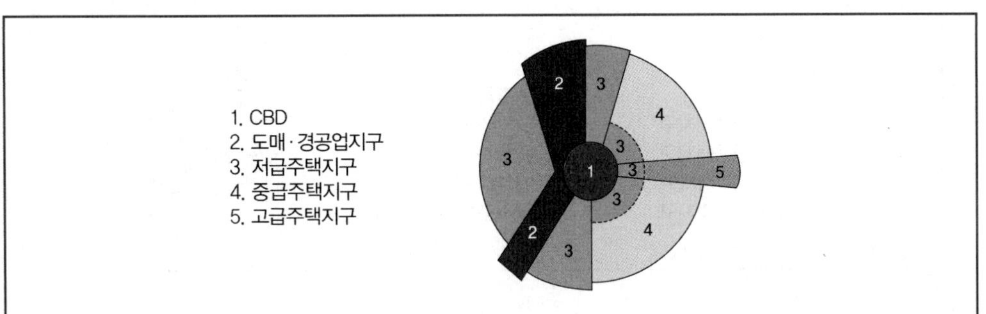

(1) 의 의

① 1939년 미국의 도시경제학자인 호이트(H. Hoyt)가 다수의 도시를 관찰하여 전개한 이론으로 축(軸)이론 또는 부문(部門)이론이라고도 한다.

② 도시중심부(CBD)에서 주요 간선도로를 따라 소득계층별로 주택지가 형성되며, 그 모양이 마치 부채꼴 모양(선형)과 같다고 하여 선형이론(扇形理論)이라고 한다.

③ 버제스의 동심원이론을 선형으로 수정·보완한 이론이며, 허드의 최소마찰비용이론과 일맥상통하는 이론이다.

(2) 내 용

① 도시는 교통망(마찰이 적은 방향으로 발전)을 따라 중심업무지구에서 원을 변형한 모양(부채꼴–방사상 또는 환상)으로 확장된다.

② 고급주거지는 가장 빠르고 양호한 교통노선을 따라 입지하는 경향이 있으며 고소득이 위치한 방향을 중심으로 개발축이 형성된다. 그리고 이때 중산층은 고급주택의 인근에 입지하고 저소득층은 반대편에 입지하는 경향이 있다.

③ 도심부에 저소득층이 형성되고 외곽지로 나갈수록 중·고소득층의 주택이 형성되는데, 간선도로에 입지한 고급주택을 중심으로 기타 이용(중산층, 저소득층, 제조업)의 입지를 설명한다.

④ 고가주택과 저가주택의 입지가 분리되는 현상인 주거분리현상을 설명할 수 있는 이론이다.

3 다핵심이론(해리스, 울만) – 대도시, 신도시에 적용, 부도심 존재

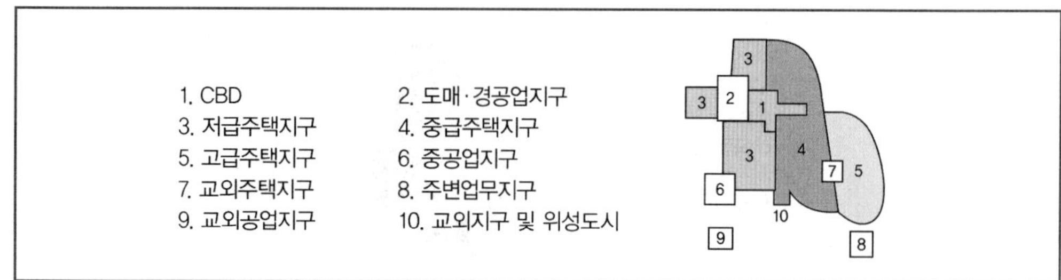

(1) 의 의

① 멕켄지가 처음 주장한 이론을 1945년 해리스(C. Harris)와 울만(E. Ullman)이 전개한 것이며, 동심원이론이나 선형이론으로 설명이 어려운 대도시의 토지이용을 설명하는데 적합하다.

② 해리스와 울만의 다핵심이론에 의하면 도시는 하나의 중심이 아니라 여러 개의 전문화된 중심으로 이루어진다.

(2) 내 용

① 도시가 성장하면서 기능이 서로 다른 지역은 분화가 되고 분화된 지역마다 소핵이 형성되면 새롭게 형성된 핵 주변으로 새로운 토지이용군이 형성된다.

② **시카고형과 런던형**

㉠ 시카고형: 단핵이 성장하면서 다핵으로 발전된 경우이다.

㉡ 런던형: 처음부터 다핵으로 성립된 경우이다.

③ 오래된 도시일수록 단핵도시 패턴을 지니고 신도시일수록 다핵도시 패턴을 이루고 있다.

(3) 다핵의 성립요건

① 활동에 따른 특별한 위치나 특별한 시설을 요구하게 되는데 예를 들면 백화점은 배후지가 필요하고 공장은 교통수단이 필요하다. 이런 경우 백화점과 공장은 분산입지하게 된다.

② 동종(同種)활동은 집적(集積)이익이 발생하면 특정 지역에 모이게 된다.

③ 이종(異種)활동끼리 상호간 이해가 상반되면 분산해서 입지하게 된다.

④ 업종에 따라 특정 지역에서 지대를 지불할 능력이 있는 업종과 그렇지 못한 업종은 분산입지하게 된다.

4 기타의 도시내부구조이론

(1) **다차원이론**(시몬스)

① 도시의 내부구조를 인종별 분산, 도시화, 사회계층의 3개 차원에서 파악한다.

② 도시는 보는 관점에 따라 위의 세 가지 이론이 중첩되어 나타난다.

(2) **베리의 유상도시이론**(ribon development)

최근 자동차화 및 고속도로의 발달로 도시 내부의 업무 및 주거시설이 간선도로를 따라 리본모양으로 입지하는 경향이 있다.

(3) **디킨슨의 3지대구조론**

도시의 역사적 발전과정을 지대구조와 결합시킨 이론으로 도시공간구조를 중앙지대, 중간지대, 외부지대로 구분한다.

12번 : 도시성장구조이론		기출문제									
I	도시성장구조이론			28	29	30	31	32	33	34	35

[33회] 다음 입지 및 도시공간구조 이론에 관한 설명으로 옳은 것을 모두 고른 것은?

> ㉠ 베버(A. Weber)의 최소비용이론은 산업입지의 영향요소를 운송비, 노동비, 집적이익으로 구분하고, 이 요소들을 고려하여 비용이 최소화 되는 지점이 공장의 최적입지가 된다는 것이다.
> ㉡ 뢰시(A. Lösch)의 최대수요이론은 장소에 따라 수요가 차별적이라는 전제하에 수요 측면에서 경제활동의 공간조직과 상권조직을 파악한 것이다.
> ㉢ 넬슨(R. Nelson)의 소매입지이론은 특정 점포가 최대 이익을 얻을 수 있는 매출액을 확보하기 위해서는 어떤 장소에 입지하여야 하는가에 대한 원칙을 제시한 것이다.
> ㉣ 해리스(C. Harris)와 울만(E. Ullman)의 다핵심이론은 단일의 중심업무지구를 핵으로 하여 발달하는 것이 아니라, 몇 개의 분리된 핵이 점진적으로 통합됨에 따라 전체적인 도시구조가 형성된다는 것이다.

① ㉠, ㉡　　② ㉢, ㉣　　③ ㉠, ㉡, ㉣
④ ㉡, ㉢, ㉣　　⑤ ㉠, ㉡, ㉢, ㉣

정답 ⑤
모두 옳은 지문이다.

[34회] 도시공간구조이론 및 입지이론에 관한 설명으로 옳은 것은?

① 버제스(E. Burgess)의 동심원이론에서 통근자지대는 가장 외곽에 위치한다.
② 호이트(H. Hoyt)의 선형이론에 따르면, 도시공간구조의 성장과 분화는 점이지대를 향해 직선으로 확대되면서 나타난다.
③ 해리스(C. Harris)와 울만(E. Ullman)의 다핵심이론에는 중심업무지구와 점이지대가 존재하지 않는다.
④ 뢰쉬(A. Lösch)의 최대수요이론은 운송비와 집적이익을 고려한 특정 사업의 팔각형 상권체계 과정을 보여준다.
⑤ 레일리(W. Reilly)의 소매인력법칙은 특정 점포가 최대이익을 확보하기 위해 어떤 장소에 입지하는가에 대한 8원칙을 제시한다.

정답 ①
② 점이지대를 향해 직선으로 확대 ⇨ 중심을 향해 부채꼴 모양으로 확대
③ 중심업무지구가 존재하지 않는다. ⇨ 중심업무지구가 존재하고 부도심도 존재한다.
④ 팔각형 ⇨ 육각형
⑤ 레일리 ⇨ 넬슨의 점포입지의 8가지 원칙

	13번: 부동산문제와 정책	기 출									
I	부동산문제										
II	부동산정책	26		28	29	30	31			34	35

I 부동산문제

[학습포인트] 출제가 되는 내용은 아니지만, 부동산정책이 왜 필요한지 주변지식을 공부한다고 생각하며 살펴보도록 한다.

- **부동산문제의 특징**: 악화성향, 비가역성, 지속성, 해결수단의 다양성, 복합성 등의 특징이 있다.
- **토지문제**: 지가고, 비효율적 토지이용, 소유편중, 개발이익 사유화 등의 문제가 있다.
- **주택문제**: 양적 주택문제, 질적 주택문제, 부담능력의 문제 등이 있다.

II 부동산정책 ★★★

[학습포인트] 직접개입과 간접개입의 구분은 빈출내용이며 학습도 아주 쉽다. 주택가격 안정화 내용은 부동산 상식이 많은 분들은 쉬운 내용이고 아니면 시간을 두고 반복하면서 천천히 익혀 나가도록 한다. 부동산관련 주변지식이 많은 사람에게 유리한 내용이다.

☑ **토지정책**: 직접개입과 간접개입의 구분

직접개입	간접개입: 세금공시	토지관련 규제
토지은행(공공토지비축)	**세금**, 부담금정책	토지소유규제
토지구획정리	**금**융지원(LTV, DTI)	토지이용규제(용도지역제)
공영개발(토지수용), 재개발	가격**공시**(정보제공)	토지거래규제
공공주택건설, 공공투자	보조**금**(임대료보조)	

☑ **주택정책**: 주택가격 안정화 대책의 내용

분양권 전매금지	주택구입자금 대출금리 인상	LTV 하향조정
DTI의 하향조정	주택 양도 및 보유과세 강화	주택청약 자격의 강화
실거래가 신고제 도입	종합부동산세 도입	재건축 개발이익의 환수

I 부동산문제

1 부동산문제와 부동산정책

(1) 부동산문제

인간과 부동산 사이의 부조화적 측면 또는 인간과 부동산과의 관계악화를 부동산문제라고 한다. 부동산문제는 토지문제, 주택문제, 부동산활동의 낙후문제 등으로 구분하기도 한다.

(2) 부동산정책

부동산문제를 해결하기 위한 정부의 공적 개입을 부동산정책이라고 한다. 부동산정책은 저소득층을 위한 형평성 측면의 정책과 부동산자원의 효율적인 이용을 위한 효율성 측면의 정책으로 구분할 수 있다.

2 부동산문제의 특징

(1) 악화성향

부동산문제가 발생하였을 경우 이를 방치하면 시간이 흐를수록 그 효과가 연쇄적으로 파급되며 더 악화된다. 이러한 악화성향의 문제를 인식하여 부동산관리와 보전 등에 관한 사전계획을 철저히 하는 것이 필요하다.

(2) 비가역성

부동산문제는 한 번 발생하면 이를 원래의 상태로 회복하는 것이 사회적 · 경제적 · 기술적으로 매우 어렵다. 따라서 부동산문제는 사후적 해결보다는 사전적 예방이 중요하다.

(3) 지속성

부동산문제는 시간의 경과와 함께 그 내용이 지속적으로 반복된다. 부동산문제에는 1회성 치유가 아닌 지속적인 관심을 동반한 장기적인 대책이 필요하다.

(4) 복합성과 해결수단의 다양성

부동산문제는 단편적인 이유가 아닌 여러 가지 사회현상의 복합적인 상호작용에 의해서 발생한다. 따라서 부동산문제의 해결은 부동산세금, 금융, 재정, 주택건축, 택지개발 중 특정 측면에 치우쳐서는 안 되며, 부동산정책은 종합정책으로서의 성격을 지녀야 하는 것이다.

3 토지문제

(1) 토지문제의 내용

① **토지의 유한성의 문제**

② **지가고의 문제**: 토지공급의 제한과 수요의 증가는 지가상승을 유발하며, 지가수준이 적정수준 이상으로 상승하게 되면 사회적으로 많은 폐단이 발생하게 된다.

③ **비효율적인 토지이용의 문제**: 우리나라의 경우 이용가능한 택지의 상당부분을 투기 목적으로 방치하면서 새로운 택지개발을 위해 엄청난 공적자금을 투자하고 있다. 따라서 이러한 토지를 판별하여 과세나 이용규제의 방법으로 효율적 토지이용으로 유도할 필요성이 제기된다.

④ **토지소유 편중의 문제**: 소유편중은 계층 간 갈등을 유발할 수 있고, 토지소유에서 발생하는 과실이 불공평하게 분배되는 문제가 있다.

소득분배불평등도의 측정방법

1. **10분위 분배율** $= \dfrac{\text{하위 40\%의 소득점유율}}{\text{상위 20\%의 소득점유율}}$

10분위 분배율은 하위소득계층의 소득점유율이므로 이 값이 높을수록(클수록) 평등한 사회라는 것을 의미한다. 완전평등한 사회는 2의 값이 되고, 완전불평등한 사회는 0의 값을 가진다.

2. **로렌츠곡선**

로렌츠곡선은 소득의 누적분포(세로축)와 인구의 누적분포(가로축)를 비교하여 대응점을 표시한 곡선이다. 로렌츠곡선이 대각선이면 완전평등한 사회이고, 삼각형에 가까울수록 불평등한 사회이다.

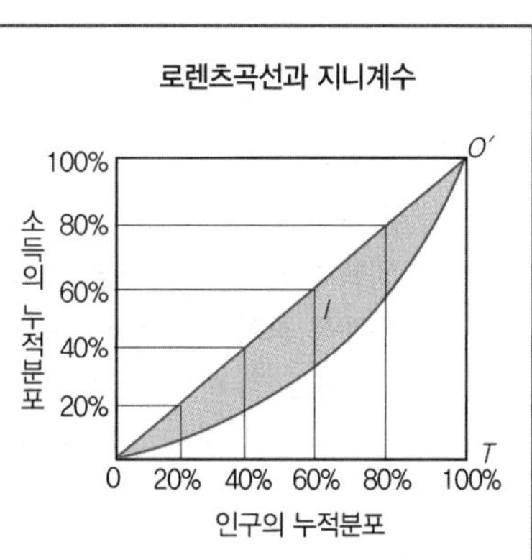

3. **지니계수** $= \dfrac{\text{로렌츠곡선에서 반달의 면적}}{\text{로렌츠곡선에서 아래 세모의 면적}}$

로렌츠곡선의 단점을 보완해서 수치화한 것이 지니계수이다. 지니계수가 0이 되면 완전평등한 사회이고, 1이면 완전불평등한 사회이다.

⑤ **개발이익의 사유화의 문제**: 개발이익이란 도로 등 공공사업이 시행됨에 따라 그 주변의 지가가 현저히 상승했을 경우, 그 지가상승으로 생기는 이익을 말한다. 개발이익은 토지소유자의 불로소득이므로 이것을 사회로 환원할 것이 요청된다.

4 주택문제

(1) 개 요

① 주택문제는 공급 측면의 문제인 양적인 주택문제와 질적인 주택문제, 그리고 수요 측면의 문제인 부담능력의 문제가 있다.

② 양적인 주택문제는 주택보급률과 관련된 문제를 말하고 질적인 주택문제는 최저주거기준과 관련되는 문제이다.

③ 부담능력의 문제는 저소득층의 소득부족과 관련되는 문제이다.

(2) 양적 주택문제

① 양적인 주택문제는 사람들이 필요로 하는 주택의 양보다 존재하는 주택의 양이 절대적으로 부족함으로 인해 발생하는 문제를 말한다.

② 주택의 경우 일정한 공가가 필요하다. 사회에 100가구가 있고 주택이 100채가 지어져 있으면 주택보급률은 100%가 된다. 그러나 주택의 경우 이사 등의 문제 때문에 비어 있는 주택이 반드시 필요하다.

③ **필요공가**: 선진국의 경우 목표가 되는 주택보급률은 100%가 아니고 115% 정도(나라나 시대마다 다름)가 일반적이다. 주택보급률이 115%가 되면 15%의 주택은 빈 집으로 남게 되는데 이를 필요공가라고 한다.

④ 필요한 주택의 양 = 총 가구수 + 필요공가(적정공가 또는 합리적 공가)

> **공가(空家)가 필요한 이유**
> ㉠ **마찰적 공가**: 주택의 유통을 원활히 하기 위해 필요한 공가이다. 즉 이사활동에 따른 마찰을 없애기 위해 필요한 공가를 말한다.
> ㉡ **의도적 공가**: 별장 등의 목적으로 주택을 매수하는 경우 발생하는 공가이다.
> ㉢ **통계적 공가**: 우리나라 주택센서스에서는 3분의 2 이상이 건설된 주택은 입주하기 이전이라도 주택으로 취급하고 있다. 즉 주택수에는 포함되지만 실제로는 거주할 수 없는 주택이라서 발생하는 공가이다.

(3) 질적 주택문제

질적 주택문제는 경제적 주택문제라고도 하며, 저소득층에게 공급되는 주택의 질적 수준이 낮은데서 오는 여러 가지 문제를 말한다. 통상 양적 주택문제 이후에 발생하게 된다.

PART 02

(4) 주택부담능력의 문제

① 주택부담능력의 문제란 주택의 수요자들이 소득이 부족하여 주거비용을 부담하지 못하는 문제를 말한다.

② 정부는 주택부담능력의 문제를 해결하기 위하여 각종 금융정책이나 보조금 또는 임대료규제 등의 정책을 시행한다.

③ 주택부담능력의 문제는 소득부족에서 발생하는 문제이므로 이들 정책들이 실효성을 거두지 못하는 경우가 많다.

④ 사회의 주거비부담이 어느 정도인가를 측정하기 위해 슈바베지수, PIR, RIR 등의 지표를 활용한다.

슈바베지수, PIR, RIR

(1) **슈바베지수**: 가구의 생계비 중에서 주거비가 차지하는 비중을 말한다.

① 슈바베지수 $= \dfrac{\text{주거비지출액}}{\text{총소비지출액}} \times 100$

② 슈바베지수가 높을수록 주택부담능력은 낮아지고, 주거부담의 정도는 커진다.

(2) PIR(소득가격비율)

① PIR(Price Income Ratio)지표는 $\dfrac{\text{주택구입가격}}{\text{연간 가구소득}}$ 을 말하며 주택구입능력을 알아보는 데 사용한다.

② PIR이 증가할수록 가구의 주택구입능력은 낮아지고 자가점유율은 저하된다.

③ 선진국의 경우는 PIR은 통상 4–5배 정도이고 우리나라의 경우는 서울이 8–9배(강남은 15배 이상), 지방은 4배 정도이다.

④ PIR이 10이라는 것은 한 푼도 쓰지 않고 10년을 저축해야 집을 장만할 수 있다는 것을 의미한다.

(3) RIR(소득대비임대료비율)

RIR(Rent Income Ratio)지표는 $\dfrac{\text{월주택임대료}}{\text{가구당 월소득}}$ 을 말한다.

Ⅱ 부동산정책

1 개 요

(1) 의 의

부동산정책이란 부동산문제를 해결하여 부동산과 인간과의 관계를 개선하려고 하는 정부의 공적인 노력을 말한다.

(2) 부동산정책(시장개입)의 기능

① **정치적 기능**(형평성 측면이 강조되는 기능)

㉠ 정부는 사회적 목표를 달성하기 위해 시장에 개입한다.

㉡ 사회적 목표란 형평성 측면, 즉 공평한 소득분배 측면이 강조되는 기능이다.

㉢ 저소득층을 위해 임대료를 규제하거나 모기지론을 시행하거나 세금을 누진세로 부과하거나 하는 등의 정책이 정치적 기능에 해당한다고 볼 수 있다.

② **경제적 기능**(효율성 측면이 강조되는 기능)

㉠ 경제적 기능이란 시장실패가 발생한 경우 정부가 시장을 지원하여 효율적인 자원배분을 달성하기 위해 시장에 개입하는 것을 말한다.

㉡ 즉 시장실패를 수정하기 위한 기능이 경제적 기능인데, 지역지구제 등의 정책이 경제적 기능에 해당한다.

(3) 부동산(토지)정책의 방향

① 토지제도는 소유권 중심에서 이용권 중심으로 전환되는 것이 바람직하다.

② 국·공유지는 처분 중심에서 보전 중심으로 관리되어야 하고, 또한 점차 확대되어야 한다.

③ 규제위주의 경직적인 운영이 아닌 토지이용의 효율성과 토지생산성을 높일 수 있는 방향으로 제도가 운용되어야 한다.

④ 현재 다원화되어 있는 토지이용규제를 최대한 일원화하는 것이 바람직하다.

⑤ 토지개발의 주체로서 민간을 적극 육성하고 강화하여야 한다.

⑥ 토지개발과 주택의 건설을 능률적으로 연계하여 보다 저렴한 가격으로 주택을 공급할 수 있도록 하여야 한다.

⑦ 부동산전문가를 육성하여 거래에 참여시켜 지가안정과 토지투기방지에 노력하여야 한다.

⑧ 부동산권리분석사 제도와 부동산컨설팅사 제도를 도입하여 거래사고를 줄여나가야 한다.

2 토지정책

(1) 토지정책의 목표

토지정책은 국토의 균형개발, 토지이용의 능률화 제고(끌어올림), 토지자원의 공평한 분배, 토지자원의 보존과 지속가능한 개발, 개발이익의 환수, 투기억제, 지가안정, 택지의 안정적 공급 등을 그 목표로 한다.

(2) 토지정책의 수단

① **개요**: 토지정책수단은 크게 직접개입의 방법, 간접개입의 방법, 토지이용규제의 방법으로 나눌 수 있다.

직접개입	간접개입	토지관련 규제
공영개발(토지수용), 재개발	세금, 부담금정책	토지소유규제
공공토지비축제도(토지은행)	금융지원(LTV, DTI)	토지이용규제(용도지역제)
토지구획정리	가격공시(정보제공)	토지거래규제
공공주택건설, 공공투자	보조금(임대료보조)	

② **직접개입**: 정부나 공공기관이 토지시장에 수요자와 공급자로 직접 개입하는 형태이다. 형식상 개인의 소유권이 이전된다는 특징이 있다. 직접개입의 방법은 그 효과가 즉각적으로 나타난다는 장점이 있는 반면 시장기구를 해칠 수 있다는 단점이 있다. 직접개입은 토지의 원활한 공급과 지가안정에 주안점을 둔다.

③ **간접개입**: 토지시장의 수요자와 공급자에게 영향을 미치는 정책을 펼쳐서 간접적으로 토지의 수요와 공급을 조절하는 정책을 말한다. 간접개입의 경우 시장기능을 유지시킨다는 장점이 있는 대신 그 효과가 즉각적으로 나타나지 않는다는 단점이 있다.

④ **토지관련 규제**: 개별적 토지이용행위를 사회적으로 바람직한 방향으로 유도하기 위해 법률적・행정적 수단을 동원하는 것이다. 토지이용규제는 바람직하지 못한 외부효과를 방지하는 데 역점을 둔다.

3 주택정책

(1) 주택정책의 목표

① 주택정책은 양질의 주택을 양호한 환경을 확보하여 수요자들에게 충분하게 공급하고 이를 잘 흡수할 수 있도록 서민들의 유효구매력을 올려주는 데 그 목표가 있다.

② 주택정책의 목표는 시장개입에 대한 시장참여자의 저항, 정부의 과다한 재정부담 및 대책의 일관성 결여 때문에 달성하기 쉽지 않다.

(2) 주택정책의 내용

① **양적 주택문제의 해결책**: 주택공급을 확대해야 한다. 주택공급을 확대하는 방법으로는 신규주택의 건설촉진(flow 대책), 재고주택의 보전과 개량(stock 대책) 등의 방법이 있다.

② **질적 주택문제의 해결책**: 질적으로 양호한 주택을 확보해야 한다. 구체적으로 주택의 질을 높인다는 것은 안전한 주거환경, 건강한 주거환경, 편리한 주거환경, 쾌적한 주거환경 등을 확보한다는 것을 의미한다.

③ **유효수요 부족의 문제**: 돈이 없어서 주택을 구입하지 못하는 저소득층의 실질소득을 올려주어야 한다.

유효수요 부족의 문제를 해결하는 방법
- ㉠ 분배의 형평성 개선
- ㉡ 중소규모의 주택공급 비중 확대
- ㉢ 대부비율을 높이고 저당기간을 늘려주는 등의 지원
- ㉣ 주택을 소유의 대상에서 이용의 대상으로 의식전환 유도
- ㉤ 저소득층 가구에 대한 지원 확대
- ㉥ 저소득층에게 주택과 관련된 보유세와 거래세 하향조정

(3) 주택가격 안정화 대책

주택가격을 안정화시키는 정책은 수요를 억제하고 공급을 확대해서 주택가격을 하락시키는 정책을 말한다.

분양권 전매금지	대출금리 상향조정	LTV 하향조정
DTI의 하향조정	양도 및 보유세 강화	주택청약 자격의 강화
실거래가 신고제 도입	종합부동산세 도입	재건축 개발이익의 환수

	13번 : 부동산문제와 정책	기출문제									
Ⅰ	부동산문제										
Ⅱ	부동산정책	26		28	29	30	31			34	35

[부동산정책－31회 변형] 우리나라 정부의 부동산시장에 대한 직접개입수단은 모두 몇 개인가?

• 공공토지비축	• 취득세	• 종합부동산세
• 토지수용	• 개발부담금	• 공영개발
• 공공임대주택	• 대부비율	

① 3개 ② 4개 ③ 5개
④ 6개 ⑤ 7개

정답 ②

직접개입	간접개입	토지관련 규제
공영개발(토지수용), 재개발	세금, 부담금정책	토지소유규제
공공토지비축제도(토지은행)	금융지원(LTV, DTI)	토지이용규제(용도지역제)
토지구획정리	가격공시(정보제공)	토지거래규제
공공주택건설, 공공투자	보조금(임대료보조)	

[부동산정책－34회] 부동산시장에 대한 정부의 개입에 관한 설명으로 틀린 것은?

① 부동산투기, 저소득층 주거문제, 부동산자원배분의 비효율성은 정부가 부동산시장에 개입하는 근거가 된다.
② 부동산시장실패의 대표적인 원인으로 공공재, 외부효과, 정보의 비대칭성이 있다.
③ 토지비축제도는 공익사업용지의 원활한 공급과 토지시장 안정을 위해 정부가 직접적으로 개입하는 방식이다.
④ 토지수용, 종합부동산세, 담보인정비율, 개발부담금은 부동산시장에 대한 직접개입수단이다.
⑤ 정부가 주택시장에 개입하여 민간분양주택 분양가를 규제할 경우 주택산업의 채산성·수익성을 저하시켜 신축민간주택의 공급을 축소시킨다.

정답 ④

• 간접개입 : 종합부동산세, 담보인정비율, 개발부담금

www.pmg.co.kr

	14번 : 시장실패	기 출									
Ⅰ	시장실패와 지역지구제	26	27	28	29	30					
Ⅱ	용도지역 · 지구 · 구역	26	27						33		

Ⅰ 시장실패 ★★

[학습포인트] 시장실패의 원인 중 외부효과에 대해 집중적으로 공부한다.

☑ 시장실패의 원인

원인○	공공재	외부효과	독점	규모의 경제	정보 비대칭

☑ 외부효과

정(+)의 외부효과 = 외부경제	부(−)의 외부효과 = 외부비경제
공원조성, 도로개설, 도서관 신축	수질오염, 공해배출
사회가 유리: 사회적 편익↑	사회가 불리: 사회적 비용↑
과소생산 ⇨ 보조금 지급	과다생산 ⇨ 규제(지역지구제)
핌피현상(PIMFY) 발생	님비현상(NIMBY) 발생
정(+) 발생 ⇨ 주택수요 증가	부(−) ⇨ 공장 규제 ⇨ 제품공급 감소

Ⅱ 용도지역지구제 ★

[학습포인트] 공법과 연계되는 부분이다. 부동산학개론과 직접 관련성은 좀 떨어지지만 여기서 용어를 확실하게 익혀 놓으면 공법 공부할 때 도움이 된다.

☑ 국토의 구분

국토의 구분
도시지역
관리지역
농림지역
자연환경보전지역

☑ 도시지역의 구분

도시지역	세분
주거지역	전용주거(1종, 2종)
	일반주거(1종, 2종, 3종)
	준주거
상업지역	중심상업
	일반상업
	유통상업
	근린상업
공업지역	전용공업
	일반공업
	준공업
녹지지역	

☑ 관리지역의 구분

관리지역의 구분
계획관리
생산관리
보전관리

I 시장실패와 지역지구제

1 시장실패의 의의

시장실패란 재화의 생산을 시장에 맡겼을 때 시장이 사회에서 필요로 하는 적정한 생산량보다 더 많이 또는 더 적게 생산하는 것을 말한다. 시장실패를 교정하기 위한 정부개입이 오히려 시장기능을 더 악화시키는 것을 정부실패라고 한다.

2 시장실패의 원인

(1) **불완전경쟁시장**(독과점기업)

독과점기업은 시장을 지배할 수 있기 때문에 이윤극대화를 추구하기 위해 생산량을 적게 공급하면서 가격을 올리게 된다. 이러한 독과점을 막기 위해서 공정거래법, 독과점 규제법 등이 존재하게 된다.

(2) **공공재와 외부효과**(후술)

공공재의 생산을 시장기구에 맡기면 사회적 적정량보다 과소생산되는 시장실패가 발생한다. 그리고 외부효과를 유발하는 재화의 생산을 시장기구에 맡기면 과소생산 또는 과다생산되는 시장실패가 나타난다.

(3) **규모의 경제**(economy of scale)

재화의 생산규모가 커질수록 생산단가가 낮아지는 상태를 말한다.

(4) **정보의 비대칭성**(information asymmetry)

① 정보의 비대칭이란 경제적인 이해관계가 있는 당사자들이 가지고 있는 정보의 양이 차이가 있는 경우이다.

② 정보의 비대칭은 역선택과 도덕적 해이 현상을 야기할 수 있는데 여기서 정보를 많이 가진 자가 초과이윤을 얻게 되는 시장실패가 발생한다.

③ 역선택이란 중고시장에서 하자 있는 자동차나 주택이 매물로 나오고 그 내용을 모르는 매수자가 피하고 싶은 물건을 선택하는 것을 말한다.

④ 도덕적 해이 현상이란 대리인이 주인보다 정보를 더 많이 가지고 자기의 이익을 추구하는 현상을 말한다.

> **시장실패의 원인이 아닌 것**: 완전경쟁시장
> 1. 다수의 수용자와 다수의 공급자　　2. 정보의 대칭성(완전한 정보)
> 3. 동질적인 재화　　4. 진입과 탈퇴의 자유

3 공공재(국방 등 정부가 국민 전체를 대상으로 해서 생산하는 재화)

(1) 의 의

① **의의**: 공공재란 국방, 치안, 일기예보, 등대, 공원, 산림, 명승지 등 소비재에 있어서 비경합(非競合)성과 비배제(非排除)성을 지니는 재화를 말한다.

② **비경합성**: 두 사람 이상이 동일한 재화 하나를 동시에 소비할 수 없는 것을 경합성이라고 한다. 비경합성은 반대로 여러 사람이 동시에 그 물건을 소비할 수 있다는 것을 뜻한다. 즉 공공재는 경쟁할 필요가 없는 재화라는 의미이다.

③ **비배제성**: 대가 없이는 그 재화를 소비하지 못하게 막을 수 있는 것을 배제성이라고 한다. 비배제성은 반대로 대가 없이 그 재화를 사용할 수 있다는 의미이고, 공공재는 대가 없이 사용할 수 있는 재화라는 것이다.

(2) 공공재는 무임승차가 가능하다.

공공재는 비경합성과 비배제성의 성질이 있으므로 사람들은 공짜로 이 혜택을 누리려고 (이를 '무임승차자'라고 한다) 시장에서 자신의 진실된 수요의사를 표현하려고 하지 않는다.

(3) 공공재의 생산을 시장에 맡기면 과소생산된다.

① 공공재를 시장에 맡기면 시장은 공공재에 대한 수요가 없는 것으로 판단하고 공급을 하지 않는다.

② 즉 공공재에 대해서는 사회에서 필요한 양만큼 생산되지 않으므로 과소생산으로 인한 시장실패가 발생한다.

(4) 공공재는 정부가 공급할 필요가 있다.

① 공공재에 대해서는 정부가 필요한 공급량을 측정해 적절히 공급해야 하고, 공공재에 대한 비용부담도 정부가 강제로 해야 한다.

② 도로 등 사회간접자본시설을 정부가 직접 확충하거나 공기업을 육성해서 우회적으로 필요량을 생산하는 것 등이 공공재의 문제를 해결하는 수단이다.

4 외부효과(external effect)

(1) 의 의

① 외부효과란 제3자의 특정 행위가 시장기구를 거치지 않고(정당한 대가를 주고받는 것 없이) 거래당사자가 아닌 다른 제3자에게 유리한 효과(정의 외부효과) 또는 불리한 효과(부의 외부효과)를 미치는 것을 말한다.

② 외부효과의 의미는 시장의 외부에 미치는 효과라는 의미이다.

③ 만일 외부효과에 대해 정당한 대가가 오고 간다면 이는 외부효과가 시장 내부로 들어오는 것이 되며 이를 외부효과의 내부화라고 한다.

④ 외부효과가 존재하면 시장실패가 발생한다.

⑤ 외부효과는 생산과정 또는 소비과정에서 발생한다.

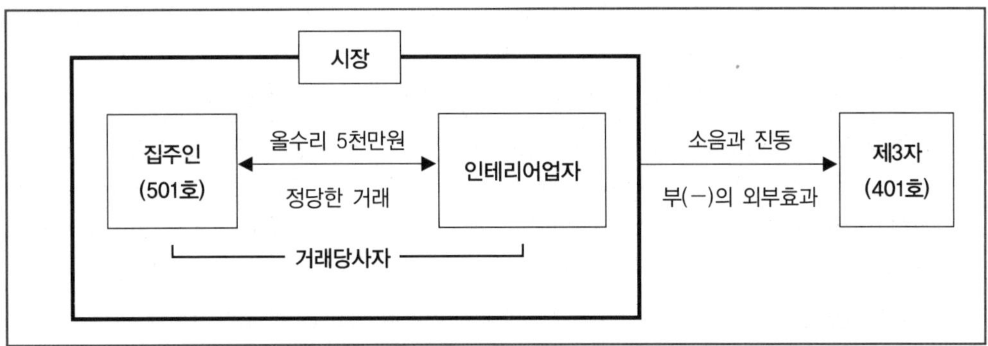

(2) 생산과정에서 발생하는 외부효과와 소비과정에서 발생하는 외부효과

① 생산과정에서 발생하는 외부효과

㉠ 정(+)의 외부효과: 양봉업자의 꿀 생산비용이 100원이고 과수원의 사과생산비용이 100원인데, 양봉업자가 과수원 옆에서 꿀을 생산하면 양봉의 도움으로 과수원의 사과생산비용이 70원이 되는 경우이다.

㉡ 부(−)의 외부효과: 목재공장의 목재생산비용이 100원이다. 하지만 이 목재생산으로 인해 공장주변에 공해가 발생하고 공해의 치유비용이 30원이 필요한 경우이다.

② 소비과정에서 발생하는 외부효과

㉠ 정(+)의 외부효과: A가 자선단체에 100원을 기부하면서 100원만큼 기분이 좋아지고 또 그 모습을 보는 다른 사람들이 30원의 기분이 좋아진 경우이다.

㉡ 부(−)의 외부효과: A가 담배를 피면서 100원만큼 기분이 좋아지고 있는데 그 옆에서 담배냄새를 맡는 B가 30만큼 기분이 나빠지는 경우이다.

(3) 정(+)의 외부효과와 부(−)의 외부효과

① 공원을 조성하면 주변의 주택가격은 상승한다. 이처럼 주변에 좋은 영향을 주는 경우를 정(+)의 외부효과라고 한다. 정(+)의 외부효과를 외부경제라고 표현하기도 한다.

② 반대로 쓰레기 소각장을 설치하면 주변의 주택가격은 하락한다. 이처럼 주변에 안 좋은 영향을 미치는 경우를 부(−)의 외부효과라고 한다. 부(−)의 외부효과를 외부불경제 또는 외부비경제라고 표현하기도 한다.

☑ 정(+)의 외부효과와 부(−)의 외부효과 비교

정(+)의 외부효과	부(−)의 외부효과
공원조성, 도로개설, 도서관 신축 등이 발생하면 정(+)의 외부효과가 발생한다.	폐수방류, 공해배출, 아파트 올수리 공사 등이 발생하면 부(−)의 외부효과가 발생한다.
사회가 유리한 상황이라고 판단하면 된다. 시장 외부에서 추가적인 편익이 발생하므로 사회적 편익이 사적 편익보다 커진다. 즉, 사회적 편익(사적 편익+추가편익) > 사적 편익	사회가 불리한 상황이라고 판단하면 된다. 시장 외부에서 추가적인 비용이 발생하므로 사회적 비용이 사적 비용보다 커진다. 즉, 사적 비용 < 사회적 비용(사적 비용+추가비용)
민간에서 민간사업자에게 공원을 만들라고 하면 과연 충분히 만들겠는가? 공원의 생산을 시장에 맡기면 사회에서 필요로 하는 양보다 적게 생산된다. 즉 시장실패가 나타난다.	아무런 제재 없이 공해를 배출하면서 물건을 생산할 수 있도록 하면 싸게 많이 만들 수 있기 때문에 사회에서 필요로 하는 양보다 많이 생산한다. 즉 시장실패가 나타난다.
정부는 재화를 많이 생산되게 하는 정책을 펼친다. 즉 보조금지급 등을 통해 적게 생산되고 있는 수량을 늘리게 한다.	정부는 재화를 적게 생산되게 하는 정책을 펼친다. 즉 생산자규제 등을 통해 많이 생산되고 있는 수량을 줄이게 한다.
핌피현상이 발생한다.	님비현상이 발생한다.

핌피현상과 님비현상

핌피(PIMFY)란 'Please In My Front Yard'의 약어로, 특정 지역이 자신들에게 금전적으로 이익이 되는 조치나 시설을 지역 내에 유치하려는 현상을 말한다. 핌피현상에 대한 상대개념으로는 자신이 사는 지역에 혐오시설이나 위험시설 등이 들어서는 것을 무조건 반대하는 님비현상(NIMBY : Not In My Back Yard)이 있다. 최근에는 님비현상의 해결책으로 공평부담 기준이 적용되면서 혐오시설도 유치하려고 하는 추세가 확산되고 있다(혐오시설 유치에 따른 금전적 보상 등을 통해 지역경제를 살리려는 시도)

(4) 외부효과에 대한 해결방법

외부효과의 문제를 해결하는 방법으로는 시장기구가 스스로 해결하는 방법과 정부가 개입해서 해결하는 방법으로 나눌 수 있다.

① **시장기구 스스로 해결하는 방법**: 피해를 입은 자가 공장과 협의해서 피해보상을 받거나 공장에게 공해방지시설을 요구해서 원만하게 합의를 한다는 것이다. 하지만 원만한 합의가 이루어지지 않을 경우는 집단소송으로 가야 하는데 소송비용, 소송절차의 복잡성, 진상조사의 어려움 등으로 인해 주민들 스스로 해결하기 어려운 경우가 많다.

② **정부가 개입해서 해결하는 방법**: 외부효과의 문제가 사적 시장에서 원만히 해결되기 어렵기 때문에 정부가 개입하게 되는데 정부개입의 수단으로는 '조세부과와 보조금지급' 등의 간접개입의 수단이 있고, '공해배출금지, 정화시설 의무화, 허용기준 설정, 용도지정' 등의 직접개입의 수단이 있다.

③ **코즈의 정리**(코즈가 제안하는 방법): 코즈는 주민들에게 재산권을 인정해 줘서 둘이 협상을 통해 원만하게 해결할 수 있도록 하자는 주장(코즈 정리)을 하였다.

5 용도지역지구제

(1) 의 의

① 지역지구제는 부(−)의 외부효과 때문에 발생하는 시장실패를 수정하기 위해 정부가 토지시장에 개입하는 정책의 하나이다.

② 지역지구제는 한정된 토지자원을 효율적으로 이용하기 위해 상충되는 용도의 토지는 분리시켜 입지시키고 보완적인 용도의 토지는 인접시켜 입지케 함으로써 부(−)의 외부효과를 제거하거나 또는 감소시키는 제도이다.

③ 지역과 지구별로 건축물의 용도, 종류 및 규모 등을 제한하고 있다.

④ 국토의 계획 및 이용에 관한 법령상 국토는 도시지역, 관리지역, 농림지역, 자연환경보전지역으로 구분되고, 도시지역은 주거지역, 상업지역, 공업지역, 녹지지역으로 세분된다.

⑤ 용도지역 간 중복지정은 허용되지 않지만 나머지 용도지역, 용도지구, 용도구역 상호간 중복지정은 가능하다(하나의 토지가 주거지역이면서 상업지역일 수는 없지만, 하나의 토지가 주거이면서 미관지구는 가능하며 미관지구이면서 고도지구도 가능하다).

⑵ 용도지역지구제의 목적

① 토지자원의 개발과 보전의 적절한 조화를 도모한다.

② 토지이용에 따른 부의 외부효과의 발생을 사전에 방지한다.

③ 토지자원을 보다 효율적이고 합리적으로 이용한다.

④ 토지자원의 활용 측면에서 세대 간 형평성을 유지한다.

용도지역지구제의 목적이 지가를 조정하는 것이 아님에 유의한다.

⑶ 용도지역지구제의 효과(여러 용도가 혼재된 특정 지역을 주거지역으로 지정)

① 투자자의 입장에서는 어울리지 않는 토지이용으로 주택의 가치가 하락할 위험이 감소하였기 때문에 주택에 대한 수요가 증가한다.

② 특정 지역이 주거지역으로 지정되면 주택가치는 단기적으로 상승한다.

③ 단기적으로 주택의 가치가 상승하면 주택가치 상승분만큼 기존의 공급자들은 초과이윤을 얻게 된다.

④ 단기적으로 기존의 공급자에게 발생하는 초과이윤은 다른 공급자들이 주택시장에 진입하도록 유인하는 요소가 되므로 장기적으로 공급이 증가하게 된다.

⑤ 장기적인 공급증가로 주택의 가치는 다시 원래의 주택가격수준으로 하락한다(비용일정산업인 경우).

⑷ 용도지역지구제의 문제점

① 지역지구제는 지가가 상승하는 방향으로 용도지역이 지정되는 지역과 그 반대가 되는 지역 간 형평성의 문제를 야기시킨다(세대 간 형평성은 유지됨).

② 지나치게 많은 면적을 일률적인 용도로 지정하면 위치에 따른 개별적인 토지의 특성을 살리는 효율적인 이용을 저해할 수 있다.

③ 지역지구제가 잘못 지정되거나 주변 여건의 변화에 능동적으로 대처하지 못하는 경우에는 사회적으로 바람직한 토지이용이 저해된다.

④ 계획을 수립하고 집행하는 사이에 시차가 발생하므로 상황의 변화에 따른 빠른 대처가 어렵다.

Ⅱ 국토법상 용도지역지구제

☑ 국토의 계획 및 이용에 관한 법률 [시행 2024. 8. 7.]

제1조 【목적】 이 법은 국토의 이용 · 개발과 보전을 위한 계획의 수립 및 집행 등에 필요한 사항을 정하여 공공복리를 증진시키고 국민의 삶의 질을 향상시키는 것을 목적으로 한다.

제2조 【정의】

(1) 광역도시계획이란 광역계획권의 장기발전방향을 제시하는 계획을 말한다.

(2) 도시 · 군계획이란 특별시 · 광역시 · 특별자치시 · 특별자치도 · 시 또는 군(광역시의 관할 구역에 있는 군은 제외한다)의 관할 구역에 대하여 수립하는 공간구조와 발전방향에 대한 계획으로서 도시 · 군기본계획과 도시 · 군관리계획으로 구분한다.

(3) 도시 · 군기본계획이란 특별시 · 광역시 · 특별자치시 · 특별자치도 · 시 또는 군의 관할 구역 및 생활권에 대하여 기본적인 공간구조와 장기발전방향을 제시하는 종합계획으로서 도시 · 군관리계획 수립의 지침이 되는 계획을 말한다.

(4) 도시 · 군관리계획이란 특별시 · 광역시 · 특별자치시 · 특별자치도 · 시 또는 군의 개발 · 정비 및 보전을 위하여 수립하는 다음의 계획을 말한다.

① 용도지역 · 용도지구의 지정 또는 변경에 관한 계획

② 개발제한구역, 도시자연공원구역, 시가화조정구역, 수산자원보호구역의 지정 또는 변경에 관한 계획

③ 기반시설의 설치 · 정비 또는 개량에 관한 계획

④ 도시개발사업이나 정비사업에 관한 계획

⑤ 지구단위계획구역의 지정 또는 변경에 관한 계획과 지구단위계획

⑥ 도시혁신구역의 지정 또는 변경에 관한 계획과 도시혁신계획

⑦ 복합용도구역의 지정 또는 변경에 관한 계획과 복합용도계획

⑧ 도시 · 군계획시설입체복합구역의 지정 또는 변경에 관한 계획

(5) 지구단위계획이란 도시 · 군계획 수립 대상지역의 일부에 대하여 토지 이용을 합리화하고 그 기능을 증진시키며 미관을 개선하고 양호한 환경을 확보하며, 그 지역을 체계적 · 계획적으로 관리하기 위하여 수립하는 도시 · 군관리계획을 말한다.

(5-3) 성장관리계획이란 성장관리계획구역에서의 난개발을 방지하고 계획적인 개발을 유도하기 위하여 수립하는 계획을 말한다.

(5-4) 공간재구조화계획이란 토지의 이용 및 건축물이나 그 밖의 시설의 용도 · 건폐율 · 용적률 · 높이 등을 완화하는 용도구역의 효율적이고 계획적인 관리를 위하여 수립하는 계획을 말한다.

(5-5) 도시혁신계획이란 창의적이고 혁신적인 도시공간의 개발을 목적으로 도시혁신구역에서의 토지의 이용 및 건축물의 용도 · 건폐율 · 용적률 · 높이 등의 제한에 관한 사항을 따로 정하기 위하여 공간재구조화계획으로 결정하는 도시 · 군관리계획을 말한다.

(5-6) 복합용도계획이란 주거 · 상업 · 산업 · 교육 · 문화 · 의료 등 다양한 도시기능이 융복합된 공간의 조성을 목적으로 복합용도구역에서의 건축물의 용도별 구성비율 및 건폐율 · 용적률 · 높이 등의 제한에 관한 사항을 따로 정하기 위하여 공간재구조화계획으로 결정하는 도시 · 군관리계획을 말한다.

(6) 기반시설이란 다음 각 목의 시설로서 대통령령으로 정하는 시설을 말한다.

① **교통시설**: 도로 · 철도 · 항만 · 공항 · 주차장 등

② **공간시설**: 광장 · 공원 · 녹지 등

③ **유통 · 공급시설**: 유통업무설비, 수도 · 전기 · 가스공급설비, 방송 · 통신시설, 공동구 등

④ **공공 · 문화체육시설**: 학교 · 공공청사 · 문화시설 및 공공필요성이 인정되는 체육시설 등

⑤ **방재시설**: 하천 · 유수지(遊水池) · 방화설비 등

⑥ **보건위생시설**: 장사시설 등

⑦ **환경기초시설**: 하수도, 폐기물처리 및 재활용시설, 빗물저장 및 이용시설 등

(7) 도시 · 군계획시설이란 기반시설 중 도시 · 군관리계획으로 결정된 시설을 말한다.

(8) 광역시설이란 기반시설 중 광역적인 정비체계가 필요한 다음의 시설을 말한다.

① 둘 이상의 특별시 · 광역시 · 특별자치시 · 특별자치도 · 시 또는 군의 관할 구역에 걸쳐 있는 시설

② 둘 이상의 특별시 · 광역시 · 특별자치시 · 특별자치도 · 시 또는 군이 공동으로 이용하는 시설

(9) 공동구란 전기 · 가스 · 수도 등의 공급설비, 통신시설, 하수도시설 등 지하매설물을 공동 수용함으로써 미관의 개선, 도로구조의 보전 및 교통의 원활한 소통을 위하여 지하에 설치하는 시설물을 말한다.

(10) 도시 · 군계획시설사업이란 도시 · 군계획시설을 설치 · 정비 또는 개량하는 사업을 말한다.

(11) 도시 · 군계획사업이란 도시 · 군관리계획을 시행하기 위한 다음의 사업을 말한다.

① 도시 · 군계획시설사업

② 도시개발사업

③ 정비사업

⒁ 국가계획이란 중앙행정기관이 법률에 따라 수립하거나 국가의 정책적인 목적을 이루기 위하여 수립하는 계획 중 도시·군기본계획이나 도시·군관리계획으로 결정하여야 할 사항이 포함된 계획을 말한다.

⒂ 용도지역이란 토지의 이용 및 건축물의 용도, 건폐율, 용적률, 높이 등을 제한함으로써 토지를 경제적·효율적으로 이용하고 공공복리의 증진을 도모하기 위하여 서로 중복되지 아니하게 도시·군관리계획으로 결정하는 지역을 말한다.

⒃ 용도지구란 토지의 이용 및 건축물의 용도·건폐율·용적률·높이 등에 대한 용도지역의 제한을 강화하거나 완화하여 적용함으로써 용도지역의 기능을 증진시키고 경관·안전 등을 도모하기 위하여 도시·군관리계획으로 결정하는 지역을 말한다.

⒄ 용도구역이란 토지의 이용 및 건축물의 용도·건폐율·용적률·높이 등에 대한 용도지역 및 용도지구의 제한을 강화하거나 완화하여 따로 정함으로써 시가지의 무질서한 확산방지, 계획적이고 단계적인 토지이용의 도모, 혁신적이고 복합적인 토지활용의 촉진, 토지이용의 종합적 조정·관리 등을 위하여 도시·군관리계획으로 결정하는 지역을 말한다.

⒅ 개발밀도관리구역이란 기반시설을 설치하기 곤란한 지역을 대상으로 건폐율이나 용적률을 강화하여 적용하기 위하여 지정하는 구역을 말한다.

⒆ 기반시설부담구역이란 개발밀도관리구역 외의 지역으로서 기반시설을 설치하거나 그에 필요한 용지를 확보하게 하기 위하여 지정·고시하는 구역을 말한다.

⒇ 기반시설설치비용이란 단독주택 및 숙박시설 등의 시설의 신·증축 행위로 인하여 유발되는 기반시설을 설치하거나 그에 필요한 용지를 확보하기 위하여 부과·징수하는 금액을 말한다.

제6조 【국토의 용도 구분】 국토는 다음과 같은 용도지역으로 구분한다.

(1) **도시지역**: 인구와 산업이 밀집되어 있거나 밀집이 예상되어 그 지역에 대하여 체계적인 개발·정비·관리·보전 등이 필요한 지역

(2) **관리지역**: 도시지역의 인구와 산업을 수용하기 위하여 도시지역에 준하여 체계적으로 관리하거나 농림업의 진흥, 자연환경 또는 산림의 보전을 위하여 농림지역 또는 자연환경보전지역에 준하여 관리할 필요가 있는 지역

(3) **농림지역**: 도시지역에 속하지 아니하는 농업진흥지역 또는 보전산지 등으로서 농림업을 진흥시키고 산림을 보전하기 위하여 필요한 지역

(4) **자연환경보전지역**: 자연환경·수자원·해안·생태계·상수원 및 국가유산의 보전과 수산자원의 보호·육성 등을 위하여 필요한 지역

제36조 【용도지역의 지정】

(1) **도시지역**: 다음 각 목의 어느 하나로 구분하여 지정한다.

① **주거지역**: 거주의 안녕과 건전한 생활환경의 보호를 위하여 필요한 지역

② **상업지역**: 상업이나 그 밖의 업무의 편익을 증진하기 위하여 필요한 지역

③ **공업지역**: 공업의 편익을 증진하기 위하여 필요한 지역

④ **녹지지역**: 자연환경·농지 및 산림의 보호, 보건위생, 보안과 도시의 무질서한 확산을 방지하기 위하여 녹지의 보전이 필요한 지역

(2) **관리지역**: 다음 각 목의 어느 하나로 구분하여 지정한다.

① **보전관리지역**: 자연환경 보호, 산림 보호, 수질오염 방지, 녹지공간 확보 및 생태계 보전 등을 위하여 보전이 필요하나, 주변 용도지역과의 관계 등을 고려할 때 자연환경보전지역으로 지정하여 관리하기가 곤란한 지역

② **생산관리지역**: 농업·임업·어업 생산 등을 위하여 관리가 필요하나, 주변 용도지역과의 관계 등을 고려할 때 농림지역으로 지정하여 관리하기가 곤란한 지역

③ **계획관리지역**: 도시지역으로의 편입이 예상되는 지역이나 자연환경을 고려하여 제한적인 이용·개발을 하려는 지역으로서 계획적·체계적인 관리가 필요한 지역

제37조 【용도지구의 지정】

(1) **경관지구**: 경관의 보전·관리 및 형성을 위하여 필요한 지구

(2) **고도지구**: 쾌적한 환경 조성 및 토지의 효율적 이용을 위하여 건축물 높이의 최고한도를 규제할 필요가 있는 지구

(3) **방화지구**: 화재의 위험을 예방하기 위하여 필요한 지구

(4) **방재지구**: 풍수해, 산사태, 지반 붕괴, 그 밖의 재해를 예방하기 위하여 필요한 지구

(5) **보호지구**: 국가유산, 중요 시설물 및 문화적·생태적으로 보존가치가 큰 지역의 보호와 보존을 위하여 필요한 지구

(6) **취락지구**: 녹지지역·관리지역·농림지역·자연환경보전지역·개발제한구역 또는 도시자연공원구역의 취락을 정비하기 위한 지구

(7) **개발진흥지구**: 주거기능·상업기능·공업기능·유통물류기능·관광기능·휴양기능 등을 집중적으로 개발·정비할 필요가 있는 지구

(8) **특정용도제한지구**: 주거 및 교육 환경 보호나 청소년 보호 등의 목적으로 오염물질 배출시설, 청소년 유해시설 등 특정 시설의 입지를 제한할 필요가 있는 지구

(9) **복합용도지구**: 지역의 토지이용 상황, 개발 수요 및 주변 여건 등을 고려하여 효율적이고 복합적인 토지이용을 도모하기 위하여 특정 시설의 입지를 완화할 필요가 있는 지구

(10) 그 밖에 대통령령으로 정하는 지구

제38조【개발제한구역의 지정】 국토교통부장관은 도시의 무질서한 확산을 방지하고 도시 주변의 자연환경을 보전하여 도시민의 건전한 생활환경을 확보하기 위하여 도시의 개발을 제한할 필요가 있거나 국방부장관의 요청이 있어 보안상 도시의 개발을 제한할 필요가 있다고 인정되면 개발제한구역의 지정 또는 변경을 도시·군관리계획으로 결정할 수 있다.

제38조의2【도시자연공원구역의 지정】 시·도지사 또는 대도시 시장은 도시의 자연환경 및 경관을 보호하고 도시민에게 건전한 여가·휴식공간을 제공하기 위하여 도시지역 안에서 식생(植生)이 양호한 산지(山地)의 개발을 제한할 필요가 있다고 인정하면 도시자연공원구역의 지정 또는 변경을 도시·군관리계획으로 결정할 수 있다.

제39조【시가화조정구역의 지정】 시·도지사는 직접 또는 관계 행정기관의 장의 요청을 받아 도시지역과 그 주변지역의 무질서한 시가화를 방지하고 계획적·단계적인 개발을 도모하기 위하여 대통령령으로 정하는 기간 동안 시가화를 유보할 필요가 있다고 인정되면 시가화조정구역의 지정 또는 변경을 도시·군관리계획으로 결정할 수 있다. 다만, 국가계획과 연계하여 시가화조정구역의 지정 또는 변경이 필요한 경우에는 국토교통부장관이 직접 시가화조정구역의 지정 또는 변경을 도시·군관리계획으로 결정할 수 있다. 시가화조정구역의 결정은 시가화 유보기간이 끝난 날의 다음날부터 그 효력을 잃는다.

제40조【수산자원보호구역의 지정】 해양수산부장관은 직접 또는 관계 행정기관의 장의 요청을 받아 수산자원을 보호·육성하기 위하여 필요한 공유수면이나 그에 인접한 토지에 대한 수산자원보호구역의 지정 또는 변경을 도시·군관리계획으로 결정할 수 있다.

제40조의3【도시혁신구역의 지정 등】 공간재구조화계획 결정권자는 도시공간의 창의적이고 혁신적인 개발이 필요하다고 인정되는 경우로서 대통령령으로 정하는 지역 등을 도시혁신구역으로 지정할 수 있다.

제40조의4【복합용도구역의 지정 등】 공간재구조화계획 결정권자는 산업구조 또는 경제활동의 변화로 복합적 토지이용이 필요한 지역 등을 복합용도구역으로 지정할 수 있다.

제40조의5【도시·군계획시설입체복합구역의 지정】 도시·군관리계획의 결정권자는 도시·군계획시설의 입체복합적 활용을 위하여 도시·군계획시설이 결정된 토지의 전부 또는 일부를 입체복합구역으로 지정할 수 있다.

第66条【개발밀도관리구역】 특별시장 · 광역시장 · 특별자치시장 · 특별자치도지사 · 시장 또는 군수는 주거 · 상업 또는 공업지역에서 기반시설의 설치가 곤란한 지역을 개발밀도관리구역으로 지정할 수 있다. 개발밀도관리구역에서는 건폐율 또는 용적률을 강화하여 적용한다.

第67条【기반시설부담구역의 지정】 특별시장 · 광역시장 · 특별자치시장 · 특별자치도지사 · 시장 또는 군수는 행위제한이 완화되는 지역에 대하여는 기반시설부담구역으로 지정하여야 한다. 다만, 개발행위가 집중되어 해당 지역의 계획적 관리를 위하여 필요하다고 인정하면 기반시설부담구역으로 지정할 수 있다.

第75조의2【성장관리계획구역의 지정 등】 특별시장 · 광역시장 · 특별자치시장 · 특별자치도지사 · 시장 또는 군수는 녹지지역, 관리지역, 농림지역 및 자연환경보전지역 중 개발이 진행되고 있거나 진행될 것으로 예상되는 지역 등 난개발의 방지와 체계적인 관리가 필요한 지역의 전부 또는 일부에 대하여 성장관리계획구역을 지정할 수 있다.

	14번 : 시장실패	기출문제									
Ⅰ	시장실패와 지역지구제	26	27	28	29	30					
Ⅱ	용도지역 · 지구 · 구역	26	27						33		

[시장실패－30회] 공공재에 관한 일반적인 설명으로 틀린 것은?

① 소비의 비경합적 특성이 있다.
② 비내구재이기 때문에 정부만 생산비용을 부담한다.
③ 무임승차 문제와 같은 시장실패가 발생한다.
④ 생산을 시장기구에 맡기면 과소생산되는 경향이 있다.
⑤ 비배제성에 의해 비용을 부담하지 않은 사람도 소비할 수 있다.

정답 ②

공공재(국방 등 정부가 국민 전체를 대상으로 해서 생산하는 재화)

비경합성과 비배제성 ⇨ 무임승차 가능 ⇨ 시장에서 수요 표시 없음 ⇨
과소생산 ⇨ 시장실패 ⇨ 정부의 시장개입

[용도지역지구제－33회] 국토의 계획 및 이용에 관한 법령상 용도지역으로서 도시지역에 속하는 것을 모두 고른 것은?

㉠ 농림지역	㉡ 관리지역	㉢ 취락지역
㉣ 녹지지역	㉤ 산업지역	㉥ 유보지역

① ㉣　② ㉢, ㉤　③ ㉣, ㉤
④ ㉠, ㉡, ㉣　⑤ ㉡, ㉢, ㉥

정답 ①

도시지역은 주거지역, 상업지역, 공업지역, 녹지지역으로 구성된다.

15번 : 부동산정책명		기 출									
Ⅰ	개발이익 환수 Vs 개발손실 보상	26	27	28	29	30	31	32[3]	33	34	35
Ⅱ	부동산정책 종합정리										

Ⅰ 개발이익 환수와 개발손실 보상 ★★

[학습포인트] 개발을 허용하고 거기서 발생하는 이익을 정부가 빼어오는 것과 개발을 못하게 막고 손실이 발생하면 정부가 보상하는 것은 반대개념이다.

개발이익 환수제도	개발손실 보상제도
• 개발부담금제도 • 재건축부담금제도	• 개발권양도제(TDR)

Ⅱ 부동산정책 종합정리 ★★★

[학습포인트] 부동산관련 여러 가지 정책을 종합 정리한 내용이다. 근거법률 및 핵심내용을 충실히 숙지하도록 한다. 난이도 상에 해당되는 부분이다.

정책명	정책내용
1. 국토의 계획 및 이용에 관한 법률	① 지구단위계획 ② 개발제한구역 지정
2. 공공토지비축에 관한 법률	③ 공공토지의 비축과 토지은행계정
3. 부동산 거래신고 등에 관한 법률	④ 부동산거래 신고제도 ⑤ 토지거래허가구역의 지정 ⑥ 선매
4. 토지의 적성평가에 관한 지침	⑦ 토지적성평가
5. 개발이익 환수에 관한 법률	⑧ 개발이익과 개발부담금
6. 재건축초과이익 환수에 관한 법률	⑨ 재건축초과이익과 재건축부담금
7. 주택법	⑩ 투기과열지구의 지정 ⑪ 조정대상지역의 지정
8. 미시행	⑫ 토지초과이득세와 택지소유상한제 ⑬ 공한지, 종합토지세, TDR

I 개발이익 환수와 개발손실 보상

1 개발이익의 환수

(1) 토지공개념

① 토지공개념이란 토지의 소유와 처분은 공공의 이익을 위하여 적절히 제한할 수 있다는 개념을 말한다. 즉 토지라는 재화의 사회성과 공공성을 높이 인식하는 개념이라 할 수 있다.

② 토지공개념은 다음의 내용을 포함하는 개념이다.

> ㉠ 토지이용에 있어서 공공복리를 우선하여야 한다.
> ㉡ 토지를 합리적으로 이용하고 개발하여야 한다.
> ㉢ 토지의 거래는 적정한 면적과 적정한 가격으로 이루어져야 한다.
> ㉣ 토지의 이용은 자연환경의 보존에 유루(빠져나가거나 새어 나감)가 없도록 하여야 한다.
> ㉤ 토지의 이용은 양호한 생활환경과 국토의 균형 있는 발전에 기여하도록 한다.

③ 토지는 공급이 수요에 미달할 가능성이 높아 투기현상이 잠재적으로 항상 존재하며, 투기로 인한 부동산문제가 사회문제화 되고 있다. 이러한 문제를 해결하기 위해 토지가 공공재라는 생각에 바탕을 두고 기존의 토지소유권 절대 사상에 변화를 가하는 개념이 토지공개념이다.

④ 토지공개념에 대한 본격적인 논의는 1980년대 후반에 전국적으로 불어 닥친 부동산투기 열풍과 이에 따른 심각한 규모의 지가상승이 서민의 생활고를 가중시켜 부동산투기가 심각한 문제로 부각될 때 이루어졌다.
토지투기를 막기 위해 정부는 1989년 정기국회에서 '택지소유상한에 관한 법률', '토지초과이득세법', '개발이익 환수에 관한 법률' 등 토지공개념 관련 법률을 제정하였는데, 현재는 '택지소유상한에 관한 법률'과 '토지초과이득세법'은 헌법불합치 판결을 받아서 폐지되었고 '개발이익 환수에 관한 법률'은 아직까지 시행되고 있다.

(2) 개발이익의 개념

① "개발이익"이라 함은 개발사업의 시행 또는 토지이용계획의 변경 기타 사회·경제적 요인에 의하여 정상지가상승분을 초과하여 개발사업을 시행하는 자 또는 토지소유자에게 귀속되는 토지가액의 증가분을 말한다.

② 이러한 개발이익은 토지에 대한 투기를 방지하고 토지의 효율적인 이용을 촉진하기 위해 국가가 환수하는 것이 바람직하다.

③ 개발이익의 환수의 근거가 되는 논리는 개발비용의 부담자와 개발이익의 수혜자는 동일해야 한다는 것이다. 개발이익을 사유화하게 되면 개발비용은 국가가 부담했는데 그 이익은 개인이 가져가게 되는 것이므로 이는 옳지 않다는 것이다.

(3) 개발이익의 환수방법

① 우리나라의 개발이익 환수방법은 과세적 방법과 비과세적 방법으로 구분한다.

② **과세적 방법**: 종합부동산세, 양도소득세 등의 방법

③ **비과세적 방법**: 개발부담금, 공영개발, 환지방식에 의한 감보제도, 채권입찰제 등

(4) 토지공개념의 확산: 재건축초과이익 환수

① 2000년대로 넘어오면서 토지투기가 주택재건축 투기 등으로 확산되면서 2006년 주택재건축에서 발생하는 초과이익을 환수하기 위해 재건축초과이익 환수에 관한 법률을 제정해서 재건축부담금을 부과하고 있다.

② 토지의 개발에서 발생하는 초과이익은 개발부담금을 부과해서 환수하고, 재건축에서 발생하는 초과이윤은 재건축부담금을 부과해서 환수한다.

☑ **개발이익의 환수 종합정리**

토지공개념	토지의 소유와 처분은 공익을 위하여 적절히 제한할 수 있다.		
1990년 실천법률	① 개발이익 환수에 관한 법률	⇨ 개발부담금	시행
	② 토지초과이득세법	⇨ 토지초과이득세	폐지
	③ 택지소유상한에 관한 법률	⇨ 택지초과소유부담금	폐지
2006 주택 확대	재건축초과이익 환수에 관한 법률	⇨ 재건축부담금	시행

2 개발손실 보상제도: 개발권이전제도(TDR ; Transferable Development Right)

(1) 개 념

① 보전필요성이 있는 지역의 개발권을 인근의 개발적지로 옮겨서 이용하게 하는 제도이다.

② 주변지역과 비교할 때 높이나 용적률 등에서 과도한 규제를 받는 지역의 경우, 유사지역에 비해 추가로 규제받는 부분(이용 못하는 부분)에 대해 개발권을 발행하여 보상하는 방법이다. 이러한 개발권을 소지한 자는 특정 지역에서 원래의 법적 용도를 초과하여 개발할 수 있게 된다.

③ 개발권이전제도는 특정 지역을 보상이 필요할 정도로 강하게 이용규제하는 경우 보상책의 일환으로 등장한 제도이지 개발이 목적인 제도가 아니다.

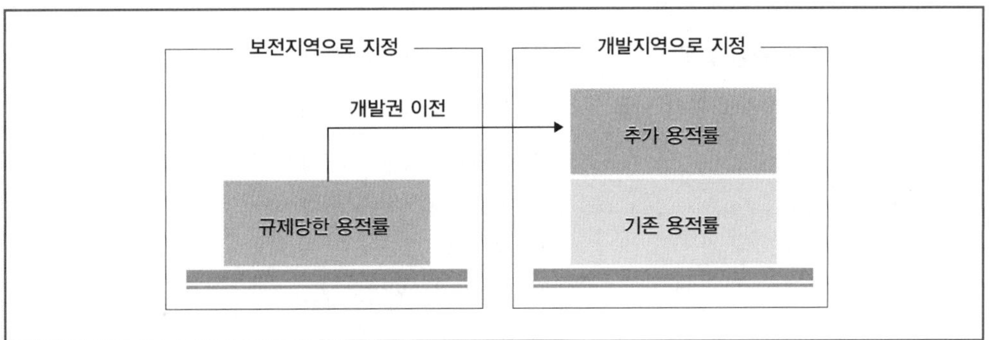

(2) 개발권이전제도(TDR)의 발전과정

미국에서 "역사적 유물보존 ⇨ 우량농지 또는 녹지공간의 확보 ⇨ 토지이용규제의 수단"으로 발전하고 있다.

(3) 내 용

① 소유권에서 개발권이 별도의 권리로 분리될 수 있어야 한다. 여기서 개발권이란 기존의 이용과 다른 이용을 할 수 있는 권리(토지이용변경권)를 말한다.

② 보존지역을 지정함으로 인한 개발권상실(우발손실)을 시장기구를 통해서 개발지역에서 발생한 우발이익으로 보상받는 제도

③ 개발적지에 대한 규제가 심할수록, 또한 지가가 높을수록 개발권에 대한 가격도 상승할 것이다.

④ 개발권양도제도가 남용될 경우, 예외적 개발이 만연하여 용도지역지구제 규제의 틀이 와해될 우려가 있다.

⑤ 개발권을 판매(활용)할 수 있는 지역범위는 개발권 설계시 미리 한정된다.

Ⅱ 부동산정책 종합정리

정책명	정책내용
1. 국토의 계획 및 이용에 관한 법률	① 지구단위계획 ② 개발제한구역 지정
2. 공공토지비축에 관한 법률	③ 공공토지의 비축과 토지은행계정
3. 부동산 거래신고 등에 관한 법률	④ 부동산거래 신고제도 ⑤ 토지거래허가구역의 지정 ⑥ 선매
4. 토지의 적성평가에 관한 지침	⑦ 토지적성평가
5. 개발이익 환수에 관한 법률	⑧ 개발이익과 개발부담금
6. 재건축초과이익 환수에 관한 법률	⑨ 재건축초과이익과 재건축부담금
7. 주택법	⑩ 투기과열지구의 지정 ⑪ 조정대상지역의 지정 ⑫ 전매제한
8. 현재 시행하고 있지 않은 제도	⑬ TDR(개발권양도제도) ⑭ 토지초과이득세 ⑮ 택지소유상한제 ⑯ 공한지 ⑰ 종합토지세

1 국토의 계획 및 이용에 관한 법률 [시행 2024. 8. 7.]

(1) 용 어

지구단위계획이란 도시·군계획 수립 대상지역의 일부에 대하여 토지 이용을 합리화하고 그 기능을 증진시키며 미관을 개선하고 양호한 환경을 확보하며, 그 지역을 체계적·계획적으로 관리하기 위하여 수립하는 도시·군관리계획을 말한다.

(2) 개발제한구역의 지정

국토교통부장관은 도시의 무질서한 확산을 방지하고 도시주변의 자연환경을 보전하여 도시민의 건전한 생활환경을 확보하기 위하여 도시의 개발을 제한할 필요가 있거나 국방부장관의 요청이 있어 보안상 도시의 개발을 제한할 필요가 있다고 인정되면 개발제한구역의 지정 또는 변경을 도시·군관리계획으로 결정할 수 있다.

2 공공토지의 비축에 관한 법률 [시행 2020. 6. 9.]

(1) 공공토지, 토지비축, 토지은행 등에 대한 용어의 정의

① **공공토지**: 공익사업에 필요한 토지, 토지시장 안정을 위한 수급조절용 토지 등을 말한다.

② **토지은행**: 공공토지의 비축 및 공급을 위하여 한국토지주택공사에 설치하는 토지은행계정을 말한다.

(2) 공공토지비축 종합계획과 시행계획

① 국토교통부장관은 공익사업용지의 원활한 공급과 토지시장의 안정을 위하여 10년 단위의 공공토지비축 종합계획을 수립·시행하여야 한다.

② 국토교통부장관은 종합계획에 따라 매년 연도별 공공토지비축 시행계획을 수립·시행하여야 한다.

(3) 공공토지비축심의위원회의 구성과 운영

국토교통부장관 소속으로 공공토지비축심의위원회를 설치한다.

(4) 토지은행의 설치 및 운용 등

① 공공토지의 비축 및 공급을 위하여 한국토지주택공사 고유계정과 구분되는 계정으로서 한국토지주택공사에 토지은행계정을 둔다.

② 토지은행의 비축대상토지는 공공개발용 토지, 수급조절용 토지 등으로 구분하여 비축한다.

(5) 공공토지의 비축절차

① 공공개발용 토지의 비축사업계획을 승인받은 경우 한국토지주택공사는 해당 공공개발용 토지의 취득을 위하여 필요한 때에는 토지 등을 수용할 수 있다.

② 공공개발용 토지로서 보상계획 공고 이전일 경우 토지의 소유자는 한국토지주택공사에 해당 토지의 매수를 청구할 수 있다.

③ 수급조절용 토지 등의 비축을 위하여 한국토지주택공사는 국토교통부장관의 승인을 받아야 한다.

④ 수급조절용 토지는 매입계획 공고를 통해 매매계약으로 취득함을 원칙으로 하되, 토지거래계약에 관한 허가신청이 있는 토지에 대하여는 선매로 취득할 수 있도록 한다.

(6) 비축토지의 관리 및 공급

① 비축토지의 공급은 토지비축사업계획에서 정한 시기 및 기준에 따라 시행토록 함으로서 토지은행이 임의로 공급하는 것을 제한하도록 한다.

② 공공토지 비축을 통해 공급받은 자는 그 토지를 3년 이내에 지정 용도대로 사용하지 아니한 경우 환매할 수 있도록 한다.

(7) 농지취득

한국토지주택공사는 토지은행사업을 위해 "농지법"으로 정하는 바에 따라 농지를 취득할 수 있으며, 농지전용 이전까지는 한국농어촌공사에 위탁하여 임대하거나 사용할 수 있도록 한다.

(8) 공유수면매립지의 우선취득

국유지 등의 효율적 관리 차원에서 공유수면 매립지 및 매립예정지로서 토지비축위원회에서 토지비축이 필요하다고 인정하는 매립지 등에 대하여는 관계법령에도 불구하고 한국토지주택공사가 우선적으로 취득할 수 있도록 한다.

(9) 투기과열지구의 지정 요청

국토교통부장관은 공공토지의 비축으로 인하여 부동산투기 또는 부동산가격의 급등이 우려되는 지역에 대하여 투기과열지구의 지정 등 부동산가격의 안정을 위해 필요한 조치를 요청할 수 있다.

3 부동산 거래신고 등에 관한 법률 [시행 2024. 5. 17.]

(1) 부동산 거래의 신고

① 거래당사자는 '부동산 매매계약, 공급계약, 분양권과 입주권의 매매계약'을 체결한 경우 그 실제 거래가격 등을 거래계약의 체결일부터 30일 이내에 부동산소재지를 관할하는 시장·군수 또는 구청장에게 공동으로 신고하여야 한다. 다만, 거래당사자 중 일방이 국가, 지방자치단체, 대통령령으로 정하는 자의 경우에는 국가 등이 신고를 하여야 한다.

② 거래당사자 중 일방이 신고를 거부하는 경우에는 단독으로 신고할 수 있다.

③ 개업공인중개사가 거래계약서를 작성·교부한 경우에는 해당 개업공인중개사가 신고를 하여야 한다. 공동중개를 한 경우에는 공동으로 신고하여야 한다.

(2) 주택 임대차 계약의 신고

임대차계약당사자는 주택에 대하여 일정 금액을 초과하는 임대차 계약을 체결한 경우 그 보증금 또는 차임 등을 임대차 계약의 체결일부터 30일 이내에 주택 소재지를 관할하는 신고관청에 공동으로 신고하여야 한다. 다만, 임대차계약당사자 중 일방이 국가 등인 경우에는 국가 등이 신고하여야 한다.

(3) 토지거래허가구역의 지정

① 국토교통부장관 또는 시·도지사는 토지의 투기 우려가 있는 지역에 대해서는 5년 이내의 기간을 정하여 토지거래허가구역으로 지정할 수 있다.
   ㉠ 허가구역이 둘 이상의 시·도에 걸쳐 있는 경우: 국토교통부장관이 지정
   ㉡ 허가구역이 동일한 시·도 안의 일부지역인 경우: 시·도지사가 지정. 다만, 국가가 시행하는 개발사업 등에 따라 투기 우려가 있으면 국토교통부장관이 지정할 수 있다.

② 시장·군수 또는 구청장은 7일 이상 공고하고, 15일간 열람하도록 하여야 한다.

③ 허가구역의 지정은 공고한 날부터 5일 후에 그 효력이 발생한다.

(4) 허가구역 내 토지거래에 대한 허가

① 허가구역에서 토지거래계약을 체결하려는 당사자는 공동으로 시장·군수 또는 구청장의 허가를 받아야 한다. 허가받은 사항을 변경하려는 경우에도 또한 같다.

② 허가를 받으려는 자는 그 허가신청서에 계약내용과 그 토지의 이용계획, 취득자금 조달계획 등을 적어 시장·군수 또는 구청장에게 제출하여야 한다.

③ 정해진 기간에 허가여부의 통지가 없거나 선매협의 사실의 통지가 없는 경우에는 그 기간이 끝난 날의 다음 날에 허가가 있는 것으로 본다.

④ 허가를 받지 아니하고 체결한 토지거래계약은 그 효력이 발생하지 아니한다.

(5) 선 매

① 시장·군수 또는 구청장은 '공익사업용 토지 또는 토지거래계약허가를 받아 취득한 토지를 그 이용목적대로 이용하고 있지 아니한 토지'에 대해서 토지거래계약에 관한 허가신청이 있는 경우 국가 등이 그 매수를 원하는 경우에는 해당 토지를 매수할 자를 지정하여 그 토지를 협의 매수하게 할 수 있다.

② 공익사업용 토지등에 관하여 토지거래허가신청이 있는 경우에는 1개월 이내에 선매자를 지정해야 하고, 선매자는 1개월 이내에 토지소유자와 선매협의를 끝내야 한다.

③ 선매협의가 이루어지지 아니한 경우에는 지체 없이 허가 또는 불허가의 여부를 결정하여 통보하여야 한다.

(6) 불허가처분 토지에 관한 매수 청구

허가신청에 대하여 불허가처분을 받은 자는 1개월 이내에 시장·군수 또는 구청장에게 해당 토지에 관한 권리의 매수를 청구할 수 있다.

(7) 이행강제금

시장·군수 또는 구청장은 이행명령이 정하여진 기간에 이행되지 아니한 경우에는 토지 취득가액의 100분의 10의 범위에서 이행강제금을 부과한다.

4 토지의 적성평가에 관한 지침 [시행 2024. 5. 1.]

> **국토법 제20조 【도시·군기본계획 수립을 위한 기초조사 및 공청회】**
> 시·도지사, 시장 또는 군수는 기초조사의 내용에 토지의 토양, 입지, 활용가능성 등 토지 적성평가와 재해 취약성에 관한 분석을 포함하여야 한다.

(1) 이 지침은 「국토의 계획 및 이용에 관한 법률」에 따라 도시·군기본계획을 수립·변경하거나 도시·군관리계획을 입안하는 경우에 행하는 기초조사로서 토지적성평가를 실시하기 위하여 필요한 방법·절차 및 그 밖에 필요한 사항을 정하는 데 그 목적이 있다.

(2) 토지적성평가는 전 국토의 "환경친화적이고 지속가능한 개발"을 보장하고 개발과 보전이 조화되는 "선계획·후개발의 국토관리체계"를 구축하기 위하여 토지의 환경생태적·물리적·공간적 특성을 종합적으로 고려하여 개별토지가 갖는 환경적·사회적 가치를 과학적으로 평가함으로써 도시·군기본계획을 수립·변경하거나 도시·군관리계획을 입안하는 경우에 정량적·체계적인 판단 근거를 제공하기 위하여 실시하는 기초조사이다.

5 개발이익 환수에 관한 법률 [시행 2023. 7. 10.]

(1) 목 적

이 법은 토지에서 발생하는 개발이익을 환수하여 이를 적정하게 배분하여서 토지에 대한 투기를 방지하고 토지의 효율적인 이용을 촉진하여 국민경제의 건전한 발전에 이바지하는 것을 목적으로 한다.

(2) 정 의

① **개발이익**: 개발사업의 시행이나 토지이용계획의 변경, 그 밖에 사회적 · 경제적 요인에 따라 정상지가상승분을 초과하여 개발사업을 시행하는 자나 토지 소유자에게 귀속되는 토지 가액의 증가분을 말한다.

② **개발사업**: 국가나 지방자치단체로부터 인가 · 허가 · 면허 등을 받아 시행하는 택지개발사업이나 산업단지개발사업 등을 말한다.

③ **정상지가상승분**: 금융기관의 정기예금 이자율 또는 평균지가변동률 등을 고려하여 대통령령으로 정하는 기준에 따라 산정한 금액을 말한다(둘 중 높은 금액).

④ **개발부담금**: 개발이익 중 이 법에 따라 부과 · 징수하는 금액을 말한다.

(3) 개발이익의 환수

시장 · 군수 · 구청장은 개발부담금 부과 대상 사업이 시행되는 지역에서 발생하는 개발이익을 개발부담금으로 징수하여야 한다.

(4) 부과기준

개발부담금의 부과기준은 '종료시점지가 − 개시시점지가 − 정상지가상승분 − 개발비용'으로 한다.

(5) 부담률

납부 의무자가 납부하여야 할 개발부담금은 개발이익에 부담률(사업의 종류에 따라 20% 또는 25% 적용)을 곱하여 산정한다.

(6) 부담금의 결정 · 부과

시장 · 군수 · 구청장은 부과 종료 시점부터 5개월 이내에 개발부담금을 결정 · 부과하여야 한다.

(7) 납 부

개발부담금의 납부 의무자는 부과일부터 6개월 이내에 개발부담금을 납부하여야 한다.

6 재건축초과이익 환수에 관한 법률 [시행 2024. 3. 27.]

(1) 목 적

이 법은 재건축사업에서 발생되는 초과이익을 환수함으로써 주택가격의 안정과 사회적 형평을 도모하여 국민경제의 건전한 발전과 사회통합에 이바지함을 목적으로 한다.

(2) 정 의

① **재건축초과이익**: 재건축사업으로 인하여 정상주택가격상승분을 초과하여 납부의무자에게 귀속되는 주택가액의 증가분을 말한다.

② **정상주택가격상승분**: (5)에 따라 산정된 금액을 말한다.

③ **재건축부담금**: 재건축초과이익 중 이 법에 따라 부과·징수하는 금액을 말한다.

④ **개시시점 부과대상 주택**: 부과개시시점의 재건축사업의 대상이 되는 주택을 말한다.

⑤ **종료시점 부과대상 주택**: 부과종료시점의 재건축사업으로 건축된 주택을 말한다.

⑥ **납부의무자**: 조합, 공공시행자, 신탁업자, 주민합의체 또는 조합원을 말한다.

(3) 재건축초과이익의 환수

국토교통부장관은 재건축사업에서 발생되는 재건축초과이익을 재건축부담금으로 징수하여야 한다.

(4) 재건축부담금의 부과기준

'종료시점 주택가액 – 개시시점 주택가액 – 정상주택가격상승분 – 개발비용'으로 한다.

(5) 정상주택가격상승분의 산정

정상주택가격상승분은 개시시점 주택가액에 정기예금이자율과 평균주택가격상승률 중 높은 비율을 곱하여 산정한다.

(6) 부과율

① **조합원 1인당 평균이익이 8천만원 이하**: 면제

② **조합원 1인당 평균이익이 8천만원 초과**: 10% ~ 50%(이익에 따라 단계별 적용)

7 주택법 [시행 2024. 7. 17.]

(1) 투기과열지구의 지정 및 해제

① 국토교통부장관 또는 시·도지사는 주택가격의 안정을 위하여 필요한 경우 투기과열지구로 지정하거나 이를 해제할 수 있다.

② 투기과열지구는 해당 지역의 주택가격상승률이 물가상승률보다 현저히 높은 지역으로서 주택에 대한 투기가 성행하고 있거나 성행할 우려가 있는 지역 중 대통령령으로 정하는 기준을 충족하는 곳이어야 한다.

(2) 조정대상지역의 지정 및 해제

국토교통부장관은 '주택 분양 등이 과열되어 있거나 과열될 우려가 있는 지역' 또는 '분양·매매 등 거래가 위축되어 있거나 위축될 우려가 있는 지역을 조정대상지역으로 지정할 수 있다.

(3) 주택의 전매행위 제한 등

① 사업주체가 건설·공급하는 주택이 다음에 해당하는 경우에는 10년 이내의 범위에서 대통령령으로 정하는 기간이 지나기 전에는 그 주택을 전매할 수 없다.

㉠ 투기과열지구에서 건설·공급되는 주택
㉡ 조정대상지역에서 건설·공급되는 주택
㉢ 분양가상한제 적용주택
㉣ 공공택지 외의 택지에서 건설·공급되는 주택
㉤ 공공재개발사업에서 건설·공급하는 주택
㉥ 토지임대부 분양주택

② 전매가 불가피하다고 인정되는 경우로서 대통령령으로 정하는 경우에는 한국토지주택공사가 그 주택을 우선 매입할 수 있다.

8 현재 시행되고 있지 않은 제도

(1) TDR제도(개발권양도제) : 전술

보존지역을 지정함으로 인해 발생한 토지소유자의 손실을 시장기구를 통해서 개발지역에서 발생한 개발이익으로 보상하도록 하는 제도인데 미국의 몇몇 주에서 한정적으로 시행하고 있다.

(2) 토지초과이득세

토지공개념 3법 중 하나이다. 토지초과이득세는 땅을 보유만 하고 있으면서 쉽게 얻는 이득에 대해 중과세하는 제도이다. 이 제도는 사유재산권 침해 등의 논란이 있어 1994년 일부 조항이 헌법 불합치 결정을 받기도 했는데 현재는 폐지되었다.

(3) 택지소유상한제

토지공개념 3법 중 하나이다. 이 제도는 서울, 부산 등 6대 도시에서 한 가구가 200평이 넘는 택지를 신규 취득할 수 없도록 하는 제도이다. 그리고 일정면적으로 초과하는 택지 소유에 대하여 부담금을 부과한다. 이 제도는 위헌판결을 받아서 현재 폐지되었다.

(4) 공한지세

대도시 내의 토지를 효율적으로 이용하기 위해서 토지 취득 후 1년 6개월이 경과하도록 지상정착물이 없는 토지(대지, 공장용지, 학교용지, 잡종지 등)에 대해 고율의 토지보유세인 공한지세를 부과하는 제도이다. 하지만 세금을 피하기 위한 부실한 건축물이 난립하는 등의 부작용 때문에 공한지세는 폐지되었다.

(5) 종합토지세

전국에 있는 모든 토지를 소유자별로 합산한 다음 그 합산한 토지가액에 누진세로 부과하는 세금이다. 2005년 지방세법이 개정되면서 폐지되었다.

15번 : 부동산정책명		기출문제									
Ⅰ	개발이익 환수 Vs 개발손실 보상	26	27	28	29	30	31	32[3]	33	34	35
Ⅱ	부동산정책 종합정리										

[30회] 정부가 시행중인 부동산정책에 관한 설명으로 <u>틀린</u> 것은?

① 국토교통부장관은 도시의 무질서한 확산을 방지하고 도시주변의 자연환경을 보전하여 도시민의 건전한 생활환경을 확보하기 위하여 개발제한구역을 지정할 수 있다.

② 도시계획구역 안의 택지에 한하여 가구별 소유상한을 초과하는 해당 택지에 대하여는 초과소유부담금을 부과한다.

③ 정부는 한국토지주택공사를 통하여 토지비축업무를 수행할 수 있다.

④ 토지를 경제적 · 효율적으로 이용하고 공공복리의 증진을 도모하기 위하여 용도지역제를 실시하고 있다.

⑤ 국토교통부장관은 주택가격의 안정을 위하여 필요한 경우 일정한 지역을 투기과열지구로 지정할 수 있다.

정답 ②

② 택지소유상한에 대한 법률은 현재 시행하고 있지 않다.

• 현재 시행하고 있지 않은 대표적인 정책
TDR, 토지초과이득세, 택지소유상한제, 공한지세, 종합토지세, 재개발부담금

[34회] 현재 우리나라에서 시행되고 있지 <u>않는</u> 부동산 정책수단을 모두 고른 것은?

㉠ 택지소유상한제	㉡ 부동산거래신고제	㉢ 토지초과이득세
㉣ 주택의 전매제한	㉤ 부동산실명제	㉥ 토지거래허가구역
㉦ 종합부동산세	㉧ 공한지세	

① ㉠, ㉧
② ㉠, ㉢, ㉧
③ ㉠, ㉣, ㉤, ㉥
④ ㉡, ㉢, ㉣, ㉤, ㉦
⑤ ㉡, ㉣, ㉤, ㉥, ㉦, ㉧

정답 ②

㉧ 공한지세: 토지매입 후 지가 상승을 목적으로 아무런 이용을 하지 않는 토지소유주에게 고율의 보유세를 부과하던 제도이며, 토지 관련 세법이 보완되면서 폐지되었다.

• 현재 시행하고 있지 않은 대표적인 정책
TDR, 토지초과이득세, 택지소유상한제, 공한지세, 종합토지세, 재개발부담금

www.pmg.co.kr

16번 : 주택정책		기 출									
Ⅰ	주택시장 개요	26	27	28	29	30	31				35
Ⅱ	주거분리와 여과작용										
Ⅲ	임대주택정책								33	34^2	35
Ⅳ	분양주택정책										

Ⅰ 주택시장 개요 ★

[학습포인트] 유량과 저량의 개념을 확실하게 이해하고, 필요하면 단순 암기한다.

유량	변화분	신규	장기	소득	거래량	기간	임대료

Ⅱ 주거분리와 여과작용 ★★

[학습포인트] 주거분리의 개념, 할증거래와 할인거래 발생, 하향여과와 상향여과의 구분, 여과가 나타나는 과정 등에 대한 이해가 필요한 단원이다.

저가주택지역: 불량 A | 할증 B

완충 지대 (도로)

고가주택지역: 할인 C | 고가 D

한강

Ⅲ 임대주택정책 ★★★

[학습포인트] 임대료보조, 임대료규제, 공공임대주택건설의 내용과 그 효과를 숙지한다. 그리고 공공임대주택의 경우 법령상 그 종류도 알아둔다.

임대료보조	임대료규제	공공임대주택건설
• 방법(20원 지원) ┌ 주거급여: 현금 └ 바우처: 쿠폰	• 방법(최고가격 80원) ┌ 높게 규제 ⇨ 효과 없음 └ 낮게 규제 ⇨ 효과 있음	• 방법(80원으로 공급) ┌ 낮은 가격으로 제공 └ 토지공사 자체자금(×)

Ⅳ 분양주택정책 ★

[학습포인트] 분양가규제와 분양가 자율화의 내용과 장단점, 선분양제도와 후분양제도의 내용과 장단점을 공부한다.

구 분	선분양(공급자 유리)	후분양(공급자 불리)
의 의	건설 전 매각	건설 후 매각
장 점	개발업자에게 유리	주택소비자에게 유리(가격은 비쌈)
단 점	분양권전매(투기) 가능성 높음	초기 주택공급량 감소함

PART 02

I 주택시장 개요

(1) 유량과 저량

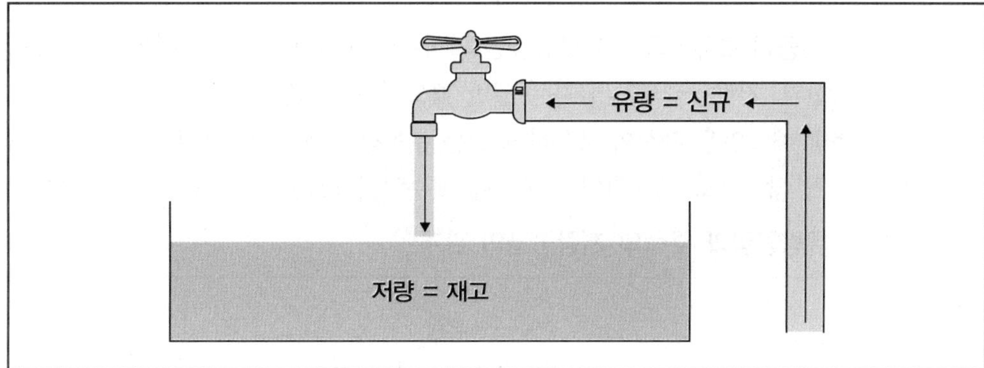

① **유량**(flow): 유량은 신규로 계속 만들어지고 있는 것을 말한다. 그리고 새롭게 계속 들어오고 있는 양을 측정하고자 할 때에는 기간을 정해야 측정이 가능하다. 예를 들면 새롭게 버는 돈을 소득이라고 하는데 하루 동안 버는 돈은 일당이라고 하고, 한 달 동안 버는 돈은 월급이라고 하고, 1년 동안 버는 돈은 연봉이라고 한다. 즉 "내 소득은 백만원이다."라는 것은 기간이 없기 때문에 의미 없는 금액이 되는 것이다. 부동산의 경우 유량이라 함은 신규개발(분양공급)의 개념이고 장기공급의 개념이다.

② **저량**(stock): 저량은 이미 만들어 놓아서 존재하고 있는 양을 말한다. 존재하고 있는 수량을 측정하고자 할 때에는 시점을 정해야 측정이 가능하다. 예를 들면 소득을 모아 놓은 것을 재산이라고 하며 이 재산은 저량의 개념이다. 그런데 "내 재산은 1년 동안 10억원이다." 이렇게 표현할 수는 없다. 재산은 시시각각 변하고 있기 때문이다. 그래서 시점을 정해서 "오늘 내 재산은 10억원이다." 이렇게 표현해야 한다. 부동산의 경우 저량이라 함은 재고(在庫)의 개념이고 단기공급의 개념으로 이용된다.

③ **유량과 저량의 종류**

유 량	변화분	신규	장기공급	소득 월급 GDP	거래량 발행량	기간	임료
저 량	존재량	재고	단기공급	재산 자산 국부	인구수 통화량 보유고	시점	가격

(2) 주택시장에서 유량공급과 저량공급

① **유량**(流量)**공급**(생산공급) : 주택유량의 공급량이란 일정기간 동안 공급되는 신규부동산의 분양공급을 말한다. 유량공급의 공급자는 부동산개발업자가 되며, 유량공급의 경우 공급은 수요에 비해 비탄력적이다.

② **저량**(貯量)**공급**(보유공급) : 저량공급은 일정시점에 존재하는 중고부동산의 매도공급량을 말한다. 저량공급의 공급자는 일반 매도인 즉 기존부동산의 소유자가 되며, 이 경우 통상 매도인은 자신이 보유하고 있는 부동산을 매도하고 다른 부동산을 매입하는 경우가 많으므로 매도인임과 동시에 매수인이 되는 이중적인 입장이 된다.

③ **주택의 유량공급과 주택의 저량공급의 관계**

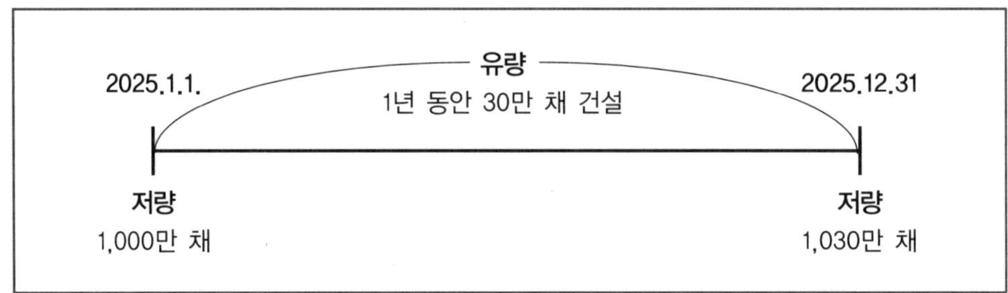

2025.1.1.시점에 주택이 1,000만 채(저량)가 있었고, 2025.1.1.부터 2025.12.31. 1년 동안에 새롭게 30만 채(유량)의 주택이 공급되었다. 그래서 2025.12.31 현재 이 지역의 총 주택공급량은 1,030만 채(저량)이다.

(3) 주택시장에서 유량과 저량의 관계를 정리하면

① 신규공급 등 유량에 의한 공급량의 증가는 장기적으로 저량을 증가시킨다.

② 현재시점의 저량과 미래시점의 저량의 차이가 그 기간 동안의 유량이다.
(특정 시점 간 저량의 변동분이 그 기간 동안의 유량이 된다.)

③ 부동산과 같은 내구재는 유량분석과 저량분석을 병행해야 한다.
(볼펜과 같은 단용재는 중고가 없으므로 저량시장이 존재하지 않는다.)

④ 부동산과 같이 단기적으로 공급이 어려운 시장은 저량분석이 중요하다.

(4) 물리적 주택과 주택서비스

① 주택시장의 수요와 공급을 분석하기 위해서 주택서비스의 개념을 도입한다.

② 주택은 물리적 측면에서는 개별적이다. 하지만 대체가능한 주택에서 제공되는 서비스는 동질적인 것으로 볼 수 있으므로 비슷한 서비스를 제공하는 주택들을 모아서 하나의 시장으로 보는 것이다.

③ 주택은 이질성이 강한 제품이므로 용도적으로 동질화된 상품으로 바꾸어 분석해야 한다. 즉 주택시장은 물리적 주택이 아니라 주택서비스를 분석하는 것이다.

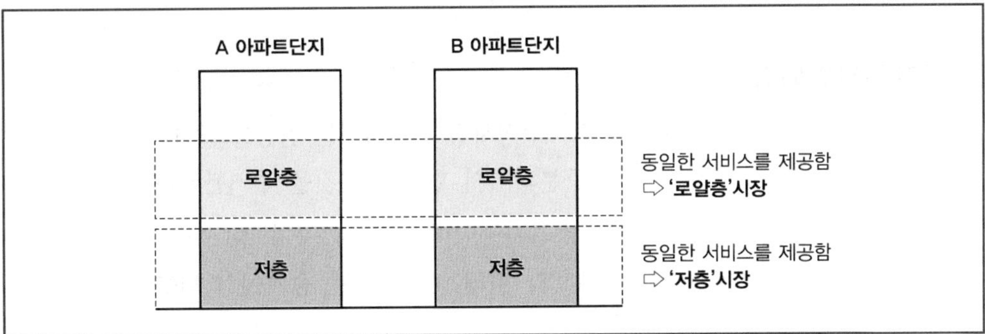

(5) 주택소요와 주택수요의 구분

① 중산층 이상의 주택의 수요와 공급은 시장이 해결해 주지만, 저소득층의 경우 주택의 수요와 공급은 시장이 해결해 주지 못한다.

② 정부는 이들 저소득층에게 필요한 주택의 양을 '주택소요'로 파악하여 공급해 주어야 한다. 즉, 주택소요는 주택정책상의 개념이다.

구 분	주택소요(housing needs)	주택수요(housing demand)
개 념	저소득층에게 적용되는 개념 사회·복지정책상 개념	중산층 이상의 수요자에게 적용 시장경제상의 개념
원 리	정부가 문제해결	시장에서 문제해결
적 용	공공임대아파트	민간의 신규아파트 분양신청

Ⅱ 주거분리와 여과작용

1 주거분리

(1) 주거분리의 의의

① 주거분리란 고가주택시장과 저가주택시장이 분리되는 현상을 말한다. 쉽게 말해서 잘 사는 동네와 못사는 동네는 구분되어서 형성되는 것을 주거분리라고 한다.

② 주거분리를 주도하는 것은 고소득가구이며 고소득가구가 정(+)의 외부효과 편익은 추구하려 하고, 부(−)의 외부효과 피해는 피하려는 동기에서 비롯된다.

(2) 주거분리의 원인

① **고가주택시장**: 고가주택시장은 정의 외부효과가 발생하므로 수선시 편익이 비용보다 큰 경우가 대부분이다. 따라서 고가주택시장에서는 지속적으로 주택의 수선이나 개량이 이루어지므로 고가주택시장은 계속 고가주택시장으로 남게 된다.

② **저가주택시장**: 저가주택시장은 부의 외부효과가 발생하므로 수선시 편익보다 비용이 더 큰 경우가 많다. 따라서 저가주택시장에서는 주택의 수선이나 개량보다는 방치가 더 많이 발생하므로 계속 저가주택시장으로 남게 된다.

(3) 침입(侵入)과 계승(繼承)

① **할인거래와 할증거래**: 고소득층 주거지역과 인접한 저소득층 주택은 할증료가 붙어 거래되며, 저소득층 주거지역과 인접한 고소득층 주택은 할인되어 거래될 것이다.

② **침입과 계승**: 고소득층 주거지역으로 저소득층이 들어오는(침입) 하향여과과정이 계속되면, 고소득층 주거지역은 점차 저소득층 주거지역으로 바뀔 것이다[이러한 현상을 계승 또는 천이(遷移)라고 한다].

(4) 불량주택의 문제

① 불량주택이란 건물이 노후하거나 구조상의 위험 또는 설비상의 하자 등으로 인해 주택의 역할을 제대로 수행하지 못하는 주택을 말한다.

② <u>불량주택의 문제는 시장실패의 문제가 아니고 저소득의 문제</u>이다.

③ 정부가 개입해서 불량주택을 철거하는 것은 해결책이 되지 못한다.

2 여과현상(집주인 교체현상)

(1) 의 의

주택여과과정은 주택의 질적 변화와 가구의 이동과의 관계를 설명해 주는 것으로 여과과정은 능동적 순환이라 불리는 하향여과와 수동적 순환이라 불리는 상향여과로 구분된다.

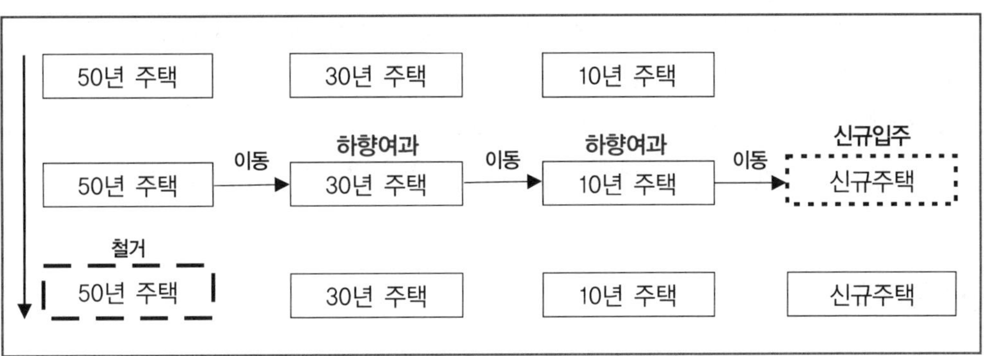

하향여과가 완성되면 50년 주택이 신규주택으로 교체되는 상황이 된다.

(2) 하향여과(filtering-down)

① 하향여과는 상위계층에서 사용되는 기존주택이 하위계층에서 사용되는 것을 말하며, 여과과정이 진행되면 고급주거지역이 저급주거지역으로 전환된다.

② **가치상승분 〈 개량비용**: 주택개량 후 주택가치의 상승분이 주택의 개량비용보다 작으면 하향여과가 발생한다.

③ 신축으로 인해 고소득층 가구가 새로운 주택으로 이동하면 기존의 빈 주택을 소득이 낮은 저소득층이 싼 값으로 구매하여 이주할 수 있고, 저소득층의 소득이 증가해서 한 단계 더 높은 수준의 주택을 원하는 경우 자연스럽게 하향여과현상이 발생한다.

④ **저가주택의 양과 질의 변화**: 주택여과효과가 긍정적으로 작동하면 사회전체의 주거의 질이 상승하고 저가주택의 공급량이 증가한다.

⑤ **공가발생**: 공가발생은 주택여과과정의 중요한 구성요소 중 하나이다.

(3) 상향여과(filtering-up)

① 불량주택이나 저급주택으로 사용하던 주택이 개량·수선되거나 재개발되어 고급주택으로 전환되어 사용되는 것을 의미한다.

② **가치상승분 〉 개량비용**: 주택개량 후 주택가치의 상승분이 주택의 개량비용보다 크다면 상향여과가 발생한다.

III 임대주택정책

저소득층 갑돌이는 주택자금으로 80원을 가지고 있다. 현재 저가시장에서 형성되는 균형임대료는 100원이며 갑돌이는 저가주택에도 들어갈 수 없는 형편이다.

그래서 정부는 갑돌이를 지원하기 위해서 세 가지 방법을 생각하고 있다.
첫째, 갑돌이에게 20원을 지원하는 방법
둘째, 임대인에게 80원 이상 못 받게 하는 방법
셋째, 정부가 80원짜리 임대주택을 직접 지어서 공급하는 방법이 그것이다.

1 임대료보조

(1) 의 의

① 임대료보조정책은 정부가 일정 수준 이하의 저소득층에게 무상으로 임대료의 일부를 지급하거나 또는 일정한 한도까지 과세소득을 공제하는 등의 정책을 말한다. 즉 저소득층 갑돌이에게 20원을 지원하는 것이다.

② 20원을 지원하는 방법에는 두 가지가 있다. 하나는 현금(주거급여)으로 20원을 주는 것이고 다른 하나는 20원짜리 주택상품권을 주는 것이다.

③ 20원을 현금으로 주면 갑돌이 입장에서는 효용이 극대화되지만 그 돈을 주택구입이 아닌 곳에 쓸 수 있다는 단점이 있다. 그래서 효용은 조금 떨어져도 정책목적을 달성시키기 위해서는 상품권(주거바우처)을 주는 것이 더 나을 수 있다.

(2) 임대료보조의 효과

① 정부의 지원을 받은 갑돌이에게는 실질소득이 증가한 것과 같은 효과 또는 상대적으로 주택의 임대료가 하락한 것과 같은 효과가 발생한다.

② 갑돌이는 소득이 증가했기 때문에 주택시장에 주택을 사러 간다. 즉 주택시장에서 주택의 수요가 증가한다.

③ 주택수요가 증가하면 주택의 가격(임대료)이 상승하고, 주택가격이 상승하면 주택공급이 증가한다.

④ 임대료보조정책을 시행하면 주택시장에서는 장기적으로 주택의 질이 좋아지고 주택공급이 증가하는 긍정적인 효과가 발생한다.

주거급여와 주거바우처

(1) **주거급여**(국민기초생활보장법과 주거기본법 및 주거급여법 등에 근거)

① **국민기초생활보장법**

생활이 어려운 사람에게 필요한 급여를 실시하여 이들의 최저생활을 보장하고 자활을 돕는 것을 목적으로 한다. 급여의 종류에는 생계급여, 주거급여, 의료급여, 교육급여 등이 있다. 생계급여는 수급자에게 의복, 음식물 및 연료비와 그 밖에 일상생활에 기본적으로 필요한 금품을 지급하여 그 생계를 유지하게 하는 것을 말하며, 주거급여는 수급자에게 주거 안정에 필요한 임차료, 수선유지비, 그 밖의 수급품을 지급하는 것으로 한다.

② **주거급여법**

임차료는 타인의 주택 등에 거주하는 사람에게 지급하며, 수선유지비는 주택 등을 소유하고 그 주택 등에 거주하는 사람에게 지급한다.

③ **주거기본법 제17조 【최저주거기준의 설정】**

국토교통부장관은 국민이 쾌적하고 살기 좋은 생활을 하기 위하여 필요한 최소한의 주거수준에 관한 지표로서 최저주거기준을 설정・공고하여야 한다. 최저주거기준에는 주거면적, 용도별 방의 개수, 주택의 구조・설비・성능 및 환경요소 등이 포함되어야 하며, 사회적・경제적인 여건의 변화에 따라 그 적정성이 유지되어야 한다.

(2) **주거바우처**

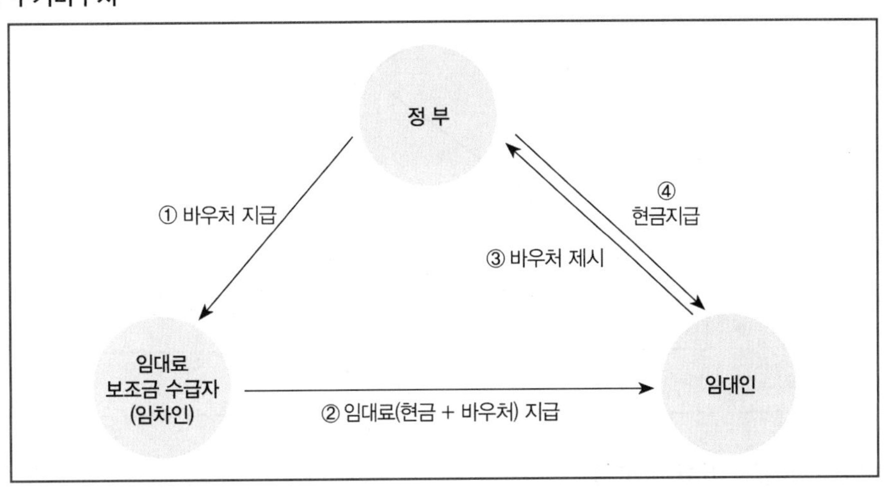

2 임대료규제(최고가격제)

(1) 개 요

① 임대료규제정책은 정부가 시장의 균형임대료보다 낮은 가격으로 최고가격을 설정한 다음 그 가격 이하로만 거래가 가능하도록 규제하는 것을 말한다.

② 현재 시장의 균형임대료는 100원인데 정부가 80원 이상 받지 못하도록 가격상한선을 설정하는 것이다.

③ 임대료규제의 효과는 규제임대료를 시장의 균형임대료보다 낮게 설정할 때 그 효과가 나타난다. 만일 시장임대료보다 높은 가격으로 규제한다면 시장에서는 아무런 현상(초과공급도 발생하지 않는다)도 나타나지 않을 것이다.

④ 임대료규제는 임차인을 보호하기 위한 정책적 수단이다.

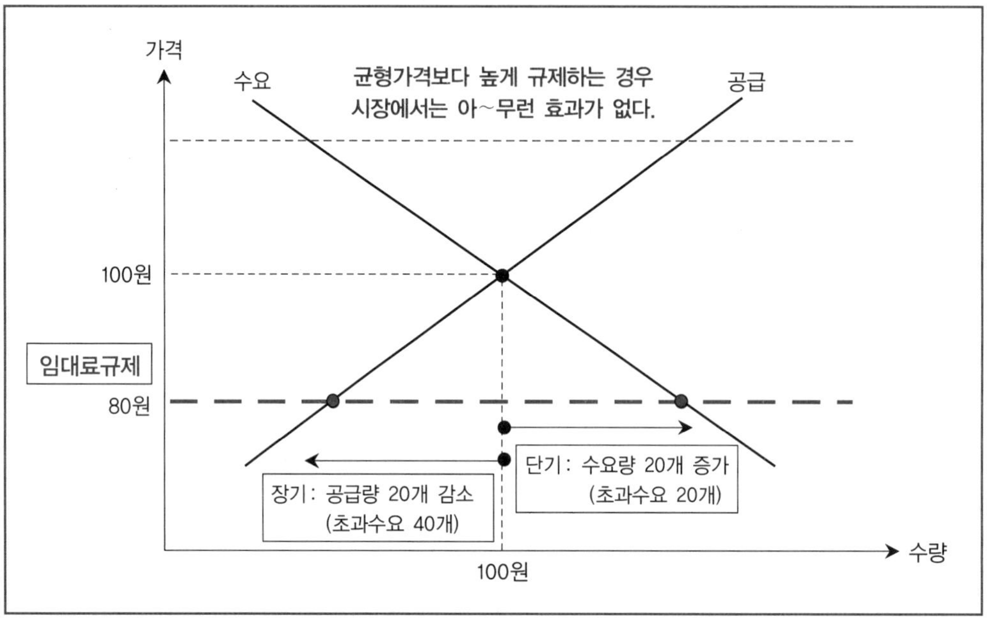

(2) 임대인에게 미치는 효과

① 개발업자는 신규 임대주택의 투자를 기피할 것이고, 기존의 임대부동산도 가능한 한 규제를 받지 않는 다른 용도로 전환할 것이다.

② 따라서 임대료를 규제하면 장기적으로 임대주택의 공급량은 감소하고 임대부동산의 질적 수준도 저하될 것이다.

(3) 임차인에게 미치는 효과

① 임대주택의 가격이 하락하기 때문에 수요는 증가한다.

② 임대주택의 공급량이 감소하고 있기 때문에 새로운 임차인(수요자)이 주택을 마련하고 싶어도 마련하지 못한다. 오히려 불만 없이 잘 살던 기존의 임차인들마저도 집에서 쫓겨나는 상황이 발생할 수 있다.

③ 임차인들이 이동하지 않는 임차자 고정현상(주거이전의 제한현상)이 나타난다. 왜냐하면 일단 집을 나가면 집을 다시 구하기가 어렵기 때문이다.

④ 임차인들의 주거선택의 폭이 좁아지므로 임차인들을 비탄력적으로 만드는 정책이 된다. 이는 세금 부과시 상대적으로 임차인들이 더 많은 세금을 부담해야 한다는 것을 의미한다.

(4) 임대주택시장에 미치는 영향

① **초과수요 발생**: 수요자는 늘어나는데 오히려 신규 및 재고 공급은 감소하므로 초과수요가 발생하게 되고, 이러한 초과수요는 수요의 가격탄력성 또는 공급의 가격탄력성이 클수록 그 폭이 더 커지게 된다.

② **암시장 형성**: 공급량이 부족한 상황에서는 규제받는 가격보다 높은 가격을 지불하고서라도 주택을 마련하고자 하는 임차인이 존재하므로 정부의 규제를 피하는 암시장(음성적 거래)이 형성될 수 있다.

③ **이중가격 형성**: 결국 부동산가격을 규제하면 부동산시장에서는 정부의 규제가격과 암시장에서 형성되는 가격의 이중가격이 형성된다.

④ **사회적 비용의 증가**: 임차자의 고정(이동의 제한)은 개인적으로 교통시간을 더 많이 허비하게 만들고 교통을 혼잡하게 만들며 이러한 교통혼잡은 기름 한 방울 나오지 않는 우리나라에서 더 많은 사회적 비용을 부담하게 한다.

3 공공임대주택정책

(1) 개 요

① 저가주택시장은 정부가 공급하는 부문인 공적 시장과 민간이 공급하는 부문인 사적 시장으로 구분할 수 있다.

② 공공임대주택건설이란 정부가 공적 시장에서 임대주택을 직접 지어서 사적 시장의 균형가격(100원으로 가정)보다 낮은 가격(80원으로 가정)으로 주택을 공급하는 것을 말한다. 공적 시장의 가격이 80원인 것은 돈이 없어서 저가주택시장에도 들어가지 못하는 저소득층이 현재 가지고 있는 돈이 80원이기 때문이다.

③ 주택보조방식은 크게 생산자에게 보조하는 방식(공공임대주택 건설 등)과 소비자에게 보조하는 방식(임대료보조)으로 나눌 수 있다.

④ 생산자보다는 소비자에게 보조하는 방식이 소비자의 선택의 폭을 더 넓혀주는 효과가 있다. 소비자에게 20원을 보조하면 소비자는 가지고 있던 돈 80원에서 20원을 지원받아 원하는 곳으로 갈 수 있다. 생산자에게 20원을 보조하면 그 생산자는 주택가격을 100원이 아닌 80원만 받아도 되므로 결국 그 혜택은 소비자에게 갈 것이다.

⑤ 소비자에게 보조를 하면 소비자의 입장에서 선택의 폭이 넓어진다는 장점이 있고, 생산자에게 보조하면 정책효과를 정부가 원하는 방향으로 끌어낼 수 있다는 장점이 있다.

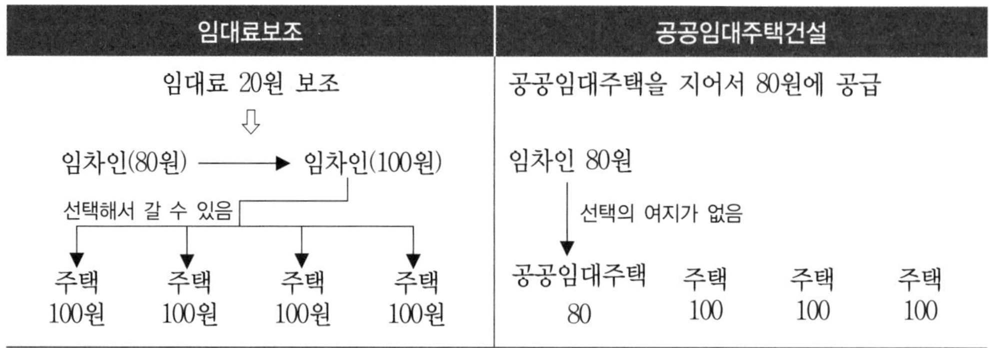

⑥ 공공임대주택건설은 임차인을 보호하기 위한 정책이며 이는 정부의 직접개입의 방법이다.

(2) 공공임대주택 공급의 효과

① **사적 시장에서의 효과**: 공적 시장이 생겼고, 공적 시장에서 제공하는 공공임대주택의 가격(80원)이 사적 시장에서 형성되고 있는 균형가격(100원)보다 더 싸기 때문에 단기적으로 사적 시장 수요의 일부가 공적 시장으로 이동한다.
사적 시장은 수요가 감소해서 가격이 하락하고, 가격이 하락하면 장기적으로 공급도 감소한다. 공급이 감소하면 결국 가격은 원래 수준(100원)으로 회복된다.

② **공적 시장에서의 효과**: 공적 시장에서는 시장논리가 적용되지 않는다. 즉 공적 시장에서 가격은 80원에서 고정되고 공급량도 정부가 공급한 양(50개라고 가정)으로 고정된다. 사적 시장에서 공적 시장으로 옮겨가는 데 성공한 가구(50가구)들은 사적 시장과의 임대료 차액(20원)만큼 정부로부터 보조받는 것과 같은 효과를 얻는다.

③ **사회 전체에 미치는 효과**: 주택가격을 살펴보면, 장기적으로 사적 시장에서는 100원, 공적 시장에서는 80원의 가격이 형성된다. 이런 현상을 이중가격의 형성이라고 한다.
주택공급량을 살펴보면, 정책을 펼치기 전에 사적 시장에 100개의 공급량이 있었다면 정부가 공공임대주택을 20개 공급하면 장기적으로 사적 시장은 80개, 공적 시장의 공급량은 20개가 된다.
주택정책에서는 공급량이 중요한데, 장기적으로 공적 시장에서 공급하는 주택수만큼 사적 시장에서 공급량을 줄이기 때문에 사회 전체의 주택공급량은 원래 수준과 같아진다.

☑ **공공임대주택건설의 장·단기 효과**

구 분	사적 시장	공적 시장
원래의 상태	가격 100원, 공급량 100개	없음
단기 (수요감소, 가격하락)	가격 80원, 공급량 100개	가격 80원, 공급량 20개
장기 (공급감소, 가격회복)	가격 100원, 공급량 80개	가격 80원, 공급량 20개

☑ 공공주택 특별법 [시행 2024. 9. 20.]

(1) 정 의

① **공공주택**: 공공주택사업자가 국가 또는 지방자치단체의 재정이나 주택도시기금을 지원받아 건설, 매입 또는 임차하여 공급하는 다음의 주택을 말한다.

┌ 공공임대주택: 임대 또는 임대한 후 분양전환을 할 목적으로 공급하는 주택
└ 공공분양주택: 분양을 목적으로 공급하는 주택으로서 국민주택규모 이하의 주택

> **시행령 제2조 【공공임대주택】의 종류**
>
> ㉠ 영구임대주택: 국가나 지방자치단체의 재정을 지원받아 최저소득 계층의 주거안정을 위하여 50년 이상 또는 영구적인 임대를 목적으로 공급하는 공공임대주택
>
> ㉡ 국민임대주택: 국가나 지방자치단체의 재정이나 주택도시기금의 자금을 지원받아 저소득 서민의 주거안정을 위하여 30년 이상 장기간 임대를 목적으로 공급하는 공공임대주택
>
> ㉢ 행복주택: 국가나 지방자치단체의 재정이나 주택도시기금의 자금을 지원받아 대학생, 사회초년생, 신혼부부 등 젊은 층의 주거안정을 목적으로 공급하는 공공임대주택
>
> ㉣ 통합공공임대주택: 국가나 지방자치단체의 재정이나 주택도시기금의 자금을 지원받아 최저소득 계층, 저소득 서민, 젊은 층 및 장애인·국가유공자 등 사회 취약계층 등의 주거안정을 목적으로 공급하는 공공임대주택
>
> ㉤ 장기전세주택: 국가나 지방자치단체의 재정이나 주택도시기금의 자금을 지원받아 전세계약의 방식으로 공급하는 공공임대주택
>
> ㉥ 분양전환공공임대주택: 일정 기간 임대 후 분양전환할 목적으로 공급하는 공공임대주택
>
> ㉦ 기존주택등매입임대주택: 국가나 지방자치단체의 재정이나 주택도시기금의 자금을 지원받아 기존주택을 매입하여 저소득층과 청년 및 신혼부부 등에게 공급하는 공공임대주택
>
> ㉧ 기존주택전세임대주택: 국가나 지방자치단체의 재정이나 주택도시기금의 자금을 지원받아 기존주택을 임차하여 저소득층과 청년 및 신혼부부 등에게 전대(轉貸)하는 공공임대주택

② **공공건설임대주택**: 공공주택사업자가 직접 건설하여 공급하는 공공임대주택

③ **공공매입임대주택**: 공공주택사업자가 매매 등으로 취득하여 공급하는 공공임대주택

④ **지분적립형 분양주택**: 주택을 공급받은 자가 일정 기간 동안 공공주택사업자와 주택의 소유권을 공유하면서 소유 지분을 적립하여 취득하는 주택

⑤ **이익공유형 분양주택**: 주택을 공급받은 자가 주택을 처분하려는 경우 공공주택사업자가 환매하되 공공주택사업자와 처분 손익을 공유하는 것을 조건으로 분양하는 주택

☑ 민간임대주택에 관한 특별법 [시행 2024. 2. 17.]

(1) 목 적

이 법은 민간임대주택의 건설·공급 및 관리와 민간 주택임대사업자 육성 등에 관한 사항을 정함으로써 민간임대주택의 공급을 촉진하고 국민의 주거생활을 안정시키는 것을 목적으로 한다.

(2) 정 의

① **민간임대주택**: 임대 목적으로 제공하는 주택(준주택 포함)으로서 임대사업자가 등록한 주택을 말하며, 민간건설임대주택과 민간매입임대주택으로 구분한다.

② **공공지원민간임대주택**: 임대사업자가 요건을 갖춘 민간임대주택을 10년 이상 임대할 목적으로 취득하여 이 법에 따른 임대료 및 임차인의 자격 제한 등을 받아 임대하는 민간임대주택을 말한다.

③ **장기일반민간임대주택**: 임대사업자가 공공지원민간임대주택이 아닌 주택을 10년 이상 임대할 목적으로 취득하여 임대하는 민간임대주택을 말한다.

④ **임대사업자**: 공공주택사업자가 아닌 자로서 민간임대주택을 취득하여 임대하는 사업을 할 목적으로 등록한 자를 말한다.

⑤ **주택임대관리업**: 주택의 소유자로부터 임대관리를 위탁받아 관리하는 업(業)을 말하며, 다음으로 구분한다.

- 자기관리형 주택임대관리업: 주택의 소유자로부터 주택을 임차하여 자기책임으로 전대(轉貸)하는 형태의 업
- 위탁관리형 주택임대관리업: 주택의 소유자로부터 수수료를 받고 임대료 부과·징수 및 시설물 유지·관리 등을 대행하는 형태의 업

(3) 국가 등의 지원

국가 및 지방자치단체는 민간임대주택의 공급 확대 등의 목적을 위하여 주택도시기금 등의 자금을 우선적으로 지원하고, 조세를 감면할 수 있다.

☑ 주택도시기금법 [시행 2024. 4. 17.]

(1) 목 적

이 법은 주택도시기금을 설치하고 주택도시보증공사를 설립하여 주거복지 증진과 도시재생 활성화를 지원함으로써 국민의 삶의 질 향상에 이바지함을 목적으로 한다.

(2) 주택도시기금의 설치와 계정의 구분

정부는 이 법의 목적을 달성하기 위한 자금을 확보・공급하기 위하여 주택도시기금을 설치하고, 주택도시기금은 주택계정 및 도시계정으로 구분하여 운용・관리한다.

(3) 기금의 재원 등

주택계정은 국민주택채권 발행, 입주자저축, 복권수익금 등으로 조성하고, 도시계정은 일반회계로부터의 출연금 또는 예수금 등으로 조성한다. 국토교통부장관은 기금의 부담으로 한국은행 또는 금융기관 등으로부터 자금을 차입할 수 있다.

(4) 기금의 용도

① 주택계정은 다음의 용도 등에 사용한다.

㉠ 국민주택의 건설, 국민주택을 건설하기 위한 대지조성사업

㉡ 국민주택규모 이하의 주택의 구입・임차 또는 개량, 리모델링

㉢ 준주택의 건설, 구입・임차 또는 개량

② 도시계정은 정비사업, 도시재생사업 등의 용도에 사용한다.

(5) 기금의 운용・관리 등

주택도시기금은 국토교통부장관이 운용・관리하며, 주택도시보증공사에 이를 위탁할 수 있다. 주택도시보증공사는 위탁받은 사무의 일부를 금융기관 등에 재위탁할 수 있다.

(6) 주택도시보증공사의 설립

이 법의 목적을 달성하기 위한 각종 보증업무 및 정책사업 수행과 기금의 효율적 운용・관리를 위하여 주택도시보증공사를 설립한다.

PART 02

Ⅳ 분양주택정책

1 분양가규제(주택법 제57조에 근거)

(1) 개 념

① 분양가란 신규 아파트의 판매가격을 말하는데 통상 분양가에는 토지(소지)매입비, 택지조성비(기반시설조성비), 건축비, 토지공사나 건설회사의 이윤 등이 포함된다.

② 건설업체로선 이익을 많이 남기기 위해 분양가를 높이려고 할 것이고 회사마다 경쟁적으로 분양가를 높이면 전체 집값이 다 함께 올라갈 가능성이 높아지게 된다.

③ 정부는 분양가가 지나치게 높아지는 것을 방지하기 위해 공공기관이 만든 땅(공공택지)에서는 누가 집을 짓든 간에 분양가를 일정 수준 이상 받지 못하도록 규제하고 있는데 이를 분양가상한제라고 한다.

④ 분양가규제는 최고가격제의 일종이며, 일반적으로 부동산경기가 과열된 경우 부동산시장을 안정화시키기 위해 시행한다.

⑤ 정리하면, 분양가규제란 정부가 무주택 서민에게 저렴한 가격으로 내집 마련의 기회를 제공하기 위해 신규주택시장에 개입하여 분양가의 상한선을 규제하는 것을 말한다.

(2) 장 점

주변지역의 지가앙등을 막을 수 있고, 저소득층도 저렴한 가격으로 주택을 마련할 수 있다.

(3) 단 점

① 분양가를 규제하면 분양가격과 시장가격의 차이가 발생하고 이러한 차익을 노리는 투기적 수요가 증가한다. 즉 분양주택에 대한 프리미엄이 형성되면 분양권을 불법으로 전매하는 등의 현상이 나타날 수 있다는 것이다.

② 또한 공급자의 수익성을 악화시켜 신규주택의 공급이 줄어들고, 분양주택의 질적 수준이 저하되는 결과가 나타난다.

③ 공급물량이 줄어들면 저소득층의 주택난이 더욱 심화된다.

④ 또한 신규주택의 공급량이 감소하여 주택수요를 해소시키지 못하면 재고주택시장에서 재고(중고)주택의 가격이 상승한다. 이 경우 전매차익은 더욱 심해진다.

(4) 분양가 규제방법

① 분양가를 규제하는 방법으로는 분양가의 상한치를 규제하는 방법, 분양가를 원가와 연동시키는 방법, 채권입찰제 등이 있다.

② **원가연동제**: 원가연동제란 아파트의 분양가격을 택지비와 건축비 등 원가와 연계시켜 일정금액 이상을 받지 못하도록 규제하는 제도이다. 아파트 분양가격의 상승 억제, 분양가의 투명성 확보, 건설업체의 불법 비자금 조성 방지, 무주택 서민을 위한 주택 공급기회 확대 등이 원가연동제의 목적이다.

③ **채권입찰제**(참고)

㉠ 정부가 새로 짓는 아파트의 분양가의 상한선을 정하면 새 아파트 값이 인근 중고 아파트의 매매가보다 훨씬 싸지게 된다. 예를 들면 기존의 주변 아파트 값이 10억원인데 새 아파트의 분양가가 6억원이라면 당첨자는 4억원을 챙길 수 있다. 그래서 아파트가 필요 없는 사람들도 전매차익을 노리고 아파트를 사려 할 것이고 엄청난 투기현상이 나타날 것이다.

결국 분양가규제는 집값 상승은 어느 정도 억제할 수 있겠지만 오히려 투기를 부추기는 결과를 가져올 수 있으므로 여기에 대한 대책도 필요하게 되는데 그 한 가지 수단이 채권입찰제이다.

㉡ 채권입찰제는 위의 예에서 기대되는 시세차익 4억 중 일정부분을 정부가 환수해 감으로써 투기수요를 줄이고자 하는 제도이다. 채권입찰제는 정부가 채권을 발행하고 그 채권을 가장 많이 사겠다고 한 사람에게 아파트 당첨권을 주는 제도이다. 만일 판교처럼 인기가 많은 지역이라서 정부가 정한 최고금액을 써 낸 사람이 많아지면 최고금액을 써 낸 사람들 중에서 추첨으로 당첨자를 결정한다.

㉢ 실제 판교의 경우 정부는 전매차익의 환수방법으로 채권입찰제를 시행하였고, 정부는 당첨자가 주변시세의 90%가격을 지불(분양가격 + 채권손실액)하도록 채권상한액을 결정하였다. 이때 90%의 결정은 정책적 결정이므로 상황에 따라 달라질 수 있다.

㉣ 예를 들어 주변 아파트 45평형의 시세가 10억원이라면 A라는 새 아파트 45평형을 구입하기 위해서는 당첨자가 9억원을 지불하도록 설계하는 것이다. 9억원을 받아서 건설회사에게 분양원가 6억원을 주고(가정) 남은 3억원은 정부가 챙겨가는 것이다. 정부가 채권을 팔아서 3억원을 챙기는 방법은 채권을 사는 사람이 채권을 사면 손실액이 3억원이 발생하도록 하는 것이다. 뭔 말이냐고?

㉤ 아파트를 청약할 때 사는 채권은 국가가 발행하는 국민주택채권 2종인데 이 채권을 1억원어치 사면 10년 후 이자 한 푼 없이(이자율 0%) 1억원을 돌려준다고 하자. 만일 아파트를 분양받기 위해 이러한 채권을 샀지만 돈에 여유가 없다면, 당장 이 채권을 싸게라도 팔아서 현금을 손에 쥐어야 한다.

ⓑ 10년 후 1억원이 되는 채권을 지금 현찰로 바꾸려면 할인을 해야 한다. 흔히 사채시장에서 말하는 깡을 해야 한다는 것이다. 만일 할인율이 10년간 50%라고 한다면 1억원의 채권을 팔면 지금 5,000만원을 받을 수 있다. 즉 이 채권을 사는 순간 채권손실액이 5,000만원이 되는 것이다.

ⓢ 만약 50%의 할인율을 적용해 A아파트의 채권손실액이 3억원이 되게 하려면 채권을 약 6억원어치를 사야 한다. 즉 A아파트를 사려는 사람은 최고 6억원까지 채권을 사겠다고 청약서류에 쓴 뒤 당첨이 되면 은행에서 50%의 할인율을 적용한 손실액 3억원을 내면 된다.

ⓞ 결국 당첨자는 건설업체 분양가 6억원에 채권매입 손실액 3억원을 합친 9억원을 내야 하는 것이고 이렇게 되면 분양받은 주택을 10억원에 팔 경우 차익은 1억원만 가져가게 되기 때문에 투기가 줄어들 가능성이 높아진다(예측을 잘못해서 아파트 가격이 8억원밖에 안 되면 오히려 1억원을 손해 보게 되는데 주택시장이 안 좋아지는 경우 실제로 이런 상황이 발생할 수 있다).

☑ 주택법 [시행 2024. 7. 17.]

(1) 입주자저축

① 국토교통부장관은 주택을 공급받으려는 자에게 미리 입주금의 전부 또는 일부를 저축(이하 "입주자저축"이라 한다)하게 할 수 있다.

② 입주자저축이란 국민주택과 민영주택을 공급받기 위하여 가입하는 주택청약종합저축을 말한다.

③ 입주자저축을 취급하는 기관은 은행 중에서 국토교통부장관이 지정한다.

④ 입주자저축은 한 사람이 한 계좌만 가입할 수 있다.

(2) 주택의 분양가격 제한 등

① 다음의 지역에서 공급하는 공동주택은 분양가상한제를 적용하여야 한다.

- 공공택지
- 민간택지에서 주택가격 상승 우려가 있어 국토교통부장관이 지정하는 지역

② ①에도 불구하고 도시형 생활주택 등은 분양가상한제를 적용하지 아니한다.

③ 분양가격은 택지비와 건축비로 구성된다.

④ 건축비는 기본형건축비에 일정금액을 더한 금액으로 한다.

(3) 분양가상한제 적용주택 등의 입주자의 거주의무 등

① 분양가상한제 적용주택 등의 입주자(상속받은 자 제외)는 해당 주택의 최초 입주가능일부터 3년 이내에 입주하여야 하고, 5년 이내의 범위에서 대통령령으로 정하는 기간 동안 계속하여 해당 주택에 거주하여야 한다.

② 거주의무자는 거주의무를 이행하지 아니한 경우 해당 주택을 양도할 수 없다. 거주의무자가 거주의무기간 이내에 거주를 이전하려는 경우 거주의무자는 한국토지주택공사에 해당 주택의 매입을 신청하여야 한다.

③ 한국토지주택공사는 특별한 사유가 없으면 해당 주택을 매입하여야 한다.

④ 한국토지주택공사는 취득한 주택을 재공급하여야 한다.

(4) 분양가상한제 적용 지역의 지정 및 해제

국토교통부장관은 주택가격상승률이 물가상승률보다 현저히 높은 지역으로서 주택가격이 급등하거나 급등할 우려가 있는 지역 중 대통령령으로 정하는 기준을 충족하는 지역은 주거정책심의위원회 심의를 거쳐 분양가상한제 적용 지역으로 지정할 수 있다.

(5) 분양가심사위원회의 운영 등

시장 · 군수 · 구청장은 분양가심사위원회를 설치 · 운영하여야 한다.

2 분양가자율화

(1) 개 요

분양가자율화는 정부가 분양가격을 통제하지 않고 개발업자(건설회사)의 자율에 맡기는 제도를 말한다.

(2) 장 점

① 분양가를 자율화하면 장기적으로 주택의 공급량은 늘어나며, 높은 가격을 받기 위해 주택의 품질도 향상될 것이다.

② 그리고 구매할 시점에서 이미 주택가격이 높은 가격으로 형성되기 때문에 싸게 사서 비싸게 팔려고 하는 투기는 줄어들 것이다.

③ 즉 분양가를 자율화하면 전매차익을 노리는 투기적 수요를 줄일 수 있다.

(3) 단점 및 대책

① 주택가격이 상승할 가능성이 높아진다.

분양가를 자율화하면 건설회사는 최대한 높은 가격을 받으려고 할 것이기 때문에 주택가격이 상승할 가능성이 높고 신규주택의 가격이 상승하면 그 영향을 받아서 주변의 중고주택가격도 함께 상승할 수 있다. 즉 전체적으로 주택시장이 과열될 우려가 생긴다.

② 분양원가 공개가 필요하다.

분양가를 자율화하는 경우에는 건설회사에게 택지비와 건축비, 이윤 등의 분양원가를 공개하도록 해서(분양원가 공개 제도의 도입) 건설회사가 지나친 폭리를 취할 수 없게끔 하는 등 대비를 해야 한다.

③ 저가주택 공급확충 대책이 필요하다.

분양가를 자율화하면 이윤율이 높은 대형주택 위주로 공급이 이루어질 가능성이 높다. 따라서 자력으로 주택을 구입할 수 없는 저소득층을 위해 공공임대주택의 확충이나 금융지원 등 정책적 배려가 있어야 할 것이다.

④ 충분한 택지공급이 필요하다.

분양가자율화는 주택의 가격을 시장원리에 맡기는 정책이므로 장기적으로 긍정적인 효과가 많다. 하지만 단기적으로 가격상승 등 부작용도 많이 발생하므로 정부는 주택가격을 안정시키기 위해서 주택 건설업체 간 경쟁이 충분히 이루어질 수 있도록 양질의 택지 확보와 저렴한 택지의 공급에 힘써야 할 것이다.

3 선분양과 후분양의 비교

(1) 개 요

① 주택분양이란 주택사업자가 입주자에게 주택을 판매하는 것을 말한다.

② 우리나라에서는 과거에 주택은 절대적으로 부족한데 주택건설에 필요한 자금도 부족해서 사업시행자가 주택수요자의 돈을 미리 당겨서 주택건설자금으로 활용하는 선분양제도를 허용하여 왔다.

③ 현재는 어느 정도 주택공급이 이루어졌고 선분양방식의 부작용도 늘고 있기 때문에 점진적으로 후분양제로의 전환을 추진하고 있다.

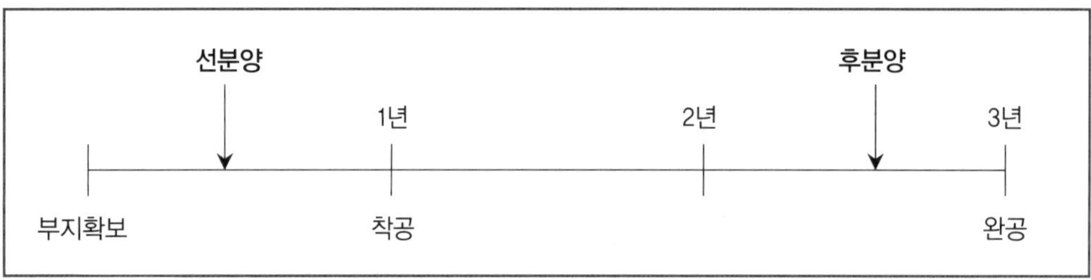

(2) 선분양제도

① **의의**: 선분양제도는 터만 확보되면 주택업체가 착공과 동시에 분양보증을 받아 입주자를 모집하는 것을 말한다.

② **선분양에서 주택가격의 납부방법**: 선분양은 계약부터 입주까지 2~3년 정도가 소요된다. 사업주체가 입주자로부터 받는 돈은 '청약금, 계약금, 중도금, 잔금'으로 구분되는데, 청약금은 주택가격의 10%, 계약금은 청약금을 포함하여 20%, 중도금은 60% 정도이다. 나머지 잔금 20%는 다 짓고 입주할 때 지불한다.

③ **선분양의 장점**: 주택사업자들은 입주자들이 내는 계약금과 중도금(전체 사업비의 80% 정도)을 받아 집을 지을 수 있기 때문에 건설업체는 자금조달 능력이 없어도 주택을 지어 팔 수 있다. 따라서 선분양제는 주택건설자금 확보가 쉬워서 주택공급을 늘리는 장점이 있고, 소비자는 좋은 주택을 사전적으로 확보할 수 있다는 이점이 있다.

④ **선분양의 단점**: 하지만 소비자는 완제품이 아닌 모델하우스(견본주택)만을 통해 단지모형, 실내구조, 자재 등을 보고 구입 여부를 결정하여야 하며, 주택가격의 80% 정도를 완공 이전에 납부해야 하는 위험부담을 안아야 한다. 또한 선분양제도는 분양권 전매(주택을 분양받은 사람이 그 지위를 다른 사람에게 되파는 행위)를 통한 투기과열로 주택시장을 교란시킬 수 있다.

(3) 후분양제도

① **도입취지**: 선분양제도하에서 건설회사의 부도로 분양권자가 손해를 보는 상황이 발생하게 되고, 분양권전매 등을 통한 투기가 발생하자 정부는 2004년부터 선분양을 제한하고 후분양제로의 전환을 단계적으로 추진하기로 하였다.

② **후분양제도 개요**: 후분양제도는 주택을 어느 정도 지은 후에 분양하는 것을 말하는데, 후분양제도하에서는 계약에서 입주까지 6개월에서 1년 정도가 소요된다. 선분양이 토지와 모델하우스만 보고 계약을 하는 제도라면, 후분양은 80% 정도는 완공된 모습을 보고 계약을 하는 제도이다.

③ **후분양제도의 장점**: 후분양제도는 완공된 주택을 판매하게 되므로 확실성하에서 소비자의 선택권이 강화된다. 또한 실제 공사비용에 대한 정밀한 산출이 가능해 분양원가를 정확히 산정할 수 있고 분양가상한제를 적용할 경우 원가파악이 가능하다(선분양제하에서는 예측원가로 상한선을 정해야 하는 한계가 있다).

④ **후분양제도의 단점**: 주택건설업체는 그동안 소비자로부터 받았던 건축자금을 다른 공급선에서 조달해야 하므로, 건설회사의 신용과 자금조달 능력에 따라 부동산공급은 많은 영향을 받게 된다.

구 분	선분양(공급자 유리)	후분양(공급자 불리)
의 의	건설 전 매각	건설 후 매각
건설자금	수요자가 이자부담	사업자가 이자부담(자금조달 어려움)
장 점	개발업자에게 유리	주택소비자에게 유리(가격은 비쌈)
단 점	분양권전매(투기) 가능성 높음	초기 주택공급량 감소함

www.pmg.co.kr

<table>
<tr><th colspan="2">16번 : 주택정책</th><th colspan="10">기출문제</th></tr>
<tr><td>Ⅰ</td><td>주택시장 개요</td><td rowspan="4">26</td><td rowspan="4">27</td><td rowspan="4">28</td><td rowspan="4">29</td><td rowspan="4">30</td><td rowspan="4">31</td><td rowspan="4"></td><td></td><td></td><td>35</td></tr>
<tr><td>Ⅱ</td><td>주거분리와 여과작용</td><td></td><td></td><td></td></tr>
<tr><td>Ⅲ</td><td>임대주택정책</td><td>33</td><td>34^2</td><td>35</td></tr>
<tr><td>Ⅳ</td><td>분양주택정책</td><td></td><td></td><td></td></tr>
</table>

[주택시장 개요－31회] 다음 중 유량(flow)의 경제변수는 모두 몇 개인가?

• 가계 자산	• 노동자 소득(임금)	• 가계 소비
• 통화량	• 임대료	• 자본총량
• 신규주택공급량	• 도시인구	• 주택재고

① 1개 ② 2개 ③ 3개
④ 4개 ⑤ 5개

❶ 정답 ④

• 유량 : 노동자 소득(임금), 가계 소비, 임대료, 신규주택공급량

[주거분리와 여과작용－31회] 주택의 여과과정(filtering process)과 주거분리에 관한 설명으로 틀린 것은?

① 주택의 하향여과과정이 원활하게 작동하면 저급주택의 공급량이 감소한다.
② 저급주택이 재개발되어 고소득가구의 주택으로 사용이 전환되는 것을 주택의 상향여과과정이라 한다.
③ 저소득가구의 침입과 천이 현상으로 인하여 주거입지의 변화가 야기될 수 있다.
④ 주택의 개량비용이 개량 후 주택가치의 상승분보다 크다면 하향여과과정이 발생하기 쉽다.
⑤ 여과과정에서 주거분리를 주도하는 것은 고소득가구로 정(＋)의 외부효과를 추구하고, 부(－)의 외부효과를 회피하려는 동기에서 비롯된다.

❶ 정답 ①

저급주택의 공급량이 감소 ⇨ 저급주택의 공급량이 증가
(하향여과는 고가주택이 저가주택으로 전환된 것이므로 저가주택의 공급량은 증가한다.)

[임대주택정책-34회] 주거정책에 관한 설명으로 틀린 것을 모두 고른 것은?

㉠ 우리나라는 주거에 대한 권리를 인정하고 있지 않다.
㉡ 공공임대주택, 주거급여제도, 주택청약종합저축제도는 현재 우리나라에서 시행되고 있다.
㉢ 주택바우처는 저소득임차가구에 주택임대료를 일부 지원해주는 소비자보조방식의 일종으로 임차인의 주거지 선택을 용이하게 할 수 있다.
㉣ 임대료보조정책은 민간임대주택의 공급을 장기적으로 감소시키고 시장임대료를 높인다.
㉤ 임대료를 균형가격 이하로 통제하면 민간임대주택의 공급량은 증가하고 질적 수준은 저하된다.

① ㉠, ㉡, ㉤　② ㉠, ㉢, ㉤　③ ㉠, ㉣, ㉤
④ ㉡, ㉢, ㉣　⑤ ㉢, ㉣, ㉤

정답 ③

• 보증규감: 보조는 증가하고 규제는 감소한다.
㉠ 법률로써 주거권을 보장하고 있다.
㉣ 공급을 감소 ⇨ 공급을 증가, 시장임대료를 높인다. ⇨ 낮춘다.
㉤ 공급량은 증가 ⇨ 공급량은 감소

[분양주택정책-30회] 주택공급제도에 관한 설명으로 틀린 것은?

① 후분양제도는 초기 주택건설자금의 대부분을 주택구매자로부터 조달하므로 건설자금에 대한 이자의 일부를 주택구매자가 부담하게 된다.
② 선분양제도는 준공 전 분양대금의 유입으로 사업자의 초기자금부담을 완화할 수 있다.
③ 후분양제도는 주택을 일정 절차에 따라 건설한 후에 분양하는 방식이다.
④ 선분양제도는 분양권전매를 통하여 가수요를 창출하여 부동산시장의 불안을 야기할 수 있다.
⑤ 소비자측면에서 후분양제도는 선분양제도보다 공급자의 부실시공 및 품질저하에 대처할 수 있다.

정답 ①

후분양제도는 ⇨ 선분양제도는

구 분	선분양(돈을 먼저 받음)	후분양(돈을 나중에 받음)
장 점	사업자의 초기부담 완화 개발업자에게 유리한 정책	부실시공 방지, 주택 질 향상 주택소비자에게 유리한 정책
단 점	분양권전매(투기) 가능성	초기 주택공급량 감소

www.pmg.co.kr

17번 : 부동산조세	기 출									
Ⅰ 부동산세금 개요				29	30	31	32	33	34	35
Ⅱ 조세부과의 효과	26		28			31				
Ⅲ 기타 중요이론										35

Ⅰ 부동산세금 개요 ★★★

[학습포인트] 최근 5년간 연속으로 출제되고 있다. 여기서 공부해 놓으면 세금 공부할 때 20% 정도 수월하다. 확실하게 숙지하고 간다.

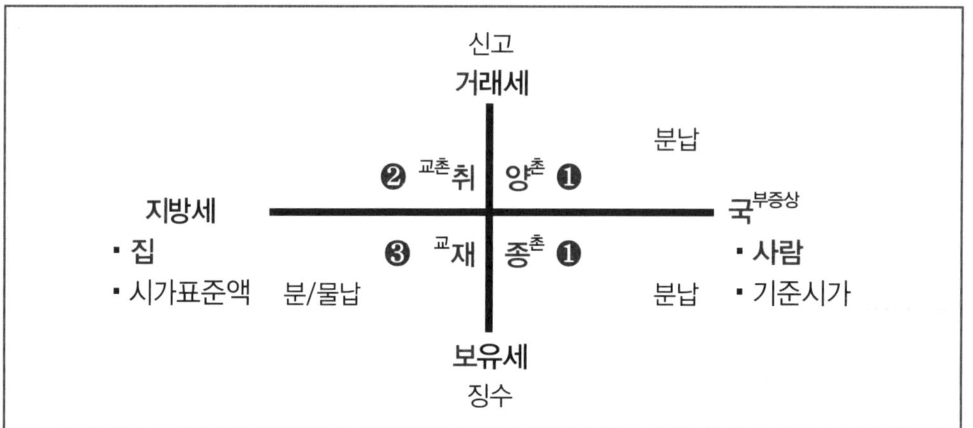

Ⅱ 조세부과의 효과 ★★

[학습포인트] 조세의 전가와 귀착의 내용, 누가 세금을 더 많이 부담하는지 여부, 수요자가 탄력적인 경우 가격을 인상하면 어떤 효과가 나타나는지 등을 숙지한다.

세금 100원	⇨	임대인(공급자) 탄력적 : 20원 부담	가격 80원 인상 → 임차인에게 80원 전가	임차인(수요자) 비탄력적 : 80원 부담

Ⅲ 기타 중요이론 ★

[학습포인트] 동결효과와 헨리죠지의 토지단일세에 대해 숙지한다.

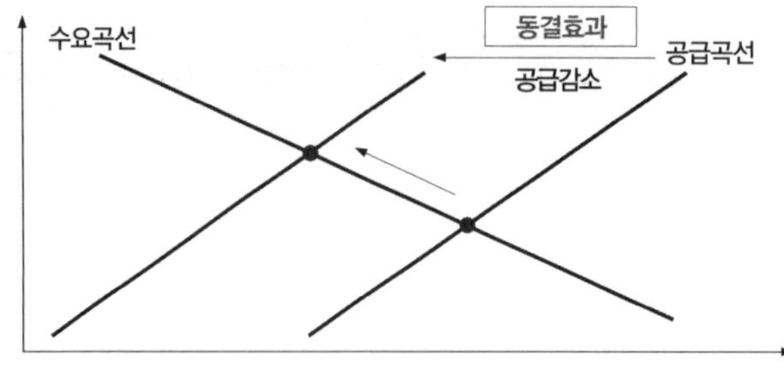

I 부동산세금 개요

1 의 의

(1) 국세와 지방세

세금이란 국가 또는 지방자치단체가 국민이나 주민으로부터 강제로 거두어들이는 금전을 말한다. 세금은 크게 국세와 지방세로 구분한다. 양도소득세와 종합부동산세, 부가가치세, 증여세, 상속세 등은 국세에 해당하고, 취득세와 재산세 등은 지방세에 해당한다.

(2) 거래세와 보유세

부동산세금은 부동산을 과세대상으로 하여 부과하는 조세를 말하는데 부동산을 취득하거나 처분하는 경우 거래세의 형태로 부과되는 세금(취득세, 등록세, 양도소득세)이 있고, 부동산을 소유하고 운영하는 경우 보유세의 형태로 부과되는 세금(재산세, 종합부동산세, 영업소득세)이 있다.

(3) 국가가 필요로 하는 다양한 목적을 실현하기 위해 돈이 필요하다.

부동산세금은 정부나 지방자치단체가 공공재 등의 공급에 필요한 재원을 조달할 목적으로 부과하는 경우도 있고, 분배의 공평성이나 경제의 불안정성을 시정하기 위한 목적으로 부과하는 경우도 있다.

2 부동산조세의 기능

① 부동산 자원을 정부가 의도하는 대로 강제로 배분하는 기능을 갖고 있다. 이는 곧 시장의 자원배분기능을 왜곡할 수 있다는 것을 의미한다.

② 사회계층 간의 소득격차를 좁히는 기능을 갖는다. 즉 소득의 재분배 기능이 있다.

③ 지가안정수단의 기능을 갖는다.

④ 주택문제해결수단의 기능을 갖는다.

⑤ 주택조세감면으로 주택수요가 증가하면 주택가격이 상승할 수 있다.

⑥ 주택조세를 감면하면 주택부문 투자는 증가하고 다른 부문 투자는 감소하는 효과가 나타날 수 있다.

⑦ 주택조세감면은 자가소유를 촉진하는 효과가 있다.

3 비례세와 누진세 및 역진세

(1) 비례세

과세물의 크기에 관계없이 과세단위에 대하여 일정한 세율이 적용되는 조세를 말한다. 비례세는 과세표준의 금액이 커지면 세율이 높아지는 누진세나 역진세 등에 대비되는 용어이다.

(2) 누진세

① 누진세란 소득금액이 커질수록 높은 세율을 적용하도록 정한 세금을 말한다. 누진세는 경제력의 격차를 야기하는 소득 간 불평등을 보정하기 위해 고소득자에게는 높은 세율의 세금을, 저소득자에게는 낮은 세율의 세금을 거두자는 의도이다.

② 제2차 세계대전 후 대부분의 나라에서 경제력의 불평등과 소득 간 불평등이 발생하였고 이에 따라 소득재분배가 필요하게 되었다. 이때 소득재분배의 효과적인 수단이 누진세율의 적용이었고 이에 따라 현재 세계 대부분의 국가에서 소득세는 누진세를 적용하고 있다.

(3) 비례세 부과의 역진세적 효과

① 역진세란 과세 물건의 수량 또는 금액이 많아짐에 따라 세율이 낮아지는 조세를 말하며 이는 누진세와 대립되는 개념이다. 현행 세제에 역진세는 거의 존재하지 않으나, 비례세 부과시 역진적인 효과가 발생할 수 있다.

② 정부가 주택의 가치에 상관없이 일률적인 세율로 세금을 부과하면 오히려 저소득층이 고소득층보다 더 많은 세금을 부담하는 결과를 초래할 수 있다. 즉 다른 조건이 동일할 경우 주택에 부과하는 비례세는 역진적인 성격이 나타난다. 따라서 이러한 현상을 방지하기 위해서 즉, 소득계층 간 조세부담의 형평성에 대한 왜곡현상을 수정하기 위해서는 누진세를 부과하는 것이 바람직하다.

4 부동산세금의 종류

(1) 십자가를 그린다.

(2) 거지보국을 적는다. (시계 반대방향)

① 거래세: 거래할 때 한 번 내는 세금
② 지방세: 지방자치단체에 내는 세금
③ 보유세: 보유기간 동안 매년 내는 세금
④ 국세: 국가에 내는 세금

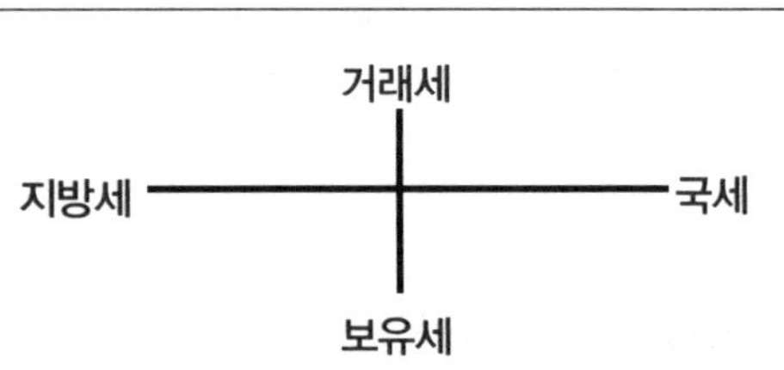

(3) 취재종양을 적는다. (시계 반대방향)

① 거래세: 취득세, 양도세, 증여세, 상속세
② 지방세: 취득세, 재산세
③ 보유세: 재산세, 종합부동산세
④ 국세: 종부세, 양도세, 부가가치세, 증여세, 상속세

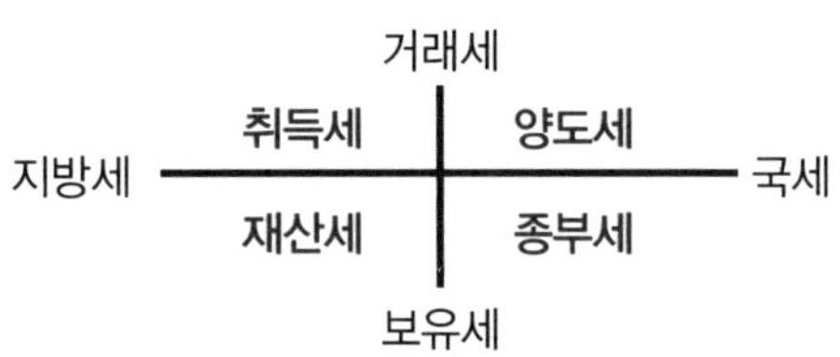

(4) 집사람 전화번호 2311을 적는다.

① 집 있는 곳에 내는 세금: 지방세
② 사람 있는 곳에 내는 세금: 국세
③ 2(광역-도)에 내는 세금: 취득세
④ 3(기초-시군구)에 내는 세금: 재산세
⑤ 1(국가)에 내는 세금: 종부세, 양도세

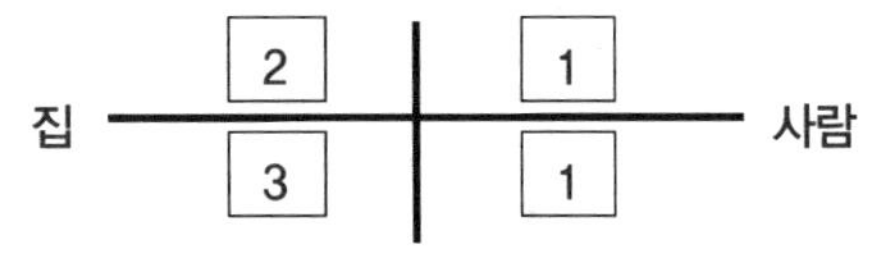

(5) 신고와 징수를 구분한다.

① 신고하는 세금: 거래세
② 징수하는 세금: 보유세

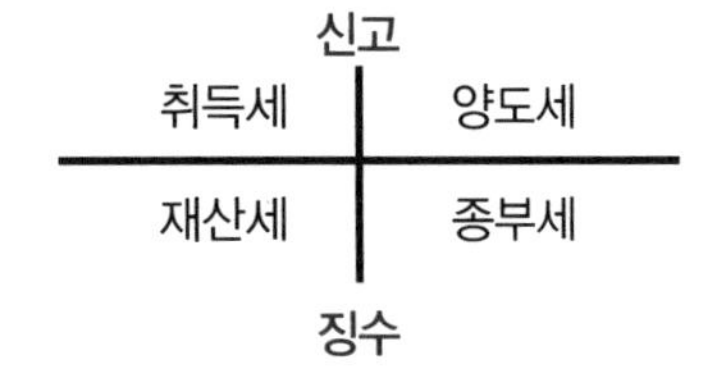

(6) 비례세와 누진세를 구분한다.

① 비례세: 지방세
예외) 주택, 별도합산토지, 종합합산토지
② 누진세: 국세

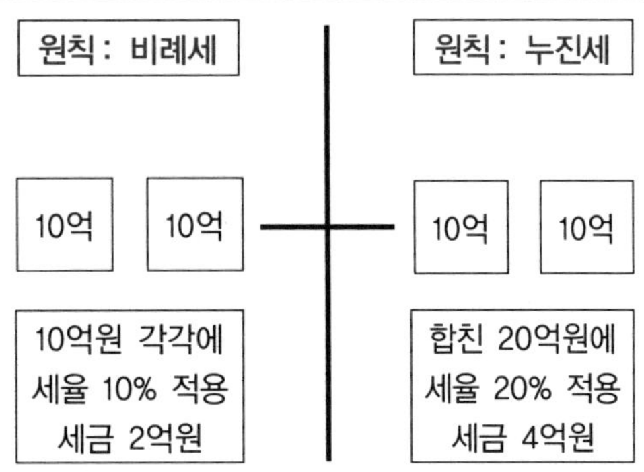

(7) 더 자세하고 정확한 내용은 세법시간에 배운다.

예제

부동산조세에 관한 설명으로 옳은 것을 모두 고른 것은?

㉠ 양도소득세와 부가가치세는 국세에 속한다. ㉡ 취득세와 등록면허세는 지방세에 속한다. ㉢ 상속세와 재산세는 부동산의 취득단계에 부과한다. ㉣ 증여세와 종합부동산세는 부동산의 보유단계에 부과한다.

① ㉠　　② ㉠, ㉡　　③ ㉡, ㉣
④ ㉠, ㉢, ㉣　　⑤ ㉡, ㉢, ㉣

해설 ㉢ 재산세는 부동산의 보유단계에 부과한다.
㉣ 증여세는 부동산의 취득단계에 부과한다.

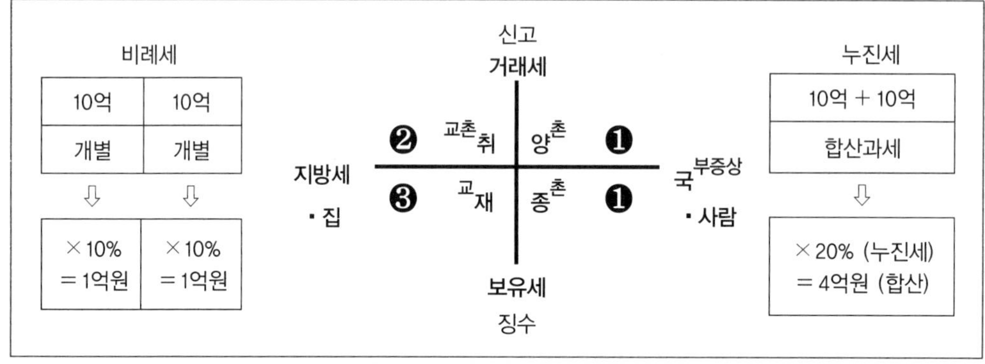

정답 ②

Ⅱ 조세부과의 효과

1 조세의 전가와 귀착(누가 세금을 많이 부담하는가?)

(1) 의 의

조세의 전가란 공급자(임대인)가 세금의 일부나 전부를 수요자(임차인)에게 떠넘기는 것을 말하고, 귀착이란 최종적으로 공급자와 수요자가 얼마씩 세금을 부담하는가를 나타내는 것이다.

(2) 탄력도와 세금부담

① 조세의 전가와 귀착은 공급자와 수요자의 상대적인 탄력도에 의해 결정되는데 수요자(임차인)가 비탄력적일수록 상대적으로 많은 양의 세금이 전가된다.

② 탄력도의 값이 크다는 것은 탄력적인 경우이고, 가격탄력성이 0이라는 것은 완전비탄력인 경우이고, 가격탄력성이 무한대인 것은 완전탄력적인 경우이다.

③ 수요가 완전탄력적이면 세금은 공급자가 모두 부담하고, 공급이 완전탄력적이면 세금은 모두 수요자가 부담한다.

☑ **완전비탄력** : 전부 부담 ☑ **탄력적** : 조금 부담 ☑ **완전탄력적** : 부담 없음

2 세금부과의 효과

① 주택에 대한 세금의 부과는 공급자의 입장에서는 주택판매수입을 낮게 만들고, 수요자의 입장에서는 지불하는 주택가치를 높게 만들기 때문에 다른 것이 일정한 경우 조세의 부과는 주택의 가격을 상승시키고 주택의 수요량과 공급량을 모두 감소시킨다.

② 토지이용을 특정 방향으로 유도하기 위해 정부가 토지보유세를 부과할 때에는 토지용도에 따라 세금을 차등부과하여야 정책목표를 달성할 수 있다.

3 조세부과와 시장왜곡(경제적 순손실)의 발생

① 시장에서 거래를 하면 수요자와 공급자 모두 이득이다(잉여발생).

② 세금부과 ⇨ 거래량 감소 ⇨ 수요자와 공급자 모두 잉여손실(시장왜곡) 발생

③ 탄력적일수록 거래가 더 많이 감소하므로 잉여도 더 많이 감소한다.

④ 거래세 인상시 정부가 세금을 가져가는 부분이 있다고 하더라도 거래량 감소 때문에 시장에서는 경제적 순손실이 발생한다.

세금부과 전	세금부과 후
수요자와 공급자의 잉여 100	수요자와 공급자 잉여 40 정부의 세금수입 50 시장의 잉여손실 10

☑ 세금부과로 인한 시장의 잉여손실의 크기

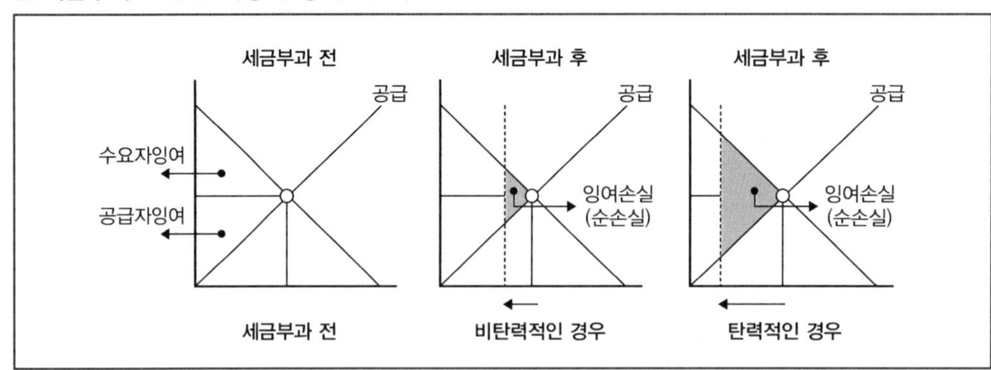

☑ 세금부과의 효과 핵심내용 정리

세금부과	세금부담: 탄력적인 사람이 세금부담이 작다.
	시장왜곡: 탄력적일수록 경제적 순손실 및 시장왜곡이 커진다.

Ⅲ 기타 중요이론

1 헨리 조지의 토지단일세

공급의 탄력성이 큰 재화일수록 세금을 부과하면 시장에서 자원배분의 왜곡을 크게 만든다. 반대로 비탄력적인 재화일수록 자원배분의 왜곡이 작아지고, 완전비탄력적이면 자원배분의 왜곡이 없는 것이다. 즉 완전비탄력적인 토지에 대한 보유세는 자원배분의 왜곡을 가져오지 않는다. 그래서 헨리 조지는 토지에서 나오는 지대수입을 100% 징세할 경우, 토지세 수입만으로 재정을 충당할 수 있다고 주장했다.

2 동결효과

① 주택시장이 과열되어 있다고 판단한 정부는 주택수요 중에서 실수요가 아닌 투기목적의 수요인 가수요를 줄여서 가격을 안정시키고자 한다. 정부는 가수요자들의 목적은 양도차익이기 때문에 양도소득세를 중과세하면 남는 것이 없어서 투기목적의 수요는 줄어들 것이라고 생각하고 주택에 양도소득세를 중과세(10% ⇨ 50%)하는 정책을 펼친다.

② 그럼 정부가 주택에 양도소득세를 중과세했을 때 주택시장에서는 실제로 어떤 상황이 벌어질까? 주택보유자의 입장에서는 양도소득세가 중과세된 현재 상황(50%)에서 주택을 팔면 양도소득세를 많이 부담해야 하기 때문에 주택소유자들은 지금은 팔지 않고 보유하다가 양도세가 다시 낮아지면 그때 팔려고 할 것이다. 그래서 현재의 시장의 주택공급량은 오히려 감소한다. 양도세 중과세 전(세율이 10%일 때)에 주택시장에서 매물로 나오던 주택이 한 달에 10채가 있었다면 지금(세율이 50%일 때)은 그 물량이 5채로 줄어서 오히려 주택공급이 감소하는 것이다. 이것을 주택공급의 동결효과(나오던 물이 얼어서 더 이상 안 나옴)라고 한다.

③ 결론은 '양도소득세 중과세 ⇨ 지금은 주택을 가지고 있다가 양도소득세 낮아지면 그때 팔아야지~(동결효과) ⇨ 공급곡선 좌측이동 ⇨ 주택가격 상승'의 가능성이 높아지는 것이다.

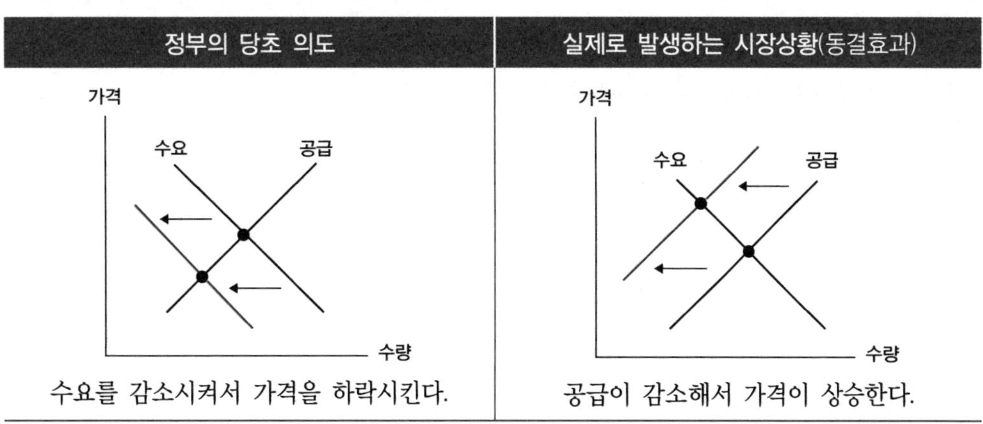

수요를 감소시켜서 가격을 하락시킨다. / 공급이 감소해서 가격이 상승한다.

www.pmg.co.kr

17번 : 부동산조세		기출문제									
Ⅰ	부동산세금 개요				29	30	31	32	33	34	35
Ⅱ	조세부과의 효과	26		28			31	32			
Ⅲ	기타 중요이론	26		28			31				35

[부동산세금 개요－32회] 부동산조세에 관한 설명으로 틀린 것은?

① 조세의 중립성은 조세가 시장의 자원배분에 영향을 미치지 않아야 한다는 원칙을 의미한다.
② 양도소득세를 중과하면 부동산의 보유기간이 늘어나는 현상이 발생할 수 있다.
③ 조세의 사실상 부담이 최종적으로 어떤 사람에게 귀속되는 것을 조세의 귀착이라 한다.
④ 양도소득세는 양도로 인해 발생하는 소득에 대해 부과되는 것으로 타인에게 전가될 수 있다.
⑤ 재산세와 종합부동산세는 보유세로서 지방세이다.

정답 ⑤

⑤ 종합부동산세는 지방세 ⇨ 국세

[조세부과의 효과－26회] 주택구입에 대한 거래세 인상에 따른 경제적 후생의 변화로 틀린 것은? (단, 우상향하는 공급곡선과 우하향하는 수요곡선을 가정하며, 다른 조건은 일정함)

① 수요곡선이 공급곡선에 비해 더 탄력적이면 수요자에 비해 공급자의 부담이 더 커진다.
② 공급곡선이 수요곡선에 비해 더 탄력적이면 공급자에 비해 수요자의 부담이 더 커진다.
③ 수요자가 실질적으로 지불하는 금액이 상승하므로 소비자잉여는 감소한다.
④ 공급자가 받는 가격이 하락하므로 생산자잉여는 감소한다.
⑤ 거래세 인상에 의한 세수입 증가분은 정부에 귀속되므로 경제적 순손실은 발생하지 않는다.

정답 ⑤

경제적 순손실은 발생하지 않는다. ⇨ 경제적 순손실이 발생한다.

	18번 : 부동산투자 개요	기 출									
Ⅰ	부동산투자 개관		27								
Ⅱ	지렛대효과		27		29		31		33	34	

Ⅰ 부동산투자 개관 ★

[학습포인트] 부동산투자의 장점을 전반적으로 이해한다.

운영: 소득이득 매각: 자본이득	**절세효과** (이자와 감가액)	**인플레이션 헷지** (구매력 방어)	**레버리지 활용** (지분수익 극대화)

Ⅱ 지렛대효과 ★★

[학습포인트] 부동산투자는 지렛대효과를 이용해서 자기자본수익률을 극대화시키고자 하는 것이 가장 근본적인 목적이다. 출제가 집중되는 부분이므로 이론과 계산 모두 확실하게 숙지한다. 계산연습을 통해 이론이 이해되는 것이 이상적이다.

☑ 자기자본수익률 계산 ★★

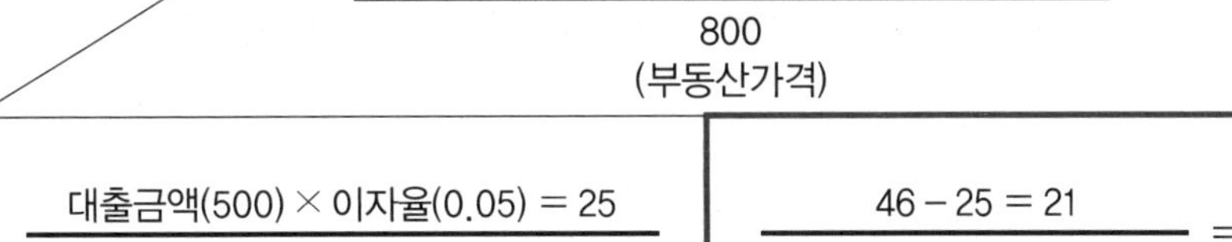

☑ 지렛대효과 이론

(종합)수익률	
(저당)수익률	(지분)수익률

정(+)	저당수익률 < 종합수익률 < 자기자본수익률
중립	저당수익률 = 종합수익률 = 자기자본수익률
부(−)	저당수익률 > 종합수익률 > 자기자본수익률

I 부동산투자 개관

1 개 요

(1) 의 의

① 부동산투자는 현재의 확실한 현금유출과 장래의 불확실한 현금유입을 교환하는 행위이며 투자분석은 이러한 교환이 타당성이 있는가를 분석하는 것이다.

② 부동산개발은 “토지매입 ⇨ 건설 ⇨ 분양”하는 일련의 과정을 말하며, 개발도 광의의 투자에 포함되지만 통상적으로 투자라고 하면 협의의 투자(기존 부동산의 취득)를 말한다.

(2) 투자의 종류

① **실물투자**: 실물투자란 자원의 희소성이나 인플레이션(inflation) 등에 의하여 상품가치가 증가하는 것에 대하여 투자하는 것이다. **예** 금, 은, 보석, 골동품, 예술품, 부동산 등

② **재무투자**: 재무투자란 공채, 주식, 사채, 외환 등의 금융유가증권에 대한 투자로 통화가 안정되고 경제성장이나 생산성 향상 등이 유리하게 되면 재무투자의 기회가 많아진다.

(3) 부동산 투자과정의 참여자

① **지분투자자**: 일반적인 투자자를 말하며 부동산투자의 궁극적인 의사결정을 하는 주체이다.

② **저당대출자**: 은행이나 신탁회사, 보험회사 등을 말하며 일반투자자에게 자금을 대출해주면서 간접적으로 투자에 참여하게 된다. 저당투자자라고도 한다.

③ **임차인**: 투자대상부동산을 점유하고 사용하면서 임대료를 지불하는 역할을 한다. 이들을 통해 투자자 즉 임대인 입장에서는 임대수입이 창출된다.

④ **정부**: 이자율의 결정, 투자환경의 조성, 세금 등을 통해 부동산투자에 참여하게 된다.

⑤ **기타**: 부동산중개업자, 건축설계사, 감정평가사 등이 참여한다.

(4) 투자와 투기

① 부동산투자란 부동산을 "취득-운영-처분"하는 일련의 과정을 말하며, 이때 운영과정이 없는 것을 투기라고 한다.

② 운영과정이 없다는 것은 양도소득(= 자본이득 = 시세차익)만 노린다는 것을 뜻한다.

부동산 투자와 투기의 구분

1. 위험부담의 측면
   ① **투자**: 위험부담을 최소화한다는 점에서 안전성을 전제로 한다.
   ② **투기**: 투기는 불확실성을 내포한 위험부담 속에서 이루어진다.
2. 주목적이 되는 수익
   ① **투자**: 소득이득(income gain)의 획득이 목적이며 그 성격은 자본생산적이다.
   ② **투기**: 단순히 가격변동으로 인한 양도차익, 즉 자본이득(capital gain)의 획득이 목적이므로 자본비생산적 성격을 갖는다.
3. 투자기간
   ① **투자**: 조직과 전문지식을 동원한 장기적 효용창출행위이다.
   ② **투기**: 자본력과 정보를 바탕으로 한 단기적 자본이익의 획득행위이다.
4. 투자대상
   ① **투자**: 주로 수익성 부동산 등 항구적인 용도를 갖는 자산
   ② **투기**: 지가수준이 낮은 미성숙지, 양도차익의 기대가 큰 지역
5. 기 타
   ① **투자**: 정책적으로 지원의 대상이다.
   ② **투기**: 정책적으로 규제의 대상이다.

2 부동산투자의 절차

(1) 투자의 목적 결정

투자의 장단점을 분석하고 투자의 목적을 결정하는데 일반적으로 부의 극대화가 투자의 목적이 된다.

(2) 투자환경의 분석

① 투자환경을 복합개념(= 법률적 측면 + 기술적 측면 + 경제적 측면)으로 접근하여 분석한다.

② 투자환경의 분석을 통해 비용과 편익을 예측할 수 있고, 요구수익률을 정하기 위해 필요한 무위험률이나 위험할증률을 분석할 수 있다.

(3) 비용과 편익의 분석

① 부동산투자에서 비롯되는 현금유입과 현금유출을 분석하는 단계이다.

② 전통적인 부동산투자의 경우 현금유출은 기간 초에 한 번(취득시) 이루어지고 현금유입은 매 기간 운영수입과 기간 말 처분수입으로 구성되는데 이러한 현금수지를 정확히 예측하는 것이 중요하다.

(4) 타당성분석

① 현금유출(비용 = 지분투자액)과 현금유입(편익 = 세후현금수지 + 세후지분복귀액)의 흐름에 대한 분석이 끝나면 이를 바탕으로 타당성분석기법을 이용해서 타당성분석을 한다.

② 부동산투자에서 이용하는 타당성분석의 기법으로는 DCF법, 어림셈법, 비율분석법, 기타 회수기간법이나 평균이익률법 등이 있다.

(5) 투자의 결정

① 순현가가 0보다 크거나 내부수익률이 요구수익률보다 크다고 해서 모두 투자하는 것은 아니다.

② 단일투자안일 경우는 개별적인 타당성분석의 결과 투자타당성이 있으면 투자하면 된다.

③ 복수의 투자안 중 상호 독립적인 투자안은 단일투자안과 동일한 방법으로 투자타당성을 판단하면 된다.

④ 복수의 투자안 중 상호 배타적인 투자안은 투자타당성이 있는 투자안 중 가장 타당성의 우선순위가 높은 순서대로 투자안을 선택하면 된다.

3 부동산투자의 장점

(1) **레버리지(leverage effect)를 통한 수익극대화 실현 가능**(뒤에서 상세히 설명)

낮은 이자율의 타인자본을 이용해서 자기자본의 수익률을 올리는 것을 레버리지효과 또는 지렛대효과라고 한다. 이때 사용하는 타인자본은 은행부채 또는 부동산의 경우 전세보증금 등을 이용한다. 타인자본의 이용비중이 커질수록 레버리지가 커지는 것이며, 레버리지가 커질수록 금융위험도 같이 증가한다.

(2) **소득이득과 자본이득의 동시 향유**

① A부동산을 100억원에 매입하여 1년 뒤 10억원의 순운영소득을 올리고 105억원에 재매도한 경우, 운영으로 발생한 소득인 10억원을 소득이득이라고 하고 매도해서 발생한 이득인 5억원은 자본이득(양도차익)이라고 하며 소득이득과 자본이득을 합친 15억원을 종합수익이라고 한다.

② 은행예금의 경우는 소득이득(이자소득)을 노리고 투자를 하고, 주식은 주로 자본이득을 노리고 투자를 한다(주식투자의 경우도 배당금은 소득이득에 해당하지만 배당금을 위해 주식투자를 하지는 않는다고 본다). 부동산에 투자하면 소득이득(운영)과 자본이득(처분)을 모두 기대할 수 있다. 토지의 특성에서 배웠듯이 소득이득과 자본이득이 발생하는 것은 영속성 때문이다.

(3) **감가상각비에 대한 절세효과**

부동산투자에서 벌어들인 소득 중 이자지급분과 감가상각분은 일반적으로 과세대상에서 제외된다. 따라서 투자를 할 때 은행에서 돈을 빌려서 상각자산(부동산)에 투자하면 절세효과를 기대할 수 있다.

A회사의 세금	B회사의 세금(돈 빌려서 부동산에 투자)
순영업소득(100억원)	순영업소득(100억원) 절세효과 발생: －이자(10억원) － 감가상각비(20억원)
× 세율(30%)	× 세율(30%)
＝30억원	＝21억원

⑷ **인플레 방어**(실물자산인 부동산에 투자함으로써 구매력 보호)

① 인플레이션이라는 것은 물가가 지속적으로 상승(상대적으로 화폐가치는 하락)하는 것을 말한다. 물가가 상승하는 기간 동안에는 실물자산인 부동산의 가격도 같이 상승하는 것이 통상적이므로 인플레이션이 발생하고 있는 상황에서는 화폐를 가지고 있는 것보다는 실물자산인 부동산이나 금 등을 가지고 있는 것이 더 유리하다.

② 30년 전, 화폐 1,000만원을 가지고 있던 A와 1,000만원 상당의 강남주택을 가지고 있던 B가 있었고 이 당시 쌀은 1포대에 1만원이었다. 30년이 지난 지금 현재 쌀값은 1포대에 5만원이고 강남주택은 1억원으로 가격이 상승했다(물가상승).

③ A는 30년 전에는 화폐 1,000만원으로 쌀 1,000포대를 살 수 있었지만 지금은 쌀 200포대밖에 사지 못한다. 즉 A는 구매력이 떨어진 것이다. 하지만 B는 오히려 주택을 팔아서 쌀 2,000포대를 살 수 있다. 오히려 구매력이 상승한 것이다.

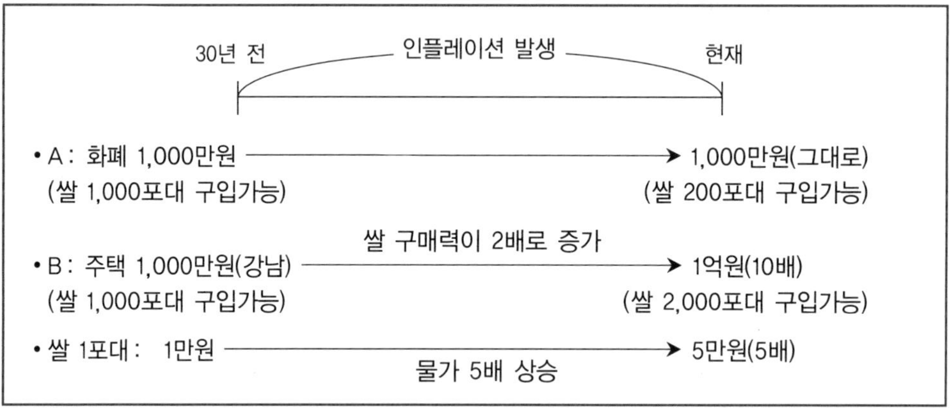

④ 즉 물가가 상승하는 경우 화폐자산을 가지고 있으면 구매력이 급격히 떨어지므로 이를 방어(헷지)하기 위해서는 부동산과 같은 실물자산에 투자하는 것이 좋다는 것이다. 부모님이 패물을 현금이 아닌 금으로 준비해주는 것도 이런 맥락으로 이해하면 된다. 패물은 지금 당장 팔아먹는 것이 아니고 가지고 있다가 나중에 힘든 상황이 되면 사용하는 용도이므로 인플레이션에 대해 헷지가 가능한 물건으로 준비해야 하는 것이다.

⑸ **소득의 연기**(수익성 부동산에 투자하느냐, 개발사업에 투자하느냐)

투자목적이 매 기간의 안정적인 일정한 수입이면 수익성 부동산을 매입하면 될 것이고 일정기간 후 목돈이 필요한 경우면 개발사업에 투자하면 된다. 즉 부동산투자는 투자대상을 어떤 것으로 하는가에 따라 소득을 선택할 수 있다.

⑹ **기 타**

① 내 집 또는 부동산을 소유하고 있다는 소유의 긍지를 누릴 수 있다.

② 주식투자 등과 달리 직접적으로 관리 등을 통해 수익을 통제할 수 있다.

4 부동산투자의 단점

(1) 정보탐색비용이 많이 든다.

부동산의 개별성 때문에 부동산시장에서 부동산정보가 불완전하므로 정보탐색비용이 많이 든다.

(2) 추가적인 거래비용을 부담하여야 한다.

부동산거래시 이사비용, 인테리어 비용, 중개수수료, 각종 세금 등 적지 않은 거래비용을 부담하여야 한다.

(3) 부동산은 환금성이 약하다.

부동산은 부동산경기가 좋지 않을 경우에 급하게 매도해야 할 상황이 오면 20% 정도의 손실을 부담해야 한다.

(4) 투자해 놓은 부동산에 대한 관리비용이 많이 든다.

부동산은 예금이나 주식투자와 비교하여 관리비용이 많이 든다.

(5) 기 타

부동산투자에는 사업위험, 금융위험, 법적위험, 인플레위험 등 추가적인 위험이 존재한다. (후술)

Ⅱ 지렛대효과

1 의 의

(1) 지렛대효과의 개념

① 은행이나 주식 또는 부동산시장이 위험을 감안한 기대수익률이 같다고 가정하면(균형상태) 은행에 예금하면 위험과 기대수익률이 낮고 주식에 투자하면 위험과 기대수익률이 모두 높다. 따라서 보수적인 투자자는 은행에 예금하고 공격적인 투자자는 주식을 사는 것이다.

② 그렇다면 안전하지만 기대수익률이 낮은 은행에서 돈을 빌려서, 위험하지만 기대수익률이 높은 주식시장에 투자하면 어떤 결과가 나올까? 아마 잘되면 돈을 많이 벌고 잘못 되면 은행이자도 갚지 못하게 될 것이다.

③ 이처럼 은행에서 돈을 빌려서 투자하면 내 돈만 가지고 투자하는 경우와 비교해서 내 돈의 수익률이 높아지거나 낮아질 수 있는데 이것을 지렛대효과라고 한다. 은행융자, 전세금, 비싼 고리채 등으로 투자를 하면 어떤 형태가 되든 지렛대효과가 발생한다(단, 위험이 낮은 시장에서 자금을 차입하여 위험이 높은 시장에 투자해야 한다).

④ 계산을 통해 지렛대효과를 이해하면, 부동산가격 100억원, 부동산의 수익률 10%인 경우 전액 자기자본으로 투자하면 내가 가져가는 수익률은 $\frac{\text{투자수익}}{\text{투자금액}}\ \frac{\text{10억원}}{\text{100억원}}$ 이므로 10%가 된다. 하지만 은행에서 50억원을 이자율 5%로 빌려서(지렛대 활용) 투자하면 내가 가져가는 수익률은 15%가 된다.

① 집 그림을 그린다.	총투자액 부채 | 지분투자액
② 투자금액을 적어 넣는다.	100억원 50억원 | 50억원
③ 투자수익을 구해서 적어 넣는다. 총수익(10억원)에서 이자(2.5억원)를 빼고 남은 금액(7.5억원)이 내가 가져가는 금액이다.	10억원/100억원 2.5억원(이자)/50억원 | 7.5억원/50억원
④ 지렛대효과 없이 전액 내 돈으로 100억원 투자한 경우 내가 가져가는 수익률은 10%지만, 은행에서 50억원을 빌려서 투자한 경우 내 수익률은 15%가 된다.	총자본수익률 10% 은행이자율 5% | **지분수익률 15%**

(2) 지렛대효과는 지분수익률의 진폭을 크게 한다.

① 돈을 빌려서 투자한다고 해서 부동산의 수익률이 올라가는 것은 아니다. 지렛대효과는 투자한 곳의 수익률과 내가 빌린 돈의 이자율을 비교하는 것이다. 이자율(5%)보다 투자대상의 수익률(10%)이 높으면 돈을 잘 빌린 것이고, 10%를 기대하고 투자한 곳의 수익률이 실제로 4%밖에 나오지 않으면 오히려 빌린 돈의 이자율이 더 높아지므로 이 투자는 실패한 투자이다.

② 나에게 유리한 방향으로 결과가 나오는 것을 정(+)의 지렛대효과라고 하고, 나에게 불리한 방향으로 결과가 나오는 것을 부(−)의 지렛대효과라고 한다. 그리고 빌린 곳의 이자율과 투자한 곳의 수익률이 동일하게 나오면 이건 본전인데, 이를 중립적 지렛대효과라고 한다.

정(+)의 지렛대	부(−)의 지렛대	중립적 지렛대
10% 5%(고정) | 15%	3% 5%(고정) | 4%	5% 5%(고정) | 5%

③ 정(+)의 지렛대효과가 발생하는 경우 돈을 많이 빌리면 빌릴수록 유리해지고, 반대로 부(−)의 지렛대효과가 발생하는 경우 돈을 많이 빌릴수록 위험해진다. 중립일 경우는 얼마를 빌리든지 본전이다. 돈을 많이 빌려서 투자했을 때 정(+)이 나오면 대박인 것이고 부(−)가 나오면 쪽박인 것이다.

정(+)의 지렛대가 발생		부(−)의 지렛대가 발생	
20% 융자	80% 융자	20% 융자	80% 융자
10(10%) / 100 1(5%) / 20 | 9(11.25%) / 80	10(10%) / 100 4(5%) / 80 | 6(30%) / 20	3(3%) / 100 1(5%) / 20 | 2(2.5%) / 80	3(3%) / 100 4(5%) / 80 | −1(−5%) / 20

④ 항상 정의 지렛대효과만 나타나는 것이 아니고 부의 지렛대효과도 발생할 수 있다. 지렛대효과의 정확한 표현은 타인자본을 차입하여 투자함으로써 지분수익률의 진폭을 크게 하는 것이다. 진폭이 커진다는 것은 위험도 커진다는 것을 말한다.

하지만 실제로 은행에서 돈을 빌려서 투자하면 정의 지렛대효과(긍정적 효과)가 발생할 가능성이 높다. 그것은 투자수익 중 은행이자를 갚는 돈에는 세금이 붙지 않기 때문이다(똑같은 투자수익이 발생해도 내 돈만 가지고 투자한 경우는 세금을 더 많이 내야 한다는 이야기이다).

⑶ 종합수익률, 저당이자율, 지분수익률의 관계

- **정(+)의 지렛대효과**: 지분수익률 > 종합수익률 > 저당수익률
- **부(−)의 지렛대효과**: 저당수익률 > 종합수익률 > 지분수익률
- **중립적 지렛대효과** : 지분수익률 = 종합수익률 = 지분수익률

① 정(+)인지 부(−)인지 여부를 판단하려면 수익률 비교를 판단해서 잘한 투자라고 판단되면 정(+)인 것이고 아니면 부(−)인 것이다.

② 투자를 잘한 경우를 나열하면 '종합수익률이 저당이자율보다 크다, 지분수익률이 저당이자율보다 크다, 지분수익률이 종합수익률보다 크다'의 경우이다. 이 경우는 모두 정(+)의 지렛대효과가 발생하는 경우이다. 이 경우 부채비율이 상승하면(돈을 더 많이 빌려서 투자하면) 지분수익률은 더 많이 상승한다.

③ 투자를 잘못한 경우를 나열하면 '종합수익률이 저당이자율보다 작다, 지분수익률보다 저당수익률이 더 크다, 종합수익률이 지분수익률보다 크다'의 경우이다. 이 경우는 모두 부(−)의 지렛대효과가 발생한다. 부채비율이 상승하면(돈을 더 많이 빌려서 투자하면) 지분수익률은 더 많이 하락한다.

④ 중립적 레버리지란 부동산수익률과 저당수익률과 지분수익률이 모두 같은 경우이며, 부채비율이 변화해도 자기자본수익률은 변하지 않는다.

2 자기자본수익률 계산문제

예제

[1] 부동산투자에서 (㉠)타인자본을 40% 활용하는 경우와 (㉡)타인자본을 활용하지 않는 경우, 각각의 1년간 자기자본수익률(%)은? (단, 주어진 조건에 한함)

- 부동산 매입가격: 20,000만원
- 1년 후 부동산 처분
- 순영업소득(NOI): 연 700만원(기간 말 발생)
- 보유기간 동안 부동산가격 상승률: 연 3%
- 대출조건: 이자율 연 5%, 대출기간 1년, 원리금은 만기일시상환

① ㉠: 7.0, ㉡: 6.0　② ㉠: 7.0, ㉡: 6.5　③ ㉠: 7.5, ㉡: 6.0
④ ㉠: 7.5, ㉡: 6.5　⑤ ㉠: 7.5, ㉡: 7.0

해설

(1) 집 그림을 그리고 먼저 대부비율 40% 상황을 적용한다.

20,000(가격)	
8,000(융자)	12,000(지분)

(2) 부동산의 연간수입과 이자 및 지분수입을 계산한다.

700(소득)+600(가격상승)=1,300(6.5%) / 20,000	
400(5%) / 8,000	900(7.5%) / 12,000

(3) 각각의 자기자본수익률을 계산한다. 여기서 타인자본이 없을 경우의 자기자본수익률은 종합수익률과 동일하다.

6.5% ⇨ 타인자본 0%일 경우 자기자본수익률	
400(5%) / 8,000	7.5% ⇨ 타인자본 40%일 경우 자기자본수익률

정답 ④

예제

[2] 다음의 경우 1년간 자기자본수익률을 구하시오.

• 기간 초 부동산가격: 8억원 • 융자금액: 5억원 • 1년간 순영업소득(NOI): 연 3천만원 • 1년간 부동산가격 상승률: 연 2% • 대출조건: 이자율 연 5%

[단위: 백만]

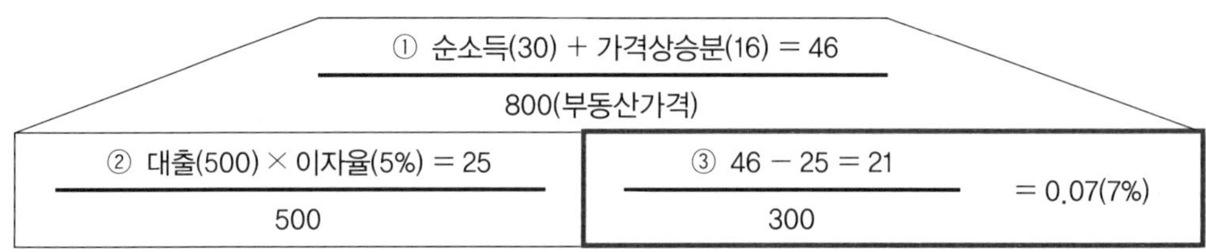

❶ 정답 자기자본수익률 $= \dfrac{\text{자기자본수익} = 21}{\text{자기자본투자액} = 300} = 0.07(7\%)$

[3] 부채비율이 50%, 총자본수익률(또는 종합수익률)이 10%, 저당수익률이 8%라면 자기자본수익률은 11%이다.

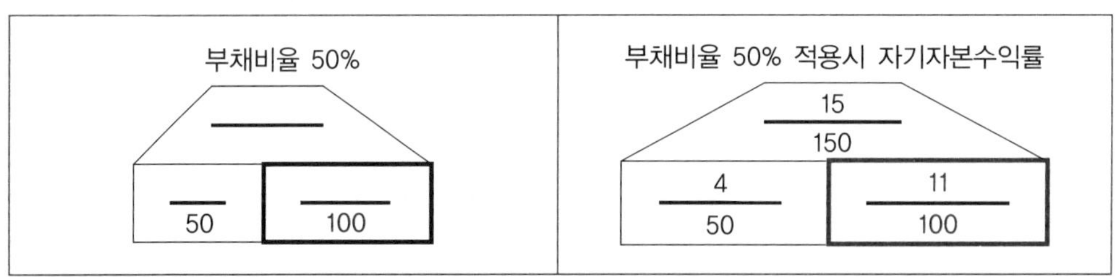

[4] 대부비율이 50%, 총자본수익률(또는 종합수익률)이 10%, 저당수익률이 8%라면 자기자본수익률은 12%이다.

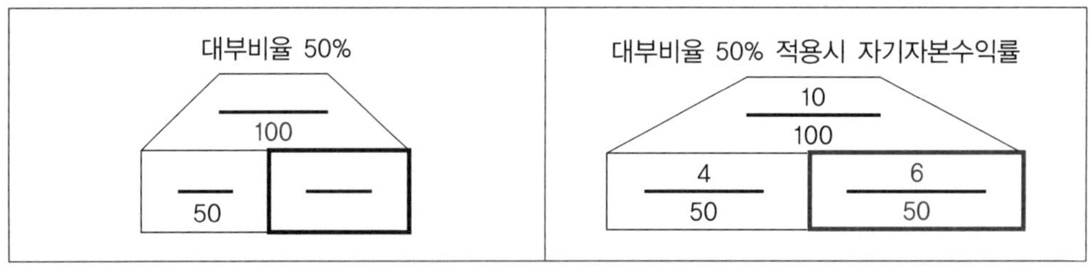

	18번 : 부동산투자 개요	기출문제									
Ⅰ	부동산투자 개관		27								
Ⅱ	지렛대효과		27		29		31		33	34	

[부동산투자 개관-27회] 부동산 투자에 관한 설명으로 틀린 것은?

① 부동산은 실물자산의 특성과 토지의 영속성으로 인해 가치보존력이 양호한 편이다.
② 임대사업을 영위하는 법인은 건물에 대한 감가상각과 이자비용을 세금산정시 비용으로 인정받을 수 있다.
③ 부동산 투자자는 저당권과 전세제도 등을 통해 레버리지를 활용할 수 있다.
④ 부동산가격이 물가상승률과 연동하여 상승하는 기간에는 인플레이션을 방어하는 효과가 있다.
⑤ 부동산은 주식 등 금융상품에 비해서 단기간에 현금화할 수 있는 가능성이 높다.

정답 ⑤
단기간에 현금화할 가능성이 높다. ⇨ 낮다(환금위험).

[지렛대효과 계산문제-27회, 29회] 부동산투자시 (㉠)타인자본을 활용하지 않는 경우와 (㉡)타인자본을 50% 활용하는 경우, 각각의 1년간 자기자본수익률은?

- 기간 초 부동산가격 : 10억원
- 1년간 순영업소득(NOI) : 연 3천만원(기간 말 발생)
- 1년간 부동산가격 상승률 : 연 2%
- 1년 후 부동산을 처분함
- 대출조건 : 이자율 연 4% 대출기간 1년, 원리금은 만기시 일시 상환함

① ㉠ : 3%, ㉡ : 6%　② ㉠ : 3%, ㉡ : 8%　③ ㉠ : 5%, ㉡ : 6%
④ ㉠ : 5%, ㉡ : 8%　⑤ ㉠ : 7%, ㉡ : 8%

정답 ③

대부비율 0%인 경우	
$\frac{50}{1,000}$	
$\frac{0}{0}$	$\frac{50}{1,000}$

대부비율 50%인 경우	
$\frac{50}{1,000}$	
$\frac{20}{500}$	$\frac{30}{500}$

www.pmg.co.kr

19번: 화폐의 시간가치		기 출									
Ⅰ	화폐의 시간가치 계산		27	28		30	31	32	33		
Ⅱ	화폐의 시간가치 이론	26			29	30		32			

Ⅰ 화폐의 시간가치 계산 ★★★

[학습포인트] 이자율이 10%인 경우 미래가치를 구할 때는 곱하기 1.1을 해 나가고, 현재가치를 구할 때는 나누기 1.1을 해 나간다는 원리를 이해한다.

☑ **이자율이 10%인 경우**: 현재의 100원 = 1년 후의 110원

미래가치 구하기(곱하기 1.1)	현재가치 구하기(나누기 1.1)
현재 → 1년 후 → 2년 후 100원 → 110원 → 121원	현재 ← 1년 후 ← 2년 후 82.6원 ← 90.9원 ← 100원

Ⅱ 화폐의 시간가치 이론 ★★★

[학습포인트] 일시금과 연금의 개념을 이해하기, 뭉친금액을 구하는 문제인지 아니면 쪼갠금액을 구하는 문제인지 구분하기, 화폐의 시간가치 6개를 숫자로 암기해서 문제 푸는 능력 키우기!

☑ **현가계수와 내가계수 구분하고 숫자로 이해하기**

현가계수			내가계수		
현가계수	일시금의 현가계수	$\frac{4}{6}$	내가계수	일시금의 미래가치계수	$\frac{6}{4}$
	연금의 현가계수(연현사)	4		연금의 미래가치계수(연미육)	6
	저당상수	$\frac{1}{4}$		감채기금계수	$\frac{1}{6}$

I 화폐의 시간가치 계산

1 단리와 복리의 개념

단리는 초기의 원금에만 이자를 지급하는 것을 말하고, 복리는 원금뿐만 아니라 이자에도 이자를 지급하는 것을 말한다. 화폐의 시간가치를 계산하는 경우에는 복리의 개념을 적용한다.

은행에 100원을 12%의 이자율로 1년 동안 예금하는 경우 복리로 예금하는 것이 0.36원을 더 받을 수 있다.

① **12개월 단리 적용시**: 100원 × 1.12 = 112원

② **6개월 복리 적용시**: 100원 × 1.06 × 1.06 = 112.36원

2 이자율이 10%인 경우: 현재의 100원 = 1년 후의 110원

미래가치 구하기(곱하기 1.1)	현재가치 구하기(나누기 1.1)
현재 — 1년 후 — 2년 후 100원 ⟶ 110원 ⟶ 121원	현재 — 1년 후 — 2년 후 82.6원 ⟵ 90.9원 ⟵ 100원

① 합리적인 사람에게 현재 100원과 1년 후의 100원 중 하나를 선택하라고 한다면 현재의 100원을 선택해서 1년 동안 다른 곳에 투자를 할 것이다.
만약 현재 시장에서 10% 정도의 수익률을 올릴 수 있는 상황이라면 오늘의 100원을 투자한 사람은 1년 후에 110원을 얻게 되는 것이므로 1년 후의 100원을 선택한 사람보다 10원을 더 가지게 되는 것이다. 즉 이 경우 1년이라는 시간의 가치는 10원이 되며, 현재의 100원과 1년 후의 110원은 같은 가치를 가지게 된다.

② 이자율이 10%인 상황에서 1년 후의 미래가치를 구할 때는 현재의 금액에 1.1을 곱하는데, 이때 앞의 1은 원금이고 뒤의 0.1은 이자를 의미한다. 2년 후의 미래가치를 구하고 싶으면 1.1을 두 번 곱하면 된다. 이자율이 20%라면 1.2를 곱하고, 이자율이 5%라면 1.05를 곱한다.

③ 반대로 미래 금액의 현재가치를 구하는 경우라면 나누기를 하면 된다. 1년 후 100원의 현재가치는 '100원 ÷ 1.1 = 90.9'가 된다. 시장이자율이 10%인 경우 이 이율을 이용해서 현재가치 구하게 되면 이를 할인(割引: 잘라내고 끌어당기다)한다고 하고, 이때 적용되는 10%를 할인율이라고 한다.

3 계산문제 풀어보기

예제

[1] 5년 후 1억원의 현재가치는?

- 할인율: 연 7%(복리계산)
- 최종 현재가치 금액은 십만원 자리 반올림함

① 6,100만원 ② 6,600만원 ③ 7,100만원
④ 7,600만원 ⑤ 8,100만원

해설

현 재	1년 후	2년 후	3년 후	4년 후	5년 후
					100,000,000
71,298,618원	← $\frac{100,000,000원}{(1+0.07)^5}$				

71,298,618원을 십만 단위에서 반올림하면 7,100만원이 된다.

정답 ③

[2] 투자자 갑은 부동산 구입자금을 마련하기 위하여 3년 동안 매년 연말 3,000만원씩을 불입하는 정기적금에 가입하였다. 이 적금의 이자율이 복리로 연 10%라면 3년 후 이 적금의 미래가치는?

① 9,600만원 ② 9,650만원 ③ 9,690만원
④ 9,930만원 ⑤ 9,950만원

해설

현 재	1년 후	2년 후	3년 후
	3,000	3,000	3,000
3년 후의 가치			3,000
		$3,000 \times (1+0.1)$ →	3,000
		$3,000 \times (1+0.1)^2$ →	3,000
			3,000 + 3,300 + 3,630 = 9,930

3,000 + (3,000 × 1.1) + (3,000 × 1.1 × 1.1) = 9,930

정답 ④

Ⅱ 화폐의 시간가치 이론

1 개 요

(1) 의 의

화폐의 가치가 시간에 따라 달라지는 이유는 대부분의 사람들이 동일한 금액이라도 나중이 아닌 지금 받기를 원하기(선호하기) 때문이다. 유명한 경제학자인 케인즈는 이를 유동성선호라고 표현하기도 한다.

(2) 일시금와 연금

일시금이란 금액이 1회만 발생하는 경우를 말하고, 연금은 동일한 금액이 동일한 기간별로 계속 반복되는 것을 말한다. 퇴직금 받을 때 일시금으로 받으면 지금 한꺼번에 목돈 2억원 정도를 받는 것이고 연금으로 받으면 매월 백만원씩 평생 받는 것이다. 연금은 기간에 따라 평생연금이 될 수도 있고 10년 연금이나 20년 연금 등이 될 수도 있다

은행에서 2억원을 융자받았다.	현재의 일시금 2억원이 주어짐.
현재 5억원 가치의 부동산이 있다.	현재의 일시금 5억원이 주어짐.
10년 후 5억원짜리 주택을 사고자 한다.	미래의 일시금 5억원이 주어짐.
5년간 매월 30만원씩 적금을 붓고 있다.	연금 30만원이 주어짐.

(3) 화폐의 시간가치계수의 종류(5년 기준)

현재가치를 구하는 계수		미래가치를 구하는 계수	
① 일시금의 현재가치계수 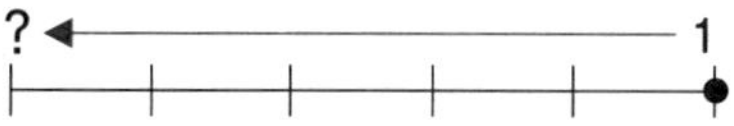 ? ◀──── 1	$\frac{4}{6}$	② 일시금의 미래가치계수 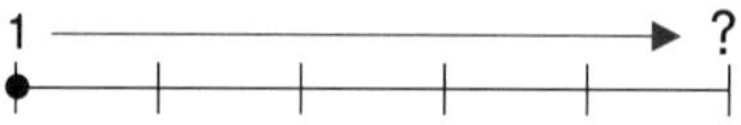 1 ────▶ ?	$\frac{6}{4}$
③ 연금의 현재가치계수  ? ◀ 1 1 1 1 1	4	④ 연금의 미래가치계수 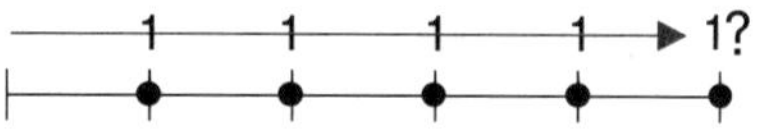 1 1 1 1 ▶ 1?	6
⑤ 저당상수 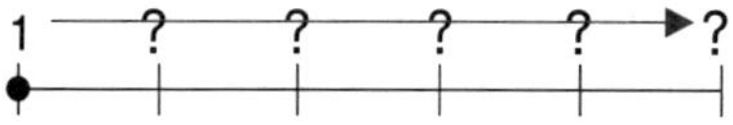 1 ─ ? ? ? ? ▶ ?	$\frac{1}{4}$	⑥ 감채기금계수 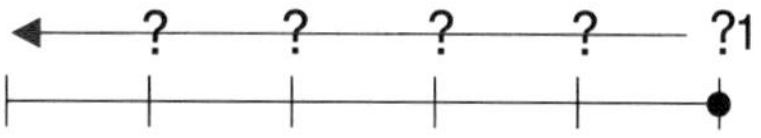 ◀ ? ? ? ? ?1	$\frac{1}{6}$

① 미래 일시금의 현재가치를 구하는 방법

5년 후 일시금(1원) × 일시금의 현재가치계수($\frac{4}{6}$) = 현재의 일시금($\frac{4}{6}$원)

② 현재 일시금의 미래가치를 구하는 방법

현재의 일시금(1원) × 일시금의 미래가치계수($\frac{6}{4}$) = 미래의 일시금($\frac{6}{4}$원)

③ 매년 연금(1원)이 5회 발생할 때 현재의 일시금을 구하는 방법

연금(1원) × 연금의 현재가치계수(4) = 현재의 뭉친금액(4원)

④ 매년 연금(1원)이 5회 발생할 때 미래의 일시금을 구하는 방법

연금(1원) × 연금의 미래가치계수(6) = 미래의 뭉친금액(6원)

⑤ 현재 일시금(1원)을 미래에 5회로 나누는 방법

현재 일시금(1원) × 저당상수 ($\frac{1}{4}$) = 매기간의 쪼갠금액($\frac{1}{4}$원)

⑥ 미래 일시금(1원)을 현재 5회로 나누는 방법

미래 일시금(1원) × 감채기금계수 ($\frac{1}{6}$) = 매기간의 쪼갠금액($\frac{1}{6}$원)

(4) **역수관계**(서로 곱해서 1이 되는 계수는 역수관계임)

① 일시금의 현가계수 $(\frac{4}{6})\times$ 일시금의 내가계수 $(\frac{6}{4})=1$

② 저당상수 $(\frac{1}{4})\times$ 연금의 현가계수 $(4)=1$

③ 감채기금계수 $(\frac{1}{6})\times$ 연금의 내가계수$(6)=1$

2 화폐의 시간가치계수 정확하게 알기(이자율 : r, 기간 : n)

(1) **일시금의 현가계수**(현재가치계수를 줄여서 '현가계수'라고 한다)

① 미래의 일정금액의 현재가치가 얼마인가를 알기 위해 미래의 일정금액에 곱하는 계수이다.

② 예를 들어 5년 후 100원이 현재금액으로는 얼마인가를 알고 싶으면 100원에 $\frac{1}{(1+0.1)^5}$을 곱하면 되는데, 이때 $\frac{1}{(1+0.1)^5}$을 일시금의 현가계수(5년, 이자율 10%의 조건인 경우)라고 한다.

③ 일시금의 현가계수는 일시금의 내가계수와는 역의 함수관계를 가지게 된다.

$$\text{일시금의 현가계수} = \frac{1}{(1+r)^n} \text{ 또는 } (1+r)^{-n}$$

④ **구체적인 예시**(일시금의 미래금액을 주고 일시금의 현재금액을 구하는 경우)

: 3년 후 10억원이 될 것으로 예상되는 부동산의 현재가치는 얼마인가?

일시금의 미래가치가 주어짐 **일시금의 현재가치를 구함**

(2) **일시금의 내가계수**(미래가치계수를 줄여서 '내가계수'라고 한다)

① 현재의 일정금액이 미래에 얼마가 되는지를 알기 위해 현재금액에 곱하는 계수이다.

② 예를 들어 현재의 100원이 5년 후에 얼마인가를 알고 싶으면 100원에 $(1+0.1)^5$을 곱하면 되는데, 이때 $(1+0.1)^5$을 일시금의 내가계수라고 한다.

$$\text{일시금의 내가계수} = (1+r)^n$$

③ **구체적인 예시**(일시금의 현재금액을 주고 일시금의 미래금액을 구하는 경우)

: 현재 5억원짜리 부동산이 있는데 이 부동산의 가격이 매년 5%씩 상승하면

일시금의 현재가치가 주어짐

5년 후 이 부동산의 가격은 얼마가 되겠는가?

일시금의 미래가치를 구함

(3) 연금의 현가계수

① 연금의 현가계수는 이자율이 r이고 기간이 n일 때, 매년 1원씩 n년 동안 받게 될 연금을 일시불로 환원한 액수이다.

② 예를 들면 5년 동안 매년 말에 1원씩 발생하는 경우 이 금액을 지금 한꺼번에 받으면 얼마인가를 알고 싶으면 1에 연금의 현가계수 $\frac{(1+0.1)^5-1}{0.1\times(1+0.1)^5}$(5년, 10%의 조건인 경우)을 곱하면 되는 것이다.

$$연금의\ 현가계수 = \frac{(1+r)^n-1}{r\times(1+r)^n}\ 또는\ \frac{1-(1+r)^{-n}}{r}$$

③ 만일 3년 5%의 조건이라면 연금의 내가계수는 $\frac{1.05^3-1}{0.05\times1.05^3}$ 이 된다.

> **잔금비율과 상환비율**
> 만기가 도래하기 전에 융자금을 조기상환하는 경우 저당대출액 중 상환된 원금을 상환액이라고 하고 미상환된 원금을 잔금이라고 한다. 그리고 빌린 원금에서 상환액이 차지하는 비율을 상환비율이라고 하고, 잔금이 차지하는 비율을 잔금비율이라고 한다. 상환비율과 잔금비율을 합하면 1이 된다.

④ **구체적인 예시**[매기 연금(쪼갠금액)을 주고 미래의 일시금을 구하는 경우]
: 5년간 매월 백만원의 임대수입이 기대되는 부동산의 현재가치는 얼마일까?
매월 연금이 주어짐 / **일시금의 현재가치를 구함**

(4) 연금의 내가계수

① 연금의 내가계수는 매년 1원씩 받게 되는 연금을 이자율 r로 계속해서 적립했을 때 n년 후에 달성하게 되는 금액을 말한다.

② 예를 들면 5년 동안 매년 말에 100원씩이 발생하는 경우 이 100원을 5년 후에 한꺼번에 받으면 얼마인가를 알고 싶으면 100원에 연금의 내가계수(5년, 10%)를 곱하면 되는 것이다.

$$연금의\ 내가계수 = \frac{(1+r)^n-1}{r}$$

③ 만일 5년 10%의 조건이라면 연금의 내가계수는 $\frac{1.1^5-1}{0.1}$이 된다.

④ **구체적인 예시**[매기 연금을 주고 미래의 일시금(뭉친금액)을 구하는 경우]
: 매월 백만원씩 적립하면 3년 후 얼마를 찾을 수 있을까?
연금이 주어짐 / **미래의 일시금을 구함**

(5) **저당상수**

① 부채에 저당상수를 곱하면 매년(또는 매월) 갚아야 할 부채서비스액(원리금상환액)이 계산된다.

② 예를 들면 원리금균등상환조건으로 지금 1원을 빌렸는데(이자율 10%) 이를 3년 동안 동일한 금액으로 얼마씩 갚으면 되는지를 알고 싶으면 1억에 저당상수(3년, 10%)를 곱하면 된다.

$$\text{저당상수} = \frac{r \times (1+r)^n}{(1+r)^n - 1} \text{ 또는 } \frac{r}{1-(1+r)^{-n}}$$

③ 만일 5년 10%의 조건이라면 저당상수는 $\frac{0.1 \times 1.1^5}{1.1^5 - 1}$이 된다.

④ **구체적인 예시**[현재의 일시금을 주고 매기 연금(쪼갠금액)을 구하는 경우]

: 은행에서 2억원을 빌린 경우(원리금균등상환조건) 매월 상환액은 얼마인가?

현재의 일시금이 주어짐 / **매월 연금을 구함**

(6) **감채기금계수**(상환기금률): 푼돈 특히 적립액(불입액)을 구하라고 할 때 적용한다.

① 일정기간 후에 1원을 만들기 위해서 매 기간마다 적립해야 할 액수를 나타내는 자본환원계수는 감채기금계수이다.

② 예를 들면 5년 후에 1억을 만들어야 할 경우 매년의 적립액(적립이자 10%)을 구하려면 1억에 감채기금계수(5년, 10%)를 곱하면 된다.

$$\text{감채기금계수} = \frac{r}{(1+r)^n - 1}$$

③ 만일 5년 10%의 조건이라면 감채기금계수는 $\frac{0.1}{1.1^5 - 1}$이 된다.

④ **구체적인 예시**[미래의 일시금을 주고 매기 연금(쪼갠금액)을 구하는 경우]

: 5년 후 5억원짜리 주택을 마련하려면 매월 얼마씩 적금을 부어야 하는가?

미래의 일시금이 주어짐 / **매월 연금을 구함**

자본환원계수에 대한 정리

자본환원계수	목 적	수 식
일시불의 현가계수	할인율이 r%일 때 n년 후의 1원이 현재 얼마만한 가치가 있는가를 나타냄.	$(1+r)^{-n} = \frac{1}{(1+r)^n}$
일시불의 내가계수	1원을 이자율 r%로 저금했을 때 n년 후에 찾게 되는 금액을 구함.	$(1+r)^n$
연금의 현가계수	매년 1원씩 n년 동안 받게 되는 연금을 일시불로 환원한 액수를 구함.	$\frac{1-(1+r)^{-n}}{r}$
연금의 내가계수	매년 1원씩 받게 되는 연금을 이자율 r로 계속해서 적립했을 때 n년 후에 찾게 되는 금액을 구함.	$\frac{(1+r)^n-1}{r}$
저당상수	일정액을 빌렸을 때, 매 기간마다 갚아 나가야 할 원금과 이자의 합계를 구함.	$\frac{r}{1-(1+r)^{-n}}$
감채기금계수	n년 후에 1원을 만들기 위해서 매년 불입해야 할 액수를 구함.	$\frac{r}{(1+r)^n-1}$

www.pmg.co.kr

	19번: 화폐의 시간가치	기출문제									
I	화폐의 시간가치 계산		27	28		30	31	32	33		
II	화폐의 시간가치 이론	26			29	30		32			

[화폐의 시간가치 계산-32회] 다음은 투자부동산의 매입, 운영 및 매각에 따른 현금흐름이다. 이에 기초한 순현재가치는? (단, 0년차 현금흐름은 초기투자액, 1년차부터 7년차까지 현금흐름은 현금유입과 유출을 감안한 순현금흐름이며, 기간이 7년인 연금의 현가계수는 3.50, 7년 일시불의 현가계수는 0.60이고, 주어진 조건에 한함)

(단위: 만원)

기간(년)	0	1	2	3	4	5	6	7
현금흐름	−1,100	120	120	120	120	120	120	1,420

① 100만원 ② 120만원 ③ 140만원
④ 160만원 ⑤ 180만원

정답 ①

기 간	현재가치	1	2	3	4	5	6	7
현금유입	420 ◀—	120	120	120	120	120	120	120
	780 ◀—							1,300
현금유출	1,100							

(1) 현금유입의 현가: 420 + 780 = 1,200
- 7년치 연금의 현가합: 120 × 3.5 = 420
- 7년 후 일시금의 현가합: (1,420 − 120) × 0.6 = 780

(2) 현금유출의 현가: 1,100

(3) 순현가: 1,200 − 1,100 = 100

[화폐의 시간가치 이론-32회] 화폐의 시간가치 계산에 관한 설명으로 옳은 것은?

① 현재 10억원인 아파트가 매년 2%씩 가격이 상승한다고 가정할 때, 5년 후 아파트가격을 산정하는 경우 연금의 미래가치계수를 사용한다.

② 원리금균등상환방식으로 담보대출을 받은 가구가 매월 상환할 금액을 산정하는 경우, 일시불의 현재가치계수를 사용한다.

③ 연금의 현재가치계수에 감채기금계수를 곱하면 일시불의 현재가치계수이다.

④ 임대기간 동안 월임대료를 모두 적립할 경우, 이 금액의 현재시점 가치를 산정한다면 감채기금계수를 사용한다.

⑤ 나대지에 투자하여 5년 후 8억원에 매각하고 싶은 투자자는 현재 이 나대지의 구입금액을 산정하는 경우, 저당상수를 사용한다.

❶ 정답 ③

① 현재 10억원인 아파트가 매년 2%씩 가격이 상승한다고 가정할 때,
현재 일시금이 주어짐(현재 1원)
5년 후 아파트 가격을 산정하는 경우 ~~연금의 미래가치계수~~를 사용한다.
미래의 금액을 구함(미래 6/4원) **일시금의 미래가치계수**

② 원리금균등상환방식으로 담보대출을 받은 가구가
현재의 일시금이 주어짐(현재 1원)
매월 상환할 금액을 산정하는 경우, ~~일시불의 현재가치계수~~를 사용한다.
쪼갠금액을 구함(1/4원) **저당상수**

③ 연금의 현재가치계수에 감채기금계수를 곱하면 일시불의 현재가치계수이다. (○)
(4) $(\frac{1}{6})$ $(\frac{4}{6})$

④ 임대기간 동안 월임대료를 모두 적립할 경우,
매기간 연금이 주어짐(1원 5번)
이 금액의 현재시점 가치를 산정한다면 ~~감채기금계수~~를 사용한다.
현재의 뭉친금액을 구함(4원) **연금의 현재가치계수**

⑤ 나대지에 투자하여 5년 후 8억원에 매각하고 싶은 투자자는
미래의 일시금이 주어짐(1원)
현재 이 나대지의 구입금액을 산정하는 경우, ~~저당상수~~를 사용한다.
현재의 금액을 구함(4/6원) **일시금의 현재가치계수**

20번: 투자의 현금흐름 분석		기 출									
Ⅰ	부동산투자의 현금흐름 개요										
Ⅱ	운영수입과 매각수입 이론		27	28	29	30					
Ⅲ	운영수입과 매각수입 계산										

Ⅰ 부동산투자의 현금흐름 개요

[학습포인트] 부동산에 투자하면 운영해서 매년 수입이 나오고(소득이득), 처분해서 마지막에 한 번 수입(자본이득)이 나온다는 것을 알면 된다.

Ⅱ 운영수입 이론과 매각수입 이론 ★★

[학습포인트] 입에 완전히 붙을 정도로 확실하게 숙지한다. 부동산투자의 처음과 끝이다. 아래 공식을 익히지 않고는 투자론 공부를 했다고 할 수 없다.

가능총소득	가	− 공실	− 공실 : 임대되지 않고 비어있는 사무실 − 불량부채 : 회수 불가능한 임대료수입 + 기타수입 : 주차장수입 등 영업외수입
유효총소득	유	− 경비	포함 : 관리비 + 보험료 + 재산세 등 불포함 : 공실, 부채S, 영업소득세, 감가상각비
순영업소득	순	− 은행	원리금상환액 + 부채서비스액 + 월부금 (원금 + 이자)
세전현금수지	전	− 세금	(**순**영업소득 − **이**자 − **감**가상각비) × 세율
세후현금수지	후		

총매도액	총	− 경비	중개수수료, 법적 수속료, 기타경비
순매도액	순	− 은행	잔금 : 대부액 × 잔금비율(= 1 − 상환비율)
세전지분복귀액	전	− 세금	양도소득세(자본이득세)
세후지분복귀액	후		

Ⅲ 운영수입 계산 ★

[학습포인트] 가유순전후 공경은세를 적어놓고 계산을 하는 것인데 그냥 문제에서 주어진 금액을 옮겨 적는 것이다. 이 단원에서보다 테마 23번 비할인법 계산을 하기 위해 필수적인 과정이므로 여기서 연습을 많이 해 놓기 바란다.

I 부동산투자의 현금흐름 개요

1 의 의

투자분석은 나가는 돈(비용)과 들어오는 돈(편익)을 비교하는 작업이다.

2 비용분석

부동산투자에서 비용은 총투자액이 아닌 지분투자액(= 자기자본투자액)으로 계산한다. 예를 들어 지분 100억원, 저당 100억원으로 200억원의 부동산을 취득했다면 비용은 지분투자액인 100억원으로 계상한다.

3 편익분석(수익분석)

부동산투자에 발생하는 수익은 두 종류가 있다. 하나는 운영에서 발생하는 현금유입이고 다른 하나는 처분에서 발생하는 현금유입이다. 즉 투자에 따른 현금흐름은 영업 현금흐름과 매각 현금흐름으로 나누어 예상할 수 있다.

아래의 경우 200억원을 투자해서 부동산을 취득한 후 5년간 운영하고 5년 후에 300억원에 매각하였다. 이 경우 운영수입은 10억원씩 5회 발생하고 매각수입은 250억원이 매각시점에서 한 번 발생한다. 운영수입 10억원은 세후현금수지(ATCF)로 계산하고, 처분수입 250억원은 세후지분복귀액(ATER)으로 계산한다.

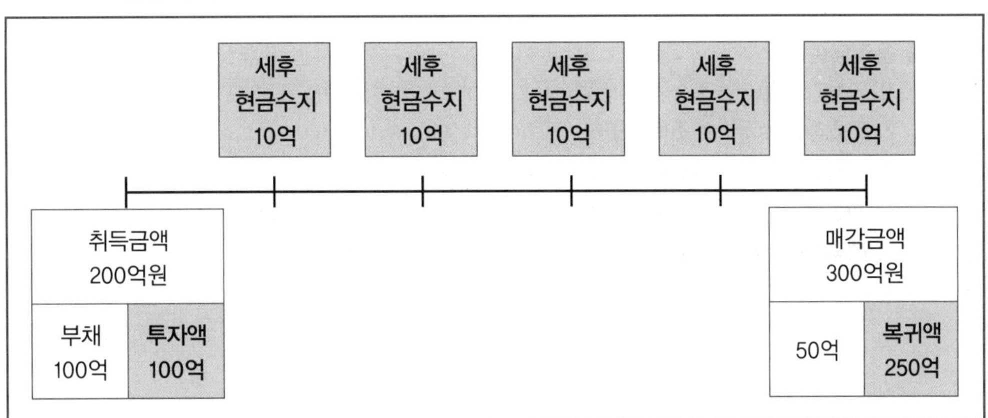

Ⅱ 운영수입 이론 - 세후현금수지의 계산과정

1 운영수입의 계산과정

☑ **가능총소득**: 단위당 임대료(50,000원) × 유효임대면적(200m^2) = 천만원

가능총소득	- 공실	- 공실　: 임대되지 않고 비어있는 사무실 - 불량부채: 회수 불가능한 임대료수입 + 기타수입: 주차장수입 등 영업외수입
유효총소득	- 경비	경비 ○: 관리비 + 보험료 + 재산세 + 대체준비비 등 경비 × ㉠ 공실, 부채서비스액, 영업소득세, 감가상각비 ㉡ 취득세, 양도소득세 ㉢ 개인적 업무비, 소유자급여 ㉣ 자본적 지출(가치나 수익증진이 목적)
순영업소득	- 은행	표현: 부채서비스액, 원리금상환액, 저당지불액 내용: 원금 + 이자 산정: 부채 × 저당상수 = 부채서비스액
세전현금수지	- 세금	표현: 영업소득세 산정: (순영업소득　- 이자 - 감가상각비) × 세율 산정: (세전현금수지 + 원금 - 감가상각비) × 세율
세후현금수지		

용어해설

1. **가능총소득**(가능조소득 = PGI): Potential Gross Income
2. **유효총소득**(유효조소득 = EGI): Effective Gross Income
3. **순영업소득**(순운영소득 = NOI): Net Operating Income
4. **세전현금수지**(세전현금흐름 = BTCF): Before-Tax Cash Flow
5. **세후현금수지**(세후현금흐름 = ATCF): After-Tax Cash Flow

(1) 가능총소득 = 잠재총소득(PGI)

① **의의**: 가능총소득이란 이론상 가능한 총임대수익을 말한다. 임대가능한 사무실이 100개이고 연간 임대료가 1원씩이라면 부동산의 가능총소득은 100원이 된다.

② **임대수입만 반영**: 자판기수입이나 주차장수입 등 부동산의 주된 임대수입이 아닌 것은 가능총소득에는 포함되지 않는다.

(2) 유효총소득(EGI) = 가능총소득 − 공실 및 불량부채상당액 + 기타소득

① **의의**: 유효총소득이란 실제로 벌어들이는 총소득을 의미하며 잠재(가능)총소득에 공실 및 불량부채에 대한 손실은 빼고 기타수입은 더한 소득이다.

② **공실 및 불량부채**: 공실은 임대되지 않고 비어있는 사무실을 의미하고 불량부채는 임대는 되었지만 임대료를 받을 가능성이 없는 사무실을 말한다. 우리나라의 경우 임대료가 밀리면 보증금 받아놓은 것이 있어서 나중에 나갈 때 보증금에서 못 받은 임대료 떼고 주면 되기 때문에 임대료 떼일 가능성은 없으므로 불량부채는 잘 생기지 않는다.

③ **기타소득**: 기타소득은 주차장수입이나 자판기수입 등 임대료수입 이외의 수입을 말한다. 조심할 것은 기타소득은 가능총소득에는 포함되지 않고 유효총소득에 포함된다는 점이다. 그래서 기타소득은 가능총소득에서 더해 주어야 한다. 만일 공제되는 공실보다 더해주는 기타소득이 더 크다면 유효총소득이 가능총소득보다 더 커질 수도 있다.

(3) 순영업소득(NOI) = 유효총소득 − 영업경비

① **의의**: 유효총소득에서 영업경비를 차감하고 남은 소득을 순영업소득 또는 순운영소득이라고 한다.

② **영업경비**: 부동산에서 일정한 소득을 계속 벌기 위해서는 비용지출이 필요한데 이를 영업경비 또는 운영경비(OE)라고 한다. 영업경비에 포함되는 항목과 포함되지 않는 항목을 구분하는 것은 중요 출제포인트이다.

㉠ 영업경비인 것: 보험료, 관리유지비, 재산세, 대체준비비 등 수익적 지출

㉡ 영업경비가 아닌 것: 공실, 부채서비스액, 소득세, 감가상각비, 자본적 지출액, 개인적 업무비, 소유자급여

> **자본적 지출액**
> 자본적 지출은 대수선비 등 부동산의 수명을 연장시키거나 가치를 증진시키기 위해 지출되는 비용을 말한다. 자본적 지출은 영업경비로 보지 않고 새로운 투자로 인식한다.

(4) **세전현금수지**(BTCF) = **세전현금흐름** = **순영업소득 − 부채서비스액**

① **의의**: 부동산의 순영업소득은 지분투자자와 저당투자자가 힘을 합쳐 벌어들인 돈이다. 순영업소득에서 저당투자자인 은행의 몫을 주고 남은 돈을 세전현금수지라고 한다. 즉 순영업소득 중에서 지분투자자의 몫이 세전현금수지이다.

② **부채서비스액**: 부채서비스액은 처음에 은행과 계약한 대로 지불해야 하는 원리금(원금 + 이자)을 말한다. 부채서비스액은 원금상환액과 이자지급액 이외에 수수료 등 차입자가 대출자에게 지급하는 실질적인 모든 금액을 포함하는 개념이지만, 부동산학에서는 부채서비스액, 저당지불액, 원리금상환액은 거의 구분 없이 동의어로 사용된다.

③ **부채서비스액을 구하는 기본공식**: 원리금균등상환조건으로 돈을 빌린 경우 원리금상환액은 저당상수를 이용한다. '부채 × 저당상수 = 부채서비스액'

④ 전액 지분투자인 경우 부채서비스액은 0이 되므로 순영업소득과 세전현금수지의 크기는 같아진다.

(5) **세후현금수지**(ATCF) = **세후현금흐름** = **세전현금수지 − 영업소득세**(또는 법인세)

① **의의**: 세전현금수지에서 영업소득세까지 공제하면 정말 순수하게 내 돈이 된다. 이것을 세후현금수지라고 한다.

② **영업소득세의 계산**: 부동산영업을 통해 소득이 발생하는 경우 이 소득에 대해 일정한 세금을 부과하는데, 이것을 영업소득세라고 한다. 법인의 소득에 대해 때리는 세금은 법인세라고 한다. 영업소득세를 계산하는 경우 이자지급분과 감가상각분은 비용으로 인정해서 과세대상에서 제외된다.

즉 '영업소득세 = (순영업소득 − 이자지급분 − 감가상각비) × 세율'로 계산한다.

• 순운영소득 140,000,000원	※ 영업소득세
• 융자이자 70,000,000원	= (순운영소득 − 이자 − 감가액) × 0.3
• 감가상각 10,000,000원	= (140,000,000 − 70,000,000 − 10,000,000) × 0.3
• 소득세율 30%	= 18,000,000

③ **기타**(대체충당금이 있는 경우와 세전현금수지를 기준으로 하는 경우)

㉠ 과세표준액 = 순영업소득 + 대체충당금 − 이자지급분 − 감가상각액

㉡ 과세표준액 = 세전현금수지 + 대체충당금 + 원금지급분 − 감가상각액

Ⅲ 매각수입 이론 - 세후지분복귀액 계산과정

총매도액	- 경비	중개수수료, 법적 수속료, 기타경비
순매도액	- 은행	잔금: 대부액 × 잔금비율(= 1 - 상환비율)
세전지분복귀액	- 세금	양도소득세(자본이득세)
세후지분복귀액		

(1) 총매도가격

① 지금 취득한 부동산을 일정기간 운영하다가 다시 팔 경우 받을 수 있을 것으로 예상되는 금액을 말한다.

② 재매도액을 정확히 예측할 수 있어야 정확한 투자분석을 할 수 있다.

(2) 순매도액 = 총매도액 - 매도경비

① **의의**: 총매도액에서 매도비용을 차감한 것을 순매도액이라고 한다.

② **매도경비**: 중개수수료, 법적 수속비, 기타경비 등을 말한다.

(3) 세전지분복귀액 = 순매도액 - 미상환저당잔금

① **의의**: 순매도금액은 저당투자자의 몫과 지분투자자의 몫으로 나눈다. 이 중 저당투자자의 몫인 미상환저당잔금을 빼고 남은 금액이 지분투자자의 몫인 세전지분복귀액이 된다.

② **미상환저당잔금**: 은행에서 빌린 돈 중에서 아직 갚지 못한 원금을 말하고, 부동산을 팔게 되면 남은 잔금은 한꺼번에 갚아야 한다. 잔금은 처음에 빌린 원금에 잔금비율을 곱해서 구할 수 있다. 이때 잔금비율은 전체기간의 연금의 현가계수에 대한 잔존기간의 연금의 현가계수가 된다. (복잡하고 어려운 내용이므로 단순암기하도록 한다)

$$잔금 = 부채 \times 잔금비율(= \frac{연금의\ 현가계수(잔존기간)}{연금의\ 현가계수(전체기간)})$$

상환비율과 잔금비율

① **상환비율**: 저당대부액 중 원금상환분의 비율을 말한다. 10억원을 빌려 3억원을 갚았다면 상환비율은 30%가 된다.

② **잔금비율**: 저당대부액 중 미상환액의 비율을 말한다. 10억원을 빌려 3억원을 갚았다면 잔금비율은 70%가 된다.

③ **양자의 관계**: 상환비율과 잔금비율을 합하면 100%, 즉 1이 된다.

(4) 세후지분복귀액 = 세전지분복귀액 − 자본이득세(양도소득세)

① **의의**: 부동산을 처분해서 양도차익이 발생하면 일정한 세금, 즉 양도소득세를 내야 한다. 물론 양도차익이 발생하지 않는다면 양도소득세는 없을 수도 있다. 세전지분복귀액에서 양도소득세를 차감하고 남은 금액을 세후지분복귀액이라고 한다.

② **양도소득세의 계산**: 양도소득세를 계산하는 문제는 복잡한데 다행히 부동산학개론에서는 출제되지 않고 있다. 대신 세법 과목에서는 아주 중요한 내용으로 다루어진다. 수험생 입장에서 공부하다 보면 세법 선생님은 자본적 지출액이 필요경비에 포함된다고 하는데, 학개론 선생님은 자본적 지출이 필요경비에 포함되지 않는다고 강의를 한다. 그 이유는 세법 선생님은 양도소득세 계산과정을 주로 가르치고 학개론 선생님은 영업소득세 계산과정을 주로 가르치기 때문이다. 자본적 지출은 영업소득세 계산과정에서는 경비로 인정되지 않고, 양도소득세 계산과정에서 필요경비로 인정되는 항목이다.

③ **지분복귀액의 계산**(250억원) = **기간 초 지분투자액**(100억원) + **원금상환액**(50억원) + **기간 말 부동산의 가치상승분**(100억원): A부동산을 지분투자액 100억원과 저당투자액 100억원을 합쳐 200억원에 매수해서 5년간 운영하다가 300억원에 처분했다고 하자. 그리고 그 기간 동안 원금을 50억원을 갚고 잔금이 50억원이 남았다고 하자. 이 경우 5년 후 매도시 지분투자자의 몫으로 돌아오는 지분복귀액은 매도금액 300억원에서 미상환저당잔금 50억원을 제외한 250억원이 된다. 그런데 이 250억원은 세부적으로 살펴보면 맨 처음 지분투자액 100억원과 부동산의 가치상승분 100억원 그리고 5년 동안의 원금상환분인 50억원의 합으로 구성된다.
즉 '지분복귀액 = 기간 초 지분투자액 + 부동산가격 상승분 + 원금상환분(지분형성분)'으로 구할 수 있다.

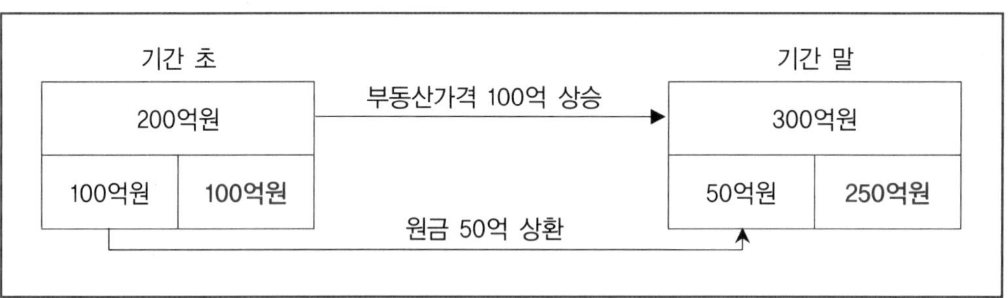

(5) 세후현금수지와 세후지분복귀액 계산시 구분 내용

구 분	세후현금수지	세후지분복귀액
은 행	부채서비스액	미상환저당잔금
세 금	사업소득세(영업소득세)	양도소득세(자본이득세)

Ⅳ 운영수입 계산

예제

임대주택의 1년간 운영실적에 관한 자료이다. 세후현금수지는?

• 호당 임대료	6,000,000원	• 임대가능호수	40호
• 공실률	10%	• 운영비용	16,000,000원
• 원리금상환액	90,000,000원	• 융자이자	20,000,000원
• 감가상각액	10,000,000원	• 소득세율	30%

해설 가: 6,000,000 × 40 = 240,000,000

240	가	공	24
216	유	경	16
200	순	은	90
110	전	세	51
59	후		

정답 59,000,000원

20번 : 투자의 현금흐름 분석		기출문제									
Ⅰ	부동산투자의 현금흐름 개요										
Ⅱ	운영수입과 매각수입 이론		27	28	29	30					
Ⅲ	운영수입과 매각수입 계산										

[운영 및 매각수입 이론−30회] 부동산투자의 현금흐름 추정에 관한 설명으로 틀린 것은?

① 순영업소득은 유효총소득에서 영업경비를 차감한 소득을 말한다.
② 영업경비는 부동산 운영과 직접 관련 있는 경비로, 광고비, 전기세, 수선비가 이에 해당된다.
③ 세전현금흐름은 지분투자자에게 귀속되는 세전소득을 말하는 것으로, 순영업소득에 부채서비스액(원리금상환액)을 가산한 소득이다.
④ 세전지분복귀액은 자산의 순매각금액에서 미상환저당잔액을 차감하여 지분투자자의 몫으로 되돌아오는 금액을 말한다.
⑤ 부동산투자에 대한 대가는 보유시 대상부동산의 운영으로부터 나오는 소득이득과 처분시의 자본이득의 형태로 나타난다.

❶ 정답 ③
가산한 소득 ⇨ 순영업소득에 부채서비스액(원리금상환액)을 차감한 소득

[운영수입 계산−25회] 어느 회사의 1년 동안의 운영수지다. 세후현금수지는?

- 가능총소득 : 4,800만원
- 공실 : 가능총소득의 5%
- 영업소득세율 : 연 20%
- 원금상환액 : 200만원
- 이자비용 : 800만원
- 영업경비 : 240만원
- 감가상각비 : 200만원

해설

4,800	가	공	240
4,560	유	경	240
4,320	순	은	1,000
3,320	전	세	664
2,656	후		

① 2,496만원 ② 2,656만원 ③ 2,696만원
④ 2,856만원 ⑤ 2,896만원

❶ 정답 ②
가능총소득(4,800) − 공실(240) − 영업경비(240) − 저당지불액(1,000) − 금(664) = 2,656만원

	21번: 수익과 위험	기 출								
Ⅰ	부동산투자의 수익					30		32		34[2]
Ⅱ	부동산투자의 위험			28	29					34

Ⅰ 부동산투자의 수익 ★★★

[학습포인트] 기대수익률은 계산문제가 출제되는데 동일한 패턴이므로 패턴연습을 한다. 요구수익률은 개념문제가 출제되므로 요구수익률이 비용의 개념이라는 것을 잘 이해하도록 한다.

☑ 기대수익률의 계산

구 분	확 률	기대수익률	사상별 기대치
호 황	50%	20%	50% × 20% = 10%
보 통	30%	15%	30% × 15% = 4.5%
불 황	20%	5%	20% × 5% = 1.0%
기대수익률	사상별 기대치의 합: 15.5%		

☑ 요구수익률의 계산

요구수익률(비용의 개념) = 무위험(수익)률 + 위험대가율 + 예상인플레인션율

Ⅱ 부동산투자의 위험 ★★★

[학습포인트] 위험의 종류는 이름을 통해 그대로 유추하면 되고, 위험파트에서는 투자자가 위험을 반영하는 방법이 자주 출제된다. 기대수익률을 낮추는 방법(기하)과 요구수익률을 높이는 방법(요상)을 이해하도록 한다.

위험의 종류	위험의 관리방법
사업위험 : 시장위험 + 운영위험 + 위치위험	위험전가: 보험
금융위험 : 부채위험	위험보유: 충당금 설정
유동성위험: 현금부족위험	위험회피: 투자대상에서 제외
기타 : 비용위험 + 인플레위험	위험통제: 민감도분석 - 위험축소

① 기하	보수적 예측: 기대수익(투자수익의 추계치)을 하향 조정하는 방법이다.
② 요상	위험조정할인율 적용: 위험한 투자일수록 높은(상향) 할인율을 적용한다. (할인율 = 요구수익률 = 깡율)

I 부동산투자의 수익(률)

1 개 요

(1) 의 의

부동산투자에서 사용되는 수익률의 종류에는 요구수익률, 기대수익률, 실현수익률이 있으며, 기대수익률과 요구수익률을 비교해서 기대수익률이 크거나 같으면 투자타당성이 있다고 판단한다.

> 기대수익률 12% ———— 1년 후 ————▶ 실현수익률: 12% ± α
> 요구수익률 10%
>
> 기대수익률(12%)이 요구수익률(10%)보다 크기 때문에 투자타당성 있음

① **요구수익률**: 투자에 대한 위험이 주어졌을 때, 투자자가 대상부동산에 자금을 투자하기 위해 충족되어야 할 최소한의 수익률을 말한다.

예 "투자자: 지금 시장에 나가면 10% 정도 수익 나오는 투자대상 널렸어요. 나한테 투자 받고 싶으면 최소한 10% 이상은 벌어줘야 해요~~"

② **기대수익률**: 투자대상 부동산에서 기대할 수 있는 예상수입과 예상지출로 계산한 수익률이다.

예 "공인중개사: 제가 계산해보니까 A부동산에 투자하시면 약 12% 정도 수익이 나올 것 같습니다."

③ **실현수익률**: 투자가 이루어지고 나서 1년 후 현실적으로 달성된 사후적 수익률을 말한다.

예 "공인중개사: 저 죄송한데 A부동산 수익률이 올 한 해 동안 8%가 달성되었습니다."
"투자자: 아니 작년에 저 꼬실 때 여기 투자하면 12% 정도는 나온다면서요?"
"공인중개사: 저도 12%는 나올 줄 알았는데 시장상황이 너무 안 좋아져서요.ㅠㅠ"

(2) 적 용

① 투자는 요구수익률과 기대수익률을 비교하여 기대수익률이 요구수익률보다 크거나 같을 때 투자타당성이 있다고 본다.

② 실현수익률은 투자가 이루어지고 난 이후에 알 수 있는 사후적 수익률이므로 투자분석 당시에는 적용하지 않는다.

2 기대수익률

(1) 개 념

① 기대수익률이란 투자대상으로 기대되는 객관적인 수익률을 말한다.

② 예상수익률, 내부수익률, 회계적 수익률, 평균이익률 모두 기대수익률의 범위에 포함되는 수익률이다.

③ 1억원짜리 A토지가 있는데 그 토지가 1년 뒤에 1억 2천만원으로 가격이 오를 것으로 예상된다면 그 토지의 기대수익률은 20%가 된다.

$$\text{A토지의 기대수익률} = \frac{\text{2천만원(더 번 금액)}}{\text{1억원(투자금액)}} = 0.2(20\%)$$

④ 갑 부동산에 100억원을 투자하면 1년 후 300억원이 될 것으로 예상되는 경우 갑 부동산의 기대수익률은 300%가 아니라 200%가 된다.

$$\text{갑 부동산의 기대수익률} = \frac{\text{200(더 번 금액)}}{\text{100(투자금액)}} \times 100 = 200\%$$

(2) 기대수익률을 계산하는 방법

① 과거에는 날씨를 예상할 때 "내일 비 안 옵니다." 라고 했다가 비가 와서 빨래 다 젖으면 기상청이 욕을 엄청 먹었다. 그래서 요즘은 "내일 비가 올 확률은 20%, 비가 안 올 확률은 80%입니다." 이런 식으로 비가 올 수도 있고 안 올 수도 있다고 예보를 한다.

② 기대수익률도 미래의 예상치이므로 시장상황이 어떻게 될지 모르기 때문에 시장상황(호황, 불황)과 그 확률 및 그때의 예상수익률을 제시하고 그 수치를 가중평균해서 기대수익률을 구한다.

구 분	확 률	기대수익률	사상별 기대치
호 황	50%	20%	50% × 20% = 10%
보 통	30%	15%	30% × 15% = 4.5%
불 황	20%	5%	20% × 5% = 1.0%
기대수익률	사상별 기대치의 합: 15.5%		

3 요구수익률

<table>
<tr><td colspan="2">200억</td></tr>
<tr><td>부채 100억</td><td>지분 100억</td></tr>
<tr><td>이자 5%: 자본비용</td><td>㉰ 투자 15%: 기회비용</td></tr>
</table>

(1) 요구수익률의 개념

"나에게 최소한 10%의 수익은 보장해줘야 내가 투자할 수 있습니다." 여기서 10%를 투자자의 요구수익률이라고 한다. 그러면 요구수익률 10%는 과연 어떻게 나온 수치일까?

① **자본비용의 개념**: 갑돌이가 200억짜리 A빌딩을 매입하기 위해 100억원을 은행에서 5%의 금리로 자금을 대출받았다면 갑돌이는 A빌딩에 최소한 5%의 수익률은 요구하게 된다. 이 5%는 갑돌이가 투자자본 100억원을 조달하기 위해 들인 비용인데 이를 자본비용이라고 한다. 즉 갑돌이는 최소한 자본비용 이상은 요구하게 된다.

② **주관적인 수익률**: 갑순이도 같은 방법으로 자금을 대출 받았는데 갑순이는 신용도가 낮아서 8%로 100억원을 융자받았다면 갑순이의 자본비용은 8%가 되고 갑순이가 A빌딩에 요구하는 수익률은 최소한 8%가 된다. 즉 자본비용은 투자자에 따라 달라진다. 따라서 자본비용의 개념에 해당하는 요구수익률도 투자자에 따라 달라지는 주관적인 수익률의 개념이다.

③ **기회비용의 개념**: 현재 시장에 나가면 다른 투자안의 수익률이 15% 정도 되는 상태이다. 갑돌이가 A부동산에 투자한다면 시장의 다른 투자대안이 줄 수 있는 수익률 15%를 포기해야 한다. 경제학에서는 이런 경우 이 15%를 기회비용이라고 한다. 즉 기회를 포기한 것도 비용으로 인식하는 것이다. 갑돌이가 A부동산을 선택한다면 A부동산이 최소한 갑돌이가 포기한 기회비용 이상은 보장해 주어야 한다. 즉 요구수익률은 기회비용의 개념을 반영한다. 공인중개사 시험에서 요구수익률이 명시적으로 나오지 않고 시장이자율이 제시되는 경우가 있는데, 이 경우에는 시장이자율을 요구수익률로 보고 문제를 풀면 된다.

④ **최소한의 수익률**: 요구수익률은 최소한의 수익률의 개념이다. 요구수익률만큼 벌어달라는 것이 아니고 많이 벌어줄수록 당연히 좋은 것이고 아무리 못 벌어줘도 요구수익률 이상은 벌어줘야 한다는 것이다. 즉 요구수익률은 수익의 하한치를 제시하는 최소한의 수익률의 개념이다(상대개념인 기대수익률은 하한치나 상한치의 수익률의 개념이 아니고 가중평균해서 나온 평균수익률의 개념이다).

(2) 요구수익률의 구성

투자자는 투자를 하면 수익이 나올 때까지 기다려야 하고 또한 약속한 수익이 안 나올 수도 있다는 불안감에 떨어야 한다. 따라서 투자자의 요구수익률에는 시간(기다림)에 대한 대가와 위험(불확실성)에 대한 대가가 포함되어야 한다.

> 요구수익률 = <u>무위험(수익)률</u> + <u>위험대가율</u> + 예상인플레이션율
> 　　　　　　기다림의 대가　　　불확실성에 대한 대가

① <u>무위험률(기다림에 대한 대가)</u>

㉠ 은행 정기예금의 경우 위험이 거의 없다. 그런데도 정기예금에 가입하면 이자를 준다(최근에는 3% 정도). 그렇다면 이 3%는 무엇에 대한 대가일까? 바로 기다림에 대한 대가이다. 정기예금에 가입하고 1년이 지나야 3%를 주는데 그건 1년 동안 기다려줘서 고맙다고 주는 것이고, 이 3%를 무위험수익률이라고 한다.

㉡ 갑돌이는 정기예금에 가입하지 않고 부동산에 투자하려고 한다. 그렇다면 갑돌이는 부동산으로부터 순수한 기다림의 대가인 3%는 일단 받고 시작해야 하지 않을까? 무위험률의 크기는 일반 경제상황과 관계가 있다. 몇 년 전에는 1% 정도였고 최근에는 기준금리가 상승함에 따라 정기예금이자율이 3%대까지 상승하고 있다.

② <u>risk premium(불확실성에 대한 대가 = 위험대가율, 위험보상률, 위험할증률)</u>

A부동산이 갑돌이에게 3%의 수익만 보장한다면 갑돌이가 투자를 하겠는가? 말도 안 되는 소리이다. A부동산은 위험이 없는 은행 정기예금과 달리 종업원들의 파업위험, 부동산이기 때문에 급하게 돈이 필요한 경우 팔기 어려운 위험, 갑자기 부동산경기가 안 좋아져서 부동산가격이 급락할 위험 등 많은 위험요소를 가지고 있다. 당연히 갑돌이는 이런 위험요소에 대한 대가를 더 요구할 것이다. 즉 갑돌이는 3% 외에 A부동산이 가지고 있는 위험요소를 하나하나 분석해서 각각의 위험에 대한 대가를 받아내는데 이를 위험대가율이라고 한다. 하지만 갑돌이가 투자위험을 전혀 감수하지 않겠다고 하면 갑돌이가 얻을 수 있는 수익률은 무위험률밖에 없다.

risk premium을 결정하는 요소

- **투자대상**: 위험한 투자대상일수록 위험대가율이 더 커진다. 그래서 위험과 수익은 비례 또는 상쇄관계(risk-return trade-off)에 있다고 한다.
- **투자자**: 위험을 싫어하는 보수적인 투자자일수록 동일한 위험증가에 대한 대가를 더 많이 요구한다. 즉 보수적인 투자자일수록 위험대가율이 커진다. 투자자의 개별적인 위험혐오도는 위험할증률은 변화시키지만 시장의 무위험률에는 아무런 영향을 미치지 못한다.

(3) 요구수익률의 적용

① 요구수익률은 투자대상의 투자가치를 산정하는 경우 적용하고, 기대수익률은 투자대상의 시장가치를 산정하는 경우 적용한다.

> • 투자가치 $= \dfrac{\text{한 해의 순수익}}{\text{요구수익률}}$ • 시장가치 $= \dfrac{\text{한 해의 순수익}}{\text{기대수익률}}$

② 예상순수익이 10억원이고 투자자의 요구수익률이 10%, 기대수익률이 20%라면

> • 투자가치는 $\dfrac{\text{10억원}}{\text{0.1(요구)}} = \text{100억원}$ • 시장가치는 $\dfrac{\text{10억원}}{\text{0.2(기대)}} = \text{50억원}$

③ 투자타당성을 판단하는 경우, 수익률로 비교하면 기대수익률(20%)이 요구수익률(10%)보다 크기 때문에 타당성이 있다고 판단할 수 있다.

④ 투자타당성을 판단하는 경우, 가치로 비교하면 투자가치(100억원)가 시장가치(50억원)보다 크기 때문에 타당성이 있다고 판단할 수 있다.

⑤ 위의 경우 기대수익률이 요구수익률보다 크면 시장에서는 A부동산의 수요가 증가해서 A부동산의 시장가치가 상승한다.

㉠ A부동산의 예상순수익 10억원은 변함이 없는데 A부동산의 시장가치가 상승하면 '기대수익률 $= \dfrac{\text{예상순수익 10억원}}{\text{시장가치가 50억원에서 계속 상승}}$'의 분모값이 상승하는 것이므로 A부동산의 기대수익률은 계속 하락한다.

㉡ 결국 기대수익률은 요구수익률과 같아지는 수준까지 떨어지고 장기적으로 시장은 요구수익률과 기대수익률이 같아지는 균형상태가 된다.

예제

매년 2천만원의 확정적 소득이 영구히 기대되는 주차장 용도의 토지가 있다. 시장에서 국공채이자율은 5%이고, 이 토지에 대한 위험할증률은 3%라고 한다. 이 토지의 투자가치는 얼마인가?
(단 물가는 안정적이라고 가정한다)

① 3억 5천만원 ② 2억원 ③ 2억 5천만원
④ 3억원 ⑤ 4억원

해설 • 투자가치 $= \dfrac{\text{기대순수익} = \text{2천만원}}{\text{요구수익률} = 0.08} = \text{2억 5천만원}$

• 요구수익률 = 5%(무위험률) + 3%(위험할증률) + 0%(물가상승률) = 8%

정답 ③

4 실현수익률

(1) 의 의

실현수익률이란 투자가 이루어지고 난 후에 실제로 달성된 사후적 수익률, 역사적 수익률이다.

기대수익률 12% ──── 1년 후 ────▶ 실현수익률 : 12% ± α 요구수익률 10% 기대수익률(12%)이 요구수익률(10%)보다 크기 때문에 투자타당성 있음

(2) 적 용

① 예를 들면, 1억원에 구입한 부동산이 1년 후에 1억 3천만원에 팔렸다면, 이 투자의 실현수익률은 30%가 된다.

② 실현수익률은 투자타당성분석에서는 아무런 소용이 없는 수익률이다.

③ 왜냐하면 투자타당성분석은 투자가 이루어지기 전에 행하는 것인데 실현수익률은 투자가 이루어진 이후에야 알 수 있는 수익률이기 때문이다.

예 제

투자수익률을 설명하였다. 바르게 짝을 이룬 것은?

㉠ 부동산투자에서 기대할 수 있는 예상수입과 예상지출로 계산한 수익률 ㉡ 투자에 대한 위험이 주어졌을 때, 투자자가 대상부동산에 자금을 투자하기 위해 충족되어야 할 최소한의 수익률 ㉢ 투자가 이루어지고 난 후에 현실적으로 달성된 수익률

① ㉠ 요구수익률 ㉡ 기대수익률 ㉢ 실현수익률
② ㉠ 기대수익률 ㉡ 요구수익률 ㉢ 실현수익률
③ ㉠ 실현수익률 ㉡ 요구수익률 ㉢ 기대수익률
④ ㉠ 요구수익률 ㉡ 실현수익률 ㉢ 기대수익률
⑤ ㉠ 기대수익률 ㉡ 실현수익률 ㉢ 요구수익률

해설 ㉠ 예상수입과 예상지출로 계산한 수익률 ⇨ 기대수익률
㉡ 최소한의 수익률 ⇨ 요구수익률
㉢ 달성된 수익률 ⇨ 실현수익률

정답 ②

Ⅱ 부동산투자의 위험

1 위험의 개념

기대수익률 12% ──────→	실현수익률 : 12% ± α
요구수익률 10%	기대치가 실현 안 될 가능성

위험 = 편차 = 분산 = 변이계수$(\frac{\text{위험}}{\text{수익}})$

① 투자에 있어 위험이란 어떤 투자안으로부터 얻어지게 될 결과에 대해 불확실성이 존재함으로써 발생하는 변동성을 말한다. 다른 말로 표현하면 위험이란 투자자가 예상한 기대치(수익)가 실제로 실현되지 않을 가능성을 말한다.

② 대상부동산이 약속한 12%의 수익이 과연 얼마나 확실한가 하는 것이 수익의 위험도를 판단하는 기준이 된다. 부동산이 약속한 12%의 수익은 은행이 보장하는 수익보다는 확실성이 떨어질 것이지만 망해가는 벤처기업가가 약속한 수익보다는 안전할 것이다. 즉 부동산의 수익은 은행이자보다는 위험한 수익이고, 벤처기업의 수익보다는 안전한 수익인 것이다.

③ 통계에서 말하는 위험은 기대치에서 멀어지면 모두 위험한 것이지만 투자에서 위험은 안 좋은 쪽으로 멀어지는 것을 의미한다. 투자수익을 12%를 예상한 경우 투자수익이 6%가 되거나 18%가 되거나 둘 다 기대치에서 벗어난 것이다. 통계에서는 둘 다 위험한 것이지만 부동산투자에서는 12%를 기대했는데 18%가 달성되었다고 해서 이를 위험하다고 하지는 않는다는 것이다.

④ 수익률의 분포가 정규분포라면 위험의 크기는 수익률의 분산이나 표준편차로 측정할 수 있는데 분산의 제곱근인 표준편차가 더 많이 사용된다. 통계학적 용어는 어려우니까 더 이상 깊이 들어가지 말기 바란다.

⑤ 우리는 위험이라는 용어가 익숙하기 때문에 시험에서 표준편차나 분산 또는 변이계수 등의 용어가 나오면 이 용어를 지우고 위험으로 바꾸어서 문제를 풀면 된다. 즉 '분산이 큰 투자안일수록 좋은 투자안'이라고 하면 무슨 말인지 판단하기 어려운데, 분산 대신 위험을 넣어서 '위험이 큰 투자안이 좋은 투자안'이라고 하면 금방 틀린 말이라는 것을 알 수 있는 것이다.

2 위험의 유형

(1) 의 의

① 부동산투자에서 발생할 것으로 예상되는 매년의 운영수익과 처분수익이 실제로 달성되지 않을 가능성이 부동산투자에서의 위험이다.

② 이러한 위험가능성은 공실의 변동, 영업경비의 변동, 이자의 변동, 세금의 변동 등이 그 원인이 될 수 있다.

(2) 사업상의 위험

① **의의**: 사업상의 위험이란 부동산 자체의 수익성이 나빠질 가능성을 말하며 사업상의 위험에는 시장위험, 운영위험, 위치적 위험이 있다.

② **시장위험**: 시장위험은 부동산시장의 수요와 공급이 수익성을 악화시키는 방향으로 변할 가능성을 말한다. 수요가 감소하거나 경쟁자인 공급이 증가하는 경우가 여기에 해당된다.

③ **운영위험**: 근로자의 파업이나 영업경비의 증가 등으로 인한 부동산의 수익성이 악화되는 상황을 말한다.

④ **위치위험**: 부동산의 위치의 고정성으로 인한 수익성의 악화가능성을 말한다. 만일 인근지역이 쓰레기 소각장 입지로 결정되었다면 대상부동산의 위치위험이 증대한 것이다.

(3) **금융위험**(재정적 위험, 재무위험)

① 금융위험이란 부의 지렛대효과로 인한 파산가능성을 말한다.

② 정의 지렛대 효과를 노리고 은행에서 많은 자금을 차입하였는데 실현된 수익이 기대치보다 낮아서 이자조차 갚지 못할 위험을 금융위험이라고 한다.

③ 만일 투자금액을 모두 자기자본으로 조달하면 금융위험을 제거할 수 있지만 대신 높은 투자수익률을 기대하기는 어렵다.

(4) 법적 위험

① 정부의 여러 가지 정책변화는 부동산의 수익성에 직접적인 영향을 미친다. 이러한 법적 환경과 관련된 불확실성을 법적 위험이라고 한다.

② 지역지구제, 토지이용규제, 거래규제, 세제변화, 이자율의 조정, 감가상각방법의 변경 등이 법적 위험에 해당한다. 만일 건축법 개정으로 용적률과 건폐율이 낮아졌다면 이는 법적 위험이 증가한 것이다.

⑸ 이자율위험

① 은행금리가 인상되어 부동산투자자의 지분 수입이 감소하는 경우 등을 말한다.

② 만일 고정금리로 자금을 차입하였다면 이자율위험은 대출자가 부담하는 것이고, 변동금리로 차입하였다면 이자율위험은 차입자의 위험이 된다. 일반적으로 이자율과 부동산의 수익률은 반대로 움직인다.

⑹ 유동성(流動性)위험

① 유동성의 개념은 현금의 개념으로 이해할 수 있다. 조금 더 정확하게는 "얼마나 빠른 시간 내에 얼마나 손해보지 않고 현금으로 바꿀 수 있는지의 정도"를 유동성이라고 한다. 그러니 유동성이 가장 높은 자산은 현금이라고 보면 된다. 즉 유동성이 높다는 것은 자산을 당장 현금으로 바꾸는 데 큰 어려움이 없다는 뜻이고 유동성이 낮다는 것은 자산을 당장 현금으로 바꾸기 어렵고, 만일 바꿀 수 있다고 해도 바꾼다면 상당한 손해를 감수해야 한다는 것을 뜻한다.

② 일반적으로 유동성이 높은 자산으로는 현금, 수표, 어음 등이 있고, 유동성이 낮은 자산으로는 토지나 건물 등의 부동산, 장기채권 등이 있다. 부동산은 일반 금융자산과 달리 원하는 시기에 즉각적인 매도가 어렵고, 급매를 하게 되면 많은 가격양보를 해야 할 가능성이 높은 유동성이 낮은 자산이기 때문에 부동산에 투자하면 유동성위험이 발생하게 된다.

③ A기업의 경우 아무리 부동산이나 채권 등 수십 억대의 자산이 있어도 당장 내일 은행에 갚아야 할 현금 천만원이 없다면 A기업은 도산할 수도 있는 것이다. 이 역시 A기업의 유동성위험에 해당한다.

④ 부동산투자에서 유동성위험이란 투자부동산을 현금으로 전환하는 과정에서 발생하는 시장가치의 손실가능성을 의미한다. 부동산학에서의 유동성위험은 일반적으로 환금(換金)위험의 개념으로 이해하면 된다.

⑺ 비용위험

비용위험은 부동산개발기간 동안 나타날 수 있는 개발비용의 변동가능성 때문에 발생한다. 부동산건설에 필요한 원자재 구입비용이 증가하였다면 이는 비용위험에 해당한다.

⑻ 인플레위험

부동산 투자위험은 투자기간 동안의 전반적인 물가상승으로 인해 발생하는 구매력의 하락위험이 있다.

3 위험의 관리방법

(1) 의 의

위험관리란 위험을 무조건 피하는 것이 아니라 위험과 수익은 상관관계에 있으므로 수익을 최대한 손실시키지 않는 범위 내에서 위험을 분산하고 줄이는 노력을 말한다.

(2) 위험관리의 방법

① **위험의 전가**(risk shifting): 위험한 상황이 터지면 내가 그 위험을 책임지지 않고 다른 사람에게 그 위험을 전가시킬 수 있도록 미리 미리 준비해두는 것이다. 자동차사고의 경우 자동차보험에 가입해서 사고가 터지면 보험회사가 그 사고에 대처하도록 하는 것이나, 부동산위험과 관련해서는 물가가 예상치 못하게 상승하는 것에 대비해서 임대차계약을 맺을 때 물가상승률만큼 임대료가 인상되도록 임대계약을 맺어 그 위험을 임차인에게 전가하는 방법 등이 있다.

② **위험의 보유**: 사고발생에 대비해서 미리 별도의 통장을 마련하여 조금씩 돈을 모아놓는 방법이다. 아파트의 경우 10년에 한 번 페인트 칠을 할 것을 대비해서 미리 충당금을 쌓아놓는 것 등 부동산소유자가 불량부채에 대한 충당금의 설정 등을 통해 위험요소를 스스로 부담하는 방법이다.

③ **위험의 회피**: 자동차사고 발생의 위험 때문에 아예 처음부터 운전을 하지 않는 방법이다. 위험한 투자를 제외하는 방법인데 위험이 없으면 수익도 없다는 측면에서 바람직한 방법이라고 하기는 어렵다.

④ **위험통제**: 민감도분석 등을 통해 손실의 발생횟수나 규모를 줄이려는 방법이다. 순현가에 영향을 미치는 독립변수 중 나머지는 모두 동일한 값으로 두고 특정 독립변수의 값만을 변동시키면 대상부동산의 순현가가 어떤 독립변수에 가장 민감하게 반응하는지를 분석할 수 있다. 이때 대상의 투자수익에 가장 민감하게 영향을 미치는 요인이 판별되면 이를 집중적으로 관리해서 투자위험을 줄여나가는 방법을 민감도분석이라고 한다.

4 위험의 처리방법

(1) 투자대상에서 제외하는 방법

① 위험한 투자를 가능한 한 투자대상에서 제외하는 것이다. 즉 무위험 자산에만 투자하는 전략이다.

② 위험과 수익은 상쇄관계에 있으므로 위험을 감수하지 않으면 높은 수익을 기대할 수 없다는 것을 감안해야 한다.

(2) 기대치를 보수적으로 예측하는 방법

구 분	기대수익률			기대수익률 계산
	호 황	보 통	불 황	
보통의 경우	20%	15%	10%	각 상황별 기대수익률을 평균: 15%
보수적 예측	-	-	10%	불황일 때의 수익률만 반영: 10%

투자판단: 투자자의 요구수익률이 12%인 경우 보통의 경우라면 기대수익률이 15%이므로 투자타당성이 있다고 판단하지만, 보수적으로 예측하는 경우에는 기대수익률이 10%이므로 투자타당성이 없다고 판단한다.

① 산출된 기대수익률의 하향 조정을 통해 투자의사결정을 보수적으로 하는 방법이다.

② 투자안의 기대치를 구할 때 낙관치와 보통치를 빼고 비관치만 가지고 구하는 방법이다. 즉 수익은 가능한 한 낮게 추정하고 비용은 가능한 한 높게 추정하여 수익과 비용의 불확실성을 투자결정에 반영하는 것이다.

③ 기대치를 보수적으로 예측하면 좋은 투자대안임에도 불구하고 버려야 하는 경우가 발생한다. 따라서 이 같은 투자전략도 부를 극대화할 수 있는 방법은 되지 못한다.

(3) 위험한 투자일수록 높은 할인율을 적용하는 방법(위험조정할인율)

① 장래 기대소득을 현재가치로 할인할 때, 위험한 투자일수록 높은 할인율을 적용하는 방법이다.

② 현재에도 널리 쓰이고 있으며 개념적으로 우수한 방법이다.

③ 투자비용이 100이고 1년 후 투자수익이 115인 경우 할인율이 12%라면 이 투자안은 타당성이 있지만, 위험이 커져서 할인율을 20%로 올려버리면 이 투자안은 타당성이 없는 투자안이 된다.

(4) 보수적 예측과 위험조정할인율 적용의 비교

위험반영 전	① 보수적 예측	② 위험조정할인율 적용
기대수익률 15%	기대수익률 10% ⇩	기대수익률 15%
요구수익률 12%	요구수익률 12%	요구수익률 20% ⇧
타당성 있음	타당성 없음	타당성 없음

① 기하	보수적 예측: 기대수익을 하향 조정하는 방법이다.
② 요상	위험조정할인율 적용: 위험한 투자일수록 높은 할인율을 적용한다.

5 민감도분석(감응도분석)

(1) 의 의

① 민감도분석이란 위험요소가 변화함에 따라 투자결과치가 어떠한 영향을 받는가를 분석하는 것이다.

② 민감도분석이란 투자효과를 분석하는 모형의 투입요소가 변화함에 따라 그 결과치가 어떠한 영향을 받는가를 분석하는 것이다.

(2) 내 용

① '투자대상의 순현재가치 = 2A + 3B + 4C + 5D'라는 함수식이 있을 때 순현재가치는 A, B, C, D라는 요소에 의해 영향을 받는다. A의 경우 1만큼 변하면 순현재가치는 2만큼 변하고, D라는 요소가 변하면 순현재가치는 5만큼 변한다. 이때 A, B, C, D를 독립변수라고 하고 순현재가치를 종속변수라고 한다. 즉 독립변수가 변하면 그에 따라 종속변수가 변하게 된다.

② 민감도분석은 임대료, 영업비, 공실률, 감가상각방법, 보유기간, 가치상승 등과 같이 투자수익에 영향을 줄 수 있는 독립변수들이 변화했을 때 순현재가치와 같은 종속변수가 얼마나 민감하게 반응하는가를 분석하는 것이다.

③ 순현가에 영향을 미치는 독립변수에 대해 다른 독립변수의 값은 고정시킨 상황에서 한 가지 독립변수만 가장 좋은 환경에서의 수치와 가장 좋지 않은 환경에서의 수치를 대입하면 해당 독립변수로 인한 대상투자안의 순현가의 변동치를 계산할 수 있는데, 이때 순현가의 변동치가 크지 않은 투자안이 안전한 투자안이 된다.

④ 민감도분석의 핵심 용어는 '변화'라는 용어이다.

6 투자위험과 투자수익의 관계 및 투자위험과 투자가치의 관계

(1) 투자위험과 투자수익의 관계

① 투자위험과 투자수익은 비례관계 또는 상쇄관계에 있다.

② 투자위험이 커지면 투자자가 요구하는 요구수익은 커지게 되고(비례관계), 투자위험을 많이 감수하지 않고자 한다면 투자수익도 그만큼 포기해야 한다(상쇄).

(2) 투자위험과 투자가치의 관계

① 투자위험이 커지면 투자가치는 하락한다.

② 수익은 동일한데 투자대상의 위험만 커지고 있다면 투자자들은 투자를 하지 않으려고 할 것이고 투자수요가 감소하면 투자가치는 하락할 수밖에 없다.

③ 투자가치 $= \frac{\text{순영업소득}}{\text{요구수익률}}$ 으로 구하는데 위험이 커지면 요구수익률이 상승한다. 분모인 요구수익률이 상승하면($\frac{\text{순영업소득}}{\text{요구수익률} \uparrow}$) 투자가치는 하락한다.

④ 일반적으로 투자가치가 시장가치보다 크거나 같으면 투자타당성이 있다고 판단한다. 여기서 투자가치는 투자자가 생각하는 주관적인 가치이고 시장가치는 시장에서 평가되는 객관적인 가치이다.

⑤ 장기적으로 시장이 균형상태에 있으면 투자가치와 시장가치는 같아진다.

투자가치와 시장가치가 같아지는 과정

㉠ '투자가치 > 시장가치'인 경우: 투자자는 투자를 늘리므로 시장에서 수요는 증가하고 따라서 시장가치는 상승하게 된다. 결국 시장가치가 투자가치와 같아질 때까지 수요는 증가한다.

㉡ '투자가치 < 시장가치'인 경우: 투자자는 투자를 줄이므로 시장에서 수요는 감소하고 따라서 시장가치는 하락하게 된다. 결국 시장가치가 투자가치와 같아질 때까지 수요는 감소한다.

위험과 수익 및 위험과 가치의 관계 정리

㉠ 상쇄: 투자대상의 위험이 상승하면 투자자가 요구하는 수익도 상승한다.

㉡ 반비례: 투자대상의 위험이 상승하면 투자대상의 가치는 하락한다.

21번 : 수익과 위험		기출문제									
Ⅰ	부동산투자의 수익					30		32		34[2]	
Ⅱ	부동산투자의 위험			28	29					34	

[기대수익률-30회] 상가 경제상황별 예측된 확률이 다음과 같을 때, 상가의 기대수익률이 8%라고 한다. 정상적 경제상황의 경우 (　　)에 들어갈 예상수익률은?

상가의 경제상황		경제상황별 예상수익률(%)	상가의 기대수익률(%)
상황별	확률(%)		
비관적	20	4	8
정상적	40	(　　)	
낙관적	40	10	

① 4　　② 6　　③ 8
④ 10　　⑤ 12

◆ 정답 ③

상가의 경제상황		경제상황별 예상수익률(%)		상가의 기대수익률(%)
상황별	확률(%)			
비관적	20	4	80	80 + 40A + 400 = 800 40A = 320 A = 8
정상적	40	(A)	40 × A	
낙관적	40	10	400	

[투자위험-34회] 부동산투자에 관한 설명으로 틀린 것은? (단, 주어진 조건에 한함)

① 시중금리 상승은 부동산투자자의 요구수익률을 하락시키는 요인이다.
② 기대수익률은 투자로 인해 기대되는 예상수입과 예상지출로부터 계산되는 수익률이다.
③ 정(+)의 레버리지효과는 자기자본수익률이 총자본수익률(종합수익률)보다 높을 때 발생한다.
④ 요구수익률은 투자에 대한 위험이 주어졌을 때, 투자자가 대상부동산에 자금을 투자하기 위해 충족되어야 할 최소한의 수익률이다.
⑤ 부동산투자자는 담보대출과 전세를 통해 레버리지를 활용할 수 있다.

◆ 정답 ①

① 하락 ⇨ 상승

요구수익률(비용) = 시장금리(무위험률) + 위험대가율 + 예상인플레율

	22번 : 할인법(DCF기법)	기 출									
Ⅰ	할인법(DCF) 이론	26	27	28	29	30		32	33	34	
Ⅱ	순현가법과 내부수익률법 비교										35
Ⅲ	할인법(DCF) 계산						31	32			

Ⅰ 할인법 계산 ★★

[학습포인트] 복잡한 계산문제는 버리고 기본적으로 순현가를 구하는 것과 수익성지수를 구하는 것만 집중한다. 아래 형태로 나오는 계산은 익히도록 한다.

투자사업	초기지출	말기유입	초기 현금유입	순현가	수익성지수
A	3,800만원	6,825만원	6,500	2,700	1.71
B	1,250만원	2,940만원	2,800	1,550	2.24
C	1,800만원	4,725만원	4,500	2,700	2.5

Ⅱ 할인법 이론 ★★★

[학습포인트] "순영씨 수일이가 내요. 할인티켓 있어요~" 할인법이 이론으로 문제가 나오면 난이도 하에 해당한다. 꼭 익혀놓자!

순현가법	① 의의: 유입현가에서 유출현가를 차감한 값 ② 판단: 순현재가치 ≥ 0
수익성지수법	① 의의: 유입현가에서 유출현가를 나눈 값 ② 판단: 수익성지수 ≥ 1
내부수익률법	① 의의: 유입현가와 유출현가를 같게 하는 할인율 ② 판단: 내부수익률 ≥ 요구수익률

Ⅲ 순현가법과 내부수익률법 비교 ★★

[학습포인트] 최근 빈출되는 내용이다. 특히 재투자수익률과 관련된 지문이 많이 출제된다. 제대로 이해하기 어려우면 단순암기라도 하자. 순현가법이 내부수익률법보다 우수하다. 그래서 좋은 말 나오면 그건 순현가법에 적용된다.

비 교	순현가법	내부수익률법
재투자수익률	요구수익률(합리적)	내부수익률(불합리)
가치가산의 원리	성립	불성립
복수해의 가능성	가능성 없음	내부수익률이 2개 나오면 순현가법으로 다시 분석해야 함
부의 극대화	알 수 있음	알 수 없음

☑ 투자분석기법 체계

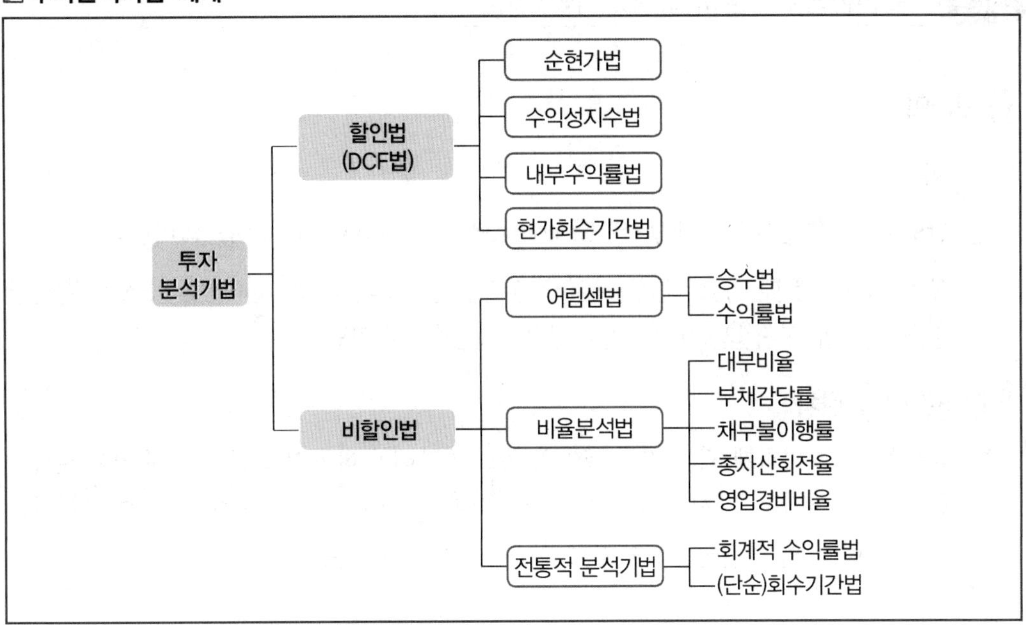

투자
분석기법
할인법
(DCF법)
순현가법
수익성지수법
내부수익률법
현가회수기간법
비할인법
어림셈법
승수법
수익률법
비율분석법
대부비율
부채감당률
채무불이행률
총자산회전율
영업경비비율
전통적 분석기법
회계적 수익률법
(단순)회수기간법

I 할인현금수지분석법(DCF기법) 이론

1 의 의

(1) 의 의

① 할인현금수지분석법(DCF법)은 Discounted Cash Flow method를 의미한다.

② 할인법은 장래 매 기간 불규칙하게 발생하는 현금흐름(Cash Flow)을 현재시점의 가치로 일치화 시켜(Discounted) 분석하는 기법을 의미한다.

(2) DCF분석의 절차

① A부동산에 투자하게 되면 지금 얼마의 돈을 투자해야 하고 앞으로 매년 수입이 얼마나 들어오고 3년 후에 다시 A부동산을 팔면 얼마가 들어올지를 예측해본다. 즉 투자자로부터 장래에 예상되는 현금유입과 현금유출을 추계한다.

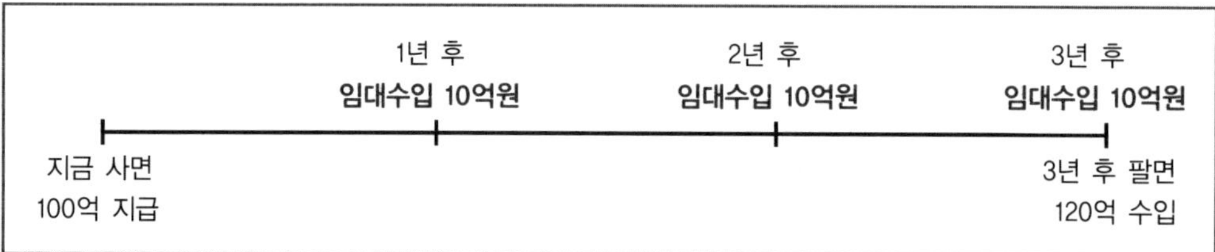

② 향후 들어올 것으로 예측되는 돈이 확실하게 들어올 돈인지 안 들어올 수도 있는 돈인지 여부를 판단한다. 돈이 예측한 대로 들어오지 않을 수 있다는 점을 투자에서는 위험이라고 한다. 즉 추계된 현금수지에 대한 위험의 크기를 판단한다.

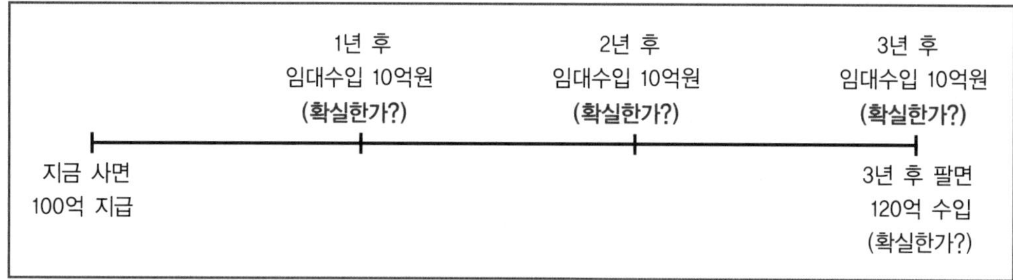

③ 예측한 미래 수입의 위험을 토대로 해서 미래 수입의 현재가치를 구할 때 적용할 할인율을 결정한다. 위험이 큰 수입일수록 할인율이 커진다. 사채업자들이 미래에 돈을 받을 수 있는 어음을 현금으로 바꿔줄 때 위험이 큰 어음일수록 깡을 많이 하는 것과 같은 이치이다. 위의 경우 할인율을 10%로 결정했다고 하자.

④ 이상에서 분석된 자료를 토대로 미래의 수입을 10%로 할인해서 현재가치를 구한 후 나가는 돈과 들어오는 돈의 총액을 비교해서 투자여부를 결정한다. 당연히 들어오는 돈이 나가는 돈보다 더 크다고 판단되면 투자타당성이 있다고 판단한다.

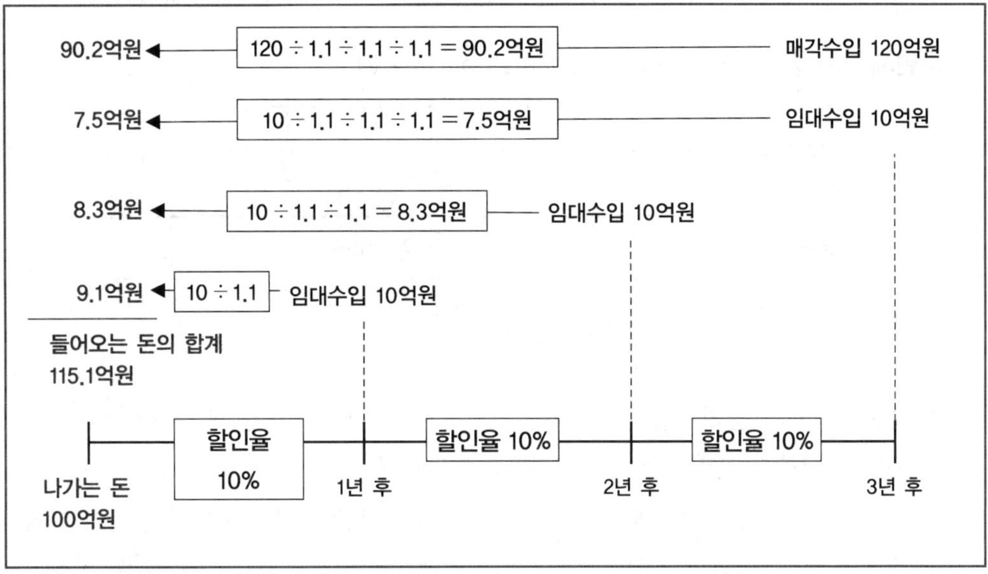

(3) **투자결정**(자세한 것은 뒤에서 설명한다)

① **개별투자안이 투자타당성이 있는 경우**

㉠ 기대수익률(내부수익률)이 요구수익률보다 크거나 같은 경우

㉡ 순현가가 0보다 크거나 같은 경우

= 미래수익의 현재가치가 현재 투자금액보다 크거나 같은 경우

= 투자가치가 시장가치보다 크거나 같은 경우

㉢ 수익성지수가 1보다 크거나 같은 경우

② 개별투자안이 타당성이 있다고 해서 모두 투자해야 하는 것은 아니다. 투자타당성이 있는 투자안이 여럿 있을 경우에는 상호 독립적인 투자안인지 상호 배타적인 투자안인지를 잘 살펴 투자결정을 하여야 한다.

2 할인법의 종류

대표적인 할인법의 종류에는 순현재가치법, 내부수익률법, 수익성지수법이 있다. 현가회수기간법 등 이름에 현가라는 표현이 들어가는 방법은 할인법으로 판단한다.

(1) **순현재가치법**(Net Present Value method ; NPV)

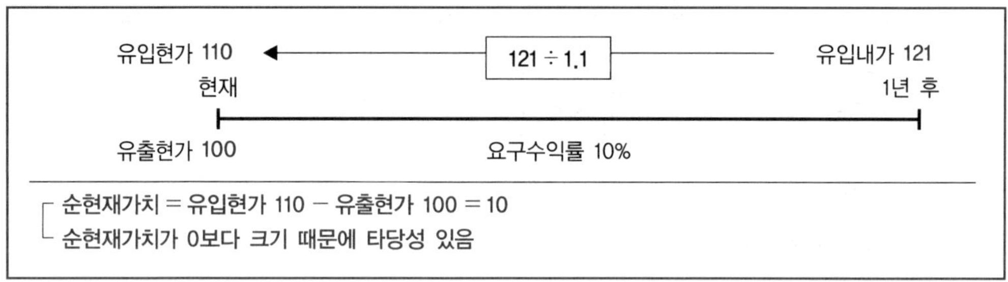

① **순현재가치의 정의**: 순현재가치는 현재가치의 차이라는 의미이며 장래에 발생할 수입의 현재가치 총액 110에서 비용의 현재가치 총액 100을 차감한 금액인 10을 말한다.

② 순현재가치는 장래의 수입 121에서 비용 100을 차감한 금액을 말하는 것이 아님에 주의해야 한다. 순현재가치의 핵심용어는 현재가치이다. 즉 그냥 수익에서 비용을 차감한 값 21은 순현재가치가 아니다.

③ 순현재가치를 구하기 위해서 투자자의 요구수익률을 할인율로 적용한다.
요구수익률은 투자자가 "최소한 10% 이상은 수익률이 나와야 이 부동산에 투자할 수 있어."라고 하는 수익률이다. 이런 요구치는 투자자마다 다를 수 있다. 즉 요구수익률은 주관적 수익률이므로 할인율(요구수익률)은 투자주체에 따라 달라진다.

④ 순현재가치는 투자자의 요구를 만족시키고 남은 금액을 의미한다. 위의 경우 1년 후 총수입금액은 121이지만 내가 요구하는 10%를 뺀 금액은 110이다. 즉 순현재가치가 10이라는 의미는 내가 요구하는 것보다 10을 더 벌어다 준 것이라는 것을 뜻한다. 이해가 어렵다면 1년 후를 기준으로 생각하면 쉽다. 나는 최소한 10%의 수익을 원하기 때문에 지금 100을 투자하면 1년 후 110이 되면 된다. 그런데 1년 후 121이 나오는 투자안이기 때문에 1년 후 내가 원하는 것보다 11을 더 버는 것이다. 1년 후 기준으로 11을 더 벌기 때문에 현재시점 기준으로는 10을 더 버는 것이다.

⑤ **순현재가치법의 투자타당성 판단기준**

㉠ 순현가가 0보다 크거나 같을 때 타당성이 있다고 판단한다.
㉡ 순현가가 큰 투자안일수록 투자타당성이 높은 투자안이다.
㉢ 투자가치가 시장가치보다 크거나 같으면 타당성이 있다.

(2) **내부수익률법**(Internal Rate of Return method ; IRR법)

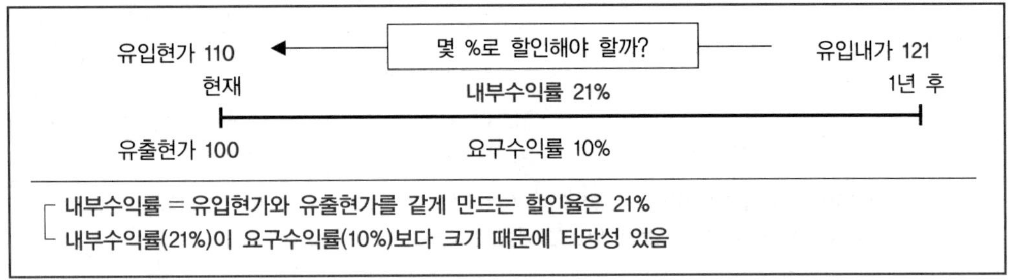

① **내부수익률의 정의**: 내부수익률은 투자안의 기대수익률을 말한다. 우리가 일반적으로 말하는 기대수익률은 화폐의 시간가치를 고려하는 기대수익률과 화폐의 시간가치를 고려하지 않는 기대수익률로 나눌 수 있는데 내부수익률은 화폐의 시간가치를 고려하는 기대수익률의 개념이다. 더 이상의 자세한 설명은 오히려 독이 되기 때문에 내부수익률의 정의는 아래의 세 가지를 그냥 외우도록 한다. 세 가지 정의는 모두 같은 말이다.

- 첫째: 내부수익률이란 유입현가와 유출현가를 같게 만드는 할인율이다.
- 둘째: 내부수익률이란 순현가를 0으로 만드는 할인율이다.
- 셋째: 내부수익률이란 수익성지수를 1로 만드는 할인율이다.

위의 예시에서, 유출현가가 100이고 유입내가가 121이다.
여기서 121를 몇 %로 할인하면 딱 100이 나올까? 실제로 그 값을 계산하면 21%가 된다. 즉 121 ÷ 1.21 = 100이다. 여기서 계산된 21%가 이 투자안의 내부수익률이다. 그리고 유입현가가 100, 유출현가가 100으로 같아지면 뺀 값인 순현재가치는 0이 되고 나눈 값인 수익성지수는 1이 되므로 '유입현가와 유출현가가 같다.'는 표현과 '순현가는 0이다.'라는 표현, '수익성지수는 1이다.'라는 표현은 모두 같은 말이다.

② **내부수익률의 계산방법**: 내부수익률은 계산이 어려우므로 우리시험에서 내부수익률을 계산하라는 문제는 나올 가능성이 희박하다. 혹시라도 나온다면 객관식이니까 보기에서 주어진 값을 하나씩 대입해서 내부수익률을 구하면 된다.

③ **투자타당성 판단기준**

㉠ 내부수익률이 요구수익률보다 크거나 같으면 투자타당성이 있다고 판단한다.

㉡ 내부수익률이 클수록 상대적으로 좋은 투자안이다.

(3) 수익성지수법

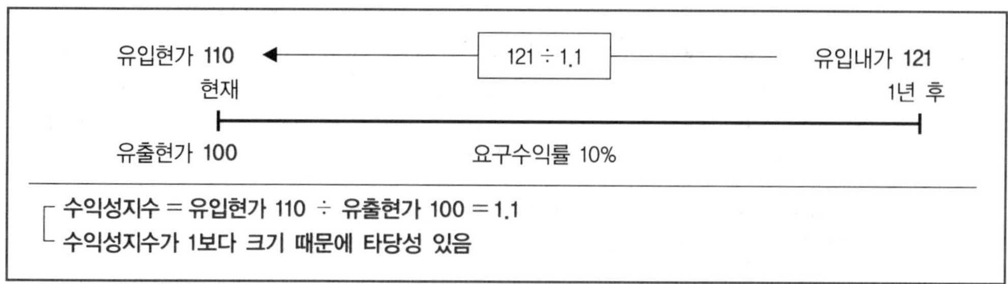

① **수익성지수의 정의**: 수익성지수란 유입현가인 110에서 유출현가인 100을 나눈 값을 말한다. 위의 경우 수익성지수는 1.1이 된다.

② 수익성지수를 편익비용비율(B/C ; Benefit Cost ratio)이라고도 한다. 여기서 편익은 들어오는 돈이고 비용은 나가는 돈을 말하며 그 둘의 비율이 편익비용비율이 된다.

③ 순현재가치가 0인 투자안의 수익성지수는 항상 1이 된다. 유입현가가 100이고 유출현가가 100인 투자안을 생각해보면 순현재가치는 0이고 수익성지수는 1이다. 마찬가지로 순현가가 0보다 큰 투자안의 수익성지수는 항상 1보다 크다.

④ 순현가가 동일할 경우 투자규모가 작을수록 수익성지수는 더 큰 값을 가진다. 즉 순현가나 다른 판단지표가 동일하다면 초기 현금투자가 적은 사업일수록 높은 수익성지수를 나타내므로 더 유리한 투자안이다(적게 투자하고 동일한 수익을 발생시키는 투자안이 더 좋은 투자안이다).

투자안	순현가	수익성지수
투자안 A : 유입현가 20, 유출현가 10	10	2
투자안 B : 유입현가 110, 유출현가 100	10	1.1

⑤ **투자타당성 판단기준**

㉠ 수익성지수가 1보다 크거나 같으면 투자타당성이 있다.

㉡ 수익성지수가 높을수록 상대적으로 좋은 투자안이라고 판단한다.

㉢ 수익성지수법은 투자규모가 크게 다른 두 개 이상의 사업을 비교할 때 유용하다.

Ⅱ 순현가법과 내부수익률법 비교

① 개 요

둘 이상의 독립적인 투자안의 순위를 결정하거나 상호 배타적인 투자안을 평가하는 경우, 두 투자안이 투자규모나 투자기간 또는 현금흐름의 양상이 크게 다르면 순현가법과 내부수익률법에 의한 결과가 달라질 수 있다.

상호 독립적인 투자안과 상호 배타적인 투자안

구 분	투자안 A	투자안 B	투자안 C
필요한 투자금액	20억원	30억원	50억원
순현재가치	10억원	−12억원	22억원
내부수익률 (요구수익률 10%)	20%	6%	14%

(1) **내가 투자할 수 있는 총금액이 100억원인 경우**(A, B, C는 상호 독립적)
투자타당성이 없는 B를 제외하고 A(20억)와 C(50억) 두 투자안에 모두 투자한다. 이 경우 A와 C 투자안은 상대 투자안을 신경 쓸 필요 없이 자기만 타당성이 있으면 되는데 이런 경우를 상호 독립적인 투자안이라고 한다.

(2) **내가 투자할 수 있는 총금액이 50억원인 경우**
A와 C 둘을 모두 투자할 수 없고 둘 중 하나를 선택해서 투자해야 한다. 이런 경우 두 투자안을 상호 배타적인 투자안이라고 한다. 만일 순현재가치를 기준으로 하는 경우 C를 선택해야 하고 내부수익률을 기준으로 하는 경우 A를 선택해야 한다. 따라서 상호 배타적인 투자안이고 순현가법과 내부수익률법에 의한 판단이 달라지는 경우 어떤 방법을 선택해야 하는지에 대한 고민이 생긴다.

일반적으로 순현가법이 내부수익률법보다 투자판단의 준거로서 선호된다. 다음 과정에서는 왜 순현재가치법이 내부수익률보다 더 좋은지 그 이유를 설명하는데 내용이 조금 어려울 수 있으니 잘 모르겠으면 "좋은 말 나오면 순현재가치법"이라고 그냥 외운다.

2 순현가법이 내부수익률법보다 우수한 이유

순현재가치법이 내부수익률법보다 더 우수한 이유는,
첫째, 재투자수익률에 대한 가정이 더 합리적이고
둘째, 순현재가치법에서는 가치가산의 원리가 적용되며
셋째, 순현재가치법은 부의 극대화를 판단할 수 있고
넷째, 내부수익률법은 복수해나 무해가 나올 경우 순현재가치법으로 다시 분석을 해야 하기 때문이다.

이제 하나씩 자세히 살펴보자.

(1) 재투자수익률에 대한 가정이 순현가법이 더 합리적이다.

① 5년 동안 투자한다고 가정할 때 할인기법들은 초기 투자액만 5년 동안 투자하는 것이 아니고 1년차에 나온 수익을 남은 4년 동안 재투자하고, 2년차에 나온 수익을 남은 3년 동안 재투자하고… 이렇게 수익도 계속 재투자를 한다고 가정하고 분석한다. 자 그렇다면 이 수익금의 재투자수익률을 몇 %로 가정을 할까?

② 재투자수익률을 가정할 때, 순현가법은 투자자의 요구수익률인 10%로 재투자한다고 가정하고, 내부수익률법은 투자대상의 내부수익률인 20%로 재투자한다고 가정한다.

③ 요구수익률은 일반적으로 현재의 시장이자율과 비슷한 수익률이다. 시장이자율이 10%인 경우 투자자는 '시장이자율이 10%니까, 너도 최소한 10% 이상은 수익률을 보장해 줘야 내가 투자한다.' 이렇게 되는 것이다. 그래서 투자에서 나온 수익을 요구수익률로 계속 재투자한다는 가정은 무리 없는 합리적인 가정이다.

구 분	투자안 A	투자안 B	투자안 C
내부수익률 (요구수익률 10%)	20%	6%	14%

④ 위의 경우 A의 내부수익률은 20%이고, C의 내부수익률은 14%이며 시장의 이자율(요구수익률)은 10%이다. 내부수익률법으로 투자우선순위를 판단하는 경우 내부수익률이 가장 높은 A를 먼저 선택하게 되고, A에서 나오는 수익은 A의 수익률인 20%로 재투자한다고 가정한다. 하지만 수익률이 가장 높은 A는 이미 투자하고 있으므로 이제는 시장에 20% 수익의 투자대상은 없다. 하지만 내부수익률법은 계속 20%로 재투자할 수 있다고 가정하기 때문에 내부수익률법의 재투자율에 대한 가정은 합리적인 가정이라고 보기 어렵다.

(2) 순현가법만 가치가산성의 원리가 성립한다.

구 분	A투자안	B투자안	(A+B) 결합투자안
순현가(NPV)	10억원	12억원	10억원 + 12억원 = 22억원 (○)
내부수익률(IRR)	15%	13%	15% + 13% = 28% (×)

① A투자안은 순현가가 10억원이고 내부수익률이 15%이다. B투자안은 순현가가 12억원이고 내부수익률은 13%이다. 그렇다면 (A+B)의 결합투자안의 순현가와 내부수익률은 얼마가 되겠는가?

② 이 물음에 대한 대답으로서 순현가는 NPV(A+B) = NPV(A) + NPV(B)가 성립하므로 10억원 + 12억원 = 22억원이라는 답이 금방 나오지만, 내부수익률은 IRR(A+B) = IRR(A) + IRR(B)가 성립하지 않으므로 새롭게 투자분석을 하여야 한다.

③ 개별투자안 100개를 분석한 자료가 있고 새로운 결합투자안을 분석하고자 하는 경우 순현재가치법으로 분석을 하면 개별투자안의 순현가를 더하기만 하면 되니까 간단한데, 내부수익률법으로 분석을 하면 결합투자안이 나올 때마다 하나하나 새롭게 분석을 해야 하기 때문에 순현가법의 분석이 더 좋다는 것이다.

④ A은행에 예금한 10억원은 이자율이 5%이고(이자는 5천만원), B은행에 예금한 20억원은 이자율이 4%(8천만원)이다. 이 경우 두 은행에 예금한 총액 30억원의 이자가 얼마인지 물으면 그냥 5천만원과 8천만원을 합친 1억 3천만원이라고 하면 된다. 금액은 그냥 합치면 되기 때문이다. 즉 순현가법에 의하면 가치가산의 원리가 적용된다.

⑤ 하지만 두 은행에 예금한 예금총액의 이자율이 몇 %인지 수익률을 물으면 5%와 4%를 합쳐서 9%라고 하면 안 된다. 또한 예금한 금액이 다르기 때문에 평균을 내서 4.5%라고 해도 안 된다. 합친 금액의 이자율을 알고 싶으면 번거롭지만 다시 분석해야 한다. 따라서 수익률로 하는 분석은 가치가산의 원리가 적용되지 않는다.

(3) 복수해와 무해의 존재가능성

① 비전통적인 투자사업(현금흐름이 복잡한 경우)의 경우 해당투자안의 내부수익률을 계산하면 내부수익률이 복수로 존재하거나 아예 존재하지 않을 수도 있다.

> **용어해설 : 비전통적 투자사업**
> 투자자금이 기간 초에 한 번만 투입되는 사업을 '전통적 투자사업'이라고 하고, 투자기간 중간 중간에 투자자금이 계속 투입되면서 자금의 흐름이 복잡한 투자사업을 '비전통적 투자사업'이라고 한다.

② 내부수익률이 2개 이상(복수의 내부수익률) 나올 경우 또는 내부수익률이 없을(무해) 경우 내부수익률법으로는 타당성 여부를 판단할 수 없다. 이런 경우 순현가법으로 다시 타당성분석을 하여야 하는 번거로움이 생긴다.

③ 예를 들면 투자안 A의 내부수익률이 8%, 15% 두 개가 나오고 투자자의 요구수익률이 12%라면, 투자안 A는 8%의 내부수익률과 비교하면 타당성이 없지만 15%의 내부수익률과 비교하면 타당성이 있다. 이 경우는 내부수익률법으로는 타당성 여부를 판단할 수 없기 때문에 순현가법으로 다시 타당성분석을 해야 한다.

④ 순현가법은 내부수익률법과 달리 타당성 여부를 판단할 수 없는 경우는 발생하지 않는다.

(4) 부(富)의 극대화

구 분	투자안 A	투자안 B	투자안 C
필요한 투자금액	20억원	30억원	50억원
순현재가치	10억원	−12억원	22억원
내부수익률 (요구수익률 10%)	20%	6%	14%

① 위의 경우 순현가법으로 판단하면 투자안 순현가가 가장 높은(22억원)인 C가 가장 좋은 투자안이고, 내부수익률법으로 판단하면 내부수익률이 가장 높은(20%) 투자안 A가 가장 좋은 투자안이다.

② 부의 극대화는 어떻게 투자해야 재산이 가장 많이 늘어나는가를 말하는 것인데, 투자안 A에 투자하면 내 재산은 10억원이 증가하고, 투자안 C에 투자하면 내 재산은 22억원이 증가한다.

③ 즉 내 재산의 극대화를 달성하고 싶으면 늘어나는 금액을 기준으로 투자선택을 해야지, 투자수익률을 기준으로 투자선택을 하면 안 된다. <u>부(富)의 극대화를 달성하기 위해서는 내부수익률법이 아닌 순현재가치법으로 투자판단을 하여야 한다</u>.

④ 만일 내가 가진 자금이 50억원이라면 C에 투자하는 것이 부를 극대화하는 방법이고, 내가 가진 자금이 70억 이상이라면 A와 C 둘에 모두 투자하는 것이 부를 극대화하는 방법이다.

III 할인법(DCF) 계산

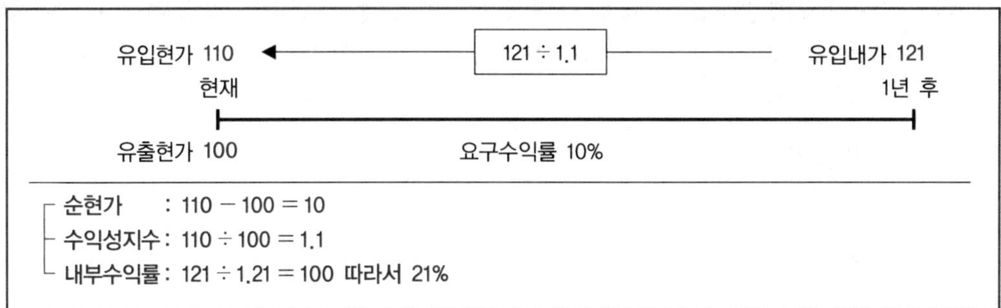

예제

다음 표와 같은 투자사업(A~C)이 있다. 모두 사업기간이 1년이며, 사업 초기(1월 1일)에 현금지출만 발생하고 사업 말기(12월 31일)에는 현금유입만 발생한다고 한다. 할인율이 연 5%라면 순현재가치와 수익성지수는 각각 얼마인가?

사 업	초기지출	말기유입
A	3,800만원	6,825만원
B	1,250만원	2,940만원
C	1,800만원	4,725만원

해설

사 업	초 기		말 기	순현재가치 (뺀값)	수익성지수 (나눈값)
A	6,500만원 ◀ 3,800만원	6,825 ÷ 1.05	6,825만원	2,700	1.71
B	2,800만원 ◀ 1,250만원	2,940 ÷ 1.05	2,940만원	1,550	2.24
C	4,500만원 ◀ 1,800만원	4,725 ÷ 1.05	4,725만원	2,700	2.5

<table>
<tr><th colspan="2">22번 : 할인법(DCF기법)</th><th colspan="10">기출문제</th></tr>
<tr><td>Ⅰ</td><td>할인법(DCF) 이론</td><td rowspan="2">26</td><td rowspan="2">27</td><td rowspan="2">28</td><td rowspan="2">29</td><td rowspan="2">30</td><td rowspan="2"></td><td rowspan="2">32</td><td>33</td><td>34</td><td></td></tr>
<tr><td>Ⅱ</td><td>순현가법과 내부수익률법 비교</td><td></td><td></td><td>35</td></tr>
<tr><td>Ⅲ</td><td>할인법(DCF) 계산</td><td></td><td></td><td></td><td></td><td></td><td>31</td><td>32</td><td></td><td></td><td></td></tr>
</table>

[할인법 이론－34회] 부동산투자분석에 관한 설명으로 <u>틀린</u> 것은?

① 내부수익률은 수익성지수를 0으로, 순현재가치를 1로 만드는 할인율이다.
② 회계적 이익률법은 현금흐름의 시간적 가치를 고려하지 않는다.
③ 내부수익률법에서는 내부수익률과 요구수익률을 비교하여 투자여부를 결정한다.
④ 순현재가치법, 내부수익률법은 할인현금수지분석법에 해당한다.
⑤ 담보인정비율(LTV)은 부동산가치에 대한 융자액의 비율이다.

❶ 정답 ①

• 내부수익률의 정의
- 유입현가와 유출현가를 같게 만드는 할인율
- 순현가를 0으로 만드는 할인율
- 수익성지수를 1로 만드는 할인율

[순현가법과 내부수익률법 비교－27회] 부동산 투자분석기법에 관한 설명으로 <u>틀린</u> 것은?

① 동일한 현금흐름의 투자안이라도 투자자의 요구수익률에 따라 순현재가치(NPV)가 달라질 수 있다.
② 투자규모에 차이가 있는 상호 배타적인 투자안의 경우 순현재가치법과 수익성지수법을 통한 의사결정이 달라질 수 있다.
③ 순현재가치법은 가치가산원리가 적용되나 내부수익률법은 적용되지 않는다.
④ 재투자율의 가정에 있어 순현재가치법보다 내부수익률법이 더 합리적이다.
⑤ 회수기간법은 회수기간 이후의 현금흐름을 고려하지 않는다는 단점이 있다.

❶ 정답 ④

순현가법이 내부수익률보다 더 합리적이다.

[할인법 계산-24회] 다음과 같은 현금흐름을 갖는 투자안 A의 순현가와 내부수익률은? [단, 할인율은 연 20%, 사업기간은 1년이며, 사업 초기(1월 1일)에 현금지출만 발생하고 사업 말기(12월 31일)에 현금유입만 발생함]

투자안	초기 현금지출	말기 현금유입
A	5,000원	6,000원

	NPV	IRR		NPV	IRR
①	0원	20%	②	0원	25%
③	0원	30%	④	1,000원	20%
⑤	1,000원	25%			

정답 ①

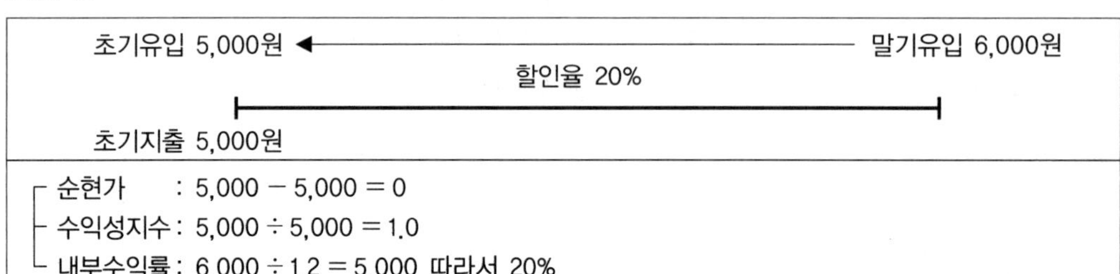

- 순현가 : 5,000 − 5,000 = 0
- 수익성지수 : 5,000 ÷ 5,000 = 1.0
- 내부수익률 : 6,000 ÷ 1.2 = 5,000 따라서 20%

	23번: 비할인법	기출									
Ⅰ	비할인법 계산	26	27	28	29	30			33	34[3]	35
Ⅱ	비할인법 이론	26		28			31		33[2]		35

Ⅰ 비할인법 계산 ★★★

[학습포인트] 제34회 시험의 경우 계산문제만 동일한 형태로 3문제가 출제되었다. 꼭 익혀야 하는 내용이며, 시키는 방식대로 공부하면 어렵지 않게 득점으로 연결할 수 있다.

① 순소득승수, ② 채무불이행률, ③ 세후현금흐름승수를 구하시오.

- 총투자액: 15억원
- 지분투자액: 4억원
- 유효총소득승수: 6
- 영업경비비율(유효총소득 기준): 40%
- 부채서비스액: 6천만원/년
- 영업소득세: 1천만원/년

① 1,500 ÷ 150 = 10
② (100+60) ÷ 250 = 0.64
③ 400 ÷ 80 = 5

1단계: 아부지

총투자			가	공
			유	경
			순	은
	지분		전	세
			후	

2단계: 숫자 옮기기

1,500			가	공	
		250	유	경	100
		150	순	은	60
	400	90	전	세	10
		80	후		

Ⅱ 비할인법 이론 ★★★

[학습포인트] 테마 20에서 익힌 가유순전후 공경은세를 기반으로 해서 이미지로 공부한다. 이미지가 아닌 공식으로 암기하면 난이도 최상이 된다. 꼭 이미지로 자주 연습하자(위치로 파악).

총투자액 (가격)		가	공
		유	경
		순	은
부채	지분	전	세
		후	

① **금융비율**: 부채비율, 대부비율
② **승수**: 총소득승수, 순소득승수, 세전승수, 세후승수
③ **환원율**: 자본환원율, 지분환원율(지분배당률)
④ **재무비율**: 공실률, 경비비율, 채무불이행률, 부채감당률, 총자산회전율
⑤ 공경은세는 비용항목이므로 낮을수록 유리하다.

I 비할인법 계산

1 개 요

총투자액 (가격)		가	공
		유	경
		순	은
부채	지분	전	세
		후	

① **금융비율**: 부채비율, 대부비율
② **승수** : 총소득승수, 순소득승수, 세전승수, 세후승수
③ **환원율**: 자본환원율, 지분환원율(지분배당률)
④ **재무비율**: 공실률, 경비비율, 채무불이행률, 부채감당률, 총자산회전율
⑤ 공경은세는 비용항목이므로 낮을수록 유리하다.

비할인법에서 사용하는 각종 비율은 비율 이름에서 하나의 지표가 나오기 때문에 상대지표가 무엇인지만 알면 쉽게 문제를 풀 수 있다. 예를 들면 가능총소득승수의 경우 가능총소득은 이미 이름에서 나오기 때문에 상대지표가 총투자액이라는 것만 알면 된다.
<u>비할인법은 이미지 형태로 위치를 파악해서 익혀놓으면 큰 힘 들이지 않고 접근이 가능하다.</u>

$$가능총소득승수 = \frac{총투자액}{가능총소득}$$

총투자액 (가격) → 가		가	공
		유	경
		순	은
부채	지분	전	세
		후	

$$유효총소득승수 = \frac{총투자액}{유효총소득}$$

총투자액 (가격) → 유		가	공
		유	경
		순	은
부채	지분	전	세
		후	

$$순소득승수 = \frac{총투자액}{순소득}$$

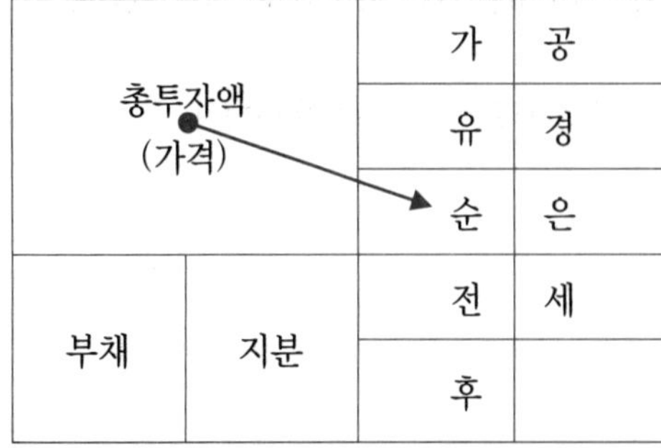

$$세전현금수지승수 = \frac{지분투자액}{세전현금수지}$$

총투자액 (가격)		가	공
		유	경
		순	은
부채	지분 → 전	전	세
		후	

$$\text{세후현금수지승수} = \frac{\text{지분투자액}}{\text{세후현금수지}}$$

총투자액 (가격)		가	공
		유	경
		순	은
부채	지분	전	세
		후	

$$\text{환원이율} = \frac{\text{순소득}}{\text{총투자액}}$$

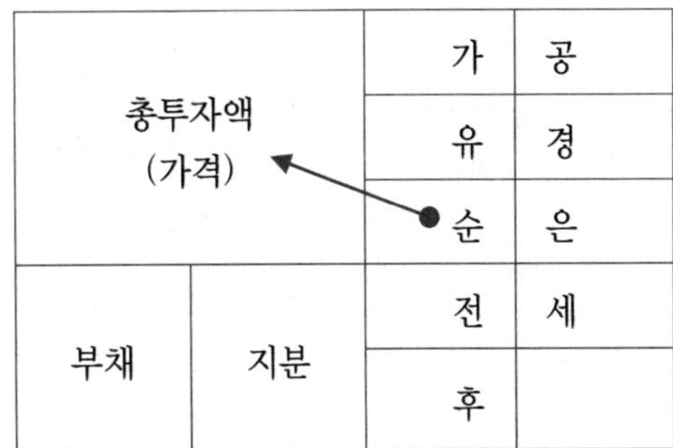

$$\text{지분환원율(지분배당률)} = \frac{\text{세전현금수지}}{\text{지분투자액}}$$

총투자액 (가격)		가	공
		유	경
		순	은
부채	지분	전	세
		후	

$$\text{대부비율} = \frac{\text{부채}}{\text{가격}}$$

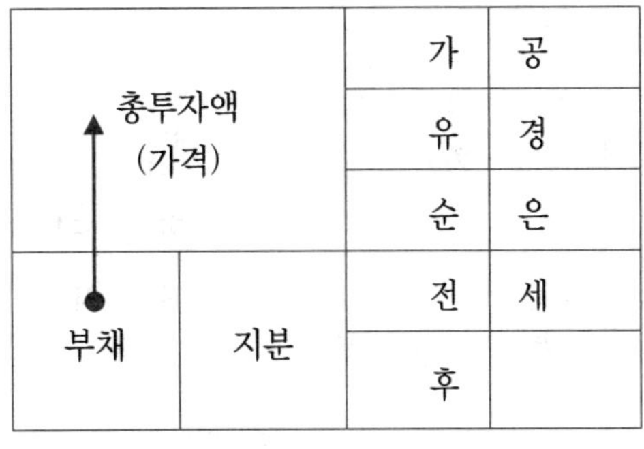

$$\text{부채비율} = \frac{\text{부채}}{\text{지분}}$$

총투자액 (가격)		가	공
		유	경
		순	은
부채	지분	전	세
		후	

$$\text{공실률} = \frac{\text{공실}}{\text{가능총소득}}$$

총투자액 (가격)		가	공
		유	경
		순	은
부채	지분	전	세
		후	

$$\text{영업경비비율} = \frac{\text{영업경비}}{\text{유효총소득}}$$

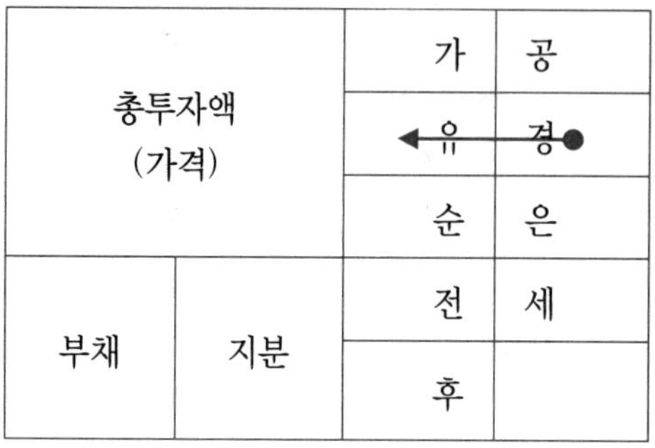

총투자액 (가격)		가	공
		유	경
		순	은
부채	지분	전	세
		후	

$$\text{채무불이행률} = \frac{(\text{영업경비} + \text{부채서비스액})}{\text{유효총소득}}$$

총투자액 (가격)		가	공
		유	경
		순	은
부채	지분	전	세
		후	

$$\text{부채감당률} = \frac{\text{순영업소득}}{\text{부채서비스액}}$$

총투자액 (가격)		가	공
		유	경
		순	은
부채	지분	전	세
		후	

$$\text{총자산회전율} = \frac{\text{가능(또는 유효)총소득}}{\text{총투자액}}$$

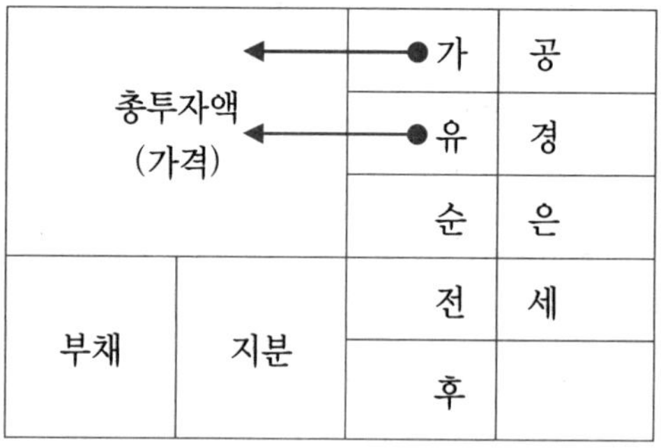

총투자액 (가격)		가	공
		유	경
		순	은
부채	지분	전	세
		후	

PART 02

2 계 산

예제

[1] ① 순소득승수, ② 채무불이행률, ③ 세후현금흐름승수를 구하시오.

• 총투자액: 15억원	• 지분투자액: 4억원
• 유효총소득승수: 6	• 영업경비비율(유효총소득 기준): 40%
• 부채서비스액: 6천만원/년	• 영업소득세: 1천만원/년

① 1,500 ÷ 150 = 10　　② (100 + 60) ÷ 250 = 0.64

③ 400 ÷ 80 = 5

해설

1단계: 아부지

총투자		가	공
		유	경
		순	은
	지분	전	세
		후	

2단계: 숫자 옮기기

1,500			가	공	
		250	유	경	100
		150	순	은	60
	400	90	전	세	10
		80	후		

3단계: 이미지로 문제 해결하기

$$순소득승수 = \frac{1,500}{150} = 10$$

1,500		가	공
		250 유	경 100
		150 순	은 60
	400	90 전	세 10
		80 후	

$$채무불이행률 = \frac{(100 + 60)}{250} = 0.64$$

1,500		가	공
		250 유	경 100
		150 순	은 60
	400	90 전	세 10
		80 후	

$$세후현금흐름승수 = \frac{400}{80} = 5$$

1,500		가	공
		250 유	경 100
		150 순	은 60
	400	90 전	세 10
		80 후	

예제

[2] 甲은 시장가치 5억원의 부동산을 인수하고자 한다. 해당 부동산의 부채감당률(DCR)**은?** (단, 모든 현금유출입은 연말에만 발생하며, 주어진 조건에 한함)

- 담보인정비율(LTV) : 시장가치의 50%
- 연간 저당상수 : 0.12
- 가능총소득(PGI) : 5,000만원
- 공실손실상당액 : 가능총소득의 10%
- 영업경비비율 : 유효총소득의 28%

해설

1단계 : 아부지

총투자		가	공
		유	경
		순	은
	지분	전	세
		후	

2단계 : 숫자 옮기기

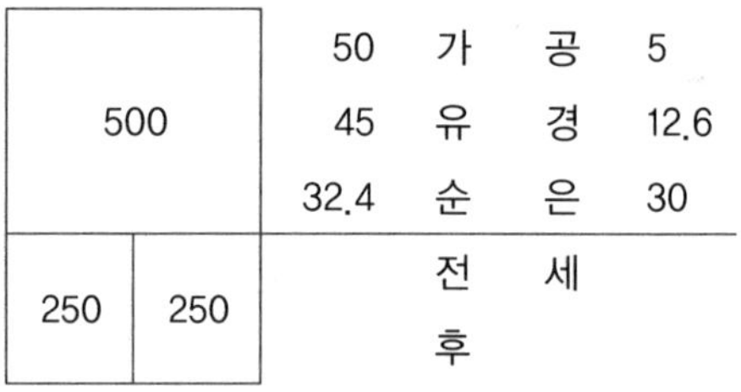

500		50	가	공	5
		45	유	경	12.6
		32.4	순	은	30
250	250		전	세	
			후		

3단계 : 이미지로 문제 해결하기

$$부채감당률 = \frac{32.4}{30} = 1.08$$

500		50 가	공 5
		45 유	경 12.6
		32.4 순 →	은 30
250	250	전	세
		후	

- **부채서비스액**(은행)**이 30인 이유**
  부채 × 저당상수 = 부채서비스액
  (250) (0.12) (30)

정답 1.08

예제

[3] 다음 자료는 A부동산의 1년간 운영수지이다. A부동산의 세후현금흐름승수는? (단, 주어진 조건에 한함)

- 총투자액: 50,000만원
- 지분투자액: 36,000만원
- 가능총소득(PGI): 6,000만원
- 공실률: 15%
- 재산세: 500만원
- 원리금상환액: 600만원
- 영업소득세: 400만원

50,000		6,000	가	공	900
			유	경	500
			순	은	600
	36,000		전	세	400
		→ 3,600	후		

① 8 ② 10 ③ 12
④ 15 ⑤ 20

해설 세후현금흐름승수 = $\frac{\text{지분투자액: 36,000}}{\text{세후현금수지: 3,600}} = 10$

정답 ②

[4] 甲은 아래 조건으로 부동산에 10억원을 투자하였다. 이에 관한 투자분석의 산출값으로 <u>틀린</u> 것은?

- 순영업소득(NOI): 2억원/년
- 원리금상한액: 2,000만원/년
- 유효총소득승수: 4
- 지분투자액: 8억원

1,000			가	공	
		250	유	경	50
		200	순	은	20
	800	180	전	세	
			후		

① 유효총소득은 2억 5천만원 ② 부채비율은 25%
③ 지분환원율은 25% ④ 순소득승수는 5
⑤ 종합환원율은 20%

해설 지분환원율 = $\frac{\text{세전현금수지 180}}{\text{지분투자액 800}} = 0.225$

정답 ③

Ⅱ 비할인법 이론

1 개 요

<table>
<tr><td colspan="2" rowspan="3">총투자액
(가격)</td><td>가</td><td>공</td></tr>
<tr><td>유</td><td>경</td></tr>
<tr><td>순</td><td>은</td></tr>
<tr><td rowspan="2">부채</td><td rowspan="2">지분</td><td>전</td><td>세</td></tr>
<tr><td>후</td><td></td></tr>
</table>

① **금융비율**: 부채비율, 대부비율

② **승수**: 총소득승수, 순소득승수, 세전승수, 세후승수

③ **환원율**: 자본환원율, 지분환원율(지분배당률)

④ **재무비율**: 공실률, 경비비율, 채무불이행률, 부채감당률, 총자산회전율

<table>
<tr><th colspan="2">어림셈법
(승수법과 수익률법)</th><th colspan="2">비율분석법</th><th colspan="2">회계적기법</th></tr>
<tr><td rowspan="2">총소득승수</td><td rowspan="2">총투자액 / 총소득</td><td>대부비율</td><td>부채잔금 / 부동산가격</td><td rowspan="2">평균
이익률법</td><td rowspan="2">평균
이익률이
높을수록
유리</td></tr>
<tr><td>부채
감당률</td><td>순영업소득 / 부채서비스액</td></tr>
<tr><td>순소득승수
자본회수기간</td><td>총투자액 / 순소득</td><td>채무
불이행률</td><td>영업경비 + 저당지불액 / 유효조소득</td><td rowspan="3">자본
회수기간법</td><td rowspan="3">자본
회수기간이
짧을수록
유리</td></tr>
<tr><td rowspan="2">지분배당률
지분환원율</td><td rowspan="2">세전현금흐름 / 지분투자액</td><td>총자산
회전율</td><td>조소득 / 총투자액</td></tr>
<tr><td>영업경비
비율</td><td>영업경비 / 조소득</td></tr>
</table>

① 승수법: 승수는 낮을수록, 수익률은 높을수록 좋은 투자대안으로 평가된다.
② 부채감당률이 1에 가까울수록 차입자나 대출자 모두 위험해진다.

2 어림셈법

(1) 의 의

① 어림셈법은 화폐의 시간가치를 고려하지 않고 간단히 투자타당성을 판단하는 방법으로 실무에서 많이 사용된다. 할인현금수지분석법(이하 DCF기법)이 대규모 부동산의 투자분석에 주로 사용된다면 어림셈법은 소규모 부동산의 투자분석에 많이 사용된다.

② DCF기법은 투자기간 동안의 모든 현금수지를 반영하지만 어림셈법은 처분시의 매각수익은 반영하지 않으며 운영수입 중에서도 첫 해의 운영수입만을 반영한다.

③ 어림셈법에는 승수법과 수익률법이 있다. 승수와 수익률은 둘 다 투자금액과 한 해의 소득과의 비율이다.

④ 총투자액은 항상 총소득 또는 순소득과 비교되고, 지분투자액은 세전현금수지 또는 세후현금수지와 비교된다.

⑤ 승수와 수익률은 상호 역수의 관계에 있다. 특히 순소득승수와 수익률 중 환원이율이 상호 역수의 관계라는 점이 중요하다.

(2) 승수법

① 투자안의 가격이 투자안이 산출하는 소득의 몇 배인가를 나타내는 것을 승수라고 하며, 승수를 이용해서 투자타당성을 판단하는 방법을 승수법이라고 한다.

② 일반적으로 승수는 자본회수기간을 의미하므로 승수는 낮을수록(= 자본회수기간이 짧을수록) 좋은 투자대안으로 평가된다.

③ 순소득승수를 자본회수기간이라고도 한다.

④ 종합자본환원율의 역수는 순소득승수이다.

⑤ **승수의 종류**

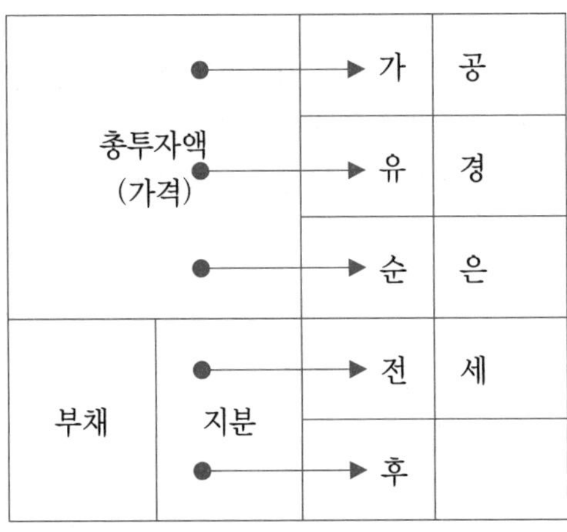

㉠ 가능총소득승수 = $\frac{\text{총투자액}}{\text{가능총소득}}$

㉡ 유효총소득승수 = $\frac{\text{총투자액}}{\text{유효총소득}}$

㉢ 순소득승수 = $\frac{\text{총투자액}}{\text{순영업소득}}$

㉣ 세전현금수지승수 = $\frac{\text{지분투자액}}{\text{세전현금수지}}$

㉤ 세후현금수지승수 = $\frac{\text{지분투자액}}{\text{세후현금수지}}$

(3) 수익률법

① 수익률은 투자액에 대한 소득의 비율(엄밀히 말하면 소득률)을 말하며 승수의 역수가 된다.

② 수익률은 높을수록 좋은 투자안이 된다.

③ **수익률의 종류**

㉠ 종합자본환원율 $= \dfrac{\text{순영업소득}}{\text{총투자액}}$

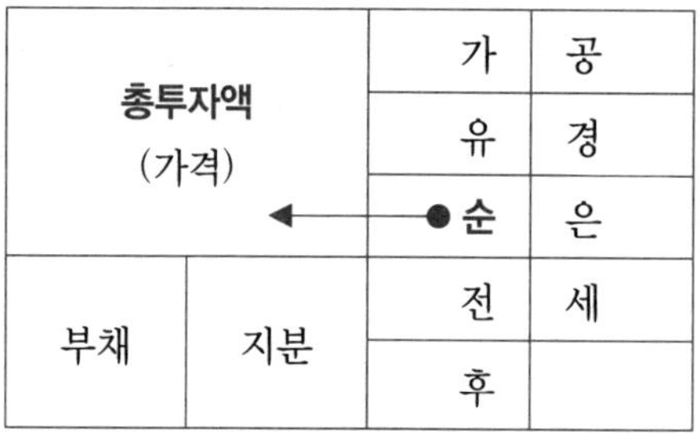

<table>
<tr><td colspan="2" rowspan="3">총투자액
(가격)</td><td>가</td><td>공</td></tr>
<tr><td>유</td><td>경</td></tr>
<tr><td>←● 순</td><td>은</td></tr>
<tr><td rowspan="2">부채</td><td rowspan="2">지분</td><td>전</td><td>세</td></tr>
<tr><td>후</td><td></td></tr>
</table>

㉡ 지분배당률 $= \dfrac{\text{세전현금수지}}{\text{지분투자액}}$

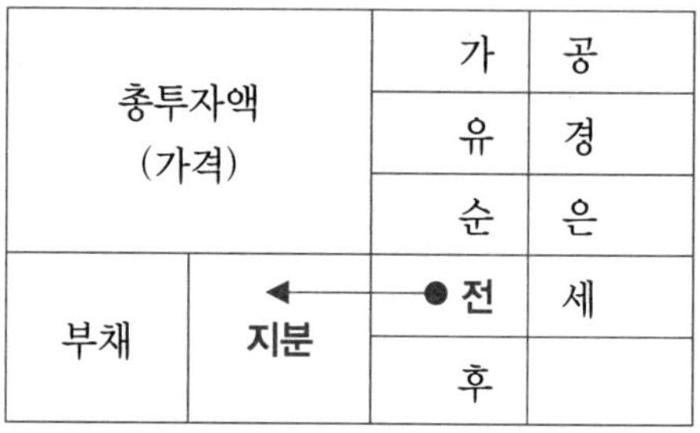

<table>
<tr><td colspan="2" rowspan="3">총투자액
(가격)</td><td>가</td><td>공</td></tr>
<tr><td>유</td><td>경</td></tr>
<tr><td>순</td><td>은</td></tr>
<tr><td rowspan="2">부채</td><td rowspan="2">지분 ←</td><td>● 전</td><td>세</td></tr>
<tr><td>후</td><td></td></tr>
</table>

㉢ 세후수익률 $= \dfrac{\text{세후현금수지}}{\text{지분투자액}}$

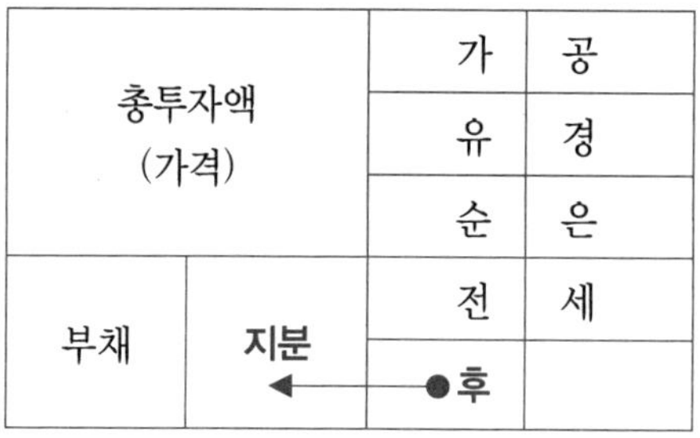

<table>
<tr><td colspan="2" rowspan="3">총투자액
(가격)</td><td>가</td><td>공</td></tr>
<tr><td>유</td><td>경</td></tr>
<tr><td>순</td><td>은</td></tr>
<tr><td rowspan="2">부채</td><td rowspan="2">지분 ←</td><td>전</td><td>세</td></tr>
<tr><td>● 후</td><td></td></tr>
</table>

㉣ 지분수익률과 지분배당률(심화)

> 지분수익률은 보유기간 동안의 매 기간의 현금흐름과 매각시의 수익까지도 고려하는 이율(yield rate)이고, 지분배당률은 한 해의 소득만을 반영하는 이율(income rate)이다.

(4) 어림셈법의 한계

① 승수나 수익률은 투자안의 여러 지표 중 하나이기 때문에 그 지표만 가지고는 투자타당성을 판단하기 어렵다.

② DCF법 중 순현재가치법의 경우 A투자안의 순현재가치가 10이면 순현가가 0보다 크기 때문에 타당성이 있다고 판단할 수 있다. 하지만 A투자안의 순소득승수가 10이면 이 값을 가지고 타당성 여부를 판단하지는 못한다(순소득승수는 비교대상이 없다).

3 비율분석법

(1) 개 요

지분투자자나 저당투자자들이 관행적으로 사용하는 여러 가지 비율을 가지고 투자분석의 판단지표로 삼는 방법을 말한다.

(2) 대부비율과 부채비율

┌ 대부비율: = 융자비율 = 담보인정비율 = 대출비율 = LTV(Loan To Value)
└ 부채비율: 법률용어이므로 다른 용어 없음

대부비율 = $\frac{부채}{가격}$	부채비율 = $\frac{부채}{지분}$

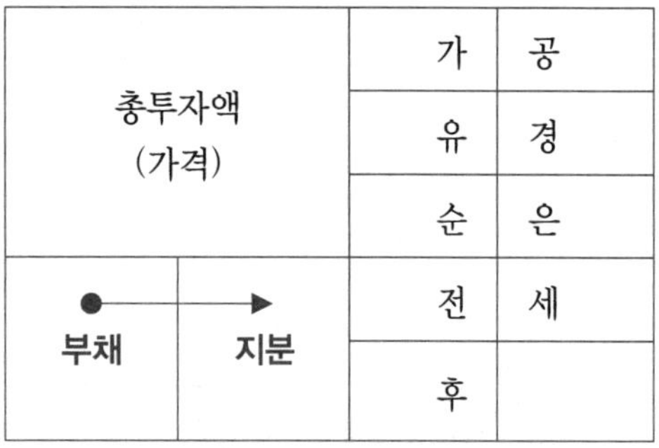

총투자액 (가격)		가	공
		유	경
↑		순	은
● 부채	지분	전	세
		후	

총투자액 (가격)		가	공
		유	경
		순	은
● 부채 →	지분	전	세
		후	

① 대부비율 또는 부채비율이 높다는 것은 부채가 많다는 의미이며, 이 값이 높으면 차입자의 채무불이행시 은행은 원금 회수가 곤란해지기 때문에 위험이 커진다.

② 대부비율 또는 부채비율이 높을수록 투자자는 투자위험이 커지지만 대신 레버리지 효과도 커지게 된다.

③ 대부비율이 80%이면 [100 / 80 |] 을 만들고, 부채비율이 80%이면 [/ 80 | 100] 을 만든다. 따라서 대부비율이 80%이면 [100 / 80 | 20] 이 되므로 부채비율은 400%가 되고, 부채비율이 80%이면 [180 / 80 | 100] 이 되므로 대부비율은 44.44%가 된다.

④ 대부비율이 상승하면 부채비율도 상승한다.

(3) 채무불이행률

총투자액 (가격)		가	공
		유	경
		순	운
부채	지분	전	세
		후	

$$채무불이행률 = \frac{(영업경비 + 부채서비스액)}{유효총소득}$$

채무불이행률(default ratio)은 유효총소득이 영업경비와 부채서비스액을 감당할 수 있는 능력이 있는가를 측정하는 지표이다.

(4) 부채감당률

총투자액 (가격)		가	공
		유	경
		순	운
부채	지분	전	세
		후	

$$부채감당률 = \frac{순영업소득}{부채서비스액}$$

부채감당률은 순영업소득이 부채서비스액의 몇 배가 되는가를 나타내는 비율이다. 즉 부동산투자에서 창출되는 순영업소득으로 부채서비스액을 어느 정도 충당할 수 있는지 측정하는 지표다.

① 부채감당률이 1보다 작다는 것은 순영업소득이 매기간의 원리금상환액을 감당하기에 부족하다는 것을 의미한다.

② 부채감당률이 1에 가깝다는 것은 대출자의 입장에서는 위험한 투자안이라는 것을 말한다.

(5) 총자산회전율

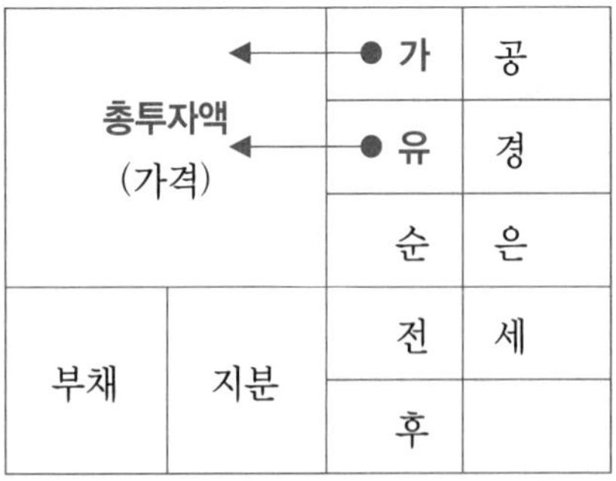

총투자액 (가격)		가	공
		유	경
		순	운
부채	지분	전	세
		후	

$$총자산회전율 = \frac{총소득(가능 또는 유효)}{부동산가격}$$

총자산회전율은 투자된 총자산에 대한 총소득의 비율이다. 이때 총소득은 가능총소득 또는 유효총소득 모두 사용할 수 있다.

(6) 영업경비비율

<table>
<tr><td colspan="2" rowspan="3">총투자액
(가격)</td><td>가</td><td>공</td></tr>
<tr><td>유 ←</td><td>● 경</td></tr>
<tr><td>순</td><td>은</td></tr>
<tr><td rowspan="2">부채</td><td rowspan="2">지분</td><td>전</td><td>세</td></tr>
<tr><td>후</td><td></td></tr>
</table>

$$영업경비비율 = \frac{영업경비}{유효총소득}$$

영업경비비율은 총소득에 대한 영업경비의 비율을 말한다. 이때 총소득은 가능총소득 또는 유효총소득을 모두 사용할 수 있다.

(7) 비율분석법의 한계

① 비율을 구성하는 요소들에 대한 잘못된 추계로 인해 비율 자체가 왜곡될 수도 있다. 예를 들어 부동산의 가치가 잘못 추계되어 있다면 대부비율도 당연히 왜곡되어 나타난다.

② 주어진 비율만 가지고는 좋다 나쁘다를 판단하기 어렵다. 투자자가 중시하는 비율과 대출자가 중시하는 비율이 다르고 판단기준도 다르기 때문이다. 보통 투자자는 지분수익률 등을 중시하고 대출자는 부채감당률 등을 중시한다.

③ 같은 투자대안이라도 사용하는 지표에 따라 투자결정이 달리 나타날 수 있다. 예를 들어 A라는 부동산이 부채감당률을 보면 괜찮은 투자안인데, 총자산회전율을 보면 별로일 수 있다는 이야기이다.

4 평균이익률법

(1) 의 의

평균이익률과 목표이익률을 비교하는 방법으로 예상되는 <u>평균이익률이 목표이익률보다 높은 경우 투자타당성이 있다고 판단</u>한다.

(2) 평균이익률과 내부수익률의 비교

2개 투자대안의 투자금액과 회계적 수익률이 각각 동일한 경우(A안과 B안), 사업기간 초기에 현금유입이 많은 대안(B안)이 후기에 현금유입이 많은 대안(A안)보다 내부수익률이 높다. 왜냐하면 회계적 수익률(평균이익률)은 화폐의 시간가치를 고려하지 않는 수익률이고, 내부수익률은 화폐의 시간가치를 고려하는 수익률이기 때문이다.

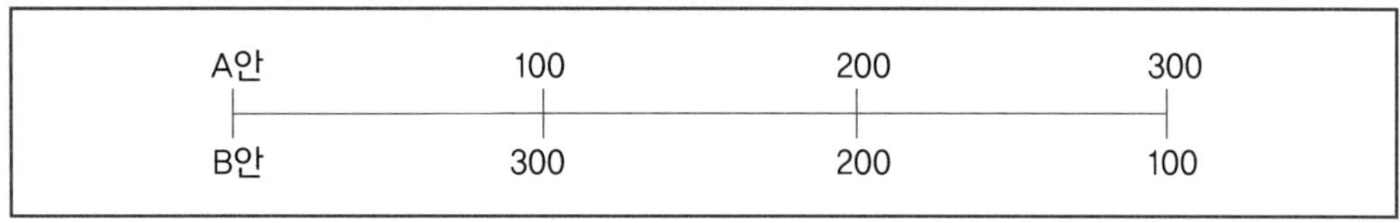

5 자본회수기간법

(1) 의 의

① 자본회수기간법은 자본회수기간(예상회수기간)과 목표회수기간을 비교하는 방법으로 자본회수기간(예상회수기간)이 목표회수기간보다 짧을 경우 투자타당성이 있다고 본다.

② 자본회수기간법은 초기에 투자된 금액을 모두 회수하는 데 걸리는 기간을 기준으로 투자타당성을 판단하며 그 기간이 짧을수록 좋은 투자안이 된다.

(2) 적 용

① 화폐의 시간가치를 고려하지 않는 회수기간을 단순회수기간이라고 하고, 화폐의 시간가치를 고려한 회수기간을 현가회수기간이라고 한다.

② 회수기간법은 단순해서 일반기업에서 많이 사용하고 있지만 지속적인 투자의 경우나 추가적인 투자가 이루어지는 경우에는 적용하기 적합하지 않다.

③ 자본회수액은 순영업소득을 기준으로 판단하며, 자본회수 이후의 현금흐름은 고려하지 않는다는 단점이 있다.

예 제

단순회수기간법으로 다음 부동산 투자안들의 타당성을 분석한 결과 가장 타당한 것은? (단, 현금흐름은 기간 중에 균등하게 발생한다고 가정)

투자안별 현금흐름(단위: 만원)

구 분	A	B	C	D	E
현 재	500	700	600	800	900
1년	100	200	100	200	100
2년	300	300	100	100	200
3년	200	100	300	300	200
4년	100	100	200	400	300
5년	400	300	200	300	100

① A ② B ③ C
④ D ⑤ E

해설 회수기간법은 예상되는 회수기간이 짧을수록 좋은 투자안이 된다. 위의 경우 투자안별로 예상회수기간(현재 투자금액을 모두 회수하는 걸리는 기간)을 계산하면 'A: 2.5년, B: 4년, C: 3년, D: 3.5년, E: 5년'이 된다. 따라서 예상회수기간이 가장 짧은 A가 가장 투자타당성이 높다.

정답 ①

23번 : 비할인법		기출문제									
Ⅰ	비할인법 계산	26	27	28	29	30			33	34^3	35
Ⅱ	비할인법 이론	26		28			31		33^2		35

[비할인법 계산－33회] 다음 자료를 활용하여 산정한 대상 부동산의 순소득승수는?

- 총투자액 : 10,000만원
- 지분투자액 : 6,000만원
- 가능총소득(PGI) : 1,100만원/년
- 유효총소득(EGI) : 1,000만원/년
- 영업비용(OE) : 500만원/년
- 부채서비스액(DS) : 260만원/년
- 영업소득세 : 120만원/년

① 6 ② 9 ③ 10
④ 12 ⑤ 20

정답 ⑤

$$순소득승수 = \frac{총투자액(10,000)}{순영업소득(500)} = 20$$

<table>
<tr><td colspan="2" rowspan="3">총투자액
10,000</td><td>1,100 가</td><td>공</td></tr>
<tr><td>1,000 유</td><td>경 500</td></tr>
<tr><td>● → 500 순</td><td>은</td></tr>
<tr><td rowspan="2">부채
4,000</td><td rowspan="2">지분
6,000</td><td>전</td><td>세</td></tr>
<tr><td>후</td><td></td></tr>
</table>

[비할인법 이론－28회] 부동산투자분석기법 중 비율분석법에 관한 설명으로 틀린 것은?

① 채무불이행률은 유효총소득이 영업경비와 부채서비스액을 감당할 수 있는 능력이 있는지를 측정하는 비율이며, 채무불이행률을 손익분기율이라고 한다.

② 대부비율은 부동산가치에 대한 융자액의 비율을 가리키며, 대부비율을 저당비율이라고도 한다.

③ 부채비율은 부채에 대한 지분의 비율이며, 대부비율이 50%일 경우에는 부채비율이 100%가 된다.

④ 총자산회전율은 투자된 총자산에 대한 총소득의 비율이며, 총소득으로 가능총소득 또는 유효총소득이 사용된다.

⑤ 비율분석법의 한계로는 요소들에 대한 추계산정의 오류가 발생하는 경우에 비율 자체가 왜곡될 수 있다는 점을 들 수 있다.

정답 ③

③ 부채비율 $= \dfrac{\text{부채}}{\text{지분}}$: 지분에 대한 부채의 비율

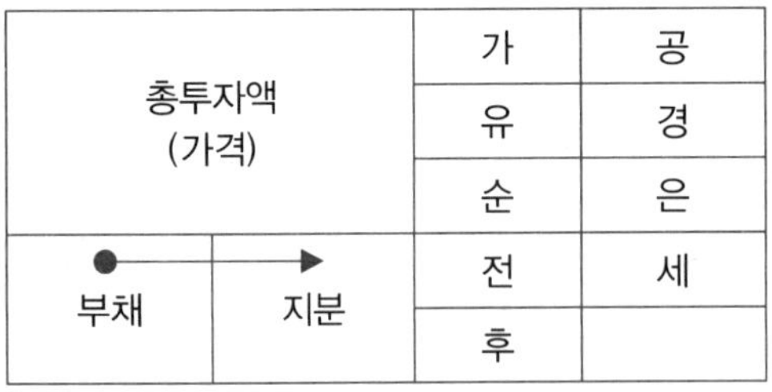

<table>
<tr><td colspan="2" rowspan="3">총투자액
(가격)</td><td>가</td><td>공</td></tr>
<tr><td>유</td><td>경</td></tr>
<tr><td>순</td><td>은</td></tr>
<tr><td rowspan="2">부채</td><td rowspan="2">지분</td><td>전</td><td>세</td></tr>
<tr><td>후</td><td></td></tr>
</table>

대부비율이 50%인 경우

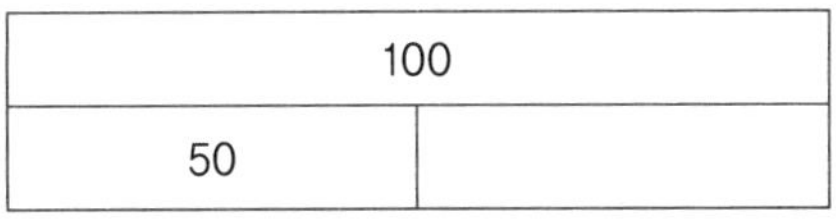

<table>
<tr><td colspan="2">100</td></tr>
<tr><td>50</td><td></td></tr>
</table>

부채비율은 100%가 된다.

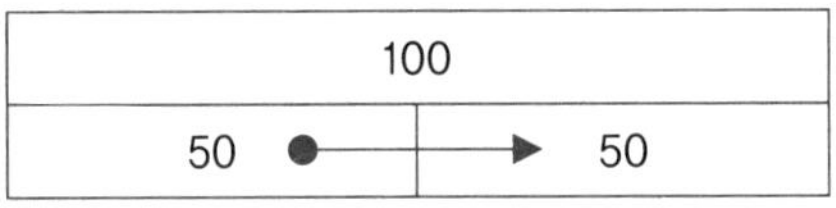

<table>
<tr><td colspan="2">100</td></tr>
<tr><td>50</td><td>50</td></tr>
</table>

① 채무불이행률 $= \dfrac{\text{(영업경비 + 부채서비스액)}}{\text{유효총소득}}$

② 대부비율 $= \dfrac{\text{부채}}{\text{가격}}$

④ 총자산회전율 $= \dfrac{\text{총소득(가능 또는 유효)}}{\text{부동산가격}}$

	24번: 포트폴리오 이론	기 출									
Ⅰ	평균분산모형	26	27	28	29	30		32	33	34	35
Ⅱ	분산투자의 논리										
Ⅲ	최적 포트폴리오 선택과정										

Ⅰ 평균분산모형에 의한 지배원리 ★

[학습포인트] 평균은 수익을 말하고 분산은 위험을 말한다. 평균분산모형은 투자선택을 할 때 투자안이 가지는 수익과 위험을 판단기준으로 삼는 모형이다.

Ⅱ 분산투자의 논리: 비체계적 위험과 상관계수 ★★★

[학습포인트] 분산투자의 핵심내용이다. 제거할 수 있는 위험이 비체계적 위험이라는 것과 상관계수는 작은 값일수록 좋다는 것을 잘 이해하도록 한다.

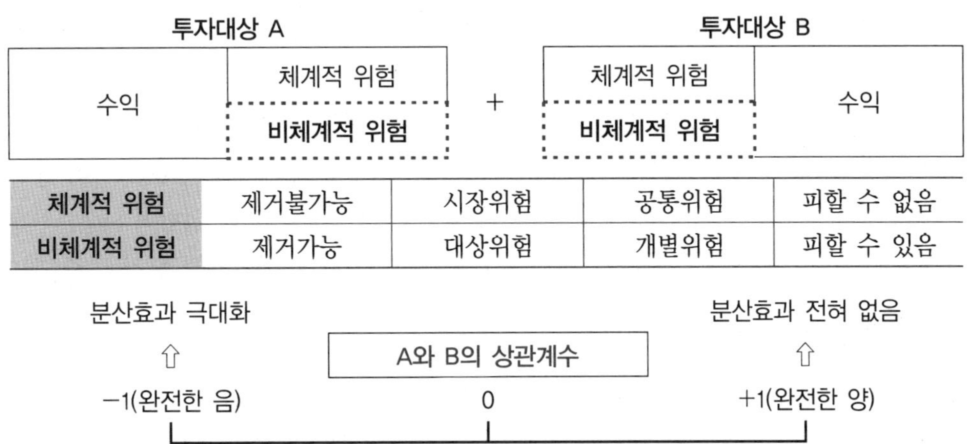

체계적 위험	제거불가능	시장위험	공통위험	피할 수 없음
비체계적 위험	제거가능	대상위험	개별위험	피할 수 있음

Ⅲ 최적 포트폴리오 선택과정 ★★

[학습포인트] 최적 포트폴리오가 나오면 일단 '무효접'이 바로 떠오르도록 연습한 후 무차별곡선, 효율적 프론티어, 접하는 점의 의미를 파악한다.

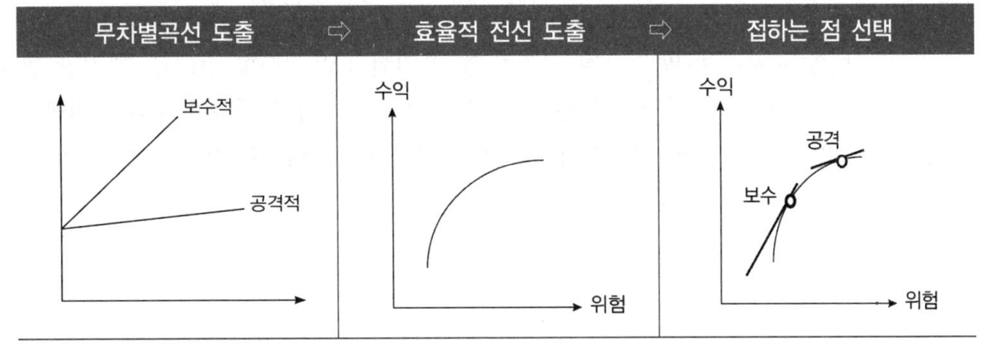

I 평균분산모형

1 투자자의 위험에 대한 태도

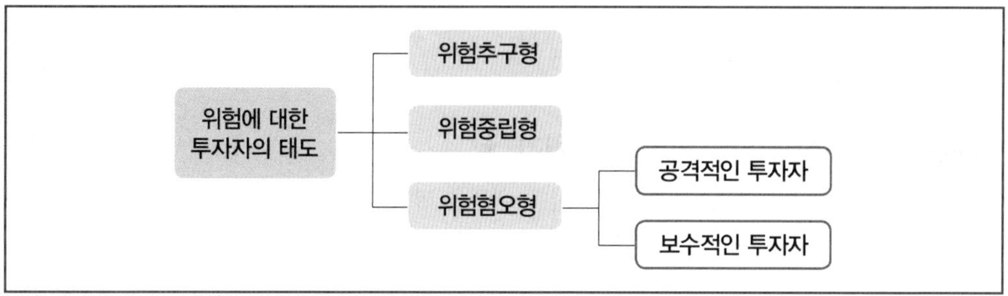

(1) 개 요

① 투자자들은 위험에 대한 반응에 따라 위험선호적 투자자, 위험중립적 투자자, 위험혐오적 투자자로 구분할 수 있는데 대부분의 합리적인 투자자들은 위험혐오적 투자자에 해당한다.

② 예를 들어 복권(당첨확률 1%, 당첨되면 1억원)과 현금 100만원의 두 가지 선택안이 있다고 하자. 복권과 현금의 기대수익금은 100만원으로 동일하지만 100만원이 달성될 가능성은 현금이 훨씬 높다. 즉 복권과 현금은 동일한 수익이지만 위험이 다른 두 개의 투자안이다. 이 경우 투자자의 위험에 대한 태도에 따라 선택안이 달라질 수 있다.

(2) 위험선호형(risk seeking) 투자자

① 위험선호형 투자자는 수익이 동일하면 오히려 위험이 큰 투자안을 선택한다. 위의 경우 위험선호형 투자자는 복권을 선택한다. 위험선호형 투자자를 위험추구형 또는 위험애호적 투자자라고도 한다.

② 위험선호형 투자자는 '못 먹어도 고' 하는 투자자이다. 기대치는 100만원이지만 당첨되면 1억원이라는 큰 금액을 가져갈 수 있기 때문에 모험을 하는 투자자이다.

③ 만일 확실한 1원과 100원 복권(당첨 가능성 1%) 중 하나를 선택하라고 하면 100원 복권을 선택할 투자자는 많다. 1원 그까짓 것 포기한다고 생각할 것이다. 하지만 현금 1억원과 복권 100억원(당첨 가능성 1%) 중 하나를 선택하라고 하면 대부분 현금 1억원을 선택할 것이다. 1억을 버릴 사람은 많지 않기 때문이다. 즉 금액의 크기에 따라서도 선택은 달라진다.

(3) **위험중립형**(risk neutral) **투자자**

수익만 동일하다면 위험은 전혀 신경 쓰지 않는 투자자이다. 위험중립형 투자자라면 현금과 복권 중 아무것이나 선택할 것이다.

(4) **위험혐오적**(risk averse) **투자자**

① 위험혐오적인 투자자는 수익이 동일하면 위험이 낮은 투자안을 선택하는 투자자를 말한다. 위험혐오적 투자자는 복권과 현금이 수익이 동일하므로 이 둘 중 위험이 낮은 현금을 선택한다.

② 대부분의 합리적인 투자자는 위험혐오적 투자자에 해당하며 부동산 투자분석 역시 이러한 위험혐오적인 투자자를 전제로 하여 진행된다.

③ 위험혐오적인 투자자라도 위험에 대한 충분한 대가를 주면 위험을 기꺼이 감수한다. 즉 위험혐오의 전제는 "동일한 기대치일 경우" 위험을 싫어한다는 것이다. 감수할 만한 유인책이 있는 위험이거나 회피할 수 없는 위험일 경우에는 투자자는 기꺼이 이를 감수한다.

④ 만일 복권의 당첨확률이 10%가 되어 복권의 기대치가 1,000만원이 된다면, 위험혐오적인 투자자라도 현금 100만원이 아닌 기대수익이 더 높은 복권을 선택할 수 있다는 것이다.

⑤ 위험혐오적인 투자자는 다시 공격적인 성향의 투자자와 보수적인 성향의 투자자로 구분할 수 있는데, 보수적인 투자자일수록 동일한 위험증가에 대해 더 많은 수익을 요구한다.

⑥ 공격적인 투자자는 현금 백만원과 복권 1억원(당첨확률 10%) 중에서 복권을 선택하지만, 보수적인 투자자는 현금 백만원과 복권 1억원(당첨확률 50%) 중에서도 안전한 현금을 선택한다. 물론 공격적인 것과 보수적인 것은 절대적인 기준이 있는 것은 아니고 상대적인 것이다.

2 평균분산모형에 의한 지배원리

(1) 평균분산모형

① 일반적으로 수익성을 나타내는 지표로는 기대수익을 사용하고, 위험을 나타내는 지표로는 분산이나 표준편차를 사용한다.

② 하나의 좌표에 종축은 기대수익률, 횡축은 위험을 나타낸 것을 평균분산모형이라고 하며, 투자안을 선택할 때 투자안이 가지는 위험과 수익을 기준으로 해서 평가하는 방법을 평균－분산결정법이라고 한다.

(2) 평균분산결정법 – 지배원리(dominance principles)

① 위험이 같으면 기대수익률이 높은 투자안을 선택하고 기대수익률이 같으면 위험이 낮은 투자안을 선택하는 원리를 평균·분산모형에 의한 지배원리라고 하고 이러한 원리에 따라 투자를 결정하는 것을 평균·분산결정법이라고 한다.

② 아래 A와 B 두 투자안은 수익이 5%로 동일하고 위험은 A가 더 낮다. 이 경우 평균분산결정법에 의하면 투자안 A가 투자안 B를 지배한다고 한다. 즉 투자자는 지배원리에 의해 투자안 A를 선택하는 것이다.

③ B, D, E 투자안들은 위험은 동일한데 수익이 모두 다르다. 이 경우 평균분산결정법에 의하면 수익이 가장 높은 E가 D와 B를 지배한다. 즉 투자자는 지배원리에 의해 투자안 E를 선택하는 것이다.

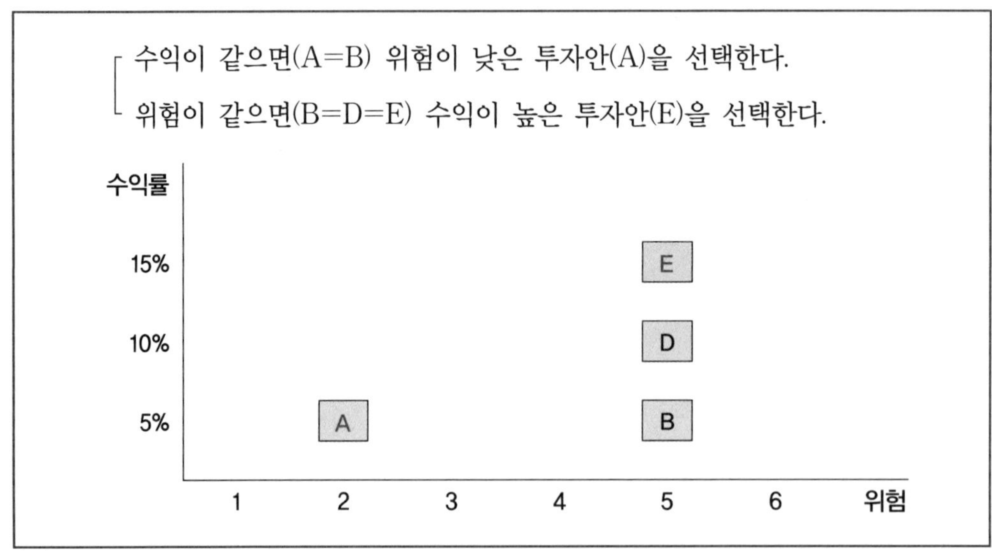

3 변이계수

(1) 평균분산모형의 한계

① 평균분산모형은 위험이 같으면 수익이 높은 것을 선택하고, 수익이 같으면 위험이 낮은 것을 선택하는 이론이므로 이 모형을 적용하려면 두 투자안은 위험이나 기대치 중 하나가 같아야 투자안의 우월성 여부를 판단할 수 있다.

② 투자안 A와 E는 위험과 수익이 서로 다르기 때문에 둘 중 하나를 선택하라고 한다면 평균분산모형으로는 결정할 수 없다. 식당을 고를 때 맛이 비슷하면 서비스가 좋은 식당을 선택하고, 서비스가 비슷하면 맛이 더 좋은 식당을 선택하면 되는데, 맛은 좋지만 서비스가 안 좋은 식당과 서비스는 좋지만 맛이 안 좋은 식당 중에서 하나를 선택해야 하는 경우라면….

(2) 한계극복방법: 변이계수($\frac{\text{위험}}{\text{수익}}$)의 활용

① 평균분산법으로 판단이 어려우면 변이계수를 이용해서 투자판단을 할 수 있다. 변이계수는 투자안의 위험을 기대수익률로 나눈 값이다. 즉 두 투자안의 상대적 위험을 가지고 판단하는 것이다.

② A의 경우 위험은 2인데 수익은 5%이므로 수익 1%당 위험은 '$\frac{2}{5} = 0.4$'가 되고, E의 경우는 위험은 5인데 수익은 15%이므로 수익 1%당 위험은 '$\frac{5}{15} = 0.33$'이 된다. 변이계수는 위험을 의미하므로 변이계수가 낮은 E가 A보다 상대적으로 더 우월한 투자안이다.

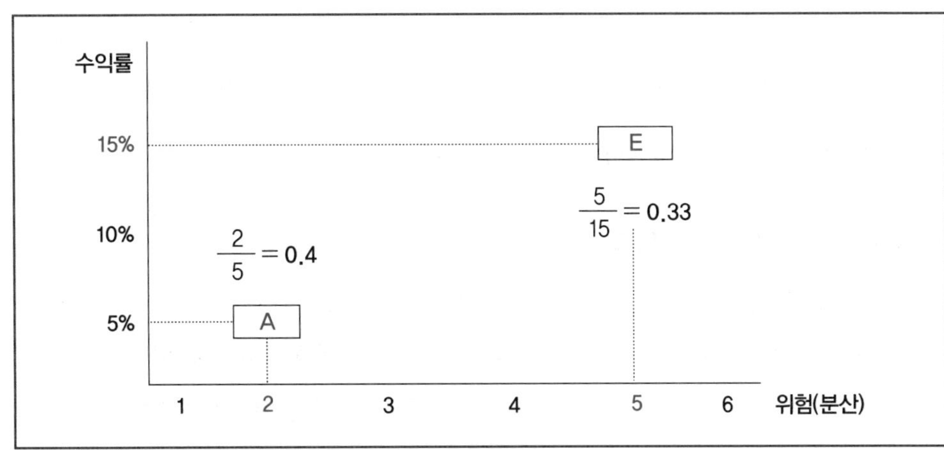

(3) 한계극복방법: 포트폴리오이론의 활용

포트폴리오 이론의 활용이 평균분산모형의 대안이 되기도 한다.

Ⅱ 분산투자의 논리

1 개 요

(1) 포트폴리오의 정의

① 포트폴리오 이론이란 분산투자된 자산으로부터 안정된 결합편익을 획득하도록 하는 자산관리의 방법이나 원리를 말한다.

② 포트폴리오 관리란 투자대안이 가지고 있는 위험과 수익을 분석하여 불필요한 위험을 제거하고 최선의 결과를 얻을 수 있는 포트폴리오를 선택하는 것이다.

③ 포트폴리오란 분산투자시 투자자가 소유하게 되는 자산의 집합을 말한다.

(2) 분산투자의 개념

① **계란을 한 바구니에 담지 말라.**

계란을 한 바구니에 담으면 넘어졌을 경우 다 깨질 수 있기 때문에 여러 바구니에 나누어 담아서 사고가 발생해도 조금만 손해를 보게 하라는 이야기인데 이는 분산투자를 설명하는 대표적인 이야기이다.

② **자산 3분법**

분산투자를 설명하는 전통적인 이론으로 자산 3분법이 있다. 가지고 있는 자산을 3곳에 나누어서 투자하라는 것인데 그 3곳은 주식과 예금 및 부동산이다.

③ **주식과 예금 및 부동산의 위험**

주식투자는 위험하고, 은행예금은 수익성이 낮고, 부동산투자는 환금성이 떨어지는 단점이 있기 때문에 한 곳에 몰아서 투자하지 말고 적절하게 세 곳에 나누어서 투자하라는 것이다.

④ 자산 3분법은 최적의 포트폴리오가 아닌 포트폴리오의 한 형태일 뿐이고, 주식과 예금 및 부동산에 $\frac{1}{3}$씩 공평하게 투자하라는 이야기가 아니다.

(3) 부동산 포트폴리오의 특징

① 부동산은 유형별 분산투자뿐만 아니라 지역별 분산투자로도 위험을 낮출 수 있다.

② 부동산시장은 정기적으로 포트폴리오 수익률을 계량화하기가 어렵다.

③ 포트폴리오 모형은 단기모형이므로 장기투자 모형인 부동산투자에는 부적합하다.

④ 부동산은 분할이 어렵다.

2 분산투자의 논리

(1) 개별투자안의 총위험 = 체계적 위험 + 비체계적 위험

① 개별투자안이 가지는 위험은 체계적 위험과 비체계적 위험의 합으로 구성된다.

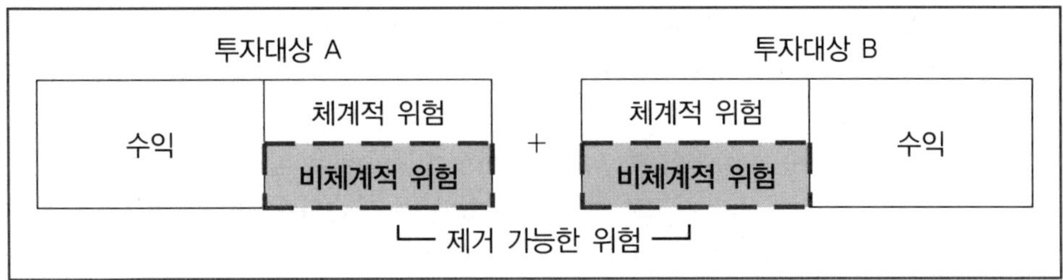

② **체계적 위험**(systematic risk): 시장 내 모든 투자안들이 공통적으로 가지고 있는 위험을 말한다. 시장 전체가 안고 있는 공통위험이기 때문에 시장 내의 투자안을 가지고 분산투자를 해도 제거할 수 없다. 경기변동위험, 인플레위험, 이자율변동위험 등이 체계적 위험에 해당한다.

③ **체계적 위험은 수익을 올려주는 필요한 위험이다.**
특정 자산의 기대수익률은 위험과 정의 함수관계를 가진다. 즉 위험이 상승하면 수익도 같이 상승한다. 하지만 모든 위험이 수익을 올려주지는 않는다. 체계적 위험만이 수익을 올려준다. 즉 체계적 위험은 분산투자를 해서 제거할 수 없는, 피할 수 없는 위험이기는 하지만 수익을 올려주는 위험이기 때문에 필요한 위험이다.

④ **비체계적 위험**(unsystematic risk): 개별투자안만이 가지고 있는 위험을 말한다. 어떤 투자안은 가지고 있지만 어떤 투자안을 가지고 있지 않은 위험이다. 비체계적 위험은 분산투자를 하면 제거할 수 있다. 경영능력, 재무구조, 상품의 특성, 붕괴위험, 파업위험, 날씨위험 등과 관련된 위험은 비체계적 위험이다.

⑤ **비체계적 위험은 수익을 올려주지 않는 불필요한 위험이다.**
비체계적 위험은 수익을 올려주지 않는 위험이므로 감수할 필요가 없는 불필요한 위험이다. 최선의 포트폴리오를 선택한다는 것은 분산투자를 함으로써 비체계적 위험을 제거하는 것을 말한다.

⑥ 체계적 위험과 비체계적 위험을 비교해서 정리하면,

체계적 위험	시장의 공통위험	수익을 올려주는 필요한 위험	분산투자해도 제거가 불가능	피할 수 없음
비체계적 위험	투자대상의 개별위험	수익과 상관없는 불필요한 위험	분산투자하면 제거가 가능	피할 수 있음

위험분산효과의 예시

① 20세 갑돌이는 오토바이 타는 것을 좋아한다. 갑돌이는 인간이므로 늙어서 죽을 수 있고 오토바이 타다가 사고로 죽을 수도 있다. 즉 갑돌이가 죽는 경우는 늙어서 죽거나 사고로 죽는 경우이다.

② 20세 갑순이는 암벽등반을 좋아한다. 갑순이는 인간이므로 늙어서 죽을 수 있고 암벽등반하다가 사고로 죽을 수도 있다. 즉 갑순이가 죽는 경우는 늙어서 죽거나 사고로 죽는 경우이다

③ 20세 을순이는 오토바이 타는 것을 좋아한다. 을순이는 인간이므로 늙어서 죽을 수 있고 오토바이 타다가 사고로 죽을 수도 있다. 즉 을순이가 죽는 경우는 늙어서 죽거나 사고로 죽는 경우이다.

④ 갑돌이와 갑순이가 사랑에 빠지는 경우이다. 둘은 결혼을 약속하면서 서로에게 위험한 취미를 버리자고 다짐한다. 갑돌이는 오토바이를 타지 않고 갑순이는 암벽등반을 포기한다. 둘이 결혼하면(결합투자) 각각의 위험이 줄어들까? 줄어든다!

⑤ 갑돌이는 오토바이 사고 위험이 없어지고 갑순이는 암벽등반 사고 위험이 없어진다. 하지만 둘이 결혼한다고 해서 늙어서 죽는 위험이 없어지지는 않는다. 이렇듯 위험요소는 분산투자를 해서 없앨 수 있는 위험과 없앨 수 없는 위험으로 구분된다.

⑥ 오토바이 위험이나 암벽등반 위험은 개별투자자가 가지고 있는 위험이고 포트폴리오를 잘 구성하면 없앨 수 있는 위험이다. 이 위험을 비체계적 위험이라고 한다.

⑦ 나이가 들어 늙어서 죽는 위험은 결혼을 한다고 해서 없앨 수 있는 위험이 아니다. 인간으로 태어나면 모든 인간이 공통적으로 가지는 시스템 자체에서 오는 위험이다. 이 위험을 체계적 위험이라고 한다.

⑧ 그런데 갑돌이가 을순이와 결혼해도 오토바이 위험이 없어질까? 둘 다 오토바이 타는 것을 좋아하기 때문에 둘은 의기투합해서 더 열심히 오토바이 타러 다닐 것이다. 즉 분산투자한다고 해서 비체계적 위험이 다 없어지는 것이 아니고 비체계적 위험도 분산투자를 잘 해야 없앨 수 있는 것이다. 이 이야기는 '상관계수'편에서 자세히 다루기로 한다.

(2) **분산투자의 논리**: 수익은 유지하고 위험은 낮춘다. = 안정된 수익을 유지

① 개별투자안의 경우 위험과 수익은 상쇄관계이므로 위험이 낮은 투자안을 선택하면 수익도 그만큼 포기를 해야 한다. 하지만 분산투자를 해서 포트폴리오를 잘 짜면 수익은 그대로 유지하면서 위험만 줄일 수 있다.

② 왜 그런가 하면,
포트폴리오의 기대수익률은 포트폴리오를 구성하는 개별자산의 기대수익률을 가중평균한 값이지만, 포트폴리오의 위험은 포트폴리오를 잘만 구성하면 개별자산이 가지는 위험 중에서 체계적 위험만 가중평균한 값이 된다. 즉 포트폴리오의 위험은 개별투자안의 위험을 가중평균한 값보다 작아질 수 있다.

<table>
<tr><th colspan="2">구 분</th><th colspan="2">A
투자안</th><th colspan="2">B
투자안</th><th>A와 B에 각각 50%씩
분산투자 포트폴리오</th></tr>
<tr><td colspan="2">기대수익률</td><td colspan="2">10%</td><td colspan="2">20%</td><td>개별투자안의 가중평균치인 15%</td></tr>
<tr><td rowspan="2">위험</td><td>체계적 위험</td><td rowspan="2">10%</td><td>5%</td><td rowspan="2">20%</td><td>10%</td><td>개별투자안의 가중평균치인 7.5%</td></tr>
<tr><td>비체계적 위험</td><td>5%</td><td>10%</td><td>분산투자를 해서 제거함 0%</td></tr>
<tr><td colspan="2">위험을 감안한 기대수익률</td><td colspan="2">0%</td><td colspan="2">0%</td><td>7.5%</td></tr>
</table>

(3) **비체계적 위험의 제거**

① 비체계적 위험은 구성자산의 수를 늘릴수록 많이 제거할 수 있다. 'A + B' 결합투자보다는 'A + B + C' 결합투자가 더 유리하다.

② 물론 구성자산의 수를 늘려도 체계적 위험은 제거할 수 없다. 하지만 불필요한 위험인 비체계적 위험은 통계학적으로 더 많이 제거할 수 있다.

☑ **체계적 위험과 비체계적 위험**

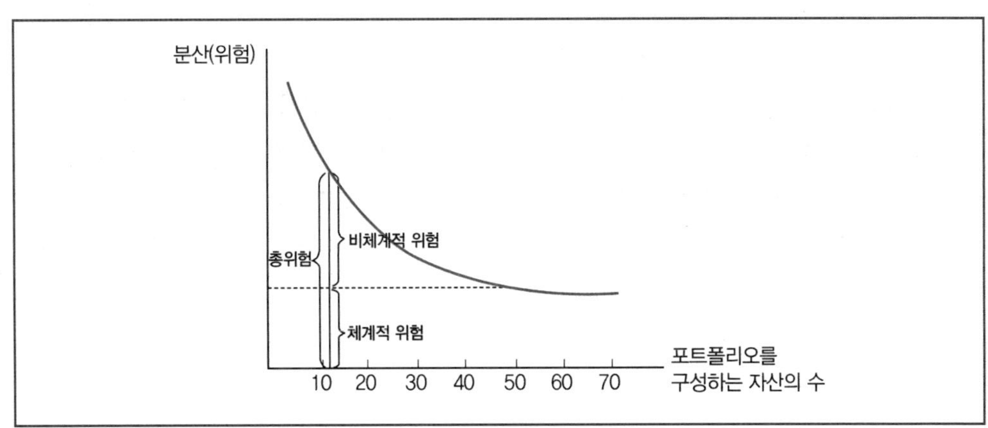

③ 포트폴리오에 편입되는 투자안의 수를 늘리면 늘릴수록 비체계적인 위험이 감소되는 것을 포트폴리오효과라고 한다.

(4) 상관계수

① 분산투자는 상관계수의 값이 작은 투자안끼리 결합시켜야 유리하다. 상관계수란 두 자산의 움직임의 방향과 크기를 보여주는 지표다. 상관계수는 −1에서 1 사이의 값을 가진다.

② 상관계수가 −1이라는 말은 사건이 터졌을 때 개별자산의 수익의 방향성이 완전히 반대면서 크기는 동일하다는 의미이고, 상관계수가 +1이라는 말은 방향성이 완전히 같으면서 크기는 동일하다는 의미이다. 상관계수가 0이면 두 자산은 공통된 위험이 없다는 것인데 이 경우도 분산효과는 발생한다.

상관계수의 의미

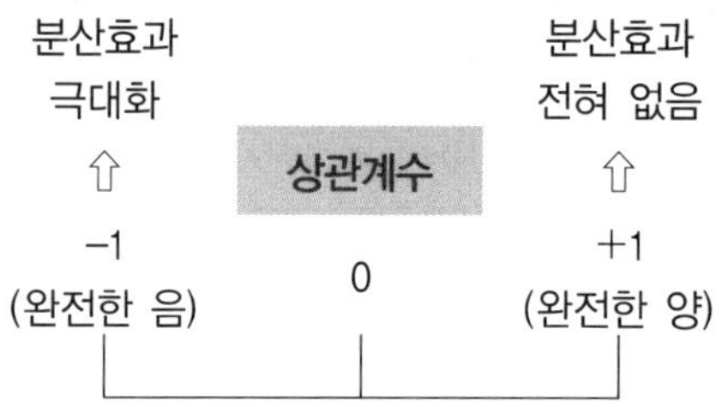

분산효과 극대화	상관계수	분산효과 전혀 없음
⇧		⇧
−1 (완전한 음)	0	+1 (완전한 양)

상관계수와 결합투자안의 선택기준

결합 투자안	상관 계수	의 미
A+B	+1	분산효과 전혀 없음
A+C	+0.5	분산효과 적음
A+D	0	분산효과 있음
A+E	−0.5	분산효과 많음
A+F	−1	분산효과 극대화

③ 상관계수를 이용해서 결합투자안을 선택하는 구체적인 예를 들면,

상관계수	주 식	채 권
A부동산	0.765	0.458
B부동산	0.236	0.123
C부동산	0.567	0.365

A, B, C 부동산 모두 수익률의 움직임이 채권보다는 주식과 유사하다. 분산투자는 수익률의 움직임이 반대로 가는 투자안에 하는 것이 유리하므로 부동산 모두 상관계수가 높은 주식보다는 상관계수가 낮은 채권과 포트폴리오를 구성하는 것이 좋다. 개별적인 투자안의 결합을 살펴보면 상관계수가 0.123으로 가장 낮은 'B부동산 + 채권'이 가장 좋고 상관계수가 0.765로 가장 높은 'A부동산 + 주식'이 가장 좋지 않은 것이다.

상관계수의 개념을 이해하기 위한 예시

(1) 몸무게가 100kg인 갑돌이는 빙판길을 만나면 항상 앞으로 넘어진다. 이 경우 갑돌이는 다음 중 누구와 팔짱을 끼고 가면 가장 좋을까?

① 몸무게 100kg이고 앞으로 넘어지는 갑순이
② 몸무게 100kg이고 안 넘어지는 을순이
③ 몸무게 100kg이고 뒤로 넘어지는 병순이

①의 경우 갑돌이와 갑순이는 몸무게가 동일하고 넘어지는 방향도 같기 때문에 둘은 팔짱을 끼고 있어도 위험이 하나도 줄어들지 않는다. 이 둘의 상관계수는 방향이 동일하므로 +, 크기가 동일하므로 1이 되어 상관계수 +1의 값을 가지게 되고 분산효과는 전혀 없다.

②의 경우 갑돌이가 넘어질 때 을순이는 안 넘어지기 때문에 둘이 팔짱을 끼고 있으면 갑돌이가 넘어지는 충격을 완화시킬 수 있다. 이 둘의 상관계수는 빙판길에서 넘어진다는 공통위험 자체가 없으므로 상관계수의 값은 0이 되고 일정한 크기의 분산효과가 있다.

③의 경우 갑돌이와 병순이는 몸무게가 동일하고 넘어지는 방향이 반대이기 때문에 둘이 팔짱을 끼고 있으면 서로 잡아주니까 넘어지지 않는다. 이 둘의 상관계수는 방향이 반대이므로 −, 크기가 동일하므로 1이 되어 상관계수 −1의 값을 가지게 되고 분산효과는 극대화된다.

(2) 팔짱을 낀 두 사람의 몸무게 차이도 분산효과에 영향을 미친다. ③의 경우 갑돌이는 몸무게가 100kg인데 병순이는 몸무게가 50kg이라면 갑돌이 쪽으로 넘어지기는 한다. 하지만 병순이가 잡아주는 효과가 있기 때문에 위험이 많이 줄어드는 것이다. 이 경우는 둘의 방향은 반대이므로 상관계수는 −가 되고 크기는 0.5라고 보면 된다. 즉 상관계수는 −0.5가 된다.

(3) 상관계수의 값으로 분산효과의 개념을 정리하면

- +1: 넘어지는 방향과 몸무게가 같은 두 사람: 위험분산효과 전혀 없음
- 0: 빙판길에 넘어지는 사람과 넘어지지 않는 사람: 분산효과 있음
- −1: 넘어지는 방향은 반대고 몸무게는 동일: 위험분산효과 극대화

(4) 상관계수와 관련된 다른 예를 들면,
비가 올지 안 올지 모르는 상태에서 안정적인 수입을 올리고 싶다면 우산 50개와 장화 50개를 가지고 나가지 말고, 우산 50개와 선크림 50개를 가지고 나가서 팔아야 안정적으로 50개를 팔 수 있고, 주식투자를 할 때 코로나가 염려된다면 여행주와 외식주에 분산투자할 것이 아니고 여행주와 코로나 백신을 만드는 제약주에 분산투자를 해야 한다.

III 최적 포트폴리오 선택과정

1 효율적 전선(프론티어, 투자선)의 도출

(1) 효율적 포트폴리오 선택

선택 가능한 수많은 포트폴리오 집합을 만들어 놓고 평균-분산모형에 의한 지배원리에 의해 효율적 포트폴리오를 선택한다. 즉 수익이 동일한 포트폴리오 중에서는 위험이 가장 낮은 포트폴리오가 효율적 포트폴리오가 되고, 위험이 동일한 포트폴리오 중에서는 수익이 가장 높은 포트폴리오가 효율적 포트폴리오가 된다. 예를 들어 전교 1등을 정하기 위해서 먼저 각 반의 1등을 뽑아놓은 것이 효율적 포트폴리오이다.

(2) 효율적 전선(프론티어, 투자선)의 도출

① 효율적 포트폴리오를 연결한 선(각 반의 1등을 모아 운동장에서 줄 세워놓은 것)을 효율적 전선이라고 한다. 효율적 전선 상에 위치한 모든 포트폴리오는 효율적 포트폴리오이다. 즉 효율적 프론티어는 평균분산기준에 의해 동일한 위험에서 최고의 기대수익률을 나타내는 포트폴리오를 선택하여 연결한 선이다.

② 효율적 전선은 형태가 우상향의 형태로 나타난다. 효율적 전선이 우상향한다는 것은 주어진 위험에서 투자자는 이 이상의 수익률을 얻을 수 없기 때문에 더 높은 수익률을 얻기 위해서는 더 많은 위험을 감수해야 한다는 것을 의미한다.

③ 효율적 전선상에 있는 투자안은 객관적으로 어느 투자안이 가장 우수하다고 말할 수 없고, 단지 위험과 수익이 모두 낮은 투자안을 선택할지 아니면 위험과 수익이 모두 높은 투자안을 선택할지는 개인투자자의 취향에 따라 결정될 뿐이다.

☑ (1) 효율적 포트폴리오(●) ☑ (2) 효율적 전선

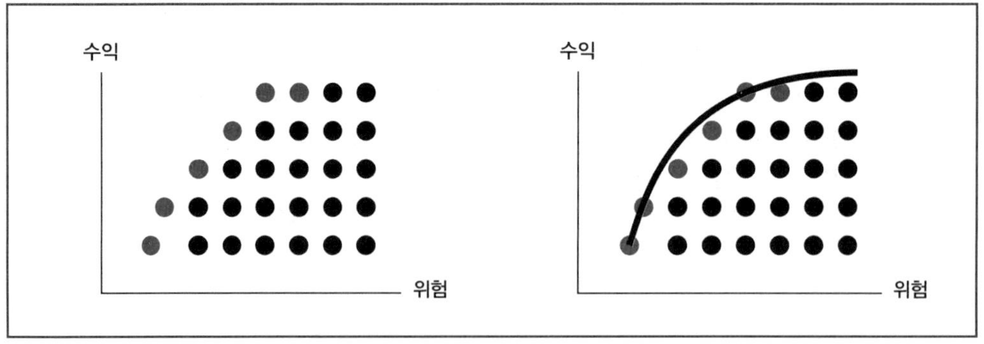

2 무차별곡선 도출

(1) 무차별의 의미

① 나는 A라인의 음식(김밥, 돈까스, 우동, 김치볶음밥)은 뭘 먹어도 기분이 다 비슷하다. 그리고 B라인의 음식(소고기, 참치회, 대게, 장어)도 뭘 먹어도 기분이 다 비슷하다. 하지만 A라인 음식보다는 B라인 음식을 더 좋아한다.

② 이 경우 A라인의 음식은 나에게 무차별하고, B라인의 음식도 나에게 무차별하지만, B라인은 A라인보다는 우월하다고 한다.

(2) 무차별곡선의 의의

① 무차별곡선이란 투자자 입장에서 동일한 효용을 주는 투자안들을 연결해 놓은 곡선을 말한다.

② 세로축이 수익, 가로축이 위험인 좌표평면에서 투자자의 무차별곡선은 좌측에 위치하는 것이 효용이 높은 무차별곡선이고 우측으로 갈수록 효용이 낮은 무차별곡선이다.

(3) 무차별곡선의 모양

① 무차별곡선은 투자자에 따라 그 모양이 다르다. 그 이유는 동일한 위험증가에 대해서 공격적인 성향의 투자자는 수익을 조금 요구하고 보수적인 투자자는 수익을 많이 요구하기 때문이다.

② 아래의 그림을 보면 위험이 0에서 10으로 증가할 때 동일한 크기의 위험증가에 대해서 공격적인 투자자는 수익이 3%가 커져야 기분이 전과 동일(무차별)하고, 보수적인 투자자는 수익이 18%가 커져야 기분이 전과 동일(무차별)하다.

③ 따라서 공격적인 성향의 투자자의 무차별곡선은 완만하고, 보수적인 성향의 투자자의 무차별곡선은 가파르다.

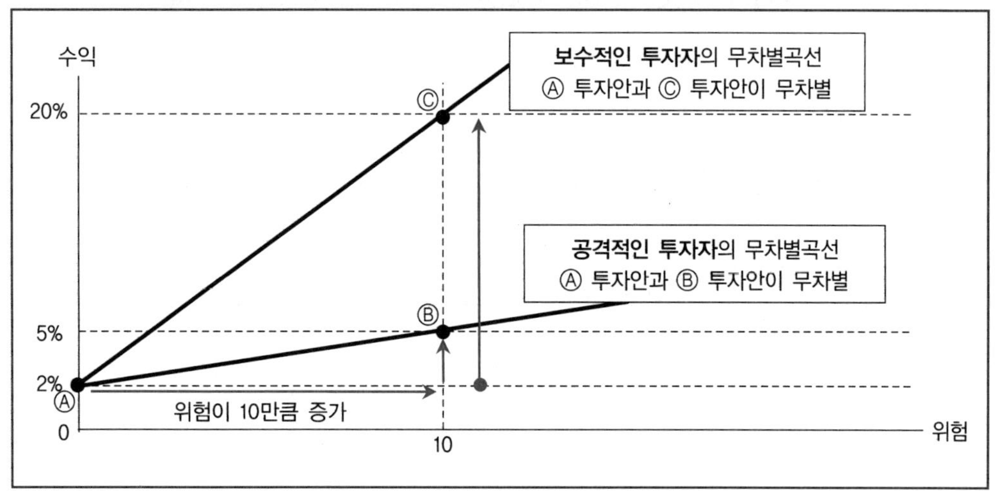

3 최적 포트폴리오 선택

각 반 1등 중에서 누가 전교 1등이라고 판단해야 할까? 두 번의 시험을 쳤는데 1반 일등은 전교 1등과 전교 7등을 했고, 2반 1등은 전교 2등과 전교 6등, 3반 1등 전교 3등과 전교 5등, 4반 1등은 전교 4등과 전교 4등을 했다. 평균을 보면 모두 전교 4등이다. 이 경우 전교 1등을 고르라고 하면 당신은 누구를 선택하겠는가?

갑돌이는 전교 1등을 한 번이라도 해 본 자가 진정한 1등이라고 하면서 1반 1등을 선택할 수 있고 을돌이는 전교 5등 이하로 떨어지면 안 된다고 하면서 4반 1등을 선택할 수 있을 것이다. 즉 이 선택은 전교 1등에 대한 태도에 따라 달라질 수 있는 것이다.

(1) 선택기준

① 개별투자자의 무차별곡선은 우측으로 갈수록 효용이 떨어지는 것이다.

② 개별투자자가 선택할 수 있는 포트폴리오가 나올 때까지 무차별곡선을 우측으로 이동시키면 무차별곡선과 효율적 전선이 접하는 지점이 나오게 된다. 이 지점이 무차별곡선이 가장 왼편에 있으면서 선택이 가능한 지점이다.

③ 만일 더 우측으로 무차별곡선을 이동하면 선택할 수 있는 포트폴리오는 많아지지만 기분은 나빠진 상태인 것이다.

④ 즉 개별투자자의 무차별곡선과 효율적 프론티어가 접하는 점이 그 투자자의 기분이 최고인 최적의 포트폴리오가 되는 것이다.

(2) 투자자의 선택

공격적인 투자자는 보수적인 투자자에 비해 위험이 높더라도 기대수익률이 높은 투자안을 선택한다.

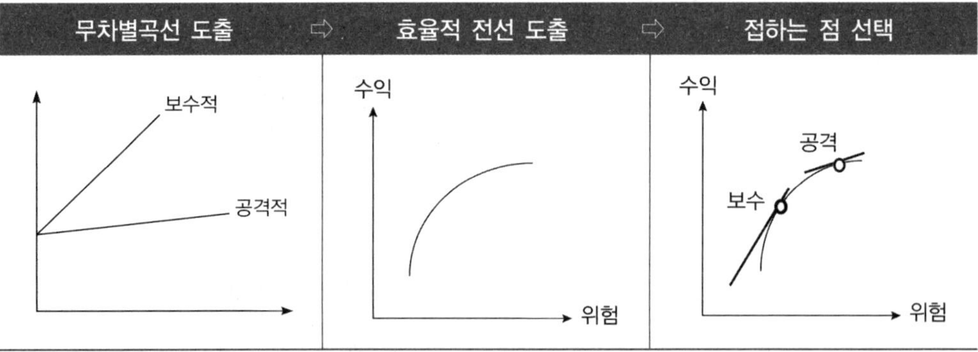

24번 : 포트폴리오 이론		기출문제									
Ⅰ	평균분산모형	26	27	28	29	30		32	33	34	35
Ⅱ	분산투자의 논리										
Ⅲ	최적 포트폴리오 선택과정										

[평균분산모형-26회] 부동산투자의 기대수익률과 위험에 관한 설명으로 옳은 것은? (단, 위험회피형 투자자라고 가정함)

① 부동산 투자안이 채택되기 위해서는 요구수익률이 기대수익률보다 커야 한다.
② 평균 - 분산 지배원리에 따르면, A투자안과 B투자안의 기대수익률이 같은 경우, A투자안보다 B투자안의 기대수익률의 표준편차가 더 크다면 A투자안이 선호된다.
③ 투자자가 위험을 회피할수록 위험(표준편차, X축)과 기대수익률(Y축)의 관계를 나타낸 투자자의 무차별곡선의 기울기는 완만해진다.
④ 투자위험(표준편차)과 기대수익률은 부(-)의 상관관계를 가진다.
⑤ 무위험(수익)률의 상승은 투자자의 요구수익률을 하락시키는 요인이다.

정답 ②

① 요구수익률이 기대수익률보다 '커야 한다.' ⇨ 작아야 한다.
③ 무차별곡선의 기울기는 '완만해진다.' ⇨ 가파르게 된다.
④ 부(-)의 상관관계 ⇨ 정(+)의 상관관계
⑤ 요구수익률을 '하락' ⇨ 상승

[분산투자의 논리-33회] 포트폴리오 이론에 관한 설명으로 틀린 것은?(단, 다른 조건은 동일함)

① 개별자산의 기대수익률 간 상관계수가 "0"인 두 개의 자산으로 포트폴리오를 구성할 때 포트폴리오의 위험감소효과가 최대로 나타난다.
② 포트폴리오의 기대수익률은 개별자산의 기대수익률을 가중평균하여 구한다.
③ 동일한 자산들로 포트폴리오를 구성하여도 개별자산의 투자비중에 따라 포트폴리오의 기대수익률과 분산은 다를 수 있다.
④ 무차별곡선은 투자자에게 동일한 효용을 주는 수익과 위험의 조합을 나타낸 곡선이다.
⑤ 최적 포트폴리오의 선정은 투자자의 위험에 대한 태도에 따라 달라질 수 있다.

정답 ①

① 상관계수가 0 ⇨ 상관계수가 -1

[최적 포트폴리오의 선택-32회] 포트폴리오 이론에 관한 설명으로 옳은 것은? (단, 위험회피형 투자자 가정함)

① 포트폴리오 분산투자를 통해 체계적 위험뿐만 아니라 비체계적 위험도 감소시킬 수 있다.
② 효율적 프론티어(efficient frontier)는 평균-분산 지배원리에 의해 동일한 기대수익률을 얻을 수 있는 상황에서 위험을 최소화할 수 있는 포트폴리오의 집합을 말한다.
③ 분산투자효과는 포트폴리오를 구성하는 투자자산 비중을 늘릴수록 체계적 위험이 감소되어 포트폴리오 전체의 위험이 감소되는 것이다.
④ 최적의 포트폴리오는 투자자의 무차별곡선과 효율적 프론티어의 접점에서 선택된다.
⑤ 두 자산으로 포트폴리오를 구성할 경우, 포트폴리오에 포함된 개별자산의 수익률 간 상관계수에 상관없이 분산투자효과가 있다.

정답 ②④
최초정답 ④에서 이의신청 결과 ②④로 복수정답 처리됨.
① 분산투자로 체계적 위험은 제거하지 못한다.
③ 체계적 위험이 감소 ⇨ 비체계적 위험이 감소
⑤ 상관계수가 (+)1인 경우에는 분산투자효과가 전혀 없다.

25번 : 대출이자율과 대출금액		기 출									
Ⅰ	부동산금융 개요	26	27						33		
Ⅱ	대출위험										
Ⅲ	대출이자율 결정										
Ⅳ	융자가능금액 계산문제	26	27	28			31	32			35

Ⅰ 부동산금융 개요 ★

[학습포인트] 1차 저당시장과 2차 저당시장의 구조를 익힌다.

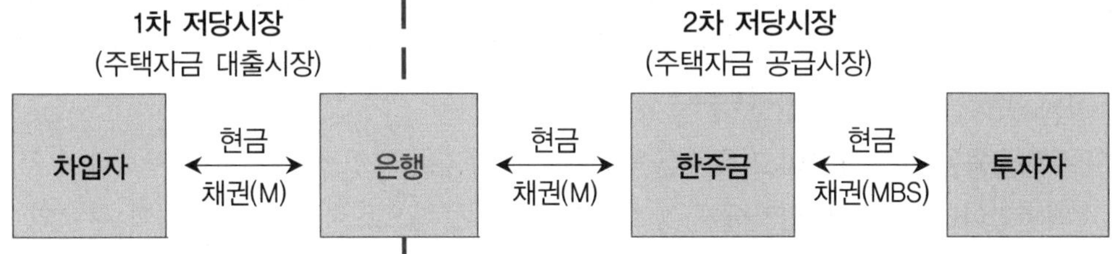

Ⅱ 대출위험 ★★

[학습포인트] 은행이 돈을 빌려줄 때 발생하는 여러 종류의 위험을 공부하는 것이다. 특히 조기상환위험과 유동성위험이 출제비중이 높은데 이들 위험의 내용과 어떤 상황일 때 이 위험들이 발생하는지 숙지한다.

Ⅲ 대출이자율 결정 ★

[학습포인트] 기준금리와 가산금리의 내용과 관계를 잘 이해한다.

대출이자율 = 기준금리 + 가산금리

Ⅳ 융자가능금액 계산문제 ★★★

[학습포인트] 계산문제 중 난이도 하에 해당된다. 동일한 패턴으로 출제되기 때문에 연습해서 익히면 충분히 점수로 연결이 가능하다.

구 분	주 택	상업용 부동산
담보가치 기준	**담보인정비율(LTV)** Loan to Value Ratio	**담보인정비율(LTV)** Loan to Value Ratio
상환능력 기준	**총부채상환비율(DTI)** Debt To Income	**부채감당률(DSCR)** debt service coverage ratio

I 부동산금융 개요

1 개 요

(1) 금융과 주택금융의 개념

① **금융은 자금융통의 줄임말이다.**: 금융이란 소비활동 또는 생산활동을 위해 필요한 자금을 융통하는 것을 말한다. 자금융통의 목적이 가계에 필요한 자금을 융통하는 것이면 가계금융이라고 하고, 상품의 유통과정에서 필요한 자금을 융통하는 것이라면 상업금융이라고 부른다.

② **부동산금융은 대부분 주택금융이다.**: 부동산금융이란 부동산을 구입(소비금융)하거나 개발(개발금융)하는 데 필요한 자금을 융통하는 것을 말하며 통상 부동산금융이라고 하면 주택금융을 의미한다.

③ **주택금융은 정책금융이고 특수금융이다.**: 주택금융은 일정한 자금을 확보하여 무주택서민이나 주택개발업자에게 장기・저리로 대출함으로써 주택의 구입과 주택의 공급을 용이하도록 하는 특수한 목적을 지니는 특수금융이다. 특수금융은 정책금융의 성격이 강해서 대출금리와 예수금리 간 역금리가 형성될 가능성이 높으므로 이에 대한 정부의 지원이 필요하다.

(2) 주택금융의 기능

① **주택거래의 활성화**: 주택소비금융은 주택의 수요를 자극하고, 주택개발금융은 주택의 공급을 자극하므로 주택금융은 궁극적으로 주택거래를 활성화시키는 데 기여한다.

② **자가주택의 공급확대와 주거안정**: 모기지론의 도입 등을 통해 주택금융이 활성화되면 전세로 살던 사람들이 자기주택을 소유하려고 할 것이므로 자가주택의 공급이 확대될 것이다. 주택금융은 돈은 없지만 주택이 필요한 주택소요를 주택의 유효수요로 전환시켜 주는 역할을 한다. 이로 인해 무주택서민이 감소할 것이므로 국민의 주거불안을 해소하고 주거의 안정을 도모할 수 있다.

③ **금리를 조정함으로써 주택의 소비량과 공급량을 조절**: 정부가 금리를 낮추면 주택의 공급량과 소비량은 모두 증가하므로 주택경기는 좋아질 것이고, 그 반대면 주택경기는 나빠질 것이다.

(3) 주택금융의 원칙

① **자금확보**: 기본적으로 은행 등이 주택수요자에게 돈을 빌려주려면 빌려줄 수 있는 종자돈이 있어야 한다. 이런 종자돈은 공적 자금으로는 국민주택기금 등을 통해 마련할 수 있고, 사적 자금으로는 각종 청약예금 등을 통해 마련할 수 있다.

② **장기 · 저리대출**: 돈 없는 주택수요자가 돈을 빌릴 수 있는 여건이 마련되어야 한다. 즉 저소득층이 대출해 갈 수 있는 조건이 충족되어야 한다는 것이다. 이를 위해 일반 시중대출보다 대출조건이 좋은 보금자리론 등이 정책적 배려하에 도입되었다. 만일 장기 · 저리로 인해 일반 시중은행에 손실이 발생하는 경우는 이를 보전해 주는 문제도 고려해 주어야 한다.

③ **채권보전**: 돈을 빌려주었는데 빌려간 돈을 안 갚으면 안 되니까, 이를 위해 주택을 담보를 설정하여 채권을 보전해야 한다. 만일 차입자의 입장에서 담보가치(은행이 부동산을 담보로 해서 빌려주는 금액) 이상의 돈이 필요한 경우라면 담보되는 융자금 이상의 대부금액에 대해서는 별도의 신용보증 등이 필요하게 된다. 이러한 채권보전제도는 자금의 수요자에게는 필요한 자금을 공급받기 위해서 필요하고, 자금의 공급자에게는 안전성의 측면에서 필요하며, 대출채권의 유동화 측면에서도 저당담보증권(뒤에서 자세하게 설명)의 신용도를 높여주는 역할을 수행한다.

④ **대출채권유동화**: 은행이 가지고 있는 종자돈이 10억이 있다면 이 돈은 10명에게 1억씩 10년의 기간으로 빌려주면 현금이 없어진다. 따라서 이들 10명이 돈을 다 갚을 10년 동안은 은행은 다른 사람에게 돈을 빌려 줄 수 없게 된다. 또한 은행이 갑자기 현금이 필요한 경우 은행은 현금은 없고(유동성 악화) 대출채권만 가지고 있으므로 큰 낭패를 보게 된다. 이러한 상황을 보완하기 위해 대출채권을 유동화(은행이 가진 채권을 다른 투자자에게 팔고 현금을 확보하는 것)하는 제도적 장치가 필요하다.

2 부동산금융시장의 구조

1차 저당시장이란 저당대부를 원하는 수요자가 저당대부를 제공하는 금융기관(1차 대출기관)에게 저당을 설정하여 주고 주택자금을 빌리는 시장을 말한다. 여기서 저당(mortgage)이란 부동산을 담보로 제공하고 필요한 자금을 조달하는 것을 말하며 차입자를 피저당권자라고 하고 대출자(은행)를 저당권자라고 한다.

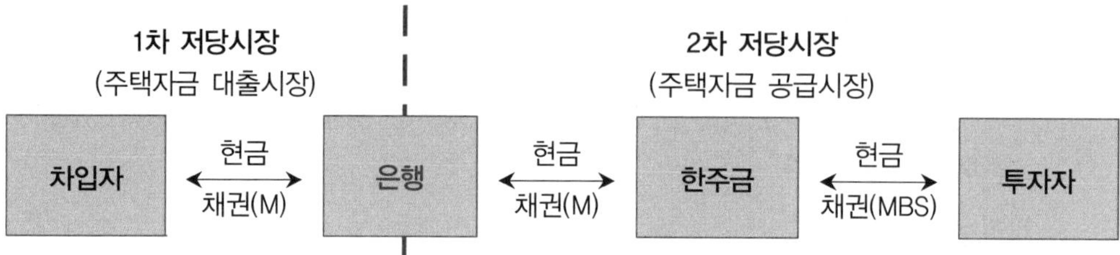

3 기초용어의 정리

(1) 주택소비금융과 주택개발금융

① **주택소비금융**(수요자금융, 저당대부): 주택을 구입하거나 개량하고자 하는 자에게 주택을 담보로 자금을 융자해 주는 것을 말한다. 주택거래를 활성화하고 유효수요를 확대하는 역할을 한다.

② **주택개발금융**(공급자금융, 건축대부): 건설업자에게 주택건설에 필요한 자금을 융자해 주는 것을 말한다. 주택건설을 촉진하는 데 많은 도움을 준다.

(2) 저당금융과 신탁금융

① **저당금융**: 부동산소유자가 부동산을 담보로 제공하고(부동산에 저당권 설정) 자금을 융통하는 방식을 말한다.

② **신탁금융**: 부동산소유자가 신탁회사와 담보신탁계약을 맺은 후 받은 수익증권을 은행에 담보로 제공하고 필요한 자금을 융통하는 방식을 말한다.

③ **저당금융과 신탁금융의 차이**: 차입자의 채무불이행시 일반 저당금융은 법원경매에서 많은 시간이 소요되고 차입자의 권리구제 장치가 많아서 저당권의 실행이 복잡하고 비용이 많이 소요되는 반면, 신탁금융은 채무불이행시 실행절차가 간편하다는 장점이 있다.

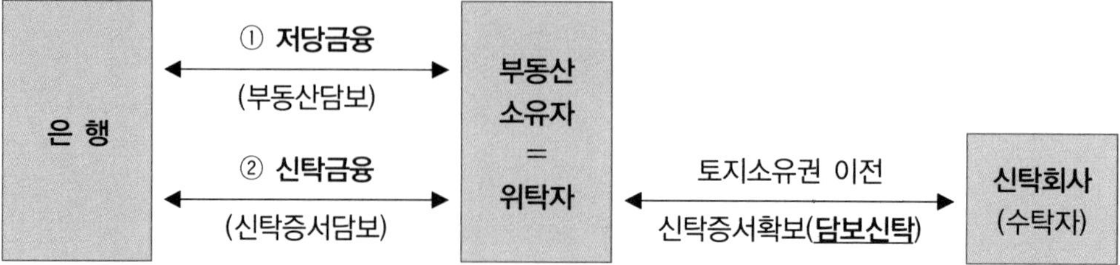

(3) **대부비율**(융자비율, LTV, Loan－to－Value Ratio)

① **의의**: 대부비율이란 담보부동산의 가치에 대한 융자잔금의 비율($\frac{\text{부채잔금}}{\text{부동산가치}}$)을 말한다.

부동산가치 10억원	
부채 4억원	지분 6억원

시장가치 10억원인 주택을 담보로 4억원을 융자 받았다면 대부비율은 4억원 ÷ 10억원 = 0.4 즉 40%가 된다.

② **대부비율의 역할**: 대부비율이 높아질수록 은행 입장에서는 채무불이행의 가능성(금융위험)이 높아지므로 대출금리도 상승하게 된다. 미국의 경우는 대부비율이 80%를 상회하는 경우도 있지만 우리나라의 경우에는 1금융권의 경우 40%를 넘는 경우가 드물다. 하지만 우리나라도 한국주택금융공사가 시행하고 있는 보금자리론의 경우는 일정한 요건을 충족하는 경우 대부비율을 높여주고 있다.

③ **추가적인 신용보완장치**: 대부비율이 최대 40%인 경우 시장가치 1억원인 부동산을 담보로 제공하고 6천만원을 융자받고자 한다면 대부비율을 초과하는 금액인 2천만원에 대해서는 추가적인 신용보완장치가 필요하다. 즉 2천만원에 대해서는 주택신용보증보험 등에서 별도의 보증수수료를 납부하고 보험증서를 발부받아 국민은행에 제출해야 한다.

④ **경기변동과 대부비율**: 부동산의 경기변동이 심하면 담보부동산의 가치가 폭락할 가능성이 있기 때문에 은행의 입장에서는 위험관리의 측면에서 대부비율을 낮추게 된다. 만일 시장가치 1억원의 부동산을 담보로 해서 8천만원까지 대출(융자비율 80%)해 주었는데 부동산경기가 안 좋아지면서 담보부동산의 가치가 1억원에서 7천만원으로 하락하면 대출채권이 담보가 없는 위험한 채권으로 변하기 때문이다.

⑤ **대부비율과 부동산수요**: 부동산가격에 대한 대부비율이 높아진다는 것은 주택수요자의 입장에서는 주택자금을 많이 빌려갈 수 있다는 것을 의미하므로 대부비율이 높아질수록 부동산수요는 증가한다. 부동산수요가 증가하면 부동산의 가격은 상승한다. 따라서 정부는 주택시장의 경기를 살리려고 한다면 대부비율을 높이는 정책을 시행하고 주택시장이 과열되고 있으면 대부비율을 낮추는 정책을 펼친다.

(4) 총부채상환비율(DTI, Debt To Income)

① **의의**: 총부채상환비율이란 차입자의 입장에서 매년 갚아야 할 대출 원리금이 연간 소득에서 차지하는 비중이 얼마인지를 나타내는 비율($\frac{\text{연간 원리금상환액}}{\text{연간 소득}}$)이다.

② **차입자의 소득기준**: DTI는 담보대출을 받은 차입자가 은행에서 빌린 돈을 갚을 능력이 되는지를 차입자의 월 또는 연 소득으로 따져 대출한도를 정하고자 하는 의미에서 나온 수치이다.

③ **DTI 비율의 의미**: DTI 비율이 낮다는 것은 백중이가 매년 갚아야 하는 원리금이 적거나 또는 백중이의 연간 소득이 크다는 것을 의미한다. 즉 백중이는 소득에 비해 대출규모가 작다는 것을 의미한다.

④ **DTI 규제 40%의 의미**: 정부가 DTI를 40%로 규제한다는 것은 차입자의 연간 소득이 5,000만원인 경우 연간 원리금상환액이 2,000만원을 넘지 않도록 대출규모의 상한선을 정한다는 의미이다.

⑤ **차입자가 DTI 규제 40%를 맞추는 방법**: 만일 소득이 5천만원인 차입자의 연간 원리금상환액이 3천만원이 되면 이 차입자는 DTI 규제를 맞추지 못해서 돈을 빌릴 수 없게 된다. 이 경우 차입자는 빌리는 돈의 액수를 줄이거나 상환기간을 늘려서 매년 상환하는 금액을 줄여야 한다.

DTI(총부채상환비율)와 DSR(총부채원리금상환비율)의 구분

- DTI: $\frac{\text{주택담보대출 원리금상환액} + \text{기타대출 이자상환액}}{\text{연소득}}$
- DSR: $\frac{\text{주택담보대출 원리금상환액} + \text{기타대출 원리금상환액}}{\text{연소득}}$

스트레스 DSR

변동금리 대출 등을 이용하는 차주가 대출 이용기간 중 금리 상승으로 인해 원리금상환부담이 상승할 가능성을 감안하여 DSR산정시 일정수준의 가산금리(스트레스 금리)를 부과하는 제도

- **도입이유**: 금리변동위험을 DSR에 정교히 반영하여 차입자의 상환능력을 넘어서는 과도한 가계대출 확대를 방지하고, 고정금리 확대 등 가계부채 질적 개선을 도모하기 위함
- **스트레스 금리 산정방식**: 과거 5년 내 가장 높았던 수준의 가계대출 금리와 현 시점 금리를 비교하여 결정하되, 일정한 수준의 하한과 상한을 부여

(5) **원리금상환액**(월부금, 부채서비스액, 저당지불액, debt service)

① **원금 + 이자**: 매년 또는 매월 차입자가 대출자에게 갚아야 하는 원금과 이자의 합계액을 말한다. 우리나라의 경우 다양한 용어를 사용하기 때문에 수험생의 입장에서는 이들 용어가 동일한 의미로 사용된다는 사실을 잘 알고 있어야 한다.

② **이자율 = 할인율**: 상환방식에 관계없이 매 기간 갚아야 할 원리금상환액을 이자율로 할인한 값은 융자원금과 같다.

③ **상환기간과 차입자의 상환부담**: 일반적으로 대출상환기간이 길수록 자금수요자는 매번 상환부담이 가벼워져 부동산수요는 증가한다.

④ **저당상수와 원리금상환액**: 원리금균등분할상환조건으로 융자를 받는 경우 매 기간 원리금상환액은 빌린 금액에 저당상수를 곱해서 구한다.

(6) **직접금융과 간접금융**

① **직접금융**: 자금의 수요자와 공급자가 직접 자금을 거래하는 방식으로 친구에게 돈을 빌리거나 주식, 채권, 기업어음 등의 유가증권 발행을 통해 자본금을 모집하거나 자산유동화를 통해 필요한 자금을 조달하는 것은 모두 직접금융의 방식이다. 최근에는 기업에 금융전문가가 많이 있고 금융시장에서도 주식이나 채권의 거래가 활발해지는 추세이므로 직접금융의 방식이 늘어나는 추세이다.

② **간접금융**: 자금의 수요자와 자금의 공급자가 중간기구를 통해서 자금을 거래하는 방식이다. 즉 은행을 통해서 필요한 자금을 빌리는 것을 말한다. 은행만이 아니라 보험회사도 부동산금융에 일익을 담당하는데 이들을 통해서 신용대출 또는 담보대출의 방식으로 필요한 자금을 융통하는 것을 간접금융이라고 한다.

(7) **지분금융과 부채금융**

① **지분금융**: 투자자를 모집해서 자금을 마련하는 방식이다. 주식회사가 주식을 발행하거나 부동산 신디케이트가 투자자를 모집하는 등 지분증권을 판매하여 자기자본을 조달하는 방식을 말한다. 대표적인 지분증권으로는 주식이나 수익증권 등이 있는데 이러한 지분증권을 가진 자는 배당금을 받게 된다.

② **부채금융**: 돈을 빌려서 자금을 마련하는 방식이다. 돈을 빌리면 차용증을 주게 되는데 이를 부채증권이라고 한다. 대표적인 부채증권으로는 회사채나 국공채 또는 MBS 증권 등이 있으며 이러한 부채증권을 가진 자는 이자와 원금을 지급받게 된다. 은행통장을 가지고 있으면 매월마다 이자가 지급되는데, 이 경우 은행 통장은 부채증권의 개념이 되는 것이고 은행에 자금을 빌려준 것이 되는 것이다.

(8) 단기금융과 장기금융

① 금융거래에서는 편의상 1년 미만의 기간을 단기, 1년 이상의 기간을 장기로 구분한다.

② 금융거래에서는 장기대출금리가 단기대출금리보다 더 높게 형성된다. 즉 10년 동안 빌려주고 받는 이자가 1달 동안 빌려주고 받는 이자보다는 높다. 그 이유는 장기대출이 단기대출보다 위험이 더 크며, 위험과 이자율은 비례관계에 있기 때문이다.

③ 일반적으로 은행은 예금금리와 대출금리의 차이(예대마진)를 많이 확보하기 위해 1년 미만의 기간으로 돈을 빌려서 자금을 조달하고 그 자금을 1년 이상의 기간으로 빌려주어서 운용하게 되는데, 이럴 경우 수익성은 높아지지만 유동성위험에 노출되게 된다.

(9) 자본시장과 화폐시장

① **자본시장**(capital market : 장기금융시장) : 공장건설자금이나 장기적인 사업자금 등 1년 이상의 장기자금들이 조달되는 시장이다. 기업들은 자본시장을 통해 장기대출을 받거나 증권시장에서 주식 또는 채권을 발행하여 자본을 조달한다.

② **화폐시장**(money market : 단기금융시장) : 만기가 1년, 미만 특히 2~3개월짜리의 금융상품을 통해 자금을 조달하는 단기금융시장을 말한다. 기업이 급여나 물품대금 지급을 위해 자금이 필요할 때(단기자금) 기업어음(CP), 콜(call) 또는 양도성예금증서(CD) 등을 발행하여 필요한 자금을 조달하는 시장을 말한다.

금융시장	단기금융시장(화폐시장)	기업어음(CP)
		콜시장
	장기금융시장(자본시장)	장기대출시장
		증권시장(주식, 채권 등)

(10) 2금융권

① 은행(1금융권)을 제외한 금융기관을 통칭하여 부르는 명칭이다. 비은행금융기관이라고도 한다.

② 1980년대 이후 보험회사와 증권회사 등을 중심으로 성장한 뒤 다양하게 분화되었는데 '신용카드회사 · 상호저축은행 · 새마을금고 · 신용협동조합 · 리스회사 · 벤처캐피털' 등이 이에 속한다.

③ 한편 제도권 금융기관에서 대출이 힘들 때 이용하는 사채업 등의 금융권을 제3금융권이라고 부른다.

(11) 건축대부와 저당대부

구 분	저당대부(수요자금융)	건축대부(공급자금융)
차입자	주택구입자	주택개발자
대부기간	장기(10년 이상)	단기(공사기간 동안)
금 리	부동산담보 – 저금리	담보가 없거나 약함 – 고금리
융자방법	주택구입자금 일시금 융자	공사진척도에 따라 단계별 융자
상환방법	원리금균등 또는 원금균등 등으로 분할상환	누적된 융자금을 공사완료시 일시상환
기 타	건축대부는 완공 후 저당대부로 전환하는 것이 일반적임	

4 우리나라의 주택금융기관

우리나라에서는 주택금융을 크게 공적 부문과 민간부문으로 구분할 수 있다. 공적 부문은 주택도시기금이 담당하고, 민간부문의 주택금융은 시중은행, 생명보험회사, 주택할부금융회사 등이 담당한다.

(1) 주택도시기금

① **의의**: 기존의 주택자금만 공급해 온 국민주택기금을 경제발전 및 주택시장 변화에 맞게 개편한 것이다. 기존의 국민주택기금이 단순 융자방식이었다면 주택도시기금은 단순 융자 외에 출자, 투・융자, 보증 등을 수행한다.

② **주택도시보증공사**: 주택도시기금 관리의 공공성과 책임성 강화를 위해 주택도시보증공사를 전담기관으로 지정해 놓고 있다.

③ **주택계정과 도시계정의 분리**: 주택계정은 국민주택채권, 청약저축, 융자금 회수 등으로 자금을 조성하여 국민주택 및 임대주택 건설을 위한 주택사업자와 주택을 구입 또는 임차하고자 하는 개인수요자에게 자금을 지원하는 역할을 하며, 도시계정은 주택계정으로부터 전입하거나 차입하여 조성한 자금으로 기반시설 설치 및 정비, 도시재생사업에 자금 지원 등의 역할을 담당한다.

(2) 은 행

은행이 주택금융에서 차지하는 비중은 점차 확대되고 있는 추세이며 주택자금대출 비중이나 대출한도 및 기간은 개별은행별로 다양한 구조를 취하고 있다.

일반은행	시중은행	• 5대 은행: 국민은행, 하나은행, 신한은행, 우리은행, DGB대구은행 • 외국계: SC제일은행, 한국시티은행 • 인터넷 전문: 케이뱅크, 카카오뱅크, 토스뱅크
	지방은행	부산은행, 광주은행, 경남은행, 전북은행, 제주은행
특수은행		농협은행, 수협은행
	국책은행	한국산업은행, 한국수출입은행, 중소기업은행

(3) 보험회사

① **의의**: 보험회사를 통한 주택금융의 경우 보험계약자에 한정되며, 보험계약을 해지하면 대출금을 일시에 상환해야 하는 부담이 있다.

② **보험회사의 종류**: 생명보험사로는 삼성생명, 푸르덴셜, 교보라이프, 라이나, AIA 등이 있고, 손해보험사로는 삼성화재, 현대해상, DB손해보험, KB손해보험, 메리츠화재 등이 있다.

(4) 신용보증기관

① **주택금융신용보증기금**: 개인이나 주택건설사업자가 금융기관과 차입계약을 할 때 보증인 역할을 한다.

② **대한주택보증(주)**: 주택건설사업자가 선분양한 주택의 완공을 보증한다.

(5) 주택할부금융사

① 주택할부금융사는 주택구입자금의 일부를 주택건설업체에게 대납해주고 이를 일정기간 동안 분할상환 받는다.

② 주택할부금융은 미분양을 해소하기 위해 도입된 제도이므로 완공된 아파트 또는 당첨된 아파트의 잔금이나 중도금 지불시에만 적용된다.

Ⅱ 금융위험

1 의 의

부동산금융에서 대출자(은행)의 입장에서 발생하는 위험에는 인플레이션 위험, 조기상환위험, 채무불이행위험, 유동성위험 등이 있다. 대출자는 자금을 대출하는 경우 이러한 위험에 대한 대비를 하여야 한다.

2 금융위험의 종류

(1) 채무불이행위험

① **의의**: 채무불이행위험이란 차입자가 빌려간 돈을 제때에 갚지 않을 위험을 말하며 주로 변동금리 대출의 경우 많이 발생한다.

② **원인**: 미국의 대공황이나 우리나라의 IMF와 같은 사태가 발생하여 담보가치가 부채잔금보다 더 떨어져 버리고, 또한 비소구금융(차입자 개인재산에는 상환청구불가)의 경우라면 채무불이행이 발생할 수도 있다. 또한 변동금리의 조건으로 차입한 경우 인플레가 심하게 발생해서 매 기간의 원리금지불액이 차입자의 지불능력을 초과하면 채무불이행이 발생할 수 있다.

③ **대책**: 채무불이행에 대비하기 위해 은행은 대부비율을 하향 조정하게 된다. 만일 은행에서 정해놓은 대부비율 이상의 차입을 원한다면 별도의 보증서를 첨부해야 한다.

(2) 조기상환위험

① **의의**: 조기상환위험이란 차입자가 다른 금융기관에서 낮은 금리로 재융자를 받아 기존의 부채잔금을 약속한 상환기간 이전에 미리 다 갚아버리는 것을 말한다.

② **원인**: 고정금리 대출의 경우 저당이자율(계약이자율)보다 시장이자율이 하락하는 경우 조기상환위험이 발생한다. 예를 들어 A은행이 甲에게 1억원을 대출한 경우(대출조건: 10년, 10%, 고정금리) 3년 후 시장이자율이 2%로 하락하면 甲은 B은행에서 1억원을 융자받아서(대출조건: 7년, 2%, 고정금리) A은행에게 잔금을 다 갚아버리는 것이다. 조기상환을 당하게 되면 A은행은 상환 받은 1억원을 이제는 현재의 시장이자율인 2%의 금리로 다른 차입자에게 빌려주어야 하므로 A은행 입장에서는 불리해지는 것이다.

③ **대책**: 조기상환위험에 대비하기 위해 금융기관들은 만기 전 변제벌금(조기상환수수료) 등을 부과한다.

(3) 인플레위험

① **의의**: 은행은 예금금리와 대출금리의 차이 즉, 예대마진을 먹고 산다. 예를 들면 5%의 예금금리로 조달한 자금을 10%의 대출금리를 받고 빌려주어야 하는 것이다.

㉠ 2001년 1월 일중이가 1년간 5%의 예금금리 받고 1억원을 은행에 예금을 하였고 은행은 이 1억원을 백중이에게 10%의 대출이자를 받고 10년간 빌려주었다. 2002년 1월이 되면 은행은 1억원을 일중이에게 갚아야 하는데, 통상 이 1억원은 2002년 1월에 예금하는 다른 예금자인 이중이의 돈으로 갚는 것이다(돈을 빌려 빌린 돈을 갚는 것이므로 이를 차환이라고 한다).

㉡ 그런데 2003년 1월이 되어 다시 은행이 삼중이에게 돈을 빌려 이중이의 돈을 갚으려고 하는데 2003년 1월에 인플레가 발생하여 시장이자율이 20%로 상승했다면 은행은 삼중이에게 20%의 예금이자율을 주어야 한다.

㉢ 그렇다면 은행은 일중이와 이중이의 경우는 (+)5%의 예대마진이 발생하지만 삼중이의 경우는 (−)15%의 역마진이 발생하게 되는데, 후자의 경우를 수익성 악화위험 또는 인플레위험이라고 한다.

㉣ 고정금리 담보대출하에서 예상치 못한 인플레가 발생하면 대출자(은행)는 손해를 보고 차입자는 상대적으로 이익을 보게 된다.

② **원인**: 인플레위험은 은행이 고정금리로 자금을 대출한 경우 <u>시장이자율이 저당이자율 또는 계약이자율보다 상승하게 되는 경우에 발생</u>한다.

③ **대책**: 인플레위험이 발생하면 대출자는 차입자에게 잔고(殘高)할인 등을 제안해서 차입자의 조기상환을 유도할 수 있다. 잔고할인은 남아 있는 부채잔금의 일정 부부은 차감해주는 것을 말한다. 또한 이런 인플레위험을 방지하기 위해 은행은 고정금리가 아닌 변동금리를 선호하게 된다. 만일 변동금리로 돈을 빌려주었다면 인플레 발생시 그 위험은 차입자가 부담하게 된다.

(4) 유동성위험(현금부족 위험)

① **의의**: 은행이 <u>현금이 부족</u>해서 만기가 되어 원금을 찾으러 오는 예금자에게 돈을 지불할 수 없게 되는 경우를 말한다.

② **원인**: 은행이 돈을 장기로 대출함으로 인해 유동성이 높은 자산인 현금이 줄어들고 대신 유동성이 낮은 장기채권이 늘어남으로써 발생한다.

유동성이 높은 자산	현금, 주식, 예금 등
유동성이 낮은 자산	부동산, 장기채권(모기지)

② **대책**: <u>저당유동화작업</u>을 통해서 부족한 현금을 확보한다.

III 대출이자율 결정

1 개 요

(1) 의 의

① 은행의 입장에서 돈을 빌려준다는 것은 일종의 투자가 되고, 돈을 빌려줄 때에는 기다림에 대한 대가와 위험에 대한 대가를 요구하게 되는데 은행 입장에서는 이것이 곧 대출이자율이다.

② 매 기간 적용하는 대출이자율의 기준은 대출원금이 아니라 항상 부채잔금을 기준으로 한다. 처음에 1억원을 빌려주었을 때에는 1억원에 대한 대출이자를 받는 것이고 1년 후 천만원을 갚아서 잔금이 9천만원이 되면 이자는 9천만원에 대해서 받는 것이다. 따라서 일반적으로 이자는 기간이 경과할수록 감소하게 된다.

(2) 이자율의 결정요소

① **예금금리(은행의 자본비용)**: 은행은 기본적으로 예금을 받은 돈으로 대출을 하는 것이므로 대출금리는 예금금리보다는 높아야 한다.

② **경쟁 대출자들이 부과하는 이자율**: A은행의 대출이자율은 B은행이나 C은행의 대출이자율과 경쟁한다. 차입자는 같은 값이면 대출금리가 낮은 은행에서 돈을 빌리고자 할 것이기 때문이다.

③ **차입자의 신용에 따라 달라지는 융자의 위험도**: 차입자가 돈을 갚지 못할 가능성이 높은 사람일수록 대출금리는 높아진다. 즉 신용도가 낮아서 위험이 큰 사람에게 대출하면 은행은 그만큼 이자를 더 올려 받는다.

④ **대출의 기회비용**: 은행이 다른 곳에 투자해서 벌 수 있는 수익도 대출금리의 결정에 영향을 미친다.

(3) 대출위험이 상승하면 대출금리도 상승한다.

① **장기대출이 단기대출보다 더 위험하다.**: 빌려주는 사람 입장에서는 30년 동안 빌려주는 것이 1년 동안 빌려주는 것보다 더 위험하다.

② **대부비율(LTV)이 높아질수록 더 위험하다.**: 10억원짜리 부동산을 담보로 잡고 2억원을 빌려주는 것보다 8억원을 빌려주는 것이 더 위험하다.

③ **고정금리대출이 변동금리대출보다 더 위험하다.**: 고정금리로 대출하는 경우 시장이자율이 상승하면 인플레이션 위험이 발생하고, 시장이자율이 하락하면 조기상환위험이 발생한다. 물론 변동금리대출도 채무불이행위험이 발생하지만 일반적으로 고정금리대출이 더 위험하다고 본다. 고정금리는 9% 변동금리는 8%로 암기한다.

2 실질금리와 명목금리

(1) 의 의

① 실질이자율이란 인플레이션이 없을 때의 이자율을 말한다. 즉 실물자본에 대한 실물 이자의 비율이다. 금융기관의 입장에서 기다림과 위험에 대한 대가만을 반영하는 이자율이라고 생각하면 된다.

② 향후 인플레이션이 있을 것으로 예상하면 자본의 소유자는 실질이자율에 예상 인플레이션율을 더한 만큼의 이자율을 받고자 하는데 이 이자율을 명목이자율(nominal rate of interest)이라 한다.

(2) 명목이자율 = 실질이자율 + 예상 인플레이션율

① A은행이 대출이자율을 결정하는 경우, 올 한해 인플레를 3%로 예상하고 있고 실질이자율을 5%를 원한다면 A은행이 결정하는 명목상 대출이자율은 8%이다.

② 은행의 명목이자율은 시장의 실질이자율, 위험에 대한 대가, 기대인플레이션율의 합으로 구성된다.

(3) 실질이자율 = 명목이자율 − 실제 발생한 인플레이션율

① 위의 경우, 1년 후 실제 발생한 인플레율이 A은행이 예상한 3%가 아닌 10%라면 올 한해 A은행의 실질이자율은 명목상 대출이자율 8%에서 실제 발생한 인플레이션율 10%를 차감하고 남은 −2%가 된다. 즉 실질이자율 계산에 반영되는 것은 예상한 것과 예상치 못한 것 모두를 포함한다.

② 만일 내가 A은행에 10억원을 예금하고 1년 후 이자를 10%를 받았는데 올 한해 동안 인플레이션이 3%가 발생하였다면, 은행은 나에게 10%의 이자(명목)를 주었지만 나는 실제로 7%의 이자(실질)만 받은 것이다. 인플레가 중간에서 3%를 떼어간 것이다.

> **할, 푼(부), 리의 개념**
> 제도권 금융에서의 이자율은 통상 연간 단위의 금리를 의미하지만, 사채시장 등의 사금융권에서는 일반적으로 월간 단위의 금리를 의미한다. 그래서 사금융에서 2부라는 표현은 월 2%, 즉 년으로 환산하면 24%의 금리를 의미하는 것이다. 야구선수의 타율이 3할5푼(부)2리라는 것은 0.352를 의미한다. 여기서 3할은 30%, 5푼은 5%, 2리는 0.2%를 의미한다.

3 기준금리와 가산금리

대출이자율 = 기준금리 + 가산금리

예금주	10억원 예금 예금금리 2% (A은행의 자본비용) →	A은행	10억원 대출 → 대출금리 = 2%(기준) + 3%(가산) = 5%	차입자 甲 (안전)
			10억원 대출 → 대출금리 = 2%(기준) + 5%(가산) = 7%	차입자 乙 (위험)

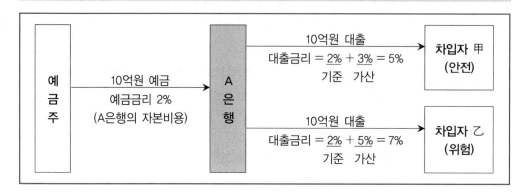

(1) 기준금리

① **의의**: 대출이자율 결정의 기준이 되는 금리를 말한다. 은행은 예금을 받아서 대출을 하는 곳이므로 대출의 기준이 되는 금리는 예금금리가 된다. 일반적으로 예금금리는 코픽스금리를 적용한다. 인플레 등 시장상황 변화에 따라 같이 변동한다.

② **코픽스(COFIX)금리**: COFIX는 Cost of Funds Index의 약자로 은행의 자금조달비용지수를 말한다. 코픽스는 신규코픽스와 잔액코픽스로 구분한다.
신규코픽스는 매월 신규로 취급한 예금상품의 가중평균금리를 말하고, 잔액코픽스는 은행이 현재 보유하고 있는 예금잔액의 평균예금금리를 말한다. 잔액코픽스의 경우 규모가 크기 때문에 변동성이 약하고 신규코픽스의 경우 상대적으로 변동성이 심하다.
코픽스의 대상이 되는 상품에는 정기예금, 정기적금, 상호부금, 주택부금, 양도성예금증서, 금융채 등이 있으며, 요구불예금과 수시입출금식 예금은 제외된다. 은행 연합회는 월말 잔액기준 및 월 중 신규취급액기준의 코픽스를 산출하여 홈페이지를 통해 2010년 2월 16일부터 매달 15일 오후 3시 이후에 공시한다.

(2) 가산금리

① 차입자의 신용도 등에 따라 결정된다.

② **가산금리 인상요인**: 차입자의 취업상태 불안정, 차입자의 과거 대출에 대한 연체실적 증가 등

4 고정금리와 변동금리

(1) 고정금리

① 고정금리대출은 대출계약 당시 약정한 금리로 초기부터 만기까지 원리금을 상환하는 방식이다.

② 은행에서 10년 만기, 저당이자율 9%, 고정금리의 조건으로 돈을 빌렸다면 시장상황의 변화에 상관없이 10년 동안 9%의 이자를 고정적으로 갚으면 되는 것이다.

(2) 변동금리

① 시장상황에 따라 금리 또는 잔금을 조정하는 방식이다.

② 변동이자율저당은 인플레위험 또는 이자율위험을 차입자에게 전가하므로 고정금리보다 금리가 상대적으로 낮다(변동금리는 8%라고 암기).

③ 이자율 조정주기가 짧은 상품일수록 더 확실하고 빠르게 전가시킬 수 있다. 변동이자율저당이라고 해서 시시각각 이자율을 변동시키는 것이 아니고 미리 약정한 일정한 주기(3개월마다 혹은 1년마다 등)마다 한 번씩 금리를 변동시키게 된다. 이 경우 이자율의 조정주기 동안은 고정금리가 되는 것이다. 즉 계약시점 현재 대출이자율이 5%이고 조정주기가 1년이라면 1년 동안은 시장변화가 발생해도 대출이자율은 5%로 고정되는 것이다. 따라서 이러한 이자율의 조정주기가 짧은 것이 대출자의 입장에서는 더 확실한 변동금리상품이 되는 것이다(더 신속하게 위험을 전가시킬 수 있는 것이다).

④ 인플레이션이 예상되면 대출자는 변동금리대출이 유리하다.

⑤ 변동금리 주택담보대출 이자율은 기준금리에 가산금리를 합하여 결정된다.

⑥ CD(양도성 예금증서)연동 주택담보대출은 변동금리부 주택담보대출이다.

> **CD**(Negotiable Certificate of Deposit : 양도성예금증서)
> 은행이 단기자금(30일~270일 정도)을 조달하기 위해 발행하는 증서(어음의 개념)이며, 양도가 가능한 증서이므로 만기가 되면 은행은 증서소지자에게 액면금액을 지급한다. 30일 이하의 단기자금은 통상 금융기관 간의 거래인 콜자금을 이용한다. 최소금액은 통상 1천만원이며 기간은 30일~270일이다. 예를 들어 A은행이 "액면금액 10억원, CD금리 5%, 만기 91일"의 CD를 갑돌이에게 발행하는 경우 갑돌이는 지금 A은행에게 987,500,000원을 지급(이자 뺀 금액)하고 CD를 구입한 후 91일 후에 이 CD를 지급하고 10억원을 찾아오는 것이다.

변동이자율의 종류

1. **가변**(조정)**이자율저당**(ARM : Adjustable Rate Mortgage)
   ① 차입자와 대출자 간에 미리 인플레감응지수를 결정한 후 이러한 인플레감응지수(코픽스, CD수익률 등)가 변동하면 여기에 따라 이자율을 변동시키는 방법을 말한다.
   ② 차입자를 보호하기 위해 이자율의 상한을 설정하거나 대출기관을 보호하기 위해 이자율의 하한을 설정하기도 한다. 이 경우 금리상한(interest cap) 변동금리 주택담보대출을 받은 차입자는 금리상한 이상으로 금리가 상승할 때 생기는 금리변동위험을 줄일 수 있다.
2. **재협정이자율저당**: 차입자와 대출자가 미리 재협정기간(3년에서 5년)을 정해놓고 그 기간이 지나면 다시 협상을 통해 이자율을 결정하는 방법이다.
3. **가격수준조정저당**(PLAM : Price Level Adjusted Mortgage)
   ① 가격수준조정저당은 인플레가 발생하면 여기에 해당하는 금액을 저당잔금에 가산시켜 인플레위험을 대비하는 방법이다.
   ② 매년 적용되는 이자율은 실질이자율을 적용시킨다.
   ③ 가격수준조정저당의 경우 저당 초기에 인플레가 발생하면 부채잔금이 대출원금을 초과하는 경우도 발생할 수 있다(부의 상환이 발생할 가능성이 높다).
   ④ 부(−)의 상환: 변동금리의 경우 원리금상환액이 원금은 고사하고 이자도 갚지 못하게 되면 갚지 못한 이자금액만큼 융자잔고가 증가하게 되는데 이러한 현상을 부(negative)의 상환이라고 한다.

용어정리 : 콜(Call)

1. **개념**: 콜이란 은행 등의 금융기관이 일시적 자금조절을 위해 짧은 기간(통상 30일 이내이며 일반적으로 1일) 동안 서로 간에 자금을 주고받는 것을 말한다. 서로 신용을 믿고 전화로 신청하므로 콜이라고 불린다.
2. **콜금리**: 콜 거래에서 적용되는 금리이다. 단기금융시장의 상황을 나타내는 대표적인 금리가 콜금리와 CD금리이며 콜금리가 가장 단기이며 안전성이 높으므로 금융시장에서 가장 낮은 지표금리가 되는 것이다.

용어정리 : 리보(LIBOR)**와 코리보**(KORIBOR)

우리나라의 시중은행 등 모두 14개 은행이 제시하는 기간별 금리를 통합 산출한 단기 기준금리이다. 은행들이 제시한 금리를 평균해 한국은행이 승인하며 매 영업일 오전 11시에 발표된다. 영국 런던 은행 간 금리를 리보(LIBOR)금리라고 하는데 리보금리의 한국버전이다.

Ⅳ 최대융자가능금액 산정

1 주택담보대출의 최대융자가능금액 산정

① 주택을 담보로 돈을 빌리는 경우 차입자는 담보인정비율(LTV ; Loan to Value Ratio)과 총부채상환비율(DTI ; Debt To Income)을 모두 충족해야 한다.

② 담보인정비율(LTV)은 담보가치에 대한 대출취급가능금액의 비율을 말한다.

③ 총부채상환비율(DTI)은 차주의 소득을 중심으로 대출규모를 결정하는 기준을 말한다.

예제

A는 시장가치가 3억원인 주택을 사려고 한다. 대출 가능한 최대금액은?

- 연소득 5천만원
- 연간 저당상수: 0.1
- 담보인정비율(LTV): 시장가치 기준 50% 이하
- 총부채상환비율(DTI): 40% 이하

해설

LTV 기준	DTI 기준
① 공식을 적는다. $\frac{L}{V} = 0.5$ ② V에 부동산가격 300을 대입한다. ③ L을 구한다. (300 × 0.5 = 150)	① 공식을 적는다. $\frac{D}{I} = 0.4$ ② I에 차입자의 연소득 50을 대입한다. ③ D를 구한다. (50 × 0.4 = 20) ④ 융자가능금액을 계산한다. D(20) ÷ 저당상수(0.1) = 200

① LTV 기준 융자가능 최대금액은 150이다.
② DTI 기준 융자가능 최대금액은 200이다.
③ 두 기준을 모두 만족시키는 금액은 150과 200 중에서 적은 150이다.
(예 하루 게임 가능 최대시간은 엄마와 아빠 모두 허락을 받아야 한다. 엄마가 허락한 최대시간은 3시간이고 아빠가 허락한 최대시간은 2시간이면, 나의 게임 가능 최대시간은 적은 시간인 2시간이 된다.)

정답 1억 5천만원

2 상업용 부동산 담보대출의 최대융자가능금액

① 상가를 담보로 돈을 빌리는 경우 차입자는 담보인정비율(LTV ; Loan to Value Ratio)과 부채감당률(DSCR ; debt service coverage ratio)을 모두 충족해야 한다.

② 담보인정비율(LTV)은 담보가치에 대한 대출취급가능금액의 비율을 말한다.

③ 부채감당률은 상가의 소득을 중심으로 대출규모를 결정하는 기준을 말한다.

예 제

A는 시장가치가 3억원인 상가를 사려고 한다. 대출 가능한 최대금액은?

- 순영업소득 6천만원
- 연간 저당상수: 0.1
- LTV: 시장가치 기준 50% 이하
- 부채감당률: 1.2

해설

LTV 기준	DTI 기준
① 공식을 적는다. $\frac{L}{V} = 0.5$ ② V에 부동산가격 300을 대입한다. ③ L을 구한다. (300 × 0.5 = 150)	① 공식을 적는다. $\frac{순}{부s} = 1.2$ ② 순영업소득 60을 대입한다. ③ 부s를 구한다. (60 ÷ 1.2 = 50) ④ 융자가능금액을 계산한다. 부s(50) ÷ 저당상수(0.1) = 500

① LTV 기준 융자가능 최대금액은 150이다.
② 부채감당률 기준 융자가능 최대금액은 500이다.
③ 두 기준을 모두 만족시키는 금액은 150과 500 중에서 적은 150이다.
(예 하루 게임 가능 최대시간은 엄마와 아빠 모두 허락을 받아야 한다. 엄마가 허락한 최대시간은 3시간이고 아빠가 허락한 최대시간은 2시간이면 나의 게임 가능 최대시간은 적은 시간인 2시간이 된다)

정답 1억 5천만원

25번 : 대출이자율과 대출금액		기출문제									
Ⅰ	부동산금융 개요										
Ⅱ	대출위험	26	27						33		
Ⅲ	대출이자율 결정										
Ⅳ	융자가능금액 계산문제	26	27	28			31	32			35

[32회] 주택담보대출에 관한 설명으로 틀린 것은?

① 담보인정비율(LTV)은 주택담보대출 취급시 담보가치에 대한 대출취급가능금액의 비율을 말한다.

② 총부채상환비율(DTI)은 차주의 소득을 중심으로 대출규모를 결정하는 기준이다.

③ 담보인정비율이나 총부채상환비율에 대한 구체적인 기준은 한국은행장이 정하는 기준에 의한다.

④ 총부채원리금상환비율(DSR)은 차주의 총 금융부채 상환부담을 판단하기 위하여 산정하는 차주의 연간 소득 대비 연간 금융부채 원리금상환액 비율을 말한다.

⑤ 변동금리 주택담보대출은 이자율 변동으로 인한 위험을 차주에게 전가하는 방식으로 금융기관의 이자율 변동위험을 줄일 수 있다.

◆ 정답 ③

한국은행장 ⇨ 한국은행 총재가 의장으로 있는 금융통화위원회의 의결

③번 지문을 알 필요는 없다. 나머지 지문이 옳은 지문이라는 것을 정확히 파악하는 연습을 해야지 '③번 정도의 지문도 시험에 나오는구나.' 하고 공부범위를 넓히는 것은 하지 않도록 한다.

④ DSR(총부채원리금상환비율)과 DTI(총부채상환비율)의 구분

$$\text{DTI} : \frac{\text{주택담보대출 원리금상환액} + \text{기타대출 이자상환액}}{\text{연소득}}$$

$$\text{DSR} : \frac{\text{주택담보대출 원리금상환액} + \text{기타대출 원리금상환액}}{\text{연소득}}$$

스트레스 DSR(24.2.26일부터 도입)

변동금리대출 등을 이용하는 차주가 대출 이용기간 중 금리상승으로 인해 원리금상환부담이 상승할 가능성을 감안하여 DSR 산정시 일정수준의 가산금리(스트레스 금리)를 부과하는 제도

- 도입이유 : 금리변동위험을 DSR에 정교히 반영하여 차입자의 상환능력을 넘어서는 과도한 가계대출 확대를 방지하고, 고정금리 확대 등 가계부채 질적 개선을 도모하기 위함
- 스트레스 금리 산정방식 : 과거 5년 내 가장 높았던 수준의 가계대출 금리와 현 시점 금리를 비교하여 결정하되, 일정한 수준의 하한과 상한을 부여

[33회] 주택금융에 관한 설명으로 틀린 것은? (단, 다른 조건은 동일함)

① 정부는 주택소비금융의 확대와 금리인하, 대출규제의 완화로 주택가격의 급격한 상승에 대처한다.
② 주택소비금융은 주택구입능력을 제고시켜 자가주택 소유를 촉진시킬 수 있다.
③ 주택자금대출의 확대는 주택거래를 활성화 시킬 수 있다.
④ 주택금융은 주택과 같은 거주용 부동산을 매입 또는 임대하는 데 필요한 자금조달을 위한 금융상품을 포괄한다.
⑤ 주택도시기금은 국민주택의 건설이나 국민주택규모 이하의 주택 구입에 출자 또는 융자할 수 있다.

정답 ①

금리를 인하하면 주택수요는 증가해서 주택가격은 상승하고, 대출규제를 완화하면 주택수요가 증가해서 주택가격은 상승한다. 따라서 ①번 지문은 '급격한 상승에 대처한다. ⇨ 급격한 하락에 대처한다.'로 수정해야 옳은 지문이 된다.

[25회] 담보인정비율(LTV)과 차주상환능력(DTI)이 상향조정되었다. 이 경우 A가 기존 주택담보대출금액을 고려한 상태에서 추가로 대출가능한 최대금액은?

- 담보인정비율(LTV): 60% ⇨ 70%로 상향
- 차주상환능력(DTI): 50% ⇨ 60%로 상향
- A소유 주택의 담보평가가격: 3억원
- A소유 주택의 기존 주택담보대출금액: 1.5억원
- A의 연간소득: 3천만원
- 연간 저당상수: 0.1

① 2천만원 ② 3천만원 ③ 4천만원
④ 5천만원 ⑤ 6천만원

정답 ②

LTV 기준	DTI 기준
$\frac{L(x=2.1억원)}{V(3억원)}=0.7$	$\frac{D(x=천\ 8백)}{I(3천)}=0.6$
융자가능액은 2.1억원	융자가능액 = 천 8백 / 저당상수(0.1) = 1억 8천만원

- 둘 다 충족시키는 최대융자가능금액은 적은 금액인 1억 8천만원
- 기존 1.5억원을 뺀 추가융자가능금액은 3천만원

	26번 : 대출원리금의 상환	기 출									
Ⅰ	원리금상환방법 계산	26		28	29		31	32			
Ⅱ	원리금상환방법 비교	26	27	28	29			32	33		35

Ⅰ 원리금상환방법 계산 ★★

[학습포인트] 원금균등과 원리금균등 두 방식이 번갈아 가면서 출제된다.

☑ 원금균등상환방법의 계산

구 분	9회차(갚은 것은 8회차, 남은 것은 12회차)
원 금	$\frac{\text{빌린 돈}}{\text{전체상환기간}}$
이 자	남은기간 × 원금(매년 원금상환액) × 이자율 = 이자
원리금	원금 + 이자 = 원리금

☑ 원리금균등상환방법의 계산

구 분	1기	2기
원리금	부채 × 저당상수 = 원리금상환액	
이 자	잔금 × 이자율 = 이자	
원 금	원리금 − 이자 = 원금	매년마다 이자율만큼씩 증가

Ⅱ 원리금상환방법 비교 ★★★

[학습포인트] 매년 출제된다. 문장으로 이해하면 어렵기 때문에 아래의 그림을 숙달시켜서 그림을 그려놓고 보면서 문장을 이해하는 연습을 하도록 한다.

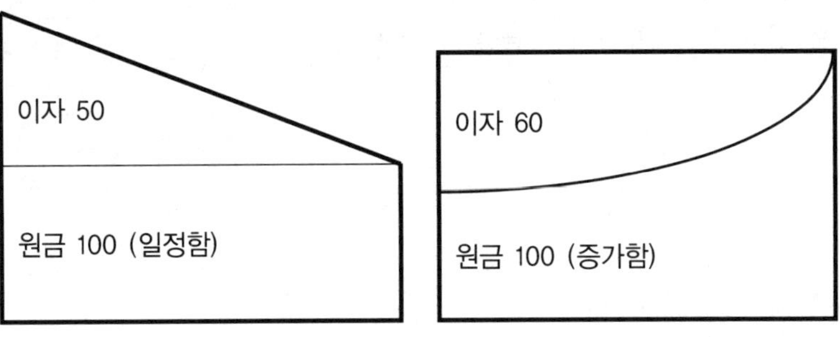

I 원리금상환방법 계산

1 원금균등상환방법의 계산

(1) 문 제

A씨는 은행으로부터 5억원을 대출받았다. 은행의 대출조건이 다음과 같을 때, 9회차에 상환할 원금, 이자, 원리금은?

- 대출금리: 고정금리, 연 5%
- 대출기간: 20년
- 원리금 상환조건: 원금균등상환이고, 연단위 매 기말 상환

(2) **해설** (단위: 백만원)

원금균등인지 원리금균등인지부터 확인한다. 원금균등이면 '원금 ⇨ 이자 ⇨ 원리금'의 순서로 계산한다. (원리금균등이면 원리금부터 구함) 원금균등은 9회차의 값을 바로 구한다.	① 원금	
	② 이자	
	③ 원리금	
① **9회차 원금을 계산한다.**: 은행에서 빌린 총액(부채 5억원)을 계약기간(20년)으로 나누어서 구한다. 원금상환액은 1회차와 9회차가 동일하다.	① 원금	500 ÷ 20년 = 25
	② 이자	
	③ 원리금	
② **9회차 이자를 계산한다.**: 9회차의 이자는 '남은 기간 × 원금상환액 × 이자율'로 구한다. 8회차까지 갚았으니 남은 기간은 12년이다. (남은 기간 동안 갚아야 할 원금을 모두 합친 금액이 잔금이다)	① 원금	500 ÷ 20년 = 25
	② 이자	12년 × 25 × 0.05 = 15
	③ 원리금	
③ **9회차 원리금을 구한다.**: 9회차 원금와 9회차 이자를 합해서 9회차의 원리금을 구한다.	① 원금	500 ÷ 20년 = 25
	② 이자	12년 × 25 × 0.05 = 15
	③ 원리금	25 + 15 = 40

(3) 정 답

① **9회차 원금**: 25,000,000원

② **9회차 이자**: 15,000,000원

③ **9회차 원리금**: 40,000,000원

2 원리금균등상환방법의 계산

(1) 문 제

A씨는 은행으로부터 4억원을 대출받았다. 은행의 대출조건이 다음과 같을 때, A씨가 3회차에 납부할 이자액은 얼마인가?

- 대출금리: 고정금리, 연 6%
- 대출기간: 20년
- 저당상수: 0.087
- 상환조건: 원리금균등상환방식, 연 단위 매기간 말 상환

(2) 해설 (단위: 백만원)

원금균등인지 원리금균등인지부터 확인한다. 원리금균등이면 '원리금 ⇨ 이자 ⇨ 원금'의 순서로 계산한다. 원리금균등은 1회차의 값부터 구한다.	① 원리금 ② 이자 ③ 원금	
① **원리금을 계산한다.**: 원리금균등상환의 조건에서 원리금은 '부채 × 저당상수 = 부채서비스액'의 공식을 이용해서 구한다.	① 원리금 ② 이자 ③ 원금	400 × 0.087 = 34.8
② **첫기 이자를 계산한다.**: 첫기의 이자는 부채총액(4억원)에 이자율(6%)을 곱해서 구한다.	① 원리금 ② 이자 ③ 원금	34.8 400 × 0.06 = 24
③ **첫기 원금을 구한다.**: 첫기 원금은 첫기 원리금에서 이자를 차감해서 구한다.	① 원리금 ② 이자 ③ 1회 원금	34.8 24 34.8 − 24 = 10.8
④ **3회차 원금을 구한다.**: 원금상환액은 매기 이자 감소분만큼 증가하므로 전기 원금에 1.06을 곱해서 다음 기 원금상환액을 구한다.	① 원리금 ② 이자 ③ 3회 원금	 $10.8 \times 1.06^2 = 12.13$
⑤ **3회차 이자를 구한다.**: 3회차 원리금에서 3회차 원금을 차감해선 구한다.	① 원리금 ② 3회 이자 ③ 3회 원금	34.8 34.8 − 12.13 = 22.67 12.13

(3) 정 답

3회차에 납부할 이자액은 22,670,000원이다.

Ⅱ 원리금상환방법 비교

1 원금균등상환(CAM ; Constant Amortization Mortgage)

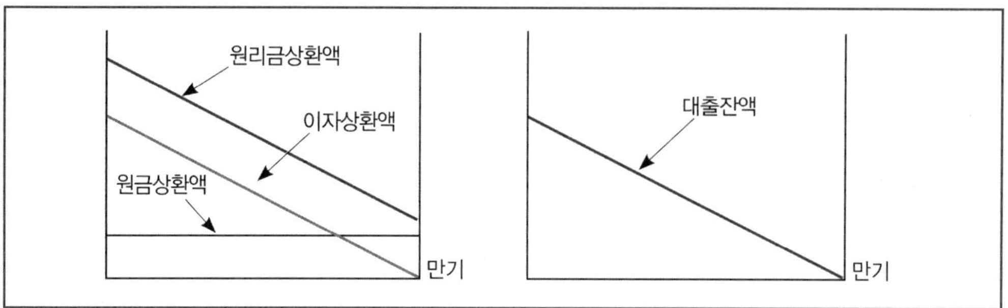

(1) 원금상환액

① 융자원금을 융자기간으로 나눈 금액이다.

② 매 기간 갚아나가는 원금의 상환액이 동일하다.

(2) 이자지급액

① 잔금액에 이자율을 곱해서 이자를 산정한다.

② 잔금이 줄어나감에 따라 잔금에 대한 이자지급액은 갈수록 줄어든다. 잔금이 직선적으로 감소하므로 이자액도 직선적으로 감소한다.

(3) 원리금상환액

① 상환액은 할부상환금(원금) 및 그때의 잔고에 대한 이자를 합친 금액(원리금)이 된다.

② 원금은 일정하고 이자는 감소하므로 양 자를 합친 원리금도 후기로 갈수록 줄어든다.

(4) 계산 공식

원금상환액의 계산 ⇨ 이자지급액의 계산 ⇨ 원리금상환액의 계산

2 원리금균등상환(CPM ; Constant Payment Mortgage)

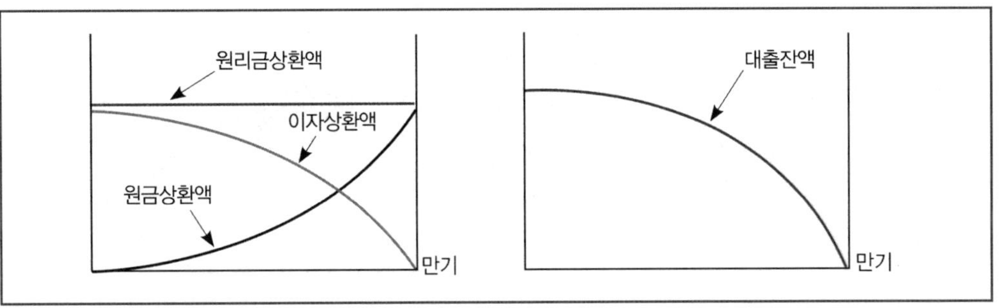

(1) 원리금상환액

① 원리금상환액 = 저당대부액 × 저당상수

② 원리금균등분할상환은 대출기간 내내 동일한 금액을 납부한다.

(2) 이자지급액

① 잔금액에 이자율을 곱해서 이자를 산정한다.

② 잔금이 줄어나감에 따라 잔금에 대한 이자지급액은 갈수록 줄어든다. 이자상환액은 직선적으로 줄지 않고 곡선의 형태로 감소한다(잔금이 곡선으로 줄기 때문이다).

(3) 원금상환액

① 원리금상환액에서 이자지급액을 차감해서 원금상환액을 구한다.

② 저당지불액 중 원금이 차지하는 비중은 후반으로 갈수록 체증하고 이자는 후반으로 갈수록 체감한다.

(4) 계산 공식

원리금상환액 계산 ⇨ 이자지급액 계산 ⇨ 원금상환액 계산

3 점증식 상환(GPM ; Graduated Payment Mortgage)

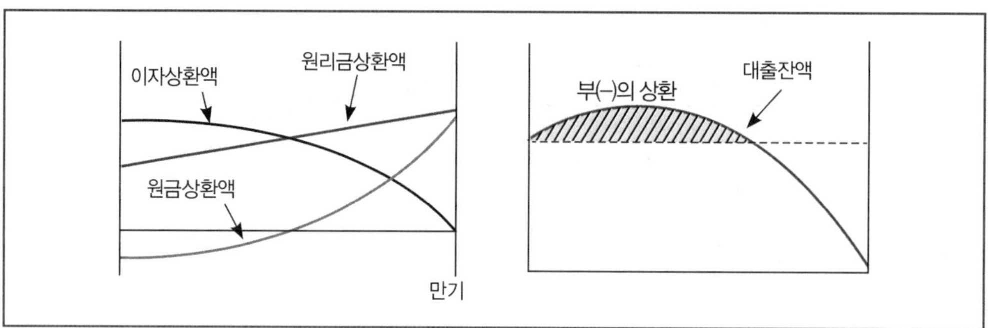

(1) 의 의

① 초기상환액은 적게 하고 차입자의 소득이 증가함에 따라 상환액을 체증시키는 방법이다.

② 차입자의 지불능력 증가와 자산가치의 상승에 적합한 이상적인 상환방식이며 저소득층이나 미래에 소득이 보장되는 신혼부부나 젊은 직장인에게 유리하다.

③ 초기에 부(−)의 상환이 발생해서 잔금이 부채금액을 초과할 수 있다.

> **부(−)의 상환**
> 차입자가 돈을 갚았는데 그 상환액이 이자도 갚지 못하는 경우를 부의 상환이라고 한다. 예를 들면, 차입자가 5억원을 이자율 10%의 조건으로 빌린 경우 첫기에 갚아야 하는 이자는 5천만원이 된다. 보통은 이런 경우 이자와 원금을 합쳐서 7천만원 정도를 갚아야 한다. 그런데 어떤 이유에서건 첫기에 차입자가 갚은 돈이 3천만원이라면 차입자는 이자도 갚지 못한 것이 된다. 이런 경우 돈을 갚았지만 갚지 않은 것이므로 부(−)의 상환이라고 하며 통상 차입자의 잔금이 오히려 5억원에서 5억 2천만원으로 증가하게 된다.
> 체증식 상환방식의 경우 초기에 부(−)의 상환이 발생할 수 있으며 이런 경우 잔금이 원금을 초과하는 기간이 나타나게 된다.

(2) 적 용

체증식 상환방식을 채택하면 초기 불입금이 적기 때문에 소득이 낮은 사람들에게도 융자자격이 발생한다. 따라서 개발업자들이 분양촉진(많은 고객의 확보)을 위해 많이 사용한다.

4 세 가지 방식의 비교

☑ 상환방법 비교

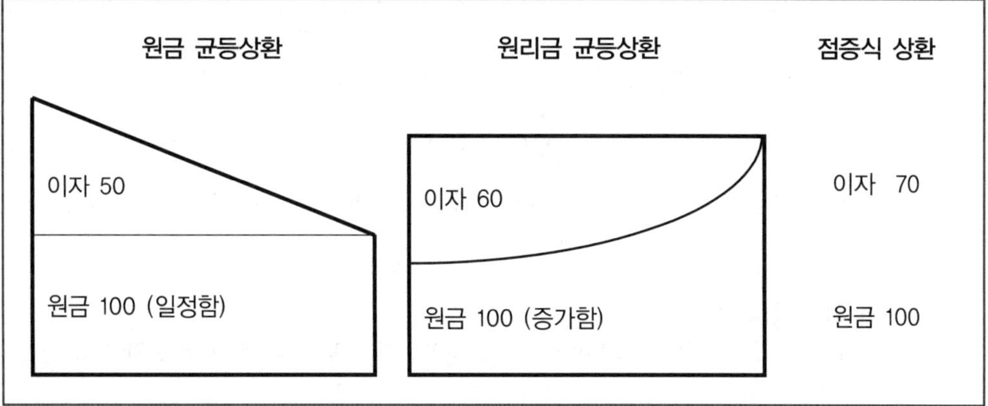

구 분		원금균등	원리금균등	점증식
초기 원리금상환액(DTI)		가장 많음		
중도상환시 잔금(LTV)				가장 많음
총 (누적)	원금상환액	100	100	100
	이자상환액	50	60	70
	원리금상환액	150	160	170

원리금상환방법의 비교		
원금균등상환	원리금균등상환	점증식상환
① 원금상환액 일정 $원금 = \frac{대부금액}{상환기간}$	① 원리금상환액 일정 원리금 = 대부금액 × 저당상수	차입자의 지불능력 증가와 자산가치의 상승에 적합한 상환방식이므로 신혼부부나 젊은 직장인에게 유리하다.
② 이자지급액 감소	② 이자지급액 감소	
③ 원리금상환액 감소	③ 원금상환액 증가	
상환초기의 원리금상환액의 크기: 원금균등 > 원리금균등 > 점증식		

참고 : 상환조견표

1. **상환조견표**: 원리금균등상환의 경우 매 기간 원리금을 갚아나감에 따라 잔금이 어떻게 변하는지를 하나의 표에 나타낸 것을 말한다. 상환조견표를 통해 저당대출에 대한 원금상환분과 이자지급분이 시간에 따라 어떻게 달라지는지 볼 수 있다.
2. **원금상환곡선과 이자지급곡선**: 원리금균등상환조건의 경우 기간 경과에 따라 이자지급분은 체감하고 원금상환분은 체증한다. 원리금균등상환은 대략 전체기간의 $\frac{2}{3}$ 정도가 지나야 원금의 50% 정도가 상환된다. (원금균등상환의 경우는 상환기간의 반이 지나면 정확히 원금의 50%를 갚게 된다)

상환조견표 예시[3)]

1억원을 30년 동안 3% 원리금균등상환으로 대출 받았을 때, 매월 42만 1,604원을 갚아야 한다.

☑ **원리금균등 월별 상환금**

회 차	납입원금	대출이자	월상환금	대출잔금
1	171,604	250,000	421,604	99,828,396
2	172,033	249,571	421,604	99,656,363
3	172,463	249,141	421,604	99,483,900
4	172,894	248,710	421,604	99,311,006
5	173,327	248,278	421,604	99,137,679
6	173,760	247,844	421,604	98,963,919
7	174,194	247,410	421,604	98,789,725
8	174,630	246,974	421,604	98,615,095
9	175,066	246,538	421,604	98,440,029
10	175,504	346,100	421,604	98,264,525
⋮	⋮	⋮	⋮	⋮
356	416,373	5,231	421,604	1,675,929
357	417,414	4,190	421,604	1,258,514
358	438,458	3,146	421,604	840,057
359	419,504	2,100	421,604	420,553
360	420,553	1,051	421,604	0

3) 네이버 검색: 대출원리금 계산기

5 기타의 상환방법

만기일시상환	저당기간 동안은 이자만 지불하다가 만기에 원금을 일시불로 지불하는 방식이다. 비상환저당 또는 이자매월상환저당방식이라고 한다.
부분원리금상환 (= 부분상환저당)	대부금액 중 일정부분에 대해서는 원리금 균등상환으로 갚아 나가고 나머지 저당잔금은 기간 말에 일시금으로 갚아나가게 된다.
무이자저당	이자를 먼저 공제하고 그 차액만 대부하는 방식
지분전환형	대출자에게 부동산의 지분을 취득할 수 있는 옵션을 부여
분할증분저당	담보부동산 가치 상승분 중 일부를 대출자에게 나누는 방식. 차입자는 대신 낮은 이자율을 적용받게 된다.
포괄융자	기존융자를 떠안고 융자총액을 증가시켜 새롭게 융자받는 방식
매수금저당	아직 내 소유권으로 이전되지 않은 '미래의 주택(장래에 구입할 주택)'을 담보로 하여 저당을 설정하는 것을 매수금저당(purchase money mortgage)이라고 한다.
역모기지론	주택을 담보로 하여 노후생활자금을 연금형태로 대출을 받고, 사망 후에 집을 처분하여 누적된 대출금 및 이자를 일시금으로 상환하는 방식

26번: 대출원리금의 상환		기출문제									
Ⅰ	원리금상환방법 계산	26		28	29		31	32			
Ⅱ	원리금상환방법 비교	26	27	28	29			32	33		35

[원리금상환방법 계산-32회] A는 주택 구입을 위해 연초에 6억원을 대출 받았다. A가 받은 대출조건이 다음과 같을 때, ㉠ 대출금리와 ㉡ 3회차에 상환할 원리금은? (단, 주어진 조건에 한함)

- 대출금리: 고정금리
- 대출기간: 30년
- 상환조건: 원금균등상환방식
- 1회차 원리금상환액: 4,400만원

① ㉠ 연 4%, ㉡ 4,240만원
② ㉠ 연 4%, ㉡ 4,320만원
③ ㉠ 연 5%, ㉡ 4,240만원
④ ㉠ 연 5%, ㉡ 4,320만원
⑤ ㉠ 연 6%, ㉡ 4,160만원

정답 ①

구 분	1회차 구하기
① 원금 구하기	$\frac{600(부채)}{30년(대출기간)} = 20$
③ 이자 구하기	부채잔금(600) × 대출금리(?) = 이자(24) **첫회라서 부채와 동일** / **원리금(44)에서 원금(20)을 빼서 구함** ㉠ 대출금리: 24 ÷ 600 = 0.04(4%)
② 원리금 구하기	1회차 원리금상환액: 문제에서 주어짐 ⇨ 44

구 분	3회차 구하기			
① 원금 구하기	20(매년 동일한 금액)			
② 이자 구하기	남은 기간	원금상환액	이자율	이자
	남은 기간 × 매기원금 = 잔금			
	28년(2년 갚았음)	20(매기 원금상환액)	0.04	22.4
③ 원리금 구하기	㉡ 20 + 22.4 = 42.4			

[원리금상환방법 이론-32회] 대출 상환방식에 관한 설명으로 옳은 것은?

① 원리금균등상환방식의 경우, 매기 상환하는 원금이 점차 감소한다.
② 원금균등상환방식의 경우, 매기 상환하는 원리금이 동일하다.
③ 원금균등상환방식이 원리금균등상환방식보다 중도상환시 대출잔금이 더 작다.
④ 점증(체증)상환방식이 장래 소득이 줄어들 것으로 예상되는 차입자에게 적합하다.
⑤ 만기일시상환방식의 경우, 원금균등상환방식에 비해 대출 금융기관의 이자수입이 줄어든다.

❶ 정답 ③

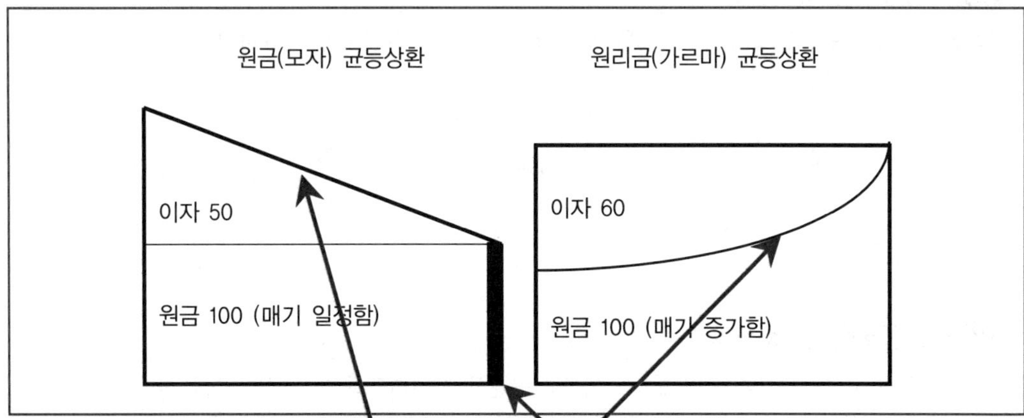

① 원리금균등상환방식의 경우, <u>매기 상환하는 원금이 점차 감소한다.</u>
⇨ 매기 상환하는 원금은 점차 증가한다.
② 원금균등상환방식의 경우, <u>매기 상환하는 원리금이 동일하다.</u>
⇨ 매기 상환하는 원리금은 점차 감소한다.
③ 원금균등상환방식이 원리금균등상환방식보다 <u>중도상환시 대출잔금이 더 작다.</u>
⇨ 대출잔금이 더 작다.
④ 점증(체증)상환방식이 <u>장래 소득이 줄어들 것으로 예상되는 차입자에게 적합</u>하다.
⇨ 장래 소득이 늘어날 것으로 예상되는 자에게 적합
⑤ 만기일시상환방식의 경우, 원금균등상환방식에 비해 대출 <u>금융기관의 이자수입</u>이 줄어든다.
⇨ 원금균등(50) 〈 원리금균등(60) 〈 점증식(70) 〈 만기일시(80)

www.pmg.co.kr

27번 : 2차 저당시장과 저당유동화		기 출									
Ⅰ	저당유동화 개요		27			30			33		
Ⅱ	유동화증권(저당담보증권)	26	27	28				32		34	35
Ⅲ	한국주택금융공사	26		28			31		33		35

Ⅰ 저당유동화 개요 ★★

[학습포인트] 저당유동화(쪼개서 쉽게 파는 것)의 개념을 확실하게 이해한다.

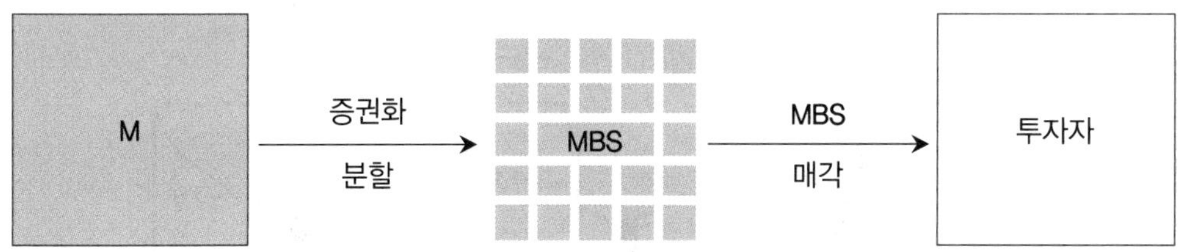

Ⅱ 유동화증권 ★★★

[학습포인트] MBS의 종류를 번호 1, 2, 3, 4로 구분해서 익히도록 한다. 1. 위험한 증권, 2. 안전한 증권, 3. 혼합형 증권, 4. 다양한 증권으로 구분한다.

	종 류		특 징
1	MPTS		① 지분증권 ② 위험최고
2	MBB		① 가장 안전한 증권 ② 위험최소
3	MPTB	채소밭 조기투자	① 혼합형 증권 ② 채소밭 조기투자
4	CMO		① 다양한 증권 ② 선순위증권과 후순위증권

Ⅲ 한국주택금융공사 ★★

[학습포인트] 저당과 역저당의 구분, 주택연금에 가입하는 절차와 가입요건 등을 공부한다. 최근 주택연금의 인기가 많아지면서 출제와 상관없이 알아두면 좋다.

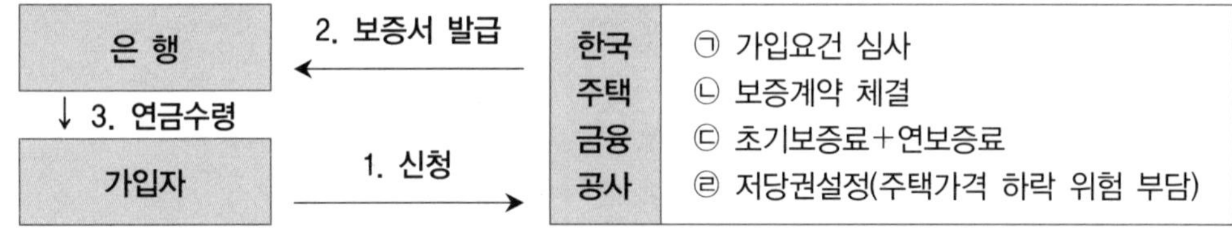

I 자산유동화(저당유동화)

1 개 요

(1) 의 의

① 자산유동화란 금융기관이나 기업이 자신이 보유하고 있는 유동성이 낮은 자산을 특수목적(이하 SPC) 회사에 매각하고 SPC가 그 자산을 근거로 유동성이 높은 새로운 증권을 발행하는 것을 말한다.

② 시장에서 30년 만기의 1억원짜리 대출채권은 사겠다는 투자자가 없어도, 1년 만기 백만원짜리 채권은 사겠다는 사람이 많이 있을 수 있다.

③ 그렇다면 은행이(채권보유자) 30년 만기의 1억원짜리 대출채권을 30년 동안 가지고 있지 않고 이를 1년 만기 백만원짜리 채권으로 전환해서 투자자에게 매각하면 대출금을 빨리 회수할 수 있고 유동성이 좋아지는 것이다.

④ 1980년대 중반 이후 미국에서 각종 채권과 자산의 유동화를 목적으로 개발하였다. 초기에는 주택저당대출을 대상으로 한 주택저당증권(MBS)이 주를 이루었으나 이후 다른 자산에까지 확대 적용되면서 최근에는 자동차할부채권 · 신용카드대출채권 · 리스대출채권 등을 대상으로 그 적용이 확대되고 있다.

> **자산유동화의 대상 자산(A)**
> 자동차할부채권, 신용카드대출채권,
> 주택저당채권(M), 리스대출채권,
> 부동산

> **유동성(流動性)**
> 유동성이란 현재시점에서 자산의 손실 없이 현금으로 바꿀 수 있는 능력을 의미한다. 유동성이 높은 자산은 별 손실 없이 바로 현찰로 바꾸는 것이 가능한 자산이다.
> 예를 들면, 현금이나 주식 또는 은행의 보통예금 등은 유동성이 높은 자산이고 부동산이나 장기채권 등은 유동성이 낮은 자산에 해당한다. 보유자산 중 현금비중이 높은 기업은 유동성이 풍부한 기업이 되고 부동산이나 장기채권의 비중이 큰 기업은 유동성이 낮은 기업 즉, 유동성위험이 큰 기업이 되는 것이다.

(2) 자산유동화와 저당유동화

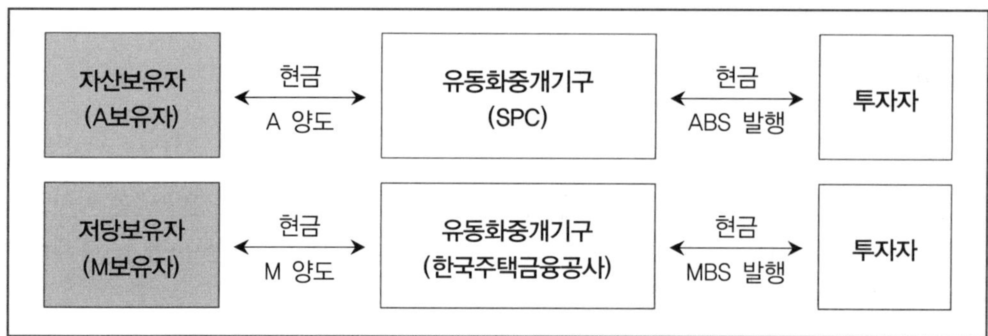

① **자산유동화**(ABS): 유동성이 낮은 자산(장기채권, 부동산)을 유동성이 높은 증권으로 바꾸는 작업을 말하며 이렇게 바꾼 증권을 ABS라고 한다.

② **저당유동화**(MBS): 유동성이 낮은 주택저당채권을 유동성이 높은 주택저당증권으로 바꾸는 것을 말하며 이렇게 바꾼 증권을 MBS라고 한다.

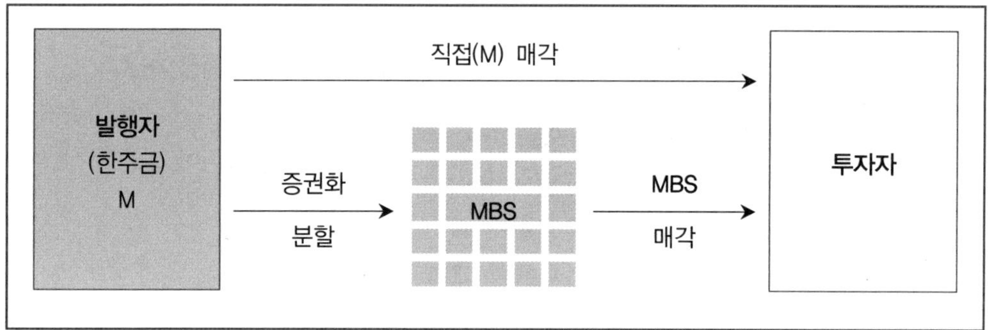

(3) **주택저당채권(M)과 주택저당증권(MBS)의 비교**: 영어로 바꾸는 연습 필수!

우리나라에서는 한국주택금융공사가 유동화중개기구의 역할을 맡고 있으며, 한국주택금융공사는 주택저당채권(M)을 기초로 하여 주택저당증권(MBS)을 발행하고 있다.

구 분	주택저당채권(M)	주택저당증권(MBS)	
금 액	1억원	백만원	M 1개 = MBS 100개
만 기	30년	10년	조기상환을 미리 예측해서 결정
수익성	5%	3%	은행 1% + 한주금 1% + 투자자 3%
안전성	낮음	높음	한주금이 지급보증
유동성	낮음	높음	

2 저당유동화의 필요성(MBS증권의 발행효과)

(1) 대출기관 입장에서 유동성 확보

① 은행은 유동성문제(현금부족)를 해결할 수 있다. 즉 은행은 장기대출 후 장기간 묶여 있는 주택저당채권(예 30년 만기)을 주택저당증권(예 5년 만기)으로 전환시킨 후 이를 자본시장에서 매각함으로써 현금을 확보해서 대출여력을 확대할 수 있게 된다.

② 은행은 예금금리와 대출금리의 차이(예대마진)를 먹고 산다. 은행이 예금(예금금리 3%)을 받아서 대출(대출금리 6%)을 하면 중간에서 3%의 이윤(예대마진 3%)을 먹는 것이다.

③ 일반적으로 금리는 단기일 경우 낮고 장기일 경우 더 높기 때문에 은행이 예대마진을 많이 남기기 위해서는 갑에게 자금을 빌려올 때는 단기로 빌리고(1년 정기예금), 을에게 자금을 빌려 줄 때는 장기(30년 장기대출)로 빌려주어야 한다.

④ 하지만 이렇게 하면 은행은 갑이 1년 후에 빌려준 돈을 찾으러 올 때 현찰이 없어서(예금 받은 그 돈을 이미 을에게 30년 동안 빌려주었기 때문) 돈을 못 줄 수 있는데 이를 유동성위험이라고 한다.

⑤ 이러한 유동성위험은 은행이 대출해주고 받은 30년짜리 차용증(장기대출채권)을 현재 시점에서 다른 누군가에게 매각할 수 있다면 해결할 수 있다. 즉 자금의 단기조달(1년) 및 장기운용(30년)에 따른 유동성문제를 해결할 수 있게 되는 것이다.

⑥ 은행은 이러한 유동화과정을 통해 한정된 재원으로 신용창조를 통해 많은 수요자에게 필요한 자금을 공급할 수 있게 된다. 은행은 한정된 100억원을 가지고 처음에 100억원을 빌려주고 100억짜리 채권을 확보한 후에 100억원 채권을 팔아서 다시 현금 100억원을 확보하고 이를 다시 빌려주고… 이렇게 반복하면 한정된 100억원을 가지고 이론상 무한정으로 대출이 가능한 것이다.

⑦ 은행은 빌려준 돈의 2% 정도는 비상용으로 항상 보유하고 있어야 하기 때문에 현실적으로 무한정 대출은 불가능하며, 유동화 작업이 반복될수록 빌려줄 수 있는 금액은 조금씩 줄어든다. 중앙은행인 한국은행에서 금융불안 방지를 위해 강제로 은행에게 대출금의 일정비율을 준비하게끔 하는 돈을 지급준비금이라고 한다.

⑧ 은행은 가지고 있는 모든 채권을 유동화해야 하는 것은 아니다. 채권을 그대로 30년 동안 가지고 있으면 일정한 이자수익을 계속 누릴 수 있다. 유동화작업은 은행이 유동성이 필요한 상황에서 하는 것이다. 즉 은행은 현금의 여유가 있으면 주택저당채권을 유동화시키지 않고 자신들의 자산포트폴리오의 일부로 보유할 수도 있다.

⑵ 대출기관의 BIS(국제결제은행 ; Bank for International Settlement) 자기자본비율 상승

① BIS비율이란 BIS에서 정한 비율로 금융기관의 재무건정성을 나타내는 지표이다.

BIS비율 = '$\frac{\text{자기자본}}{\text{위험가중자산}}$ × 100'으로 구하며 이 값이 높을수록 재무건전성이 좋은 것으로 판단한다.

② 위험가중치가 높은 자산인 주택저당채권을 유동화시켜 위험가중치가 낮은 현금으로 바꾸면 은행의 BIS 자기자본비율은 높아진다.

③ 예를 들어, S전자는 위험가중치 10%이고 A벤처기업은 위험가중치가 80%라고 한다면 S전자에 100억원을 대출한 갑돌은행의 경우 위험가중자산은 10억원이 되는 것이고 A벤처기업에 100억원을 대출한 갑순은행의 경우는 위험가중자산이 80억원이 되는 것이다.

④ 은행, 종금사, 상호저축은행 등은 BIS비율이 일반적으로 8% 이상을 유지하도록 요구되는데 이를 위해 은행은 대출금을 회수하는 방법 등을 사용하는 것이다.

⑶ 주택수요자의 자금차입 조건 유리

금융기관의 현금이 많아져서 대출할 수 있는 능력이 높아짐으로 인해 주택수요자는 보다 유리한 조건으로 돈을 빌릴 수 있다. 아버지가 돈이 많으면 자식이 용돈을 타기 쉬워진다는 것이다.

⑷ 투자자의 증권 선택의 폭 확대

MBS는 단기채권상품이 아닌 장기적이고 안정적인 고정수익을 누릴 수 있는 상품이다. 투자자들은 안전성이 높은 '주택저당증권(MBS)'이라는 새로운 금융상품에 투자할 수 있으므로 자산 포트폴리오의 선택의 폭이 넓어지게 된다. 한국주택금융공사에서 발행하는 주택저당증권은 국공채만큼 안전하면서 국공채보다는 수익성이 높은 상품이라고 보면 된다.

⑸ 주거안정

저당유동화로 인해 주택금융이 확대 공급되면 주택건설이 촉진되고, 주택건설이 촉진되면 국민들의 주택수요를 충족시켜 주거안정을 꾀할 수 있다. 선진국의 경우 2차 저당시장의 발달은 대출기관의 융자여력을 높여서 주택금융을 활성화하는 데 크게 기여하였다.

⑹ 자본시장의 규모확대 및 건전화

자본시장과 주택금융시장의 연계됨으로써 비주택부분의 여유자금이 주택금융시장으로 유입되는 효과를 기대할 수 있다. 또한 저당의 유동화는 주식시장과 같은 다른 자본시장이 침체되어 있을 때 자금흐름의 왜곡을 방지할 수 있는 제도적 장치로서의 역할을 하게 된다.

3 2차 저당시장

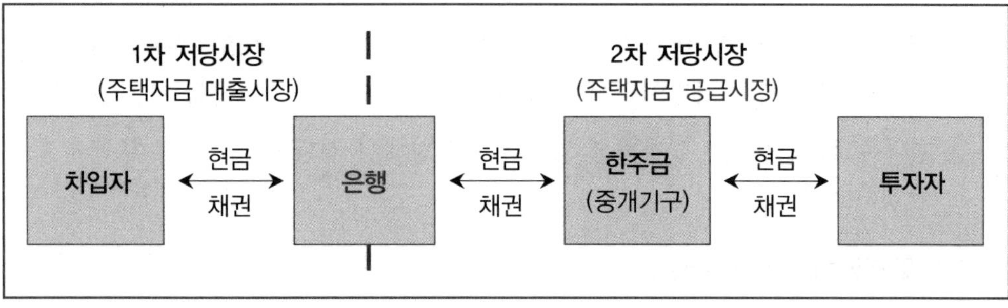

(1) 의 의

① 은행이 한국주택금융공사에게 주택저당채권을 양도하고 한국주택금융공사(SPC)가 양도받은 주택저당채권을 유동성이 높은 다른 형태의 증권인 주택저당증권(MBS)으로 전환해서 투자자에게 팔아서 현금을 확보하고 이를 은행에게 공급해주는 시장이다.

② 은행은 2차 저당시장에서 특별목적회사(SPC)를 통해 투자자로부터 자금을 공급받아 1차 저당시장에서 차입자에게 대출을 한다.

③ 2차 저당시장은 대출기관(은행), 유동화중개기구(한국주택금융공사, SPC), 투자자로 구성된다.

④ 2차 저당시장은 M이 MBS로 전환되어 매각되는 시장이다.

> **1차 저당시장**(주택자금 대출시장)
> ㉠ 금융기관이 주택수요자의 주택을 담보로 잡고 주택자금을 대출해주는 시장이다.
> ㉡ 저당대출을 원하는 수요자와 저당대출을 제공하는 금융기관으로 형성된다.
> ㉢ 주택저당채권(M)이 형성된다.

(2) 특 징

① 저당의 유동화에 결정적인 역할을 하는 것은 1차 저당시장이 아니고 2차 저당시장이다.

② 주택저당대출채권의 집합으로부터 유가증권을 발행할 때 대출채권의 상환기간보다 단기에 원금과 이자의 상환이 완료되는 채권도 만들 수 있다.

③ **저당담보증권의 수익률은 대출금리보다 낮고 투자자의 요구수익률보다는 높다.**: 저당유동화의 구조상 2차 저당시장에서 발행되는 투자상품(MBS)은 1차 저당시장에서 형성되는 주택대출금리보다 더 낮은 액면금리(수익률)를 가지는 것이 일반적이다. 그 이유는 원차입자가 지급하는 원리금상환액 중 일부를 유동화과정에서 1차 대출기관이나 한국주택금융공사 등이 제하고(위험대가 또는 저당관리비용 등) 남은 것만 2차 저당시장의 투자자에게 지급하기 때문이다.

(3) **저당풀**(저당집합)

① 개별저당권 하나만 유통을 시키면 너무 비효율적이므로 비슷한 성격의 저당권을 모아서 하나의 집합으로 만들고 이러한 집합의 현금흐름을 토대로 금융상품을 발행하게 된다. 이때 비슷한 성격의 주택저당채권(M)을 모아 놓은 집합체를 저당풀이라고 한다.

② 한국주택금융공사는 보유하고 있는 주택저당채권 집합물을 기초로 주택저당증권을 발행하고 있다.

(4) **유동화전문회사**(유동화중개기구)

① **특수목적회사 SPC**: 자산유동화 작업을 하기 위해서는 자산보유자가 가지고 있는 원래의 큰 자산을 잘게 쪼개서 매각이 쉬운 형태의 작은 증권으로 바꾸어야 하는데 이런 작업을 하기 위해서 만든 회사를 유동화전문회사라고 한다.

즉 유동화중개기구는 유동화증권을 발행하기 위한 특수목적을 가지고 만들어지는 회사(SPC; Special Purpose Company)이다.

유동화전문회사가 필요한 이유는 증권발행 비용절감과 증권발행사의 신용도 증가 등에 있다.

② **ABS 발행을 위한 유동화전문회사**: 채권이나 토지 등 자산을 기초로 증권을 만들어서 매각하는 특수목적을 가진 회사를 말한다.

유동화전문회사는 대부분 서류상 회사(페이퍼 컴퍼니)이며 금융위원회에 등록을 해야 하고 계획한 유동화업무가 끝나면 자동으로 해산하는 시한부 회사이다.

③ **MBS 발행을 위한 유동화중개기구**: ABS 중에서 주택저당채권을 기초자산으로 해서 발행하는 MBS는 우리나라의 경우 법에서 한국주택금융공사가 MBS를 발행하도록 규정하고 있다.

한국주택금융공사는 일반 SPC처럼 한시적으로 만든 회사가 아니고 공공기관(공익을 목적으로 하는 정부관련 단체 또는 기관)이다.

☑ 자산유동화에 관한 법률 [시행 2024. 1. 12.]

제1조【목적】

① 금융기관과 일반기업의 자금조달을 원활하게 하여 재무구조의 건전성을 높인다.

② 장기적인 주택자금의 안정적인 공급을 통한 주택금융기반을 확충한다.

③ 자산유동화에 따라 발행되는 유동화증권에 투자한 투자자를 보호한다.

제2조【정의】

(1) 자산유동화란 다음의 행위를 말한다.

① 유동화전문회사가 자산보유자로부터 양도받은 유동화자산을 기초로 유동화증권을 발행하고, 해당 유동화자산의 관리・운용・처분에 따른 수익이나 차입금 등으로 유동화증권의 원리금 또는 배당금을 지급하는 일련의 행위

② 신탁업자가 자산보유자로부터 신탁받은 유동화자산을 기초로 유동화증권을 발행하고, 해당 유동화자산의 관리・운용・처분에 따른 수익이나 차입금 등으로 유동화증권의 수익금을 지급하는 일련의 행위

③ 신탁업자가 유동화증권을 발행하여 신탁받은 금전으로 자산보유자로부터 유동화자산을 양도받아 해당 유동화자산의 관리・운용・처분에 따른 수익이나 차입금 등으로 유동화증권의 수익금을 지급하는 일련의 행위

④ 유동화전문회사 또는 신탁업자가 다른 유동화전문회사 또는 다른 신탁업자로부터 양도받거나 신탁받은 유동화자산 또는 유동화증권을 기초로 하여 유동화증권을 발행하고 당초에 양도받거나 신탁받은 유동화자산 또는 유동화증권의 관리・운용・처분에 따른 수익이나 차입금 등으로 자기가 발행한 유동화증권의 원리금・배당금 또는 수익금을 지급하는 일련의 행위

(2) 유동화자산이란 자산유동화의 대상이 되는 채권(채무자의 특정 여부에 관계없이 장래에 발생할 채권을 포함한다), 부동산, 지식재산권 및 그 밖의 재산권을 말한다.

(3) 유동화증권이란 유동화자산을 기초로 하여 자산유동화계획에 따라 발행되는 주권, 출자증권, 사채(社債), 수익증권, 그 밖의 증권이나 증서를 말한다.

(4) 유동화전문회사란 자산유동화업무를 하는 회사를 말한다.

제3조【자산유동화계획의 등록】

(1) 유동화전문회사, 신탁업자 등은 자산유동화에 관하여 이 법의 적용을 받으려는 경우 유동화자산의 범위, 유동화증권의 종류, 유동화자산의 관리방법 등이 포함된 자산유동화에 관한 계획(이하 "자산유동화계획"이라 한다)을 금융위원회에 등록하여야 한다.

(2) 유동화전문회사 등(신탁업자는 제외한다)이 등록할 수 있는 자산유동화계획은 유동화자산 및 자산보유자의 수에 관계없이 1개로 한정한다.

제4조 【자산유동화계획】 자산유동화계획에는 다음의 사항이 포함되어야 한다.

① 유동화전문회사 등의 명칭 및 사무소의 소재지
② 자산보유자
③ 자산유동화계획기간
④ 유동화자산의 종류·총액 및 평가내용
⑤ 유동화증권의 종류·총액 및 발행조건
⑥ 유동화자산의 관리·운용 및 처분
⑦ 유동화자산의 관리를 위탁받은 자
⑧ 유동화증권의 투자자보호에 관한 사항(대통령령)
당해 자산유동화와 관련하여 자금을 차입하고자 하는 경우 그 계획(대통령령)

제6조 【자산양도 등의 등록】 자산유동화계획에 따른 유동화자산의 양도·신탁 또는 반환이 있는 경우 그 사실을 금융위원회에 지체 없이 등록하여야 한다.

① **자산보유자**: 자산유동화계획에 따라 유동화자산을 유동화전문회사 등에 양도하거나 신탁업자에게 신탁한 경우
② **유동화전문회사 등**: 자산유동화계획에 따라 유동화자산을 다른 유동화전문회사 등에 양도하거나 그 양도한 유동화자산을 반환받은 경우

제10조 【자산관리의 위탁】 유동화전문회사 등(신탁업자는 제외한다)은 자산관리위탁계약에 따라 자산관리자에게 유동화자산의 관리를 위탁하여야 한다.

제13조 【양도의 방식】 유동화자산의 양도는 자산유동화계획에 따라 다음의 방식으로 하여야 한다. 이 경우 해당 유동화자산의 양도는 담보권의 설정으로 보지 아니한다.

① 매매 또는 교환으로 할 것
② 유동화자산에 대한 수익권 및 처분권은 양수인이 가질 것. 이 경우 양수인이 해당 자산을 처분할 때에 양도인이 이를 우선적으로 매수할 수 있는 권리를 가지는 경우에도 수익권 및 처분권은 양수인이 가진 것으로 본다.
③ 양도인은 유동화자산에 대한 반환청구권을 가지지 아니하고,
④ 양수인은 유동화자산에 대한 대가의 반환청구권을 가지지 아니할 것
⑤ 양수인이 양도된 자산에 관한 위험을 인수할 것. 다만, 해당 유동화자산에 대하여 양도인이 일정 기간 그 위험을 부담하거나 하자담보책임을 지는 경우는 제외한다.

PART 02

제17조 【회사의 형태】 유동화전문회사는 주식회사 또는 유한회사로 한다.

예제

자산유동화에 관한 법령에 규정된 내용으로 틀린 것은? 33회

① 유동화자산이라 함은 자산유동화의 대상이 되는 채권·부동산 기타의 재산권을 말한다. (제2조)

② 양도인은 유동화자산에 대한 반환청구권을 가지지 아니한다. (제13조)

③ 유동화자산의 양도는 매매 또는 교환에 의한다. (제13조)

④ 유동화전문회사는 유한회사로 한다. (제17조)

⑤ PF 자산담보부 기업어음(ABCP)의 반복적인 유동화는 금융감독원에 등록한 자산유동화 계획의 기재내용대로 수행하여야 한다.

해설 ④ 유한회사 ⇨ 주식회사 또는 유한회사

정답 ④

제22조 【업무】 유동화전문회사는 자산유동화계획에 따라 다음의 업무를 수행한다.

① 유동화자산의 양수, 양도, 다른 신탁업자에 대한 위탁, 관리, 운용, 처분

② 유동화증권의 발행 및 상환

③ 자산유동화계획의 수행에 필요한 계약의 체결

④ 유동화증권의 상환 등에 필요한 자금의 일시적인 차입

⑤ 여유자금의 투자

제27조 【상법 등의 적용】 자산유동화계획에 따른 유동화증권의 발행에 관하여는 이 법에서 달리 정한 경우를 제외하고는 「상법」, 「자본시장과 금융투자업에 관한 법률」, 그 밖의 관계 법령에 따른다.

제31조 【사채의 발행】 유동화전문회사는 사채를 발행할 수 있다.

제32조 【수익증권의 발행】 신탁업자는 수익증권을 발행할 수 있다.

제33조 【유동화증권의 발행한도】 유동화증권의 발행총액은 양도받거나 신탁받은 유동화자산의 매입가액 또는 평가가액의 총액을 한도로 한다. 이 경우 차입금액은 해당 발행총액에 포함하지 아니한다.

Ⅱ MBS(유동화증권, 저당담보증권, 주택저당증권 등으로 표현)의 종류

1 의 의

(1) 증권의 분류 기준

MBS증권은 원리금수취권(편의상 P로 표시)과 저당소유권(편의상 S로 표시)이 어떻게 분배되는가에 따라 MPTS, MBB, MPTB, CMO 등의 증권으로 구분한다.

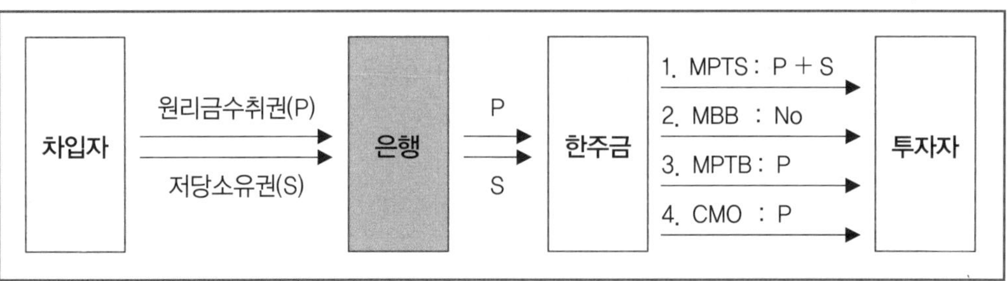

(2) 원리금수취권(P)과 저당소유권(S)을 누가 가지고 있는가?

① 원리금수취권(P)을 가지는 자는 조기상환위험을 부담하여야 한다. 투자자의 입장에서 P가 포함되어 있는 상품(MPTS, MPTB, CMO)에 투자하면 조기상환위험을 부담해야 한다. 즉 콜방어(조기상환에 대한 방어)가 되지 않는다.

② 저당소유권(S)을 가지는 자는 채무불이행시 발생하는 원금손실위험을 부담하여야 한다. 투자자의 입장에서 S가 포함되어 있는 상품(MPTS)에 투자하면 원금손실위험을 부담해야 한다. 반대로 한국주택금융공사(증권발행자)가 S권을 가지고 있는 경우에는 한국주택금융공사가 투자자가 원금손실이 없게끔 충분한 담보(초과담보)를 확보해야 한다.

> **초과담보**
>
> 1차 저당시장에서 은행이 주택(10억원)을 담보로 잡고 4억원을 융자를 해 주는 경우, 은행은 차입자에게 6억원의 초과담보를 제공받는 것이다.
>
> 이렇게 해 놓으면 차입자의 채무불이행이 발생한 경우 은행은 담보주택의 가치가 웬만큼 하락해도 빌려준 원금 4억원은 회수할 수 있을 것이다. 즉 초과담보를 많이 확보할수록 은행은 안전하다.
>
> 2차 저당시장의 경우도 마찬가지다. 이 경우 돈을 빌려주는 자는 투자자이고 담보는 주택이 아닌 주택저당채권(M)인 점이 다를 뿐이다. 증권발행자가 M을 담보로 제공하고 돈을 빌리는 것이다. 담보인 M이 1,000억원인 경우 빌리는 돈(MBS)이 500억원이라면 투자자는 500억원의 초과담보를 갖게 되는 것이다. 즉 안전하다는 뜻이다. MPTS는 초과담보가 없는 증권이라서 위험하고, MBB는 초과담보가 가장 많기 때문에 가장 안전하며 MPTB와 CMO는 중간정도의 위험이다.

2 MBS의 종류

(1) **MPTS**(Mortgage Pass−Through Security)

① P와 S 모두 투자자에게 이전된다. 즉 모든 수익과 모든 위험이 투자자에게 넘어가는 상품이므로 수익과 위험이 가장 높은 증권이다. 또한 저당소유권(S)이 투자자에게 넘어가기 때문에 MPTS증권은 MBS 중 유일하게 지분권적 성격의 증권이다.

② 증권발행기관의 입장에서 초과담보를 남길 필요가 없기 때문에 주택저당(M)의 크기와 MBS 발행액은 같아진다.

③ 근거가 되는 모저당의 저당지불액이 통상 매월을 단위로 불입되므로 MPTS도 매월을 단위로 원리금을 지급한다.

(2) **MBB**(Mortgage Backed Bond) : 한국주택금융공사의 주택저당채권담보부채권

① 원리금수취권(P)과 저당소유권(S)을 모두 증권발행기관이 가지고 있다. 모든 위험은 증권발행기관이 부담하고 투자자는 어떤 위험도 부담하지 않는다. 투자자에게는 P와 S 둘 다 없기 때문에 위험과 수익이 가장 낮은 증권이다.

② 증권발행기관은 투자자에게 조기상환을 하지 못한다. 즉 조기상환위험을 증권발행기관이 부담하므로 투자자의 입장에서는 콜방어가 되는 안전한 상품이다.

③ 발행기관은 원차입자의 채무불이행에 대비하여 초과담보를 확보하여야 한다. 즉 M의 크기가 100억원이라면 이를 기초로 발행할 수 있는 MBS 금액은 50억원 정도이다(초과담보액 50억원).

④ 발행기관이 모든 위험을 부담하기 때문에 발행기관의 신용도가 중요하다.

⑤ MPTS처럼 원리금의 흐름이 연결되지 않으므로 반드시 투자자에게 매월을 단위로 원리금을 지불하지 않아도 된다. 통상 6개월을 단위로 원리금을 지급하는 경우가 많다.

⑥ MBB는 조기상환을 당하지 않기 때문에 MPTS보다 증권의 수명은 더 길다.

(3) **MPTB**(Mortgage Pay−Through Bond)

① 저당소유권(S)은 한국주택금융공사가 가지고 원리금수취권(P)은 투자자가 가진다.

② MPTS와 MBB의 성격을 모두 가지고 있는 혼합형 증권이다.

③ 채소밭 조기투자 증권이라고 암기한다. 즉 채무불이행위험과 저당소유권을 한국주택금융공사가 가지고 있다. 한국주택금융공사는 채무불이행에 대비해서 초과담보를 확보하여야 한다.

(4) **CMO**(Collateralized Mortgage Obligations)

① CMO증권은 (3)의 MPTB처럼 저당소유권(S)은 한국주택금융공사가 가지고 원리금수취권(P)은 투자자가 가진다. MPTB와 다른 점은 MPTB가 동일한 종류의 상품으로만 구성된 증권이라면 CMO는 여러 종류의 증권이라는 점이다. MPTB가 통팥 1,000개를 가지고 동일한 상품 1,000개를 만든 것이라면 CMO는 통팥 1,000개를 가지고 비비빅 100개, 호빵 200개, 밤양갱 400개, 팥죽 200개, 찹쌀떡 90개, 바밤바 10개 이렇게 해서 총 1,000개의 상품을 만든 것이다.

② **CMO(4번)과 MPTB(3번)는 조기상환위험을 투자자가 부담하는 상품이다.**: CMO는 구조적으로는 투자자가 부담해야 하는 조기상환위험을 상품의 설계를 통해 분산시키기 위해 하나의 저당풀에서 만기와 이자율이 다른 여러 종류의 채권을 만들어 낸 것이다.

③ 예를 들면, 30년짜리 대출채권집합에서 원차입자의 5%가 5년만에 조기상환을 한 경우 10년 만기의 동일한 상품으로만 1,000개를 만든 MPTB의 경우 1,000개 전부가 만기가 6개월 정도 줄어든다.

④ **장기투자를 원하는 투자자가 콜방어가 되는 이유**: CMO는 2년 만기 100개, 5년 만기 200개, 10년 만기 500개, 20년 만기 300개 등으로 만기와 이자율이 다른 각각의 채권을 만들어서 판매하기 때문에 원차입자의 조기상환은 2년이나 5년 상품을 산 투자자가 흡수하고 수명이 긴 상품을 산 투자자는 콜방어가 되는 것이다.

⑤ **트렌치별 선호도**: 여기서 종류가 다른 개별 상품을 트렌치라고 하며 단기 트랜치(A)는 일반은행, 중기(C)는 보험회사, 장기(Z)는 연금기금 등에서 선호한다. 이때 트랜치별로 적용되는 이자율은 서로 다른 것이 일반적이며 고정이자율이 적용되는 트랜치도 있고, 유동이자율이 적용되는 트랜치도 있다.

⑥ **트랜치별로 원리금이 지급되는 방법**: 선순위 트렌치가 원리금을 지불할 동안 차하위 트렌치는 이자만 지급받는다. 선순위 트렌치가 원리금을 완전히 변제받을 동안 중간에 이자와 원금을 하나도 받지 않고 만기에 원리금을 일시에 지급받는 트렌치를 Z 트랜치라고 한다. CMO에서 선순위 트렌치의 신용등급은 후순위 트렌치의 신용등급보다 높다.

⑦ CMO도 원칙적으로 혼합형 증권이므로 채소받 조기투자에 해당된다. 따라서 발행자는 채무불이행위험에 대비해서 초과담보를 확보하여야 한다.

⑧ 우리나라에서 발행되는 MBS는 대부분 CMO이다.

1번 증권	2번 증권	3번 증권	4번 증권
MPTS	MBB	MPTB	CMO
가장 위험	가장 안전	혼합형	여러 종류
지분증권	방어 됨	채소받 조기투자	채소받 조기투자

3 한국주택금융공사의 MBS(홈페이지 참조)

(1) MBS(주택저당증권)란?

일반 고객이 금융회사에서 주택담보대출을 받으면 금융회사는 주택을 담보로 대출금을 회수할 수 있는 권리, 즉 주택저당채권을 가지게 되는데 이를 기초로 하여 발행하는 수익증권을 MBS라 한다.

(2) MBS의 혜택

주택저당채권 유동화에 참여한 주택대출 금융회사는 물론 MBS에 투자한 회사 및 개인 모두에게 이익을 주고 있다. 그러나 MBS의 가장 큰 장점은 직접 투자에 참여하지 않은 일반 국민들에게 주어지는 혜택이 크다는 것이다.

① **주택구입 수요자가 얻는 혜택**: 금융회사의 주택자금 대출재원이 늘어나기 때문에 주택구입 수요자는 자금을 빌리기가 한결 쉬워지고, MBS 발행을 통한 장기, 저리, 고정금리 대출자금의 원활한 공급으로 차입자의 원리금상환부담이 줄어들고 안정적인 상환 스케줄의 설계가 가능해진다.

② **대출금융기관이 얻는 혜택**

㉠ BIS비율 개선: 주택대출 금융회사는 유동화를 통하여 주택저당채권을 한국주택금융공사에 양도하거나 위험가중치가 0%인 MBS로 바꿔 보유함으로써 BIS비율을 높일 수 있다.

㉡ 고객기반 확대: 한국주택금융공사 유동화 목적부 대출의 경우 LTV가 70%까지 적용됨에 따라 금융회사는 높은 대출한도를 필요로 하는 장기 고정거래 고객을 확보할 수 있다.

㉢ 수익구조 다변화: 금융회사는 유동화를 통하여 채권관리수수료 수익을 획득함으로써 수익구조를 다변화할 수 있다.

③ **투자자가 얻는 혜택**

㉠ 안전한 투자수단이다.: 국내 신용평가기관으로부터 「AAA 신용등급」을 취득하고 있다. 한국주택금융공사 지급보증 조건으로 발행되고, 한국주택금융공사의 결산손실을 정부가 보전해주므로 더욱 안전하다.

㉡ 유동성이 높다.: 발행 즉시 한국거래소에 상장되어 매매가 자유로우며 한국은행 공개시장 조작 대상증권으로 지정되어 현금화가 용이하다.

㉢ 다양한 만기구조로 발행된다.: 다양한 만기구조로 발행되어 투자기관의 다양한 자금수요를 충족할 수 있으며, 특히 중장기 상품의 비율이 높아 보험 및 연・기금의 자금운용에 적합하다.

Ⅲ 한국주택금융공사의 주택연금

1 한국주택금융공사 개요

한국주택금융공사는 주택금융 등의 장기적 · 안정적 공급을 촉진하여 국민의 복지증진과 국민경제의 발전에 이바지함을 목적으로 2004.3.1. 출범한 준정부기관으로서 보금자리론과 적격대출 공급, 주택보증, 유동화증권 발행 등의 업무를 수행함으로써 서민의 주택금융 파트너로서의 역할을 한다.

한국주택금융공사의 역할

① **보금자리론과 적격대출 공급**: 무주택자가 금리변동 위험 없이 안정적인 대출금 상환이 가능한 10년 이상 장기 고정금리 원리금분할상환방식의 모기지론인 보금자리론과 적격대출 공급

② **주택보증 공급**: 국민들의 주거안정을 위해 금융기관으로부터의 전세자금 대출 및 아파트 중도금 대출 등에 대한 보증서를 발급해 오고 있으며, 주택건설사업자를 대상으로 하는 아파트 건설자금 대출에 대한 주택보증 지원

③ **주택연금 공급**: 만 55세 이상의 고령층을 대상으로 보유하고 있는 주택을 담보로 금융기관으로부터의 종신연금 수령을 보장하는 주택연금 업무를 수행함으로써 노후복지 향상에 기여

④ **유동화증권(MBS, MBB)발행**: 금융기관으로부터 주택저당채권을 양도받아 이를 기초로 유동화증권(MBS, MBB)발행, 투자자들에게 판매함으로써 채권시장으로부터 장기저리의 자금을 안정적으로 조달하여 대출재원을 획기적으로 확충

2 한국주택금융공사의 주택연금

(1) 주택연금 개요

① **의의**: 주택소유자가 집을 담보로 제공하고 내 집에 계속 살면서 평생 동안 매월 연금을 받을 수 있도록 국가가 보증하는 제도이다. 부부 중 한 명이라도 만 55세 이상이고, 공시가격 12억원 이하의 주택 또는 주거용도의 오피스텔을 소유하고 있다면 누구나 이용할 수 있다. 다주택자인 경우에도 부부 소유주택의 공시지가를 합산한 가격이 12억원 이하이면 신청할 수 있다.

② **주택연금 지급금액의 결정기준**: 주택연금 가입시에 주택을 담보로 매월 받는 연금지급액은 소유주택 가격과 가입 시점의 연령에 따라 결정된다.

㉠ 주택가격: 주택연금 월지급금을 정할 때 기준이 되는 주택가격은 공사에서 인정하는 시세를 적용한다. 아파트의 경우에는 한국부동산원 시세, KB국민은행 시세를 순차적으로 적용하고, 아파트 이외에 인터넷 시세가 없는 주택과 오피스텔은 감정기관의 감정평가를 통한 시세가 적용된다.

㉡ 가입자의 연령: 연령은 부부 중 나이가 젊은 연소자 나이를 기준으로 한다. 주택연금 월지급금은 주택가격이 동일하다면 연령이 높을수록 많아지게 되고, 연령이 낮을수록 월지급금이 줄어들게 된다.

> **주택연금 수령액 간편계산** – 개념만 이해하세요.
> (주택가격상승률과 대출금리가 같고 보증료 등 기타 비용 없다고 가정)
>
> • **50세와 60세 부부가 주택가격 2억원에 대해 주택연금 가입할 경우**
>
> $$\text{주택연금수령액} = \frac{200{,}000{,}000\text{원}}{600\text{개월}(50\text{세} \sim 100\text{세})} = 333{,}333\text{원}$$
>
> • **85세와 87세 부부가 주택가격 8억원에 대해 주택연금 가입할 경우**
>
> $$\text{주택연금수령액} = \frac{800{,}000{,}000\text{원}}{180\text{개월}(85\text{세} \sim 100\text{세})} = 4{,}444{,}444\text{원}$$

③ **주택연금의 특징**: 일반저당과 주택연금(역저당)의 비교

일반저당

부동산가격 5억원	
초기 부채 3억원 매월 **부채잔금 감소**	기간 경과시 지분증가

- 3억원을 일시금으로 빌려서
- 매월 200만원씩 상환
- 부채잔금은 후반으로 갈수록 감소

역저당(주택연금)

부동산가격 5억원	
초기 부채 0원 매월 **부채잔금 증가**	기간 경과시 지분감소

- 매월 연금으로 100만원씩 빌리고
- 사망시 일시금을 전액 상환(유동적)
- 부채잔금은 후반으로 갈수록 증가

(2) 주택연금 담보제공방식

주택연금은 주택소유자가 소유권을 가지고 공사는 담보주택에 저당권을 설정하는 저당권 방식과 주택소유자가 주택을 공사에 신탁(소유권이전)하고 공사는 우선수익권을 담보로 취득하는 신탁방식이 있다. 그리고 주택연금 가입 중 담보제공방식의 변경이 가능하다.

구 분	저당권방식	신탁방식
담보제공(소유권)	근저당권 설정(가입자)	신탁등기(공사)
가입자 사망시 배우자 연금승계	소유권이전등기 절차 필요	소유권이전 없이 자동승계
보증금 있는 일부 임대	불가능	가능

(3) 주택연금 수령방식

① **일반주택연금**: 55세 이상의 노년층이 주택을 담보로 제공하고 노후생활자금을 평생 동안 매월 연금으로 수령

② **주담대상환용 주택연금**: 주택담보대출 상환용으로 인출한도(연금대출한도의 50~90%) 범위 안에서 일시에 목돈으로 찾아 쓰고 나머지는 평생 동안 매월 연금으로 수령

③ **우대지급방식**: 부부기준 2억원 미만의 1주택 소유자이면서, 1인 이상이 기초연금 수급권자일 경우 일반 주택연금 대비 최대 20% 더 수령

(4) 주택연금 상품 종류

평생 동안 매월 연금방식으로 수령하는 종신방식과 일정기간 동안 받는 확정기간혼합방식이 있다. 이용 중 의료비 등 필요시 목돈을 수시로 찾아 쓰는 개별인출제도를 활용할 수 있다.

① **종신방식**: 매월 동일한 금액을 수령하는 정액형과 초기에 많이 받고 후기에 적게 받는 초기증액형 및 초기에는 적게 받고 3년마다 증가한 금액을 받는 정기증가형이 있다.

② **확정기간방식**: 가입연령에 따라 10년~30년 중 선택한 일정기간 동안 매월 동일한 금액을 수령하고 평생 거주하는 방식이다.

(5) 주택연금 이용시 비용

주택연금 가입시 비용은 초기보증료, 연보증료, 대출이자가 있으며, 가입시 직접 내는 비용은 감정평가수수료, 등록면허세 등이 있다.

(6) 주택연금 지킴이 통장

주택연금월지급금 중 최저생계비에 해당하는 금액(185만원)까지만 입금이 가능하고, 입금된 금액에 대한 압류가 금지되어 보다 안정적인 주택연금 수령을 가능케 한 주택연금 전용계좌이다.

(7) 주택연금의 장점

① **평생거주, 평생지급**: 평생 동안 가입자 및 배우자 모두에게 거주를 보장한다. 그리고 부부 중 한 명이 사망한 경우에도 연금감액 없이 100% 동일금액의 지급을 보장한다.

② **국가가 보증**: 국가가 연금지급을 보증하므로 연금지급 중단 위험이 없다.

③ **합리적인 상속**: 나중에 부부 모두 사망 후 주택을 처분해서 정산하면 되고 연금수령액 등이 집값을 초과하여도 상속인에게 청구하지 않으며, 반대로 집값이 남으면 상속인에게 돌아간다.

금액 비교	정산방법
주택처분금액 〉 연금지급총액	남는 부분은 채무자(상속인)에게 돌아감
주택처분금액 〈 연금지급총액	부족분에 대해 채무자(상속인)에게 별도 청구 없음

④ **세제혜택**: 저당권설정시 등록면허세와 지방교육세 감면, 농어촌특별세 면제, 국민주택채권 매입의무 면제, 대출이자비용 소득공제, 재산세 감면 등이 있다.

(8) 주택연금 가입절차

공사에 가입신청을 하면 공사는 가입심사 후 연금 가입자를 위해 은행에 보증서를 발급하고, 은행은 공사의 보증서에 의해 가입자에게 주택연금을 지급한다.

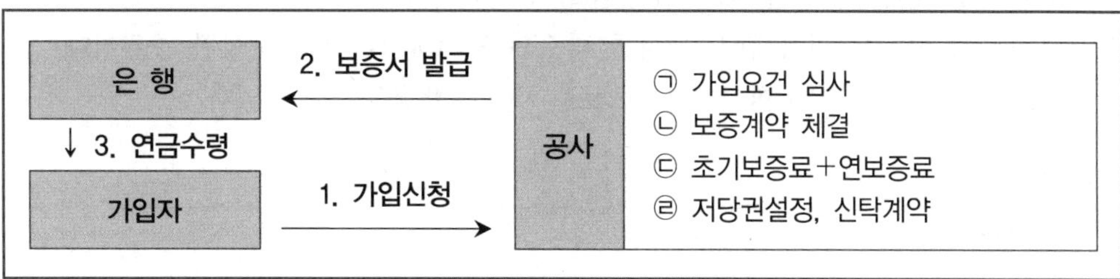

27번 : 2차 저당시장과 저당유동화		기출문제									
Ⅰ	저당유동화 개요		27			30			33		
Ⅱ	유동화증권(저당담보증권)	26	27	28				32		34	35
Ⅲ	한국주택금융공사	26		28			31		33		35

[저당유동화 개요－30회] 저당담보부증권(MBS) **도입에 따른 부동산시장의 효과에 관한 설명으로 <u>틀린</u> 것은?** (단, 다른 조건은 동일함)

① 주택금융이 확대됨에 따라 대출기관의 자금이 풍부해져 궁극적으로 주택자금대출이 확대될 수 있다.
② 주택금융의 대출이자율 하락과 다양한 상품설계에 따라 주택 구입시 융자받을 수 있는 금액이 증가될 수 있다.
③ 주택금융의 활성화로 주택건설이 촉진되어 주거안정에 기여할 수 있다.
④ 주택금융의 확대로 자가소유가구 비중이 감소한다.
⑤ 대출기관의 유동성이 증대되어 소비자의 담보대출 접근성이 개선될 수 있다.

정답 ④

자가소유가구 비중이 감소 ⇨ 자가소유 비중이 증가
저당유동화 활성화 ⇨ 금융기관의 자금사정이 좋아짐 ⇨ 주택수요가 증가함

[유동화증권－32회] 모기지(mortgage) **유동화에 관한 설명으로 <u>틀린</u> 것은?**

① MPTS는 지분형 증권이다.
② MPTB의 경우, 조기상환 위험은 증권발행자가 부담하고, 채무불이행 위험은 투자자가 부담한다.
③ MBB의 경우, 신용보강을 위한 초과담보가 필요하다.
④ CMO는 상환우선순위와 만기가 다른 다수의 층(tranche)으로 구성된 증권이다.
⑤ 우리나라의 모기지 유동화중개기관으로는 한국주택금융공사가 있다.

정답 ②

1	MPTS	지분증권
2	MBB	가장 안전
3	MPTB(혼합형)	채소밭 채무불이행위험과 저당소유권은 발행자가 가진다.
4	CMO(다계층)	

[한국주택금융공사-31회] 한국주택금융공사의 주택담보노후연금(주택연금)에 관한 설명으로 틀린 것은?

① 주택연금은 주택소유자가 주택에 저당권을 설정하고 연금방식으로 노후생활자금을 대출받는 제도이다.

② 주택연금은 수령기간이 경과할수록 대출잔액이 누적된다.

③ 종신지급방식에서 가입자가 사망할 때까지 지급된 주택연금 대출원리금이 담보주택 처분가격을 초과하더라도 초과 지급된 금액을 법정 상속인이 상환하지 않는다.

④ 담보주택의 대상으로 업무시설인 오피스텔도 포함된다.

⑤ 한국주택금융공사는 주택연금 담보주택의 가격하락에 대한 위험을 부담할 수 있다.

정답 ④

④ 업무시설인 오피스텔 ⇨ 주거목적의 오피스텔

공시가격 12억원 이하의 주택 또는 주거용도의 오피스텔을 소유한 사람이라면 누구나 이용할 수 있다. 다주택자인 경우에도 부부 소유주택의 공시지가를 합산한 가격이 12억원 이하이면 신청할 수 있다. 단, 업무시설인 오피스텔은 대상에 포함되지 않는다.

① 주택연금은 주택소유자가 집을 담보로 제공하고 내 집에 계속 살면서 평생 동안 매월 연금을 받을 수 있도록 국가가 보증하는 제도이다.

② 주택연금은 매월 백만원씩 수령하면 1년이 경과하면 대출잔액은 1,200만원이 되고, 2년이 경과하면 2,400만원이 된다. 즉 수령기간이 경과할수록 대출잔액이 누적된다.

③ 나중에 부부 모두 사망 후 주택을 처분해서 정산하면 되고 연금수령액 등이 집값을 초과하여도 상속인에게 청구하지 않으며, 반대로 집값이 남으면 상속인에게 돌아간다.

금액 비교	정산방법
주택처분금액 〉 연금지급총액	남는 부분은 채무자(상속인)에게 돌아감
주택처분금액 〈 연금지급총액	부족분에 대해 채무자(상속인)에게 별도 청구 없음

⑤ 한국주택금융공사가 저당권을 설정하므로 주택가격이 하락하면 한국주택금융공사가 그 위험을 부담하여야 한다.

www.pmg.co.kr

	28번 : 공급자금융	기 출									
Ⅰ	민간자본유치사업(BTO와 BTL)	26	27	28			31	32		34	
Ⅱ	프로젝트 금융		27		29					34	
Ⅲ	지분금융과 부채금융 구분	26		28	29		31	32			

Ⅰ 민간자본유치사업 ★★★

[학습포인트] BTO, BTL, BOT, BLT, BOO 방식이 어떤 방식인지 학습한다.

정 부 ← 인천신공항고속도로 건설사업 / BOT 계약 : 2030년에 정부로 소유권이전 → 민간기업 (사업시행자)

Ⅱ 프로젝트 금융 ★★

[학습포인트] 프로젝트 금융의 기본 구조를 익히고 각각의 역할을 공부한다. 일반금융과 프로젝트 금융의 차이, 비소구금융과 부외금융의 의미, 프로젝트 회사의 역할 및 법인세 감면의 요건 등을 공부한다.

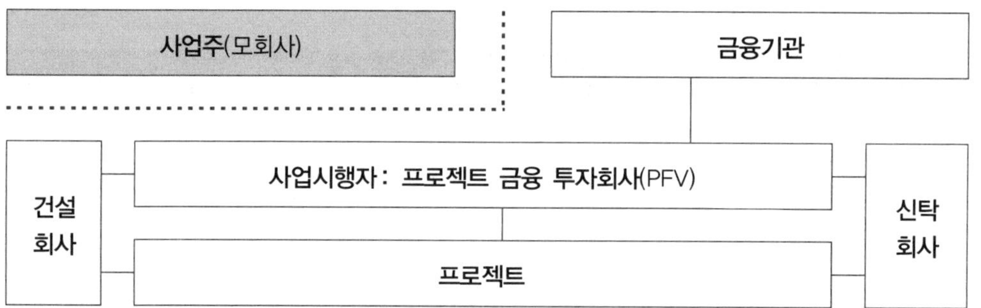

Ⅲ 지분금융과 부채금융 ★★★

[학습포인트] 필요한 돈을 끌어오는 방법은 돈을 빌리고 이자를 지급하거나 투자자를 유치해서 수익을 나누는 것이다. 출제비중이 높은 부분이고 쉬운 부분이니까 확실하게 챙기자!

총투자 100억원

부채금융 80억원	메자닌금융	지분금융 20억원
채권 등	후순위채권 등	주식 등

I 민간자본유치사업

1 의 의

고속도로 건설이나 터널 건설, 도시관이나 기숙사 건설 등 국가차원에서 시행해야 하는 사업인데 국가가 돈이 부족한 경우, 일단 민간에게 민간자본으로 해당 사업을 먼저 하도록 하고 국가가 돈을 마련해서 나중에 민간에게 지불하는 방식을 민간자본유치사업이라고 한다. 이러한 민간자본유치사업은 국가와 민간기업의 계약방법에 따라 BTO방식, BOT방식, BLT방식 등 여러 방식이 있다.

정 부	인천신공항고속도로 건설사업 ←→ BOT 계약: 2030년에 정부로 소유권이전	민간기업 (사업시행자)

Build	민간이 건설하다.
Transfer	소유권을 국가에 이전(귀속, 양도)하다.
Operate	민간이 운영하다.
Lease	국가에 빌려주고 임대료를 받다.

2 사업방식의 종류

(1) BTO(build－transfer－operate)방식

① 민간사업자가 해당시설을 건설한 후 소유권을 정부에게 바로 이전하고 대신 일정한 기간 동안 운영권을 얻어서 그 운영수익(톨게이트를 설치해서 통행료를 징수)으로 투자비용을 회수해가는 방식이다. 이용객이 많아서 운영이 잘 되면 수익이 크지만 그 반대가 되면 손실이 커지므로 이 방식은 고수익, 고위험의 투자방식이다.

② 국가기간산업에 속하는 도로, 공항, 항만 등과 같은 시설물의 건설에 주로 적용된다. (예 논산천안고속도로, 서울지하철 9호선 등)

BTO-rs(Build Transfer Operate – risk sharing)**방식**
민간이 지출한 공사비가 100억원이라고 할 때 민간이 보장받은 계약기간 동안 실제 수익이 50억원밖에 달성되지 못하면 정부와 민간이 손실액 50억원의 반반씩 부담하는 방식이다. 150억이 되는 경우에는 25억원씩 서로 나누어 가진다(5:5로 나누기로 계약한 경우).
원래의 BTO방식은 민간이 운영에 따른 손실위험을 모두 부담하는 방식이다. 이러한 위험부담으로 민간이 이 방식으로 선뜻 계약하는 경우가 드물기 때문에 BTO-rs방식이 나온 것이다. GTX-A 노선이 기존 BTO방식에서 BTO-rs 방식으로 변경되면서 속도가 빨라졌다.

(2) BOT(build−operate−transfer)방식

① BOT방식은 사회간접자본시설 및 산업시설이 부족한 개발도상국들이 외국의 자본유치 및 신기술을 도입하고자 할 때 주로 이용하는 방식이다.

② 개발프로젝트의 수주자가 필요자본을 조달하여 건설한 다음 일정기간 동안 직접 운영하여 소요된 건설자금에 대한 대가를 보상받은 후 운영기간이 종료되면 발주국 정부에 그 시설물의 소유권을 양도한다.

(3) BOO(build−own−operate)방식

① 전원설비, 전산망, 가스공급시설, 도시공원, 공공도서관 등과 같은 시설물의 건설에 주로 적용된다.

② 개발사업주에게 해당시설물의 소유권을 인정해 주어 관리·운영하는 방식이다.

(4) BTL(build−transfer−lease)방식

① 민간이 자금을 투자해서 공공시설을 건설(Build)하고 시설의 완공시점에서 소유권을 정부에 기부채납의 방식으로 이전(Transfer)하는 대신 일정기간 동안 시설의 사용과 수익권한을 획득한다.

② 민간은 시설을 정부에 임대(Lease)하고 그 임대료를 받아 시설투자비를 회수한다.

③ 최근 우리나라에서는 학교 건물, 기숙사, 도서관, 군인아파트 등의 개발에 활용하고 있다.

④ 정부가 적정수익률을 반영하여 임대료를 산정·지급하게 되므로 사전에 목표수익률 실현을 보장한다는 점에서 시민들로부터의 이용료 수입이 부족할 경우 정부재정에서 보조금을 지급(운영수입 보장)해 사후적으로 적정수익률 실현을 보장하는 BTO방식과 구별된다.

BTO방식과 BTL방식의 비교

추진방식	BTO방식	BTL방식
시설의 성격	최종사용자에게 사용료 부과로 투자비 회수가 가능한 시설	최종사용자에게 사용료 부과로 투자비 회수가 어려운 시설
투자비 회수	최종사용자의 사용료 (수익자부담원칙)	정부지급금 (정부재정부담)
사업리스크	민간이 수요위험 부담	민간의 수요위험 배제
수익률	상대적으로 높은 수준	상대적으로 낮은 수준
적용대상	도로, 공항, 항만	학교건물, 기숙사, 도서관

(5) 기타의 사업방식

① BLT(build lease transfer): 사업시행자가 사회기반시설을 준공한 후, 일정 기간 동안 타인에게 임대하고, 임대기간 종료 후 시설물을 국가 또는 지방자치단체 이전

② ROT(rehabilitate operate transfer): 국가 또는 지방자치단체 소유의 기존시설을 정비한 사업시행자에게 일정 기간 동안 시설에 대한 운영권을 인정

③ ROO(rehabilitate own operate): 기존시설을 정비한 사업시행자에게 당해 시설의 소유권을 인정

④ RTL(rehabilitate transfer lease): 사회기반시설의 개량 · 보수를 시행하여 공사의 완료와 동시에 당해 시설의 소유권이 국가 또는 지방자치단체에 귀속되며, 사업시행자는 일정 기간 관리운영권을 인정받아 당해 시설을 타인에게 사용 · 수익하도록 하는 방식

Ⅱ 프로젝트 금융(Project Financing)

법적으로 단절

사업주(모회사)
① **부외금융**
② **비소구**(비청구) **또는 제한소구금융**

금융기관
① **정보의 비대칭 문제 해결**
② 사업주 파산시 사업주와 분리시킴
③ **신디케이트론**(공동대출)

사업시행자: 프로젝트 금융 투자회사(PFV)
① **개발자금은 신탁회사에게 위탁해서 별도 관리**(에스크로우)
② 서류상 회사인 PFV의 경우 **법인세 감면효과** 있음

건설 회사

신탁 회사

자산 관리 회사

신공항 고속도로 건설 프로젝트
대규모자금 + 공사기간 장기 + 고위험 + 고수익

1 개 요

(1) 의 의

① 프로젝트 파이낸싱은 기업 전체(사업주)의 자산(물적 담보)이나 신용이 아닌 사업자체의 수익성과 사업자산을 담보로 하는 금융기법을 총칭하는 개념이다. 즉 사업시행자의 원리금상환은 해당사업에서 발생하는 현금흐름에 의존한다.

② 사업의 위험성이 크기 때문에 자금을 대는 측과 공동사업의 형태가 된다.

(2) 프로젝트 파이낸싱의 기본구조

① 사업주가 자본금을 출자해서 별도의 프로젝트 회사를 설립하고, 프로젝트 회사가 사업의 법적인 주체가 되어서 은행에서 돈을 빌려서 프로젝트(아파트 개발사업 등)를 수행한다.

② 프로젝트가 완료되고 수익이 발생하면(아파트 분양이 완료되어서 분양수익금이 발생하면) 그 수익금으로 은행에 원리금을 먼저 상환하고 남은 돈을 투자자들끼리 서로 나누어 갖는 구조이다.

③ 프로젝트 파이낸싱에서 사업주는 출자능력이 있는 실질적인 사업의 주체이고, 프로젝트 회사는 사업추진을 위해 사업주가 만든 법적 책임을 지는 사업의 주체이다.

2 프로젝트 파이낸싱의 특징

(1) 사업주

① 비소구금융

㉠ 갑돌이가 은행에서 12억짜리 부동산을 담보로 10억원을 융자를 받았는데 담보부동산의 가치가 5억원이 떨어졌다고 하자. 이때 갑돌이가 은행에 돈을 안 갚으면 갑돌이는 담보부동산만 날리면 될까 아니면 못갚은 5억원을 갑돌이의 다른 재산으로 갚아야 할까? 정답은 갚아야 한다는 것이다.

㉡ 이처럼 개인이 마지막까지 금전을 상환할 의무를 가지는 형태의 금융을 소구금융이라고 한다. 은행은 담보부동산에 대해서는 다른 채권자보다 우선권을 가지고 있기 때문에 경매를 실행해서 먼저 5억원을 챙겨가고 부족한 5억원은 일반채권자와 동일하게 갑돌이에게 돈을 갚으라고 요구할 수 있다.

㉢ 결국 갑돌이는 다른 재산을 처분해서 부족한 5억원을 갚아야 한다. 만일 갑돌이가 담보로 잡힌 부동산만 날리고 끝내고 싶었다면 은행과 비소구금융 특약을 맺었어야 한다. 비소구특약을 맺으면 은행은 위험하므로 이자를 더 많이 달라고 요구하겠지만 갑돌이는 개인적으로 돈을 갚아야 법적 의무에서 벗어난다.

㉣ 프로젝트 파이낸싱의 경우 사업시행자는 은행과 아무런 계약관계가 없기 때문에 프로젝트가 망해서 은행이 빌려준 돈을 프로젝트 회사에게 돌려받지 못한다고 해도 사업주가 그 돈을 갚아야 할 법적 의무가 없기 때문에 사업주의 입장에서 비소구금융이라는 것이다(특약을 맺을 필요도 없다). 우리나라의 경우는 사업주에게 완전비소구를 허용하지 않고 여러 형태의 보증이나 보험이 요구되는 제한소구의 형태가 많다.

② **부외금융**: 사업주인 회사와 프로젝트를 수행하기 위해서 만든 프로젝트 회사 둘 중에서 돈을 빌린 주체는 프로젝트 회사이므로 빌린 돈은 법적으로 프로젝트 회사의 재무상태표에 부채로 기록된다. 따라서 사업주의 입장에서는 사업주의 재무상태표에 기록하지 않고 실질적으로 돈을 빌리는 것이므로 이를 (장)부외금융이라고 한다. 부외금융이 되면 사업주의 입장에서는 부채비율을 낮추어서 다른 사업을 할 때 또 돈을 빌리기 쉬워진다는 장점이 있다.

③ **사업주의 신용이 낮은 경우 유리**: 프로젝트 파이낸싱은 사업주의 상태가 아닌 사업타당성을 기준으로 돈을 빌리는 방식이기 때문에 사업주의 신용도가 높지 않은 경우라도 시행하고자 하는 개별사업의 사업타당성이 높으면 유리한 조건으로 자금을 빌릴 수 있다.

(2) 금융기관

① **신디케이트론**: 금융기관 상호간 위험을 분담하는 신디케이트론의 방식이 많이 활용된다. 신디케이트론이란 여러 은행이 공동으로 돈을 모아서 같은 조건으로 개발회사에게 대출해주는 것을 말한다. 은행 입장에서는 위험분산의 효과가 있고 차입자 입장에서는 대출자를 일일이 찾아다니면서 대출자별로 각각 다른 조건으로 돈을 빌리지 않아도 된다는 장점이 있다.

② **사업주 파산시 유리**: 개발사업주와 개발사업의 현금흐름을 분리시킬 수 있어, 개발사업주의 파산이 개발사업에 영향을 미치지 못하게 할 수 있다. 개발사업이 파산하면 위험하지만 반대로 사업주가 파산하면 이 방식이 유리하다.

③ **정보의 비대칭문제 해결**: 대출자가 대출금리를 결정하기 위해서는 차입자가 얼마나 위험한지 분석을 해야 하는데 차입자의 위험요소를 정확하게 분석하는 것이 쉽지 않다. 따라서 차입자가 가지는 위험만큼 이자율을 받기 쉽지 않은 것이다. 하지만 프로젝트 파이낸싱은 당해 개발사업에 대한 사업성 검토 하나만 집중하면 되기 때문에 정보의 비대칭문제가 줄어들고 대출자는 해당 프로젝트가 지니는 위험도만큼 이자를 받을 수 있게 된다.

④ **높은 수익**: 프로젝트 금융은 별도의 물적 담보가 없기 때문에 위험성이 높고 따라서 다른 기업금융에 비해 금리, 수수료 등이 높은 것이 대부분이다. 즉 개발사업이 성공하기만 하면 금융기관은 높은 수익을 올릴 수 있다는 것이다.

⑤ **다양한 이해당사자들에 의한 위험분산**: 프로젝트 파이낸싱의 이해당사자들은 개발사업에 수반되는 각종 위험을 극복하기 위해 다양한 보증을 제공하게 되며, 이를 통해 동일한 조건의 다른 개발사업에 비해 해당 개발사업의 위험이 감소될 수 있다.

⑥ **금융기관 입장에서의 안전성 확보방법**

㉠ 부동산 개발사업의 현금흐름을 통제하기 위해서 에스크로우 계정을 운영한다.

㉡ 부동산 개발사업의 자금지출 우선순위를 시행사의 개발이익보다 공사비에 먼저 둔다.

㉢ 시행사와 시공사의 부도 등과 같은 사유가 발생할 경우 사업권이나 시공권을 포기하겠다는 각서를 받는다.

㉣ 시공사에게 책임준공 의무를 지우는 동시에 PF 대출의 채무를 인수하게 하거나 이에 대한 보증을 제공하도록 한다.

㉤ 부동산 개발 사업지를 부동산신탁회사에 담보신탁하고 받은 수익권증서에 질권을 설정한다.

(3) 프로젝트 회사

① **법적 책임자인 프로젝트 회사**: 사업주는 법적인 책임을 지고 프로젝트를 수행할 회사를 만드는데 이것이 프로젝트 회사이다. 프로젝트 회사의 자본금은 시행사, 은행, 별도의 독립투자자 등을 통해서 모집한다.

② **통상 서류상 회사**: 프로젝트 회사는 실체가 있는 회사일 수도 있고 서류상으로만 존재하는 회사일 수도 있다. 프로젝트 회사가 서류상 회사가 되면 일정한 요건을 더 충족시켜서 법인세를 면제 받을 수 있다.
프로젝트에서 법인세 면제는 굉장히 큰 메리트이다. 또한 프로젝트 회사는 프로젝트가 완료되면 더 이상 존속할 의미가 없기 때문에 한시적인 회사가 되는 것이 대부분이라서 굳이 비싼 돈 들여가며 실체가 있는 회사를 만들 필요가 없기도 하다.

③ **자산관리회사를 통해 프로젝트 관리**: 프로젝트 회사가 서류상 회사가 되면 프로젝트의 관리는 별도의 자산관리회사를 통해서 이루어진다.

④ **자금은 신탁회사에서 별도관리**: 은행에서 빌린 돈은 '시행사, 건설회사, 은행, 프로젝트 회사'가 관리하지 않고 프로젝트 회사가 신탁회사와 별도계약을 맺어서 안전하게 관리한다.
시험에서는 '프로젝트의 자금은 위탁계좌에 의해 관리된다, 신탁회사가 에스크로우 계정을 통해 별도로 관리한다.' 등으로 표현된다.

(4) 프로젝트

통상적으로 대규모의 자금이 소요되고 공사기간이 장기인 사업에 적합하다.

PF ABS(자산유동화증권)와 PF ABCP(자산유동화 기업어음)

금융기관은 <u>PF ABS(자산유동화증권)</u>를 통해 PF 대출채권을 유동화시킬 수 있으며, 보다 간편한 방법으로 <u>만기가 짧고 발행이 간편한 PF ABCP(자산유동화 기업어음)</u>를 연속적으로 차환발행하기도 한다.

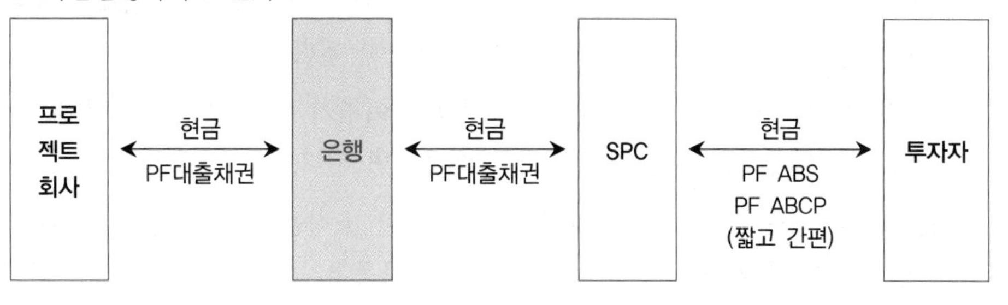

Ⅲ 지분금융과 부채금융

어떤 일을 하기 위해 돈이 필요할 때 필요한 돈을 마련하는 방법으로 지분금융방식과 부채금융방식이 있다. 지분금융방식은 투자자를 유치하는 방식이고 부채금융방식은 돈을 빌리는 방식이다. 예를 들어 지금 100억원이 필요한 경우 내 돈 30억원, 친구들이 투자하겠다고 해서 30억원을 모으고 A은행에서 40억원을 융자를 받았다고 하면, 지분금융으로 조달한 돈이 60억원이고 부채금융으로 조달한 돈이 40억원이 된다.

부채금융 40억원	메자닌금융	지분금융 60억원
• 유동화증권(ABS, MBS) • 채권(회사채, 국공채) • 주택상환사채 • 저당금융, 신탁증서금융	• 후순위채권 • 배당우선주 • 전환사채 • 신주인수권부사채	• 투자(회사, 신탁, 펀드) • 부동산 신디케이트 • 조인트벤처, 컨소시엄 • 신주(보통주), 증자

1 지분금융

(1) 의 의

지분금융방식은 투자자를 유치해서 돈을 마련하고 수익이 발생하면 수익금을 지분비율에 따라 서로 나누어 가지는 것을 말한다.

(2) 지분금융(증권)의 종류

① **주식발행**: 주식은 회사의 소유권을 나타내는 증권이다. 주식발행은 회사가 소유권을 나누어주고 돈을 마련한다는 의미이다. 신주발행, 증자 모두 주식발행의 형태이다.

② **부동산 신디케이트**(소구좌 방식): 여러 명의 투자자가 부동산전문가의 경험을 이용하여 공동으로 부동산개발사업 등을 수행하는 것을 말한다. 공동투자의 개념이다. 부동산 신디케이트가 개인들 간의 공동투자, 즉 조합의 느낌이라면 조인트벤처나 컨소시엄은 회사 간의 공동투자의 느낌으로 이해하면 된다.

③ **조인트벤처**: 2인 이상이 특정한 공동목적을 이루기 위해 공동으로 진행하는 공동사업체를 말한다. 공동투자의 개념으로 이해하면 된다.

④ **컨소시엄**: 공동의 목적을 위해 조직된 협회나 조직을 말한다. 컨소시엄은 라틴어로 동반자 또는 동지를 의미한다. 컨소시엄도 공동투자의 개념으로 이해하면 된다.

⑤ **기타**: 부동산투자회사, 부동산펀드, 부동산투자신탁 등은 모두 지분금융방식으로 돈을 마련하는 방법이다.

2 부채금융

(1) 의 의

부채금융방식은 돈을 빌려서 필요한 돈을 마련하는 방법이다. 돈을 빌리고 발행하는 차용증서를 부채증권이라고 하고, 부채금융으로 돈을 마련하면 돈을 빌려준 자에게 이자와 원금을 지급하여야 한다. 수익이 발생하면 부채금융으로 빌린 돈에 대한 이자를 먼저 갚아야 한다.

(2) 부채금융(증권)의 종류

① **유동화증권**

㉠ ABS: Asset(자산) Backed(담보부) Securities(증권)의 약자이다. 즉 자산을 담보로 해서 발행되는 증권을 말한다. 여기서 담보가 되는 자산으로는 미수금 매출채권, 금융기관의 대출채권, 리스채권, 부동산 등 향후 일정한 수익이 발생되는 자산을 말한다. 이러한 자산을 담보로 제공하고 돈을 빌리는 방식이므로 부채금융의 방식에 해당된다.

㉡ MBS: ABS의 한 종류이다. 담보가 되는 여러 자산 중에서 금융기관이 주택을 담보로 해서 발행한 장기채권, 즉 Mortgage를 담보로 해서 발행하는 증권을 MBS라고 한다. MBS 역시 부채금융의 방식이다.

② **채권**: 정부나 일반회사 등이 일반 대중 투자자들로부터 돈을 빌리고 발행하는 차용증을 말한다. 누가 발행했는가에 따라 국채(국가가 발행하는 채권), 지방채(지방자치단체가 발행하는 채권), 공채(공공기관이 발행하는 채권), 회사채(회사가 발행하는 채권) 등으로 구분되며 모든 채권은 부채증권에 해당된다.

③ **주택상환사채**: 주택건설업자가 주택건설에 필요한 돈을 마련하기 위해 발행하는 채권이며 일정기간이 지나면 빌린 돈을 주택으로 상환하는 방식이다.

④ **저당금융과 신탁증서금융**

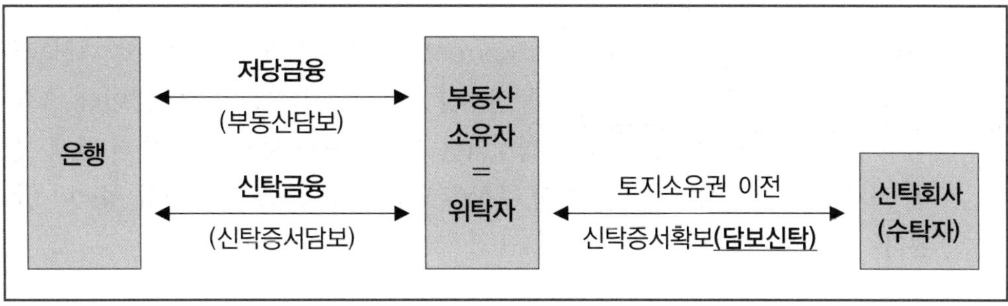

3 메자닌금융

(1) 의 의

메자닌은 건물 1층과 2층 사이에 있는 중간층을 의미하는 이탈리아어로 메자닌금융은 자본금융과 부채금융의 성격을 모두 가지고 있는 금융방식을 말한다.

(2) 메자닌금융(증권)의 종류

① **후순위채권**: 기업이 망했을 때 다른 채권자들이 먼저 원리금을 받아가고 맨 나중에 원리금을 지급받는 채권을 말한다. 대신 선순위채권에 비해 금리는 더 높다. 부채증권 소유자가 이자를 받는 것이 지분증권 소유자가 배당을 받는 것보다 먼저인데 후순위채권은 그 순서가 부채증권소유자 중 맨 마지막이고 그래도 지분증권 소유자보다는 앞서기 때문에 부채증권과 지분증권의 중간에 있다고 해서 메자닌증권이라고 볼 수 있다.

② (배당)**우선주**: 우선주는 의결권이 없는 대신에 보통주보다 먼저 배당을 받을 수 있는 권리가 있는 주식을 말한다. 채권 중에서 순서가 늦은 후순위채권이 메자닌인 것처럼 주식 중에서 배당순서가 빠른 우선주도 메자닌증권에 해당된다.

수익발생시 지급순서: ① ⇨ ② ⇨ ③ ⇨ ④	
① 선순위채권 ② 후순위채권(메자닌)	③ 우선주(메자닌) ④ 일반주

③ **전환사채**(CB; convertible bond): A회사에 돈을 빌려주고 나중에 그 돈을 A회사의 주식가격으로 환산해서 돈 대신 주식을 받을 수 있는 권리가 있는 채권이다. A회사에 100원을 빌려 줄 당시 A회사의 주가가 1원인 경우 나중에 100원을 돌려받을지 A회사의 주식 100주를 받을지 선택하면 된다. 만일 나중에 A회사의 주가가 10원으로 올랐다면 돈 100원 받는 것보다 주식 100주(100주 × 10원 = 1,000원) 받는 것이 훨씬 이익이 된다. 채권이 주식으로 전환되는 경우이므로 메자닌의 성격이 있다고 본다.

④ **신주인수권부사채**(BW; bond with warrant): A회사에 돈을 빌려주고 대신 약속한 가격으로 A회사가 발행하는 신주를 인수할 수 있는 권리를 가지는 것이다. A회사의 신주가격이 약속한 가격보다 높게 형성되면 그 가격으로 사고, 가격이 더 낮게 형성되면 포기하면 된다. 채권을 이용해서 주식을 얻는 경우이므로 메자닌의 성격이 있다고 본다.

28번 : 공급자금융		기출문제									
Ⅰ	민간자본유치사업(BTO와 BTL)	26	27	28			31	32		34	
Ⅱ	프로젝트 금융		27		29					34	
Ⅲ	지분금융과 부채금융 구분	26		28	29		31	32			

[민간자본유치사업－31회 외] 부동산개발에 관한 설명으로 옳은 것은?

① 공공개발: 제2섹터 개발이라고도 하며, 민간이 자본과 기술을 제공하고 공공기관이 인·허가 등 행정적인 부분을 담당하는 상호 보완적인 개발을 말한다.

② BTL(build-transfer-lease): 사업시행자가 시설을 준공하여 소유권을 보유하면서 시설의 수익을 가진 후 일정기간 경과 후 시설소유권을 국가 또는 지방자치단체에 귀속시키는 방식이다.

③ BTO(build-transfer-operate): 사업시행자가 시설의 준공과 함께 소유권을 국가 또는 지방자치단체로 이전하고, 해당 시설을 국가나 지방자치단체에 임대하여 수익을 내는 방식이다.

④ BOT(build-operate-transfer): 시설의 준공과 함께 시설의 소유권이 국가 또는 지방자치단체에 귀속되지만, 사업시행자가 정해진 기간 동안 시설에 대한 운영권을 가지고 수익을 내는 방식이다.

⑤ BOO(build-own-operate): 시설의 준공과 함께 사업시행자가 소유권과 운영권을 갖는 방식이다.

◆ 정답 ⑤

① 제2섹터 ⇨ 제3섹터 ② BTL ⇨ BOT ③ BTO ⇨ BTL ④ BOT ⇨ BTO

[프로젝트 금융－29회, 30회] 사업주가 특수목적회사인 프로젝트 회사를 설립하여 프로젝트 금융을 활용하는 경우에 관한 설명으로 옳은 것은?

① 프로젝트 금융의 상환재원은 사업주의 모든 자산을 기반으로 한다.

② 사업주의 재무상태표에 해당 부채가 표시된다.

③ 해당 프로젝트가 부실화되더라도 대출기관의 채권회수에는 영향이 없다.

④ 일정한 요건을 갖춘 프로젝트 회사는 법인세 감면을 받을 수 있다.

⑤ 프로젝트 사업의 자금은 차주가 임의로 관리한다.

◆ 정답 ④

① 사업주의 모든 자산 ⇨ 프로젝트의 현금흐름과 사업자산

② 해당 부채가 표시된다. ⇨ 표시되지 않는다.

③ 영향이 없다. ⇨ 프로젝트가 담보이므로 영향이 있다.

⑤ 프로젝트 사업의 자금은 별도 법인이 관리한다.

[지분금융과 부채금융 구분－32회] 메자닌금융(mezzanine financing)**에 해당하는 것을 모두 고른 것은?**

㉠ 후순위대출	㉡ 전환사채	㉢ 주택상환사채
㉣ 신주인수권부사채	㉤ 보통주	

① ㉠, ㉡, ㉢　　② ㉠, ㉡, ㉣　　③ ㉠, ㉢, ㉣
④ ㉡, ㉢, ㉤　　⑤ ㉡, ㉣, ㉤

정답 ②

• 메자닌금융 : 후순위대출 + 전환사채 + 신주인수권부사채

총투자 100억원

부채금융 40억원	메자닌금융	지분금융 60억원
• 유동화증권(ABS, MBS) • 채권(회사채, 국공채) • 주택상환사채 • 저당금융, 신탁증서금융	• 후순위채권 • 배당우선주 • 전환사채 • 신주인수권부사채	• 투자(회사, 신탁, 펀드) • 부동산 신디케이트 • 조인트벤처, 컨소시엄 • 신주(보통주), 증자

	29번: 부동산투자회사	기 출									
Ⅰ	부동산투자회사 개요										
Ⅱ	부동산투자회사법 핵심내용	26	27						33	34	
Ⅲ	부동산투자회사법 기타조문				29	30					35

Ⅰ 부동산투자회사 개요 ★

[학습포인트] 부동산직접투자와 부동산투자회사를 통한 간접투자의 차이를 본다.

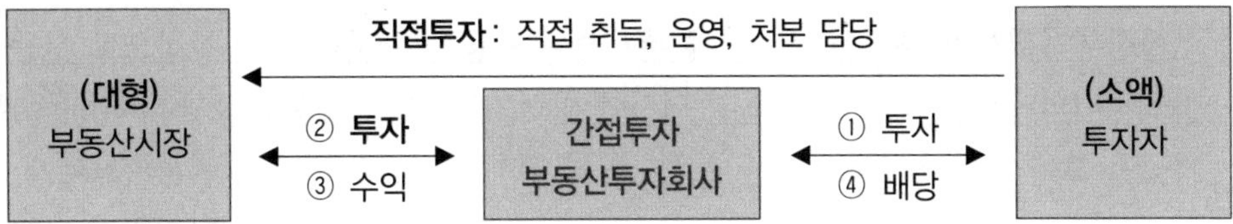

Ⅱ 부동산투자회사법 핵심내용 ★★★

[학습포인트] 모든 법령을 공부하는 것은 비효율적이다. 아래의 표만 익히면 90%정도의 정답률이 나온다. 이건 꼭 익히자.

구 분	부동산투자회사			4 자산관리회사
	1 자기관리	2 위탁관리	3 기업구조조정	
실체여부	실체 ○ 전문인력 ○	상근 ×, 지사 ×, 4에 위탁 일정요건 충족시 법인세 감면		1과 동일
설립자본금	5억원	3억원	3억원	–
최저자본금	70억원	50억원	50억원	70억원
현물출자	최저자본금 전 현물출자(×)			
주식관련	• 일반의 청약에 제공: 30% • 소유한도: 50%		특례 – 적용배제 • 주식관련 • 자산구성 • 처분제한	
자산구성	• 70%: 부동산 • 80%: 부동산 + 현금 + 증권			
처분제한	• 보유기간 제한 • 나지상태 제한			

Ⅲ 기타조문 ★

[학습포인트] 이 정도 더 할 수 있죠?!

자산운용 전문인력	감정평가사 또는 공인중개사로서 5년 이상 종사한 사람
차 입	2배 또는 10배(주총의 특별결의) 차입 가능

I 부동산투자회사 개요

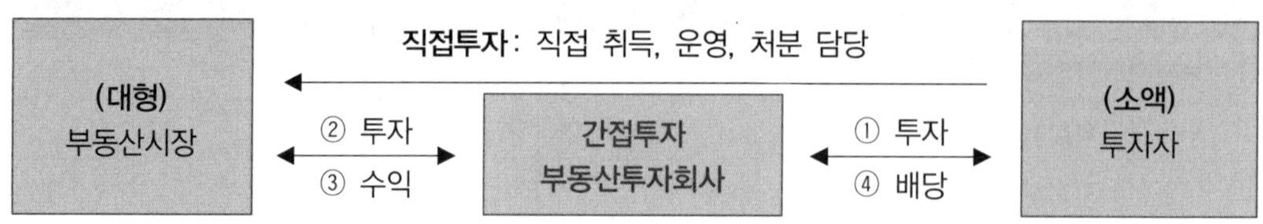

(1) 의 의

① 부동산투자회사란 자산을 부동산에 투자하여 운용하는 것을 주된 목적으로 부동산투자회사법의 규정에 의하여 설립된 회사를 말하기도 하고, 다수의 소액투자자들로부터 자금을 모아 부동산이나 부동산 관련대출에 투자하여 발생한 수익을 투자자에게 배당하는 회사나 그러한 제도를 말하기도 한다. 이러한 부동산투자회사를 일반적으로 리츠(Real Estate Investment Trusts)라고 부른다.

> **부동산투자신탁이 리츠(Reits)인 이유**
> real estate라는 의미는 어원상으로 왕의 재산을 의미하며 이는 부동산을 의미한다. 상대개념으로 동산은 개인의 재산이라는 의미로 Personal estate라고 한다. Investment는 투자를 의미하고 Trusts는 믿고 맡긴다는 의미의 신탁이다. 따라서 이들을 연결하면 Real Estate Investment Trusts는 부동산투자신탁이 되고 부동산투자신탁은 이들 앞 글자를 따서 reits, 즉 리츠라고 부르는 것이다.

② 부동산투자회사는 부동산전문가를 통한 간접투자라는 점에서 증권의 뮤추얼펀드와 유사하여 '부동산 뮤추얼펀드'라고도 한다.

③ 부동산투자회사는 완성된 수익성 부동산에 주로 투자하고 있고, 부동산 펀드는 주로 개발사업에 투자하고 있다.

④ 부동산투자회사는 주거용 부동산보다 업무용 부동산에 더 많이 투자하고 있다.

⑤ 부동산투자회사 중에서 위탁관리 부동산투자회사가 대부분을 차지하고 있다.

(2) 발전과정

① 리츠제도는 1938년에 스위스에서 처음으로 실시된 후, 제2차 세계대전 후 급속히 발달하여 1959년 이후 구미 여러 나라에서 잇달아 시작되었다. 특히 독일·미국 등에서 많은 발전이 있었다.

② 우리나라는 2001년 제정된 부동산투자회사법에 그 근거를 두고 있다.

2 부동산투자회사의 유형

(1) 투자대상에 따른 분류

① **소유형 리츠**: 부동산을 직접 소유하여 관리와 운영에 의한 임대수익과 매각수익을 투자자에게 배분하는 형태이다. 종래의 리츠는 쇼핑센터나 아파트 등을 투자대상으로 하고 있지만 최근에는 창고나 공장 등 산업용 부동산이나 오피스빌딩, 호텔 등의 상업용 부동산에도 많이 투자하고 있다. 리츠의 대부분을 차지한다.

② **대출형 리츠**: 부동산을 담보로 대출하는 유형의 리츠이다. 수입은 저당대출에서 발생하는 이자수입이 주가 된다. 구체적으로 토지매수 또는 토지개발 등을 위한 부동산담보대출 등이 있다.

③ **혼합형 리츠**: 소유형과 대출형을 혼합한 것으로 부동산의 임대수입, 매각이익, 부동산담보대출에 의한 이자수입의 모두를 향유한다.

(2) 환매가부에 의한 분류

① **개방형 리츠**: 투자자의 환매요구가 있으면 리츠가 언제든지 환매에 응해야 하는 형태를 말한다. 리츠의 입장에서는 부동산경기가 불황인 경우 투자자들의 상환요청이 많아지면 이에 대한 대처가 어렵게 된다.

② **폐쇄형 리츠**: 투자자는 리츠에게 직접 환매요청을 할 수가 없고 환금할 필요성이 있으면 주식시장에서 주식을 매각하여야 하는 형태를 말한다. 우리나라의 리츠는 폐쇄형 리츠를 택하고 있다.

(3) 존속여부에 따른 분류

① **무기한 리츠**: 존속기간이 정해져 있지 않은 리츠를 말한다. <u>우리나라의 경우 자기관리 부동산투자회사와 위탁관리 부동산투자회사는 무기한 리츠이다</u>.

② **기한부 리츠**: 일정기간 후에 보유자산을 매각하여 매각대금을 투자자에게 배분하고 자진해서 해산하는 리츠를 말한다. 회사의 정관에 그 존속기한을 미리 정하게 된다. 우리나라의 경우 기업구조조정 부동산투자회사는 기한부 리츠이다.

(4) 회사형 리츠와 신탁형 리츠

① **회사형 리츠**: 주식회사 형태로서 주식을 발행하여 자금을 조달한다. 부동산투자회사법에 근거하고 있는 현행 우리나라의 부동산투자회사는 모두 회사형 리츠에 해당한다.

② **신탁형 리츠**: 신탁형 리츠는 투자자와 신탁계약을 맺고 수익증권을 발행하여 자금을 조달한다.

3 부동산투자회사 제도 도입의 효과

(1) 투자자의 측면

① **환금성이 좋아진다.**: 부동산투자가 실물투자가 아닌 주식투자의 형태로 이루어지기 때문에 부동산투자의 최대 약점인 환금성이 좋아진다.

② **투자위험이 감소한다.**: 부동산투자회사는 부채가 적고 투자자에 대한 안전장치를 마련하고 있다는 점, 부동산전문가에 의한 투자인 점, 분산투자가 가능하다는 점 등을 고려할 때 부동산 직접투자보다 안정적인 수익률을 기대할 수 있다.

③ **소액투자가 가능하다.**: 소액으로 수익성이 좋은 대규모 부동산에 투자할 수 있다. 즉 천만원만 가지고 테헤란로의 천억짜리 부동산에 투자할 수 있는 길이 열린다.

④ **관리의 편의성**: 투자한 부동산은 부동산투자회사가 관리하기 때문에 부동산투자자가 직접적으로 관리할 필요성이 없다.

(2) 부동산시장의 측면

① **부동산시장의 투명화**: 부동산투자회사는 개인투자자와 달리 부동산투자에 관련된 각종 정보를 공시해야 하는 법적 의무가 있다. 따라서 정보공시로 인해 부동산시장에 대한 정보인프라의 구축 및 부동산시장이 투명해지는 효과가 발생하고 이에 따른 외자투자자의 투자기회 확대 및 탈세를 방지하는 효과가 있다.

② **자본시장의 규모 확대**: 부동산투자회사는 자본시장에서 주식의 발행을 통해 자본금을 모집하므로 자본시장의 규모가 확대되는 효과가 있다.

③ **부동산시장과 자본시장의 연결**: 부동산투자회사는 자본시장에서 돈을 마련해서 부동산시장에 투자하고, 부동산시장에서 발생한 수익을 자본시장의 투자자에게 배당하게 된다. 또한 부동산투자회사가 보유한 부동산의 가격이 간접적으로 자본시장에 의해 영향을 받게 됨으로 인해 부동산시장과 자본시장이 동조화되는 현상이 나타난다.

(3) 사회 전체의 측면

① **형평성의 측면**: 소액자금으로 고가부동산에 대한 투자가 가능해지므로 고액 자산가만 부동산을 소유할 수 있다는 부동산투자의 형평성 저하를 극복할 수 있다.

② **대형부동산 처리**: 기업이나 금융기관 등의 입장에서 처리가 어려운 고액의 부동산을 효율적으로 처리할 수 있게 된다.

Ⅱ 부동산투자회사법 내용

1 핵심내용

<table>
<tr><th rowspan="2">구 분</th><th colspan="3">부동산투자회사</th><th rowspan="2">4
자산관리회사</th></tr>
<tr><th>1
자기관리</th><th>2
위탁관리</th><th>3
기업구조조정</th></tr>
<tr><td>실체여부</td><td>실체 ○
전문인력 ○</td><td colspan="2">상근 ×, 지사 ×, 4에 위탁
일정요건 충족시 법인세 감면</td><td>1과 동일</td></tr>
<tr><td>설립자본금</td><td>5억원</td><td>3억원</td><td>3억원</td><td>-</td></tr>
<tr><td>최저자본금
- 6개월 -</td><td>70억원</td><td>50억원</td><td>50억원</td><td>70억원</td></tr>
<tr><td>현물출자</td><td colspan="3">최저자본금 전에는 현물출자로 신주발행 불가능</td><td></td></tr>
<tr><td>주식관련</td><td colspan="2">• 일반의 청약에 제공: 30% 이상
• 소유한도: 50%(절반소유)</td><td rowspan="3">특례 – 적용배제
• 주식관련
• 자산구성(80%)
• 처분제한(기간, 나지)</td><td rowspan="3"></td></tr>
<tr><td>자산구성</td><td colspan="2">• 70%: 부동산
• 80%: 부동산 + 현금 + 증권</td></tr>
<tr><td>처분제한</td><td colspan="2">• 보유기간 제한
• 나지상태 제한</td></tr>
</table>

<table>
<tr><td>자산운용
전문인력</td><td>감정평가사 또는 공인중개사로서 해당 분야에 5년 이상 종사한 사람은 자기관리 부동산투자회사의 상근 자산운용 전문인력이 될 수 있다.</td></tr>
<tr><td>차 입</td><td>차입이 가능하며, 2배 또는 10배(주총의 특별결의)의 규정이 있음</td></tr>
<tr><td>투자운용</td><td>부동산의 취득 · 관리 · 개량 및 처분, 개발사업, 임대차 등</td></tr>
<tr><td>배 당</td><td>이익배당한도의 90% 이상을 배당해야 한다. (이익준비금 적립 ×)</td></tr>
<tr><td>투자자문회사</td><td>최소자본금 10억원 + 등록</td></tr>
</table>

② 부동산투자회사법 조문 정리

☑ 부동산투자회사법 [시행 2024. 8. 21.]

제2조 【정의】

(1) **부동산투자회사**: 자산을 부동산에 투자하여 운용하는 것을 주된 목적으로 하는 다음 회사를 말한다.

① **자기관리 부동산투자회사**: 자산운용 전문인력을 포함한 임직원을 상근으로 두고 자산의 투자·운용을 직접 수행하는 회사

② **위탁관리 부동산투자회사**: 자산의 투자·운용을 자산관리회사에 위탁하는 회사

③ **기업구조조정 부동산투자회사**: 기업이 구조조정하기 위해 처분하려고 하는 부동산을 투자 대상으로 하며 자산의 투자·운용을 자산관리회사에 위탁하는 회사

(2) **자산관리회사**: 위탁관리 부동산투자회사 또는 기업구조조정 부동산투자회사의 위탁을 받아 자산의 투자·운용업무를 수행하는 것을 목적으로 설립된 회사를 말한다.

제3조 【법인격】

(1) 부동산투자회사는 주식회사로 한다.

(2) 부동산투자회사는 이 법에서 특별히 정한 경우를 제외하고는 「상법」의 적용을 받는다.

(3) 부동산투자회사는 그 상호에 부동산투자회사라는 명칭을 사용하여야 한다.

(4) 이 법에 따른 부동산투자회사가 아닌 자는 부동산투자회사 또는 이와 유사한 명칭을 사용하여서는 아니 된다.

제5조 【부동산투자회사의 설립】 부동산투자회사는 현물출자에 의한 설립을 할 수 없다.

제5조의2 【자기관리 부동산투자회사의 위탁관리 부동산투자회사로의 전환에 관한 특례】 자기관리 부동산투자회사는 일정한 요건을 갖추면 위탁관리 부동산투자회사로 전환할 수 있다.

제6조 【설립 자본금】

(1) 자기관리 부동산투자회사의 설립 자본금은 5억원 이상으로 한다.

(2) 위탁관리 부동산투자회사 및 기업구조조정 부동산투자회사의 설립 자본금은 3억원 이상으로 한다.

제8조의2 【자기관리 부동산투자회사의 설립보고 등】

(1) 자기관리 부동산투자회사는 그 설립등기일부터 10일 이내에 설립보고서를 작성하여 국토교통부장관에게 제출하여야 한다.

(2) 자기관리 부동산투자회사는 설립보고서를 제출한 날부터 3개월 후 설립 이후의 회사 현황에 관한 보고서를 작성하여 국토교통부장관에게 제출하여야 한다.

(3) 자기관리 부동산투자회사는 설립등기일부터 6개월 이내에 국토교통부장관에게 인가를 신청하여야 한다.

제9조 【영업인가와 등록】

(1) 부동산투자회사가 업무를 하려면 부동산투자회사의 종류별로 국토교통부장관의 인가를 받아야 한다.

(2) 일정한 요건을 갖춘 위탁관리 부동산투자회사 및 기업구조조정 부동산투자회사가 법에서 정한 업무를 하려면 국토교통부장관에게 등록하여야 한다.

제10조 【최저자본금】 영업인가를 받거나 등록을 한 날부터 6개월(이하 "최저자본금준비기간"이라 한다)이 지난 부동산투자회사의 자본금은 다음 각 호에서 정한 금액 이상이 되어야 한다.

① **자기관리 부동산투자회사**: 70억원

② **위탁관리 부동산투자회사 및 기업구조조정 부동산투자회사**: 50억원

제11조의2 【위탁관리 부동산투자회사의 지점설치 금지 등】 위탁관리 부동산투자회사는 본점 외의 지점을 설치할 수 없으며, 직원을 고용하거나 상근 임원을 둘 수 없다.

제14조의8 【주식의 공모】

(1) 부동산투자회사는 영업인가를 받거나 등록을 하기 전까지는 발행하는 주식을 일반의 청약에 제공할 수 없다.

(2) 부동산투자회사는 영업인가를 받거나 등록을 한 날부터 2년 이내에 발행하는 주식 총수의 100분의 30 이상을 일반의 청약에 제공하여야 한다.

제15조 【주식의 분산】 주주 1인과 그 특별관계자는 최저자본금준비기간이 끝난 후에는 부동산투자회사가 발행한 주식 총수의 100분의 50(이하 "1인당 주식소유한도"라 한다)을 초과하여 주식을 소유하지 못한다.

제19조 【현물출자】

(1) 부동산투자회사는 영업인가를 받거나 등록을 하고 제10조에 따른 최저자본금 이상을 갖추기 전에는 현물출자를 받는 방식으로 신주를 발행할 수 없다.

(2) 부동산투자회사의 영업인가 또는 등록 후에 부동산투자회사에 현물출자를 하는 재산은 다음 각 호의 어느 하나에 해당하여야 한다.

① 부동산

② 지상권·임차권 등 부동산 사용에 관한 권리

③ 신탁이 종료된 때에 신탁재산 전부가 수익자에게 귀속하는 부동산 신탁의 수익권

④ 부동산소유권의 이전등기청구권

⑤ 공익사업의 시행으로 조성한 토지로 보상을 받기로 결정된 권리(대토보상권)

제20조 【주식의 상장 등】

(1) 부동산투자회사는 상장규정의 상장 요건을 갖추게 된 때에는 지체 없이 증권시장에 주식을 상장하여 그 주식이 증권시장에서 거래되도록 하여야 한다.

(2) 국토교통부장관은 부동산투자회사가 정당한 사유 없이 증권시장에의 상장을 이행하지 아니하는 경우에는 기간을 정하여 상장을 명할 수 있다.

제21조 【자산의 투자·운용 방법】

(1) 부동산투자회사는 그 자산을 다음 각 호의 어느 하나에 투자하여야 한다.

① 부동산

② 부동산개발사업

③ 지상권, 임차권 등 부동산 사용에 관한 권리

④ 신탁이 종료된 때에 신탁재산 전부가 수익자에게 귀속하는 부동산 신탁 수익권

⑤ 증권, 채권

⑥ 현금(금융기관의 예금을 포함한다)

(2) 부동산투자회사는 다음의 어느 하나에 해당하는 방법으로 투자·운용하여야 한다.

① 취득, 개발, 개량 및 처분

② 관리(시설운영을 포함한다), 임대차 및 전대차

③ 부동산에 대한 담보권 설정 등에 따른 대출, 예치

제22조 【자기관리 부동산투자회사의 자산운용 전문인력】 자기관리 부동산투자회사는 그 자산을 투자·운용할 때에는 전문성을 높이고 주주를 보호하기 위하여 다음에 따른 자산운용 전문인력을 상근으로 두어야 한다.

① 감정평가사 또는 공인중개사로서 해당 분야에 5년 이상 종사한 사람

② 부동산 석사학위 이상의 소지자로서 관련된 업무에 3년 이상 종사한 사람

③ 그 밖에 대통령령으로 정하는 사람

제22조의2 【위탁관리 부동산투자회사의 업무 위탁 등】 위탁관리 부동산투자회사는 자산의 투자·운용업무는 자산관리회사에 위탁하여야 한다.

제22조의3 【자산관리회사의 인가 등】

(1) 자산관리회사를 설립하려면 요건을 갖추어 국토교통부장관의 인가를 받아야 한다.
 ① 자기자본이 70억원 이상일 것
 ② 자산운용 전문인력을 대통령령으로 정하는 수 이상 상근으로 둘 것

(2) 자산관리회사는 위탁관리 부동산투자회사 및 기업구조조정 부동산투자회사로부터 위탁받은 업무 외의 다른 업무를 겸영(兼營)하여서는 아니 된다.

제23조 【부동산투자자문회사의 등록】

(1) 부동산투자자문회사는 국토교통부장관에게 등록하여야 한다.

(2) 부동산투자자문회사는 다음의 요건을 갖추어야 한다.
 ① 자본금이 5억원 이상(대통령령으로 정하는 금액 이상)
 ② 자산운용 전문인력 상근(대통령령으로 정하는 수 이상)

제24조 【부동산의 처분에 대한 제한 등】

(1) 부동산투자회사는 부동산을 취득한 후 5년의 범위에서 대통령령으로 정하는 기간 이내에는 부동산을 처분하여서는 아니 된다.

(2) 부동산투자회사는 건축물이나 그 밖의 공작물이 없는 토지는 해당 토지에 부동산개발사업을 시행한 후가 아니면 그 토지를 처분하여서는 아니 된다.

(3) 부동산투자회사가 부동산을 취득하거나 처분하는 경우 자기관리 부동산투자회사 또는 자산관리회사는 실사보고서를 작성하여야 한다.

제25조 【자산의 구성】 부동산투자회사는 최저자본금준비기간이 끝난 후에는 매 분기 말 현재 총자산의 100분의 80 이상을 부동산, 부동산 관련 증권 및 현금으로 구성하여야 한다. 이 경우 총자산의 100분의 70 이상은 부동산(건축 중인 건축물을 포함한다)이어야 한다.

제28조 【배당】

(1) 부동산투자회사는 해당 연도 이익배당한도의 100분의 90 이상을 주주에게 배당하여야 한다. 이 경우 이익준비금은 적립하지 아니한다.

(2) (1)에도 불구하고 자기관리 부동산투자회사의 경우 해당 연도 이익배당한도의 100분의 50 이상을 주주에게 배당하여야 하며 이익준비금을 적립할 수 있다.

제29조 【차입 및 사채 발행】

(1) 부동산투자회사는 자금을 차입하거나 사채를 발행할 수 있다.

(2) 자금차입 및 사채발행은 자기자본의 2배를 초과할 수 없다. 다만, 주주총회의 특별결의를 한 경우에는 그 합계가 자기자본의 10배를 넘지 아니하는 범위에서 자금차입 및 사채발행을 할 수 있다.

제31조 【부동산투자회사의 겸업 제한 등】 부동산투자회사는 이 법 또는 다른 법령에 따른 경우를 제외하고는 다른 업무를 하여서는 아니 되며 부동산투자회사의 상근 임원은 다른 회사의 상근 임직원이 되거나 다른 사업을 하여서는 아니 된다.

제32조 【미공개 자산운용정보의 이용 금지】 부동산투자회사의 미공개 자산운용정보를 이용하여 부동산 또는 증권을 매매하거나 타인에게 이용하게 하여서는 아니 된다.

제37조 【투자보고서 및 공시 등】 자기관리 부동산투자회사 또는 자산관리회사는 분기마다 투자보고서를 작성하여야 한다.

제43조 【합병】 부동산투자회사는 다음 요건을 모두 갖추어야 합병할 수 있다.

① 흡수합병의 방법

② 같은 종류의 부동산투자회사

③ 주식의 공모를 완료한 상태면 합병대상도 주식의 공모를 완료하였을 것

제49조의2 【기업구조조정 부동산투자회사에 관한 특례】

(1) 기업구조조정 부동산투자회사는 총자산의 70% 이상을 다음으로 구성하여야 한다.

① 기업이 채무를 상환하기 위하여 매각하는 부동산

② 재무구조 개선을 위한 약정을 이행하기 위하여 매각하는 부동산

③ 회생 절차에 따라 매각하는 부동산

④ 그 밖에 기업의 구조조정을 지원하기 위하여 필요한 부동산

(2) 기업구조조정 부동산투자회사에 대하여 적용하지 않는 조항

① 주식공모(주식 30% 이상 공모)

② 주식의 분산(50% 소유제한)

③ 부동산 처분제한(보유기간 및 나지상태 처분제한)

④ 자산의 구성(80% 규정)

제49조의6 【부동산투자회사 정보시스템의 구축 및 운영】 국토교통부장관은 부동산투자회사 정보시스템을 구축·운영할 수 있다.

29번 : 부동산투자회사		기출문제									
Ⅰ	부동산투자회사 개요										
Ⅱ	부동산투자회사법 핵심내용	26	27						33	34	
Ⅲ	부동산투자회사법 기타조문				29	30					35

[핵심내용－34회] 부동산투자회사법상 '자기관리 부동산투자회사(REITs, 이하 "회사"라 한다)에 관한 설명으로 <u>틀린</u> 것은?

① 국토교통부장관은 회사가 최저자본금을 준비하였음을 확인한 때에는 지체 없이 주요 출자자(발행주식 총수의 100분의 5를 초과하여 주식을 소유하는 자)의 적격성을 심사하여야 한다.

② 최저자본금준비기간이 지난 회사의 최저자본금은 70억원 이상이 되어야 한다.

③ 주요 주주는 미공개 자산운용정보를 이용하여 부동산을 매매하거나 타인에게 이용하게 하여서는 아니 된다.

④ 회사는 그 자산을 투자・운용할 때에는 전문성을 높이고 주주를 보호하기 위하여 자산관리회사에 위탁하여야 한다.

⑤ 주주총회의 특별결의에 따른 경우, 회사는 해당 연도 이익배당한도의 100분의 50 이상 100분의 90 미만으로 이익배당을 정한다.

정답 ④

자산관리회사에 위탁의무가 있는 것은 실체가 없는 위탁관리 부동산투자회사와 기업구조조정 부동산투자회사이다.

[기타조문 － 30회 수정] 부동산투자회사법상 부동산투자회사(REITs)에 관한 설명으로 <u>틀린</u> 것은?

① 위탁관리 부동산투자회사는 주주 1인당 주식소유의 한도가 제한된다.

② 공인중개사로서 해당 분야에 5년 이상 종사한 사람은 자기관리 부동산투자회사의 자산운용 전문인력이 될 수 있다.

③ 위탁관리 부동산투자회사는 자산의 투자・운용을 자산관리회사에 위탁하여야 한다.

④ 부동산투자회사는 현물출자에 의한 설립이 가능하다.

⑤ 기업구조조정 부동산투자회사의 설립자본금은 3억원 이상으로 한다.

정답 ④

부동산투자회사는 현물출자에 의한 설립이 불가능하다(법 제19조).

www.pmg.co.kr

30번 : 부동산개발의 개념과 개발위험		기 출									
Ⅰ	부동산개발 개념	26	27	28	29			32			
Ⅱ	부동산 개발위험										

Ⅰ 부동산개발 개념 ★

[학습포인트] 부동산개발의 절차 및 용어를 익힌다. (상식 함양)

☑ 부동산개발 기본용어

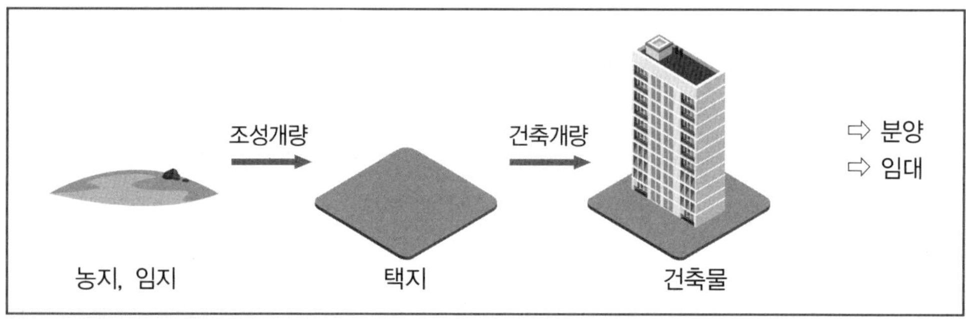

☑ 부동산개발의 절차

아이디어 ⇨ 예비타당성분석 ⇨ 부지모색 ⇨ 타당성분석 ⇨ 금융 ⇨ 건설 ⇨ 마케팅

Ⅱ 부동산 개발위험 ★★

[학습포인트] 개발위험과 그 대책을 연결해서 공부한다. 대책을 먼저 알고 어떤 위험인지를 연상하는 연습을 한다. 개발사업의 긍정과 부정요소는 상식을 공부하는 과정이라고 생각한다.

☑ 워포드의 개발위험과 대책

법적위험	공·사법상 위험 ⇨ 이용계획이 확정된 토지 매입
시장위험	수요감소 가능성 ⇨ 사전에 확실한 시장성검토
비용위험	개발비용증가 가능성 ⇨ 건설사와 최대가격보증계약 체결

☑ 개발사업의 긍정요소와 부정요소 ★★

분양가격 상승	긍정	대출금리 하락	긍정	용적률 감소	부정
토지가격 하락	긍정	공사비 하락	긍정	건설자재 가격상승	부정
기부채납 증가	부정	조합원 부담금 인상	부정	이주비 대출금리 하락	긍정
공사기간 연장	부정	분양가 상승	긍정	초기 분양률 저조	부정

I 부동산개발 개념

1 개 요

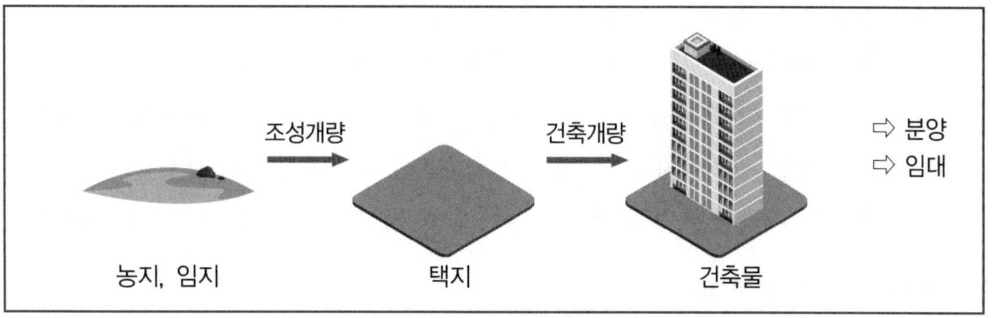

(1) 의 의

① **법령상 부동산개발**: 부동산개발이란 타인에게 공급할 목적으로 토지를 조성하거나 건축물을 건축, 공작물을 설치하는 행위이다. 단, 시공을 담당하는 행위는 제외된다.

② **학문상 부동산개발**: 부동산개발이란 인간에게 실질적으로 필요한 공간을 제공하기 위해 토지를 개량하는 일체의 활동을 말한다. 부동산개발은 공간을 창조하는 활동이며 이는 용도적 공급의 일환이다.

> **부동산개발업의 관리 및 육성에 관한 법률** [시행 2023. 10. 19.]
> 제2조 【정의】
> (1) 부동산개발은 다음을 말한다. 다만, 시공을 담당하는 행위는 제외한다.
> ① 토지를 건설공사의 수행 또는 형질변경의 방법으로 조성하는 행위
> ② 건축물을 건축·대수선·리모델링 또는 용도변경 하거나 공작물을 설치하는 행위

(2) **조성개량**(협의의 개발)**과 건축개량**

① **조성개량**: 조성개량이란 임야나 농지에 정지작업, 조성공사, 도로공사, 배수공사 등을 행하여 토지자체를 개량하는 작업을 말한다.

② **건축개량**: 건축개량이란 조성된 토지 위에 건축물이나 교량 등을 설치하여 토지의 유용성을 증대시키는 작업을 말한다. 즉 공간을 창조하는 작업이다.

2 부동산개발의 분류

(1) 개발외관에 따른 분류

부동산개발은 개발의 외관에 따라 무형적 개발, 유형적 개발, 복합적 개발로 분류된다.

① **무형적 개발**: 용도지역이나 지구의 변경, 농지전용, 지목변경 등 토지의 물리적 변형을 초래하지는 않지만 이용상태를 변경시키는 개발을 말한다.

② **유형적 개발**: 건축사업이나 토목사업 등 물리적 변형을 초래하는 개발을 말한다.

③ **복합적 개발**: 토지형질변경사업, 도시개발사업, 공영개발 등의 대규모 개발사업인 경우 무형적 개발과 유형적 개발이 동시에 이루어지는데 이를 복합개발이라고 한다.

(2) 개발주체에 의한 분류

부동산개발은 개발주체에 따라 공적 주체에 의한 개발, 사적 주체에 의한 개발, 복합주체에 의한 개발로 분류할 수 있다.

① **공적 주체**(1섹터): 중앙정부(국가), 지방정부(지방자치단체)·한국토지주택공사, 수자원개발공사 등에 의한 개발을 말한다.

② **사적 주체**(2섹터): 개인(토지소유자), 주택건설업자, 토지소유자조합 등에 의한 개발을 말한다.

③ **복합주체**(3섹터): 민관합동개발을 말한다.

도시개발법상 시행자

제11조 【시행자】 도시개발사업의 시행자는 다음의 자 중에서 지정권자가 지정한다. 다만 도시개발구역의 전부를 환지방식으로 시행하는 경우에는 ⑤ 또는 ⑥을 시행자로 지정한다.

① 국가나 지방자치단체
② 공공기관
③ 정부출연기관
④ 지방공사
⑤ 토지소유자
⑥ 토지소유자가 설립한 조합 – 전부환지방식에만 해당
⑦ ~ ⑪: 기타 요건에 해당하는 자

3 부동산개발의 절차(워포드)

부동산개발은 일반적으로 ① 아이디어(구상) ⇨ ② 예비적 타당성분석(전실행가능성 분석) ⇨ ③ 부지의 모색과 확보 ⇨ ④ 타당성분석(실행가능성 분석) ⇨ ⑤ 금융 ⇨ ⑥ 건설 ⇨ ⑦ 마케팅의 단계를 거치게 된다.

(1) 아이디어 단계

① 어떠한 형태의 공간이 필요할 것인가.

② 어느 곳에 입지하는 것이 유리한가.

③ 현재 토지를 확보하였다면 어떤 용도로 이용하는 것이 적당한가.

(2) 예비적 타당성분석의 단계

① 부동산 개발사업에서 예상되는 비용과 편익을 대략적으로 산정해보는 단계이다.

② 비용은 "토지 구입비 + 택지 조성비 + 건축비 + 정상이윤" 등으로 계산하고, 편익은 분양 또는 임대수입으로 계산한다. 이때 대략적인 편익이 대략적인 비용보다는 크다고 판단되면 다음 단계로 진행한다.

(3) 부지의 모색과 확보의 단계

① 법률적·기술적·경제적 타당성분석한 후 부지의 임차 또는 매입 등을 결정한다.

② 부지를 확보한다는 것이 반드시 부지를 매입한다는 것을 의미하는 것은 아니다. 나중에 부지를 매입할 수 있는 옵션을 적절한 대가로 확보할 수도 있다.

(4) 타당성분석의 단계

① 법적인 측면에서 공법상의 규제분석을 하고 기술적인 측면에서 부지분석을 하며 경제적인 측면에서 시장분석과 재정분석을 하게 되는데, 이 중 경제성분석이 가장 중심적인 내용이 된다.

② 경제적 타당성분석의 경우 화폐의 시간가치를 고려한 정확한 분석이 필요한데, 구체적인 경제적 타당성분석의 방법으로는 DCF법인 순현재가치법(NPV법), 내부수익률법(IRR법), 수익성지수법(PI법) 등을 사용한다.

③ 개발사업에 대한 타당성분석 결과가 동일한 경우에도 분석된 사업안은 개발업자에 따라 채택될 수도 있고 그렇지 않을 수도 있다. 왜냐하면 개발업자에 따라 요구수익률이 다를 수 있기 때문이다.

(5) 금융단계

① **개발 전**(건축대부) : 단기, 고리, 순차적 금융

개발을 위해 개발자금이 필요한데 적정한 담보는 없는 상태이다. 토지가 있다고 해도 담보로는 부족한 경우가 많다.

이런 경우 개발업자의 신용이나 개발사업 자체의 수익성을 담보로 자금을 융통하게 되는데 이러한 융통기법을 건축대부라고 한다.

건축대부는 은행의 입장에서 위험하기 때문에 대부조건이 좋지 않다.

② **완공 후**(저당대부) : 장기, 저리, 일시적 금융

건축대부를 통해 건축물을 다 짓고 나면 분양을 해서 벌어들인 수입으로 건축대부에서 빌린 돈을 갚으면 된다.

혹시 분양이 잘 안 되더라도 완공해 놓은 부동산이 있기 때문에 이를 담보로 새로운 저당조건(좋은 저당조건)으로 자금을 융통해서 건축대부(안 좋은 저당조건)로 빌린 돈을 갚으면 된다.

건축대부는 완공 후 저당대부로 전환되는 것이 일반적이다.

(6) 건설단계

물리적인 공간을 창조하는 단계이며 실질적으로 개발사업의 성패를 좌우할 수 있는 가장 중요한 단계라고 볼 수 있다.

(7) 마케팅단계

① 마케팅이란 어떤 부동산을 어디에 지어서 어떤 가격으로 어떤 유통경로를 통해 임대 또는 분양할 것인가에 관련된 모든 활동을 의미하는 것이지 단순 광고를 의미하는 것이 아니다.

② 분양의 경우 선분양은 위험을 임차자가 부담하므로 분양가격이 낮아진다.

③ 마케팅활동에서는 임대와 분양 여부, 분양시기 결정, 중요임차자, 임차자혼합 등이 중요하며 개발의 초기단계부터 적극적으로 임할 필요성이 있다.

Ⅱ 부동산 개발위험

1 워포드의 개발위험과 대책

워포드는 부동산개발사업에 따르는 위험으로 법적위험, 여론위험, 시장위험, 비용위험을 제시하고 있다.

(1) 법적위험

① **의의**: 법적위험이란 부지의 모색과 확보 단계에서는 용도변경이 허가가 나지 않거나, 환경평가의 결과 개발이 안 되거나, 과다한 각종 부담금이 발생해서 개발이 어려워지는 경우 등을 말한다. 즉 예상치 못한 법적 환경의 변화가 나타날 가능성을 법적위험이라고 한다.

② **대책**: 법적위험을 줄이기 위해서는 변경가능성이 없는(이용계획이 확정된) 토지를 매입하면 된다.
법적 위험이 낮은 토지 즉 이미 허가 등이 다 떨어져 있는 성숙도가 높은 토지를 매입하면 위험은 감소하지만 대신 비용이 많이 들고, 법적 위험이 높은 토지 즉 성숙도가 낮은 토지를 매입하면 비용은 감소하지만 대신 위험이 높아진다.
합법적인 개발사업이라도 인근 지역주민이나 환경단체가 반대할 수도 있다는 것을 염두에 두고 적극적인 대처방법을 마련한다.

(2) 시장위험

① **의의**: 시장위험이란 부동산시장의 불확실성에서 오는 위험을 말한다. 예상한 수요(편익)의 감소 또는 경쟁업체인 공급의 증가 가능성이 시장위험이다.
시장위험은 개발사업의 초기에는 높고(개발사업의 가치는 낮고) 완공이 다가올수록 줄어든다(개발사업의 가치는 높아진다).

② **대책**: 시장위험을 줄이기 위해서는 개발사업을 시작하기 전에 대상 개발사업이 시장에서 충분히 매매가능성(시장성)이 있는지를 철저히 분석한다.
이러한 분석을 위해서는 선행분석으로 수요 및 공급과 관련된 시장상황을 분석(시장분석)하는 것이 필요하며 특히 과거의 추세분석의 일종인 흡수율분석이 유용한 분석기법이 될 수 있다.

⑶ 비용위험

① **의의**: 비용위험이란 개발비용의 증가가능성을 말한다. 공사초기에 100억원의 공사비를 예상했는데 공사가 진행되면서 설계변경이나 인플레이션 등으로 인해 추가비용이 더 들어가는 경우이다.

비용위험은 공사기간이 길어지거나 공사원가가 상승할 때 발생하는데 최근 재건축과 관련하여 이런 문제가 빈번히 나타나면서 조합과 시공사 간의 갈등이 많아지고 있다.

② **대책**: 비용위험을 줄이기 위해서는 최대가격보증계약 등이 대책이 될 수 있다.

최대가격보증계약이란 건설회사와 계약을 맺을 때 공사비 변경의 상한치를 미리 정하는 방법이다.

100억원의 공사비가 예상되는 경우 미리 110억원을 주고 설계변경이 있어도 더 이상은 주지 않는다는 협정을 시공사와 미리 맺는 것이다.

최대가격보증계약은 체결하면 공사비가 변동이 없을 경우 10억원을 건설회사에게 거저 준 것이 될 수 있고, 10억 이상의 공사비 변경이 발생하면 건설회사가 부실시공을 할 가능성이 있다는 단점이 있다.

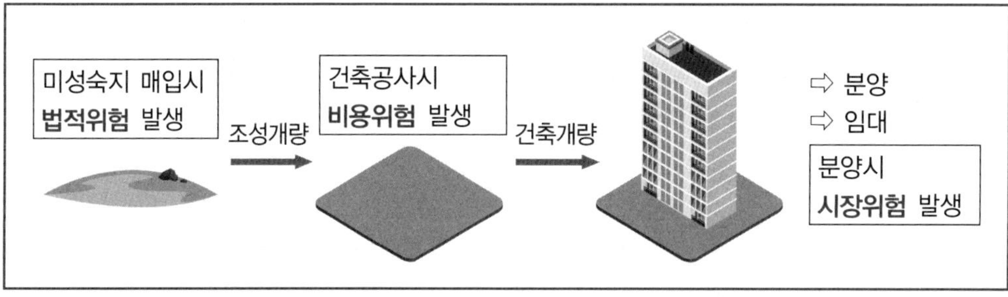

② 부동산개발사업의 긍정요소와 부정요소 구분하기

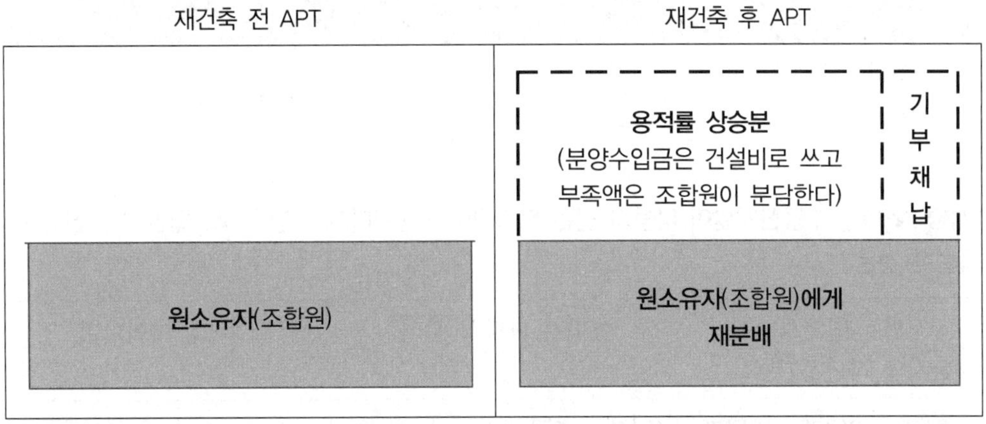

재건축 전 APT	재건축 후 APT
	용적률 상승분 (분양수입금은 건설비로 쓰고 부족액은 조합원이 분담한다) / 기부채납
원소유자(조합원)	**원소유자**(조합원)**에게 재분배**

부동산개발의 긍정요소 (수입이 많이 들어오는 경우 또는 비용이 적게 나가는 경우)	부동산개발의 부정요소(위험요소) (수입이 적게 들어오거나 또는 비용이 많이 나가는 경우)
① 조합원 이주비용 감소	① 조합원 이주비용 증가
② 용적률 증가	② 용적률 감소
③ 대출금리 하락	③ 대출금리 상승
④ 공사비 하락	④ 공사비 증가
⑤ 건설자재 가격하락	⑤ 건설자재 가격상승
⑥ 기부채납 감소	⑥ 기부채납 증가
⑦ 공사기간 단축	⑦ 공사기간 연장
⑧ 분양가격 상승	⑧ 분양가격 하락
⑨ 분양률 상승	⑨ 분양률 저조(미분양 증가)
⑩ 조합원부담금 감소	⑩ 조합원부담금 증가

기부채납이란 정부가 건폐율과 용적률 등을 완화해서 재건축 등을 허가해 주는 대가로 재건축 대상 부지의 일정 부분을 도로나 공원 등의 공공시설물의 형태로 받거나 일부 현금을 받는 것을 말한다. 기부채납이 많아지면 조합은 불리해진다.

	30번 : 부동산개발의 개념과 개발위험	기출문제									
Ⅰ	부동산개발 개념	26	27	28	29			32			
Ⅱ	부동산 개발위험										

[개념－26회] 부동산개발이 다음과 같은 5단계만 진행된다고 가정할 때, 일반적인 진행 순서로 적절한 것은?

㉠ 사업부지 확보	㉡ 예비적 타당성 분석	㉢ 사업구상(아이디어)
㉣ 사업 타당성 분석	㉤ 건설	

	1단계		2단계		3단계		4단계		5단계
①	㉢	⇨	㉡	⇨	㉠	⇨	㉣	⇨	㉤
②	㉢	⇨	㉠	⇨	㉡	⇨	㉤	⇨	㉣
③	㉡	⇨	㉢	⇨	㉣	⇨	㉠	⇨	㉤
④	㉡	⇨	㉣	⇨	㉠	⇨	㉢	⇨	㉤
⑤	㉡	⇨	㉠	⇨	㉣	⇨	㉢	⇨	㉤

정답 ①

[개발위험－28회] 부동산개발의 위험에 관한 설명으로 틀린 것은?

① 워포드는 부동산개발위험을 법률위험, 시장위험, 비용위험으로 구분하고 있다.
② 부동산개발사업의 추진에는 많은 시간이 소요되므로 개발사업 기간 동안 다양한 시장위험에 노출된다.
③ 부동산개발사업의 진행과정에서 행정의 변화에 의한 사업 인허가 지연위험은 시행사 또는 시공사가 스스로 관리할 수 있는 위험에 해당한다.
④ 법률위험을 최소화하기 위해서는 이용계획이 확정된 토지를 구입하는 것이 유리하다.
⑤ 공사기간 중 이자율의 변화, 시장침체에 따른 공실의 장기화 등은 시장위험으로 볼 수 있다.

정답 ③
스스로 관리할 수 있는 위험 ⇨ 스스로 관리할 수 없는 위험

31번 : 부동산개발의 타당성분석		기 출								
Ⅰ	부동산분석(타당성분석과정)		27	28	29		31	32		
Ⅱ	입지계수 계산문제		27			30		32		34

Ⅰ 부동산분석 ★★★

[학습포인트] 다섯 단계를 확실하게 익힌다. 특히 시장성분석의 내용이 자주 출제된다. 흡수율분석은 민감도분석과 비교하면서 출제되므로 둘의 내용은 구분한다.

시장분석	1. 지역경제분석	① 고용, 소득, 인구 분석 = 거시분석 ② 입지계수를 이용한 경제기반분석 ⇨ 도시결정
	2. 시장분석	① 시장세분화 + 수요와 공급분석 ⇨ 목표시장 결정 ② 지역이나 용도 또는 유형에 따른 구체적 분석
	3. 시장성분석	① 흡수율분석 ⇨ 매매(임대)가능성 판단 ② 가장 '경쟁력' 있는 상품결정 ⇨ '양+질+가격' 결정
경제성 분석	4. 타당성분석	수익성분석, 순현가법(DCF), 민감도분석
	5. 투자분석	가장 적합한 개발안 최종결정

Ⅱ 입지계수 계산문제 ★★

[학습포인트] 최근 자주 출제되는 계산문제이다. 숫자로 주어진 내용을 점유율로 바꾸는 연습을 하면 복잡해 보이지만 의외로 쉽게 풀 수 있다. 전국의 모든 산업의 고용자수가 190명인데 전국의 X산업의 고용자수가 80명이면 전국에서 X산업이 차지하는 비중(점유율)은 42.1%가 된다. 이걸 이해하면 된다.

구 분		A 지역	B 지역	전지역
X 산업	고용자수	30	50	80
	입지계수	0.79	?	
Y 산업	고용자수	30	30	60
	입지계수	?	?	
Z 산업	고용자수	30	20	50
	입지계수	?	0.76	
고용자수 합계		90	100	190

구 분		A 지역	B 지역	전지역
X 산업	고용자수	30	50	80
	비중	0.33	0.5	0.421
Y 산업	고용자수	30	30	60
	비중	0.33	0.3	0.315
Z 산업	고용자수	30	20	50
	비중	0.33	0.2	0.263
고용자수 합계		90	100	190

I 부동산분석(개발사업의 타당성분석)

개발사업의 타당성분석은 '지역경제분석 ⇨ 시장분석 ⇨ 시장성분석 ⇨ 타당성분석 ⇨ 투자분석'의 과정을 거쳐 이루어진다.

1 지역경제분석

(1) 의 의

① 개발사업을 어느 도시지역에서 할까? 개발사업을 진행할 도시지역을 결정하는 단계를 지역경제분석이라고 한다.

② 개발사업은 성장가능성이 높은 도시지역에서 하는 것이 좋은데 해당 도시가 성장가능성이 높은 도시인지 여부를 판단하기 위해서 그 도시의 기반산업이 무엇인지 판단하고 그 산업의 미래 성장가능성을 살펴보는 것이다. 이것을 지역경제분석이라고 한다.

③ 예를 들어, 울산지역의 기반산업이 자동차산업이고 향후 자동차산업이 호황일 것으로 예측된다면 자동차산업을 기반산업으로 하는 울산지역도 인구가 늘고 소득이 오르고 고용이 좋아질 것이라고 예측할 수 있는 것이다. 그렇다면 울산에 아파트 개발사업을 하는 것은 좋은 결과를 가져올 가능성이 높다는 것이다.

> **기반산업과 비기반산업**
>
> ① 기반산업(수출산업, basic sector)이란 다른 지역에 재화나 서비스를 수출하는 산업을 말하고 기반산업에서 이루어지는 활동을 기반활동이라고 한다.
>
> ② 이러한 기반활동을 하기 위해서는 기반활동을 지원하는 활동 및 산업도 필요하게 되는데 이를 비기반활동 및 비기반산업이라고 한다.

(2) 지역경제분석은 거시적 분석이다.

① 목표로 하는 도시지역의 거시적 경기동향, 정책환경, 지역시장의 특성 등을 분석한다. 지역경제분석은 부동산을 분석하는 것이 아니고 해당 지역의 거시적인 경제상태를 분석하는 것이다.

② 지역경제분석에서는 지역의 경제활동, 인구와 소득, 지역의 전체적인 교통망, 지역의 성장이나 개발가능성 등이 분석의 대상이 된다.

③ 지역경제의 흐름을 분석하면 특정 유형의 부동산시장의 향후 흐름 등을 예측하는 데 유용하게 적용할 수 있다. 예를 들면, 울산지역에서 단독주택 개발사업의 타당성분석을 할 때 울산지역의 기반산업이 무엇이며, 이 기반산업의 향후 발전가능성을 분석하면 이 지역으로의 인구유입 가능성이나 지역주민의 소득증가 가능성 등을 분석할 수 있는 것이다.

(3) **입지계수**(Location Quotient ; LQ, 입지상)**를 통한 경제기반분석**(뒤에서 상술)

① 지역경제를 분석하는 경우 입지계수를 통한 경제기반분석이 유용한 기법이 될 수 있다.

② 입지계수란 특정산업의 전국점유율(종사자의 수)에 대한 지역점유율의 비율을 말하며 이는 어떤 지역의 특화산업이 무엇인가를 판단하는 지표로서 이용된다.

③ 특정지역에서 입지계수가 1인 산업이라는 말은 전국에서의 그 산업의 비중과 특정지역에서의 그 산업의 비중이 동일하다는 것을 말한다. 입지계수를 구체적으로 어떻게 계산하는지는 입지계수 계산단원에서 자세히 설명하도록 한다(입지계수를 구하는 계산문제는 최근 출제비중이 높은 부분이다).

④ 해당지역에서 입지계수가 1보다 큰 산업이 그 지역을 끌고 나가는 지역기반산업이다. 지역경제분석을 통해 분석대상 지역의 기반산업을 판단하고 그 기반산업의 미래의 성장가능성을 분석해서 지역의 성정가능성을 판단하는 것이 지역경제분석의 핵심 내용이다.

(4) **경제기반승수를 통한 지역의 발전 속도 예측**

① 기반산업이 성장하면 기반산업에 종사하는 사람들의 소비활동을 위해 비기반산업의 종사자가 증가하며, 따라서 총활동이 증가한다.

② 경제기반승수란 기반(수출)활동인구의 증가가 해당 지역의 총고용인구를 몇 배나 증가시키는가를 나타내는 지표를 말한다. 예를 들면 A지역의 기반(수출)부문 종사자수가 4,000명이고 비기반(수입)부문 종사자수가 6,000명이라면 이 지역은 산업구조가 기반 1 : 비기반 1.5라는 것을 의미한다. 즉 기반부문에 1명이 추가로 고용되면 비기반부문은 1.5명이 추가로 고용되어야 하고 따라서 지역 전체로 2.5명이 고용되는 효과가 발생하므로 A지역의 경제기반승수는 2.5가 된다.

③ 경제기반승수를 통해, 기반산업 수출부문의 고용인구 변화가 지역의 전체 고용인구에 미치는 영향, 지역의 총인구에 미치는 영향, 부동산수요에 미치는 영향을 예측하는데 사용될 수 있다.

④ 비기반산업의 비중이 클수록 경제기반승수의 값이 커지며, 통상 대도시일수록 비기반산업의 비중이 크고 지역의 성장이 빠르다.

2 시장분석

(1) 의 의

① 시장분석은 특정 부동산에 관련된 시장의 수요와 공급 상황을 분석하는 것이다.

② 시장분석은 부동산의 의사결정을 지원하기 위한 부동산시장의 동향과 추세를 연구하는 활동을 말한다.

(2) 내 용

☑ **시장세분화** ⇨ **개발가능지역**(A, B, C)**의 수요와 공급 분석** ⇨ **목표시장**(C) **결정**

A : APT지역 수요 50,000 공급 60,000	상업지역	단독주택지역	공업지역
단독주택지역	공업지역	고급빌라지역	B : APT지역 수요 30,000 공급 30,000
상업지역	C : APT지역 수요 18,000 공급 10,000	상업지역	농업지역

① **시장세분화**: 지역경제분석의 결과 울산지역에서 아파트 개발사업을 하기로 결정하였다면, 다음 과정으로는 울산지역을 수요자의 특성에 따라 몇 개의 지역으로 구분한다. 이를 시장세분화라고 한다. 시장세분화는 시장지역은 부동산의 종류에 따라 달라지며, 물리·사회·법·경제요소에 따라 영향을 받는다.

② **수요와 공급 분석 후 목표시장 결정**: 세분화 된 지역 중 아파트 개발이 가능한 몇 개의 지역을 고르고(A, B, C), 선택된 몇 개의 지역에 대해 아파트의 수요와 공급 상황을 분석해서 상대적으로 수요에 비해 공급이 부족한 시장을 선택한다(예를 들면 C지역을 선택).

③ 부동산시장분석은 일반적으로 개발 착수 전에 이루어지지만, 후속작업이나 계속적인 투자에 대한 의사결정을 위해 사후 검증차원에서 이루어지기도 한다.

3 시장성분석

(1) 의 의

① 시장성분석은 현재 또는 미래의 시장상황에서의 매매나 임대가능성을 분석하는 작업이다.

② 시장성분석은 특정 부동산이 가진 경쟁력을 중심으로 해당 부동산이 분양될 수 있는 가능성을 분석하는 것이다.

(2) 내 용

① 아파트를 얼마나 짓고(규모), 어떤 수준으로 짓고(질), 얼마의 가격으로 분양을 해야 이 시장에서 가장 잘 팔릴 수 있을지 분석하는 것이다.

② 넓은 평수 1,000채를 고급자재를 사용해서 잘 짓고 평당 천만원의 가격으로 파는 것이 유리할지 아니면 좁은 평수 2,000채를 싼 자재로 짓고 평당 500만원의 가격으로 파는 것이 유리할지 판단하는 과정이다. 어떤 상품을 개발해야 시장에서 가장 경쟁력이 있을 수 있는지를 분석한다.

③ 시장성분석 과정에서는 흡수율분석이 중요하다.

(3) 흡수율분석

① **의의**: 흡수율분석은 시장에 공급된 부동산이 시장에서 일정기간 동안 소비되는 비율을 조사하여 해당 부동산시장의 추세를 파악하는 것이다.

② **흡수량 · 흡수기간 분석**: 흡수율분석이란 유사부동산이 지난 1년 동안 얼마나 흡수되었는가 또는 일정한 양의 부동산이 시장에서 흡수되는 기간이 얼마인가를 분석하는 것을 말한다. 흡수율이 높고 흡수기간이 짧을수록 시장성이 좋은 투자안이다.

③ **구체적인 분석**: 흡수율분석은 부동산의 질과 양적인 측면에서 지역별 · 유형별로 구체적으로 행해야 한다.

④ **미래예측**: 흡수율분석은 현재까지의 추세를 분석해서 미래를 예측하기 위해 필요한 것이다. 따라서 흡수율분석이 과거의 추세분석만이 되어서는 안 되기 때문에 그러한 결과를 가져온 원인에 대한 분석이 병행되어야 한다.

⑤ **공실률 분석**: 공실률이란 임대 대상 부동산이 임대기간 중 임대되지 않고 비어있는 비율을 말한다. 공실률이 높다면 흡수율은 낮다는 것을 의미한다. 다른 조건이 동일하다면 임대차 기간이 짧은 경우에 비해 임대차 기간이 긴 경우가 상대적으로 공실위험을 줄일 수 있다.

4 타당성분석

(1) 의 의

① 재무적 타당성분석이라고도 하며 투자자로부터 자금을 끌어들일 수 있는 충분한 수익이 있는가에 초점을 맞춘 개념이다.

② 자기자본 또는 타인자본에 대한 기회비용을 고려하였을 때 남은 수익이 있는 개발사업인가를 판단하는 것이다.

(2) 내 용

① 타당성분석은 세후현금수지를 기준으로 분석한다.

② 순현가법이나 내부수익률법 등 DCF기법을 사용한다.

③ 할인율을 결정하기 위해 투자대안의 위험을 분석하는 기법인 민감도분석 등이 적용된다.

[할인율 10% 적용]

구 분	현재가치	1년 후	2년 후	3년 후
예상수입 분양률 80% 기준	←	계약금 200	중도금 400	잔금 400
	181 + 330 + 300 = 810	$\frac{200}{1.1} = 181$	$\frac{400}{1.1^2} = 330$	$\frac{400}{1.1^3} = 300$
예상비용	토지매입 + 건축비 + 기타비용 200 400 100 = 700			
타당성 분석	유입현가: 810 유출현가: 700 순현가 : 110 (타당성 있음)			

5 투자분석

투자타당성이 있는 투자안이 여러 개가 있는 경우 다른 투자대안과 비교하면서 최종적인 투자결정을 내리는 단계이다.

시장분석과 경제성분석의 2단계 분석

시장분석 – 시장에서의 채택가능성 평가 –	1. 지역경제분석
	2. 시장분석
	3. 시장성분석
경제성분석 – 개발사업의 수익성 평가 –	4. 타당성분석
	5. 투자분석

1. 시장분석

① 부동산개발의 타당성분석은 먼저 시장성분석을 하고 그 다음 경제성분석을 실시하여 최종적인 투자결정을 한다.

② 시장분석은 특정 개발사업이 시장에서 충분한 경쟁력이 있겠는가를 평가한다. 즉 시장에서의 채택가능성을 평가하는 것이다.

③ 시장분석작업을 통해 경제성분석에 필요한 자료를 수집하고 제공하게 된다.

④ 시장분석은 지역분석 및 도시분석, 근린분석, 부지분석, 수요분석, 공급분석을 그 내용으로 한다.

⑤ 부동산시장분석은 일반적으로 개발 착수 전에 이루어지지만, 후속사업이나 계속적인 투자에 대한 의사결정을 위해 사후검증차원에서 이루어지기도 한다.

2. 경제성분석

① 경제성분석은 경제적 타당성분석을 의미하며, 재무적 타당성분석이라고도 한다. 개발사업의 타당성분석은 일반적으로 경제적 타당성 분석이 가장 중요한 것으로 간주되므로 경제성분석은 중요하다.

② 부동산개발사업의 재무적 타당성분석은 투자자로부터 자금을 끌어들일 수 있는 충분한 수익이 있는가에 초점을 맞춘 개념이다. 즉 수익성 평가가 목적이다.

③ DCF법 즉 순현가법이나 내부수익률법은 개발사업의 경제성분석시 흔히 사용된다.

④ 순현가가 0보다 크거나, 투자가치가 시장가치보다 크거나, 내부수익률이 요구수익률보다 커야 투자타당성이 있는 것이다.

⑤ 경제성분석을 통해 개발사업에 대한 최종적인 결정을 하게 된다.

Ⅱ 입지계수 계산(Location Quotient ; LQ, 입지상)

(1) 입지계수의 의미

입지계수는 특정 산업의 "전국점유율에 대한 지역점유율의 비율"을 말한다. 입지계수를 구해서 특정 산업이 그 지역의 기반산업인지 여부를 판단할 수 있다. 특정 지역이 어떤 산업에 특화되었는지를 판단한 후에 그 지역의 기반산업의 성장가능성을 분석해서 해당 지역의 인구나 소득수준 고용상태 등이 향후 어떨지 예측해보는 것이다.

(2) 입지계수 적용례

① 전국의 고용자수가 100명이고 그중 자동차산업에 10명이 종사한다.

② 울산의 고용자수는 10명이고 그중 자동차산업에 2명이 종사한다.

③ 울산 지역에서의 자동차산업의 입지계수를 구하는 방법

$$\text{자동차산업 } \frac{\text{울산비중}}{\text{전국비중}} = \frac{\text{울산 } \frac{\text{자동차(2명)}}{\text{전체(10명)}} = 20\%}{\text{전국 } \frac{\text{자동차(10명)}}{\text{전체(100명)}} = 10\%} = 2.0$$

(3) '입지계수 〉 1'의 의미

① 입지계수가 1보다 큰 산업이라는 것은 해당 산업이 그 지역에서 수출산업, 지역기반산업, 특화산업임을 뜻한다.

② 울산에서 자동차산업의 입지계수가 2.0, 수원에서 전자산업의 입지계수가 1.5라면 자동차산업은 울산에서, 전자산업은 수원에서 경제기반산업이다.

예제

다음 표에서 A지역 부동산산업의 입지계수를 구하시오.

☑ **지역별 산업 생산성**(단위: 억원)

구 분	A지역	B지역	전 국
부동산	100	400	500
기 타	200	200	400
전 체	300	600	900

☑ **지역별 산업 생산성**(단위: 억원)

구 분	A지역	B지역	전 국
부동산	33.3%	66.6%	55.5%
기 타	66.6%	33.3%	44.4%
전 체	100%	100%	100%

해설 $$\text{A지역 부동산산업 입지계수} = \frac{\text{A지역의 부동산 비중: } \frac{100}{300}}{\text{전국의 부동산 비중: } \frac{500}{900}} = 0.6$$

정답 0.6

예제

X와 Y지역의 산업별 고용자수가 다음과 같을 때, X지역의 입지계수(LQ)에 따른 기반산업의 개수는? (단, 주어진 조건에 한함)

구 분	X지역	Y지역	전지역
A산업	30	50	80
B산업	50	40	90
C산업	60	50	110
D산업	100	20	120
E산업	80	60	140
전산업 고용자수	320	220	540

① 0개　　② 1개　　③ 2개
④ 3개　　⑤ 4개

해설 • 전지역(전국)의 점유율보다 X지역의 점유율이 더 높아야 기반산업이다.

• 각 산업별 전지역에서의 점유율($\frac{\text{산업별 고용자수?}}{\text{전산업 고용자수 540}}$)을 구한다.

• 각 산업별 X지역에서의 점유율($\frac{\text{산업별 고용자수?}}{\text{전산업 고용자수 320}}$)을 구한다.

• 전지역의 점유율보다 X지역의 점유율이 높은 산업이 X지역의 기반산업이다.

• 분석의 결과 D산업만 기반산업이다.

구 분	X지역		전지역	
	고용자수	점유율	고용자수	점유율
A산업	30	$\frac{30}{320}$ = 0.09	80	$\frac{80}{540}$ = 0.148
B산업	50	0.15	90	0.167
C산업	60	0.18	110	0.204
D산업	100	$\frac{100}{320}$ = 0.31	120	$\frac{120}{540}$ = 0.222
E산업	80	0.25	140	0.259
전산업 고용자수	320	100%	540	100%

정답 ②

Ⅲ 부동산이용활동(참고)

1 최고최선의 이용(highest and best use)

최고최선의 이용이란 합리적이고 합법적이고 물리적으로 채택가능한 이용 중에서 가장 최고의 가치를 만들어내는 이용을 말한다. 최유효이용과 같은 의미이다.

2 토지이용의 집약도

(1) 의 의

토지이용의 집약도는 토지의 단위면적에 투입되는 노동과 자본의 양을 의미한다.

$$\text{토지이용의 집약도} = \frac{\text{투입되는 노동과 자본의 양}}{\text{토지 } 1m^2}$$

토지이용의 집약도가 높은 이용을 집약적 이용이라고 하고, 토지이용의 집약도가 낮은 이용을 조방적 토지이용이라고 한다.

(2) 토지이용의 집약도를 증가시키는 요인

지가상승	인구밀도의 증가	토지의 한정(부증성)
규모의 경제	경영효율의 증가	산업의 발달
공법상의 규제완화	토지에 대한 자본의 대체성 증가	

(3) 집약한계와 조방한계

① **집약한계**: 이윤이 극대화되는 집약도를 말한다. 집약적 이용의 상한치를 말하며 한계수입과 한계비용이 일치할 때 집약한계가 된다.

② **조방한계**: 손익분기점(순이익 = 0)의 집약도를 말한다. 집약적 이용의 하한치를 말하며 총수입과 총비용이 일치할 때 조방한계가 된다.

③ **지가와 토지이용의 집약도**: 지가수준이 높은 곳의 토지는 집약적 이용이 유리하고 지가수준이 낮은 곳의 토지는 조방적 이용이 유리하다. 토지가격은 위치에 따라 차이가 크지만 건축비는 큰 차이가 없다. 인간이 필요한 것은 공간인데 이 공간은 토지와 건축의 결합으로 만들어진다. 만일 필요한 공간이 500평인 경우 땅값이 싼 곳은 토지를 500평 확보해서 1층짜리 건물을 짓는 것이 유리하고, 땅 값이 비싼 곳이라면 토지를 50평만 확보해서 10층짜리 건물을 짓는 것이 유리하다는 것이다.

3 직주분리와 직주접근

(1) 직주분리현상

① 도시화가 진행되면서 도심의 주택가격이 오르고 그러한 가격압력을 못 이긴 사람들이 주택가격이 싼 교외로 나가면서 도심에는 공공기관이나 상업시설만 남게 되고, 결국 직장과 주거가 멀어지게 되는 현상을 직주분리현상이라고 한다.

② 도심의 지가고, 도심의 환경악화, 교통의 발달 등이 직주분리의 원인이고 그 결과 도심의 상주인구가 감소하는 현상이므로 도심의 주・야간 인구차가 커지는 도심공동화현상(도넛현상)이 나타나고, 시외곽은 베드타운이 되며 출퇴근시 교통혼잡이 발생한다.

(2) 직주접근현상

① 직주분리가 너무 심해지면 도시 외곽의 주택지에서 도심지까지의 출퇴근이 매우 혼잡해지고 교통난이 가중되면서 살기가 힘들어지게 되는데 그러면 사람들이 다시 도심으로 되돌아오는 현상이 나타난다. 이것을 직주접근(職住接近) 또는 회귀현상이라고 한다.

② 외곽지역의 주택가격 상승으로 인한 도심의 상대적 주택가격 하락, 도심의 환경개선, 교통체증의 심화 등이 직주접근의 원인이고 그 결과 도심지역의 건축물이 고층화되고 도시회춘화현상이 발생한다.

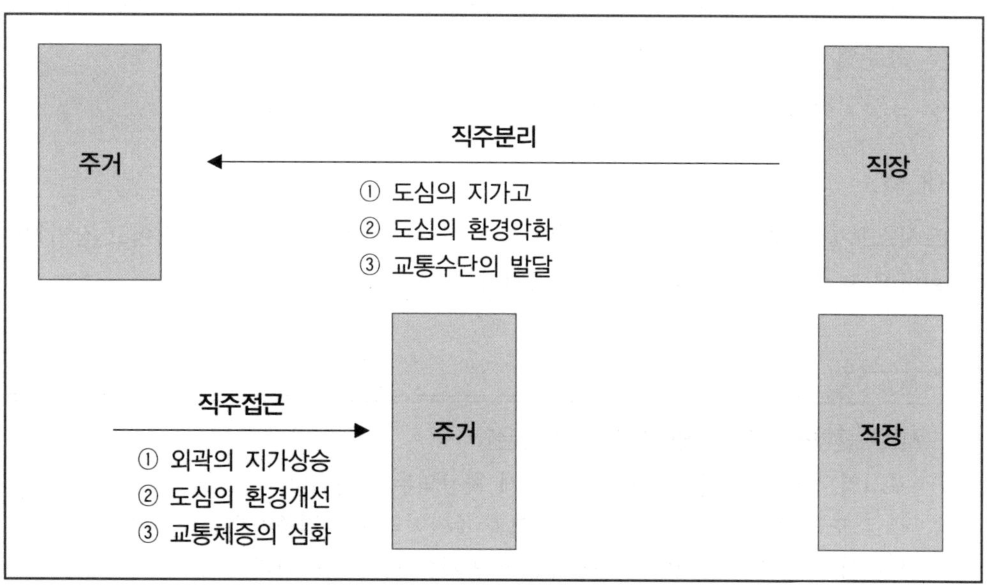

4 도시스프롤(urban sprawl)

(1) 의 의

① 도시스프롤현상이란 도시의 급격한 팽창에 따라 기존 주거지역이 과밀화되면서 시가지가 도시 교외지역으로 불규칙하고 무질서하게 확대되어 가는 현상을 말한다. 스프롤이란 벌레가 나뭇잎을 먹어 들어가는 것과 같이 도시의 주택이 도시 외곽을 제멋대로 잠식하면서 퍼져나가는 것을 말한다.

② 도시스프롤은 기본적으로 평면적인 형태로 나타나지만 경우에 따라서는 입체적 스프롤현상이 나타나기도 한다.

(2) 도시스프롤의 형태

① 스프롤의 형태는 저밀도 연쇄개발현상(일반적), 고밀도 연쇄개발현상(우리나라 일부), 비지(飛地)적 현상 등이 있다.

② 도시의 교외로 확산되면서 중간중간에 공지를 남기기도 한다.

③ 간선도로를 따라 확산이 전개되는 현상이 나타나기도 한다.

(3) 특 징

① 스프롤 현상이 발생한 지역의 토지는 최유효이용에서 괴리될 수 있으며, 지가수준은 표준적 수준 이하로 형성된다.

② 주거지역뿐만 아니라 상업지역이나 공업지역에서도 발생한다.

(4) 대 책

도시스프롤을 방지하기 위해서는 개발제한구역을 지정한다든지, 계획적이고 장기적인 계획하에 도시를 개발하는 노력이 필요하다.

예제

도시스프롤현상에 관한 설명으로 틀린 것은?

① 도시의 성장이 무질서하고 불규칙하게 확산되는 현상이다.
② 주로 도시 중심부의 오래된 상업지역과 주거지역에서 집중적으로 발생한다.
③ 도시의 교외로 확산되면서 중간중간에 공지를 남기기도 한다.
④ 스프롤현상이 발생한 지역의 토지는 최유효이용에서 괴리될 수 있다.
⑤ 간선도로를 따라 확산이 전개되는 현상이 나타나기도 한다.

해설 ② 도시스프롤은 주로 도시 외곽부의 팽창인 도시의 평면적 확산을 의미한다.

정답 ②

5 지가구배현상(토페카현상 – 토페카: 미국의 소도시)

(1) 의 의

① 소도시의 지가수준은 도심에서는 치솟지만 도심에서 벗어나면 급격하게 저하되는데 이를 지가구배(地價句配)현상이라고 한다.

② 그리고 도심에서 지가가 제일 비싼 곳을 '100% 입지'라고 한다.

(2) 지가구배곡선

① 지가하락률은 도심이 급하고 외곽으로 나갈수록 하락률이 낮아지므로 지가구배곡선은 직선이 아니고 원점에 볼록한 곡선이 된다.

② 지가구배는 부심이 존재하는 대도시에서는 복합한 형태로 나타난다.

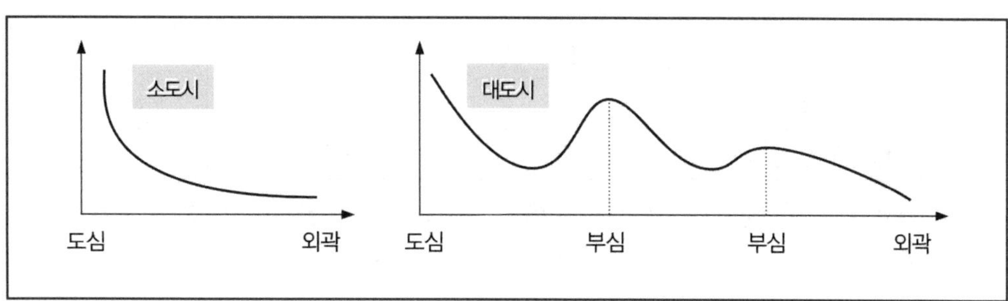

www.pmg.co.kr

	31번 : 부동산개발의 타당성분석	기출문제									
Ⅰ	부동산분석(타당성분석과정)		27	28	29		31	32			
Ⅱ	입지계수 계산문제		27			30		32		34	

[30회] 각 지역과 산업별 고용자수가 다음과 같을 때, A지역 X산업과 B지역 Y산업의 입지계수(LQ)를 올바르게 계산한 것은? (결과값은 소수점 셋째 자리에서 반올림함)

구 분		A지역	B지역	전지역 고용자수
X산업	고용자수	100	140	240
	입지계수	(㉠)	1.17	
Y산업	고용자수	100	60	160
	입지계수	1.25	(㉡)	
고용자수 합계		200	200	400

① ㉠ : 0.75, ㉡ : 0.83 ② ㉠ : 0.75, ㉡ : 1.33 ③ ㉠ : 0.83, ㉡ : 0.75
④ ㉠ : 0.83, ㉡ : 1.20 ⑤ ㉠ : 0.83, ㉡ : 1.33

❶ 정답 ③

구 분	A지역	B지역	전지역 고용자수
X	100(50%)		240(60%)
	㉠ $\frac{50\%}{60\%}$ = **0.83**		
Y		60(30%)	160(40%)
		㉡ $\frac{30\%}{40\%}$ = **0.75**	
합 계	200	200	400

[부동산분석-25회] 부동산개발사업시 분석할 내용에 관한 설명으로 틀린 것은?

① 민감도분석은 시장에 공급된 부동산이 시장에서 일정기간 동안 소비되는 비율을 조사하여 해당 부동산시장의 추세를 파악하는 것이다.

② 시장분석은 특정 부동산에 관련된 시장의 수요와 공급 상황을 분석하는 것이다.

③ 시장성분석은 부동산이 현재나 미래의 시장상황에서 매매 또는 임대될 수 있는 가능성을 조사하는 것이다.

④ 예비적 타당성분석은 개발사업으로 예상되는 수입과 비용을 개략적으로 계산하여 수익성을 검토하는 것이다.

⑤ 인근지역분석은 부동산개발에 영향을 미치는 환경요소의 현황과 전망을 분석하는 것이다.

정답 ①

민감도분석 ⇨ 흡수율분석

www.pmg.co.kr

32번 : 개발방식		기 출									
Ⅰ	민간개발방식	26	27		29	30					35
Ⅱ	공적개발방식	26	27			30	31				35[2]

Ⅰ 민간개발방식 ★★

[학습포인트] 공사비대물변제방식과 개발신탁방식이 집중적으로 출제된다. 특히 최근 부동산신탁의 내용이 출제되고 있다. 부동산신탁에서 개발신탁만 출제되지 않고 담보신탁 등 다양한 문제가 출제되므로 신탁은 종합적인 지식을 쌓아두도록 한다. 그리고 신탁방식에서는 소유권이 이전된다는 점에 유념한다.

1. 자체사업	2. 지주공동사업	3. 신탁(소유권이전)	4. 컨소시엄
고위험 고수익 빠른 진행	공사비대물변제방식 공사비분양금정산 투자자모집방식(조합) 사업위탁(수탁)방식	**관**리신탁 **개**발(토지)신탁 **처**분신탁 **분**양관리신탁 **담**보신탁	공동투자

Ⅱ 공적개발방식: 신개발과 재개발 ★★

[학습포인트] 도시개발법에 의한 신개발과 정비법에 의한 재개발을 공부한다. 공법시간에 배우는 내용의 최하위버전이라고 보면 된다. 신개발에서는 환지방식에서의 체비지 등의 용어를 학습하고 재개발에서는 정비사업의 정의를 법조문으로 익히도록 한다.

1. 신개발 개발법 ⇨ 개발구역 ⇨ 개발사업		2. 재개발 정비법 ⇨ 정비구역 ⇨ 정비사업		
환지방식	수용방식	극단-주거	상열-개발	공양-건축
재분배 보류지, 체비지 구획정리사업	개발이익 환수 개발기간 단축	극히 열악 단독주택 주거환경개선사업	상업지역 열악 재개발사업	공동주택 양호 재건축사업

Ⅰ 민간개발방식

민간이 주체가 되는 개발방식에는 1. 자체사업, 2. 지주공동사업, 3. 신탁개발, 4. 컨소시엄 구성방식, 5. 신차지방식 등이 있다.

1. 자체사업	2. 지주공동사업	3. 신탁(소유권이전)	4. 컨소시엄
고위험 고수익 빠른 진행	공사비대물변제방식 공사비분양금정산 투자자모집방식(조합) 사업위탁(수탁)방식	**관리신탁** **개발**(토지)신탁 **처분신탁** **분양관리신탁** **담보신탁** (신탁증서금융)	공동투자

1 자체사업

(1) 내 용

① 토지소유자가 사업주체가 되어 자금의 조달과 시공의 모든 과정을 담당한다.

② 통상적으로 가장 많이 이용되는 사업방식이다.

(2) 장 점

① 개발사업의 수익이 모두 토지소유자에게 귀속된다.

② 토지소유자가 의도한 대로 사업을 추진할 수 있다.

③ 사업시행의 속도가 빠르다.

(3) 단 점

① 사업의 위험성이 크고 모든 위험을 토지소유자가 부담해야 한다.

② 토지소유자가 전체 자금을 조달해야 하므로 자금조달의 부담이 크다.

③ 토지소유자가 사업의 노하우 및 위기관리능력이 있어야 한다.

2 지주공동사업

토지소유자는 토지를 제공하고, 개발업자는 자금과 시공을 담당한 후 개발이익을 현금 또는 건물의 일부로 돌려받는 사업형태이다.
지주공동사업은 위험과 수익을 토지소유자와 개발업자가 나누어 가진다.

(1) **개발업자에게 공사비를 물건으로 변제하는 방식**(등가교환방식)

① 토지소유자(사업시행자)는 토지를 제공하고 개발업자(건설회사)는 자금을 제공하여 개발사업을 진행한다.

② 토지소유자는 개발업자에게 주어야 할 공사비를 완공된 건축물의 일부로 갚는다(대물변제). 즉 건설업자가 제공한 공사비를 완공 후의 건축물로 상호 교환하는 형태가 된다(등가교환).

③ 건설회사는 공사비로 받은 부분을 분양하거나 임대하거나 또는 직접 사용할 수 있다.

(2) **개발업자에게 공사비를 분양대금으로 우선지급하는 방식**(대표적인 방식)

① 토지소유자가 사업을 시행하면서 건설업체에 공사를 발주하고 공사비는 분양수입금으로 지급하는 방식이다.

② 자금동원 능력이 없는 사업시행자에게 적합한 방식이다.

③ 공사비대물변제방식이 공사를 완공하고 정산하는 방식이라면 분양금정산방식은 공사완료 후 분양까지 마치고 정산하는 방식이다.

(3) **투자자 모집형**(부동산 신디케이트)

① 사업시행자가 자금이 부족한 경우 투자자를 모집하는 방식이다.

② 통상 신도시 상업지역의 개발이나 조합주택의 개발에 이용되는데 이 경우 조합이 사업시행자가 된다.

③ 조합원의 이익과 투자자에 대한 이익보장을 잘 조율하는 것이 중요하다.

(4) **사업위탁방식**(= 사업제안형 = 사업수탁방식)

① 토지소유자가 개발사업 일체(개발기획부터 개발 후 관리운영까지의 모든 부동산활동)를 개발업자에게 위임하는 방식이다.

② 토지와 개발자금은 토지소유자가 조달하고 개발업자는 수수료를 받는다.

3 토지신탁방식

(1) 의 의

① 토지소유자가 부동산신탁회사와 신탁계약을 맺어 토지를 양도하면 신탁회사가 토지를 개발하여 수익을 창출하고 이후 계약기간이 끝나면 토지소유자는 토지와 건물을 돌려받는 사업방식이다.

② 현재 우리나라의 부동산신탁회사는 관리신탁, 처분신탁, 개발신탁(= 토지신탁), 담보신탁의 업무를 시행하고 있으며 이 중 토지신탁이 중심적인 업무내용을 이루고 있다.

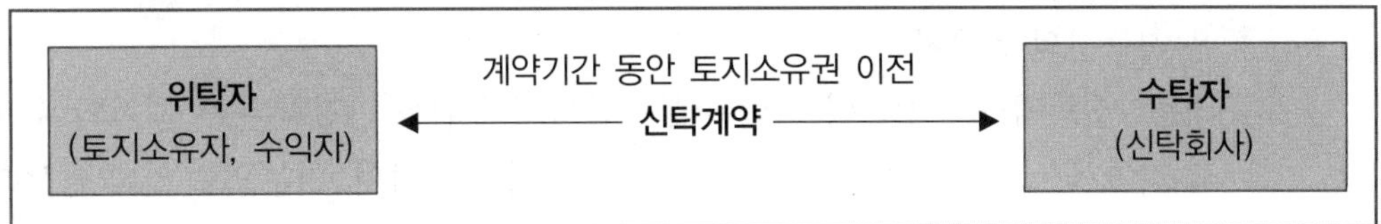

(2) 부동산신탁의 특징

① **법적 권리와 의무는 수탁자의 몫이다.**: 신탁재산을 관리하고 처분한 결과 발생하는 제3자와의 권리 및 의무는 수탁자에게 귀속하며, 위탁자 또는 수익자에게 직접 귀속하지 않는다.

② **신탁재산의 소유권은 이중성을 가진다.**: 신탁재산은 대내외적으로 수탁자에게 귀속해도 수탁자가 권리를 행사하는 것은 신탁목적대로 수익자를 위해 행사해야 한다.

③ **신탁재산은 독립성을 가진다.**: 신탁재산은 위탁자 및 수탁자 모두로부터 독립되어 있다. 즉 신탁재산은 위탁자 소유의 재산에 포함되지 않으며 수탁자도 본인의 고유재산과 분리하여 별개의 것으로 취급하여야 한다.

(3) **부동산신탁의 종류**(한국자산신탁 참고)

① **관리신탁**

㉠ 대상: 해외에 장기체류하는 부동산소유자, 고령의 부동산소유자, 부동산관련 경험과 지식이 부족해서 관리가 어려운 부동산소유자 등

㉡ 내용: 신탁회사가 부동산소유권을 이전받아서 수탁부동산에 대한 각종 관리업무(유지관리, 세금관리, 행정업무 등)를 수행하고 수익이 발생하면 이를 위탁자에게 돌려준다.

② **토지신탁**(개발신탁)

㉠ 대상: 부동산을 개발하고 싶은데 건설자금과 경험이 없는 부동산소유자

㉡ 내용: 위탁자가 소유부동산을 신탁회사에 소유권을 넘기면 신탁회사가 고객이 원하는 개발형태(아파트, 오피스텔 등)로 개발하고 개발수익을 위탁자에게 주는 방식이다. 이때 건설자금의 조달 및 건축물의 건설, 분양, 유지, 관리는 모두 신탁회사가 맡아서 하게 된다.

③ **처분신탁**: 소유부동산의 처분이 필요한 경우

㉠ 대상: 처분이 어려운 대형의 고가부동산 또는 권리관계가 복잡해서 처분이 어려운 부동산의 소유자

㉡ 내용: 신탁회사가 처분이 어려운 부동산의 소유권을 이전받은 후 최적의 수요자를 찾아서 신탁부동산을 효율적이고 안전하게 처분하며, 처분으로 인해 발생하는 수익을 위탁자에게 돌려준다.

④ **분양관리신탁 및 자금관리대리사무**

㉠ 대상: 오피스텔과 상가 등의 건축물을 선분양하고 싶은 분양사업자

㉡ 내용: 신탁회사가 분양관리와 자금관리(분양수입금 수납과 사업비의 집행 등의 업무)를 맡아서 수행하게 된다.

> **제도상 공동주택을 제외한 상가 등의 건축물을 선분양하기 위한 요건**(피분양자를 보호하기 위한 요건: 셋 중 하나를 선택)
> 1. 금융기관으로부터 분양보증을 받는다.
> 2. 신탁회사와 분양관리신탁 및 자금관리 대리사무계약을 체결한다.
> 3. 토지신탁을 이용해서 개발한다.

⑤ **담보신탁**: 담보가 필요한 경우

㉠ 대상: 근저당이 아닌 방식으로 금융기관으로부터 자금을 조달하기 원하는 부동산소유자(저당권 설정이 절차가 까다롭고 저당권 설정비용이 많이 든다.)

㉡ 내용: 신탁회사가 부동산소유권을 이전받고 위탁자에게 신탁증서를 발급하면 위탁자는 신탁증서를 은행에 제공해서 필요한 자금을 조달한다. 신탁회사는 위탁자가 빌린 돈을 은행에게 정상적으로 상환하면 수탁부동산을 다시 위탁자에게 돌려준다. 만약 위탁자가 채무를 불이행하면 신탁회사는 공매를 통해 부동산을 처리하고 그 처분대금으로 채권자(은행)에게 빌린 돈을 갚고 돈이 남으면 위탁자에게 돌려준다.

> **은행에서 담보를 제공하고 돈을 빌리는 방법**(부채금융)
> 1. **부동산을 담보로 제공하고**(저당권을 설정) **돈을 빌리는 방법**: 저당금융
> 2. **신탁증서를 담보로 제공하고**(질권을 설정) **돈을 빌리는 방법**: 신탁증서금융
> 3. **개발사업을 담보로 제공하고 돈을 빌리는 방법**: 프로젝트금융(PF)

4 컨소시엄 구성방식

(1) 의 의

토지소유자와 개발업자가 컨소시엄을 구성하고 이들이 공동으로 개발하는 형태이다.

(2) 특 징

① 대규모 개발사업의 경우 자금조달이나 기술협력을 위해 기존의 법인들끼리 힘을 합쳐 새로운 연합법인 등을 만드는 것이다.

② 출자회사 간에 이해가 상충되면 사업이 지연되거나 서로 책임을 회피할 수도 있다는 단점이 있다.

③ 대규모 아파트개발이나 사회간접자본시설(SOC) 사업의 경우 유용하다.

5 차지방식

(1) **구차지방식**(옛날의 토지임대차)

① **높은 권리금을 받고 토지를 빌려주는 방식**: 구차지방식은 개발업자가 토지를 임차하여 개발하는 방식으로서 임대계약 초기에 권리금을 먼저 많이 지불하고 임대차기간 동안에는 낮은 임료 또는 임료를 지불하지 않는 방식을 말한다.

② **개발업자 입장에서 초기부담이 크다.**: 개발업자 입장에서 토지를 매입할 자금이 부족해서 토지를 임차하는 것인데 초기에 한꺼번에 토지임대료를 다 주면 개발업자 입장에서는 임대차방식의 메리트가 없기 때문에 이러한 차지방식은 점차 사라지고 최근에는 매년 고액의 토지사용료를 주는 새로운 차지방식으로 변하고 있다.

(2) **신차지방식**(최근의 토지임대차)

① **권리금없이 매 기간 고액의 지대 지불**: 신차지방식은 개발업자가 토지를 임차하여 개발하는 방식으로서 임대계약 초기에 지불하는 권리금 없이 계약기간 중에 고액의 지대를 지급하는 방식이다. 계약기간이 종료되면 토지는 무상으로 반환되고 건물로 시가로 양도된다.

② **토지소유자 입장에서 위험 부담이 크다.**: 토지소유자의 입장에서는 개발업자의 개발사업이 실패하는 경우 지료를 제대로 받지 못할 위험을 감수해야 한다는 특징이 있다.

Ⅱ 공적개발방식: 신개발(도시개발법)과 재개발(도시 및 주거환경정비법)

1 신개발(도시개발법)

신개발은 외연적 확산개발을 의미하며 대표적인 신개발은 도시개발법에 의한 상업단지나 주거단지의 개발과 택지개발촉진법에 의한 도시개발예정지구의 개발이 있다.

환지방식을 주 내용으로 하는 토지구획정리사업법은 2000년에 폐지되어서 그 내용이 도시개발법으로 흡수된 상태이다. 현행 도시개발법에 의하면 도시개발사업의 시행방식으로 환지방식, 수용 또는 사용방식, 혼용방식을 규정하고 있다.

> **도시개발법 제21조 【도시개발사업의 시행 방식】**
> (1) 도시개발사업은 수용 또는 사용방식, 환지방식, 혼용방식으로 시행할 수 있다.
> (2) 도시개발구역지정 이후 다음의 경우 도시개발사업의 시행방식을 변경할 수 있다.
> ① 다른 방식에서 환지방식으로 변경하는 경우
> ② 수용방식에서 혼용방식으로 변경하는 경우

(1) **환지방식**(권리축소의 방식)

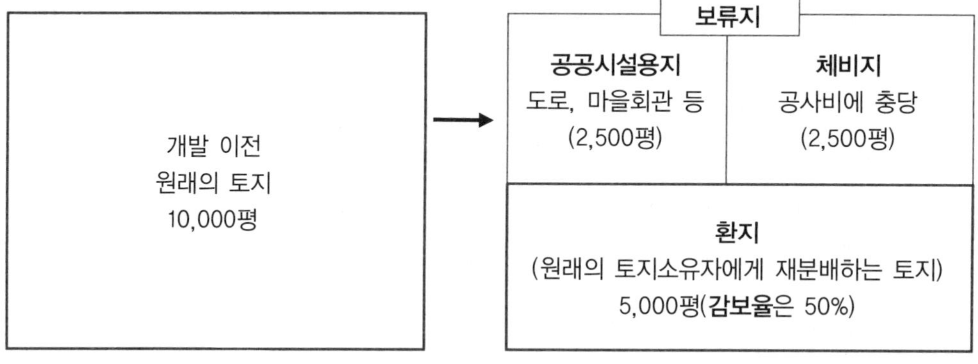

① **의의**: 환지방식이란 불규칙한 농지나 미개발지를 기반시설을 갖춘 도시토지로 개발한 후 개발된 토지를 기존의 토지소유자에게 재분배하는 방식(단지조성)을 말한다.

② **장점**: 공공의 재정투자를 최소화시킬 수 있다.

③ **단 점**

㉠ 사업의 진행속도가 느리다.

㉡ 환지처분의 과정에서 마찰이 생길 수 있다.

㉢ 지가상승에 의존 또는 지가상승을 유발하는 사업방식이므로 지가고가 문제되는 지역에서는 적용하기가 어렵다.

④ **적용**: 종전 토지구획정리사업(현 도시개발사업)에 의한 강남지역의 개발에 적용

(2) 매수방식(수용 또는 사용방식, 공영개발－권리소멸의 방식)

> **도시개발법 제22조 【토지 등의 수용 또는 사용】**
> 시행자는 도시개발사업에 필요한 토지 등을 수용하거나 사용할 수 있다.
> 다만, '국가 · 지방자치단체, 공공기관, 정부출연기관, 지방공사' 외의 시행자는 토지면적의 3분의 2 이상에 해당하는 토지를 소유하고 토지소유자 총수의 2분의 1 이상에 해당하는 자의 동의를 받아야 한다.

① 매수방식은 도시지역의 시급한 주택난을 해소하기 위한 "전면매수 － 전면개발 － 전면분양"에 의한 개발방식(주택용지조성)을 말한다. 매수방식은 시장기구를 통한 토지자원의 최적배분이 어렵다는 점에서 그 의의가 있다.

② 매수방식이 원활하게 이루어지기 위해서는 개인의 재산권을 보호하는 측면에서 충분한 협의와 보상이 이루어져야 하고, 교통 및 통신시설 · 상하수도 · 공원 · 의료시설 등의 시설용지를 충분히 확보하여야 한다.

③ 매수방식으로 조성한 택지는 택지조성 후 택지 분양시 차등공급이 가능하며 택지를 공급받은 자는 승인받은 용도대로 사용해야 한다.

④ **장 점**
   ㉠ 공영개발은 개발이익의 사회적 환수를 가능하게 한다.
   ㉡ 환지방식과 비교할 때 개발기간을 단축시킬 수 있다.
   ㉢ 감보의 복잡성을 회피할 수 있다.
   ㉣ 지가상승에 의존하지 않는다.

⑤ **단 점**
   ㉠ 수용과정에서 토지매입과 보상과정에서 마찰이 발생할 수 있다.
   ㉡ 초기에 막대한 토지구입비용이 들기 때문에 사업시행자가 재정지출을 효율적으로 관리하기 힘들다.
   ㉢ 기반시설을 설치하는 비용을 초기수요자가 부담해야 한다.

⑥ **적용**: 매수방식은 주로 대규모 개발사업에 이용되어 왔다. 1983년부터 목동 · 안산 · 분당 · 일산 등 신도시 개발에 적용했으며 현재 공적 개발의 가장 보편적인 방법이다(택지개발촉진법에 의한 택지개발예정지구 지정 · 개발).

(3) 혼용방식

토지를 매수하고, 환지방식을 혼합하여 개발하는 것을 혼용방식(혼합방식)에 의한 개발이라고 한다.

학문상의 신개발 – 택지개발

(1) **택지의 개념**

① 택지란 현재 주거지나 상업지 또는 공업지로 이용되고 있거나 또는 장차 그렇게 이용될 토지를 말한다.

② 농지나 임지가 농촌토지라면 여기에서 개발된 토지, 즉 도시토지의 개념이 택지이다.

(2) **택지개발**

① 택지개발이란 택지를 조성하고 공공시설을 정비하여 택지를 확보하고 시가지의 개발 등을 행하는 것을 말한다.

② 인구증가, 도시화, 공법상 규제로 인한 개발가능한 토지의 부족 등이 택지개발이 필요한 이유가 된다.

(3) **택지의 성숙도**

① 성숙도란 택지가 건축할 수 있는 여건을 얼마나 갖추고 있는가를 나타내는 정도를 말하며 택지의 성숙도는 복합개념(법률적 성숙도, 물리적 성숙도, 경제적 성숙도를 종합해서)으로 판단한다.

② 성숙지란 즉시 건축활동을 할 수 있는 토지를 말하고, 미성숙지는 택지가 성숙할 때까지 상당한 비용과 기간이 필요한 토지를 말한다.

③ 성숙도의 판단은 택지별로 개별적으로 판단하며, 동일한 택지라도 그 용도에 따라서 성숙도가 달라질 수 있다. 기반시설은 잘 갖추어져 있지만 학교나 편의시설 등은 아직 갖추어져 있지 않은 택지인 경우 공업용지로는 성숙지로 판단하지만 주거지로는 미성숙지로 판단한다.

④ 최종 토지소유자의 입장에서는 미성숙지는 불리한 측면이 많지만, 대규모 개발이나 투기의 경우에는 오히려 값이 싼 미성숙지가 유리한 측면이 있다.

☑ 도시개발법 [시행 2023. 10. 19.]

제1조 【목적】 이 법은 도시개발에 필요한 사항을 규정하여 계획적이고 체계적인 도시개발을 도모하고 쾌적한 도시환경의 조성과 공공복리의 증진에 이바지함을 목적으로 한다.

제2조 【정의】

(1) "도시개발구역"이란 도시개발사업을 시행하기 위하여 지정·고시된 구역을 말한다.

(2) "도시개발사업"이란 도시개발구역에서 주거, 상업, 산업, 유통, 정보통신, 생태, 문화, 보건 및 복지 등의 기능이 있는 단지 또는 시가지를 조성하기 위하여 시행하는 사업을 말한다.

제3조 【도시개발구역의 지정 등】

(1) 시·도지사 또는 "대도시 시장(인구 50만 이상)은 도시개발구역을 지정할 수 있다.

(2) 시장(대도시 시장 제외)·군수 또는 구청장은 시·도지사에게 도시개발구역의 지정을 요청할 수 있다.

제3조의2 【도시개발구역의 분할 및 결합】 지정권자는 도시개발구역을 둘 이상의 사업시행지구로 분할하거나 서로 떨어진 둘 이상의 지역을 결합하여 하나의 도시개발구역으로 지정할 수 있다.

제11조 【시행자】 도시개발사업의 시행자는 다음의 자 중에서 지정권자가 지정한다. 다만 도시개발구역의 전부를 환지방식으로 시행하는 경우에는 ⑤ 또는 ⑥을 시행자로 지정한다.

① **국**가나 지방자치단체

② **공**공기관

③ 정부**출**연기관

④ **지**방공사

⑤ 토지소유자

⑥ 토지소유자가 설립한 조합 – 전부환지방식에만 해당

⑦ ~ ⑪: 기타 요건에 해당하는 자

제21조 【도시개발사업의 시행방식】

(1) <u>도시개발사업은 수용 또는 사용방식, 환지방식, 혼용방식으로 시행할 수 있다.</u>

(2) 도시개발구역지정 이후 다음의 경우에는 도시개발사업의 시행방식을 변경할 수 있다.

① '국가나 지방자치단체, 공공기관, 정부출연기관, 지방공사'가 다른 방식에서 환지방식으로 변경하는 경우

② 조합을 제외한 시행자가 수용방식에서 혼용방식으로 변경하는 경우

수용방식 ⇨ 혼용방식 ⇨ 환지방식은 가능, 거꾸로는 권리침해가 심해지므로 불가능

제21조의2 【순환개발방식의 개발사업】

(1) 시행자는 도시개발구역의 내외에 있는 주택에 철거주민을 임시로 거주(순환용 주택)하게 하는 등의 방식으로 그 도시개발구역을 순차적으로 개발할 수 있다.

(2) 순환용 주택에 거주하는 자가 도시개발사업이 완료된 후에도 순환용 주택에 계속 거주하기를 희망하는 때에는 이를 분양하거나 계속 임대할 수 있다.

제22조 【토지 등의 수용 또는 사용】

(1) 시행자는 도시개발사업에 필요한 토지 등을 수용하거나 사용할 수 있다.

(2) '제11조의 ①②③④' 외의 시행자는 토지면적의 $\frac{2}{3}$ 이상을 소유하고 토지소유자 총수의 $\frac{1}{2}$ 이상의 동의를 받아야 한다.

제23조 【토지상환채권의 발행】

(1) 토지소유자가 원하면 토지매수대금의 일부를 토지상환채권으로 지급할 수 있다.

(2) 제11조의 ①②③④ 외는 지급보증을 받아야 채권을 발행할 수 있다.

제25조의2 【원형지의 공급과 개발】

(1) "제11조의 ①②④, 공모당선자, 학교나 공장부지 사용자"에게는 원형지를 공급할 수 있다.

(2) 원형지는 전체 면적의 $\frac{1}{3}$ 이내에서만 공급할 수 있다.

제27조 【학교 용지 등의 공급 가격】

(1) 학교토지와 이주단지 토지를 공급하는 경우에는 감정가격 이하로 정할 수 있다.

(2) 공적 주체에게 임대주택 건설용지를 공급하는 경우에는 감정가격 이하로 정해야 한다.

제28조 【환지 계획의 작성】

(1) 사업을 환지방식(전부 또는 일부)으로 시행하려면 환지 계획을 작성하여야 한다.
  ① 환지 설계
  ② 필지별로 된 환지 명세
  ③ 필지별과 권리별로 된 청산 대상 토지 명세
  ④ 체비지(替費地) 또는 보류지(保留地)의 명세
  ⑤ 입체 환지용 건축물의 명세와 공급 방법 · 규모에 관한 사항

(2) 시행자는 환지방식이 적용되는 조성토지 등의 가격을 평가할 때에는 토지평가협의회의 심의를 거쳐 결정하되, 그에 앞서 공인평가기관이 평가하게 하여야 한다.

제30조 【동의 등에 따른 환지의 제외】

(1) 토지 소유자가 동의하면 환지를 정하지 아니할 수 있다.

(2) 임차권자 등이 있는 경우에는 그 동의를 받아야 한다.

제31조 【토지면적을 고려한 환지】

(1) 면적이 작은 토지는 면적을 늘려서 환지로 정하거나 환지 대상에서 제외할 수 있다.

(2) 면적이 넓은 토지는 면적을 줄여서 환지를 정할 수 있다.

제32조 【입체 환지】 시행자는 필요한 경우에는 토지 또는 건축물 소유자의 신청을 받아 건축물의 일부와 그 건축물이 있는 토지의 공유지분을 부여할 수 있다.

제34조 【체비지 등】

(1) 시행자는 사업경비에 충당하기 위하여 일정한 토지를 환지로 정하지 아니하고 보류지로 정할 수 있다.

(2) 시행자는 보류지 중 일부를 체비지로 정하여 경비에 충당할 수 있다.

제35조 【환지 예정지의 지정】

(1) 시행자는 필요하면 환지예정지를 지정할 수 있다.

(2) 종전토지에 대한 임차권자 등이 있으면 그 부분을 아울러 지정하여야 한다.

제36조 【환지 예정지 지정의 효과】

(1) 종전토지의 권리자는 환지예정지에 종전권리를 행사할 수 있다.

(2) 종전토지는 사용하거나 수익할 수 없다(효력발생일 ~ 환지처분 공고일).

(3) 환지예정지의 종전권리자는 이를 사용하거나 수익할 수 없다.

(4) 환지예정지가 체비지로 지정된 경우에는 이를 사용, 수익, 처분할 수 있다.

제40조 【환지처분】 준공검사를 받은 경우에는 환지처분을 하여야 한다.

제41조 【청산금】 환지처분시 그 과부족분은 금전으로 청산하여야 한다.

제42조 【환지처분의 효과】

(1) 환지는 환지처분이 공고된 날의 다음 날부터 종전의 토지로 보며, 종전권리는 그 환지처분이 공고된 날이 끝나는 때에 소멸한다.

(2) **소유권의 취득**

① **체비지**: 시행자가 소유권 취득(환지처분이 공고된 다음 날)

② **보류지**: 환지 계획에서 정한 자가 소유권 취득(환지처분이 공고된 다음 날)

③ **이미 처분된 체비지**: 그 체비지를 매입한 자(소유권이전등기를 마친 때)

제46조 【청산금의 징수 · 교부 등】 환지를 정하지 아니하는 토지에 대하여는 환지처분 전이라도 청산금을 교부할 수 있다.

제47조 【청산금의 소멸시효】 청산금을 받을 권리나 징수할 권리를 5년간 행사하지 아니하면 시효로 소멸한다.

② 재개발(도시 및 주거환경정비법)

제1조 【목적】 이 법은 도시기능의 회복이 필요하거나 주거환경이 불량한 지역을 계획적으로 정비하고 노후·불량건축물을 효율적으로 개량하기 위하여 필요한 사항을 규정함으로써 도시환경을 개선하고 주거생활의 질을 높이는 데 이바지함을 목적으로 한다.

제2조 【정의】

(1) **정비구역**: 정비사업을 계획적으로 시행하기 위하여 지정·고시된 구역

(2) **정비사업**: 다음의 사업을 말한다.

① **주거환경개선사업**: 도시저소득 주민이 집단거주하는 지역으로서 정비기반시설이 극히 열악하고 노후·불량건축물이 과도하게 밀집한 지역의 주거환경을 개선하거나 단독주택 및 다세대주택이 밀집한 지역에서 정비기반시설과 공동이용시설 확충을 통하여 주거환경을 보전·정비·개량하기 위한 사업을 말한다.

② **재개발사업**: 정비기반시설이 열악하고 노후·불량건축물이 밀집한 지역에서 주거환경을 개선하거나 상업지역·공업지역 등에서 도시기능의 회복 및 상권활성화 등을 위하여 도시환경을 개선하기 위한 사업을 말한다.

이 경우 공적 주체가 일정비율 이상을 공공임대주택 등으로 건설·공급하는 재개발사업을 "공공재개발사업"이라 한다.

③ **재건축사업**: 정비기반시설은 양호하나 노후·불량건축물에 해당하는 공동주택이 밀집한 지역에서 주거환경을 개선하기 위한 사업을 말한다.

이 경우 공적 주체가 일정세대수 이상을 공급하면 "공공재건축사업"이라 한다.

(3) **노후·불량건축물**

① 건축물이 훼손되거나 일부가 멸실되어 붕괴, 그 밖의 안전사고의 우려가 있는 건축물

② 내진성이 확보되지 아니한 건축물 중 중대한 기능적 결함 또는 부실 설계·시공으로 구조적 결함 등이 있는 건축물(대통령령)

③ 다음의 요건을 모두 충족하는 건축물로서 시·도조례로 정하는 건축물(대통령령)

㉠ 주변 토지의 이용 상황 등에 비추어 주거환경이 불량한 곳에 위치할 것

㉡ 건축물을 철거하고 새로운 건축물을 건설하는 경우 건설에 드는 비용과 비교하여 효용의 현저한 증가가 예상될 것

④ 도시미관을 저해하거나 노후화된 건축물로서 대통령령으로 정하는 바에 따라 시·도조례로 정하는 건축물

제3조 【도시·주거환경정비 기본방침】 국토교통부장관은 도시 및 주거환경을 개선하기 위하여 10년마다 기본방침을 정하고, 5년마다 타당성을 검토하여야 한다.

제4조 【도시 · 주거환경정비기본계획의 수립】

(1) 특별시장 · 광역시장 · 특별자치시장 · 특별자치도지사 또는 시장은 관할 구역에 대하여 도시 · 주거환경정비기본계획을 10년 단위로 수립하여야 한다.

(2) 도지사가 대도시가 아닌 시로서 기본계획을 수립할 필요가 없다고 인정하는 시에 대하여는 기본계획을 수립하지 아니할 수 있다.

(3) 기본계획의 수립권자는 기본계획에 대하여 5년마다 타당성을 검토하여야 한다.

제8조 【정비구역의 지정】 특별시장 · 광역시장 · 특별자치시장 · 특별자치도지사 · 시장 또는 군수는 정비구역을 지정할 수 있다.

제12조 【재건축사업 정비계획 입안을 위한 안전진단】 정비계획의 입안권자는 입안을 위하여 안전진단을 실시하여야 한다.

제23조 【정비사업의 시행방법】

(1) **주거환경개선사업**: 다음 각 호의 어느 하나 또는 이를 혼용하는 방법
① 사업시행자가 정비기반시설을 손보고 토지소유자가 스스로 주택을 손보는 방법
② 사업시행자가 수용하여 주택을 건설한 후 토지소유자에게 우선 공급하는 방법
③ 사업시행자가 환지로 공급하는 방법
④ 사업시행자가 관리처분계획에 따르는 방법

(2) **재개발사업**: 관리처분계획 또는 환지로 공급

(3) **재건축사업**: 관리처분계획

학문상의 재개발

① 재개발은 보전재개발, 수복재개발, 개량재개발, 철거재개발로 구분하는데 이를 도시개발법상의 정비사업과 연결시켜 보면 다음과 같이 연결된다.
㉠ **보전재개발**: 노후화가 예상되는 시설에 대해 그 진행을 막기 위한 재개발이다. 즉 예방이 목적인 재개발이다.
㉡ **수복재개발**: 노후시설의 기능을 원상회복시키기 위해 노후화, 불량화 요인만 제거하는 재개발이다.
㉢ **개량재개발**: 기존시설의 질적 수준을 높이기 위해 기존시설을 확장하고 개선하는 재개발이다.
㉣ **철거재개발**: 기존건축물을 철거하고 완전히 새롭게 대체하는 재개발이다.

② 영국, 미국 등의 선진국들에게는 신개발보다는 재개발을 선호하며, 철거재개발보다는 수복, 개량재개발을 중요시하는 것이 최근의 경향이다.

③ 재개발지역의 선정기준은 물리적인 노후화가 아닌 경제적 내용연수를 기준으로 하는 경우가 많다.

32번: 개발방식		기출문제									
Ⅰ	민간개발방식	26	27		29	30					35
Ⅱ	공적개발방식	26	27			30	31				35^2

[민간개발방식-26회] 민간의 부동산 개발방식에 관한 설명으로 <u>틀린</u> 것은?

① 자체개발사업에서는 사업시행자의 주도적인 사업추진이 가능하나 사업의 위험성이 높을 수 있어 위기관리능력이 요구된다.

② 토지소유자가 제공한 토지에 개발업자가 공사비를 부담하여 부동산을 개발하고, 개발된 부동산을 제공된 토지가격과 공사비의 비율에 따라 나눈다면, 이는 등가교환방식에 해당된다.

③ 토지신탁(개발)방식과 사업수탁방식은 형식의 차이가 있으나, 소유권을 이전하고 사업주체가 토지소유자가 된다는 점이 동일하다.

④ 개발사업에 있어서 사업자금 조달 또는 상호 기술 보완 등 필요에 따라 법인 간에 컨소시엄을 구성하여 사업을 추진한다면, 이는 컨소시엄 구성방식에 해당된다.

⑤ 토지소유자가 사업을 시행하면서 건설업체에 공사를 발주하고 공사비의 지급은 분양 수입금으로 지급한다면, 이는 분양금 공사비 지급형 사업방식에 해당된다.

정답 ③

신탁은 소유권이 이전되지만 위탁이나 수탁은 소유권이 이전되지 않는다.

[공적개발방식-31회] 부동산개발사업의 분류상 다음 ( )에 들어갈 내용으로 옳은 것은?

> 토지소유자가 조합을 설립하여 농지를 택지로 개발한 후 보류지(체비지·공공시설 용지)를 제외한 개발토지 전체를 토지소유자에게 배분하는 방식
> • 개발 형태에 따른 분류: (㉠)
> • 토지취득방식에 따른 분류: (㉡)

① ㉠ 신개발방식, ㉡ 수용방식

② ㉠ 재개발방식, ㉡ 환지방식

③ ㉠ 신개발방식, ㉡ 혼용방식

④ ㉠ 재개발방식, ㉡ 수용방식

⑤ ㉠ 신개발방식, ㉡ 환지방식

정답 ⑤

	33번 : 부동산관리	기 출									
Ⅰ	부동산관리 개관	26	27			30			33	34	35
Ⅱ	부동산관리자의 업무영역	26				30	31			34	35
Ⅲ	건물의 생애주기										

Ⅰ 부동산관리 개관 ★★★

[학습포인트] 계층과 복합개념 및 관리방식이 골고루 출제되며 난이도는 '하'이다. 기본적인 표에 있는 내용만 숙지하면 거의 틀리지 않는다.

☑ 계층에 따른 부동산관리

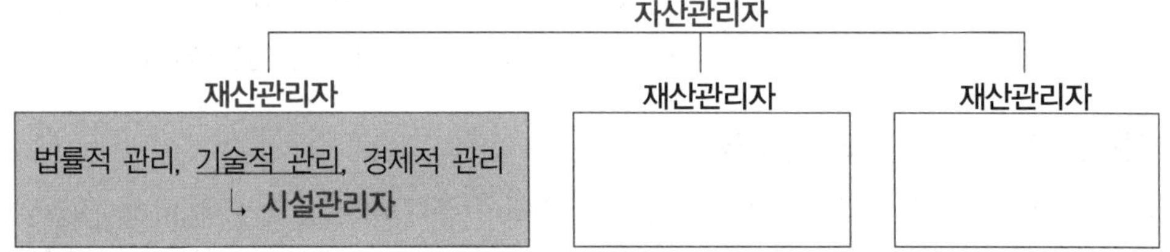

☑ 복합개념의 부동산관리

법률(제도)	권리분석, 계약 등과 관련
기술(물리 · 기능)	건물: 위생관리, 설비관리, 보안관리(보험 포함), 보전관리
경제(경영)	수지관리, 손익분기점관리, 회계관리, 인력관리 등

☑ 부동산관리방식의 구분 및 장단점

자가관리	안일화, 불필요한 비용지출, 인건비 지출
위탁관리	종합적 관리 어려움 및 기밀유지의 어려움
혼합관리	책임소재 불분명

Ⅱ 부동산관리자의 업무영역 ★★

[학습포인트] 최근 출제비중이 늘고 있다. 임대차활동에서 비율임대차 계산문제가 출제되고 있으니 유념하고 부동산유지활동의 종류도 봐 두도록 한다.

1 임대차 활동	2 임대료 수집활동	3 부동산유지활동			4 보험활동			5 보고 활동
		일상	예방	대응	손해 보험	책임 보험	임대료 손실보험	

I 부동산관리 개관

1 개 요

(1) 의 의

① 부동산관리란 소유자가 자신의 목적(부의 극대화)을 달성하기 위해 대상부동산을 이용하고 유지하는 것을 말한다. 관리의 개념에는 대상부동산의 성질을 변경시키지 않는 범위 내에서의 개량도 포함된다.

② **1차적 관리조치**: 부동산취득시 본격적인 부동산활동을 하기 전에 필요한 기초적인 관리조치를 1차적 관리조치라고 한다. 1차적 관리조치는 목적물의 인수와 함께 필요한 기초적인 조치를 의미하므로 이는 거래활동의 범주에 포함된다.

③ **주택관리사**: 우리나라에는 부동산관리와 관련된 전문자격제도로 주택관리사가 있다.

(2) 부동산(전문위탁)관리의 필요성

① **도시화**: 인구의 도시집중으로 인해 공동주택이 증대하고 있고 이에 따라 공동주택의 전문적인 관리가 필요하게 된다.

② **건축기술의 발달**: 건축기술의 발달로 인해 대형건물, 고층건물이 증가하고 있고 이에 따라 대형부동산의 전문적인 관리가 필요하게 된다.

③ **부재 부동산소유자의 요구**: 도시지역의 부동산이 대량으로 임대되면서 위탁관리의 필요성이 늘어나고 있다.

과학적 관리론과 테일러 시스템

1. 과학적 관리란 지식과 기술의 새로운 체계 및 능률적인 관리체계를 말하며, 특히 테일러에 의한 관리론을 테일러 시스템이라고 한다.
2. 과학적 관리론은 기업경영의 합리화와 능률화의 측면에서 발전되었고 이러한 이론은 부동산관리에도 많은 도움을 주었다.

2 계층에 따른 부동산관리

오늘날의 부동산관리는 관리자의 역할에 따라 자산관리, 부동산관리 또는 건물 및 임대차 관리, 그리고 시설관리로 계층화되어 있다.

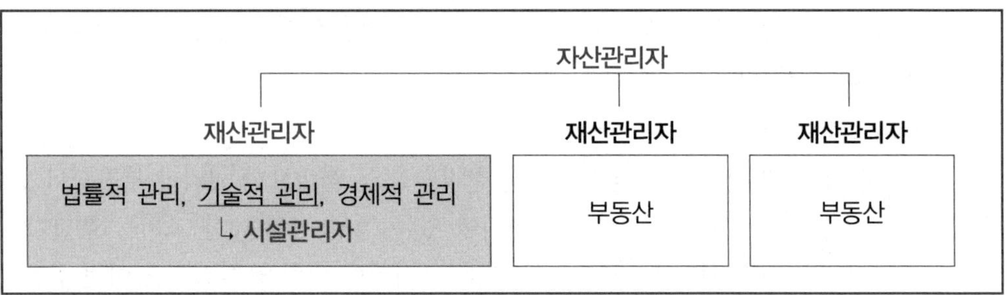

(1) **자산관리**(AM ; assets management)

① 자산관리는 부동산소유주나 기업의 재산을 극대화시키기 위한 다양한 방법을 모색하는 적극적인 관리를 말한다. 부동산관리 중 가장 중요한 것으로 인식되고 있다.

② 자산관리자의 역할이 부동산관리자의 역할보다는 장기적이고 전략적인 관점의 관리가 된다. 따라서 자산관리자는 부동산관리, 계약법, 부동산세금, 부동산평가 등에 대한 다양한 지식과 경험이 필요하다.

③ 자산관리자는 부동산관리자를 밑에 두고 이들을 통제, 조정, 감독하는 역할을 한다.

④ **자산관리의 관리내용**: 포트폴리오 관리, 재투자(개발) 여부 결정, 투자리스크 관리, 매입과 매각 관리, 프로젝트 파이낸싱 검토 등

⑤ 오피스 빌딩에 대한 대대적인 리모델링 투자의사결정은 부동산 관리업무 중 자산관리에 속한다.

(2) **재산관리**(PM ; property management)

① 건물 및 임대차관리 또는 부동산관리라고 하며 부동산의 임대 및 수지관리 측면의 관리를 의미한다.

② **재산관리의 관리내용**: 수익목표 수립, 자본적 또는 수익적 지출계획 수립, 연간 예산 수립, 임대차 유치 및 유지, 비용통제 등

(3) **시설관리**(FM ; facility management)

① 시설관리는 임차인 등이 요구하는 내용(주로 시설관리의 측면)을 어떻게 하면 최대한 빠르고 정확하게 해결해 줄 수 있을까를 연구하는 소극적인 관리를 말한다.

② **시설관리의 관리내용**: 부동산설비의 운전과 보수, 외주관리, 에너지관리 등

3 복합개념의 부동산관리

(1) 법률적 관리

① **의의**: 대상부동산과 관련된 각종 사법 및 공법적 측면을 분석하여 유리한 권리는 보호하고 불리한 권리는 제거하는 조치를 취하는 것을 말한다. 법률적 관리를 계약관리 또는 보존관리라고도 한다.

② **토지의 법률적 관리**

㉠ 권리관계의 확인 및 조정: 부동산에 저당권 등 불필요한 권리가 부착되어 있거나 보존등기 등 필요한 권리가 결여되어 있는 경우 이에 대한 조치를 취한다.

㉡ 토지도난의 방지대책: 토지의 불법점유, 사기에 의한 불법소유권 이전 등을 사전에 방지하기 위해 경계표시 등을 행한다.

㉢ 법률적 이용가치의 개선: 공법상 규제사항이나 변경사항 등을 파악하여 지목변경 등 최유효이용을 위한 노력을 경주한다.

③ **건물의 법률적 관리**

㉠ 임대차예약: 건물이 완공되기 전에 임대인을 모집하기 위해 광고판을 부착하거나 중개업자에게 위탁하는 등 임대차예약을 위한 관리를 말한다.

㉡ 임대차계약: 임차인을 선정하고 계약을 체결하는 것을 말한다. 통상 계약서에는 임대차기간, 해약예고기간, 임료의 개정 또는 제한사항, 보증금과 관련된 사항, 필요경비의 부담여부 등을 약정한다.

㉢ 부대시설에 대한 이용계약: 주차시설이나 광고시설의 이용 및 기타 공용부분에 대한 시설사용에 대한 계약을 한다.

㉣ 기타: 소유건물의 권리보존이나 공법상 규제나 변경에 대한 각종 대응책을 마련하여야 한다.

(2) 경제적 관리

① **의의**: 대상부동산의 수익과 비용을 관리해서 순이익이 합리적으로 산출되도록 하는 작업을 말한다. 경제적 관리를 경영관리라고도 한다.

② **토지의 경제적 관리**(적극적인 관리): 토지의 경우 나지를 공사장의 가건물, 모델하우스, 주차공간, 자재하치장 등으로 활용하는 것 등이 경제적 관리에 해당한다.

③ **건물의 경제적 관리**

㉠ 수지관리: 건물의 수입과 지출 관리

㉡ 손익분기점(총수입과 총비용이 일치하는 점) 관리

㉢ 회계관리: 금전의 수입이나 지출 및 조세공과금, 보험료 등의 납부관리

㉣ 인력관리: 유능한 관리요원을 적재적소에 배치하는 것

(3) 기술적 관리

① **의의**: 대상부동산의 물리적 또는 기능적인 하자에 대해 기술적인 조치를 취하는 것을 말한다. 기술적 관리는 유지관리라고도 하며, 이는 협의의 관리 또는 소극적 관리에 해당한다.

② **토지의 기술적 관리**: 경계측량(경계확정), 사도방지, 경사지대책, 쓰레기장화 방지 등을 위한 관리가 기술적 관리에 해당한다.

③ **건물의 기술적 관리**: 위생관리, 설비관리, 보안관리, 보전관리로 구분한다.

㉠ 위생관리: 미관유지와 쾌적한 환경조성을 위한 관리로 청소관리, 해충대책 등이 여기에 해당한다.

㉡ 설비관리: 건물 내 각종설비의 기능이 최대한 발휘되도록 관리하는 것을 말하며 각종 설비의 운전, 보수, 정비 및 실내의 온도나 습도조정 등이 여기에 해당한다.

㉢ 보안관리: 부동산 자체가 내포하고 있는 위험을 감소 내지 제거하기 위한 관리로서 방범, 방재를 위한 화재보험이나 재해보험 등이 여기에 해당한다.

㉣ 보전관리: 건물의 현상유지 및 예방관리로서 보수작업을 행하는 관리 등을 말한다.

☑ 복합개념의 부동산관리

법률적 관리 (제도)	① 권리분석, 계약 등과 관련 ② 토지도난 방지, 건물의 임대차예약·계약을 위한 노력
기술적 관리 (물리·기능)	① 건물: 위생관리, 설비관리, 보안관리(보험 포함), 보전관리 ② 토지: 경계측량, 사도방지, 쓰레기장화 방지
경제적 관리 (경영)	① 수지관리, 손익분기점관리, 회계관리, 인력관리 등 ② 모델하우스 활용, 주차장 활용

4 부동산관리방식의 구분 및 장단점

(1) **자가관리**(직접관리, 자영관리)

① **의의**: 부동산소유자가 단독으로 또는 약간 명의 관리요원을 고용해서 직접 관리하는 방식이며, 가장 역사가 오래된 관리방식이다. 단독주택, 연립주택, 소규모 공동주택, 작은 규모의 토지 등을 대상으로 한다.

② **장 점**

㉠ 소유자의 통제력이 강하다.

㉡ 입주자에게 최대한의 서비스를 제공할 수 있다.

㉢ 관리요원의 부동산설비에 대한 애호정신이 강하다.

㉣ 기밀유지와 보안관리가 우수하다.

㉤ 유사시 협동이 잘되고 각 부문의 통합적인 운영이 용이하다.

③ **단 점**

㉠ 관리의 전문성이 결여되기 쉽다.

㉡ 관리가 매너리즘(타성화)에 빠지기 쉽다(적극적인 관리의욕의 결여).

㉢ 비전문가에 의한 관리의 가능성이 높으므로 불필요하고 불합리한 관리비의 지출 가능성이 있다.

(2) **위탁관리**(외주관리, 간접관리)

① **개 요**

㉠ 전문적인 부동산관리자에게 위탁하는 관리방식으로 현대적 의미의 전문적인 관리방식이다.

㉡ 최근 대형부동산이나 고층부동산의 증가, 부재 부동산소유자의 증가, 간접투자방식의 활성화 등으로 인해 위탁관리방식이 증대되고 있다.

② **장 점**

㉠ 부동산소유자는 본업에 전념할 수 있다.

㉡ 부동산관리를 위탁함으로써 자사의 참모체계는 단순화시킬 수 있다.

㉢ 합리적인 부동산관리를 통해 부동산관리비용을 절감할 수 있다.

㉣ 관리업무의 타성화(매너리즘)를 방지할 수 있다.

③ **단 점**

㉠ 기밀유지 및 보안관리가 불안할 수 있다.

㉡ 관리요원의 인사이동이 잦을 수 있어 안정성이 문제된다.

㉢ 각 부문의 종합적인 관리가 용이하지 않다.

(3) 혼합관리

① 개 요

㉠ 자가관리와 위탁관리의 장점을 혼합한 형태의 관리이다.

㉡ 주로 청소나 경비 등 기술적인 측면은 위탁관리를 하고 법률적인 측면과 경제적인 측면은 소유자가 직접관리를 한다.

㉢ 자가관리에서 위탁관리로 이행하는 과도기에서 채택하는 방식이다.

② 장 점

㉠ 자가관리와 위탁관리의 장점만을 이용할 수 있다.

㉡ 관리업무에 대한 통제력을 가지면서 전문가를 활용할 수 있다.

③ 단 점

㉠ 운영이 잘못되면 자가관리와 위탁관리의 단점만 노출될 수 있다.

㉡ 자가관리요원과 위탁관리요원 사이에 충돌이 발생할 수 있다.

㉢ 전문업자를 충분히 활용할 수 없고, 문제발생시 책임의 소재가 불분명하다.

신탁관리

(1) 의 의

신탁재산으로 인수한 부동산을 소유자를 대신하여 소유권을 관리하거나 임대차관리, 시설물의 유지관리, 법률 및 세무관리, 수익금의 고수익운용 등 수탁 받은 부동산관리 업무 일체를 관리하는 것을 말한다.

(2) 필요성

① 해외 장기체류나 신병 등의 사유로 부동산을 직접 관리하기가 어려운 경우

② 부동산의 행정, 납세, 임차관리 등 종합적이고 복잡한 관리를 안전하게 맡기고자 하는 경우

③ 상속예정자가 미성년자이거나 사회경험이 부족하여 대신 부동산관리가 필요한 경우

④ 부동산에 대한 전문지식이 부족하여 효율적인 관리가 곤란한 경우

⑤ 본인 사후에 유족의 생활보장을 위하여 확실한 재산관리가 필요한 경우 등

Ⅱ 부동산관리자의 업무내용

부동산관리자들의 업무는 1. 임대차활동, 2. 임대료의 수집활동, 3. 대상부동산의 유지활동, 4. 보험활동, 5. 예산작성과 보고서의 작성 및 장부처리 활동 등으로 구분할 수 있다.

1 임대차 활동	2 임대료 수집활동	3 부동산유지활동			4 보험활동			5 보고 활동
		일상	예방	대응	손해 보험	책임 보험	임대료 손실보험	

1 임차자의 선정과 임대차계약

부동산관리자나 소유주가 상품(임대공간)을 고객(임차자)에게 파는 활동을 말하며 부동산관리활동의 기초를 이루는 가장 중요한 활동이다.

(1) 임차자의 선정기준

① **주거용 부동산**: 다른 입주자와 얼마나 잘 어울릴 수 있는가 여부, 즉 연대성(유대성)을 기준으로 판단한다. 새로운 임차자를 받을 경우 기존 임차자와 잘 어울릴 수 있는 사람을 들이는 것이 유리하다.

② **매장용 및 상업용 부동산**

㉠ 매장용 부동산은 얼마나 높은 매상고를 올릴 수 있는 업종의 임차인인가의 여부, 즉 가능매상고를 기준으로 임차인을 선정한다. 또한 정박임차자의 선택과 임차자 혼합도 중요한 고려대상이다.

㉡ 정박임차자(= 중요임차자): 한 번 임대차계약을 맺으면 잘 옮겨 다니지 않고 신용도나 인지도가 높은 은행, 유명 대리점, 스타벅스, 파리바게트 등을 말한다. 지명도 높은 정박임차인을 잘 확보해 놓으면 나머지 군소임차자의 확보에 유리한 측면이 있다.

㉢ 임차자혼합: 대형 수익성 부동산의 경우 임차자의 품목, 종류, 배열을 어떻게 하는가에 따라 전체 부동산의 매상고가 달라지므로 임차자를 잘 혼합하는 것이 중요하다. 건물 전체를 약국으로 구성하는 것보다 1층은 약국, 2층은 소아과, 3층은 통증클리닉 등으로 구성하는 것이 유리하다는 것이다.

③ **사무용 및 공업용 부동산**: 대상활동이 임대공간에 적합한 활동인지 여부, 즉 적합성이 기준이 된다. 주거용 부동산의 연대성이 사람과 사람의 어울림을 강조한다면 사무용 부동산의 적합성은 건물과 용도와의 어울림을 강조한다.

(2) 임대차계약의 유형

① **주거용 부동산**: 총임대차가 일반적이다. 즉 임대인이 총임대료를 받아서 부동산의 운영에 필요한 모든 경비를 임대인이 지불하는 방식이다. 예를 들면 임대인이 총 100만원의 임대료를 받고 30만원으로 부동산을 유지해 주고 남는 70만원을 챙겨가는 방식이다.

② **매장용 및 상업용 부동산**: 비율임대차가 일반적이다. 임대인은 기본임대료로 일정액을 받고 매상고가 일정액을 초과하면 그 초과액의 일정비율을 추가임대료로 더 지불받는 형태이다. 최근 비율임대차 계산문제의 출제비중이 증가하고 있다. 어려운 내용이 아니므로 계산문제를 잘 익혀 놓도록 한다.

③ **사무용 및 공업용 부동산**: 3차 순임대차가 일반적이다. 임차인은 임대인에게 순임료만을 지불하고 필요제경비를 임차인이 직접 지불하는 방식이다. 예를 들면 임대인은 70만원만 받아가고 임차인이 30만원을 들여서 직접 부동산을 유지해가면서 사용하는 방식이다.

예제

[비율임대차 계산]

A회사는 분양면적 500m^{2}의 매장을 손익분기점 매출액 이하이면 기본임대료만 부담하고, 손익분기점 매출액을 초과하는 매출액에 대하여 일정 임대료율을 적용한 추가임대료를 가산하는 비율임대차(percentage lease)방식으로 임차하고자 한다. 향후 1년 동안 A회사가 지급할 것으로 예상되는 연임대료는?

- 예상매출액 : 분양면적 m^{2}당 20만원
- 기본임대료 : 분양면적 m^{2}당 6만원
- 손익분기점 매출액 : 5,000만원
- 손익분기점 매출액 초과 매출액에 대한 임대료율 : 10%

① 3,200만원 ② 3,300만원 ③ 3,400만원
④ 3,500만원 ⑤ 3,600만원

해설
- 기본임대료: 500m^2 × 60,000원 = 30,000,000원
- 추가임대료: (500m^2 × 200,000원)[예상임대료] − 50,000,000원[손익분기점] × 10%[임대료율] = 5,000,000원

∴ 비율임대차 임대료 = 기본임대료 + 추가임대료 = 35,000,000원

정답 ④

2 임대료의 수집

통상 매월 1일을 기준으로 수집하며 미납부시 과태료를 부과한다.

3 부동산의 유지

(1) **일상적 유지활동**(정기적 유지활동)

잔디 깎기, 청소, 소독 등 늘 수행하는 정기적 유지활동을 말한다.

(2) **예방적 유지활동**(사전적 유지활동)

수립된 유지계획에 따라 문제가 발생하기 전에 미리 사전적으로 교환하고 수리하는 것을 말한다. 부동산의 유지활동 중 예방적 유지활동이 가장 중요한 활동이다.

(3) **대응적 유지활동**(사후적 유지활동)

문제가 발생하고 난 후에 대처하는 사후적인 유지활동을 말한다. 대응적 유지활동은 임차자 요구의 90% 이상을 24시간 이내에 처리하는 것을 원칙으로 한다. 대응적 유지는 문제가 발생할 때마다 개별적으로 처리하므로 예방하는 경우보다 비용도 많이 들고 건물의 이미지 관리에도 좋지 않다.

4 보 험

① **손해보험**: 화재나 홍수 등 예기치 못한 사고에 대한 손해를 보상해 주는 보험을 말한다.

② **채무보험**(책임보험): 대상부동산의 사고에 의해 임차자나 고객 또는 인접부동산이 입은 손해를 보상해 주는 보험을 말한다.

③ **임대료손실보험**(업무장애보험): 대상부동산에 사고가 발생한 경우 원상회복 기간 동안 발생하는 임대료손실 등에 대해 보상해 주는 보험을 말한다.

5 장부처리와 보고

① 관리자는 부동산의 자산목록을 유지・관리하고 매매나 임대차 등 거래가 발생할 때마다 이를 새롭게 정리하여야 한다.

② 보고서는 평가보고서, 시장보고서, 정기보고서로 구분한다. 평가보고서는 부동산의 가치를 평가한 보고서이고 시장보고서는 거래지역의 인구나 소득 등을 분석한 보고서이다. 매장용 부동산의 경우 시장보고서가 특히 중요하다. 정기보고서 중에서 가장 중요한 것은 부동산자산보고서이며 자산보고서는 6개월에 한 번 작성한다.

Ⅲ 건물의 생애주기(빌딩의 수명단계)

1 개 요

(1) 의 의

① 빌딩은 일정한 수명을 가진다. 이를 빌딩의 내용연수라고 표현하는데 빌딩의 내용연수에는 물리적 내용연수, 기능적 내용연수, 경제적 내용연수, 행정적 내용연수 등이 있다.

② 부동산활동에서는 경제적 내용연수가 중요한데 경제적 내용연수란 건물의 유용성이 지속될 것으로 예상되는 기간을 말한다.

③ 경제적 내용연수는 항상 물리적 내용연수보다는 그 주기가 짧다.

④ 건물의 내용연수는 조세부과, 부동산 중개 및 평가활동에 필요하다.

(2) 빌딩의 내용연수의 종류

① **물리적 내용연수**: 건물을 물리적으로 더 이상 사용할 수 없을 때까지의 버팀연수를 말한다. 물리적 내용연수를 결정짓는 원인으로는 건물 이용으로 인한 마멸과 파손, 시간의 경과로 인한 노후화, 바람이나 비와 같은 자연작용으로 인한 노후화, 지진이나 화재 등의 우발적 사건으로 인한 건물의 손상 등이 있다.

② **경제적 내용연수**: 건물을 경제적으로 판단할 때 더 이상 타당성이 없을 때까지의 버팀연수를 말한다. 경제적 내용연수를 결정짓는 원인으로는 인근지역의 변화, 인근환경과 건물의 부적합, 인근의 다른 건물과 비교했을 때 시장성의 감퇴 등이 있다. 예를 들어 작년 주거지역에 신축한 2층 주택의 경우 4년 후에 해당 지역이 상업지역으로 용도가 바뀌어서 30층 빌딩을 지을 수 있다면 해당 주택의 경제적 내용연수는 5년이 될 수도 있다.

③ **기능적 내용연수**: 건물을 기능적으로 더 이상 사용할 수 없을 때까지의 버팀연수를 말한다. 기능적 내용연수를 결정짓는 원인으로는 건물과 부지의 부적응, 설계의 불량, 설비의 부족과 불량, 건물의 외관이나 디자인의 낙후 등이 있다.

④ **행정적 내용연수**: 건물을 법과 제도의 측면에서 판단할 때 더 이상 사용할 수 없을 때까지의 버팀연수를 말한다. 행정적 내용연수를 결정짓는 원인으로는 철거명령, 세법의 규정 등이 있다. 특히 법률규정에 의한 내용연수를 법정 내용연수라고 한다.

(3) 빌딩의 수명단계

빌딩은 "전개발단계 ⇨ 신축단계 ⇨ 안정단계 ⇨ 노후화단계 ⇨ 완전폐물단계"의 수명사이클을 가진다.

① **전개발단계**(신축 전 단계): 빌딩 신축 전 아직까지 용지상태로 있는 단계를 말한다. 전개발단계에서는 건축계획 및 건축 후의 관리계획, 공법상 규제에 대한 검토, 전문가의 활용계획, 시장조사 등의 활동(투자타당성분석)이 이루어진다.

② **신축단계**: 빌딩이 완공되는 단계이며 빌딩의 물리적 기능이 최고이고 가격수준도 최고가 된다. 일반적으로 신축된 빌딩이 사전적으로 계획된 내용과 일치하는 경우는 드물다. 빌딩이 신축되기 시작하면 지역의 수명현상 중 성장기의 모습이 나타난다.

③ **안정단계**: 빌딩이 본격적 · 안정적으로 운영되는 단계이며 빌딩의 존속기간 중에서 가장 장기간이다. 빌딩의 시설이나 구조를 개조하고 수선(개량)하고자 할 때에는 안정단계에서 하는 것이 효과적이다.

④ **노후단계**: 빌딩의 물리적 · 기능적 상태가 급격히 악화되기 시작하는 단계이다. 노후단계에서는 새로운 개량비 지출(자본적 지출)은 억제하고 빌딩의 교체계획을 수립하는 것이 유리하다.

⑤ **완전폐물단계**: 빌딩의 설비 등이 쓸모가 없어지는 단계이며 완전폐물단계에서는 전개발단계를 향하여 일이 전개된다. 빌딩의 교체 여부는 물리적 · 기능적 · 경제적 측면을 모두 고려하여 결정하며 "비용(철거비+임대료의 기회비용+신축비용) < 신축건물의 가격"인 경우 빌딩교체의 타당성이 있다고 볼 수 있다.

(4) 빌딩의 생애주기비용(life cycle cost)

① 생애주기비용은 건물의 신축부터 철거까지의 과정에 들어간 총비용을 말한다. 이 비용에는 계획, 설계, 건설, 유지관리, 철거비 등의 모든 비용이 포함된다.

② 건물관리는 생애주기비용을 잘 분석해서 초기투자비와 관리유지비의 비율을 잘 조절해서 보유기간 동안 효과적으로 총비용을 관리하는 것이 중요하다. 내가 어떤 자동차를 살까 궁리할 때 차 값만 보지 말고 보험료, 기름값, 차량유지관리비 등을 종합적으로 고려해서 차를 구입하고 관리해야 하는 것처럼 부동산도 그렇게 해야 한다는 것이다.

33번 : 부동산관리		기출문제									
Ⅰ	부동산관리 개관	26	27			30			33	34	35
Ⅱ	부동산관리자의 업무영역	26				30	31			34	35
Ⅲ	건물의 생애주기										

[부동산관리 개관-34회] 부동산관리방식에 따른 해당 내용을 옳게 묶은 것은?

> ㉠ 소유자의 직접적인 통제권이 강화된다.
> ㉡ 관리의 전문성과 효율성을 높일 수 있다.
> ㉢ 기밀 및 보안 유지가 유리하다.
> ㉣ 건물설비의 고도화에 대응할 수 있다.
> ㉤ 대형건물의 관리에 더 유용하다.
> ㉥ 소유와 경영의 분리가 가능하다.

① 자기관리방식-㉠, ㉡, ㉢, ㉣
② 자기관리방식-㉠, ㉢, ㉤, ㉥
③ 자기관리방식-㉡, ㉢, ㉣, ㉥
④ 위탁관리방식-㉠, ㉢, ㉣, ㉤
⑤ 위탁관리방식-㉡, ㉣, ㉤, ㉥

정답 ⑤

자기관리	직접통제, 안일화, 불필요한 비용지출, 인건비 지출, 기밀유지 유리
위탁관리	대형건물, 전문성과 효율성, 종합적 관리 어려움, 기밀유지 불리
혼합관리	책임소재 불분명

[관리자의 업무영역-26회 등] 부동산관리에 관한 설명으로 틀린 것은?

① 부동산관리자가 상업용 부동산의 임차자를 선정할 때는 가능매상고가 중요한 기준이 된다.
② 비율임대차는 임차자 총수입의 일정비율을 임대료로 지불하는 것을 말한다.
③ 대응적 유지활동은 시설 등이 본래의 기능을 발휘하는 데 장애가 없도록 유지계획에 따라 시설을 교환하고 수리하는 사전적 유지활동을 의미한다.
④ 부동산관리자는 임대차 계약시 임차자에게 언제, 얼마의 임대료를 납입해야 하는지 주지시킬 필요가 있다.
⑤ 임대료 손실보험은 건물 화재 등으로 피해가 발생하여 건물을 수리 및 복원하는 기간 동안 초래되는 임대료 손실을 보상해 주는 보험이다.

정답 ③

대응적 유지활동 ⇨ 예방적 유지활동

www.pmg.co.kr

34번 : 부동산마케팅		기 출									
Ⅰ	부동산마케팅 개요	26						32			
Ⅱ	STP 전략	26		28					33	34	
Ⅲ	4P MIX 전략		27	28			31	32			35

Ⅰ 부동산마케팅 개요 ★★★

[학습포인트] 마케팅 단원은 나오는 문제가 정해져 있다. 일단 아래의 표를 안 보고 적을 수 있도록 연습한다. '시장점유 마케팅전략은 수요자 측면의 마케팅전략이다.' 라고 하면 틀린 지문인 것을 골라내면 된다.

시장점유(공급자)	STP 전략 (세표차)			4P Mix 전략 (제판가유)			
	세분화	표적시장	차별화	제품	판촉	가격	유통
고객점유(수요자)	고객의 구매의사 결정과정(AIDA의 원리)						
관계유지	지속적 관계유지(○) + 일회성(×) + 브랜드마케팅 + CRM						

Ⅱ STP 전략 ★★

[학습포인트] 제목 그대로 이해하면서 익힌다. 별로 설명할 내용이 없다.

시장세분화	전체소비자(수요자)를 구분, 분할
표적시장선정	매력적인 시장(또는 틈새시장)을 선정, 선택
시장차별화	경쟁사의 제품과 차별화시키는 방법을 연구

Ⅲ 4P MIX 전략 ★★

[학습포인트] 최근에 출제비중이 높아지고 있는 단원이다. 제목과 구체적인 내용을 연결시키는 문제가 출제된다. 그리고 가격전략과 관련하여 시가전략과 신축가격전략을 잘 구별하도록 한다.

제 품	실개천 설치 + 설계 + 홈 오토매틱 + 보안설비의 디지털화
판 촉	시장의 수요자들을 강하게 자극하고 유인하는 전략
가 격	고가전략, 저가전략, 시가전략의 구분 단일가격과 신축가격의 구분
유 통	중개업소, 분양대행사 등 활용

I 부동산마케팅 개요 : market + ing ⇨ 시장에서 진행되는 모든 것

1 부동산마케팅 개요

(1) 의 의

① 부동산마케팅이란 소비자들이 원하는 부동산을 개발하고, 이를 적정한 가격으로 공급하며, 좋은 조건의 융자를 활용하고 이를 널리 알려서 소비자들이 관심을 가지도록 하여 분양을 촉진하고 수익을 극대화하는 과정을 총칭하는 말이다.

② 부동산마케팅은 기업목적을 효과적으로 달성하기 위해 소비자 및 고객의 태도와 행동을 형성, 유지·변경하게 만드는 활동이다.

③ 마케팅의 개념은 판매나 광고의 개념보다는 훨씬 폭넓은 개념이다.

④ 부동산마케팅은 부동산시장이 공급자 주도시장에서 구매자 주도시장으로 전환됨에 따라 더욱 중요하게 되었다.

(2) 마케팅의 대상

① 부동산마케팅은 "물적 부동산, 부동산서비스, 부동산증권"의 세 가지 유형의 부동산상품을 사고 팔고 임대차하는 것을 말한다.

② 부동산마케팅은 부동산증권화, 부동산기업의 다국적화, 종합서비스화 등의 추세변화에 맞추어 부동산이라는 상품 중심의 마케팅에서 부동산부문에 대한 총체적 마케팅으로 그 범위가 확대되고 있다.

(3) 마케팅의 분류

① 토지 및 건물의 공급마케팅

② 서비스마케팅

③ 부동산임대마케팅

④ 부동산정책마케팅

(4) 마케팅 환경

① 부동산마케팅을 효과적으로 수행하기 위해서는 마케팅 환경을 잘 고려해야 한다.

② **거시환경**: 사회적·경제적·행정적·자연적 환경

③ **미시환경**: 경쟁업자·공중·정부

2 부동산마케팅 전략

부동산마케팅 전략은 공급자 차원으로서 시장점유 마케팅 전략, 수요자 차원으로서 고객점유 마케팅 전략, 양자의 지속적인 관계유지 차원의 관계 마케팅 전략의 세 가지 차원으로 구분할 수 있다.

시장점유 (공급자)	STP 전략 (세표차)			4P Mix 전략 (제판가유)			
	세분화	표적시장	차별화	제품	판촉	가격	유통
고객점유 (수요자)	Attention	Interesting	Desire	Action			
	A (주목)	I (흥미)	D (욕망)	A (행동)			
관계유지	지속적 관계유지(○) + 일회성(×) + 브랜드마케팅 + CRM						

(1) 시장점유 마케팅 전략

① 공급자 차원의 마케팅 전략을 의미하며 전통적인 전략에 해당한다.

② 시장을 세분화하고 세분화된 시장 중에서 표적을 선정하고 선정된 표적시장에서 여러 형태의 차별화 전략을 통해 개발상품의 위치를 점해가는 전략을 의미한다.

(2) 고객점유 마케팅 전략

① 소비자 측면의 마케팅 전략을 말한다. AIDA의 원리의 각 단계에서 소비자와의 심리적 접점을 연구하고 이를 통해 마케팅효과를 극대화시키려는 전략이다. 콘도나 오피스텔 또는 펜션 등과 같은 상품의 출현은 소비자의 시리를 이해하고 소비자와의 다양한 접점을 찾으려는 고객지향적 사고의 일환으로 이해할 수 있다.

② AIDA(구매의사결정과정)의 원리: 고객이 물건을 구매하기까지의 단계를 설명하는 것으로 구매자는 "Attention(관심) − Interesting(흥미) − Desire(욕망) − Action(행동)"의 단계를 거치게 되므로 각각의 단계에 적합한 마케팅 방법을 사용해야 한다.

(3) 관계 마케팅 전략

① 일회성 거래가 아닌 거래당사자의 지속적인 관계유지를 그 내용으로 하는 마케팅 전략으로, 브랜드효과의 파급과 관련된 마케팅 전략을 말한다.

② 관계 마케팅 전략은 신규고객을 창출한 후 고객을 적극적으로 관리하고 유지하며 고객의 가치를 극대화시키기 위한 기업마케팅 전략의 일환인 CRM(customer relationship management)으로 발전하고 있다.

PART 02

Ⅱ STP 전략

1 의 의

STP 전략은 시장을 세분화(Segmentation) 한 후 표적시장(Target)을 정하고 어떻게 차별화(Positioning)시켜 나갈 것인지를 연구하는 전략이다.

2 STP 전략의 내용

(1) 시장세분화(Segmentation)

① 전체 소비자들을 인구변수(10대, 성인층, 여성층 등) 또는 지리변수(국가, 도, 시, 군 등) 등 구매패턴이나 특성의 측면에서 유사한 하부집단으로 구분(Segmentation)하는 것을 말한다.

② 전체소비자(수요자)를 유사한 소비패턴을 가지는 수요자집단, 즉 단독주택시장의 수요자, 아파트시장의 수요자, 토지시장의 수요자 등으로 구분, 분할하는 것을 말한다.

(2) 표적시장 선정(Target)

① 세분화된 부분시장에서 회사의 이윤을 극대화시켜 줄 수 있는 가장 매력적인 시장(target)을 선정하는 것을 말한다.

② 세분화된 시장에서 가장 매력적인 시장(또는 틈새시장)을 선정, 선택하는 작업이다.

③ 세분화된 시장에서 나는 아파트시장을 표적시장으로 선택한다.

(3) 시장차별화(Positioning)

① 표적시장에서 경쟁사의 제품을 분석하여 자사제품을 어떻게 차별화시켜 나갈 것인가, 어떻게 자사제품의 이미지를 고객의 마음에 자리 잡게(positioning) 할 것인가를 연구하는 작업이다.

② Positioning을 번역할 때 차별화, 위치, 포지셔닝 등으로 번역한다.

☑ **STP 전략의 내용 정리**

구분	내용
시장세분화	전체수요자를 유사한 수요자집단끼리 구분, 분할
표적시장선정	가장 매력적인 시장(또는 틈새시장)을 선정, 선택
시장차별화	상품 이미지를 고객마음에 어떻게 위치(차별화)시킬지 연구

Ⅲ 4P MIX 전략

1 의 의

마케팅믹스는 4P를 구성요소로 하며, 4P MIX 전략이란 제품(Product), 판매촉진(Promotion), 가격(Price), 유통경로(Place)의 제 측면에서 차별화를 도모하는 전략이다. 주로 상업용 부동산의 마케팅에서 사용된다.

2 마케팅 믹스(4P 믹스)의 내용

(1) **제품차별화**(Product)

① 지상주차장을 없애고 공원조성, 부엌과 거실은 통합 등은 대표적인 제품차별화 전략의 일환이다.

② 제품차별화 전략은 분양가 자율화 또는 후분양제도와 관련하여 그 중요성이 커지고 있다.

(2) **가격차별화**(Price)

① **고가정책, 저가정책, 시가정책**

- 고가정책: 수요자가 비탄력적이거나 소수의 우수한 고객을 유치하는 정책
- 저가정책: 수요자가 탄력적이거나 다수의 고객을 확보하기 위한 정책
- 시가정책: 경쟁업자와 동일한 가격을 책정하는 정책

> **스키밍전략과 시장침투가격전략**
>
> ㉠ **스키밍전략**(skimming): 제품의 차별성이 높은 경우 초기에 높은 가격을 책정해서 높은 이익을 실현하고 경쟁상품이 출현하면 가격을 낮추는 전략이다. 초기에 고가전략을 통해 좋은 것을 미리 걷어가 버린다. 즉 혼자서 실속을 다 차리겠다는 의미이다.
>
> ㉡ **시장침투가격전략**(penetrating pricing): 수익보다는 시장확보가 목적인 경우 단기간 내에 시장점유율을 높이려고 가격을 가능한 낮게 책정하는 방법이다.

② **단일가격정책과 신축가격정책**

- 단일가격정책: 모든 고객에게 동일한 가격을 적용하는 정책
- 신축가격정책: 상황에 따라 동일한 상품에 다른 가격을 책정하는 정책

③ **할인정책과 할부정책**

- 할인정책: 가격을 깎아주는 방법
- 할부정책: 돈을 나누어서 내게 하는 방법

(3) **유통차별화**(Place)

① 생산자의 제품이 최종소비자에게 가장 원활하게 전달될 수 있도록 하는 작업이다.

② 간접유통경로와 직접유통경로로 구분할 수 있는데 부동산 중개업자를 활용하는 분양은 간접유통경로전략에 해당한다.

(4) **판촉차별화**(Promotion)

① 고객들에게 자사의 상품정보를 보다 효과적·호의적으로 알리는 다양한 방법을 말한다. 최근에는 일방적으로 알려주는 고지형 광고보다는 이미지형 또는 설득형 광고가 많은 편이다.

② **촉진수단의 종류**: 견본주택, 경품 등의 소비자촉진수단, 무료상품, 협동광고 등의 거래촉진수단, 상여금, 판매원집회 등의 판매원촉진수단 등으로 구분한다.

③ **바이럴 마케팅**(viral marketing): SNS, 블로그 등 다양한 매체를 통해 해당 브랜드나 제품에 대해 입소문을 내게 하여 마케팅효과를 극대화시키는 것이다.

☑ 4P mix 전략 정리

제품(Product)	실개천설치 + 설계 + 홈 오토매틱 + 보안설비의 디지털화
판촉(Promotion)	수요자들을 강하게 자극하고 유인: 경품 등
가격(Price)	고가정책(스키밍) 저가정책(침투) 시가정책: 동일하게 Vs 단일가격정책 신축가격정책(적응가격): 다르게
유통(Place)	소비자에게 전달: 중개업소, 분양대행사 등 활용

예제

부동산마케팅에서 4P 마케팅 믹스(Marketing Mix) 전략의 구성요소를 모두 고른 것은? 31회

㉠ Product(제품)	㉡ Place(유통경로)
㉢ Pride(긍지)	㉣ Price(가격)
㉤ Public Relations(홍보)	㉥ Promotion(판매촉진)

① ㉠, ㉡, ㉢, ㉥
② ㉠, ㉡, ㉣, ㉤
③ ㉠, ㉡, ㉣, ㉥
④ ㉡, ㉢, ㉣, ㉤
⑤ ㉢, ㉣, ㉤, ㉥

정답 ③

☑ **부동산광고(참고) : 최근 출제된 적 없음**

(1) 부동산광고의 의의

① 광고란 기업이나 개인 · 단체가 상품 · 서비스 등을 세상에 알려 소기의 목적을 거두기 위해 투자하는 정보활동을 말한다.

② 부동산광고는 광고대상물이 부동산인 경우를 말한다.

(2) 부동산광고의 기능

① 신상품의 소개

② 상품의 게시

③ 시장확대

④ 부동산 판매목적의 달성

(3) 부동산광고의 특성

① **지역제한**: 부동성의 특성으로 인해 부동산광고의 범위는 특정의 지역으로 한정된다.

② **시간제한**: 영속성 또는 내구성의 특성으로 인해 부동산광고는 일정한 시간이 지나면 광고효과를 기대할 수 없게 된다.

③ **광고내용의 개별성**: 부동산의 개별성으로 인해 부동산광고는 추상적인 광고가 되어서는 안 되며 개별상품의 특성을 정확히 밝히는 광고(광고내용이 개별적)가 되어야 한다.

④ **광고의 양면성**: 부동산광고는 구매자뿐만 아니라 판매자도 대상으로 하는 양면성이 있다.

(4) 효과적인 광고방법

① 광고는 계속해서 지속적으로 하는 것이 좋다.

② 광고비를 변경할 경우는 경기가 좋으면 광고를 줄이고 나쁘면 늘린다.

③ 광고비는 분기별보다는 월별로 검토하는 것이 좋다.

④ 신문의 주택광고는 주목률이 높은 주말이 유리하다.

⑤ 주부 중심의 광고문안을 작성하는 것이 상대적으로 유리하다.

⑸ 광고매체에 따른 부동산광고의 분류

① **신문광고**: 신문광고는 소형 광고인 안내광고와 넓은 공간과 상세한 설명을 통한 광고인 전시광고로 구분된다. 안내광고의 경우 주로 구인·구직, 부동산·중고자동차·중고생활용품 매매, 영화안내, 고지(告知) 또는 개업을 알리거나 사람을 찾는 데 많이 이용된다.

② **DM광고**: DM(Direct Marketing 또는 Mail)은 고객과 기업이 1대1로 커뮤니케이션하는 모든 마케팅을 총칭하지만, 협의로 보면 우편 등을 이용한 기업과 소비자의 직접 의사소통을 통한 마케팅을 의미한다. 우편 등을 통해 기업이 카탈로그나 전단지 또는 쿠폰 등을 보내는 것이 가장 보편적인 예이며, 최근에는 e-mail 등을 이용하여 전자 카탈로그를 보내거나 쿠폰, 혹은 세일정보 등을 보내는 것도 DM광고의 한 전형적인 예라고 볼 수 있다.

③ **출판물광고**: 부동산업계의 출판물 즉 잡지 등을 이용하는 광고를 말한다.

④ **교통광고**: 전철이나 버스 등을 이용한 광고, 역 구내의 간판광고 등이 여기에 해당한다.

⑤ **TV·라디오광고**: 대규모 분양시에 많이 이용한다. 빠른 시간 안에 많은 고객에게 광고할 수 있으며 신뢰성이 크다는 장점과 비용이 많이 든다는 단점이 있다.

⑥ **점두광고**: 상점 앞에서 행하는 광고를 총칭한다. 상점의 간판, 상호가든막에서부터 window, display, POP 광고를 포함한다. 점두광고는 기업과 소비자가 만날 수 있는 상점에서 하는 것이 효과적이고 소비자 구매 태도 파악에 용이하다.

> **POP**(Point of Purchase) **광고**
> 소비자에게 최종적으로 구입되는 장소, 즉 소매점이나 가두매점 등에서 광고물을 제작, 직접적인 광고 효과를 얻게 하는 구매시점 광고이다. 소매점의 옥외에 설치되는 각종 간판, 점포 내 디스플레이를 통한 광고 등이 모두 POP 광고에 해당된다.

⑦ **노벨티광고**: 볼펜, 재떨이, 라이터 등 작고 실용적인 물건을 광고매체로 이용하는 방법이다.

(6) **광고목적에 따른 부동산광고의 분류**

① **기업광고**: 좋은 기업이미지를 심기 위한 광고이다.

② **인명광고**(일반광고·개인광고): 중개업자의 이름과 영업에 대한 광고이다.

③ **특정광고**: 특정 부동산의 판매촉진을 목적으로 하는 광고이다. 부동산업자의 광고는 대부분 특정광고에 해당한다.

④ **계몽광고**: 부동산업에 대한 인식을 긍정적으로 유도하기 위한 광고이다.

(7) **광고매체의 선택**(애드믹스)

① 애드믹스는 광고효과를 극대화하기 위해 마케팅믹스의 개념을 광고에 적용시킨 것으로 여러 가지 광고매체를 조합하는 것을 의미한다.

② 애드믹스가 절대적인 것은 아니며 제반 여건을 고려해야 한다. 즉 애드믹스는 경쟁관계나 부동산의 종류에 따라 변한다.

① 비싼 광고매체가 광고효과가 큰 것은 사실이나 한곳에 집중하는 것보다는 분산광고하는 것이 효과적이다.

② 일단 광고예산이 정해지면 광고효과지수의 크기에 따라 신문광고, 팸플릿광고, TV광고 등의 순서로 광고비를 책정한다.

예제

부동산광고에 대한 설명 중 가장 적절하지 않은 것은? 15회 추가

① 부동산광고는 구매자뿐만 아니라 판매자도 대상으로 하는 양면성이 있다.
② 실용적이며 장식적인 조그만 물건을 광고매체로 이용하는 것을 노벨티광고라 한다.
③ 부동산광고의 내용이 사회적 부당성을 갖는 경우에 규제를 받게 된다.
④ 광고주가 존재하지 않는 부동산광고가 많다.
⑤ 부동산광고는 부동산마케팅활동을 수행하기 위한 수단 중의 하나이다.

해설 광고주가 존재하지 않는 부동산광고는 없다.

정답 ④

<table>
<tr><th colspan="2">34번 : 부동산마케팅</th><th colspan="10">기출문제</th></tr>
<tr><td>Ⅰ</td><td>부동산마케팅 개요</td><td>26</td><td></td><td></td><td></td><td></td><td></td><td rowspan="2">32</td><td rowspan="3">33</td><td rowspan="3">34</td><td></td></tr>
<tr><td>Ⅱ</td><td>STP 전략</td><td>26</td><td></td><td>28</td><td></td><td></td><td></td><td></td></tr>
<tr><td>Ⅲ</td><td>4P MIX 전략</td><td></td><td>27</td><td>28</td><td></td><td></td><td>31</td><td>32</td><td>35</td></tr>
</table>

[개요-34회] 부동산마케팅에 관한 설명으로 <u>틀린</u> 것은?

① 부동산마케팅은 부동산상품을 수요자의 욕구에 맞게 상품을 개발하고 가격을 결정한 후 시장에서 유통, 촉진, 판매를 관리하는 일련의 과정이다.
② STP 전략은 대상 집단의 시장세분화(segmentation), 표적시장 선정(targeting), 포지셔닝(positioning)으로 구성된다.
③ 시장세분화 전략은 부동산시장에서 마케팅활동을 수행하기 위하여 수요자의 집단을 세분하는 것이다.
④ 표적시장 전략은 세분화된 시장을 통해 선정된 표적 집단을 대상으로 적합한 마케팅활동을 수행하는 것이다.
⑤ AIDA원리는 주의(attention), 관심(interest), 욕망(desire), 행동(action)의 단계를 통해 공급자의 욕구를 파악하여 마케팅 효과를 극대화하는 시장점유 마케팅 전략의 하나이다.

정답 ⑤

시장점유 마케팅 ⇨ 고객점유 마케팅

[STP 전략-31회] 주택시장에서 시장세분화(market segmentation)에 관한 설명으로 옳은 것은?

① 주택 공급자의 신용도에 따라 소비자들의 공급자 선호를 구분하는 것이다.
② 일정한 기준에 의해 주택 수요자를 보다 동질적인 소집단으로 구분하는 것이다.
③ 주택의 수요가 공급보다 많은 매도자 우위의 시장을 의미한다.
④ 공급하고자 하는 주택이 가장 잘 팔릴 수 있는 시장을 의미한다.
⑤ 시장세분화가 이루어지면 시장정보가 증가하여 거래비용이 항상 증가한다.

정답 ②

시장세분화(Segmentation)

1. 전체 소비자들을 인구변수(10대, 성인층, 여성층 등) 또는 지리변수(국가, 도, 시, 군 등) 등 구매패턴이나 특성의 측면에서 유사한 하부집단으로 구분(Segmentation)하는 것을 말한다.
2. <u>전체소비자(수요자)를 유사한 소비패턴을 가지는 수요자집단</u>, 즉 단독주택시장의 수요자, 아파트시장의 수요자, 토지시장의 수요자 등으로 <u>구분, 분할하는 것</u>을 말한다.

[4P Mix 전략－27회, 31회] 부동산마케팅 4P[가격(price), 제품(product), 유통경로(place), 판매촉진(promotion)] **전략과 다음 부동산마케팅활동의 연결이 옳은 것은?**

> ㉠ 아파트 단지 내 자연친화적 실개천 설치
> ㉡ 부동산 중개업소 적극 활용
> ㉢ 시장분석을 통한 적정 분양가 책정
> ㉣ 주택청약자 대상 경품추첨으로 가전제품 제공

① ㉠: 제품　㉡: 판매촉진　㉢: 가격　㉣: 유통경로
② ㉠: 유통경로　㉡: 판매촉진　㉢: 가격　㉣: 제품
③ ㉠: 유통경로　㉡: 제품　㉢: 가격　㉣: 판매촉진
④ ㉠: 제품　㉡: 유통경로　㉢: 가격　㉣: 판매촉진
⑤ ㉠: 제품　㉡: 유통경로　㉢: 판매촉진　㉣: 가격

정답 ④

4P mix 전략 정리

<table>
<tr><td>제품(Product)</td><td colspan="3">실개천 설치 + 설계 + 홈 오토매틱 + 보안설비의 디지털화</td></tr>
<tr><td>판촉(Promotion)</td><td colspan="3">수요자들을 강하게 자극하고 유인: 경품 등</td></tr>
<tr><td rowspan="3">가격(Price)</td><td>고가정책(스키밍)</td><td rowspan="3">Vs</td><td>단일가격정책</td></tr>
<tr><td>저가정책(침투)</td><td rowspan="2">신축가격정책(적응가격): 다르게</td></tr>
<tr><td>시가정책: 동일하게</td></tr>
<tr><td>유통(Place)</td><td colspan="3">소비자에게 전달: 중개업소, 분양대행사 등 활용</td></tr>
</table>

MEMO

PART 03 감정평가론

35번 : 감정평가에 관한 규칙(I)		기 출									
I	감정평가 개요										
II	용어의 정의	26	27	28	29	30	31	32		34[2]	

I 감정평가 개요 ★

[학습포인트] 부동산의 가치가 어떤 과정에 의해 결정되는지 학습한다. 가치발생요인보다 가치형성요인이 더 중요하다.

가치형성요인 ⇨ 가치발생요인 (상관결합) ⇨ 가치변화

II 감정평가 용어의 정의 ★★★

[학습포인트] 감정평가규칙상 용어의 정의는 항상 출제되는 영역이다. 감정평가 부분이 어려운 이유는 용어가 생소하기 때문이다. 용어가 익숙해지면 감정평가 단원도 쉽게 득점으로 연결할 수 있다. 지문은 아래의 지문이 그대로 출제된다.

1. 원가법이란 대상물건의 재조달원가에 감가수정을 하여 대상물건의 가액을 산정하는 감정평가방법을 말한다. (원재감)
2. 적산법이란 대상물건의 기초가액에 기대이율을 곱하여 산정된 기대수익에 대상물건을 계속하여 임대하는 데에 필요한 경비를 더하여 대상물건의 임대료를 산정하는 감정평가방법을 말한다. (적산 – 기기필임)
3. 거래사례비교법이란 대상물건과 가치형성요인이 같거나 비슷한 물건의 거래사례와 비교하여 대상물건의 현황에 맞게 사정보정, 시점수정, 가치형성요인 비교 등의 과정을 거쳐 대상물건의 가액을 산정하는 감정평가방법을 말한다. (거래사례－사시형)
4. 임대사례비교법이란 ~~ 임대사례와 비교하여 대상물건의 현황에 맞게 사정보정 ~~ 거쳐 대상물건의 임대료를 산정하는 감정평가방법을 말한다.
5. 공시지가기준법이란 비교표준지의 공시지가를 기준으로 대상토지의 현황에 맞게 시점수정, 지역요인 및 개별요인 비교, 그 밖의 요인의 보정을 거쳐 대상토지의 가액을 산정하는 감정평가방법을 말한다. (공시지가 표시)
6. 수익환원법이란 대상물건이 장래 산출할 것으로 기대되는 순수익이나 미래의 현금흐름을 환원하거나 할인하여 대상물건의 가액을 산정하는 감정평가방법을 말한다.

I 감정평가 개요

1 의 의

감정평가는 "토지 등의 경제적 가치를 판정하여 가액으로 표시하는 것"을 말한다.

감정평가 및 감정평가사에 관한 법률 [시행 2023. 8. 10.]

제2조 【정의】

(1) "토지 등"이란 토지 및 그 정착물, 동산, 그 밖에 대통령령으로 정하는 재산과 이들에 관한 소유권 외의 권리를 말한다.

> **대통령령으로 정하는 재산**
> 1. 저작권 · 산업재산권 · 어업권 · 양식업권 · 광업권 등
> 2. 공장재단과 광업재단
> 3. 입목
> 4. 자동차 · 건설기계 · 선박 · 항공기 등 등기하거나 등록하는 재산
> 5. 유가증권

(2) "감정평가"란 토지 등의 경제적 가치를 판정하여 그 결과를 가액(價額)으로 표시하는 것을 말한다.

제3조 【기준】 감정평가법인등이 토지를 감정평가하는 경우에는 그 토지와 이용가치가 비슷하다고 인정되는 표준지공시지가를 기준으로 하여야 한다. 다만, 적정한 실거래가가 있는 경우에는 이를 기준으로 할 수 있다.

2 감정평가의 필요성

① **합리적 시장의 부재**: 부동산의 개별성 때문에 부동산의 균형가격을 제시하는 합리적인 시장이 형성되기 어렵다. 따라서 감정평가가 필요하다.

② **가격형성요인의 다양성 · 복잡성 · 변동성**: 부동산의 가격형성은 일반인이 판단하기에는 어려운 측면이 많으므로 전문가에 의한 평가가 필요하다.

③ **시장정보의 부재**: 부동산의 거래의 비공개성 등으로 인해 가격판정에 필요한 시장정보를 얻기 어렵기 때문에 전문가에 의한 평가가 필요하게 된다.

④ **부동산의 사회성과 공공성**: 부동산의 사회성과 공공성 때문에 부동산가격은 정확하게 산정되어져야 하므로 전문가에 의한 평가가 필요하다.

⑤ **부동산가격의 이중성격**: 부동산의 가격은 부동산을 생산요소로 하는 다른 재화의 가격에까지 영향을 미치므로 전문가에 의한 감정평가가 필요하다.

3 Value(가치)와 Price(가액 또는 가격)

(1) 개 요

① 감정평가는 Value를 구하는 작업이므로 Value와 Price의 개념을 정확하게 구분하는 것이 중요하다.

② 과거 학자들이 영어를 번역할 때 Value를 가치로 번역하고 Price를 가격으로 번역한 학자들과 Value를 가격으로 번역하고 Price를 가액으로 번역한 학자들 간의 대립이 있어서 가격이라고 표현하면 과연 가격이 Value를 의미하는 것인지 Price를 의미하는 것인지 혼란을 가져오는 경우가 있었다.

③ 그래서 현재 감정평가에 관한 규칙에서는 이렇게 혼란을 야기하는 가격이라는 용어는 사용하지 않고 Value는 가치로 번역하고 Price는 가액으로 번역하는 것으로 합의해서 사용하고 있다.

(2) 가치와 가액의 정의

① Value(가치): 효용이 오래 지속되는 내구재의 가치는 '장래 기대되는 편익을 현재가치로 환원한 값(피셔)'으로 정의된다. 이때 장래 기대되는 편익은 금전적인 것뿐만 아니라 비금전적인 것도 포함할 수 있다

② Price(가액): 시장에서 실제로 거래된 금액을 말한다.

(3) 가치와 가액의 관계

① 추석을 앞두고 오늘 시장에서 사과 1알이 5,000원에 거래되고 있다. 사람들은 사과의 가격이 3,000원 정도가 적당한데 5,000원이면 너무 비싸다고 생각한다. 이런 경우 사람들이 생각하는 사과의 가치(Value)는 3,000원인데 오늘 시장에서 사과의 가액(Price)은 5,000원인 것이다.

② 이렇듯 시장에서 단기적으로 재화의 가치와 가액은 항상 일치하는 것은 아니고 오차가 발생할 수 있다.

③ 하지만 추석이 지나면 사람들은 사과를 5,000원에 사지 않을 것이고 따라서 사과 수요가 감소하면서 사과의 가액은 3,000원 정도의 수준까지 하락할 것이다.

④ 즉 장기적으로 재화의 시장가액은 그 재화의 가치로 접근하게 된다.

> 단기: 가액 ≠ 가치
> 장기: 가액 ⇨ 가치: 가격의 본질은 가치이므로 장기적으로 가격은 가치로 회귀하며,
> 가치가 상승하면 가격도 상승한다.

(4) 가치(Value)와 가액(Price) 비교

가치(Value)	가액(Price)
추상적	화폐단위로 표현된 구체적인 금액
장래 기대편익을 현재가치로 환원한 값 ⇨ 현재의 값	시장에서 이미 지불된 금액 ⇨ 과거의 값
전문가가 평가해야 알 수 있는 값	비전문가도 쉽게 알 수 있는 값
전문가: 감정평가사	전문가: 공인중개사
주관적인 값	객관적인 값
동일한 시점에 여러 개가 존재	동일한 시점에 하나만 존재

(5) 가치의 종류(가치의 다원적 개념)

① **교환가치**: 재화나 용역을 교환의 대상으로 지배하는 힘을 교환가치라고 한다. 대상부동산이 시장에서 매매될 때 형성되는 객관적인 시장가치를 말한다.

② **사용가치**: 대상부동산이 특정한 용도로 사용될 때에 가질 수 있는 가치이며, 이는 사용자의 판단에 따라 사용자마다 달라질 수 있는 주관적인 가치이다.

③ **보험가치**: 보험금 산정의 기준이 되는 가치이다.

④ **보상가치**: 보상금 산정의 기준이 되는 가치이다.

⑤ **담보가치**: 은행에서 부동산을 담보로 잡을 때 기준이 되는 가치이다. 안전성을 고려해서 일반적인 가치보다 낮게 평가된다.

⑥ **한정가치**: 시장이 한정됨으로 인해 거래당사자 사이에서만 경제적인 합리성이 인정되는 가치를 말한다. 맹지가 자루형 토지가 되기 위해 인접한 토지소유자와 거래하는 경우 발생한다.

⑦ **공익가치**: 부동산이 사적 목적으로 사용될 때가 아닌 공공목적에 이용될 때 대상부동산이 지니는 가치를 말한다.

⑧ **투자가치**: 투자자가 대상부동산에 대해 가지는 주관적인 가치를 말한다.

⑨ **시장가치**: 시장에서 형성되는 객관적인 가치를 말한다. 투자가치가 시장가치보다 크거나 같을 때 투자타당성이 있다고 판단한다.

⑩ **장부가치**: 회사의 장부(재무상태표)에 기록되어 있는 가치를 말한다. 대상부동산을 100에 취득해서 법적으로 매년 10씩 감가상각이 되었다면 2년 후 대상부동산의 장부가치는 80이 된다.

⑪ **과세가치**: 정부가 세금을 부과할 때 기준이 되는 가치를 말한다. 우리나라의 경우 어떤 세목인가에 따라 과세가치는 달라진다(시장가치가 될 수도 있고, 공시지가가 될 수도 있고, 공시지가에서 조정된 금액이 될 수도 있다).

4 부동산의 가치변화 과정

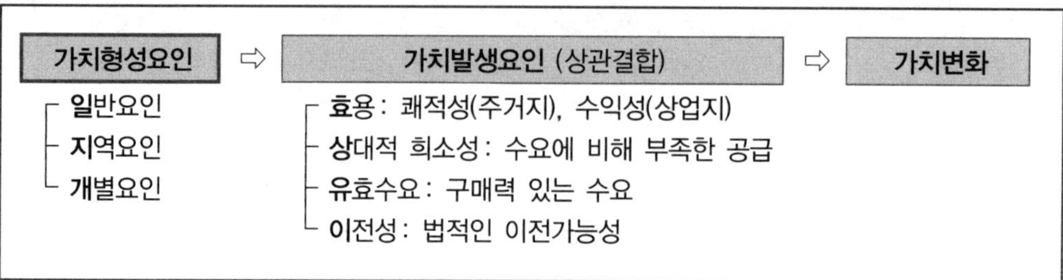

(1) 가치형성요인

가치형성요인이란 부동산의 경제적 가치에 영향을 미치는 일반요인, 지역요인, 개별요인 등을 말한다. 부동산의 가치는 일반요인, 지역요인, 개별요인 전부에 의해 영향을 받아서 형성된다.

① **일반요인**: 전국적 차원이나 광역적 차원의 전체 부동산의 상태 및 가격수준에 영향을 미치는 거시적인 요인을 말한다. 일반요인은 기상상태 등 자연적 요인, 인구상태 등 사회적 요인, 국제화의 상태 등 경제적 요인, 부동산거래규제의 정도 등 행정적 요인으로 구분할 수 있다.

자연적 요인	사회적 요인	경제적 요인	행정적 요인
지질, 지반, 지세, 토양이나 토층, 지리적 위치	인구, 가족구성, 세대분리, 교육 및 사회복지, 정보화	소비, 저축, 투자, 물가, 임금, 고용, 세금부담, 교통, 기술, 산업구조	부동산이용규제, 부동산거래규제, 부동산가격통제, 부동산세금제도

② **지역요인**: 일반요인이 지역적 차원으로 좁혀진 것이다.

③ **개별요인**: 해당 부동산 하나에 영향을 미치는 개별특성을 말한다.

토지의 개별적 요인	건물의 개별적 요인
위치, 지세, 지질, 지반, 일조, 방위, 통풍, 건습, 고저, 각지, 접면가로와의 관계, 접면가로의 폭, 구조, 등	면적, 높이, 구조, 재질 등, 설계, 설비, 방위, 층수, 배치상태, 시공상태, 공법과 사법상의 규제, 유지관리 상태, 성능

(2) 가치발생요인

① 의 의

㉠ 부동산의 가치는 효용, 상대적 희소성, 유효수요, 이전성이 있어야 발생하는데, 이를 가치발생요인이라고 한다.

㉡ 부동산의 가치는 가치발생요인 하나에 의해 발생하는 것이 아니고 상관결합에 의해 발생한다. 즉 가치발생요인 중 하나라도 없으면 부동산의 가치는 발생하지 않는다.

② **효용**: 효용은 재화의 쓸모를 말한다. 즉 재화가 쓸모가 있어야 사람들이 사고자 하는 수요가 생긴다.
보통 주거지는 쾌적성, 상업지는 수익성, 공업지는 생산성이 있어야 쓸모가 있다고 판단한다. 효용이 없는 재화는 처음부터 수요가 발생하지 않는다.

③ **상대적 희소성**

㉠ 수요에 비해 공급이 부족한 상태를 상대적 희소성이라고 한다.
효용이 있다고 해서 모든 재화가 가치가 발생하는 것은 아니다. 공기의 경우 인간에게 꼭 필요한 것이지만 사람들이 공기를 돈을 주고 사지 않는 것은 상대적 희소성이 없기 때문이다.

㉡ 물의 경우 최근에 돈을 주고 사 먹는 이유는 과거에 비해 마실 수 있는 깨끗한 물이 줄어들어서 상대적 희소성이 생겼기 때문이다. 조만간 공기도 맑은 공기가 희소해지고 있어서 지리산 맑은 공기가 시중에서 유통될 것으로 판단된다.

㉢ 일반적인 돌덩이가 100개가 있고 다이아몬드가 1,000개가 있다고 하자. 시장에서 돌덩이를 원하는 사람은 없고 다이아몬드를 원하는 사람은 백만명이 있다면 절대적 희소성은 100개밖에 없는 돌이 더 높지만 수요를 함께 고려하는 상대적 희소성은 다이아몬드가 월등하게 더 높다. 그래서 시장에서는 상대적 희소성이 더 높은 다이아몬드가 더 가치가 높은 것이다.

④ **유효수요**: 유효수요는 구매력을 갖춘 수요를 말한다. 부동산은 고가의 재화이기 때문에 특히 유효수요가 강조되는 측면이 있다. 그래서 투기목적의 수요(돈은 있음)는 수요에 포함되지만 잠재적 수요(돈이 없음)는 수요에 포함되지 않는 것이다.

⑤ **이전성**

㉠ 이전성은 법적인 이전가능성을 말한다. 부동산의 경우 법적으로 이전을 금지하는 경우가 있기 때문에 (예 청와대, 불국사 등) 이전성도 가치발생요인의 하나로 고려되는 것이다.

㉡ 일반적으로 가치발생요인은 효용, 상대적 희소성, 유효수요의 세 가지로 보지만 학자에 따라 이전성도 가치발생요인에 포함시키는 견해가 있다고 보면 된다.

Ⅱ 감정평가에 관한 규칙 제2조 용어의 정의

01. 시장가치란 감정평가의 대상이 되는 토지 등이 통상적인 시장에서 충분한 기간 동안 거래를 위하여 공개된 후 그 대상물건의 내용에 정통한 당사자 사이에 신중하고 자발적인 거래가 있을 경우 성립될 가능성이 가장 높다고 인정되는 대상물건의 가액을 말한다.

> **시장가치의 요건**
> ① **통상적인 시장**: 완전경쟁시장 또는 합리적인 시장이 아닌 우리가 흔히 하는 일반적인 시장에서 거래되어야 한다.
> ② **충분한 기간 동안 거래**: 급매로 거래되거나 오랜 기간 너무 안 팔려서 가격에 특별한 사정이 개입되지 않아야 한다.
> ③ **정통한 당사자**: 물건을 잘 몰라서 바가지를 쓰지 않아야 한다.
> ④ **자발적인 거래**: 수용이나 강매 등에 의한 금액이 아니어야 한다.
> ⑤ **성립될 가능성이 가장 높은 가액**: 최저금액, 최고금액, 평균금액이 아닌 가장 빈번하게 거래된 금액을 시장가치로 본다.

02. 기준시점이란 대상물건의 감정평가액을 결정하는 기준이 되는 날짜를 말한다.

> ① 기준시점은 대상물건의 가격조사를 완료한 날짜로 한다. 다만, 기준시점을 미리 정하였을 때에는 그 날짜에 가격조사가 가능한 경우만 기준시점으로 할 수 있다.
> ② 가격조사완료일은 평가완료일이나 평가보고서 제출일을 의미하는 것이 아니라 현장에서 가격자료를 수집해서 사무실로 들어온 날짜를 의미한다.
> ③ 가격조사가 가능하면 기한부평가와 소급평가도 가능하다.
> ㉠ 소급평가: 과거의 일정시점을 기준시점으로 하여 평가하는 것을 소급평가라고 한다. 상속에 따른 소송평가 등의 경우에 유용하다.
> ㉡ 기한부평가: 미래의 일정시점을 기준시점으로 하여 평가하는 것을 기한부평가라고 하고, 기한부평가는 개발타당성분석을 하는 경우 개발이 예정되어 있는 예정부동산의 평가에 유용하다.

03. 기준가치란 감정평가의 기준이 되는 가치를 말한다.

> **감정평가의 기준**
> 기준이 되는 가치 ⇨ 기준가치: 시장가치
> 기준이 되는 시점 ⇨ 기준시점: 가격조사를 완료한 날짜

04. 가치형성요인이란 대상물건의 경제적 가치에 영향을 미치는 일반요인, 지역요인 및 개별요인 등을 말한다.

05. 원가법이란 대상물건의 재조달원가에 감가수정(減價修正)을 하여 대상물건의 가액을 산정하는 감정평가방법을 말한다.

06. 적산법(積算法)이란 대상물건의 기초가액에 기대이율을 곱하여 산정된 기대수익에 대상물건을 계속하여 임대하는 데에 필요한 경비를 더하여 대상물건의 임대료를 산정하는 감정평가방법을 말한다.

07. 거래사례비교법이란 대상물건과 가치형성요인이 같거나 비슷한 물건의 거래사례와 비교하여 대상물건의 현황에 맞게 사정보정(事情補正), 시점수정, 가치형성요인 비교 등의 과정을 거쳐 대상물건의 가액을 산정하는 감정평가방법을 말한다.

08. 임대사례비교법이란 대상물건과 가치형성요인이 같거나 비슷한 물건의 임대사례와 비교하여 대상물건의 현황에 맞게 사정보정, 시점수정, 가치형성요인 비교 등의 과정을 거쳐 대상물건의 임대료를 산정하는 감정평가방법을 말한다.

09. 공시지가기준법이란 「감정평가 및 감정평가사에 관한 법률」에 따라 감정평가의 대상이 된 토지와 가치형성요인이 같거나 비슷하여 유사한 이용가치를 지닌다고 인정되는 표준지의 공시지가를 기준으로 대상토지의 현황에 맞게 시점수정, 지역요인 및 개별요인 비교, 그 밖의 요인의 보정(補正)을 거쳐 대상토지의 가액을 산정하는 감정평가방법을 말한다.

10. 수익환원법(收益還元法)이란 대상물건이 장래 산출할 것으로 기대되는 순수익이나 미래의 현금흐름을 환원하거나 할인하여 대상물건의 가액을 산정하는 감정평가방법을 말한다.

11. 수익분석법이란 일반기업 경영에 의하여 산출된 총수익을 분석하여 대상물건이 일정한 기간에 산출할 것으로 기대되는 순수익에 대상물건을 계속하여 임대하는 데에 필요한 경비를 더하여 대상물건의 임대료를 산정하는 감정평가방법을 말한다.

12. 감가수정이란 대상물건에 대한 재조달원가를 감액하여야 할 요인이 있는 경우에 물리적 감가, 기능적 감가 또는 경제적 감가 등을 고려하여 그에 해당하는 금액을 재조달원가에서 공제하여 기준시점에 있어서의 대상물건의 가액을 적정화하는 작업을 말한다.

12의2. 적정한 실거래가란 「부동산 거래신고 등에 관한 법률」에 따라 신고된 실제 거래가격으로서 거래 시점이 도시지역은 3년 이내, 그 밖의 지역은 5년 이내인 거래가격 중에서 감정평가법인등이 인근지역의 지가수준 등을 고려하여 감정평가의 기준으로 적용하기에 적정하다고 판단하는 거래가격을 말한다.

13. 인근지역이란 감정평가의 대상부동산이 속한 지역으로서 부동산의 이용이 동질적이고 가치형성요인 중 지역요인을 공유하는 지역을 말한다.

14. 유사지역이란 대상부동산이 속하지 아니하는 지역으로서 인근지역과 유사한 특성을 갖는 지역을 말한다.

15. 동일수급권(同一需給圈)이란 대상부동산과 대체·경쟁 관계가 성립하고 가치 형성에 서로 영향을 미치는 관계에 있는 다른 부동산이 존재하는 권역(圈域)을 말하며, 인근지역과 유사지역을 포함한다.

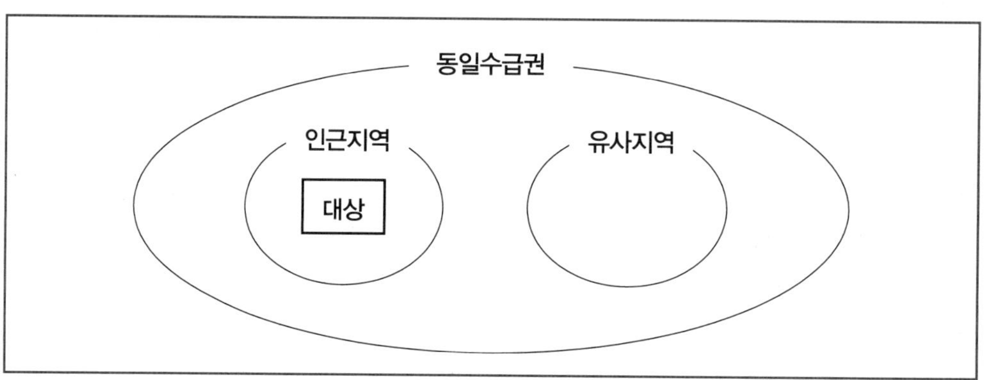

35번 : 감정평가에 관한 규칙(I)		기출문제									
I	감정평가 개요										
II	용어의 정의	26	27	28	29	30	31	32		34[2]	

[감정평가 개요-25회] 부동산의 가격과 가치에 관한 설명으로 틀린 것은?

① 가격은 특정 부동산에 대한 교환의 대가로서 매수인이 지불한 금액이다.
② 가치는 효용에 중점을 두며, 장래 기대되는 편익은 금전적인 것뿐만 아니라 비금전적인 것을 포함할 수 있다.
③ 가격은 대상부동산에 대한 현재의 값이지만, 가치는 장래 기대되는 편익을 예상한 미래의 값이다.
④ 가치란 주관적 판단이 반영된 것으로 각 개인에 따라 차이가 발생할 수 있다.
⑤ 주어진 시점에서 대상부동산의 가치는 다양하다.

정답 ③
가격은 과거의 값이고 가치는 현재의 값이다.

[용어의 정의-32회] 감정평가에 관한 규칙상 용어의 정의로 틀린 것은?

① 기준가치란 감정평가의 기준이 되는 가치를 말한다.
② 가치형성요인이란 대상물건의 경제적 가치에 영향을 미치는 일반요인, 지역요인 및 개별요인 등을 말한다.
③ 원가법이란 대상물건의 재조달원가에 감가수정을 하여 대상물건의 가액을 산정하는 감정평가방법을 말한다.
④ 거래사례비교법이란 대상물건과 가치형성요인이 같거나 비슷한 물건의 거래사례와 비교하여 대상물건의 현황에 맞게 사정보정, 시점수정, 가치형성요인 비교 등의 과정을 거쳐 대상물건의 가액을 산정하는 감정평가방법을 말한다.
⑤ 수익분석법이란 대상물건이 장래 산출할 것으로 기대되는 순수익이나 미래의 현금흐름을 환원하거나 할인하여 대상물건의 가액을 산정하는 감정평가방법을 말한다.

정답 ⑤
수익분석법 ⇨ 수익환원법

수익환원법이란 대상물건이 장래 산출할 것으로 기대되는 순수익이나 미래의 현금흐름을 환원하거나 할인하여 대상물건의 가액을 산정하는 감정평가방법을 말한다.
수익분석법이란 일반기업 경영에 의하여 산출된 총수익을 분석하여 ~~ 대상물건의 임대료를 산정하는 감정평가방법을 말한다.

www.pmg.co.kr

	36번 : 감정평가에 관한 규칙(2)	기 출									
Ⅰ	원칙과 절차		27			30			33^{2}		35
Ⅱ	물건별 감정평가	26		28			31			34	35

Ⅰ 감정평가에 관한 규칙 - 원칙과 절차 ★★

[학습포인트] 평가방법 중 가격을 산정하는 4가지(원가법, 수익환원법, 거래사례비교법, 공시지가기준법)에 대해 입에서 줄줄 나올 정도로 용어를 확실하게 익혀놓도록 한다.

<table>
<tr><td>01</td><td>기본확정</td><td>기준시점은 대상물건의 가격조사를 완료한 날짜로 한다.</td></tr>
<tr><td>03</td><td>물건확인</td><td>┌ 실지조사를 하여 대상물건을 확인하여야 한다.
└ 객관적이고 신뢰할 수 있는 자료가 있으면 생략할 수 있다.</td></tr>
<tr><td>06</td><td>평가방법</td><td><table>
<tr><th>평가방식</th><th>가액산정</th><th>임료산정</th><th>원 리</th></tr>
<tr><td>원가방식</td><td>원가법</td><td>적산법</td><td>비용성</td></tr>
<tr><td>수익방식</td><td>수익환원법</td><td>수익분석법</td><td>수익성</td></tr>
<tr><td rowspan="2">비교방식
(3개)</td><td>거래사례비교법</td><td>임대사례비교법</td><td>시장성(2개)</td></tr>
<tr><td>공시지가기준법</td><td></td><td></td></tr>
</table></td></tr>
<tr><td>07</td><td>평가가액</td><td>물건별 주방식 적용 및 시산가액 조정</td></tr>
</table>

Ⅱ 감정평가에 관한 규칙 - 물건별 감정평가 ★★★

[학습포인트] 거의 매년 1문제씩 단순문제로 출제된다. 시험에 나오면 10초 컷으로 맞힐 수 있도록 연습한다. 감정평가 단원에서 이론은 거의 법령에 있는 조문이기 때문에 응용 없이 그대로 출제된다. 연습만이 살길이다.

토 지	① 원칙: 공시지가기준법 ② 실거래가(도시지역은 3년)
과수원, 자동차	거래사례비교법
건물, 건설기계, 선박, 항공기	원가법
무형자산, 권리, 광업재단, 기업가치	수익환원법
임대료	임대사례비교법

I 감정평가의 원칙과 절차 - 감정평가에 관한 규칙 [시행 2023. 9. 14.]

제3조 【감정평가법인등의 의무】 감정평가법인등은 다음의 어느 하나에 해당하는 경우에는 감정평가를 해서는 안 된다.

(1) 자신의 능력으로 업무수행이 불가능하거나 매우 곤란한 경우

(2) 이해관계 등의 이유로 자기가 감정평가하는 것이 타당하지 않다고 인정되는 경우

제5조 【시장가치기준 원칙】

(1) 대상물건에 대한 감정평가액은 시장가치를 기준으로 결정한다.

(2) 감정평가법인등은 다음의 경우에는 시장가치 외의 가치를 기준으로 결정할 수 있다.

① 법령에 다른 규정이 있는 경우

② 감정평가 의뢰인(이하 "의뢰인"이라 한다)이 요청하는 경우

③ 감정평가의 목적이나 사회통념상 필요하다고 인정되는 경우

(3) 시장가치 외의 가치를 기준으로 감정평가할 때에는 다음의 사항을 검토해야 한다.

① 해당 시장가치 외의 가치의 성격과 특징

② 시장가치 외의 가치를 기준으로 하는 감정평가의 합리성 및 적법성

(4) 시장가치 외의 가치를 기준으로 하는 감정평가의 합리성 및 적법성이 결여(缺如)되었다고 판단할 때에는 의뢰를 거부하거나 수임(受任)을 철회할 수 있다.

제6조 【현황기준 원칙】

(1) 감정평가는 기준시점에서의 대상물건의 이용상황(불법이나 일시적인 이용은 제외) 및 공법상 제한을 받는 상태를 기준으로 한다.

(2) 다음의 어느 하나에 해당하는 경우에는 감정평가조건을 붙여 감정평가할 수 있다.

① 법령에 다른 규정이 있는 경우

② 의뢰인이 요청하는 경우

③ 사회통념상 필요하다고 인정되는 경우

(3) 감정평가조건을 붙일 때에는 조건의 합리성, 적법성 및 실현가능성을 검토해야 한다.

(4) 감정평가법인등은 감정평가조건의 합리성, 적법성이 결여되거나 사실상 실현 불가능하다고 판단할 때에는 의뢰를 거부하거나 수임을 철회할 수 있다.

현황평가와 조건부평가의 차이

조건부평가란 부동산가격의 증감요인이 되는 새로운 상황이 발생한다는 것을 가정해서 행하는 평가를 말한다. 새로운 상황은 실현이 가능한 상황이어야 한다.

상업지역에 10억짜리 A토지가 있는데 지상에 창고건물이 있어서 1억원의 철거비가 예상된다고 하자. 이 경우 A토지를 감정평가(현황평가)하게 되면 철거비만큼의 건부감가가 발생해서 감정평가액은 9억원이 된다.

그런데 토지소유자가 평가의뢰를 하면서 창고건물이 없다고 가정하고 평가(조건부평가)해 달라고 한다면 A토지의 평가액은 10억원이 되는 것이다. 즉 현황평가의 평가액은 9억원이 되고, 조건부평가의 평가액은 10억원이 된다.

제7조 【개별물건기준 원칙 등】

(1) 감정평가는 대상물건마다 개별로 하여야 한다.

(2) 둘 이상의 대상물건이 일체로 거래되거나 대상물건 상호간에 용도상 불가분의 관계가 있는 경우에는 일괄하여 감정평가할 수 있다.

(3) 하나의 대상물건이라도 가치를 달리하는 부분은 이를 구분하여 감정평가할 수 있다.

(4) 일체로 이용되고 있는 대상물건의 일부분에 대하여 감정평가하여야 할 특수한 목적이나 합리적인 이유가 있는 경우에는 그 부분에 대하여 감정평가할 수 있다.

일괄평가	구분(해서)평가	(일)부분평가
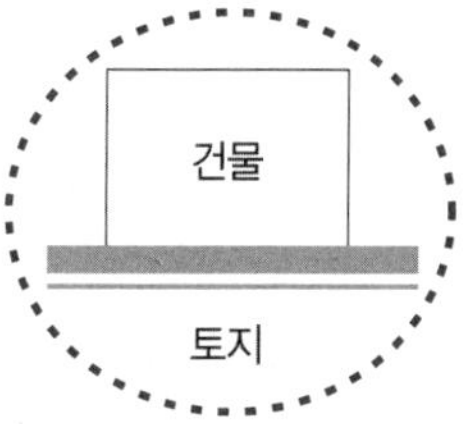 건물 토지	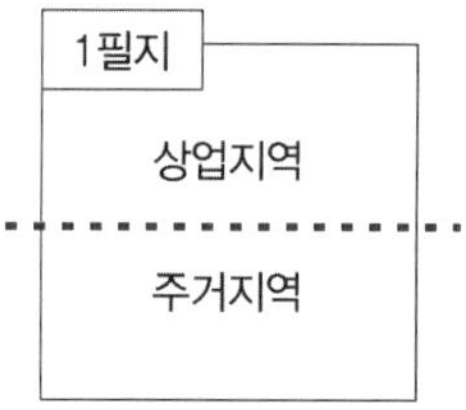 1필지 상업지역 주거지역	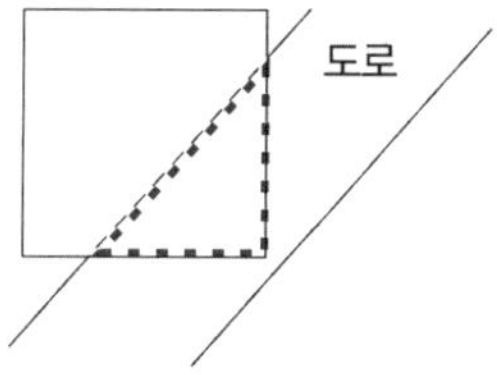 도로

일괄평가	• 복합부동산을 평가하는 경우 • 임지와 입목을 일체로 평가하는 경우
구분평가	• 용도지역이 다른 하나의 필지를 평가하는 경우 • 일부 층을 리모델링한 건축물 등을 평가하는 경우
부분평가	• 복합부동산을 일체로 평가하는 것을 전제로 하는 경우 토지만 평가하는 경우 • 한 필지의 일부만 수용당하여 보상평가를 행하는 경우 • 잔여지를 평가하는 경우

제8조 【감정평가의 절차】 감정평가법인등은 다음 각 호의 순서에 따라 감정평가를 해야 한다. 다만, 합리적이고 능률적인 감정평가를 위하여 필요할 때에는 순서를 조정할 수 있다.
① 기본적 사항의 확정
② 처리계획 수립
③ 대상물건 확인
④ 자료수집 및 정리
⑤ 자료검토 및 가치형성요인의 분석
⑥ 감정평가방법의 선정 및 적용
⑦ 감정평가액의 결정 및 표시

<table>
<tr><td>01
02</td><td>기본확정
계획</td><td>┌ 기준시점은 대상물건의 가격조사를 완료한 날짜로 한다.
└ 기준시점을 미리 정하였을 때에는 그 날짜에 가격조사가 가능한 경우에만 기준시점으로 할 수 있다.</td></tr>
<tr><td>03</td><td>확인</td><td>┌ 실지조사를 하여 대상물건을 확인하여야 한다.
└ 객관적이고 신뢰할 수 있는 자료가 있으면 생략할 수 있다.</td></tr>
<tr><td>04</td><td>자료</td><td>확인자료 + 요인자료 + 사례자료 + 참고자료</td></tr>
<tr><td>05</td><td>형성요인</td><td>일반요인 + 지역요인 + 개별요인</td></tr>
<tr><td>06</td><td>방법</td><td>
<table>
<tr><th>평가방식</th><th>가액산정</th><th>임료산정</th><th>원 리</th></tr>
<tr><td>원가방식</td><td>원가법</td><td>적산법</td><td>비용성</td></tr>
<tr><td>수익방식</td><td>수익환원법</td><td>수익분석법</td><td>수익성</td></tr>
<tr><td rowspan="2">비교방식
(3개)</td><td>거래사례비교법</td><td>임대사례비교법</td><td>시장성(2개)</td></tr>
<tr><td>공시지가기준법</td><td></td><td></td></tr>
</table>
</td></tr>
<tr><td>07</td><td>가액</td><td>㉠ 물건별 주방식 적용
㉡ 시산가액 조정: 건물평가의 경우
┌ 적산가액 10억원(시산가액) ┐
├ 비준가액 12억원(시산가액) ┼ 조정 ⇨ 최종가액 11억원 결정
└ 수익가액 14억원(시산가액) ┘ (산술평균×, 가중평균○)</td></tr>
</table>

제9조【기본적 사항의 확정】

(1) 감정평가를 의뢰받았을 때에는 의뢰인과 협의하여 다음의 사항을 확정해야 한다.

의뢰인	대상물건	감정평가 목적	기준시점
감정평가조건	기준가치	전문가의 자문	수수료 및 실비

(2) 기준시점은 대상물건의 가격조사를 완료한 날짜로 한다. 다만, 기준시점을 미리 정하였을 때에는 그 날짜에 가격조사가 가능한 경우에만 기준시점으로 할 수 있다.

(3) 필요한 경우 관련 전문가에 대한 자문 등을 거쳐 감정평가할 수 있다.

제10조【대상물건의 확인】

(1) 감정평가를 할 때에는 실지조사를 하여 대상물건을 확인해야 한다.

(2) 다음에 해당하는 경우로서 객관적이고 신뢰할 수 있는 자료를 충분히 확보할 수 있는 경우에는 실지조사를 하지 않을 수 있다.

① 천재지변 등으로 실지조사가 불가능하거나 매우 곤란한 경우

② 유가증권 등 대상물건의 특성상 실지조사가 불가능하거나 불필요한 경우

제11조【감정평가방식】 다음의 감정평가방식에 따라 감정평가를 한다.

평가방식	가액산정	임료산정	원 리
원가방식	**원**가법	**적**산법	비용성
수익방식	**수**익환원법	수익**분**석법	수익성
비교방식 (3개)	**거**래사례비교법	**임**대사례비교법	시장성(2개)
	공시지가기준법		

(1) **원가방식**: 원가법 및 적산법 등 비용성의 원리에 기초한 감정평가방식

(2) **비교방식**: 거래사례비교법, 임대사례비교법 등 시장성의 원리에 기초한 감정평가방식 및 공시지가기준법

> **공시지가기준법은 시장성의 원리에 기초한 방법이 아님에 유의**
> 비교방식은 가격을 구하는 거래사례비교법과 임대료를 구하는 임대사례비교법으로 구성되었으나 최근 공시지가기준법이 추가되면서 현재의 비교방식은 세 가지의 방법으로 구성된다. 이 중 거래사례비교법과 임대사례비교법은 시장성의 사고방식에 근거하고 있고 공시지가기준법은 법·제도에 근거한 평가방법이다.

(3) **수익방식**: 수익환원법 및 수익분석법 등 수익성의 원리에 기초한 감정평가방식

가격의 3면성

부동산가격은 시장성과 수익성 및 비용성을 모두 반영하여 형성된다.

① **비용성의 사고방식**: 대상부동산을 생산하기 위해 투입된 비용이 그 물건의 가격을 결정한다는 공급자의 사고방식을 말한다. 비용성의 사고방식은 원가방식의 근거가 된다.

② **수익성의 사고방식**: 대상부동산이 산출하는 수익이 그 물건의 가격을 결정한다는 수요자의 사고방식을 말한다. 수익성의 사고방식은 수익방식의 근거가 된다.

③ **시장성의 사고방식**: 대상부동산과 대체가능한 유사부동산이 현실시장에서 거래된 금액을 기준으로 대상부동산의 가격이 결정된다는 것으로 수요자와 공급자를 모두 고려하는 사고방식을 말한다. 시장성의 사고방식은 비교방식의 근거가 된다.

PART 03

제12조 【감정평가방법의 적용 및 시산가액 조정】

(1) 감정평가법인등은 이 법에서 정한 대상물건별로 정한 감정평가방법(주된 방법)을 적용하여 감정평가해야 한다. 다만, 주된 방법을 적용하는 것이 곤란하거나 부적절한 경우에는 다른 감정평가방법을 적용할 수 있다.

(2) 감정평가법인등은 (1)에서 산정한 가액(시산가액)을 다른 감정평가방식에 속하는 하나 이상의 감정평가방법으로 산출한 시산가액과 비교하여 합리성을 검토해야 한다. 다만, 다른 감정평가방법을 적용하는 것이 곤란하거나 불필요한 경우에는 그렇지 않다. 이때 공시지가기준법과 거래사례비교법은 서로 다른 감정평가방식에 속한 것으로 본다.

3방식 병용

우리나라에서는 감칙 제12조의 규정에 따라 세 가지 방식을 모두 적용해서 가격을 산출하여야 한다.

(3) 감정평가법인등은 (2)에 따른 검토 결과 (1)에 따라 산출한 시산가액의 합리성이 없다고 판단되면 (1)로 산출한 시산가액을 조정하여 감정평가액을 결정할 수 있다.

시산가액의 조정

① **의의**: 평가3방식으로 구한 개별가격(시산가액)을 조정하여 최종결론을 도출하는 작업이 필요한데 이를 시산가격의 조정이라고 한다.

② **시산가액의 조정방법**: 주방식에 비중을 많이 둔 가중평균의 방법을 이용한다. 모든 방식에 동일한 가중치를 두는 산출평균의 방법은 지양한다.

제13조 【감정평가서 작성】

(1) 감정평가법인등은 감정평가서를 의뢰인과 이해관계자가 이해할 수 있도록 명확하고 일관성 있게 작성해야 한다.

(2) 감정평가서에는 다음 각 호의 사항이 포함돼야 한다.

① 감정평가법인등의 명칭
② 의뢰인의 성명 또는 명칭
③ 대상물건(소재지, 종류, 수량, 그 밖에 필요한 사항)
④ 대상물건 목록의 표시근거
⑤ 감정평가 목적
⑥ 기준시점, 조사기간 및 감정평가서 작성일
⑦ 실지조사를 하지 않은 경우에는 그 이유
⑧ 시장가치 외의 가치를 기준으로 감정평가한 경우에는 제5조의 (3)
⑨ 감정평가조건을 붙인 경우에는 그 이유 및 합리성, 적법성 및 실현가능성 여부
⑩ 감정평가액
⑪ 감정평가액의 산출근거 및 결정 의견
⑫ 전문가의 자문 등을 거쳐 감정평가한 경우 그 자문 등의 내용

(3) '감정평가액의 산출근거 및 결정 의견'의 내용에는 다음의 사항을 포함해야 한다.

① 적용한 감정평가방법 및 시산가액 조정 등 감정평가액 결정 과정
② 거래사례비교법으로 감정평가한 경우 비교 거래사례의 선정 내용, 사정보정한 경우 그 내용 및 가치형성요인을 비교한 경우 그 내용
③ 공시지가기준법으로 토지를 감정평가한 경우 비교표준지의 선정 내용, 비교표준지와 대상토지를 비교한 내용 및 그 밖의 요인을 보정한 경우 그 내용
④ 재조달원가 산정 및 감가수정 등의 내용
⑤ 적산법이나 수익환원법으로 감정평가한 경우 기대이율 또는 환원율(할인율)의 산출근거
⑥ 일괄감정평가, 구분감정평가 또는 부분감정평가를 한 경우 그 이유
⑦ 감정평가액 결정에 참고한 자료가 있는 경우 그 자료의 명칭, 출처와 내용
⑧ 대상물건 중 일부를 감정평가에서 제외한 경우 그 이유

(4) 감정평가법인등은 감정평가서를 발급하는 경우 그 표지에 감정평가서라는 제목을 명확하게 적어야 한다.

Ⅱ 물건별 감정평가 – 감정평가에 관한 규칙 [시행 2023. 9. 14.]

☑ **종합정리**

물 건	원 칙
토 지	공시지가기준법 또는 실거래가(거래사례비교법)
토지와 건물 일괄	거래사례비교법(일체), 토지가액과 건물가액으로 구분표시 가능
산림(산지+입목)	산지와 입목 구분평가, 일괄평가하는 경우: 거래사례비교법
과수원, 자동차	거래사례비교법
건물, 건설기계 등	원가법
무형자산, 권리	수익환원법(광업재단과 기업가치도 수익환원법)
공장재단	개별물건 평가액의 합산, 일괄평가시는 수익환원법
임대료	임대사례비교법

제14조 【토지의 감정평가】

(1) 감정평가법인등은 토지를 감정평가할 때에는 공시지가기준법을 적용해야 한다.

(2) 공시지가기준법에 따라 토지를 감정평가할 때에 다음 각 호의 순서에 따라야 한다.

① **비교표준지 선정**

㉠ 인근지역에 있는 표준지 중에서 선정할 것

㉡ 인근지역에 적절한 표준지가 없으면 유사지역에서 표준지를 선정할 수 있다.

② **시점수정**(㉠ ⇨ ㉡ ⇨ ㉢의 순서대로 적용한다)

㉠ 비교표준지가 있는 시 · 군 · 구의 같은 용도지역 지가변동률을 적용할 것

㉡ 공법상 제한이 비슷한 용도지역의 지가변동률, 이용상황별 지가변동률 또는 해당 시 · 군 · 구의 평균지가변동률을 적용하고,

㉢ ㉡이 적절하지 않으면 생산자물가상승률을 적용할 것

③ **지역요인 비교**

④ **개별요인 비교**

⑤ **그 밖의 요인 보정**

(3) 적정한 실거래가를 기준으로 감정평가할 때에는 거래사례비교법을 적용해야 한다.

(4) 토지를 감정평가할 때에는 공시지가기준법과 거래사례비교법의 규정을 적용하되, 해당 토지의 임대료, 조성비용 등을 고려하여 감정평가할 수 있다.

제15조【건물의 감정평가】 건물을 감정평가할 때에 원가법을 적용해야 한다.

제16조【토지와 건물의 일괄감정평가】

⑴ 감정평가법인등은 구분소유권의 대상이 되는 건물부분과 그 대지사용권을 일괄하여 감정평가하는 경우 등 토지와 건물을 일괄하여 감정평가할 때에는 거래사례비교법을 적용해야 한다.

⑵ 이 경우 감정평가액은 합리적인 기준에 따라 토지가액과 건물가액으로 구분하여 표시할 수 있다.

제17조【산림의 감정평가】

⑴ 감정평가법인등은 산림을 감정평가할 때에 산지와 입목(立木)을 구분하여 감정평가해야 한다. 이 경우 입목은 거래사례비교법을 적용하되, 소경목림(小徑木林: 지름이 작은 나무 · 숲)인 경우에는 원가법을 적용할 수 있다.

⑵ 감정평가법인등은 산지와 입목을 일괄하여 감정평가할 때에 거래사례비교법을 적용해야 한다.

제18조【과수원의 감정평가】 과수원을 감정평가할 때에 거래사례비교법을 적용해야 한다.

제19조【공장재단 및 광업재단의 감정평가】

⑴ 감정평가법인등은 공장재단을 감정평가할 때에 공장재단을 구성하는 개별 물건의 감정평가액을 합산하여 감정평가해야 한다. 다만, 계속적인 수익이 예상되는 경우 등 일괄하여 감정평가하는 경우에는 수익환원법을 적용할 수 있다.

⑵ 감정평가법인등은 광업재단을 감정평가할 때에 수익환원법을 적용해야 한다.

제20조【자동차 등의 감정평가】

⑴ 자동차를 감정평가할 때에 거래사례비교법을 적용해야 한다.

⑵ 건설기계를 감정평가할 때에 원가법을 적용해야 한다.

⑶ 선박을 감정평가할 때에 선체 · 기관 · 의장(艤裝)별로 구분하여 감정평가하되, 각각 원가법을 적용해야 한다.

> **선박의장**
> 선박의 운항 목적을 달성하기 위해 선박에 설치된 각종 시스템을 말한다. 선박을 정박시키는 위한 닻, 로프를 풀거나 감는 기계, 방화 및 소방설비, 구명장치, 탱크시설, 조명설비 등을 말한다.

⑷ 항공기를 감정평가할 때에 원가법을 적용해야 한다.

⑸ 본래 용도의 효용가치가 없는 물건은 해체처분가액으로 감정평가할 수 있다.

제21조【동산의 감정평가】

(1) 감정평가법인등은 동산을 감정평가할 때에는 거래사례비교법을 적용해야 한다. 다만, 본래 용도의 효용가치가 없는 물건은 해체처분가액으로 감정평가할 수 있다.

(2) (1)에도 불구하고 기계·기구류를 감정평가할 때에는 원가법을 적용해야 한다.

제22조【임대료의 감정평가】 임대료를 감정평가할 때에 임대사례비교법을 적용해야 한다.

제23조【무형자산의 감정평가】

(1) 광업권을 감정평가할 때에 광업재단의 감정평가액에서 해당 광산의 현존시설 가액을 빼고 감정평가해야 한다. 이 경우 광산의 현존시설 가액은 과잉유휴시설을 포함하여 산정하지 않는다.

(2) 어업권을 감정평가할 때에 어장 전체를 수익환원법에 따라 감정평가한 가액에서 해당 어장의 현존시설 가액을 빼고 감정평가해야 한다. 이 경우 어장의 현존시설 가액은 과잉유휴시설을 포함하여 산정하지 않는다.

(3) 영업권, 특허권, 실용신안권, 디자인권, 상표권, 저작권, 전용측선이용권(專用側線利用權), 그 밖의 무형자산을 감정평가할 때에 수익환원법을 적용해야 한다.

> **전용측선이용권**
> 운수사업을 영위하는 자가 철도비용 등을 부담하고 그 철도 등을 전용하는 권리를 말한다. 이 이용권은 무형자산으로서 감가상각자산에 속한다.

제24조【유가증권 등의 감정평가】

(1) 감정평가법인등은 주식을 감정평가할 때에 다음 각 호의 구분에 따라야 한다.
① **상장주식**: 거래사례비교법을 적용할 것
② **비상장주식**: 자기자본의 가치를 발행주식 수로 나눌 것

(2) 감정평가법인등은 채권을 감정평가할 때에 다음 각 호의 구분에 따라야 한다.
① **상장채권**: 거래사례비교법을 적용할 것
② **비상장채권**: 수익환원법을 적용할 것

(3) 감정평가법인등은 기업가치를 감정평가할 때에 수익환원법을 적용해야 한다.

제25조【소음 등으로 인한 대상물건의 가치하락분에 대한 감정평가】 감정평가법인등은 소음·진동·일조침해 또는 환경오염 등(이하 "소음 등"이라 한다)으로 대상물건에 직접적 또는 간접적인 피해가 발생하여 대상물건의 가치가 하락한 경우 그 가치하락분을 감정평가할 때에 소음 등이 발생하기 전의 대상물건의 가액 및 원상회복비용 등을 고려해야 한다.

	36번 : 감정평가에 관한 규칙(2)	기출문제									
Ⅰ	원칙과 절차		27			30			33[2]		35
Ⅱ	물건별 감정평가	26		28			31			34	35

[원칙과 절차-33회] 감정평가에 관한 규칙에 규정된 내용으로 틀린 것은?

① 기준시점이란 대상물건의 감정평가액을 결정하는 기준이 되는 날짜를 말한다.
② 하나의 물건이라도 가치를 달리하는 부분은 이를 구분하여 감정평가할 수 있다.
③ 거래사례비교법은 감정평가방식 중 비교방식에 해당되나, 공시지가기준법은 비교방식에 해당되지 않는다.
④ 감정평가법인등은 대상물건별로 정한 감정평가방법(이하 "주된 방법"이라 함)을 적용하여 감정평가하되, 주된 방법을 적용하는 것이 곤란하거나 부적절한 경우에는 다른 감정평가방법을 적용할 수 있다.
⑤ 감정평가법인등은 감정평가서를 감정평가 의뢰인과 이해관계자가 이해할 수 있도록 명확하고 일관성 있게 작성해야 한다.

❶ 정답 ③
공시지가기준법은 비교방식에 해당되지 않는다. ⇨ 비교방식에 해당된다.

가액산정	임료산정	원 리	평가방식
원가법	적산법	비용성	원가방식
수익환원법	수익분석법	수익성	수익방식
거래사례비교법	임대사례비교법	시장성	비교방식
공시지가기준법			

[물건별 감정평가-34회] 감정평가에 관한 규칙상 대상물건별로 정한 감정평가방법(주된 방법)이 수익환원법인 대상물건은 모두 몇 개인가?

- 상표권
- 임대료
- 저작권
- 특허권
- 과수원
- 기업가치
- 광업재단
- 실용신안권

① 2개　② 3개　③ 4개
④ 5개　⑤ 6개

❶ 정답 ⑤
- 임대료: 임대사례비교법
- 과수원: 거래사례비교법

	37번 : 가격제원칙과 지역분석	기 출									
Ⅰ	가격제원칙	26		28							
Ⅱ	지역분석과 개별분석		27	28	29	30		32		34	

Ⅰ 가격제원칙 ★★

[학습포인트] 가격제원칙은 13가지가 있다. 모든 가격제원칙을 동일한 비중으로 공부하지 말고 균형의 원칙, 적합의 원칙을 먼저 확실하게 익히고, 그 다음 변동의 원칙과 대체의 원칙을 익히고… 이런 순서로 확장해 나가도록 한다.

01 최유효이용	부동산가격은 최유효이용을 전제로 하여 파악된 가격을 표준으로 형성된다.
02 대체	① 대체가능한 유사부동산의 가격은 비슷하다. ② 감정평가 3방식의 근거
06 균형	① 부동산은 내부균형(설계, 설비)이 깨지면 감가가 발생한다. ② 건물과 부지 등의 균형을 말하며 개별분석을 통해 판단한다.
11 적합	① 대상부동산과 지역과의 균형 ② 경제적 감가의 판단기준
12 변동	가치형성요인 변동 ⇨ 부동산가격 변동 ⇨ 기준시점 확정

Ⅱ 지역분석과 개별분석 ★★★

[학습포인트] 지역분석의 내용을 확실히 숙지한다. 첫 자를 따서 암기하는 것도 좋은 방법이다. 지역분석하러 '표적수 평가사가 경부선'을 타고 부산에 내려갔다. 지역분석은 '표적수 경부선: 표준적이용, 적합의 원칙, 가격수준, 경제적 감가, 부동성, 선행분석'이라고 암기하라.

구 분	지역분석	개별분석
(1) **근거**	인접성, 부동성, 지역성	개별성
(2) **분석목적**	표준적이용, 가격수준	최유효이용, 구체적 가격
(3) **분석대상**	인근지역, 유사지역, 동일수급권	대상부동산
(4) **적용원칙**	적합의 원칙 ⇨ 경제적 감가	균형의 원칙 ⇨ 기능적 감가
(5) **분석순서**	선행분석	후행분석

I 가격제원칙(감정평가활동의 매뉴얼－감정평가규칙에는 규정이 없음)

1 종합정리

가격제원칙이란 부동산의 가격형성과정에 존재하는 법칙성을 감정평가의 관점에서 논리화시켜 감정평가의 행위 지침 즉 매뉴얼로 삼은 것을 말한다.

가격제원칙은 최유효이용원칙을 중심으로 상호 유기적인 관련성을 가지며 조금씩 변화되고 있다.

본 수험서에서는 가격제원칙을 13개 정도로 정리하도록 한다.

구분	내용
01 최유효이용	① 부동산 고유의 원칙이며 가장 중요한 원칙이다. ② 부동산가격은 최유효이용을 기준으로 하여 형성된다.
02 대체	① 대체가능한 유사부동산의 가격은 비슷하다. ② 감정평가 3방식의 근거
03 경쟁	수요자 및 공급자 상호간 경쟁발생 ⇨ 초과이윤 소멸
04 수요 · 공급	① 부동산가격은 시장에서 수요와 공급에 의해 결정된다. ② 부동산가격의 이중성격
05 기회비용	① 차선책(기회비용)의 가격반영 ② 도심공업지가 외곽보다 비쌈
06 균형	① 부동산은 내부균형(설계나 설비)이 깨지면 기능적 감가가 발생한다. ② 건물과 부지 등의 균형을 말하며 개별분석을 통해 판단한다.
07 수익체증 · 체감	① 추가 투자시 수익은 체증하다가 체감한다. ② 입체이용의 상한치를 판단하는 기준
08 수익배분	토지배분법, 토지잔여법, 수익분석법의 이론적 근거
09 기여	① 부동산의 가치는 생산비의 합이 아니고 기여가치의 합이다. ② 추가투자의 판단기준: 건물의 증축여부를 결정할 때 적용한다.
10 외부성	부동산은 외부적인 요인에 의해 긍정적 또는 부정적인 영향을 받는다.
11 적합	① 대상부동산과 지역과의 균형 ② 경제적 감가의 판단기준 ③ 부동산 고유의 원칙
12 변동	가치형성요인 변동 ⇨ 부동산가격 변동 ⇨ 기준시점 확정
13 예측	부동산가치는 장래편익의 현재가치 ⇨ 예측 ⇨ 수익방식

2 13개의 가격제원칙

(1) 최유효이용원칙

① 부동산가격은 최유효이용을 전제로 하여 파악된 가격을 기준으로 하여 형성된다는 원칙이다.

② 평가대상토지가 주거지와 상업지 및 공업지로 모두 사용될 수 있는 상태지만 주거지로 사용하는 것이 최유효이용이라면 평가대상토지의 가격은 주거지로 이용될 때의 가치로 평가해야 한다는 것이다.

주거용	주거용	주거용
주거용	주거용	대상 ?
주거용	주거용	주거용

가능용도	최유효이용	평가
주거용	주거용	10억원
상업용		
공업용		

(2) 대체의 원칙

① 부동산은 물리적 측면에서는 개별성 때문에 비대체성을 가지지만 용도적 측면에서는 대체가 가능하다는 원칙이다.

② 부동산이 대체가 가능하게 되면 동일한 효용을 가진 여러 부동산 중에서 가격이 가장 낮은 것을 선택하면 되고 가격이 비슷하면 효용이 가장 높은 부동산을 선택하면 된다.

③ 결국 대체성이 있는 유사부동산의 가격수준은 비슷해지기 때문에 거래사례비교법 등 비교방식과 간접법의 논리적 근거가 된다(직접법은 대상부동산의 자료를 적용해서 대상부동산의 가격을 구하는 방법이고, 간접법은 유사부동산의 자료를 이용해서 대상부동산의 가격을 구하는 방법이다).

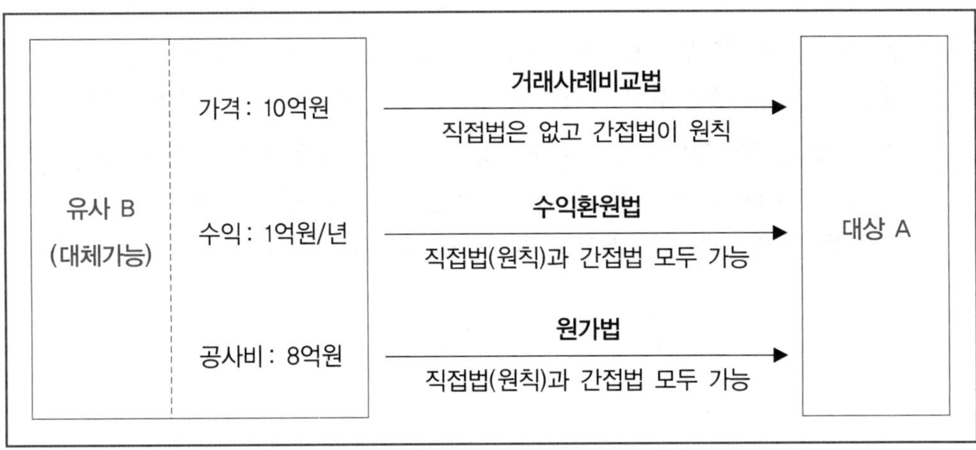

(3) 경쟁의 원칙

① 초과이윤은 경쟁을 야기하고, 경쟁의 결과 초과이윤은 소멸된다. 따라서 경쟁을 하고 있는 부동산을 평가하는 경우 그 부동산에서 발생하는 초과이윤은 장기적으로 소멸할 것이기 때문에 그 초과이윤을 평가가격에 반영해서는 안 된다는 원칙이다.

② 단 위치의 유리함에서 오는 입지잉여 등 소멸되지 않는 초과이윤은 부동산가격에 포함시켜서 평가한다. (호텔 A)

③ 예를 들면 수익방식에서 순영업소득 산정시 공실(空室)은 대상부동산의 현재 공실이 아닌 인근지역의 표준적인 공실률을 적용한다. (호텔 B)

☑ **동일한 만실이라도 경쟁 없는 A와 경쟁하는 B의 평가기준은 다르다.**

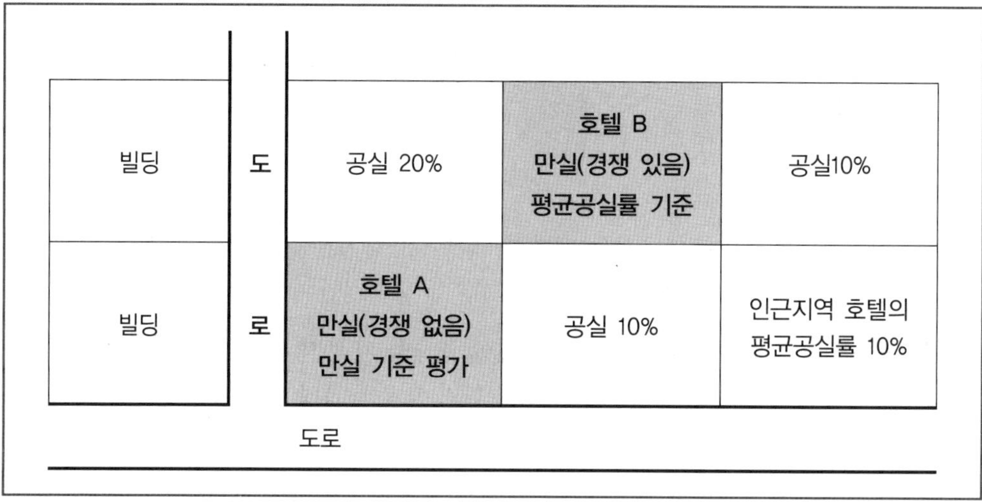

(4) 수요공급의 원칙

① 부동산의 가격은 수요와 공급의 상호작용에 의해 결정되고, 결정된 가격은 다시 수요와 공급에 영향을 미친다는 원칙이다(부동산가격의 이중성격이라고도 한다).

② 부동산시장은 지역별 · 용도별 · 유형별로 다르게 수요와 공급이 형성되므로 부동산 시장분석은 대상부동산이 속하는 부분시장별로 구체적으로 행하여야 한다.

③ 부동산도 용도적 측면에서 대체가 가능하다. ⇨ 그래서 대체가능한 부동산끼리는 상호 경쟁을 한다. ⇨ 부동산도 대체가 가능한 부동산이 있는 지역에서는 시장이 형성되고 부동산시장 내에서는 시장의 수요공급 논리가 작동한다.

(5) 기회비용의 원칙

① 기회비용이란 대상부동산을 선택함으로써 포기한 차선책의 가치를 말한다. 이때 기회비용은 실제 지불된 비용이 아니라 인식된 비용의 개념이다.

② 예를 들어 공인중개사를 공부하는 수험생이 직장을 그만두고 학원을 다닌다고 할 때, 실제 지불한 공부비용은 학원비 200만원이지만 공부를 함으로써 연봉 3,000만원을 포기했다고 한다면 수험생의 경제학적 비용은 3,200만원이 된다. 즉 공인중개사 자격증의 가치가 3,200만원보다 더 높다고 판단되기 때문에 공부를 선택한 것이다.

③ 이를 부동산에 적용하면 부동산을 특정 용도로 이용하는 경우 그 가치는 그 기회비용보다는 높아야 한다는 것이다.

④ 도시에 있는 토지를 공장용지로 사용하는 경우 그 기회비용은 주거용지 또는 상업용지이고, 농촌에 있는 토지를 공장용지로 사용하는 경우 그 기회비용은 농업용지가 된다. 따라서 도시에 있는 공업용지가 농촌에 있는 공업용지보다는 더 비싼 것이다.

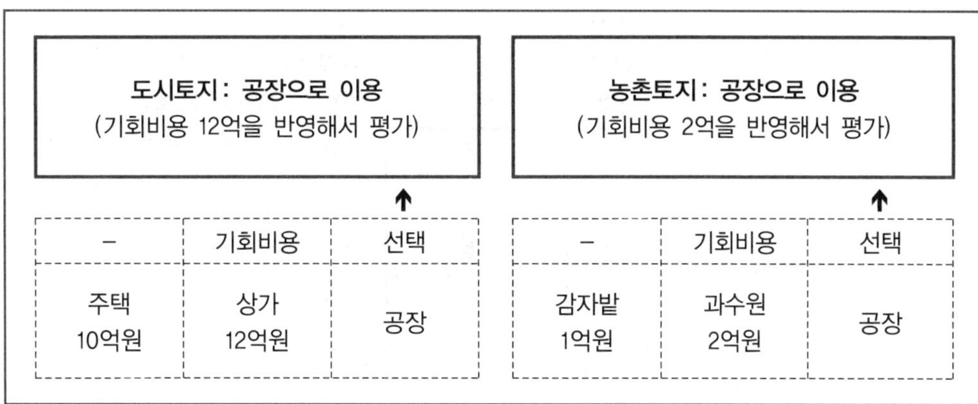

(6) 균형의 원칙

① 부동산의 가치는 내부균형이 잘 맞을 때 가치가 높게 평가되며 내부균형이 잘 맞지 않으면 기능적 감가가 발생한다는 원칙이다.

② 내부균형이란 건물과 부지의 균형 또는 설계나 설비와 관련된 균형을 의미한다.

③ 단독주택에서 대문을 열고 안으로 들어올 때 눈에 보이는 것은 모두 균형과 관련된 것들이다.

④ 유사부동산에 비해 화장실의 숫자가 적고, 난방비가 많이 들어 가격이 낮게 거래된다면 이는 균형의 원칙에 위배되어서 기능적 감가가 발생한 것이다.

⑤ 감정평가사는 개별분석을 통해 균형여부를 판단하게 된다.

(7) 수익체증 · 체감의 원칙

① 부동산 투자시 단위투자액을 계속 증가시키면 총수익은 증가하지만 일정한 한계점을 지나치면 단위투자액 당 수익은 점진적으로 감소된다는 원칙이다.

② 이는 건물층수만 높인다고 '최유효이용'이 되는 것은 아니라는 것을 시사한다.

③ 예를 들어 고기를 먹을 때 계속 먹다가 어느 한도가 되면 질려서 그만 먹게 되는 순간이 오는데 그때가 기분의 총량이 가장 좋을 때인 것이고 그 한계를 넘기면 오히려 기분이 나빠지게 되는 것과 같은 이치이다.

④ 수익체증 · 체감의 원칙은 추가투자시 판단기준이 되며, 감정평가시 입체이용의 상한치를 판단하는 경우 유용한 원칙이다.

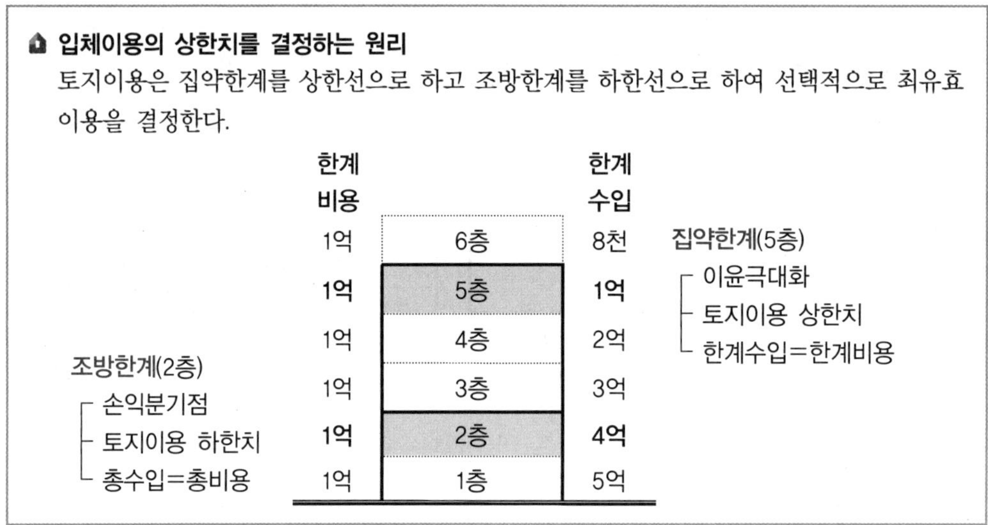

(8) 수익배분의 원칙(잉여생산성의 원리)

① 부동산에서 발생하는 총수익은 그 수익을 발생시키는 데 기여한 생산요소인 노동, 자본, 토지, 경영에 배분된다. 이 중 토지의 몫은 다른 생산요소인 노동, 자본, 경영에 배분되고 남은 것이 된다.

② 그 이유는 다른 생산요소는 정당한 대가를 주지 않으면 다른 곳으로 떠나지만 토지는 부동성 때문에 떠나지 못하기 때문이다.

③ 따라서 토지의 최유효이용은 부동산의 전체수익이 가장 큰 이용이 아니고 토지에 분배되는 잔여수익이 최대가 되는 이용이다.

④ 수익배분의 원칙은 토지잔여법, 수익분석법의 이론적 근거가 된다. 토지잔여법이 뭔지는 혹시 감정평가사 시험 준비를 하게 되면 그때 공부하시면 된다.

(9) 기여의 원칙

① 부동산은 여러 구성요소가 결합되어 있는데, 부동산의 가치는 이들 구성요소의 생산비의 합이 아니고 개별 구성요소가 전체수익의 획득에 기여한 기여가치의 합이라는 것이다.

② 엘리베이터가 없는 5층짜리 상가부동산에 1억원을 투자해서 엘리베이터를 설치한 경우 상가부동산의 가치는 엘리베이터 비용 1억원이 상승하는 것이 아니라 그 엘리베이터가 생기므로 인해 발생한 전체 상가수익의 상승분만큼 가치가 상승한다는 것이다. 즉 엘리베이터 설치 후 10억짜리 상가가 15억원이 될 수 있는 것이다.

③ 기여의 원칙은 인접토지를 병합하거나 건물을 증축하는 등 부동산에 대한 추가투자 여부를 결정하는 데 유용한 원칙이다.

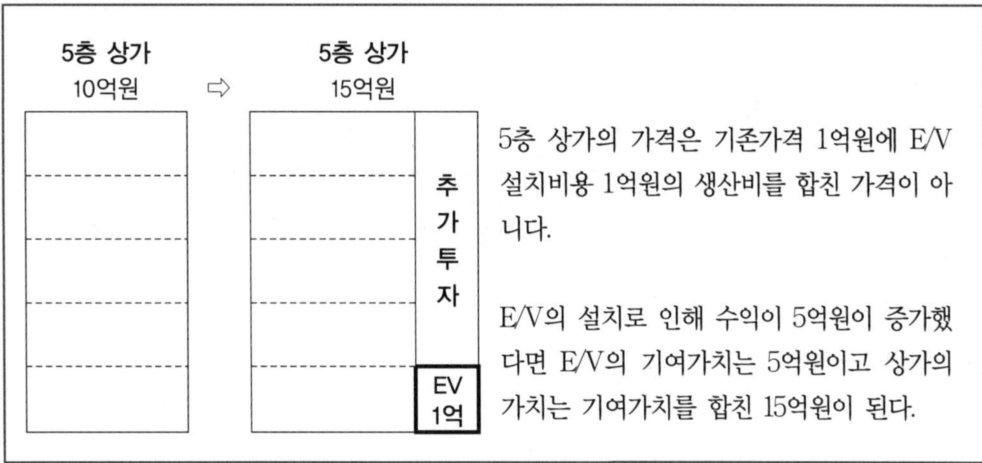

(10) 외부성의 원칙

① 부동산의 가치는 외부적인 요인에 의해 긍정적(정의 외부효과) 또는 부정적인 영향(부의 외부효과)을 받는다는 원칙이다.

② 외부성은 감정평가시 경제적 감가의 판정기준이 된다.

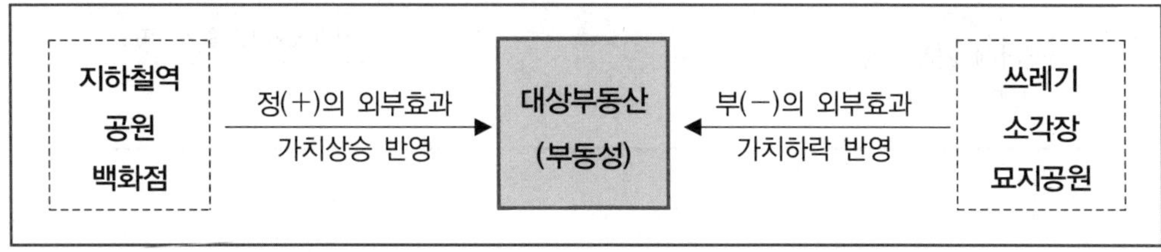

(11) 적합의 원칙

① 부동산의 가치는 대상부동산의 이용이 인근환경에 적합하여야 높게 평가받을 수 있다는 원칙이다. 지역, 환경, 다른 부동산, 외부 등의 단어와 관련된다.

② 부동산의 이용이 주변환경과 어울리지 않으면 부(−)의 외부효과가 발생하면서 경제적 감가가 발생한다.

③ 주변의 표준적인 이용이 저가빌라촌인데 해당 토지에 고급단독주택을 지어놓으면 주변과 어울리지 않는 이용을 하고 있는 고급단독주택은 낮게 평가된다.

④ 감정평가사는 지역분석을 통해 적합성 여부를 판단하게 된다.

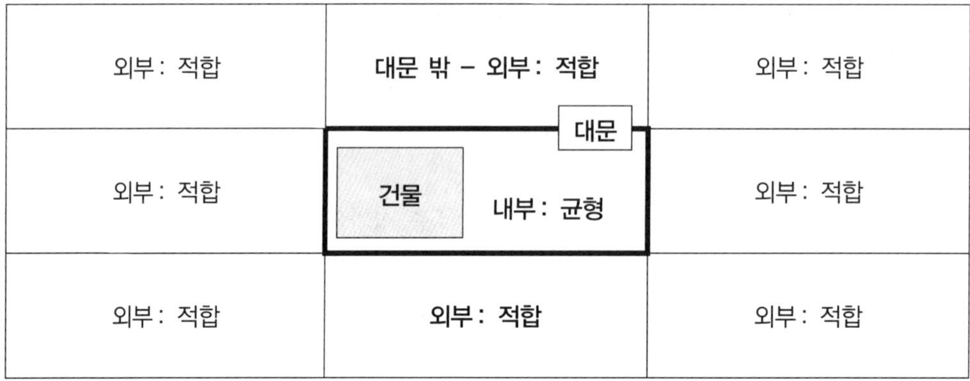

(12) 변동의 원칙

① 부동산의 가격도 일반재화와 마찬가지로 가격형성요인의 변화에 따라 상호 인과관계의 변동과정에서 형성된다는 원칙이다.

② 감정평가시 기준시점의 확정 및 시점수정 등의 작업이 필요한 근거가 된다.

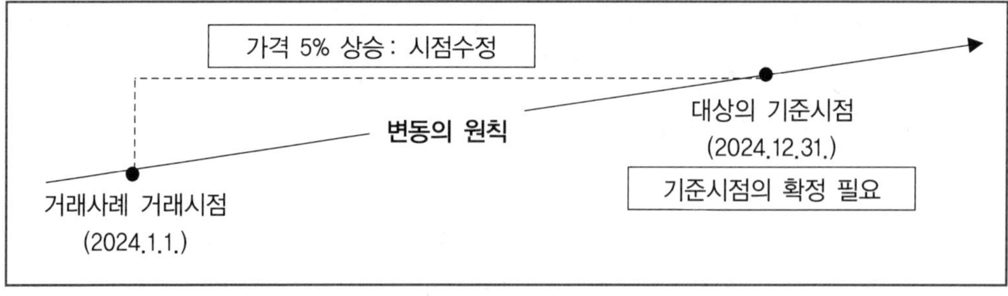

(13) 예측의 원칙

① 부동산의 가격형성요인은 계속 변동하며, 이에 따라 부동산가격도 계속 변동의 과정 속에 형성되므로 감정평가시 가격형성요인의 변동상황을 정확히 예측해야 정확한 가격을 평가할 수 있다.

② 감정평가 3방식 모두에 적용되지만 특히 수익방식에 있어 순수익과 환원이율의 예측이 중요하다.

③ 부동산의 가치란 장래 기대되는 편익을 현재가치로 환원한 값이라고 정의하는 것도 예측의 원칙과 밀접한 관련성을 가진다고 할 수 있다.

Ⅱ 지역분석과 개별분석

1 지역분석

지역분석 ◀————————▶ 개별분석

외부	대문 밖	외부
외부	대상 대문 안	외부
외부	외부	외부

외부	대문 밖	외부
외부	대상 대문 안	외부
외부	외부	외부

(1) 개 요

① **의의**: 지역분석은 대상부동산이 어떤 지역에 속하는가, 그 지역은 어떤 지역특성을 가지고 있는가, 그 특성은 지역 내 부동산의 가격형성에 어떤 영향을 미치는가를 분석하는 작업이다.

② **근거**: 지역분석은 부동산의 지역성, 인접성, 부동성 등에 근거한다. 부동산은 다른 부동산과 함께 일정한 범위의 지역을 형성하고, 그 지역의 구성분자로서 그 지역 및 지역 내 타 부동산과의 상호관계 속에서 그 가치가 정해지는데 이를 부동산의 지역성이라고 한다.

(2) 지역분석의 목적

① **표준적이용의 판정**

㉠ 표준적이용이란 대상부동산이 속하는 지역의 가장 일반적이고 평균적인 이용을 말한다.

㉡ 고급주택이 많이 지어져 있는 지역의 표준적이용은 고급주택이고, 아파트 밀집지역의 표준적이용은 아파트가 된다. 메밀밭이 주류인 지역의 표준적이용은 메밀을 심는 이용이다.

㉢ 부동산의 가격은 최유효이용을 기준으로 해서 판단하며 최유효이용은 주변의 표준적인 이용에 적합해야 하기 때문에 대상부동산이 있는 지역의 표준적인 이용을 판단하는 작업은 중요하다.

② **가격수준 판정**: 지역분석을 통해서 해당 지역의 가격수준을 판단한다. 싼 것은 얼마 정도이고 비싼 것은 얼마 정도인지 판단하는 것이다.
대상부동산의 구체적 가격은 지역의 가격수준 안에서 판정된다.

③ **자료수집**: 지역분석을 통해 용도적 지역의 범위를 확정하고 해당 지역의 범위 안에서 필요한 자료를 수집하게 된다.

(3) **지역분석의 대상지역**: 인근지역 + 유사지역 + 동일수급권

① **인근지역**

㉠ 인근지역이란 감정평가의 대상이 된 부동산이 속한 지역으로서 부동산의 이용이 동질적이고 가치형성요인 중 지역요인을 공유하는 지역을 말한다.

㉡ 통상 인근지역은 도시나 농촌과 같은 종합형태로서의 지역사회보다는 작은 규모의 지역이며, 인간의 생활과 관련하여 특정한 용도를 중심으로 형성된 지역이다.

㉢ 인근지역의 범위는 고정적인 것이 아니고 환경의 변화에 따라 유동적이고 가변적이다. 인근이라는 국어적 의미가 옆에 있는 옆 동네의 의미로 해석될 수 있는데 감정평가의 규칙에서 정한 용어의 정의에서는 인근지역은 옆 동네의 의미가 아니고 우리 동네의 의미이다.

② **유사지역**

㉠ 유사지역이란 대상부동산이 속하지 아니하는 지역으로서 인근지역과 유사한 특성을 갖는 지역을 말한다.

㉡ 유사지역은 인근지역과 용도 및 기능 등의 측면에서 대체성이 있는 지역을 말하며 반드시 인근지역과 지역적으로 근접해야 하는 것은 아니다.

㉢ 유사지역을 분석하는 것은 인근지역의 지역특성을 보다 명백히 할 수 있고, 사례의 수집범위를 넓혀서 분석할 필요가 있기 때문이다.

③ **동일수급권**

㉠ 동일수급권이란 대상부동산과 대체・경쟁관계가 성립하고 가치형성에 서로 영향을 미치는 관계에 있는 다른 부동산이 존재하는 권역을 말하며, 인근지역과 유사지역을 포함한다.

㉡ 동일수급권은 인근지역과 다른 용도적 지역도 포함될 수 있다. 즉 인근지역이 주거지대라고 하더라도 동일수급권은 상업지대나 공업지대를 포함할 수 있다.

㉢ 동일수급권의 경계는 통상 용도에 따라 달라지는데 주거지는 통근가능지역, 상업지는 배후지가 유사한 지역, 공업지는 수익이나 생산비용이 유사한 지역을 기준으로 설정한다.

㉣ 일반적으로 고도상업지역은 보통상업지역보다 동일수급권의 범위가 크고, 대규모 공장의 경우 전국을 동일수급권으로 하는 경우도 있다.

㉤ 후보지나 이행지의 경우는 원칙적으로 전환 후를 기준으로 동일수급권을 판단한다. 그 이유는 부동산의 가치는 "장래 기대되는 편익을 현재가치로 환원한 값"이기 때문이다. 그러나 성숙도가 낮거나 전환의 정도가 느린 경우에는 전환 전을 기준으로 판정할 수도 있다.

(4) 인근지역의 수명현상

인근지역은 생태학적 관점에서 볼 때 100년을 주기로 변화하는데, "성장기 ⇨ 성숙기 ⇨ 쇠퇴기 ⇨ 천이기 ⇨ 악화기"의 생애주기를 가진다.

① **성장기**: 재개발이나 신개발로 인해 어떤 지역이 새롭게 성장하는 단계이다. 기간은 지역에 따라 다르며, 뉴타운개발의 경우 대략 15년에서 20년 정도 소요된다. 지가상승률이 가장 높은 단계이며 지역 내 공간의 이용에 대한 경쟁이 치열한 시기이다.

② **성숙기**: 개발단계를 지나 지역의 기능이 안정되는 시기이다. 성숙기는 20년에서 25년 정도 유지되며 부동산의 가격수준 및 지역주민의 수준이 최고가 되면서 이동이 적은 시기이다. 지가는 안정되거나 가벼운 상승현상을 보인다.

③ **쇠퇴기**: 기존의 수준 높은 지역주민이 떠나고 그보다 수준이 낮은 주민이 유입되어 오는 시기이다. 생애주기의 단계 중 가장 장기간이며 약 30년에서 60년 정도의 기간이 소요된다. 건물의 경제적 내용연수가 만료되는 시기이며 재개발이 되면 성장기로 다시 시작하지만 재개발되지 않으면 천이기로 넘어간다.

④ **천이기**: 하향여과현상이 본격적으로 일어나며 거래증가로 인해 지가가 가벼운 상승을 보이기도 한다.

⑤ **악화기**: 지역이 포기되는 단계이다. 떠돌이 노동자, 사회적 지위가 가장 낮은 사람이 거주하게 되는 슬럼화 직전의 단계이다.

2 개별분석

(1) 개 요

① **의의**: 개별분석이란 대상부동산의 개별요인을 분석하여 최유효이용을 판정하는 작업을 말한다. 부동산의 가격은 최유효이용을 전제로 하여 형성되므로 감정평가시 최유효이용을 판단하는 작업이 대단히 중요하다.

② **근거**: 부동산의 개별성 때문에 부동산은 동일한 지역에 존재하는 부동산이라고 하더라도 개별적 요인의 차이 때문에 가격 격차가 발생한다. 즉 동일한 아파트 단지라고 하더라도 1층과 10층의 가격은 달라지는데 이는 '층수'라고 하는 개별적 요인에 차이가 존재하기 때문이다. 따라서 개별분석의 근거는 부동산의 개별성이 된다.

(2) 목 적

① **최유효이용의 판정**: 지역분석에서 정한 표준적 이용의 범위 내에서 최유효이용을 판정한다.

② **구체적 가격으로 접근**: 지역분석에서 정한 가격수준의 범위 내에서 구체적 가격으로 접근한다.

(3) 개별분석의 대상

대상획지와 대상건물 등이 개별분석의 대상이 된다.

(4) 지역분석과 개별분석의 비교

① 부동산의 가격은 최유효이용을 전제로 하여 형성된다(최유효이용원칙).

② 최유효이용은 표준적이용의 제약하에 결정된다(적합의 원칙).

③ 따라서 감정평가의 기준인 최유효이용을 알기 위해서는 지역분석을 통해 먼저 인근지역의 표준적이용을 판정해야 한다.

구 분	지역분석	개별분석
(1) 의의 및 근거	인접성, 부동성, 지역성	개별성
(2) 분석목적	표준적이용, 가격수준	최유효이용, 구체적 가격
(3) 분석대상	인근지역, 유사지역, 동일수급권	대상부동산
(4) 적용원칙	적합의 원칙	균형의 원칙
(5) 분석순서	선행분석	후행분석

	37번 : 가격제원칙과 지역분석	기출문제									
Ⅰ	가격제원칙	26		28							
Ⅱ	지역분석과 개별분석		27	28	29	30		32		34	

[가격제원칙-26회] 부동산 가격원칙(혹은 평가원리)**에 관한 설명으로 틀린 것은?**

① 최유효이용은 대상부동산의 물리적 채택가능성, 합리적이고 합법적인 이용, 최고 수익성을 기준으로 판정할 수 있다.
② 균형의 원칙은 구성요소의 결합에 대한 내용으로, 균형을 이루지 못하는 과잉부분은 원가법을 적용할 때 경제적 감가로 처리한다.
③ 적합의 원칙은 부동산의 입지와 인근환경의 영향을 고려한다.
④ 대체의 원칙은 부동산의 가격이 대체관계의 유사부동산으로부터 영향을 받는다는 점에서, 거래사례비교법의 토대가 될 수 있다.
⑤ 예측 및 변동의 원칙은 부동산의 현재보다 장래의 활용 및 변화 가능성을 고려한다는 점에서, 수익환원법의 토대가 될 수 있다.

정답 ②
경제적 감가 ⇨ 기능적 감가

[지역분석과 개별분석-30회] 감정평가 과정상 지역분석과 개별분석에 관한 설명으로 틀린 것은?

① 해당 지역 내 부동산의 표준적이용과 가격수준 파악을 위해 지역분석이 필요하다.
② 지역분석은 대상부동산에 대한 미시적·국지적 분석인 데 비하여, 개별분석은 대상지역에 대한 거시적·광역적 분석이다.
③ 인근지역이란 대상부동산이 속한 지역으로서 부동산의 이용이 동질적이고 가치형성요인 중 지역요인을 공유하는 지역을 말한다.
④ 동일수급권이란 대상부동산과 대체·경쟁 관계가 성립하고 가치 형성에 서로 영향을 미치는 관계에 있는 다른 부동산이 존재하는 권역을 말하며, 인근지역과 유사지역을 포함한다.
⑤ 대상부동산의 최유효이용을 판정하기 위해 개별분석이 필요하다.

정답 ②
지역분석은 거시적 분석이고 개별분석은 미시적 분석이다.

	38번: 원가법과 수익환원법	기 출									
I	원가법			28[계]	29[계]		31[계]	32	33	34[계]	35
II	수익환원법			28[계]		30[계]		32[계]	33[계]		35[계]

I 원가법 ★★

[학습포인트] 기본적으로 용어의 정의는 시험에 그대로 출제되니까 익혀놓으면 되고, 계산문제는 먼저 이미지를 익힌 후 그 이미지에 숫자를 대입하는 방식으로 공부하도록 한다.

원가법이란 대상물건의 재조달원가에 감가수정을 하여 대상물건의 가액을 산정하는 감정평가방법을 말한다.

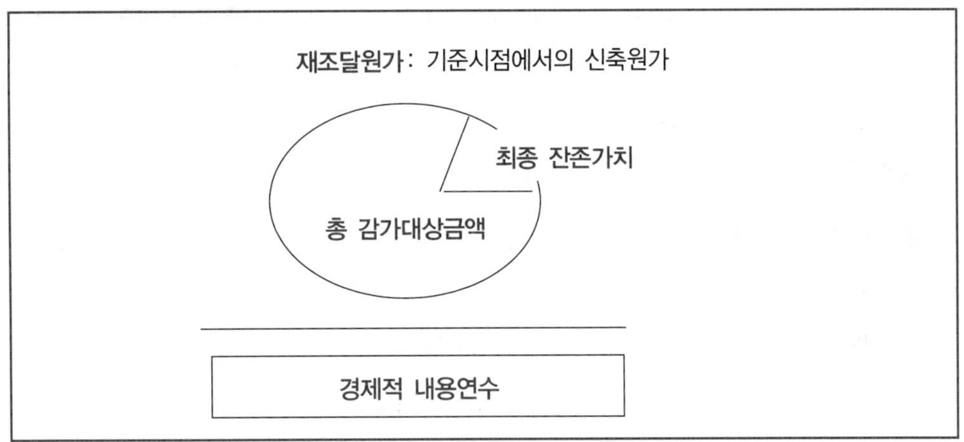

II 수익환원법 ★★

[학습포인트] 원가법 공부하는 방식과 동일하다.

수익가격은 직접환원법 또는 할인현금수지분석법 중에서 대상물건에 가장 적정한 방법을 선택하여 순수익 또는 미래의 현금흐름을 적정한 율로 환원 또는 할인하여 결정한다. 수익환원법은 가치의 정의에 가장 부합하는 평가방식이므로 이론상 가장 우수하다.

수익가액 = 순수익 ÷ 환원이율

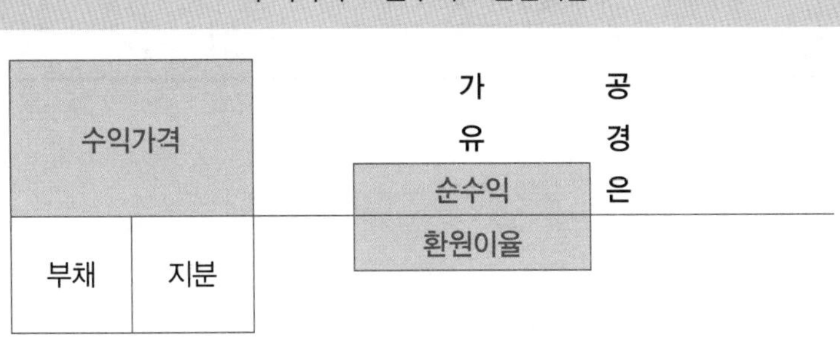

I 원가법

1 개 요

(1) 의 의

① 원가법이란 대상물건의 재조달원가에 감가수정을 하여 대상물건의 가액을 산정하는 감정평가방법을 말한다(감정평가에 관한 규칙 제2조).

② 원가법으로 구한 가격을 적산가액(복성가액)이라고 한다.

(2) 적 용

① 원가법은 건물이나 기계류 등 재생산이 가능한 상각자산의 평가에 많이 활용된다.

② 원가법은 수익성이 없거나 시장성이 없는 부동산의 평가에 유용하다.

③ 원가법은 토지에는 적용되지 못하는 것이 원칙이지만 조성지나 매립지 등 생산이 가능한 토지의 평가에도 적용할 수 있다.

(3) **산식**: 적산가액(복성가액) = 재조달원가 − 감가수정

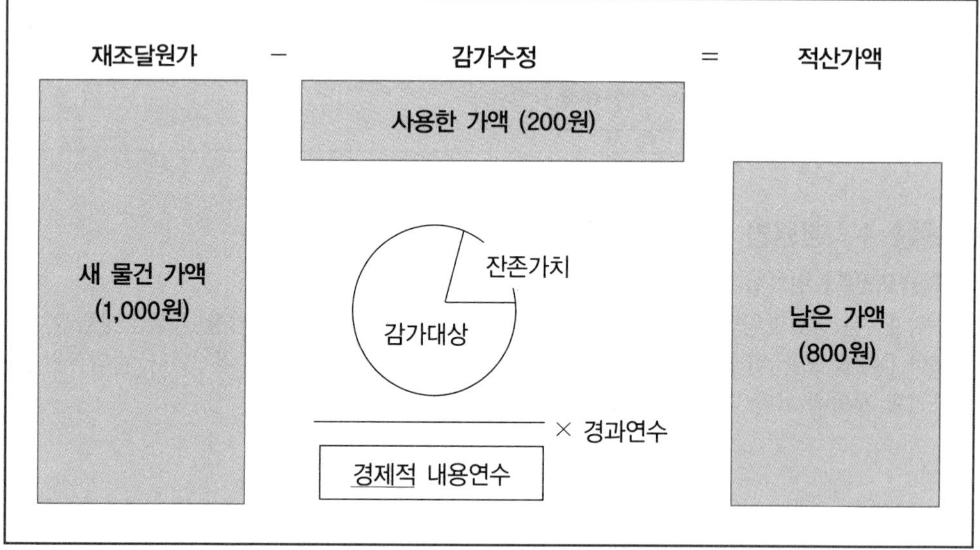

2 재조달원가

(1) 의 의

① 재조달원가란 현존물건을 기준시점에서 원시적으로 재생산 또는 재취득하는 데 필요한 적정원가의 총액을 말한다.

② 5년 전에 10억을 투입하여 건축한 건물의 경우 지금 동일한 건물을 다시 신축하려면 15억원이 소요된다면 취득원가(5년 전 취득 당시의 원가)는 10억이고 재조달원가(가격시점에서 새로 짓는 원가)는 15억원이다.

③ 투자자는 동일한 효용을 지니는 새 건물의 현재 건축비용(재조달원가)보다 더 높은 가격을 주고 대상건물을 매입하려고 하지 않을 것이므로 재조달원가는 부동산가격의 상한선이 된다.

④ 복성가액은 중고가격의 의미이고 재조달원가는 신규가격의 의미이다. 만일 5년 경과한 A부동산을 평가하는 경우 A부동산의 재조달원가가 100이고 5년 동안 사용한 감가액이 30이라면 A부동산의 복성가격은 70이 된다. 즉 복성가격은 원칙적으로 재조달원가보다 더 커질 수는 없는 것이다.

(2) 재조달원가의 종류

① 재조달원가는 복제원가 또는 대체원가로 구한다.

② **복제원가**(원칙): 복제원가는 대상물건과 물리적으로 동일한 물건을 신축하는 데 소요되는 원가를 말한다. 복제원가는 원가자료를 구할 수 있는 신축건물의 평가에 적합하며 객관적이므로 실무에서 선호한다.

③ **대체원가**(대치원가): 대체원가는 대상물건과 동일한 효용을 제공하는 물건을 신축하는 데 소요되는 원가의 개념이다. 대체원가는 복제원가를 구하기 힘든 오래된 건물의 평가에 상대적으로 더 적합하며, 현대적 디자인을 원하는 투자자의 행태에 부합하므로 복제원가보다 이론상 우수하다. 재조달원가를 대체원가로 산정한 경우 기능적 감가는 행하지 않는다.

> **대체원가는 기능적 감가를 하지 않는 이유**
>
> A부동산에 엘리베이터가 3대(대당 1억원)인데 중 한 대가 과잉설치로 인해 방치되고 있다. 이 경우 A부동산의 복제원가가 11억원이면 대체원가는 10억원으로 계산한다. 대치원가는 과잉설비 1억원을 포함하지 않은 원가이다. 따라서 복제원가(11억)를 기준으로 복성가격을 산정하는 경우에는 설비과잉에 따른 기능적 감가(1억)를 해야 하지만 대치원가는 기능적 감가는 행하지 않는다.

(3) 재조달원가 산정기준

재조달원가는 표준적인 건설비에 통상의 부대비용을 더하여 구한다.

┌ 설계비 + 허가비 + …
재조달원가 = 표준적인 건설비 + 통상의 부대비용
└ 직접공사비 + 간접공사비 + 수급인의 적정이윤(도급계약을 전제로 한다)

① 표준적인 건설비

㉠ 개발업자 또는 토지소유자가 건설회사와 도급계약을 맺고 건축물을 지었다는 것을 표준적인 상황으로 놓고, 이때 소요되는 모든 금액을 표준적인 건설비로 본다. 이 경우 표준적인 건설비에는 직접공사비와 간접공사비 및 수급인의 적정이윤이 포함된다.

㉡ 직접공사비: 공사에 직접 투입되는 비용으로 크게 인건비, 장비비, 자재비, 하청비용, 경비 등이 포함된다.

㉢ 간접공사비: 간접공사비는 공사의 시공을 위하여 공통적으로 소요되는 법정비용 및 기타 부수적인 비용으로 직접공사비 총액에 비용별로 일정요율을 곱하여 산정한다. 대표적인 간접공사비로는 간접노무비, 산재보험료, 건강보험료, 공사이행보증수수료 등이 있다.

㉣ 수급인의 적정이윤: 도급건설이 아니고 직영건설이라도 재조달원가 산정의 기준은 도급계약을 체결한 상태이므로 재조달원가에는 항상 수급인의 정상이윤이 포함된다.

(2) 통상의 부대비용

통상의 부대비용은 설계비, 허가비 등을 의미한다.

토지의 재조달원가 산정

① 토지는 원칙적으로 원가방식을 적용할 수 없지만 조성지나 매립지 등 생산이 원가가 투입되어 만들어진 토지는 원가방식을 적용할 수 있다.

② 토지의 재조달원가
= 소지 취득가격 + 조성이나 매립에 소요된 표준적인 건설비용 + 통상의 부대비용

3 감가수정

(1) 감가수정의 의의

① 감가수정이라 함은 대상물건에 대한 재조달원가를 감액하여야 할 요인이 있는 경우에 물리적 감가 · 기능적 감가 또는 경제적 감가 등을 고려하여 그에 해당하는 금액을 재조달원가에서 공제하여 기준시점에 있어서의 대상물건의 가격을 적정화하는 작업을 말한다.

② 동일한 내용연수의 부동산이라도 건축방법, 관리 및 유지상태 등에 따라 감가의 정도가 달라진다.

(2) 감가수정과 감가상각의 비교

① 3년 전 갑 토목회사가 업무용으로 동일한 차량 2대를 각각 1,000만원을 주고 구입하였다. 이 중 A차량은 사장님 차량으로 사용하고, B차량은 현장용으로 배치하였다. 현행법상 이러한 차량의 법정 내용연수가 10년이라고 하자. 3년이 지난 지금 사장님의 A차량은 거의 신차수준으로 관리가 잘 되어 있고 현장용인 B차량은 폐차 직전까지 와 있는 상태이다.

② **감가상각**: 갑 회사의 이 두 차량의 장부가치는 3년 전은 둘 다 1,000만원이고 3년이 지난 지금은 둘 다 700만원으로 동일하다. 즉 둘 다 모두 300만큼 감가상각된 것이다. 감가상각은 실제 가치하락분을 반영하는 작업이 아니고 형식적으로 처음에 발생한 비용을 법에서 정한대로 형식적으로 분배하는 작업이다. 따라서 관리상태 등은 감가상각에서 고려의 대상이 되지 않는다.

③ **감가수정**: 갑 회사가 이 차량들을 중고차시장에서 매각하고자 한다. 이 경우 중고차 전문가가 A의 가치를 500으로 평가하고 B의 가치를 100으로 평가하였다면 A는 500이 감가된 것이고 B는 900이 감가된 것이다. 감가수정은 이처럼 실제 가치하락분을 전문가가 평가하는 작업이므로 관리가 잘 되면 감가액이 적고 관리가 안 되면 감가액이 많아지는 것이다.

부동산평가의 감가상각(감가수정)	기업회계에서의 감가상각
부동산의 진정한 가치 산정	과세표준액을 산정
실제적 가치감소분 반영	발생비용의 형식적 기간배분
경제적 내용연수 및 잔존내용연수 중시	법정내용연수 및 경과연수 중시
건물의 개별성을 반영하기 위해 평가사의 판단 및 주관개입을 인정함	객관성이 중요하므로 주관이 개입되는 방법들은 허용치 않음
재조달원가 기준	취득원가 기준

(3) 감가요인

부동산의 감가요인은 물리적 · 기능적 · 경제적 감가요인으로 분류할 수 있다.

① **물리적 감가요인**: 시간의 경과로 인한 노후화, 사용으로 인한 마모나 마멸 또는 파손, 재해 등으로 인한 우발적인 손상 기타 물리적인 하자로 인한 가치손실을 의미한다. 물리적 감가요인은 통상 내용연수법을 통해 감가액을 산정한다.

② **기능적 감가요인**: 설계불량, 설비부족, 설비구식화, 설비과잉, 건물과 부지의 부적합 등 건물의 기능적 효용이 감퇴함으로써 발생하는 가치손실을 의미한다. 가격제원칙 중 균형의 원칙에 위배되는 경우 발생하는 감가요인이다.

③ **경제적 감가요인**: 인근지역의 쇠퇴, 시장성의 감퇴, 주위환경과의 부적합 등 대상부동산 자체와는 상관없이 외부적 환경과 대상부동산의 부조화로 인한 가치손실을 의미한다. 가격제원칙 중 적합의 원칙에 위배되는 경우 발생하는 감가요인이다.
물리적 감가나 기능적 감가는 치유가 가능한 감가와 치유가 불가능한 감가로 구분할 수 있지만 경제적 감가는 모두 치유가 불가능한 감가이다.

④ **법률적 감가**: 소유권 등기의 불완전, 공 · 사법상 규제에의 위반 등으로 인한 부동산의 가치손실을 의미한다. 일반적으로 법률적 감가는 별도로 거론하지 않는다.

☑ **감가요인 정리**

감가요인	발생원인
물리적 감가	• 사용으로 인한 마멸과 파손 • 시간의 경과로 인한 노후화 등
기능적 감가	• 설계불량, 설비부족이나 과잉 또는 형의 구식화 • 건물과 부지의 부조화 등
경제적 감가	• 인근지역의 쇠퇴, 대상부동산의 시장성 감퇴 • 부동산과 주변환경과의 부조화 등
법률적 감가	• 소유권 등 권리의 하자, 등기의 불완전 • 공 · 사법상 규제 위반 등

치유가능한 감가와 치유불가능한 감가

① A부동산이 4층 규모의 상업용 부동산인데 주변의 다른 부동산과 달리 E/V가 없다.

② 이 때문에 A부동산이 주변부동산보다 매출이 적게 나오고 있다면 이는 A부동산의 입장에서는 기능적 감가요인이다.

③ 이러한 매출손실을 기준으로 기능적 감가액을 산정해보니 E/V가 없음으로 인한 예상 손실액은 1억원이고 E/V를 새로 설치하는 비용(설치가 가능한 상황이라고 본다. 이를 치유가 가능하다고 한다)은 5천만원이다.

④ 그렇다면 A부동산의 기능적 감가액은 하자의 치유비용인 5천만원으로 본다.

⑤ 하지만 만일 E/V를 새로 설치할 수 없는 상황이라면 즉 치유가 불가능한 상황이라면 A부동산의 기능적 감가액은 1억원이 된다.

⑥ 그래서 물리적 감가요인과 기능적 감가요인은 치유가능성여부를 먼저 판단하고 감가액을 산정해야 한다.

⑦ 하지만 쓰레기 소각장 등으로 인한 경제적 감가요인은 외부에서 오는 감가이므로 치유 자체가 불가능하다고 본다.

(4) 감가수정방법

① **의의**: 감가수정을 할 때에는 경제적 내용연수를 표준으로 한 정액법, 정률법, 상환기금법 중에서 대상물건에 적정한 방법에 따라 하여야 한다. 단 위의 방법이 적정하지 않을 때에는 관찰감가법 등 다른 방법을 적용할 수 있다.

② **감가수정방법**

<table>
<tr><th>구 분</th><th colspan="2">감가수정방법</th></tr>
<tr><td rowspan="6">직접법</td><td rowspan="4">내용
연수법</td><td>정액법(건물): 매년 감가액이 일정하다.
100억원의 부동산의 수명이 50년이라면 정액법에 의할 경우
매년 2억원씩($\frac{100억}{50년}$ = 2억원) 감가가 일정하게 발생하게 된다.</td></tr>
<tr><td>정률법(기계): 매년 감가액이 감소한다.
100만원 가치의 기계가 매년 20%의 정률로 감가된다면
1기: $100 \times 0.2 = 20$
2기: $80 \times 0.2 = 16$(매년 감가액 감소)</td></tr>
<tr><td>상환기금법(복리이자): 상각자산의 내용연수 만료시의 감가누계액을 당해 물건의 내용연수로 상환하는 방법이다. 감채기금법이라고도 한다.</td></tr>
<tr><td>복성가격의 크기: 상환기금법 > 정액법 > 정률법</td></tr>
<tr><td>관찰
감가법</td><td>전문가의 식견을 이용하여 물리적·기능적·경제적 감가액으로 구분한 후, 구체적으로 감가액을 산정하는 방법으로 내용연수법과 병용하여 많이 사용된다.</td></tr>
<tr><td>분해법</td><td>감가요인을 물리적 감가(치유가능한 것과 불가능한 것), 기능적 감가(치유가능한 감가와 치유불가능한 감가), 경제적 감가(치유불가능한 감가)의 5개로 세분해서 감가한다.</td></tr>
<tr><td rowspan="2">간접법</td><td>시장
추출법</td><td>대상부동산과 유사한 사례부동산을 통해 대상부동산의 감가액을 추출하는 방법이다.</td></tr>
<tr><td>임대료손실
환원법</td><td>감가요인이 있는 부동산과 그렇지 않은 부동산의 임대료 차이를 가격으로 환산해서 감가액을 산정한다.</td></tr>
</table>

4 적산가액 산정

(1) 재조달원가 산정

A부동산은 5년 전에 m^2당 5백만원의 공사비를 들여서 완공하였다. 5년 전 건축비지수가 100이고 기준시점 현재 건축비지수가 150이라면 A부동산의 재조달원가는 얼마인가? (A부동산의 연면적은 200m^2이다)

해설

재조달원가는 기준시점에서의 건축공사비 총액을 계산하면 된다.

재조달원가 = 건축 당시의 건축공사비/m^2 × 건축연면적 × 시점수정치

$$5백만원/m^2 \times 200m^2 \times \frac{기준시점\ 건축비지수\ 150}{5년전\ 건축비지수\ 100} = 15억원$$

(2) 감가수정액 산정

A부동산의 잔존 내용연수는 45년(경과연수는 5년)이며 잔존가치는 재조달원가의 10%이다. 내용연수법 중 정액법에 의한 감가누계액은 얼마인가?

해설

㉠ 매년감가액 $= \frac{제조달원가 \times (1 - 잔가율)}{경제적\ 내용연수} = \frac{15억원 \times 0.9}{(5 + 45)} = 27,000,000$

㉡ 감가누계액 = 매년 감가액 × 경과연수 = 27,000,000 × 5 = 135,000,000

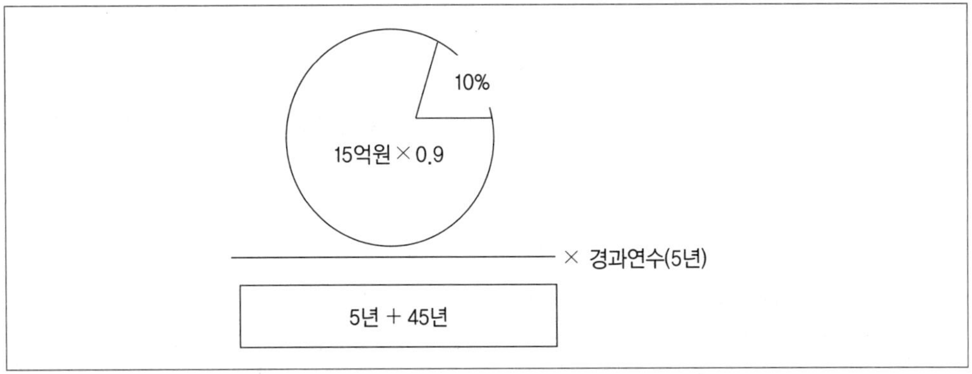

(3) 적산가액 산정

적산가격 = 재조달원가(15억원) − 감가수정액(135,000,000원) = 1,365,000,000원

예제

아래 조건의 경우 건물의 재조달원가를 산정하시오.

- 사용승인시점: 2016. 9. 20.
- 기준시점: 2018. 9. 20.
- 사용승인시점 공사비: 3억원
- 공사비 상승률: 매년 5% 상승 ⇨ 재조달원가 산정
- 경제적 내용연수: 50년　　3억원 × 1.05 × 1.05 = 330.75
- 감가수정방법: 정액법
- 내용연수 만료시 잔존가치율: 10%

☑ **헷갈림 주의**: 공사비 상승률과 건축비지수의 구분

- 매년 공사비 상승률 5% ⇨ 재조달원가 = 3억원 × 1.05 × 1.05
- 사용승인시점 지수 100　기준시점 지수 110 ⇨ 재조달원가 = 3억원 × $\frac{110(\text{기준시점})}{100(\text{사용승인시점})}$

매년 감가액(1년치)	감가수정액	적산가액
재조달원가: 330.75 잔가율: 10% 330.75 × 90% ───── 경제적 내용연수: 50년	× 경과연수 (2년)	− 재조달원가 (330.75)
= 5.9535	= 11.907	= 318.843

정답 318,843,000원

Ⅱ 수익환원법

수익환원법이란 대상물건이 장래 산출할 것으로 기대되는 순수익이나 미래의 현금흐름을 환원하거나 할인하여 대상물건의 가액을 산정하는 감정평가방법을 말한다. 수익환원법은 가치의 정의에 가장 부합하는 평가방식이므로 이론상 가장 우수하다.

① 방법 A: 장래 순수익을 가액으로 환원하는 방법(나누기 0.1: 할인율 10%)

구 분	1년 후	2년 후	3년 후	4년 후	5년 후
운영수입	100	100	100	100	100
매각수입	매각하지 않고 계속 보유함. 운영수입 100이 영구히 나옴				

$$\text{수익가격} = \frac{100(\text{한 해의 순이익})}{0.1(\text{환원})} = 1{,}000$$

② 방법 B: 미래의 현금흐름을 현재가치로 할인하는 방법(나누기 1.1)

구 분	1년 후	2년 후	3년 후	4년 후	5년 후
운영수입	100	100	100	100	100
매각수입	5년만 보유하고 매각함. 5년 후 매각수입 1,000				

$$\text{수익가격} = \frac{100}{(1.1)} + \frac{100}{(1.1)^2} + \frac{100}{(1.1)^3} + \frac{100}{(1.1)^4} + \frac{100}{(1.1)^5} + \frac{1{,}000}{(1.1)^5} = 1{,}000$$

1 순영업소득(순수익)

(1) 산정방법

① **직접법**: 대상부동산의 자료에서 순수익을 직접 구하는 방법

② **간접법**: 유사부동산의 순수익을 대상부동산의 현황에 맞게 수정하는 방법

③ **잔여법**: 복합부동산의 순수익에서 토지나 건물의 순수익을 분리해서 구하는 방법

(2) 산정기준

① '최유효이용'을 기준으로 하는 수익이어야 한다.

② 현재의 순수익이 아닌 장래 기대되는 1년간 순수익을 기준으로 산정한다.

(3) 산정과정

순영업소득 = 가능조소득 − 공실 및 대손충당금 + 기타소득 − 영업경비

2 환원이율

(1) 환원이율의 개념

① 은행에 원금 100만원을 저금하면 연 이자를 10만원을 준다고 하자. 이럴 경우 이자율은 10%가 된다. 이때 이자율이 무엇이냐고 묻는다면 어떻게 대답해야 할까? 그냥 "이자와 원금의 비율"이라고 할 수 있을 것이다.

② 100만원을 투자한 부동산이 연 순영업소득을 10만원을 준다고 하면 총투자액에 대한 순영업소득의 비율은 10%가 된다. 이를 환원이율이라고 하며 환원이율이 무엇이냐고 묻는다면 이는 "부동산에서 순수익과 가격의 비율"이라고 말할 수 있을 것이다.

③ 이자를 원금으로 바꾸어주는 이율을 '이자율'이라고 하는 것처럼 순수익을 가격으로 바꾸어주는 전환율이 환원이율이다.

(2) 환원이율 산정방법

시장추출법	최근 시장에서 거래된 유사부동산들의 환원이율을 구한 뒤 이들 환원이율을 평균하여 대상부동산에 적용할 환원이율을 구하는 방법을 말한다.
조성법 (요소구성법)	대상부동산에 관한 위험을 여러 가지 구성요소로 분해하고, 개별적인 위험에 따라 위험할증률을 무위험률에 가산하여 환원이율을 구한다. 환원이율 = 무위험률(순수이율) + 위험할증률
투자결합법	㉠ 물리적 투자결합법: 순수익을 발생시키는 부동산의 능력이 토지와 건물이 서로 다르고 또한 순수익을 토지분과 건물분으로 구분할 수 있다고 보아 토지환원이율과 건물환원이율을 개별적으로 구한 뒤 이를 가중평균하여 종합환원이율을 구하는 방식이다. ㉡ 금융적 투자결합법: 지분투자자와 저당투자자의 요구수익률이 다르므로 이를 구분하여 개별적으로 구한 뒤 지분환원이율과 저당환원이율을 가중평균하여 종합환원이율을 구하는 방법이다.
엘우드법	㉠ 금융적 투자결합법을 발전시킨 방법이다. ㉡ 세전 DCF법의 일종인 저당지분환원법의 논리를 이용해서 환원이율을 구하는 방법이다. 따라서 세전현금수지를 적용하므로 영업소득세는 고려할 필요가 없다. ㉢ 지분투자자의 입장을 강하게 반영하는 방법이다.
부채감당법 (제틀법)	㉠ 은행(대출자)의 입장에서 환원이율을 산정하는 방법이다. ㉡ 종합환원율 = 저당상수 × 부채감당률 × 대부비율

(3) 자본회수의 방법

부동산투자는 은행투자와 비교하면 은행처럼 원금이 유지되는 것이 아니라 매 기간 감가상각(원금손실)이 발생한다. 따라서 부동산은 은행보다 많이 벌어야 한다.
예를 들어 100억을 은행에 저금할 때 매년 이자가 10억원이라면 100억원을 부동산에 투자하면 매년 12억원 정도는 벌어야 한다는 것이다. 여기서 2억원은 매년 부동산의 가치하락분에 해당하는 금액이다.
부동산이 매년 벌어야 하는 수익은 은행이자와 부동산의 가치하락분을 합친 금액이어야 하는데, 이때 은행이자분을 자본수익이라고 하고 가치하락분을 자본회수라고 한다.
자본회수의 방법은 회수한 자본을 어떻게 재투자하는가에 따라 직접법, 직선법, 연금법, 상환기금법으로 구분된다.

- **수익가격의 크기**: '연금법 > 상환기금법 > 직선법'의 순서

직접법	자본을 회수할 필요가 없는 토지의 경우에 적용한다. 토지는 영속성 때문에 감가되지 않으므로 매년 가치하락분을 회수할 필요가 없다. 환원이율 = 자본수익률
직선법	회수해야 하는 전체금액이 100억원이고 이를 10년에 걸쳐 회수해야 한다면 매년 10억씩 회수하는 방법이다. 자본을 회수하되 회수한 자본을 재투자하지 않는다고 가정한다. 주로 건물평가에 적용한다. 환원이율 = 자본수익률 + 자본회수율 $(= \frac{1}{\text{잔존내용연수}})$
상환기금법	매년 회수한 자본을 은행 등 안전한 곳에 재투자한다고 가정한다. 직선법의 경우 매년 10억원씩 회수하지만 상환기금법은 9억만 회수하고 나머지 1억원은 은행에 저금해서 이자로 채운다는 생각이다. 주로 광산평가에 적용한다. 환원이율 = 자본수익률 + 자본회수율(안전율을 적용한 상환기금률)
연금법	회수한 자본을 현재 투자하고 있는 곳과 동일한 위험을 가지는 곳에 재투자한다고 가정한다. 직선법은 매년 10억원을 회수하고 상환기금법은 매년 9억원을 회수한다면 연금법은 투자수익률이 더 높은 곳에 재투자하므로 매년 8억원씩만 회수하면 된다. 주로 어장의 평가에 적용한다. 환원이율 = 자본수익률 + 상환기금률(당해자산의 수익률 적용)

3 수익가격 계산

(1) 순영업소득의 계산

[질문1] A부동산은 작년 1억원의 총수익에 영업경비는 2천만원을 지불했다. 또한 앞으로는 평균적으로 1억 2천만원 정도의 수입을 올릴 것으로 예상된다. 영업경비는 변함이 없을 것으로 보인다. A부동산의 순영업소득(NOI)은 얼마인가?

해설

순영업소득을 지난 것으로 하는가 아니면 예상치로 하는가를 묻는 내용이다. 수익가격은 장래의 기대소득을 기준으로 하는 방식이므로 순영업소득은 예상총수익(= 1.2억) − 예상총비용(= 0.2억) = 1.0억원이 된다.

[질문2] A부동산은 가능조소득이 1억 4천만원, 공실 및 대손충당금이 2천만원, 연간 보험료가 2백만원, 재산세가 2백만원, 유지관리비가 천만원, 정상운전자금이자가 백만원, 재장식비가 2백만원, 대체준비비가 3백만원, 감가상각비가 8백만원, 저당지불액이 6백만원이 소요된다. A부동산의 상각 전 순수익은 얼마인가?

해설

순영업소득 = 가능조소득 − 공실 및 대손 + 기타소득 − 영업경비
= 1.4억 − 2천만 + 0 − (2백 + 2백 + 천 + 백 + 2백 + 3백)

(2) 환원이율 계산

[질문1] A부동산과 유사한 부동산을 분석해 보니 가격평균은 순영업소득의 평균은 11,000,000원이고 가격 평균은 137,500,000이다. 시장추출법으로 환원이율을 구하시오.

해설

$$\text{시장추출법: 환원이율} = \frac{\text{순영업소득: 11,000,000원}}{\text{가격: 137,500,000원}} = 0.08$$

[질문2] 시장의 무위험률은 5%이고 A부동산의 위험은 시장위험 3%, 비유동성위험 1%, 관리의 난이성 1%, 자금의 안전성 2%가 적용된다. 조성법으로 환원이율을 구하시오.

해설

환원이율 = 0.05 + 0.03 + 0.01 + 0.01 − 0.02(자금의 안전성) = 0.08

[질문3] A부동산과 같은 부동산은 통상 토지와 건물의 가격구성비가 6 : 4 정도이고 토지환원이율은 6%, 건물환원율은 11%이다. 물리적 투자결합법으로 환원이율을 구하시오.

해설

환원이율 = 토지가격구성비 × 토지환원이율 + 건물가격구성비 × 건물환원이율
= 0.6 × 0.06 + 0.4 × 0.11 = 0.08

(3) 수익가격 계산

$$\text{수익가격} = \frac{\text{순영업소득}}{\text{환원이율}}$$

위에서 구해진 순수익과 환원이율을 가지고 백중부동산의 수익가격을 구하시오.

해설

$$\text{수익가격} = \frac{\text{순이익}}{\text{환원이율}} = \frac{\text{1억원}}{0.08} = \text{12.5억원}$$

(4) 종합예제

[28회 · 30회 · 32회]

- 가능총소득: 5,000만원
- 공실손실: 가능총소득의 5%
- 관리비: 가능총소득의 3%
- 부채서비스액: 1,000만원
- 화재보험료: 100만원
- 개인업무비: 가능총소득의 10%
- 기대이율 4%, 환원율 5%

5,000	가	−	공	250
4,750	유	−	경	250
4,500	**순수익**		은	

환원이율 5%

수익가격 = 4,500 ÷ 0.05 = 90,000

[33회]

- 유효총소득: 38,000,000원
- 영업경비: 8,000,000원
- 토지가액 : 건물가액 = 40% : 60%
- 토지환원이율: 5%
- 건물환원이율: 10%

	가	−	공	
38	유	−	경	8
30	**순수익**		은	

환원이율 8%

*** 물리적 투자결합법**

환원이율 = (0.4 × 0.05) + (0.6 × 0.1) = 0.08

수익가격 = 30 ÷ 0.08 = 375

[24회]

- 순영업소득: 연 30,000,000원
- 부채서비스액: 연 15,000,000원
- 지분비율 : 대부비율 = 60% : 40%
- 대출조건: 이자율 연 12%
- 저당상수: 0.177

부채감당법(저당 − 감당 − 대)

환원이율 = 저당 × 감당 × 대

저당상수	부채감당률	대부비율
0.177	$\frac{30}{15}$	0.4

= 0.1416

www.pmg.co.kr

	38번: 원가법과 수익환원법	기출문제									
Ⅰ	원가법			28계	29계		31계	32	33	34계	35
Ⅱ	수익환원법			28계		30계		32계	33계		35계

[원가법 계산-34회] 다음 자료를 활용하여 원가법으로 산정한 대상건물의 시산가액은? (단, 주어진 조건에 한함)

- 대상건물 현황: 철근콘크리트조, 단독주택, 연면적 250m^2
- 기준시점: 2023.10.28.
- 사용승인일: 2015.10.28.
- 사용승인일의 신축공사비: 1,200,000원/m^2
- 건축비지수(건설공사비지수)
  - 2015.10.28.: 100
  - 2023.10.28.: 150
- 경제적 내용연수: 50년
- 감가수정방법: 정액법
- 내용연수 만료시 잔존가치 없음

① 246,000,000원　② 252,000,000원　③ 258,000,000원
④ 369,000,000원　⑤ 378,000,000원

정답 ⑤

재: 300(공사비) × 1.5(건축비지수) = 450

$\frac{450 \;[0]}{50} \times 8년 - 450 = 378$

[원가법 이론-33회] 감가수정에 관한 설명으로 옳은 것을 모두 고른 것은?

> ㉠ 감가수정과 관련된 내용연수는 물리적 내용연수를 의미한다.
> ㉡ 대상물건에 대한 재조달원가를 감액할 요인이 있는 경우에는 물리적 감가, 기능적 감가, 경제적 감가 등을 고려한다.
> ㉢ 감가수정방법에는 내용연수법, 관찰감가법, 분해법 등이 있다.
> ㉣ 내용연수법으로는 정액법, 정률법, 상환기금법이 있다.
> ㉤ 정률법은 매년 감가액이 일정하다.

① ㉠, ㉡　② ㉡, ㉢　③ ㉢, ㉣
④ ㉡, ㉢, ㉣　⑤ ㉢, ㉣, ㉤

◆ 정답 ④

㉠ 감가수정과 관련된 내용연수는 경제적 내용연수를 의미한다.
㉤ 정률법은 매년 감가액이 감소한다.

[수익환원법 계산-33회] 다음 자료를 활용하여 산정한 대상부동산의 수익가액은? (단, 연간 기준이며, 주어진 조건에 한함)

> • 가능총소득(PGI): 44,000,000원
> • 공실손실상당액 및 대손충당금: 가능총소득의 10%
> • 운영경비(OE): 가능총소득의 2.5%
> • 대상부동산의 가치구성비율: 토지(60%), 건물(40%)
> • 토지환원율: 5%, 건물환원율: 10%
> • 환원방법: 직접환원법
> • 환원율 산정방법: 물리적 투자결합법

① 396,000,000원　② 440,000,000원　③ 550,000,000원
④ 770,000,000원　⑤ 792,000,000원

◆ 정답 ③

(1) 순영업소득: 38,500,000원

(2) 환원이율: 환원이율(물리적 투자결합법) = $\underbrace{(0.6 \times 0.05)}_{\text{토지부분}} + \underbrace{(0.4 \times 0.1)}_{\text{건물부분}} = 0.07$

(3) 수익가격: 수익가격 = $\dfrac{\text{순영업소득 } 38{,}500{,}000\text{원}}{\text{환원이율 } 0.07}$ = 550,000,000원

44,000,000	가능총소득	− 공실(10%)	4,400,000
39,600,000	유효총소득	− 운영경비(2.5%)	1,100,000
38,500,000	순영업소득	− 부채서비스액	

환원이율 = 0.07

www.pmg.co.kr

39번 : 거래사례비교법과 공시지가기준법		기 출									
I	이론문제										
II	계산문제	26		28	29	30	31	32	33	34	35
				거	거	공	거	공	거	공	거
III	임료평가(참고)										

I 이론문제

[학습포인트] 비교방식에서 이론문제는 10년 이상 나오지 않고 있다. 이론보다 계산문제에 집중해서 공부하도록 한다.

사례의 선택기준	위치의 유사성 + 물적 유사성 + 시점수정가능성 + 사정보정가능성을 모두 갖춘 거래사례를 선택한다.
사례의 정상화	사정보정 ⇨ 시점수정 ⇨ 지역요인비교 ⇨ 개별요인 비교

II 계산문제 ★★★

[학습포인트] 공시지가기준법과 거래사례비교법이 번갈아 가면서 출제된다. 방식이 거의 흡사하니까 요령 부리지 말고 둘 다 연습해 두도록 한다. 계산풀이의 핵심은 대상의 상황과 사례의 상황 그리고 비교할 내용을 아래처럼 구분하는 것이다.

- 대상토지 : A시 B구 C동 350번지, 150m²(면적), 대(지목), 주상용(이용상황), 제2종일반주거지역(용도지역)
- 기준시점 : 2022.10.29.

- 거래사례
  - 소재지 : A시 B구 C동 340번지
  - 200m²(면적), 대(지목), 주상용(이용상황)
  - 제2종일반주거지역(용도지역)
  - 거래가격 : 800,000,000원
  - 거래시점 : 2022.06.01.
- 사정보정치 : 0.9

- 지가변동률(A시 B구, 2022.06.01.~2022.10.29.) : 주거지역 5% 상승, 상업지역 4% 상승
- 지역요인 : 거래사례와 동일
- 개별요인 : 거래사례에 비해 5% 열세
- 상승식으로 계산

I 이 론

1 거래사례비교법

(1) **의의**: 감정평가에 관한 규칙 제2조

거래사례비교법이란 대상물건과 가치형성요인이 같거나 비슷한 물건의 거래사례와 비교하여 대상물건의 현황에 맞게 사정보정, 시점수정, 가치형성요인 비교 등의 과정을 거쳐 대상물건의 가액을 산정하는 감정평가방법을 말한다.

사례가격 × 사례의 정상화 수치(대상부동산 / 사례부동산) = 대상부동산의 비준가격

거래사례(분모)			비교치 (대상평점 / 사례평점)	대상부동산(분자)		
10억원	사례부동산의 평점	80	**사정보정** (20% 저가로 거래된 사례)	100	대상부동산의 평점	?
		100	**시점수정** (지가변동률 20% 상승)	120		
		100	**지역요인비교** (인근지역에 위치)	100		
		100	**개별요인비교** (대상이 10% 열세)	90		
		500	**면적비교**	540		

$$10억원 \times \frac{100}{80} \times \frac{120}{100} \times \frac{100}{100} \times \frac{90}{100} \times \frac{540}{500} = 14.58억원$$

(사례가격) (사정보정) (시점수정) (지역비교) (개별비교) (면적비교) (대상가격)

종합적 비교법과 평점법

- **종합적 비교법**: 대상 A와 사례 B를 비교할 때 경험 많은 평가사가 종합적으로 판단하는 방법이다. 즉 "A가 개별적인 면에서 종합적으로 B보다 5% 우세하다." 등으로 판단한다.
- **평점법**: 위의 경우 A가 B보다 접근조건은 2% 우세하고, 가로조건은 3% 열세이고, 획지조건은 5% 우세이고 등등 세부항목별로 평점을 주는 방법이다.

토지평가시 거래사례비교법을 적용하는 근거

① **감정평가 및 감정평가사에 관한 법률 제3조**
감정평가법인 등이 토지를 감정평가하는 경우에는 그 토지와 이용가치가 비슷하다고 인정되는 표준지공시지가를 기준으로 하여야 한다. 다만 적정한 실거래가가 있는 경우에는 이를 기준으로 할 수 있다.

② **감정평가에 관한 규칙 제2조**
적정한 실거래가란 신고된 실제 거래가격으로서 거래시점이 도시지역은 3년 이내, 그 밖의 지역은 5년 이내인 거래가격 중에서 감정평가법인등이 인근지역의 지가수준 등을 고려하여 감정평가의 기준으로 적용하기에 적정하다고 판단하는 거래가격을 말한다.

③ **감정평가에 관한 규칙 제14조**
감정평가법인등은 적정한 실거래가를 기준으로 토지를 감정평가할 때에는 거래사례비교법을 적용하여야 한다.

(2) 거래사례비교법의 장단점

① **장점**: 거래사례비교법은 주변의 실제 거래사례로 증명이 되기 때문에 실증적이라고 표현하고 우리나라 정서상 비교대상이 많아서 설득력이 높다.
거래사례비교법의 이론적 근거는 가격제원칙 중에서 대체의 원칙이다. 대체의 원칙이란 부동산도 경제적 측면에서는 대체가 가능하므로 대체가능한 유사부동산의 가격으로 대상부동산을 평가할 수 있게 된다.

② **단점**: 거래사례비교법은 과도한 호황・불황기에는 사례의 가격에 대한 신뢰성이 떨어지므로 그 한계가 있다.

(3) 거래사례의 선택기준

① **의의**: 거래사례비교법에서 거래사례는 "위치의 유사성 + 물적 유사성 + 시점수정의 가능성 + 사정보정의 가능성"을 모두 갖춘 사례이어야 한다. 위 요소 중에서 하나라도 갖추지 못한 사례는 사례로 선택해서는 안 된다.

② **위치의 유사성**(지역요인의 비교가능성): 거래사례는 인근지역이나 유사지역 내의 사례, 즉 동일수급권 내의 거래사례로서 지역요인의 비교가 가능한 사례자료를 수집하여야 한다. 이때 사례의 위치는 지리적 근접성보다는 용도의 유사성이 더 중요하다.
평가대상이 고급단독주택이면 거래사례도 고급단독주택이어야 한다. 근처에 상가가 거래된 사례가 있다고 해서 상가를 거래사례로 가지고 와서는 안 된다.

③ **물적 유사성**(개별요인의 비교가능성): 사례는 규모나 형태 등이 대상과 유사해야 한다. 대상부동산이 네모 모양이고 500평 규모의 토지인 경우, 삼각형 모양이고 100평 규모의 삼각형 토지가 거래된 사례를 가지고 오지 말라는 뜻이다.

④ **시점수정가능성**(시간적 유사성): 사례는 거래시점 명확하고 시점수정이 가능해야 한다. 감정평가에 관한 규칙에서는 실거래가를 가지고 오는 경우 도시지역은 3년 이내의 사례를 가지고 오도록 규정하고 있다. 통상 사례의 거래시점은 대상의 기준시점에 가까울수록 좋다.

⑤ **사정보정가능성**: 사례는 사정이 개입되지 않거나 사정보정이 가능해야 한다. 아버지가 아들에게 증여를 해 주고 싶은데 증여세가 양도소득세보다 더 많이 나올 것 같으면 차라리 양도를 하는 것이 유리할 때가 있다.
이 경우 둘 사이의 매매가격은 주변시세보다 20% 정도 싼 가격으로 매매를 하는 경우가 있는데 이러한 거래사례는 정상적인 거래가 아니고 사정이 개입된 사례라고 한다. 사정이 개입된 거래사례는 원칙적으로 사례로 선택해서는 안 되지만 만일 사정이 없었을 경우의 정상적인 거래가격으로 수정할 수 있다면 사례로 선택할 수 있다. 하지만 그냥 친인척 간 거래한 사례라고 하고 얼마나 싸게 거래한 사례인지 확인할 수 없다면 이 경우는 사례로 선택하면 안 된다.

(4) **거래사례의 정상화**($\frac{\text{대상의 평점}}{\text{사례의 평점}}$: 사례의 상황을 대상에 맞게 바꾸는 작업)

① **사정보정**: 사정이 개입된 거래사례의 금액을 사정이 정상적인 상황의 거래금액으로 수정하는 작업을 말한다. 사례가 10억원에 거래된 사례인데 이는 아버지와 아들이 거래한 사례로서 정상적인 가격보다 20% 정도 싼 가격으로 거래된 사례라고 하면 사례의 거래금액 10억원에 사정보정치($\frac{\text{대상의 평점 100}}{\text{사례의 평점 80}} = 1.25$)를 곱하여 사정보정을 한다.

② **시점수정**: 시점수정은 거래사례 자료의 거래시점 가격을 기준시점의 가격으로 정상화하는 작업을 말한다. 거래사례가 거래된 시점이 2025년 3월 1일이고 평가대상의 기준시점이 2025년 10월 31일이며 3월 1일부터 10월 31일까지 8개월 동안 지가가 20% 상승하였다면, 거래사례의 가격에 '$\frac{120}{100} = 1.2$'를 곱해서 시점수정을 한다. 시점수정은 가격제원칙 중 변동의 원칙과 밀접한 관련성을 가지며, 시점수정을 하는 방법은 지수법과 변동률법이 있다.

> **지수법과 변동률법**
> - **지수법**: 거래시점의 지수는 100 기준시점의 지수가 120이라고 주어지면 거래사례가격에 1.2를 한 번 곱해서 시점수정을 한다.
> - **변동률법**: 사례가 3년 전 거래사례이고 매년 지가상승률이 10%라고 하면 거래사례가격에 1.1을 세 번 곱해서 시점수정을 한다.

③ **지역요인 비교**: 지역요인 비교는 사례부동산이 있는 지역과 대상부동산이 있는 지역의 지역요인 차이를 수정하는 작업을 말한다. 사례부동산이 있는 지역의 지역평점이 100점이고 대상부동산이 있는 지역의 지역평점이 120점인 경우라면 지역요인비교치는 $\frac{\text{대상부동산이 있는 지역의 평점 120점}}{\text{사례부동산이 있는 지역의 평점 100점}}$을 적용하여 1.2가 되고, 거래사례가격에 1.2를 곱해서 지역요인비교를 하면 된다. 거래사례와 대상부동산이 같은 지역에 있는 경우라면 둘 다 지역평점이 120점이므로 지역요인 비교를 할 필요가 없다. 즉 거래사례를 유사지역에서 구한 경우에는 지역요인을 비교해야 하지만, 인근지역에서 구한 경우에는 지역요인 비교는 필요하지 않다.

④ **개별요인 비교**: 개별요인 비교는 부동산의 개별성 때문에 생기는 사례와 대상의 차이를 수정하는 작업이다. 개별요인의 비교항목으로는 가로조건, 접근조건, 환경조건, 획지조건, 행정조건, 기타조건 등이 있다. 지역요인과 개별요인을 비교하는 방법으로는 종합적 비교법과 평점법이 있다.

2 공시지가기준법

(1) **의의**(감정평가에 관한 규칙 제2조 및 제9조)

① 감정평가법인등은 토지를 감정평가할 때에 공시지가기준법을 적용하여야 한다.

② 공시지가기준법이란 비교표준지의 공시지가를 기준으로 대상토지의 현황에 맞게 시점수정, 지역요인 및 개별요인 비교, 그 밖의 요인의 보정을 거쳐 대상토지의 가액을 산정하는 감정평가방법을 말한다(감정평가에 관한 규칙 제2조).

③ 표준지공시지가는 전문가인 감정평가법인이 사정개입 없이 정확하게 산정해 놓은 가격이기 때문에 사정보정 작업은 하지 않는다.

(2) **비교표준지의 선정**(감정평가에 관한 규칙 제9조)

① 인근지역에 있는 표준지 중에서 대상토지와 용도지역 · 이용상황 · 주변환경 등이 같거나 비슷한 표준지를 선정할 것

② 다만, 인근지역에 적절한 표준지가 없는 경우에는 인근지역과 유사한 지역적 특성을 갖는 동일수급권 안의 유사지역에 있는 표준지를 선정할 수 있다.

(3) **시점수정**(감정평가에 관한 규칙 제9조)

① 국토교통부장관이 조사 · 발표하는 비교표준지가 있는 시 · 군 · 구의 같은 용도지역 지가변동률을 적용한다.

② 다만, 같은 용도지역의 지가변동률을 적용하는 것이 적절하지 않으면 공법상 제한이 비슷한 용도지역의 지가변동률, 이용상황별 지가변동률 또는 해당 시 · 군 · 구의 평균 지가변동률을 적용한다.

③ 지가변동률을 적용하는 것이 적절하지 않으면 생산자물가상승률을 적용한다.

(4) **지역요인 비교**

비교표준지가 인근지역에 있는 경우에는 지역요인 비교를 하지 않고 비교표준지가 유사지역에 있는 경우에는 지역요인 비교를 한다.

(5) **개별요인 비교**

비교표준지와 대상부동산의 개별요인의 차이를 비교한다.

(6) **그 밖의 요인 보정**(감정평가에 관한 규칙 제9조)

대상토지의 인근지역 또는 동일수급권 내 유사지역의 가치형성요인이 유사한 정상적인 거래사례 또는 평가사례 등을 고려한다.

Ⅱ 계 산

1 거래사례비교법

예제

거래사례비교법으로 산정한 대상토지의 감정평가액은? 28회, 29회, 31회, 33회

- 대상토지: A시 B구 C동 350번지, 150m^2(면적), 대(지목), 주상용(이용상황), 제2종일반주거지역(용도지역)
- 기준시점: 2022.10.29.
- 거래사례
  - 소재지: A시 B구 C동 340번지
  - 200m^2(면적), 대(지목), 주상용(이용상황)
  - 제2종일반주거지역(용도지역)
  - 거래가격: 800,000,000원
  - 거래시점: 2022.06.01.
- 사정보정치: 0.9
- 지가변동률(A시 B구, 2022.06.01.~2022.10.29.): 주거지역 5% 상승, 상업지역 4% 상승
- 지역요인: 거래사례와 동일
- 개별요인: 거래사례에 비해 5% 열세
- 상승식으로 계산

① 533,522,000원 ② 538,650,000원 ③ 592,800,000원
④ 595,350,000원 ⑤ 598,500,000원

해설 1. 내용을 구분한다. 2. 계산할 숫자를 체크한다. 3. 계산을 한다.

1. 내용을 구분한다.	2. 계산할 숫자를 체크한다.
대상토지	150m^2(면적)
거래사례	거래가격: 800,000,000원 200m^2(면적) 사정보정치: 0.9
지가변동률 (비교할 내용)	주거지역 5% 상승 개별요인: 5% 열세

3. 계산을 한다.

800,000,000원
$\times \frac{\text{대상 } 150}{\text{사례 } 200}$(면적비교)
×0.9(사정보정치)
×1.05(용도지역 기준)
×0.95(개별요인)
=538,650,000원

<table>
<tr><td>• 대상토지: A시 B구 C동 350번지, 150m²(면적), 대(지목), 주상용(이용상황), 제2종일반주거지역(용도지역)
• 기준시점: 2022.10.29.</td></tr>
<tr><td>• 거래사례
– 소재지: A시 B구 C동 340번지
– 200m²(면적), 대(지목), 주상용(이용상황)
– 제2종일반주거지역(용도지역)
– 거래가격: 800,000,000원
– 거래시점: 2022.06.01.
• 사정보정치: 0.9</td></tr>
<tr><td>• 지가변동률(A시 B구, 2022.06.01.~2022.10.29.): 주거지역 5% 상승, 상업지역 4% 상승
• 지역요인: 거래사례와 동일
• 개별요인: 거래사례에 비해 5% 열세
• 상승식으로 계산</td></tr>
</table>

800,000,000(거래사례의 가격)

× 0.9(사정보정치) × 1.05(용도지역별 지가변동률) × 0.95(개별요인) × $\frac{150}{200}$(면적)

= 538,650,000(대상의 가격)

정답 ②

2 공시지가기준법 계산

예제

다음 자료를 활용하여 공시지가기준법으로 산정한 대상토지의 단위면적당 시산가액은? (단, 주어진 조건에 한함)
25회, 26회, 30회, 32회, 34회

- 대상토지 현황: A시 B구 C동 120번지, 일반상업지역, 상업용
- 기준시점: 2023.10.28.
- 표준지공시지가(A시 B구 C동, 2023.01.01. 기준)

	소재지	용도지역	이용상황	공시지가(원/m^2)
1	C동 110	준주거지역	상업용	6,000,000
2	C동 130	일반상업지역	상업용	8,000,000

- 지가변동률(A시 B구, 2023.01.01.~2023.10.28.)
  - 주거지역: 3% 상승
  - 상업지역: 5% 상승
- 지역요인: 표준지와 대상토지는 인근지역에 위치하여 지역요인 동일함
- 개별요인: 대상토지는 표준지 기호 1에 비해 개별요인 10% 우세하고, 표준지 기호 2에 비해 개별요인 3% 열세함
- 그 밖의 요인 보정: 대상토지 인근지역의 가치형성 요인이 유사한 정상적인 거래사례 및 평가사례 등을 고려하여 그 밖의 요인으로 50% 증액 보정함

① 6,798,000원/m^2 ② 8,148,000원/m^2 ③ 10,197,000원/m^2
④ 12,222,000원/m^2 ⑤ 13,860,000원/m^2

해설 1. 내용을 구분한다. 2. 계산할 숫자를 체크한다. 3. 계산을 한다.

1. 내용을 구분한다.	2. 계산할 숫자를 체크한다.
대상토지	면적은 필요 없음 (공시지가는 단가계산)
비교표준지	공시지가 8,000,000원/m^2 (일반상업지역)
지가변동률 (비교할 내용)	상업지역: 5% 상승 개별요인 3% 열세 50% 증액 보정

3. 계산을 한다.

8,000,000원(공시지가)
×1.05
×0.97(개별요인)
×1.5(50% 증액 보정)
=12,222,000원

- 대상토지 현황 : A시 B구 C동 120번지, 일반상업지역, 상업용
- 기준시점 : 2023.10.28.

- 표준지공시지가(A시 B구 C동, 2023.01.01. 기준)

	소재지	용도지역	이용상황	공시지가(원/m^2)
1	C동 110	준주거지역	상업용	6,000,000
2	C동 130	일반상업지역	상업용	8,000,000

- 지가변동률(A시 B구, 2023.01.01.~2023.10.28.)
  - 주거지역 : 3% 상승
  - 상업지역 : 5% 상승
- 지역요인 : 표준지와 대상토지는 인근지역에 위치하여 지역요인 동일함
- 개별요인 : 대상토지는 표준지 기호 1에 비해 개별요인 10% 우세하고, 표준지 기호 2에 비해 개별요인 3% 열세함
- 그 밖의 요인으로 50% 증액 보정함

8,000,000원(표준지공시지가) × 1.05 × 0.97(개별요인) × 1.5(50% 증액 보정)
= 12,222,000원(대상가격)

정답 ④

Ⅲ 임료평가

1 의 의

① 임료평가는 실질임료, 신규임료, 비준임료로 평가함이 원칙이다.

② 임료의 기준시점은 임대차 계약의 개시시점으로 한다. 즉 임료 1억원의 기준시점이 2000년 1월 1일 이라는 것은 계약기간 2000년 1월 1일부터 2001년 12월 31일까지의 사용대가에 대한 평가액이 1억원이라는 의미이다.

2 실질임료 평가

(1) 의 의

감정평가에서 구해야 할 임료는 실질임료이며 실질임료는 임대차 계약에 있어서 종류 및 명목 여하를 불문하고 임차인이 임대인에게 지불하는 모든 경제적 대가를 말한다. 단, 실질임료의 산정이 불가능할 때에는 지불임료를 산정할 수 있다.

> **지불임료**
> 지불임료는 정해진 시점에 정기적으로 지급하도록 약정한 임료를 말한다. 만일 월세가 300만원이라면 지불임료는 300만원을 연간단위로 환산한 36,000,000원이 된다.

(2) 실질임료의 구성

① 실질임료의 구성

㉠ 매 기간 정기적으로 지불되는 지불임료
㉡ 보증금(예금적 성격의 일시금) 운용이익
㉢ 권리금(선불적 성격의 일시금) 상각액 및 미상각 잔액의 운용이익
㉣ 공익비 및 부가사용료 중 실비초과액

> **'㉡ + ㉢ + ㉣'은 소득세법상 간주임대료의 개념이다.**
> **소득세법 제25조【총수입금액 계산의 특례】**
> 거주자가 부동산 또는 그 부동산상의 권리 등을 대여하고 보증금·전세금 또는 이와 유사한 성질의 금액(보증금 등)을 받은 경우에는 대통령령으로 정하는 바에 따라 계산한 금액을 사업소득금액을 계산할 때에 총수입금액에 산입(算入)한다.

② 실질임료는 항상 지불임료보다 크거나 같다.

③ 실질임료(총임료)는 순임료와 필요제경비로 구성된다.

3 신규임료 평가

(1) 의 의

① 신규임료의 평가방법으로는 적산법, 수익분석법, 임대사례비교법이 있다.

② 임료의 평가는 임대사례비교법에 의한다. 다만, 임대사례비교법에 의한 평가가 적정하지 아니한 경우에는 대상물건의 종류 및 성격에 따라 적산법 또는 수익분석법으로 평가할 수 있다.

③ 임료를 평가하는 경우에는 대상물건에 대한 계약내용을 고려하여야 한다.

(2) 임대사례비교법(임료평가의 원칙)

① "임대사례비교법"이라 함은 대상물건과 동일성 또는 유사성이 있는 물건의 임대사례와 비교하여 대상물건의 현황에 맞게 사정보정 및 시점수정 등을 가하여 임료를 산정하는 방법을 말한다(감정평가에 관한 규칙 제2조).

② 임대사례의 선택시 계약내용도 유사해야 하며 층별 효용비와 위치별 효용비도 비교해 주어야 한다.

(3) 적산법

① "적산법"이라 함은 기준시점에 있어서의 대상물건의 기초가액을 기대이율로 곱하여 산정한 금액에 대상물건을 계속하여 임대차하는 데 필요한 경비를 가산하여 임료를 산정하는 방법을 말한다(감정평가에 관한규칙 제2조).

② 적산법은 투하자본에 대한 기회비용 이상은 벌어야겠다는 공급자 측면에서의 임료산정 방법이다.

> 적산임료 = 기초가액 × 기대이율 + 필요제경비

③ **기초가액**

㉠ 기준시점에 있어 임대부분(전체부동산이 아님)의 원본가치를 말한다.

㉡ 기초가액 산정시 수익방식은 사용하지 않는다(임대료를 몰라서 임대료를 구하려고 하는 것이므로 임대료를 아는 상태에서 가격을 산정하는 수익가격은 순환논리상 모순이 생겨서 적용할 수 없다).

㉢ 시장가치와 달리 계약기간과 임대부분만을 기준하는 가격이다.

④ **기대이율**(환원이율과 구분)

㉠ 기대이율은 적산법과 관련되고 환원이율은 수익환원법과 관련된다.

㉡ 기대이율은 임차기간에만 적용되는 단기적인 이율이다.

(4) 수익분석법

① 수익분석법이란 일반기업경영에 의해 산출된 총수익을 분석하여 대상이 산출한 것으로 기대되는 순이익을 구한 후 대상을 계속 임대차하는 데 필요한 경비를 가산하여 대상물건의 임료를 산정하는 방법을 말한다(감정평가에 관한규칙 제2조).

② 기업경영에 의한 순수익은 '매출액에서 매출원가, 판관비, 정상운전자금이자 상당액' 등을 차감하여 구한다.

③ 수익분석법은 기업용 부동산에 한정적으로 사용된다.

4 계속임료 평가

계속임료란 전기 임차인이 계속 임차할 경우 당사자 간에 경제적 합리성이 인정되는 임료를 말하며 한정임료의 성격을 지닌다.

	39번 : 거래사례비교법과 공시지가기준법	기출문제									
Ⅰ	이론문제										
Ⅱ	계산문제	26		28	29	30	31	32	33	34	35
				거	거	공	거	공	거	공	거
Ⅲ	임료평가(참고)										

[공시지가기준법-30회] 다음 자료를 활용하여 공시지가기준법으로 평가한 대상토지의 가액(원/m²)은?

- 소재지 등 : A시 B구 C동 100, 일반상업지역, 상업용
- 기준시점 : 2019.10.26.
- 표준지공시지가(A시 B구 C동, 2019.01.01. 기준)

기 호	소재지	용도지역	이용상황	공시지가(원/m²)
1	C동 90	일반공업지역	상업용	1,000,000
2	C동 110	일반상업지역	상업용	2,000,000

- 지가변동률(A시 B구, 2019.01.01.~2019.10.26.)
  - 공업지역 : 4% 상승
  - 상업지역 : 5% 상승
- 지역요인 : 지역요인은 동일함
- 개별요인 : 대상토지는 표준지 기호 1, 2에 비해 각각
  가로조건에서 10% 우세하고, 다른 조건은 동일함(상승식 계산)

① 1,144,000 ② 1,155,000 ③ 2,100,000
④ 2,288,000 ⑤ 2,310,000

◆ 정답 ⑤

- 소재지 등 : A시 B구 C동 100, 일반상업지역, 상업용
- 기준시점 : 2019.10.26.

- 표준지공시지가(A시 B구 C동, 2019.01.01. 기준)

기 호	소재지	용도지역	이용상황	공시지가(원/m²)
1	C동 90	일반공업지역	상업용	1,000,000
2	C동 110	일반상업지역	상업용	2,000,000

- 지가변동률(A시 B구, 2019.01.01.~2019.10.26.)
  - 공업지역 : 4% 상승
  - 상업지역 : 5% 상승
- 지역요인 : 지역요인은 동일함
- 개별요인 : 대상토지는 표준지 기호 1, 2에 비해 각각
  가로조건에서 10% 우세하고, 다른 조건은 동일함(상승식 계산)

2,000,000원/m²(상업지역) × 1.05(상업지역) × 1.1(가로조건) = 2,310,000원/m²

[거래사례비교법－31회 등] 다음 자료를 활용하여 거래사례비교법으로 산정한 대상토지의 비준 가액은? (단, 주어진 조건에 한함)

- 평가대상토지: X시 Y동 210번지, 대, 110m², 일반상업지역
- 기준시점: 2020. 9. 1.
- 거래사례
  - 소재지: X시 Y동 250번지
  - 지목 및 면적: 대, 120m²
  - 용도지역: 일반상업지역
  - 거래가격: 2억 4천만원
  - 거래시점: 2020. 2. 1.
  - 거래사례는 정상적인 매매임
- 지가변동률(2020. 2. 1.～9. 1.): X시 상업지역 5% 상승
- 지역요인: 대상토지는 거래사례의 인근지역에 위치함
- 개별요인: 대상토지는 거래사례에 비해 3% 우세함
- 상승식으로 계산할 것

① 226,600,000원 ② 237,930,000원 ③ 259,560,000원
④ 283,156,000원 ⑤ 285,516,000원

정답 ②

- 평가대상토지: X시 Y동 210번지, 대, 110m², 일반상업지역
- 기준시점: 2020. 9. 1.

- 거래사례
  - 소재지: X시 Y동 250번지
  - 지목 및 면적: 대, 120m²
  - 용도지역: 일반상업지역
  - 거래가격: 2억 4천만원
  - 거래시점: 2020. 2. 1.
  - 거래사례는 정상적인 매매임

- 지가변동률(2020. 2. 1. ～ 9. 1.): X시 상업지역 5% 상승
- 지역요인: 대상토지는 거래사례의 인근지역에 위치함
- 개별요인: 대상토지는 거래사례에 비해 3% 우세함
- 상승식으로 계산할 것

240,000,000 ÷ 120(사례면적) × 110(대상면적) × 1.05(지가변동률) × 1.03(개별요인)
＝ 237,930,000원

40번 : 부동산 가격공시에 관한 법률		기 출									
I	법률조문	26	27	28	29	30	31	32	33	34	35

부동산 가격공시제도 개요 ★★★

[학습포인트] 부동산 가격공시에 관한 법률의 법령 조문이 그대로 출제된다. 부동산가격공시의 큰 줄기를 이해하고, 자주 나오는 법령이 있으므로 빈출법령에 집중해서 익혀둔다. 100% 다 맞힐 생각으로 지엽적인 내용까지 공부하다가는 빈출조문도 틀릴 수 있으니, 80% 정도의 확률로 맞힐 수 있는 범위까지만 공부한다.

토 지	표준지공시지가		~ 하여야 한다.
	개별공시지가		
주 택	단독주택가격	표준주택가격	
		개별주택가격	
	공동주택가격(장관이 전수조사)		
비주거용 부동산	일반부동산	비주거용 표준부동산	~ 할 수 있다.
		비주거용 개별부동산	
	집합부동산		

장관	시장 · 군수 · 구청장
⇩	⇩
의뢰(공법주부)	공무원이 산정
⇩	⇩
평가 3방식 적용 거래사례, 비용, 임대료	표준가격과 비준표 활용
⇩	⇩
가격산정 - 표준지공시지가 - 표준주택가격 - 공동주택가격(전수조사)	개별가격산정 - 표준지는 개별산정 × - 세금 안 내는 토지: 개별산정 × - 분할, 합병: 주택은 6. 1 가능
⇩	⇩
개별가격산정의 기준	세금, 사용료, 부담금 기준

I 부동산 가격공시제도 핵심정리

토 지	표준지공시지가		~ 하여야 한다.
	개별공시지가		
주 택	단독주택가격	표준주택가격	
		개별주택가격	
	공동주택가격(장관이 전수조사)		
비주거용 부동산	일반부동산	비주거용표준부동산	~ 할 수 있다.
		비주거용개별부동산	
	집합부동산		

표준지, 표준주택	개별토지, 개별주택
국토교통부장관	시장·군수·구청장
⇩	⇩
전문가에게 의뢰(공법주부) ┌ 공시지가: 법인 └ 주택: 부동산원	공무원이 산정
⇩	⇩
평가 3방식 적용 거래사례, 비용, 임대료 종합적으로 참작	┌ 토지: 표준지공시지가 + 토지가격비준표 └ 주택: 표준주택가격 + 주택가격비준표
⇩	⇩
공동주택은 표준과 개별로 구분하지 않는다. 공동주택은 표준(정보)과 개별(세금)의 성격을 모두 가진다.	**'개별'을 산정하지 않아도 되는 경우** ┌ 표준지와 표준주택: 표를 개로 본다. └ 세금이나 부담금 안 내는 토지 **토지에 분할이나 합병이 발생한 경우** ┌ 개별토지의 공시기준일: 1.1 또는 7.1 └ 개별주택의 공시기준일: 1.1 또는 6.1
⇩	⇩
┌ 개별가격산정의 기준(○) ├ 토지 감정평가 기준(○) ├ 국가 토지평가 기준(○) └ 세금(×)	세금, 사용료, 부담금 부과의 기준

Ⅱ 부동산 가격공시에 관한 법률(제1조~제30조 중에서 중요조문 발췌 · 요약)

☑ 부동산 가격공시에 관한 법률 [시행 2020. 12. 10.]

제1조 【목적】 이 법은 부동산의 적정가격(適正價格) 공시에 관한 기본적인 사항과 부동산 시장 · 동향의 조사 · 관리에 필요한 사항을 규정함으로써 부동산의 적정한 가격형성과 각종 조세 · 부담금 등의 형평성을 도모하고 국민경제의 발전에 이바지함을 목적으로 한다.

제2조 【정의】

(1) "비주거용 부동산"이란 주택을 제외한 건축물이나 건축물과 그 토지의 전부 또는 일부를 말하며 비주거용 집합부동산과 비주거용 일반부동산으로 구분한다.

(2) "적정가격"이란 토지, 주택 및 비주거용 부동산에 대하여 통상적인 시장에서 정상적인 거래가 이루어지는 경우 성립될 가능성이 가장 높다고 인정되는 가격을 말한다.

제3조 【표준지공시지가의 조사 · 평가 및 공시 등】

(1) 국토교통부장관은 토지이용상황이나 주변 환경, 그 밖의 자연적 · 사회적 조건이 일반적으로 유사하다고 인정되는 일단의 토지 중에서 선정한 표준지에 대하여 매년 공시기준일 현재의 단위면적당 적정가격(표준지공시지가)을 조사 · 평가하고, 중앙부동산가격공시위원회의 심의를 거쳐 이를 공시하여야 한다.

(2) 국토교통부장관은 표준지공시지가를 공시하기 위하여 표준지의 가격을 조사 · 평가할 때에는 대통령령으로 정하는 바에 따라 해당 토지 소유자의 의견을 들어야 한다.

(3) 국토교통부장관이 표준지공시지가를 조사 · 평가하는 경우에는 인근 유사토지의 거래가격 · 임대료 및 해당 토지와 유사한 이용가치를 지닌다고 인정되는 토지의 조성에 필요한 비용추정액, 인근지역 및 다른 지역과의 형평성 · 특수성, 표준지공시지가 변동의 예측 가능성 등 제반사항을 종합적으로 참작하여야 한다.

(4) 국토교통부장관이 표준지공시지가를 조사 · 평가할 때에는 둘 이상의 감정평가법인등에게 이를 의뢰하여야 한다. 다만, 지가 변동이 작은 경우 등 대통령령으로 정하는 기준에 해당하는 표준지에 대해서는 하나의 감정평가법인등에 의뢰할 수 있다.

제5조 【표준지공시지가의 공시사항】

지번	가격/m^2	면적 및 형상	주변토지의 이용상황	– 대통령령 – 지목, 용도지역, 도로상황

제6조 【표준지공시지가의 열람 등】 국토교통부장관은 표준지공시지가를 공시한 때에는 그 내용을 특별시장 · 광역시장 또는 도지사를 거쳐 시장 · 군수 또는 구청장에게 송부하여 일반인이 열람할 수 있게 하고, 이를 도서 · 도표 등으로 작성하여 관계 행정기관 등에 공급하여야 한다.

제7조 【표준지공시지가에 대한 이의신청】

(1) 표준지공시지가에 이의가 있는 자는 그 공시일부터 30일 이내에 서면으로 국토교통부장관에게 이의를 신청할 수 있다.

(2) 국토교통부장관은 30일 이내에 이의신청을 심사하여 그 결과를 신청인에게 서면으로 통지하여야 한다. 이의신청의 내용이 타당하다고 인정될 때에는 해당 표준지공시지가를 조정하여 다시 공시하여야 한다.

제8조 【표준지공시지가의 적용】

국가 또는 지방자치단체 | 공공기관 | 공공단체 가

공공용지 매수, 토지보상, 국유지 취득 또는 처분 을 위하여 지가를 산정할 때에는 표준지의 공시지가를 기준으로 토지가격비준표를 사용하여 지가를 직접 산정하거나 감정평가법인등에 감정평가를 의뢰하여 산정할 수 있다.

다만, 필요하다면 산정된 지가를 가감(加減) 조정하여 적용할 수 있다.

제9조 【표준지공시지가의 효력】

(1) 표준지공시지가는 토지시장에 지가정보를 제공하고

(2) 일반적인 토지거래의 지표가 되며,

(3) 국가 등이 그 업무와 관련하여 지가를 산정하거나

(4) 감정평가법인등이 토지를 감정평가하는 경우에 기준이 된다.

제10조【개별공시지가의 결정 · 공시 등】

(1) 시장 · 군수 또는 구청장은 국세 · 지방세 등 각종 세금의 부과, 그 밖의 다른 법령에서 정하는 목적을 위한 지가산정에 사용되도록 하기 위하여 시 · 군 · 구부동산가격공시위원회의 심의를 거쳐 개별토지의 단위면적당 가격(개별공시지가)을 결정 · 공시하고, 이를 관계 행정기관 등에 제공하여야 한다.

(2) (1)에도 불구하고 표준지로 선정된 토지, 조세 또는 부담금 등의 부과대상이 아닌 토지 등은 개별공시지가를 결정 · 공시하지 아니할 수 있다. 이 경우 표준지로 선정된 토지에 대하여는 해당 토지의 표준지공시지가를 개별공시지가로 본다.

(3) 시장 · 군수 또는 구청장은 공시기준일 이후에 분할 · 합병 등이 발생한 토지에 대하여는 1. 1 또는 7. 1을 기준으로 하여 개별공시지가를 결정 · 공시하여야 한다.

(4) 개별공시지가를 결정 · 공시하는 경우에는 하나 또는 둘 이상의 표준지의 공시지가를 기준으로 토지가격비준표를 사용하여 지가를 산정하여야 한다.

> **가격 산정방법**
> ┌ **표준지공시지가**: 유사토지의 거래가격, 임대료, 토지조성비용 종합참작
> └ **개별공시지가**: 하나 또는 둘 이상의 표준지의 공시지가 + 토지가격비준표

(5) 개별공시지가를 산정할 때에는 그 타당성에 대하여 감정평가법인등의 검증을 받고 토지소유자, 그 밖의 이해관계인의 의견을 들어야 한다. 다만, 검증이 필요 없다고 인정되는 때에는 검증을 생략할 수 있다.

> **의견청취 등**
> ┌ **표준지공시지가**: 토지소유자의 의견청취
> └ **개별공시지가**: 토지소유자와 이해관계인의 의견청취, 감정평가법인의 검증

제11조【개별공시지가에 대한 이의신청】

(1) 개별공시지가에 이의가 있는 자는 30일 이내에 서면으로 시장 · 군수 또는 구청장에게 이의를 신청할 수 있다.

(2) 시장 · 군수 또는 구청장은 30일 이내에 그 결과를 신청인에게 서면으로 통지하여야 한다. 이 경우 시장 · 군수 또는 구청장은 이의신청의 내용이 타당하다고 인정될 때에는 개별공시지가를 조정하여 다시 결정 · 공시하여야 한다.

> **이의신청**
> ┌ **표준지공시지가**: 30일 이내에 서면으로 국토교통부장관에게
> └ **개별공시지가**: 30일 이내에 서면으로 시장 · 군수 또는 구청장에게

제12조 【개별공시지가의 정정】 개별공시지가에 틀린 계산, 오기, 표준지 선정의 착오, 그 밖에 대통령령으로 정하는 명백한 오류가 있음을 발견한 때에는 지체 없이 이를 정정하여야 한다.

제13조 【타인토지에의 출입 등】 관계 공무원 또는 부동산가격공시업무를 의뢰받은 자(관계공무원)는 표준지가격의 조사·평가 또는 토지가격의 산정을 위하여 필요한 때에는 타인의 토지에 출입할 수 있다.

제16조 【표준주택가격의 조사·산정 및 공시 등】

(1) 국토교통부장관은 용도지역, 건물구조 등이 일반적으로 유사하다고 인정되는 일단의 단독주택 중에서 선정한 표준주택에 대하여 매년 공시기준일 현재의 적정가격(표준주택가격)을 조사·산정하고, 중앙부동산가격공시위원회의 심의를 거쳐 이를 공시하여야 한다.

> **표준주택**
> ┌ 일단의 단독주택 중에서 선정한 표준주택에 대하여 (○)
> └ 일단의 공동주택 중에서 선정한 표준공동주택에 대하여 (×)

(2) (1)에 따른 공시에는 다음 각 호의 사항이 포함되어야 한다.

지번	주택가격	대지면적 및 형상	— 대통령령 — 지목, 용도지역, 도로상황
표준지와 표준주택 공시내용의 차이점 ┌ 표준지: 주변토지의 이용상황 └ 표준주택: 주택의 용도, 연면적, 구조, 사용승인일			

(3) 표준주택가격을 조사·산정하고자 할 때에는 한국부동산원에 의뢰한다.

> **국토교통부장관이 가격산정을 의뢰하는 곳**
> ┌ **공시지가**: 감정평가법인등
> ├ **주택가격**: 부동산원
> └ **비주거용**: 감정평가법인등 또는 부동산원

제17조【개별주택가격의 결정 · 공시 등】

(1) 시장 · 군수 또는 구청장은 시 · 군 · 구부동산가격공시위원회의 심의를 거쳐 매년 개별주택가격을 결정 · 공시하여야 한다.

(2) 개별주택가격의 공시에는 지번과 주택가격 등의 사항이 포함되어야 한다.

(3) 공시기준일 이후에 토지의 분할 · 합병이나 건축물의 신축 등이 발생한 경우에는 1. 1 또는 6. 1을 기준으로 하여 개별주택가격을 결정 · 공시하여야 한다.

> **공시기준일 이후에 토지의 분할 · 합병이 발생한 경우**
> 1. 1 또는 7. 1을 기준으로 하여 개별공시지가를 결정 · 공시하여야 한다.
> 1. 1 또는 6. 1을 기준으로 하여 개별주택가격을 결정 · 공시하여야 한다.

제18조【공동주택가격의 조사 · 산정 및 공시 등】

(1) 국토교통부장관은 공동주택가격을 조사 · 산정하여 중앙의 심의를 거쳐 공시하여야 한다. 다만, 국세청장이 공동주택가격을 별도로 결정 · 고시하는 경우는 제외한다.

> **별도 고시**
> **공동주택가격**: 국세청장
> **비주거용 개별부동산가격**: 행정안전부장관 또는 국세청장

(2) 공동주택가격을 공시하기 위하여 그 가격을 산정할 때에는 공동주택소유자와 그 밖의 이해관계인의 의견을 들어야 한다.

(3) 국토교통부장관이 공동주택가격을 조사 · 산정하고자 할 때에는 부동산원에 의뢰한다.

제19조【주택가격 공시의 효력】

(1) 표준주택가격은 국가 · 지방자치단체 등이 그 업무와 관련하여 개별주택가격을 산정하는 경우에 그 기준이 된다.

(2) 개별주택가격 및 공동주택가격은 주택시장의 가격정보를 제공하고, 국가 · 지방자치단체 등이 과세 등의 업무와 관련하여 주택의 가격을 산정하는 경우에 그 기준으로 활용될 수 있다.

토지가격 공시의 효력	주택가격 공시의 효력
표준지: 개별산정의 기준 + 정일국감 개별토지: 세금, 부담금, 사용료	표준주택: 개별 산정의 기준 개별주택: 정보제공, 과세업무 기준 공동주택: 정보제공, 과세업무 기준

제20조 【비주거용 표준부동산가격의 조사·산정 및 공시 등】

(1) 국토교통부장관은 비주거용 표준부동산의 적정가격을 조사·산정하고, 중앙부동산가격공시위원회의 심의를 거쳐 이를 공시할 수 있다.

(2) 비주거용 표준부동산가격을 조사·산정하려는 경우 감정평가법인등 또는 부동산원에게 의뢰한다.

제21조 【비주거용 개별부동산가격의 결정·공시 등】

(1) 시장·군수 또는 구청장은 비주거용 개별부동산가격을 결정·공시할 수 있다. 다만, 행정안전부장관 또는 국세청장이 개별부동산의 가격을 별도로 결정·고시하는 경우는 제외한다.

(2) 시장·군수 또는 구청장은 공시기준일 이후에 토지의 분할·합병이나 건축물의 신축 등이 발생한 경우에는 대통령령으로 정하는 날(1. 1 또는 6. 1)을 기준으로 하여 비주거용 개별부동산가격을 결정·공시하여야 한다.

제22조 【비주거용 집합부동산가격의 결정·공시 등】 국토교통부장관은 비주거용 집합부동산가격을 조사·산정할 때에는 부동산원 또는 감정평가법인에게 의뢰한다.

제23조 【비주거용 부동산가격공시의 효력】

(1) 비주거용 표준부동산가격은 국가·지방자치단체 등이 그 업무와 관련하여 비주거용 개별부동산가격을 산정하는 경우에 그 기준이 된다.

(2) 비주거용 개별부동산가격 및 비주거용 집합부동산가격은 비주거용 부동산시장에 가격정보를 제공하고, 국가·지방자치단체 등이 과세 등의 업무와 관련하여 비주거용 부동산의 가격을 산정하는 경우에 그 기준으로 활용될 수 있다.

제27조 【공시가격정보체계의 구축 및 관리】 국토교통부장관은 토지, 주택 및 비주거용 부동산의 공시가격과 관련된 정보를 효율적이고 체계적으로 관리하기 위하여 공시가격정보체계를 구축·운영할 수 있다.

40번: 부동산 가격공시에 관한 법률		기출문제									
I	법률조문	26	27	28	29	30	31	32	33	34	35

[33회] 부동산 가격공시에 관한 법령에 규정된 내용으로 옳은 것은?

① 국토교통부장관이 표준지공시지가를 조사·평가할 때에는 반드시 둘 이상의 감정평가법인등에게 의뢰하여야 한다.

② 표준지공시지가의 공시에는 표준지의 지번, 표준지의 단위면적당 가격, 표준지의 면적 및 형상, 표준지 및 주변토지의 이용상황, 그 밖에 대통령령으로 정하는 사항이 포함되어야 한다.

③ 국토교통부장관은 표준주택에 대하여 매년 공시기준일 현재 적정가격을 조사·산정하고, 시·군·구 부동산가격공시위원회의 심의를 거쳐 이를 공시하여야 한다.

④ 국토교통부장관은 표준주택가격을 조사·산정하고자 할 때에는 감정평가법인등 또는 한국부동산원에 의뢰한다.

⑤ 표준공동주택가격은 개별공동주택가격을 산정하는 경우에 그 기준이 된다.

정답 ②

① 반드시 둘 이상 ⇨ 지가 변동이 작은 경우 등은 하나의 감정평가법인등에 의뢰

> **【제3조】** 국토교통부장관이 표준지공시지가를 조사·평가할 때에는 둘 이상의 감정평가법인등에게 이를 의뢰하여야 한다. 다만, 지가 변동이 작은 경우 등 대통령령으로 정하는 기준에 해당하는 표준지에 대해서는 하나의 감정평가법인등에 의뢰할 수 있다.

② 표준지공시지가의 공시사항

지번	가격	토지면적 및 형상	— 대통령령 — 지목, 용도지역, 도로상황
표준지와 표준주택 공시내용의 차이점 ┌ 표준지: 주변토지의 이용상황 └ 표준주택: 주택의 용도, 연면적, 구조, 사용승인일			

③ 시·군·구의 심의 ⇨ 중앙의 심의

④ 감정평가법인등 또는 한국부동산원에 의뢰 ⇨ 한국부동산원에 의뢰

> **국토교통부장관이 가격산정을 의뢰하는 곳**
> ┌ 공시지가: 감정평가법인등
> ├ 주택가격: 부동산원
> └ 비주거용: 감정평가법인등 또는 부동산원

⑤ 표준공동주택가격 ⇨ 표준주택가격

[34회] 부동산 가격공시에 관한 법령에 규정된 내용으로 틀린 것은?

① 표준지공시지가는 토지시장에 지가정보를 제공하고 일반적인 토지거래의 지표가 되며, 국가·지방자치단체 등이 그 업무와 관련하여 지가를 산정하거나 감정평가법인등이 개별적으로 토지를 감정평가하는 경우에 기준이 된다.

② 국토교통부장관이 표준지공시지가를 조사·산정할 때에는 「한국부동산원법」에 따른 한국부동산원에게 이를 의뢰하여야 한다.

③ 표준지공시지가에 이의가 있는 자는 그 공시일부터 30일 이내에 서면(전자문서를 포함한다)으로 국토교통부장관에게 이의를 신청할 수 있다.

④ 시장·군수 또는 구청장이 개별공시지가를 결정·공시하는 경우에는 해당 토지와 유사한 이용가치를 지닌다고 인정되는 하나 또는 둘 이상의 표준지의 공시지가를 기준으로 토지가격비준표를 사용하여 지가를 산정하되, 해당 토지의 가격과 표준지공시지가가 균형을 유지하도록 하여야 한다.

⑤ 표준지로 선정된 토지에 대하여는 개별공시지가를 결정·공시하지 아니할 수 있다. 이 경우 표준지로 선정된 토지에 대하여는 해당 토지의 표준지공시지가를 개별공시지가로 본다.

정답 ②

①

토지가격 공시의 효력	주택가격 공시의 효력
표준지: 개별산정의 기준 + 정일국감 개별토지: 세금, 부담금, 사용료	표준주택: 개별 산정의 기준 개별주택: 정보제공, 과세업무 기준 공동주택: 정보제공, 과세업무 기준

② 공시지가는 법인에게, 주택가격은 한국부동산원에 의뢰한다.

국토교통부장관이 가격산정을 의뢰하는 곳
- 공시지가: 감정평가법인등
- 주택가격: 부동산원
- 비주거용: 감정평가법인등 또는 부동산원

③

이의신청
- 표준지공시지가: 30일 이내에 서면으로 국토교통부장관에게
- 개별공시지가: 30일 이내에 서면으로 시장·군수 또는 구청장에게

④

가격 산정방법
- 표준지공시지가: 유사토지의 거래가격, 임대료, 토지조성비용 종합참작
- 개별공시지가: 하나 또는 둘 이상의 표준지의 공시지가 + 토지가격비준표

☑ 토지가격비준표 예시[4)]

한국부동산원 토지자격비준표 열람 – 용산구 남영동 주거지역 검색

※ 지역모델 : 서울 〉 용산구 〉 남영동 〉 주거지역

지목	전	답	과	목	임	대	장	차	주	창	잡
전	1.00	1.00	1.00	0.98	0.92	1.17	1.17	1.12	1.12	1.12	1.12
답	1.00	1.00	1.00	0.98	0.92	1.17	1.17	1.12	1.12	1.12	1.12
과	1.00	1.00	1.00	0.98	0.92	1.17	1.17	1.12	1.12	1.12	1.12
목	1.02	1.02	1.02	1.00	0.94	1.19	1.19	1.14	1.14	1.14	1.14
임	1.09	1.09	1.09	1.07	1.00	1.27	1.27	1.22	1.22	1.22	1.22
대	0.85	0.85	0.85	0.84	0.79	1.00	1.00	0.96	0.96	0.96	0.96
장	0.85	0.85	0.85	0.84	0.79	1.00	1.00	0.96	0.96	0.96	0.96
차	0.89	0.89	0.89	0.88	0.82	1.04	1.04	1.00	1.00	1.00	1.00
주	0.89	0.89	0.89	0.88	0.82	1.04	1.04	1.00	1.00	1.00	1.00
창	0.89	0.89	0.89	0.88	0.82	1.04	1.04	1.00	1.00	1.00	1.00
잡	0.89	0.89	0.89	0.88	0.82	1.04	1.04	1.00	1.00	1.00	1.00

4) 한국부동산원 토지ㆍ주택가격비준표 열람 서비스(https://sct.reb.or.kr/reading/landReading.do) 참조

☑ 부동산학개론에 출제 가능한 법률

테마	법 률	중요내용
01	공인중개사법	중개대상물의 범위
02	공간정보의 구축 및 관리 등에 관한 법률	필지, 지목 등
02	**주택법**	주택의 분류, 주택용어
03	**국토계획법**	용도지역, 용도지구, 용도구역
15	**부동산거래신고등에 관한 법률**	부동산거래 신고, 토지거래허가구역, 선매
15	**공공토지의 비축에 관한 법률**	공공토지의 비축, 토지은행계정
15	국토법 제20조 토지적성평가에 관한 지침	토지적성평가
15	개발이익환수에 관한법률	개발부담금
15	재건축초과이익환수에 관한 법률	재건축부담금
16	**공공주택특별법**	공공임대주택의 종류(영국행통장)
16	민간임대주택특별법	공공지원민간임대주택
16	주택도시기금법	주택도시기금, 주택도시보증공사
16	주택법	분양가상한제, 투지과열지구 조정대상지역, 전매제한
16	주택법	입주자저축(제56조)
28	자산유동화에 관한 법률	
29	**부동산투자회사법**	법률에서 조문 그대로 1문제 출제
30	부동산개발의 관리 및 육성에 관한 법률	개발의 정의, 시공은 제외
35 36	**감정평가에 관한 규칙** 감정평가 및 감정평가사에 관한 법률	법률에서 조문 그대로 2문제 출제
40	**부동산 가격공시에 관한 법률**	법률에서 조문 그대로 1문제 출제

MEMO

부록

제35회 기출문제

부록 제35회 기출문제

01 **토지의 특성에 관한 설명으로 옳은 것은?**

① 부동성으로 인해 외부효과가 발생하지 않는다.
② 개별성으로 인해 거래사례를 통한 지가 산정이 쉽다.
③ 부증성으로 인해 토지의 물리적 공급은 단기적으로 탄력적이다.
④ 용도의 다양성으로 인해 토지의 경제적 공급은 증가할 수 있다.
⑤ 영속성으로 인해 부동산활동에서 토지는 감가상각을 고려하여야 한다.

해설 ④ 옳은 지문: 경제적 공급 = 용도적 공급
① 부동성으로 인해 외부효과가 발생한다.
② 쉽다. ⇨ 어렵다.
③ 탄력적이다. ⇨ 완전비탄력적이다.
⑤ 감가상각을 고려하여야 한다. ⇨ 감가상각을 고려하지 않는다.

02 **토지에 관련된 용어이다. (　)에 들어갈 내용으로 옳은 것은?**

> • (㉠): 지적제도의 용어로서, 토지의 주된 용도에 따라 토지의 종류를 구분하여 지적공부에 등록한 것
> • (㉡): 지가공시제도의 용어로서, 토지에 건물이나 그 밖의 정착물이 없고 지상권 등 토지의 사용·수익을 제한하는 사법상의 권리가 설정되어 있지 아니한 토지

① ㉠: 필지, ㉡: 소지
② ㉠: 지목, ㉡: 나지
③ ㉠: 필지, ㉡: 나지
④ ㉠: 지목, ㉡: 나대지
⑤ ㉠: 필지, ㉡: 나대지

해설 • ㉠의 주어진 지문은 '지목'에 대한 용어의 정의이다. 그동안 기출은 모두 토지의 용어를 물었기 때문에 지적제도가 나오면 필지로 생각한 수험생이 많았을 것이다.

> "지목"이란 토지의 주된 용도에 따라 토지의 종류를 구분하여 지적공부에 등록한 것을 말한다. 토지는 주된 용도에 따라 하나의 필지에 하나의 이름을 붙이는데 이를 지목이라고 하며 현재 28개의 지목으로 분류된다.

• ㉡의 경우 나대지는 나지이면서 동시에 대지인 경우를 말하며, 주어진 내용은 나지에 대한 설명이다.

03 다음은 용도별 건축물의 종류에 관한 '건축법 시행령' 규정의 일부이다. ( )에 들어갈 내용으로 옳은 것은?

> • 다세대주택: 주택으로 쓰는 1개 동의 (㉠) 합계가 660제곱미터 이하이고, 층수가 (㉡) 이하인 주택(2개 이상의 동을 지하주차장으로 연결하는 경우에는 각각의 동으로 본다)

① ㉠: 건축면적, ㉡: 4층　　② ㉠: 건축면적, ㉡: 4개 층
③ ㉠: 바닥면적, ㉡: 4층　　④ ㉠: 바닥면적, ㉡: 4개 층
⑤ ㉠: 대지면적, ㉡: 4층

해설 공동주택의 구분

> (1) 아파트: 주택으로 쓰는 층수가 5개 층 이상인 주택
> (2) 연립주택: 주택으로 쓰는 1개 동의 바닥면적 합계가 660제곱미터를 초과하고, 층수가 4개 층 이하인 주택
> (3) 다세대주택: 주택으로 쓰는 1개 동의 바닥면적 합계가 660제곱미터 이하이고, 층수가 4개 층 이하인 주택
> (4) 기숙사(건축법)
> ① 일반기숙사: 학교 또는 공장 등의 학생 또는 종업원 등을 위하여 사용하는 것으로서 해당 기숙사의 공동취사시설 이용 세대 수가 전체 세대 수의 50퍼센트 이상인 것(「교육기본법」에 따른 학생복지주택을 포함한다)
> ② 임대형기숙사: 공공주택사업자 또는 민간임대사업자가 임대사업에 사용하는 것으로서 임대 목적으로 제공하는 실이 20실 이상이고 해당 기숙사의 공동취사시설 이용 세대 수가 전체 세대 수의 50퍼센트 이상인 것
> ③ 기숙사는 주택법상으로는 준주택이고, 건축법상으로는 공동주택이다.

04 법령에 의해 등기의 방법으로 소유권을 공시할 수 있는 물건을 모두 고른 것은?

> ㉠ 총톤수 25톤인 기선(機船)　　㉡ 적재용량 25톤인 덤프트럭
> ㉢ 최대 이륙중량 400톤인 항공기　　㉣ 토지에 부착된 한 그루의 수목

① ㉠　　② ㉠, ㉣　　③ ㉢, ㉣
④ ㉠, ㉡, ㉢　　⑤ ㉠, ㉡, ㉢, ㉣

해설 ① 20톤이 넘는 선박은 등기가 필요하므로, ㉠만 등기가 필요한 물건에 해당한다[난이도 최상의 문제(극상문제)].

Answer 1. ④ 2. ② 3. ④ 4. ①

05 **A광역시장은 관할구역 중 농지 및 야산으로 형성된 일단의 지역에 대해 도시개발법령상 도시개발사업**(개발 후 용도 : 주거용 및 상업용 택지)**을 추진하면서 시행방식을 검토하고 있다. 수용방식**(예정사업시행자 : 지방공사)**과 환지방식**(예정사업시행자 : 도시개발사업 조합)**을 비교한 설명으로 틀린 것은?** (단, 보상금은 현금으로 지급하며, 주어진 조건에 한함)

① 수용방식은 환지방식에 비해 세금감면을 받기 위한 대토(代土)로 인해 도시개발구역 밖의 지가를 상승시킬 가능성이 크다.
② 수용방식은 환지방식에 비해 사업시행자의 개발토지(조성토지) 매각부담이 크다.
③ 사업시행자의 사업비부담에 있어 환지방식은 수용방식에 비해 작다.
④ 사업으로 인해 개발이익이 발생하는 경우, 환지방식은 수용방식에 비해 종전 토지 소유자에게 귀속될 가능성이 크다.
⑤ 개발절차상 환지방식은 토지소유자의 동의를 받아야 하는 단계(횟수)가 수용방식에 비해 적어 절차가 간단하다.

해설 ⑤ 개발절차상 환지방식은 토지소유자의 동의를 받아야 하는 단계(횟수)가 수용방식에 비해 많아서 절차가 복잡하다.

06 **부동산개발사업에 관한 설명으로 틀린 것은?**

① 부동산개발의 타당성분석 과정에서 시장분석을 수행하기 위해서는 먼저 시장지역을 설정하여야 한다.
② 부동산개발업의 관리 및 육성에 관한 법령상 건축물을 리모델링 또는 용도변경하는 행위(다만, 시공을 담당하는 행위는 제외한다)는 부동산개발에 포함된다.
③ 민간투자사업에 있어 민간사업자가 자금을 조달하여 시설을 건설하고 일정기간 소유 및 운영을 한 후 국가 또는 지방자치단체에게 시설의 소유권을 이전하는 방식은 BOT(build-operate-transfer) 방식이다.
④ 부동산개발의 유형을 신개발방식과 재개발방식으로 구분하는 경우, 도시 및 주거환경정비법령상 재건축사업은 재개발방식에 속한다.
⑤ 개발사업의 방식 중 사업위탁방식과 신탁개발방식의 공통점은 토지소유자가 개발사업의 전문성이 있는 제3자에게 토지소유권을 이전하고 사업을 위탁하는 점이다.

해설 ⑤ 개발사업의 방식 중 사업위탁방식과 신탁개발방식의 차이점은 신탁개발방식은 토지소유자가 신탁회사에게 소유권을 이전하고 개발사업을 맡기지만, 사업위탁방식은 개발사업의 전문성이 있는 제3자에게 사업을 맡기지만 소유권을 이전하지는 않는다는 점이다.

07 **부동산마케팅에서 4P 마케팅믹스(Marketing Mix) 전략의 구성요소를 모두 고른 것은?**

㉠ Price(가격)	㉡ Product(제품)
㉢ Place(유통경로)	㉣ Positioning(차별화)
㉤ Promotion(판매촉진)	㉥ Partnership(동반자관계)

① ㉠, ㉡, ㉢, ㉣ ② ㉠, ㉡, ㉢, ㉤
③ ㉡, ㉢, ㉤, ㉥ ④ ㉡, ㉣, ㉤, ㉥
⑤ ㉢, ㉣, ㉤, ㉥

해설 ② ㉠, ㉡, ㉢, ㉤이 4P 마케팅 믹스 전략의 구성요소에 해당한다.
마케팅믹스는 4P를 구성요소로 하며, 4P mix 전략이란 제품(Product), 판매촉진(Promotion), 가격(Price), 유통경로(Place)의 제 측면에서 차별화를 도모하는 전략이다. 주로 상업용 부동산의 마케팅에서 사용된다.

부록

08 **A지역 단독주택시장의 균형변화에 관한 설명으로 옳은 것은?** (단, 수요곡선은 우하향하고, 공급곡선은 우상향하며, 다른 조건은 동일함)

① 수요와 공급이 모두 증가하고 수요의 증가폭과 공급의 증가폭이 동일한 경우, 균형거래량은 감소한다.
② 수요가 증가하고 공급이 감소하는데 수요의 증가폭보다 공급의 감소폭이 더 큰 경우, 균형가격은 하락한다.
③ 수요가 감소하고 공급이 증가하는데 수요의 감소폭이 공급의 증가폭보다 더 큰 경우, 균형가격은 상승한다.
④ 수요와 공급이 모두 감소하고 수요의 감소폭보다 공급의 감소폭이 더 큰 경우, 균형거래량은 감소한다.
⑤ 수요가 증가하고 공급이 감소하는데 수요의 증가폭과 공급의 감소폭이 동일한 경우, 균형가격은 하락한다.

해설 ① 균형거래량은 감소한다. ⇨ 균형거래량은 증가한다.
② 균형가격은 하락한다. ⇨ 균형가격은 상승한다.
③ 균형가격은 상승한다. ⇨ 균형가격은 하락한다.
⑤ 균형가격은 하락한다. ⇨ 균형가격은 상승한다.

Answer 5. ⑤ 6. ⑤ 7. ② 8. ④

09 **A지역 소형아파트 수요의 가격탄력성은 0.9이고, 오피스텔 가격에 대한 소형아파트 수요의 교차탄력성은 0.5이다. A지역 소형아파트 가격이 2% 상승하고 동시에 A지역 오피스텔 가격이 5% 상승할 때, A지역 소형아파트 수요량의 전체 변화율은?** (단, 소형아파트와 오피스텔은 모두 정상재로서 서로 대체적인 관계이고, 수요의 가격탄력성은 절댓값으로 나타내며, 다른 조건은 동일함)

① 0.7% ② 1.8% ③ 2.5%
④ 3.5% ⑤ 4.3%

해설 ① A지역 소형아파트 수요량의 전체 변화율은 0.7%이다.

(1) 공식을 적는다.	$\frac{수}{가} = 0.9$ $\frac{수}{교} = 0.5$
(2) 분모값을 적용한다.	$\frac{수}{가\ +2\%} = 0.9$ $\frac{수}{교\ +5\%} = 0.5$
(3) 가격탄력도와 교차탄력도의 분자값을 구한다. 가격탄력도는 항상 분모와 분자의 값은 항상 반대를 적용한다. 교차탄력도는 값이 (+)이면 분자와 분모의 방향성이 동일한 것이고, 값이 (−)이면 분자와 분모는 반대인 것이다.	$\frac{수\ -1.8\%}{가\ +2\%} = 0.9$ $\frac{수\ +2.5\%}{교\ +5} = 0.5$
전체 수요량의 변화율은 −1.8%+2.5%=+0.7%	

10 **아파트시장에서 균형가격을 상승시키는 요인은 모두 몇 개인가?** (단, 아파트는 정상재로서 수요곡선은 우하향하고, 공급곡선은 우상향하며, 다른 조건은 동일함)

- 가구의 실질소득 증가
- 아파트에 대한 선호도 감소
- 아파트 건축자재 가격의 상승
- 아파트 담보대출 이자율의 상승

① 0개 ② 1개 ③ 2개
④ 3개 ⑤ 4개

해설 ③ 가격을 상승시키는 요인은 '가구의 실질소득 증가'와 '아파트 건축자재 가격의 상승'으로 2개이다.

- 가구의 실질소득 증가 ⇨ 수요증가 ⇨ 가격상승
- 아파트에 대한 선호도 감소 ⇨ 수요감소 ⇨ 가격하락
- 아파트 건축자재 가격의 상승 ⇨ 공급감소 ⇨ 가격상승
- 아파트 담보대출 이자율의 상승 ⇨ 수요감소 ⇨ 가격하락

11 **A지역 오피스텔시장에서 수요함수는 $Q_{D1} = 900 - P$, 공급함수는 $Q_S = 100 + \frac{1}{4}P$이며, 균형상태에 있었다. 이 시장에서 수요함수가 $Q_{D2} = 1{,}500 - \frac{3}{2}P$로 변화하였다면, 균형가격의 변화(㉠)와 균형거래량의 변화(㉡)는?** (단, P는 가격, Q_{D1}과 Q_{D2}는 수요량, Q_S는 공급량, X축은 수량, Y축은 가격을 나타내고, 가격과 수량의 단위는 무시하며, 주어진 조건에 한함)

① ㉠: 160 상승, ㉡: 변화 없음
② ㉠: 160 상승, ㉡: 40 증가
③ ㉠: 200 상승, ㉡: 40 감소
④ ㉠: 200 상승, ㉡: 변화 없음
⑤ ㉠: 200 상승, ㉡: 40 증가

해설 ② 균형가격은 160 상승하고, 균형거래량은 40 증가한다.

기본공식	공급함수 $Q = 100 + \frac{1}{4}P$ → $Q = 100 + \frac{1}{4}P$ 수요함수 $Q = 900 - P$ → $Q = 1{,}500 - \frac{3}{2}P$	
연립방정식 풀기	$100 + 0.25P = 900 - P$ $1.25P = 800$ $P = 640,\ Q = 260$	$100 + 0.25P = 1{,}500 - 1.5P$ $1.75P = 1{,}400$ $P = 800,\ Q = 300$
	가격은 160 상승, 거래량은 40 증가	

12 **저량(stock)의 경제변수에 해당하는 것은?**

① 주택재고
② 가계소득
③ 주택거래량
④ 임대료 수입
⑤ 신규주택 공급량

해설 ① 저량의 경제변수에 해당하는 것은 '주택재고'이다.

유량	변화분	신규	장기공급	소득 월급 GDP	거래량 발행량	기간	임료
저량	존재량	재고	단기공급	재산 자산 국부	인구수 통화량 보유고	시점	가격

Answer 9. ① 10. ③ 11. ② 12. ①

13 다음에 해당하는 도시 및 주거환경정비법상의 정비사업은?

> 도시저소득 주민이 집단거주하는 지역으로서 정비기반시설이 극히 열악하고 노후·불량건축물이 과도하게 밀집한 지역의 주거환경을 개선하거나 단독주택 및 다세대주택이 밀집한 지역에서 정비기반시설과 공동이용시설 확충을 통하여 주거환경을 보전·정비·개량하기 위한 사업

① 자율주택정비사업
② 소규모재개발사업
③ 가로주택정비사업
④ 소규모재건축사업
⑤ 주거환경개선사업

해설 ⑤ 주거환경개선사업에 대한 설명이다.

> 1. 주거환경개선사업: 도시저소득 주민이 집단거주하는 지역으로서 정비기반시설이 극히 열악하고 노후·불량건축물이 과도하게 밀집한 지역의 주거환경을 개선하거나 단독주택 및 다세대주택이 밀집한 지역에서 정비기반시설과 공동이용시설 확충을 통하여 주거환경을 보전·정비·개량하기 위한 사업을 말한다.
> 2. 재개발사업: 정비기반시설이 열악하고 노후·불량건축물이 밀집한 지역에서 주거환경을 개선하거나 상업지역·공업지역 등에서 도시기능의 회복 및 상권활성화 등을 위하여 도시환경을 개선하기 위한 사업을 말한다. 이 경우 공적 주체가 일정비율 이상을 공공임대주택 등으로 건설·공급하는 재개발사업을 "공공재개발사업"이라 한다.
> 3. 재건축사업: 정비기반시설은 양호하나 노후·불량건축물에 해당하는 공동주택이 밀집한 지역에서 주거환경을 개선하기 위한 사업을 말한다. 이 경우 공적 주체가 일정세대수 이상을 공급하면 "공공재건축사업"이라 한다.

14 컨버스(P. Converse)의 분기점 모형에 기초할 때, A시와 B시의 상권 경계지점은 A시로부터 얼마만큼 떨어진 지점인가? (단, 주어진 조건에 한함)

> • A시와 B시는 동일 직선상에 위치
> • A시와 B시 사이의 직선거리: 45km
> • A시 인구: 84만명
> • B시 인구: 21만명

① 15km
② 20km
③ 25km
④ 30km
⑤ 35km

해설 (1) 문제를 그림의 형태로 변환한다.

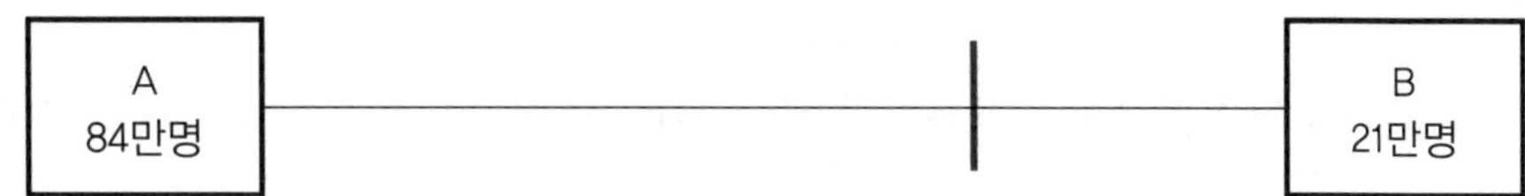

(2) 경계지점은 작은 도시에서 가깝게 형성된다. 따라서 전체 45km의 중간인 22.5km보다는 더 오른편에 위치한다. 즉 보기 지문 중에서 '① 15km ② 20km는 정답이 아니다.

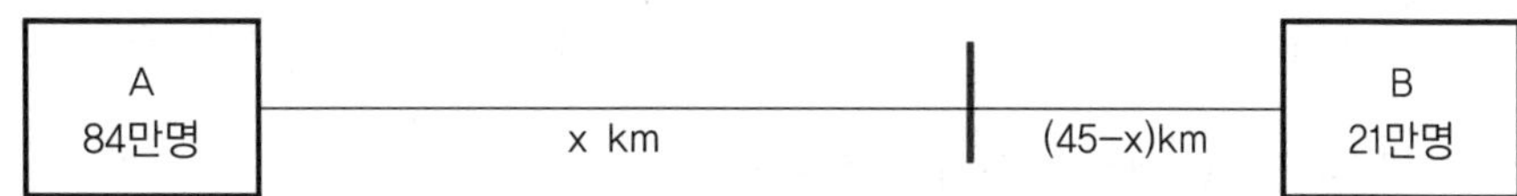

(3) 경계지점은 양쪽의 도시에서 당기는 유인력의 크기가 동일한 지점이다.

따라서 $\frac{840,000}{x^2} = \frac{210,000}{(45-x)^2}$의 관계가 성립한다. 이제 남은 25, 30, 35를 각각 대입해 보면 30 대입시 등호가 성립하므로 정답은 30km 지점이다.

부록

15 입지 및 도시공간구조 이론에 관한 설명으로 틀린 것은?

① 호이트(H. Hoyt)의 선형이론은 단핵의 중심지를 가진 동심원 도시구조를 기본으로 하고 있다는 점에서 동심원이론을 발전시킨 것이라 할 수 있다.

② 크리스탈러(W. Christaller)는 중심성의 크기를 기초로 중심지가 고차중심지와 저차중심지로 구분되는 동심원이론을 설명했다.

③ 해리스(C. Harris)와 울만(E. Ullman)은 도시 내부의 토지이용이 단일한 중심의 주위에 형성되는 것이 아니라 몇 개의 핵심지역 주위에 형성된다는 점을 강조하면서, 도시공간구조가 다핵심구조를 가질 수 있다고 보았다.

④ 베버(A. Weber)는 운송비의 관점에서 특정 공장이 원료지향적인지 또는 시장지향적인지를 판단하기 위해 원료지수(material index)개념을 사용했다.

⑤ 허프(D. Huff)모형의 공간(거리)마찰계수는 도로환경, 지형, 주행수단 등 다양한 요인에 영향을 받을 수 있는 값이며, 이 모형을 적용하려면 공간(거리)마찰계수가 정해져야 한다.

해설 ② 크리스탈러(W. Christaller)의 이론은 중심성의 크기를 기초로 중심지가 고차중심지와 저차중심지를 구분하는 다핵이론이다. 동심원이론은 단핵이론이므로 크리스탈러의 이론으로 동심원이론을 설명할 수는 없다.

Answer 13. ⑤ 14. ④ 15. ②

16 다음 설명에 모두 해당하는 것은?

- 토지의 비옥도가 동일하더라도 중심도시와의 접근성 차이에 의해 지대가 차별적으로 나타난다.
- 한계지대곡선은 작물의 종류나 농업의 유형에 따라 그 기울기가 달라질 수 있으며, 이 곡선의 기울기에 따라 집약적 농업과 조방적 농업으로 구분된다.
- 가장 높은 지대를 지불하는 농업적 토지이용에 토지가 할당된다.

① 마샬(A. Marshall)의 준지대설
② 헤이그(R. Haig)의 마찰비용이론
③ 튀넨(J. H. von Thünen)의 위치지대설
④ 마르크스(K. Marx)의 절대지대설
⑤ 파레토(V. Pareto)의 경제지대론

해설 ③ 튀넨(J. H. von Thünen)의 위치지대설에 대한 설명이다.

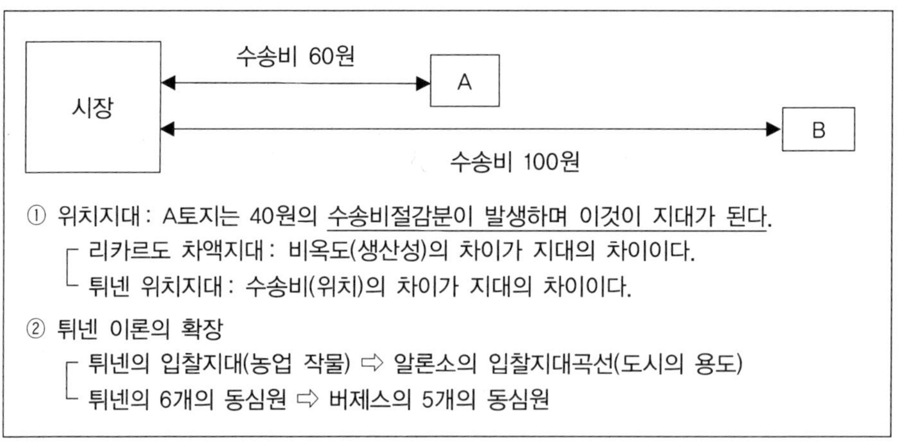

① 위치지대: A토지는 40원의 수송비절감분이 발생하며 이것이 지대가 된다.
- 리카르도 차액지대: 비옥도(생산성)의 차이가 지대의 차이이다.
- 튀넨 위치지대: 수송비(위치)의 차이가 지대의 차이이다.

② 튀넨 이론의 확장
- 튀넨의 입찰지대(농업 작물) ⇨ 알론소의 입찰지대곡선(도시의 용도)
- 튀넨의 6개의 동심원 ⇨ 버제스의 5개의 동심원

17 지하철 역사가 개발된다는 다음과 같은 정보가 있을 때, 합리적인 투자자가 최대한 지불할 수 있는 이 정보의 현재가치는? (단, 주어진 조건에 한함)

- 지하철 역사 개발예정지 인근에 A토지가 있다.
- 1년 후 지하철 역사가 개발될 가능성은 60%로 알려져 있다.
- 1년 후 지하철 역사가 개발되면 A토지의 가격은 14억 3천만원, 개발되지 않으면 8억 8천만원으로 예상된다.
- 투자자의 요구수익률(할인율)은 연 10%다.

① 1억 6천만원 ② 1억 8천만원 ③ 2억원
④ 2억 2천만원 ⑤ 2억 4천만원

해설 ③ 정보의 현재가치는 2억원이다.

• 개발정보의 현재가치 $= \dfrac{\text{개발될 때와 개발되지 않을 때의 차액} \times \text{개발 안 될 가능성}}{(1 + \text{할인율})^{\text{1년 후면 1, 2년 후면 2를 적용}}}$

$= \dfrac{\text{차액}(14.3 - 8.8\text{억원} = 5.5\text{억원}) \times \text{개발 안 될 가능성}(0.4)}{(1 + 0.1)^1} = 2\text{억원}$

18 부동산정책에 관한 내용으로 틀린 것은?

① 국토의 계획 및 이용에 관한 법령상 지구단위계획은 도시·군계획 수립 대상지역의 일부에 대하여 토지 이용을 합리화하고 그 기능을 증진시키며 미관을 개선하고 양호한 환경을 확보하며, 그 지역을 체계적·계획적으로 관리하기 위하여 수립하는 도시·군기본계획을 말한다.

② 지역지구제는 토지이용에 수반되는 부(−)의 외부효과를 제거하거나 완화시킬 목적으로 활용된다.

③ 개발권양도제(TDR)는 토지이용규제로 인해 개발행위의 제약을 받는 토지소유자의 재산적 손실을 보전해 주는 수단으로 활용될 수 있으며, 법령상 우리나라에서는 시행되고 있지 않다.

④ 부동산 가격공시제도에 따라 국토교통부장관은 일단의 토지 중에서 선정한 표준지에 대하여 매년 공시기준일 현재의 단위면적당 적정가격을 조사·평가하여 공시하여야 한다.

⑤ 토지비축제는 정부가 토지를 매입한 후 보유하고 있다가 적절한 때에 이를 매각하거나 공공용으로 사용하는 제도를 말한다.

해설 ① 지구단위계획은 도시·군관리계획이다.

> 도시·군관리계획이란 특별시·광역시·특별자치시·특별자치도·시 또는 군의 개발·정비 및 보전을 위하여 수립하는 다음의 계획을 말한다.
> 1. 용도지역·용도지구의 지정 또는 변경에 관한 계획
> 2. 개발제한구역, 도시자연공원구역, 시가화조정구역, 수산자원보호구역의 지정 또는 변경에 관한 계획
> 3. 기반시설의 설치·정비 또는 개량에 관한 계획
> 4. 도시개발사업이나 정비사업에 관한 계획
> 5. 지구단위계획구역의 지정 또는 변경에 관한 계획과 지구단위계획
> 6. 도시혁신구역의 지정 또는 변경에 관한 계획과 도시혁신계획
> 7. 복합용도구역의 지정 또는 변경에 관한 계획과 복합용도계획
> 8. 도시·군계획시설입체복합구역의 지정 또는 변경에 관한 계획

부록

Answer 16. ③ 17. ③ 18. ①

19 **공공주택 특별법령상 공공임대주택에 관한 내용으로 옳은 것은 모두 몇 개인가?** (단, 주택도시기금은 「주택도시기금법」에 따른 주택도시기금을 말함)

- 통합공공임대주택: 국가나 지방자치단체의 재정이나 주택도시기금의 자금을 지원받아 최저소득 계층, 저소득 서민, 젊은 층 및 장애인·국가유공자 등 사회 취약계층 등의 주거안정을 목적으로 공급하는 공공임대주택
- 행복주택: 국가나 지방자치단체의 재정이나 주택도시기금의 자금을 지원받아 대학생, 사회초년생, 신혼부부 등 젊은 층의 주거안정을 목적으로 공급하는 공공임대주택
- 장기전세주택: 국가나 지방자치단체의 재정이나 주택도시기금의 자금을 지원받아 전세계약의 방식으로 공급하는 공공임대주택
- 분양전환공공임대주택: 일정 기간 임대 후 분양전환할 목적으로 공급하는 공공임대주택

① 0개　② 1개　③ 2개
④ 3개　⑤ 4개

해설 ⑤ 모두 옳은 설명이다.

공공주택 특별법 시행령 제2조【공공임대주택】의 종류
1. 영구임대주택: 국가나 지방자치단체의 재정을 지원받아 최저소득 계층의 주거안정을 위하여 50년 이상 또는 영구적인 임대를 목적으로 공급하는 공공임대주택
2. 국민임대주택: 국가나 지방자치단체의 재정이나 주택도시기금의 자금을 지원받아 저소득 서민의 주거안정을 위하여 30년 이상 장기간 임대를 목적으로 공급하는 공공임대주택
3. 행복주택: 국가나 지방자치단체의 재정이나 주택도시기금의 자금을 지원받아 대학생, 사회초년생, 신혼부부 등 젊은 층의 주거안정을 목적으로 공급하는 공공임대주택
4. 통합공공임대주택: 국가나 지방자치단체의 재정이나 주택도시기금의 자금을 지원받아 최저소득 계층, 저소득 서민, 젊은 층 및 장애인·국가유공자 등 사회 취약계층 등의 주거안정을 목적으로 공급하는 공공임대주택
5. 장기전세주택: 국가나 지방자치단체의 재정이나 주택도시기금의 자금을 지원받아 전세계약의 방식으로 공급하는 공공임대주택
6. 분양전환공공임대주택: 일정 기간 임대 후 분양전환할 목적으로 공급하는 공공임대주택
7. 기존주택등매입임대주택: 국가나 지방자치단체의 재정이나 주택도시기금의 자금을 지원받아 기존주택을 매입하여 저소득층과 청년 및 신혼부부 등에게 공급하는 공공임대주택
8. 기존주택전세임대주택: 국가나 지방자치단체의 재정이나 주택도시기금의 자금을 지원받아 기존주택을 임차하여 저소득층과 청년 및 신혼부부 등에게 전대(轉貸)하는 공공임대주택

20 부동산정책 중 금융규제에 해당하는 것은?

① 택지개발지구 지정
② 토지거래허가제 시행
③ 개발부담금의 부담률 인상
④ 분양가상한제의 적용 지역 확대
⑤ 총부채원리금상환비율(DSR) 강화

해설 ⑤ 총부채원리금상환비율(DSR)이란 차입자의 입장에서 매년 갚아야 할 주택담보대출 원리금과 기타대출원리금의 합산액이 연간 소득에서 차지하는 비중이 얼마인지를 나타내는 비율이다. 이 비율이 강화된다는 의미는 이 금융당국이 은행으로 하여금 차입자에게 돈을 적게 빌려주도록 금융규제를 한다는 의미이다.

DSR(총부채원리금상환비율)과 DTI(총부채상환비율)의 구분

- DTI : $\dfrac{\text{주택담보대출 원리금상환액 + 기타대출 이자상환액}}{\text{연소득}}$
- DSR : $\dfrac{\text{주택담보대출 원리금상환액 + 기타대출 원리금상환액}}{\text{연소득}}$

21 주택법령상 주택의 유형과 내용에 관한 설명으로 틀린 것은?

① 도시형 생활주택은 「국토의 계획 및 이용에 관한 법률」에 따른 도시지역에 건설하여야 한다.
② 도시형 생활주택은 300세대 미만의 국민주택규모로 구성된다.
③ 토지임대부 분양주택의 경우, 토지의 소유권은 분양주택 건설사업을 시행하는 자가 가지고, 건축물 및 복리시설 등에 대한 소유권은 주택을 분양받은 자가 가진다.
④ 세대구분형 공동주택은 주택 내부 공간의 일부를 세대별로 구분하여 생활이 가능한 구조이어야 하며, 그 구분된 공간의 일부를 구분소유 할 수 있다.
⑤ 장수명 주택은 구조적으로 오랫동안 유지·관리될 수 있는 내구성을 갖추고, 입주자의 필요에 따라 내부 구조를 쉽게 변경할 수 있는 가변성과 수리 용이성 등이 우수한 주택을 말한다.

해설 ④ 세대구분형 공동주택이란 공동주택의 주택 내부 공간의 일부를 세대별로 구분하여 생활이 가능한 구조로 하되, 그 구분된 공간의 일부를 구분소유 할 수 없는 주택을 말한다.

Answer 19. ⑤ 20. ⑤ 21. ④

22 부동산조세에 관한 설명으로 옳은 것을 모두 고른 것은?

> ㉠ 양도소득세의 중과는 부동산 보유자로 하여금 매각을 앞당기게 하는 동결효과(lock-in effect)를 발생시킬 수 있다.
> ㉡ 재산세와 종합부동산세의 과세기준일은 매년 6월 1일로 동일하다.
> ㉢ 취득세와 상속세는 취득단계에서 부과하는 지방세이다.
> ㉣ 증여세와 양도소득세는 처분단계에서 부과하는 국세이다.

① ㉡　　② ㉠, ㉢　　③ ㉡, ㉣
④ ㉠, ㉢, ㉣　　⑤ ㉠, ㉡, ㉢, ㉣

해설 ① ㉡이 옳은 지문
㉠ 매각을 앞당기게 하는 ⇨ 매각을 뒤로 미루게 하는
㉢ 지방세 ⇨ 국세
㉣ 증여세는 취득단계에서 부과하는 국세이다.

23 다음 자료는 A부동산의 1년간 운영수지이다. A부동산의 총투자액은 6억원이며, 투자자는 총투자액의 40%를 은행에서 대출받았다. 이 경우 순소득승수(㉠)와 세전현금흐름승수(㉡)는? (단, 주어진 조건에 한함)

> • 가능총소득(PGI): 7,000만원
> • 기타소득: 100만원
> • 영업소득세: 500만원
> • 용역비: 100만원
> • 직원인건비: 200만원
> • 공실손실상당액 및 대손충당금: 500만원
> • 부채서비스액: 1,500만원
> • 수선유지비: 200만원
> • 재산세: 100만원

① ㉠: 9.0, ㉡: 8.0　　② ㉠: 9.0, ㉡: 9.0
③ ㉠: 9.0, ㉡: 10.0　　④ ㉠: 10.0, ㉡: 8.0
⑤ ㉠: 10.0, ㉡: 9.0

해설 ④ 순소득승수는 10, 세전현금흐름승수는 8이다.

<table>
<tr><td colspan="2" rowspan="3">600
(총투자액)</td><td>70</td><td>가</td><td>공</td><td>4</td><td>: − 공실과 대손 + 기타소득</td></tr>
<tr><td>66</td><td>유</td><td>경</td><td>6</td><td>: 수선유지비 + 용역비 + 재산세 + 직원인건비</td></tr>
<tr><td>60</td><td>순</td><td>은</td><td>15</td><td>: 부채서비스액</td></tr>
<tr><td rowspan="2">240
(융자)</td><td rowspan="2">360
(지분)</td><td>45</td><td>전</td><td>세</td><td>5</td><td>: 영업소득세</td></tr>
<tr><td>40</td><td>후</td><td></td><td></td><td></td></tr>
</table>

• 순소득승수(㉠) = 총투자액(600) / 순영업소득(60) = 10
• 세전현금흐름승수(㉡) = 지분투자액(360) / 세전현금수지(45) = 8

24 **다음은 시장전망에 따른 자산의 투자수익률을 합리적으로 예상한 결과이다. 이에 관한 설명으로 틀린 것은?** (단, 주어진 조건에 한함)

시장 전망	발생 확률	예상수익률			
		자산 A	자산 B	자산 C	자산 D
낙관적	25%	6%	10%	9%	14%
정상적	50%	4%	4%	8%	8%
비관적	25%	2%	−2%	7%	2%
평균(기댓값)		4.0%	4.0%	8.0%	8.0%
표준편차		1.41%	4.24%	0.71%	4.24%

① 자산 A와 자산 B는 동일한 기대수익률을 가진다.
② 낙관적 시장전망에서는 자산 D의 수익률이 가장 높다.
③ 자산 C와 자산 D는 동일한 투자위험을 가진다.
④ 평균−분산 지배원리에 따르면 자산 C는 자산 A보다 선호된다.
⑤ 자산 A, B, C, D로 구성한 포트폴리오의 수익과 위험은 각 자산의 투자비중에 따라 달라진다.

해설 ③ 자산 C와 자산 D는 동일한 투자위험을 가진다. ⇨ 자산 C의 위험(0.71)이 자산 D의 위험(4.24)보다 작다.

시장 전망	발생 확률	예상수익률			
		자산 A	자산 B	자산 C	자산 D
낙관적	25%	6%	10%	9%	14%
정상적	50%	4%	4%	8%	8%
비관적	25%	2%	−2%	7%	2%
평균(기댓값)		4.0%	4.0%	8.0%	8.0%
표준편차**(투자위험)**		1.41%	4.24%	**0.71%**	**4.24%**

Answer 22. ① 23. ④ 24. ③

25 **부동산투자분석 기법에 관한 설명으로 틀린 것은?**

① 순현재가치법과 내부수익률법은 화폐의 시간가치를 반영한 투자분석방법이다.
② 복수의 투자안을 비교할 때 투자금액의 차이가 큰 경우, 순현재가치법과 내부수익률법은 분석결과가 서로 다를 수 있다.
③ 하나의 투자안에 있어 수익성지수가 1보다 크면 순현재가치는 0보다 크다.
④ 투자자산의 현금흐름에 따라 복수의 내부수익률이 존재할 수 있다.
⑤ 내부수익률법에서는 현금흐름의 재투자율로 투자자의 요구수익률을 가정한다.

해설 ⑤ 내부수익률법에서는 내부수익률로 재투자한다고 가정한다.

> 순현재가치법이 내부수익률법보다 더 우수한 이유는,
> 첫째, 재투자수익률에 대한 가정이 더 합리적이고(순현가법은 요구수익률로 재투자한다고 가정하고, 내부수익률법에서는 내부수익률로 재투자한다고 가정한다),
> 둘째, 순현재가치법에서는 가치가산의 원리가 적용되며,
> 셋째, 순현재가치법은 부의 극대화를 판단할 수 있고,
> 넷째, 내부수익률법은 복수해나 무해가 나올 수 있는데 그럴 경우 순현재가치법으로 다시 분석을 해야 하기 때문이다.

26 **토지세를 제외한 다른 모든 조세를 없애고 정부의 재정은 토지세만으로 충당하는 토지단일세를 주장한 학자는?**

① 뢰쉬(A. Lösch)
② 레일리(W. Reilly)
③ 알론소(W. Alonso)
④ 헨리 조지(H. George)
⑤ 버제스(E. Burgess)

해설 ④ 토지단일세를 주장한 학자는 헨리 조지(H. George)이다.

헨리 조지의 토지단일세

> 공급의 탄력성이 큰 재화일수록 세금을 부과하면 시장에서 자원배분의 왜곡을 크게 만든다. 반대로 비탄력적인 재화일수록 자원배분의 왜곡이 작아지고 완전비탄력적이면 자원배분의 왜곡이 없는 것이다. 즉 완전비탄력적인 토지에 대한 보유세는 자원배분의 왜곡을 가져오지 않는다. 그래서 헨리 조지는 토지에서 나오는 지대수입을 100% 징세할 경우, 토지세 수입만으로 재정을 충당할 수 있다고 주장했다.

27 **자본환원율에 관한 설명으로 틀린 것은?** (단, 다른 조건은 동일함)

① 자본환원율은 순영업소득을 부동산의 가격으로 나누어 구할 수 있다.
② 부동산시장이 균형을 이루더라도 자산의 유형, 위치 등 특성에 따라 자본환원율이 서로 다른 부동산들이 존재할 수 있다.
③ 자본환원율은 자본의 기회비용을 반영하며, 금리의 상승은 자본환원율을 낮추는 요인이 된다.
④ 투자위험의 증가는 자본환원율을 높이는 요인이 된다.
⑤ 서로 다른 유형별, 지역별 부동산시장을 비교하여 분석하는 데 활용될 수 있다.

해설 ③ 금리의 상승은 자본환원율을 낮추는 요인 ⇨ 금리의 상승은 자본환원율을 높이는 요인

28 **A임차인은 비율임대차(percentage lease)방식의 임대차계약을 체결하였다. 이 계약에서는 매장의 월 매출액이 손익분기점 매출액 이하이면 기본임대료만 지급하고, 손익분기점 매출액 초과이면 초과매출액에 대해 일정 임대료율을 적용한 추가임대료를 기본임대료에 가산하여 임대료를 지급한다고 약정하였다. 구체적인 계약조건과 예상매출액은 다음과 같다. 해당 계약내용에 따라 A임차인이 지급할 것으로 예상되는 임대료의 합계는?** (단, 주어진 조건에 한함)

- 계약기간: 1년(1월~12월)
- 매장 임대면적: 300m^2
- 임대면적당 기본임대료: 매월 5만원/m^2
- 손익분기점 매출액: 매월 3,500만원
- 월별 임대면적당 예상매출액
  - 1월~6월: 매월 10만원/m^2
  - 7월~12월: 매월 19만원/m^2
- 손익분기점 매출액 초과시 초과매출액에 대한 추가임대료율: 10%

① 18,000만원　② 19,320만원　③ 28,320만원
④ 31,320만원　⑤ 53,520만원

해설 ② 비율임대차 임대료 = 기본임대료 + 추가임대료 = 193,200,000원
기본임대료: 300m^2 × 50,000원 × 12개월 = 180,000,000원
추가임대료: 1월~6월까지는 추가임대료가 발생하지 않는다.
(300m^2 × 190,000원) − 35,000,000원 × 10% × 6개월 = 13,200,000원
(예상임대료) (손익분기점) (임대료율)

Answer 25. ⑤ 26. ④ 27. ③ 28. ②

29 **현재 5천만원의 기존 주택담보대출이 있는 A씨가 동일한 은행에서 동일한 주택을 담보로 추가대출을 받으려고 한다. 이 은행의 대출승인기준이 다음과 같을 때, A씨가 추가로 대출받을 수 있는 최대금액은 얼마인가?** (단, 제시된 두 가지 대출승인기준을 모두 충족시켜야 하며, 주어진 조건에 한함)

- A씨의 담보주택의 담보가치평가액: 5억원
- A씨의 연간 소득: 6천만원
- 연간 저당상수: 0.1
- 대출승인기준
  - 담보인정비율(LTV): 70% 이하
  - 총부채상환비율(DTI): 60% 이하

① 2억원 ② 2억 5천만원 ③ 3억원
④ 3억 2천만원 ⑤ 3억 5천만원

해설 ③ 추가로 대출받을 수 있는 최대금액은 3억원이다.

LTV 기준	DTI 기준
1) 공식을 적는다. $\frac{L}{V} = 0.7$ 2) V에 부동산가격 500을 대입한다. 3) L을 구한다. (500 × 0.7 = 350)	1) 공식을 적는다. $\frac{D}{I} = 0.6$ 2) I에 차입자의 연소득 60을 대입한다. 3) D를 구한다. (60 × 0.6 = 36) 4) 융자가능금액을 계산한다. D(36) ÷ 저당상수(0.1) = 360

1) LTV 기준 융자가능 최대금액은 350이다.
2) DTI 기준 융자가능 최대금액은 360이다.
3) 두 기준을 모두 만족시키는 금액은 적은 금액인 350이다.
4) 이미 50을 빌렸기 때문에 추가로 융자가능한 금액은 300(3억원)이다.

30 **부동산관리방식을 관리주체에 따라 분류할 때, 다음 설명에 모두 해당하는 방식은?**

> • 소유와 경영의 분리가 가능하다.
> • 대형건물의 관리에 더 유용하다.
> • 관리에 따른 용역비의 부담이 있다.
> • 전문적이고 체계적인 관리가 가능하다.

① 직접관리　② 위탁관리　③ 자치관리
④ 유지관리　⑤ 법정관리

해설 ② 위탁관리에 관한 설명이다.

위탁관리의 장단점

> • 장 점
> ㉠ 부동산소유자는 본업에 전념할 수 있다.
> ㉡ 부동산관리를 위탁함으로써 자사의 참모체계는 단순화시킬 수 있다.
> ㉢ 합리적인 부동산관리를 통해 부동산관리비용을 절감할 수 있다.
> ㉣ 관리업무의 타성화(매너리즘)를 방지할 수 있다.
> • 단 점
> ㉠ 기밀유지 및 보안관리가 불안할 수 있다.
> ㉡ 관리요원의 인사이동이 잦을 수 있어 안정성이 문제된다.
> ㉢ 각 부문의 종합적인 관리가 용이하지 않다.

Answer 29. ③ 30. ②

31 **고정금리대출의 상환방식에 관한 설명으로 옳은 것을 모두 고른 것은?** (단, 주어진 조건에 한하며, 다른 조건은 동일함)

> ㉠ 만기일시상환대출은 대출기간 동안 차입자가 원금만 상환하기 때문에 원리금상환 구조가 간단하다.
> ㉡ 체증식분할상환대출은 대출기간 초기에는 원리금상환액을 적게 하고 시간의 경과에 따라 늘려가는 방식이다.
> ㉢ 원리금균등분할상환대출이나 원금균등분할상환대출에서 거치기간이 있을 경우, 이자지급총액이 증가하므로 원리금지급총액도 증가하게 된다.
> ㉣ 대출채권의 가중평균상환기간(duration)은 원금균등분할상환대출에 비해 원리금균등분할상환대출이 더 길다.

① ㉠, ㉡　　② ㉠, ㉢　　③ ㉡, ㉢
④ ㉡, ㉢, ㉣　　⑤ ㉠, ㉡, ㉢, ㉣

해설 ④ 옳은 것은 ㉡, ㉢, ㉣이다.
㉠ 원금만 상환 ⇨ 이자만 상환
만기일시상환은 저당기간 동안은 이자만 지불하다가 만기에 원금을 일시불로 지불하는 방식이다. 비상환저당 또는 이자매월상환저당방식이라고 한다.

32 **한국주택금융공사의 주택담보노후연금(주택연금)에 관한 설명으로 옳은 것은?**

① 주택소유자와 그 배우자의 연령이 보증을 위한 등기시점 현재 55세 이상인 자로서 소유하는 주택의 기준가격이 15억원 이하인 경우 가입할 수 있다.
② 주택소유자가 담보를 제공하는 방식에는 저당권 설정 등기 방식과 신탁 등기 방식이 있다.
③ 주택소유자가 생존해 있는 동안에만 노후생활자금을 매월 연금 방식으로 받을 수 있고, 배우자에게는 승계 되지 않는다.
④ 「주택법」에 따른 준주택 중 주거목적으로 사용되는 오피스텔의 소유자는 가입할 수 없다.
⑤ 주택담보노후연금(주택연금)을 받을 권리는 양도·압류할 수 있다.

해설 ①④ 부부 중 한 명이라도 만 55세 이상이고, 공시가격 12억원 이하의 주택 또는 주거용도의 오피스텔을 소유하신 사람이라면 누구나 이용할 수 있다. 다주택자인 경우에도 부부 소유주택의 공시지가를 합산한 가격이 12억원 이하이면 신청할 수 있다.
③ 주택소유자가 생존해 있는 동안에만 노후생활자금을 매월 연금 방식으로 받을 수 있고, 배우자에게는 승계 되지 않는다. ⇨ 부부 중 한 명이 사망한 경우에도 연금감액 없이 100% 동일금액의 지급을 보장한다.
⑤ 주택담보노후연금(주택연금)을 받을 권리는 양도·압류할 수 있다. ⇨ 양도·압류할 수 없다.

33 부동산투자회사법령상 자기관리 부동산투자회사가 상근으로 두어야 하는 자산운용 전문인력의 요건에 해당하는 사람을 모두 고른 것은?

> ㉠ 감정평가사로서 해당 분야에 3년을 종사한 사람
> ㉡ 공인중개사로서 해당 분야에 5년을 종사한 사람
> ㉢ 부동산투자회사에서 3년을 근무한 사람
> ㉣ 부동산학 석사학위 소지자로서 부동산의 투자·운용과 관련된 업무에 3년을 종사한 사람

① ㉠, ㉡　② ㉠, ㉢　③ ㉡, ㉣
④ ㉡, ㉢, ㉣　⑤ ㉠, ㉡, ㉢, ㉣

해설 ③ 자산운용 전문인력의 요건에 해당하는 사람은 ㉡, ㉣이다.

> **부동산투자회사법 제22조【자기관리 부동산투자회사의 자산운용 전문인력】**
> 자기관리 부동산투자회사는 그 자산을 투자·운용할 때에는 전문성을 높이고 주주를 보호하기 위하여 다음에 따른 자산운용 전문인력을 상근으로 두어야 한다.
> ① 감정평가사 또는 공인중개사로서 해당 분야에 5년 이상 종사한 사람
> ② 부동산 석사학위 이상의 소지자로서 관련된 업무에 3년 이상 종사한 사람
> ③ 그 밖에 대통령령으로 정하는 사람 : 부동산투자회사 등에 5년 이상 근무하고 그중 3년 이상을 해당업무에 종사한 경력이 있는 사람

34 주택저당담보부채권(MBB)에 관한 설명으로 옳은 것은?

① 유동화기관이 모기지 풀(mortgage pool)을 담보로 발행하는 지분성격의 증권이다.
② 차입자가 상환한 원리금은 유동화기관이 아닌 MBB 투자자에게 직접 전달된다.
③ MBB 발행자는 초과담보를 제공하지 않는 것이 일반적이다.
④ MBB 투자자 입장에서 MPTS(mortgage pass-through securities)에 비해 현금흐름이 안정적이지 못해 불확실성이 크다는 단점이 있다.
⑤ MBB 투자자는 주택저당대출의 채무불이행위험과 조기상환위험을 부담하지 않는다.

해설 ⑤ MBB 투자자는 어떤 위험도 부담하지 않는다.
① MPTS에 관한 설명이다.
② 차입자가 상환한 원리금은 유동화기관에 전달되고 유동화기관이 책임을 지고 투자자와 약속한 원리금을 지불한다.
③ MBB 발행자는 초과담보를 가장 많이 제공하여야 한다.
④ MBB 투자자 입장에서는 불확실성(위험)이 가장 적은 증권이다.

Answer 31. ④ 32. ② 33. ③ 34. ⑤

35 **감정평가에 관한 규칙에 규정된 내용으로 틀린 것은?**

① 기준시점은 대상물건의 가격조사를 완료한 날짜로 한다. 다만, 기준시점을 미리 정하였을 때에는 그 날짜로 하여야 한다.
② 감정평가법인등은 법령에 다른 규정이 있는 경우에는 기준시점의 가치형성요인 등을 실제와 다르게 가정하거나 특수한 경우로 한정하는 조건을 붙여 감정평가할 수 있다.
③ 둘 이상의 대상물건이 일체로 거래되거나 대상물건 상호간에 용도상 불가분의 관계가 있는 경우에는 일괄하여 감정평가할 수 있다.
④ 하나의 대상물건이라도 가치를 달리하는 부분은 이를 구분하여 감정평가할 수 있다.
⑤ 일체로 이용되고 있는 대상물건의 일부분에 대하여 감정평가하여야 할 특수한 목적이나 합리적인 이유가 있는 경우에는 그 부분에 대하여 감정평가할 수 있다.

해설 ① 하여야 한다. ⇨ 할 수 있다.

36 **다음 자료에서 수익방식에 의한 대상부동산의 시산가액 산정시 적용된 환원율은?** (단, 연간 기준이며, 주어진 조건에 한함)

- 가능총수익(PGI): 50,000,000원
- 공실손실상당액 및 대손충당금: 가능총수익(PGI)의 10%
- 운영경비(OE): 가능총수익(PGI)의 20%
- 환원방법: 직접환원법
- 수익방식에 의한 대상부동산의 시산가액: 500,000,000원

① 7.0%　② 7.2%　③ 8.0%
④ 8.1%　⑤ 9.0%

해설 ① 환원이율은 7.0%이다.

500	50	가	공	5
	45	유	경	10
	35	순		

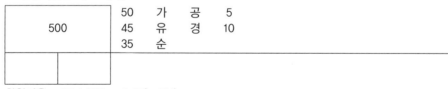

환원이율 = 35 ÷ 500 = 0.07(= 7%)

37 **다음 자료를 활용하여 거래사례비교법으로 산정한 대상토지의 시산가액은?** (단, 주어진 조건에 한함)

> • 대상토지
>   – 소재지: A시 B구 C동 150번지
>   – 용도지역: 제3종일반주거지역
>   – 이용상황, 지목, 면적: 상업용, 대, $100m^2$
> • 기준시점: 2024.10.26.
> • 거래사례
>   – 소재지: A시 B구 C동 120번지
>   – 용도지역: 제3종일반주거지역
>   – 이용상황, 지목, 면적: 상업용, 대, $200m^2$
>   – 거래가액: 625,000,000원(가격구성비율은 토지 80%, 건물 20%임)
>   – 사정 개입이 없는 정상적인 거래사례임
>   – 거래시점: 2024.05.01.
> • 지가변동률(A시 B구, 2024.05.01.~2024.10.26.)
>   : 주거지역 4% 상승, 상업지역 5% 상승
> • 지역요인: 대상토지와 거래사례 토지는 인근지역에 위치함
> • 개별요인: 대상토지는 거래사례 토지에 비해 10% 우세함
> • 상승식으로 계산

① 234,000,000원 ② 286,000,000원 ③ 288,750,000원
④ 572,000,000원 ⑤ 577,500,000원

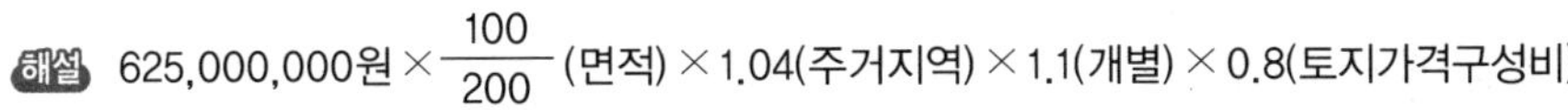

해설 625,000,000원 $\times \frac{100}{200}$ (면적) × 1.04(주거지역) × 1.1(개별) × 0.8(토지가격구성비)
= 286,000,000원

Answer 35. ① 36. ① 37. ②

38 원가법에서의 재조달원가에 관한 설명으로 틀린 것은?

① 재조달원가란 대상물건을 기준시점에 재생산하거나 재취득하는 데 필요한 적정원가의 총액을 말한다.
② 총량조사법, 구성단위법, 비용지수법은 재조달원가의 산정방법에 해당한다.
③ 재조달원가는 대상물건을 일반적인 방법으로 생산하거나 취득하는 데 드는 비용으로 하되, 제세공과금은 제외한다.
④ 재조달원가를 구성하는 표준적 건설비에는 수급인의 적정이윤이 포함된다.
⑤ 재조달원가를 구할 때 직접법과 간접법을 병용할 수 있다.

해설 ③ 제세공과금은 제외한다. ⇨ 제세공과금을 포함한다.

39 부동산 가격공시에 관한 법령상 부동산 가격공시제도에 관한 내용으로 틀린 것은?

① 표준주택으로 선정된 단독주택, 국세 또는 지방세 부과대상이 아닌 단독주택에 대하여는 개별주택가격을 결정·공시하지 아니할 수 있다.
② 표준주택가격은 국가·지방자치단체 등이 그 업무와 관련하여 개별주택가격을 산정하는 경우에 그 기준이 된다.
③ 개별주택가격 및 공동주택가격은 주택시장의 가격정보를 제공하고, 국가·지방자치단체 등이 과세 등의 업무와 관련하여 주택의 가격을 산정하는 경우에 그 기준으로 활용될 수 있다.
④ 개별주택가격에 이의가 있는 자는 그 결정·공시일부터 30일 이내에 서면(전자문서를 포함한다)으로 시장·군수 또는 구청장에게 이의를 신청할 수 있다.
⑤ 시장·군수 또는 구청장은 공시기준일 이후에 토지의 분할·합병이나 건축물의 신축 등이 발생한 경우에는 대통령령으로 정하는 날을 기준으로 하여 공동주택가격을 결정·공시하여야 한다.

해설 ⑤ 공동주택가격을 결정·공시하는 것은 국토교통부장관이다.

40 **감정평가에 관한 규칙상 대상물건별로 정한 감정평가방법**(주된 감정평가방법)**에 관한 설명으로 옳은 것을 모두 고른 것은?**

> ㉠ 건물의 주된 감정평가방법은 원가법이다.
> ㉡ 「집합건물의 소유 및 관리에 관한 법률」에 따른 구분소유권의 대상이 되는 건물부분과 그 대지사용권을 일괄하여 감정평가하는 경우의 주된 감정평가방법은 거래사례비교법이다.
> ㉢ 자동차와 선박의 주된 감정평가방법은 거래사례비교법이다. 다만, 본래 용도의 효용가치가 없는 물건은 해체처분가액으로 감정평가할 수 있다.
> ㉣ 영업권과 특허권의 주된 감정평가방법은 수익분석법이다.

① ㉠, ㉡ ② ㉡, ㉣ ③ ㉠, ㉡, ㉢
④ ㉠, ㉡, ㉣ ⑤ ㉠, ㉢, ㉣

해설 ① 옳은 것은 ㉠, ㉡이다.
㉢ 선박의 주된 감정평가방법은 원가법이다.
㉣ 영업권과 특허권의 주된 감정평가방법은 수익환원법이다.

Answer 38. ③ 39. ⑤ 40. ①

INDEX

찾아보기

INDEX 찾아보기

INDEX

ㄴ

ㄷ

INDEX

ㅇ

ㅈ

INDEX

ㅍ

ㅎ

기타

INDEX

방송
시간표

방송대학TV

▶ 기본이론 방송

▶ 문제풀이 방송

▶ 모의고사 방송

※ 본 방송기간 및 방송시간은 사정에 의해 변동될 수 있습니다.

방송대학TV 방송기간 2025. 1. 13 ~ 7. 2
방송시간 ┌ 본방송: 월~수 오전 7시 ~ 7시 30분
└ 재방송: 토 오전 6시 ~ 7시 30분(3회 연속방송)

TV방송 편성표

기본이론 방송(1강 30분, 총 75강)

순서	날짜	요일	과목
1	1. 13	월	부동산학개론 1강
2	1. 14	화	민법·민사특별법 1강
3	1. 15	수	공인중개사법·중개실무 1강
4	1. 20	월	부동산공법 1강
5	1. 21	화	부동산공시법령 1강
6	1. 22	수	부동산학개론 2강
7	1. 27	월	민법·민사특별법 2강
8	1. 28	화	공인중개사법·중개실무 2강
9	1. 29	수	부동산공법 2강
10	2. 3	월	부동산공시법령 2강
11	2. 4	화	부동산학개론 3강
12	2. 5	수	민법·민사특별법 3강
13	2. 10	월	공인중개사법·중개실무 3강
14	2. 11	화	부동산공법 3강
15	2. 12	수	부동산공시법령 3강
16	2. 17	월	부동산세법 1강
17	2. 18	화	부동산학개론 4강
18	2. 19	수	민법·민사특별법 4강
19	2. 24	월	공인중개사법·중개실무 4강
20	2. 25	화	부동산공법 4강
21	2. 26	수	부동산공시법령 4강
22	3. 3	월	부동산세법 2강
23	3. 4	화	부동산학개론 5강
24	3. 5	수	민법·민사특별법 5강
25	3. 10	월	공인중개사법·중개실무 5강
26	3. 11	화	부동산공법 5강
27	3. 12	수	부동산공시법령 5강
28	3. 17	월	부동산세법 3강
29	3. 18	화	부동산학개론 6강
30	3. 19	수	민법·민사특별법 6강
31	3. 24	월	공인중개사법·중개실무 6강
32	3. 25	화	부동산공법 6강
33	3. 26	수	부동산공시법령 6강
34	3. 31	월	부동산세법 4강
35	4. 1	화	부동산학개론 7강
36	4. 2	수	민법·민사특별법 7강
37	4. 7	월	공인중개사법·중개실무 7강
38	4. 8	화	부동산공법 7강

순서	날짜	요일	과목
39	4. 9	수	부동산공시법령 7강
40	4. 14	월	부동산세법 5강
41	4. 15	화	부동산학개론 8강
42	4. 16	수	민법·민사특별법 8강
43	4. 21	월	공인중개사법·중개실무 8강
44	4. 22	화	부동산공법 8강
45	4. 23	수	부동산공시법령 8강
46	4. 28	월	부동산세법 6강
47	4. 29	화	부동산학개론 9강
48	4. 30	수	민법·민사특별법 9강
49	5. 5	월	공인중개사법·중개실무 9강
50	5. 6	화	부동산공법 9강
51	5. 7	수	부동산공시법령 9강
52	5. 12	월	부동산세법 7강
53	5. 13	화	부동산학개론 10강
54	5. 14	수	민법·민사특별법 10강
55	5. 19	월	공인중개사법·중개실무 10강
56	5. 20	화	부동산공법 10강
57	5. 21	수	부동산공시법령 10강
58	5. 26	월	부동산세법 8강
59	5. 27	화	부동산학개론 11강
60	5. 28	수	민법·민사특별법 11강
61	6. 2	월	부동산공법 11강
62	6. 3	화	부동산세법 9강
63	6. 4	수	부동산학개론 12강
64	6. 9	월	민법·민사특별법 12강
65	6. 10	화	부동산공법 12강
66	6. 11	수	부동산세법 10강
67	6. 16	월	부동산학개론 13강
68	6. 17	화	민법·민사특별법 13강
69	6. 18	수	부동산공법 13강
70	6. 23	월	부동산학개론 14강
71	6. 24	화	민법·민사특별법 14강
72	6. 25	수	부동산공법 14강
73	6. 30	월	부동산학개론 15강
74	7. 1	화	민법·민사특별법 15강
75	7. 2	수	부동산공법 15강

과목별 강의 수

부동산학개론: 15강 / 민법·민사특별법: 15강
공인중개사법·중개실무: 10강 / 부동산공법: 15강 / 부동산공시법령: 10강 / 부동산세법: 10강

TV방송 편성표

문제풀이 방송(1강 30분, 총 21강)

순서	날짜	요일	과목	순서	날짜	요일	과목
1	7. 7	월	부동산학개론 1강	12	7. 30	수	부동산세법 2강
2	7. 8	화	민법·민사특별법 1강	13	8. 4	월	부동산학개론 3강
3	7. 9	수	공인중개사법·중개실무 1강	14	8. 5	화	민법·민사특별법 3강
4	7. 14	월	부동산공법 1강	15	8. 6	수	공인중개사법·중개실무 3강
5	7. 15	화	부동산공시법령 1강	16	8. 11	월	부동산공법 3강
6	7. 16	수	부동산세법 1강	17	8. 12	화	부동산공시법령 3강
7	7. 21	월	부동산학개론 2강	18	8. 13	수	부동산세법 3강
8	7. 22	화	민법·민사특별법 2강	19	8. 18	월	부동산학개론 4강
9	7. 23	수	공인중개사법·중개실무 2강	20	8. 19	화	민법·민사특별법 4강
10	7. 28	월	부동산공법 2강	21	8. 20	수	부동산공법 4강
11	7. 29	화	부동산공시법령 2강				

과목별 강의 수
부동산학개론: 4강 / 민법·민사특별법: 4강
공인중개사법·중개실무: 3강 / 부동산공법: 4강 / 부동산공시법령: 3강 / 부동산세법: 3강

모의고사 방송(1강 30분, 총 18강)

순서	날짜	요일	과목	순서	날짜	요일	과목
1	8. 25	월	부동산학개론 1강	10	9. 15	월	부동산공법 2강
2	8. 26	화	민법·민사특별법 1강	11	9. 16	화	부동산공시법령 2강
3	8. 27	수	공인중개사법·중개실무 1강	12	9. 17	수	부동산세법 2강
4	9. 1	월	부동산공법 1강	13	9. 22	월	부동산학개론 3강
5	9. 2	화	부동산공시법령 1강	14	9. 23	화	민법·민사특별법 3강
6	9. 3	수	부동산세법 1강	15	9. 24	수	공인중개사법·중개실무 3강
7	9. 8	월	부동산학개론 2강	16	9. 29	월	부동산공법 3강
8	9. 9	화	민법·민사특별법 2강	17	9. 30	화	부동산공시법령 3강
9	9. 10	수	공인중개사법·중개실무 2강	18	10. 1	수	부동산세법 3강

과목별 강의 수
부동산학개론: 3강 / 민법·민사특별법: 3강
공인중개사법·중개실무: 3강 / 부동산공법: 3강 / 부동산공시법령: 3강 / 부동산세법: 3강

연구 집필위원

김백중	이영섭	국승옥	박상우	송우석
홍진선	감동한	정백기	이동기	김하선
정길영	신교찬	고 일		

제36회 공인중개사 시험대비 **전면개정판**

2025 박문각 공인중개사

기본서 1차 부동산학개론

초판발행 | 2024. 11. 5. **2쇄발행** | 2024. 11. 10. **편저** | 김백중 외 박문각 부동산교육연구소
발행인 | 박 용 **발행처** | (주)박문각출판 **등록** | 2015년 4월 29일 제2019-000137호
주소 | 06654 서울시 서초구 효령로 283 서경빌딩 4층
팩스 | (02)584-2927 **전화** | 교재주문·학습문의 (02)6466-7202

정가 40,000원 ISBN 979-11-7262-284-8 / ISBN 979-11-7262-283-1(1차 세트)